세계 초우량 기업들의

리더십 개발과 조직혁신

세계 초우량 기업들의

리더십 개발과 조직혁신

루이스 카터 · 데이비드 울리히 · 마셜 골드스미스 편저 | 박래효 · 이관영 공역

세계 초우량 기업들은 인적자원을 어떻게 활용하여
실질적 성과를 창출하는가?

Σ 시그마프레스

세계 초우량 기업들의 **리더십 개발**과 **조직혁신**

발행일 | 2007년 9월 28일 1쇄 발행
2012년 1월 10일 2쇄 발행
편저자 | Louis Carter, David Ulrich, Marshall Goldsmith
역자 | 박래효 · 이관영
발행인 | 강학경
발행처 | (주) 시그마프레스
편집 | 박명숙
교정 · 교열 | 김은실

등록번호 | 제10-2642호
주소 | 서울특별시 마포구 성산동 210-13 한성빌딩 5층
전자우편 | sigma@spress.co.kr
홈페이지 | http://www.sigmapress.co.kr
전화 | (02)323-4845~7(영업부), (02)323-0658~9(편집부)
팩스 | (02)323-4197

ISBN | 978-89-5832-358-7

BEST PRACTICES IN LEADERSHIP DEVELOPMENT AND ORGANIZATION CHANGE

※ 책값은 뒤표지에 있습니다.

옮긴이의 글

조직과 경영에서 사람에 대한 관심이 높아지고 있다. 인적자원이 진정한 기업 경쟁력의 원천이라는 제프리 페퍼 교수의 「사람이 경쟁력이다(Competitive Advantage Through People), 1994」가 국내에 소개되고, 이어 맥킨지 컨설팅사가 「인재전쟁(The war for talent), 1998; 2000」이라는 보고서를 통하여 전략, 자본, 기술보다도 인재(인적자원)가 경쟁력 확보에 더 중요하다는 점을 소개하면서 이러한 기조가 확산되고 있다. 경쟁력의 근원이 인적자원에서 나온다는 점에서 볼 때, 조직운영과 리더십은 인적자원을 성과로 연결시키는 중요한 방법론이 된다. 그동안 국내에서 많은 책들을 통하여 인적자원에 대한 개념적 중요성이 소개되어 왔다. 그러나 이와 같은 개념을 실제 경쟁력과 성과로 연결시키려면 조직안에서 구슬을 꿸 수 있어야 한다. 그런 의미에서 본 역서는 기업에서의 인적자원을 실제 성과로 연결시키는 데 도움을 줄 수 있는 기업 내 경영 및 혁신부서나 인적자원관리 실무자들을 위한 책이다.

이 책에서는 세계적으로 유명한 18개 회사의 조직변화와 리더십 개발 방식을 이해하고 조직역량을 강화하는 데 참고할 수 있는 구체적 방법들이 소개된다. 제조업, 금융, 서비스업, 병원, 식품업 등 대상 회사는 모두가 세계적인 조직들이고 이들이 사용한 프로그램은 어느 것도 실행과 성과를 소홀하게 다루는 것이 없다. 이들이 사용한 방법론에서는 참여, 몰입, 성장, 장기적 실행환경 조성과 같은 인적, 물적 요소가 적절하게 결합하여 실제 성과창출 과정을 효율적으로 보여준다는 점에서 매우 시사하는 바가 크다.

이 책을 통해서 알 수 있듯이 선진 우량 기업들은 대체로 변화를 읽고 이에 바탕을 둔 조직역량을 활용하여 사업을 선도하기 때문에 변화를 끊임없이 내부화하고 조직화하는 적극적인 모습들을 볼 수 있다. 우리나라 기업들 역시 총론적 또는 개념적으로는 인적자원의 중요성을 강조하고 있지만 실제 조직의 성과로 연결시키는 구체적 방법들에 대한 역량은 현장 차원에서는 아직 미흡하지 않나 싶다. 예를 들면 리더십 개발이나 조직변화에 대한 많은 접근방법들은 아직도 단편적 프로그램을 도입하거나 어느 조직에나 해당될 수 있는 보편적 프로그램들을 사용하는 것이어서 회사의 요구점(needs)에 맞추지 못하는 경우가 많다. 이들 프로그램은 회사에 맞는 적합한 실행방식 개발보다는 몇 가지 변화기법들을 적용하고 이식하는 데 바쁘다. 그러다 보니 프로그램의 진정한 차별화 확보가 어렵고 자사의 요구점을 효과적으로 반영하지 못하여 '실행력'이 약하거나 빈약한 사후관리로 인하여 성과로 연결되지 못함으로써 인적자원 접근방법들에 대하여 회의감이나 '불신'을 갖게 하는 경우가 흔하다. 이 책에 소개된 회사들은 이와는 다르다. 이들은 획일적 프로그램 전개방식보다는 대체로 조직특성을 고려한 맞춤식 접근방법을 사용하여 개발한다. 역자는 바로 여기에 인적자원을 경쟁력의 근원으로 만드는 차이가 있다고 생각한다. 지식경영 시대에서의 진정한 성과는 개념지식을 자사 조직에 맞는 과정으로 연결할 수 있어야 가능하다. 그런 의미에서 조직변화나 리더십 개발을 성과로 연결시키기 위해서는 이론과 실행이 적절하게 결합될 수 있는 방법론적 지식이 잘 받쳐주어야 한다. 이 책은 이와 같은 과정에 대한 지식을 찾는 회사내·외의 실무자들에게 큰 도움을 줄 것으로 생각된다.

이 책에서 나타나는 또 한 가지 특징은 인적자원에 대한 접근이 다분히 인본주의적이라는 점이다. 소개된 사례 모두가 '성과'를 변화 프로그램이나 개발 프로그램의 가장 중요한 목표로 삼고 있지만 접근방법에서는 회사의 구성원을 목적적 존재로서 보고 접근하며, 방법론 개발에서 '인간', '조직', '사회'적 성격에 대한 깊은 이해와 뿌리를 가지고 구성원의 만족과 참여를 통하여 성과를 이루어가는 점이 또한 인상적이다. 이러한 면에서 이 책은 새로운 환경에서 인적자원의 역량을 극대화하기 위한 기업들의 조직개발과 변화관리를 구체적이고 실천적으로 보여주는 사례들이라고 할 수 있다. 더불어 또 한 가지 특징을 더한다면 이 책은 대규모 조직변화를 중심으로 한 사례들을 보여준다. 전통적 조직개발은 소집단을 중심으로 하는 경우가 많지만 이 책에서 다루는 변화 대상은 부서 이상 규모가 대부분이다. 따라서 대규모 조직변화에 대하여 배우고자 하는 독자들에게는 이 책이 선진기업들의 조직변화 추세를 이해하고 활용하는 데 도움이 될 것으로 생각된다.

이 책은 역자인 박래효가 GS칼텍스의 배려로 미국에서 1년간 연구하는 동안에 만난 책이다. 역자가 조직문화, 노사관계, 리더십 개발을 20여 년간 맡아 오면서 항상 느끼는 것은 개발에 대한 이론적 기반과 추진방법의 실용적 연결성이라는 역량의 부족함이었다. 이와 관련된 분야를 공부하던 중 이 책을 접하게 되어 역자와 같은 고민을 가진 국내 제현에게 소개하고자 이 책을 번역하게 되었다. 이 자리를 통하여 만학의 기회를 준 GS칼텍스에 고마움을 드린다. 번역은 이관영 박사와 함께 작업하였다. 이 박사는 후반부를 맡았다. 번역시 가급적 원저자의 의도에 충실하려고 노력하였지만 때로는 독자의 이해를 높이기 위해 의역도 사용하였다. 완벽한 번역이라는 것은 불가능하다는 점을 새삼 느끼며 철저한 번역을 위해 시간을 들이기보다는 다소 부족하더라도 독자들에게 빨리 선을 보이는 게 현명하지 않을까 싶어 소개한다. 번역상의 오류가 있다면 모두 역자들의 책임이다.

끝으로 이 책의 번역을 흔쾌하게 허락해 준 (주)시그마프레스 출판사의 강학경 사장님과 꼼꼼하게 교정을 봐주신 김은실 님을 비롯한 관계자 여러분께 깊은 감사를 드린다.

아무쪼록 이 책을 통하여 조직혁신이나 리더십 개발에 관심이 있는 경영층이나 관리자 그리고 구체적인 그 개발실무를 맡고 있는 현업 부서의 담당자들에게 도움이 되기를 기대한다.

번역자 박래효, 이관영

Contents

차례

이 책에 대하여

이 책의 목적은 여러분의 조직에서 베스트 프랙티스 변화나 새로운 리더십 개발 시도 프로그램(initiative)을 어떻게 실행하는지에 대하여 가장 최근에 이루어진 자료들과 실용적 방법을 여러분에게 제공하기 위한 것이다. 이 핸드북은 21세기 현재 이루어지고 있는 리더십 개발과 조직변화에 대한 즉석 사진을 여러분에게 제공한다. 이 책은 공감 구축(자아, 집단, 조직, 일대일 인식과 효과적인 의사소통, 전체 사업 목표에 대한 확실한 연결, 정량적 사업결과)을 강조하고 있는데 좀 더 종업원 지향적이고 고객 지향적인 프로그램을 통하여 모든 유형, 모든 크기의 조직 시스템과 사회 시스템에서 변화와 개발에 대한 저항을 줄여나가게 하는 학습 기반으로 사용하도록 한다. 이 책에 실린 조직들은 오늘날 조직변화와 리더십 개발에서 최고에 해당하는 조직들로 널리 인정되고 있다. 그들은 위기 또는 성장시기에 그리고 성공하는 데 있어 소중한 교훈들을 제공한다. 그들은 최고 관행을 가진 조직 챔피언으로서 학습과 협력에 대한 개방성, 겸손함, 혁신 및 창조성, 성실성, 사람의 욕구와 의견에 대한 상당한 존중, 변화에 대한 열정과 같은 많은 속성들을 공유한다.

그 무엇보다도 이들은 오늘날 조직의 가장 중요한 자산인 인적자본에 투자를 한 조직들이다. 이 회사들은 리더십 개발과 변화에 평균적으로 미화 50만 달러를 투자하였고 그와 관련된 프로그램을 실행하는 데 평균 100만 달러를 사용하였으며, 이를 통하여 얻은 수익은 평균 200만 달러가 넘는다.

다음 장들에서 여러분은 다양한 산업분야와 규모면에서 세계 최고에 드는 조직들로부터 다음과 같은 것을 배우게 될 것이다.

- 성공적이며 결과에 기반한 변화와 리더십 개발을 이끄는 핵심요인
- 변화와 개발을 이끄는 도구, 모델, 수단, 전략
- 변화와 개발을 위한 진단, 사전평가, 설계, 실행, 코칭, 사후관리 및 평가방법에 대한 실용적인 '방법(how-to)'

- 핵심 성공요인과 핵심 실패요인

이 책에 있는 각 사례연구에서, 여러분은 다음 사항에 대한 방법을 배우게 될 것이다.

- 리더십 개발과 조직변화 시도 프로그램의 구체적 부분에 대한 필요점 분석
- 리더십 개발과 조직변화에 대한 비즈니스 케이스(business case—사업에 대한 구조화된 제안 : 역주)의 구축
- 새로운 변화 시도 프로그램을 들어줄 청중들의 확인
- 변화시도 프로그램의 설계
- 변화시도 프로그램의 실행
- 변화시도 프로그램의 효과성 평가

이 책의 활용법

실용적인 적용

이 책에는 리더십 개발과 변화의 전체적 과정 실행에 대한 단계적인 접근방법, 도구, 수단, 모델 및 실습들이 포함되어 있다. 이 책의 구성 부분들은 여러분의 작업 환경에서 리더십 개발과 변화 시도가 가능하도록 실용적 지렛점이 될 수 있다. 각 장의 끝에는 보기, 양식, 도구들을 담고 있어 강의실에서 또는 조직개발팀이나 학습자에 의하여 사용될 수 있다.

워크숍, 세미나 또는 대학원

이 책에 실린 사례연구, 도구, 연구들은 경영, 조직개발 및 조직행동 또는 사회 및 조직심리학을 전공하는 대학원 과정의 학생들에게도 적합하다. 또한 이 책은 리더십 개발과 조직변화를 책임진 수석 부사장, 부사장, 이사 또는 프로그램 관리자들이 활용할 수 있다. 관리자 팀들—프로젝트 관리자, 프로그램 관리자, 조직개발(OD) 설계자, 또는 기타 프로그램 설계자 및 훈련자—은 이 책의 사례연구들을 조직 이니셔티브의 성공을 위한 출발점이나 벤치마크로 사용할 수 있을 것이다.

이 책에는 다양한 기업의 필요점과 목표들을 포함하는 일련의 다양한 사례연구들이 포함되어 있다. 여러분 회사의 독특한 조직목표를 진단하는 과정을 시작하는 일은 독자인 여러분이 해야 할 일이다.

이 책에 있는 사례연구와 조사된 것을 적용하며 배울 때 여러분 자신에게, 여러분의 팀에게 그리고 서로에게 다음과 같은 질문을 해보라.

- 오늘날 우리의 맥락은 어떤 것인가?
- 우리(나)는 무엇을 성취하고자 하는가? 왜 그러한가?

- 조직변화와 개발을 이끄는 데 있어 어떤 맥락에서 나는 가장 열정적인가?
- 어떤 현안과 우려 사항들이 우리에게 도전이 되고 있는가?
- 우리는 올바른 질문을 하고 있는가?
- 정확한 이해관계자는 누구인가?
- 과거에는 어떤 접근방식이 통하였는가? 왜 그런가?
- 과거에 어떤 접근방식이 실패하였는가? 왜 그런가?

현재의 리더십 개발과 조직변화 주제에 대한 베스트 프랙티스 인스티튜트의 워크숍, 조사, 평가 및 모형에 대한 더 많은 정보를 얻고자 한다면, 루이스 카터(Louid Carter)의 베스트 프랙티스 인스티튜트로 직접 연락하기 바란다. 무료전화 888-895-8949 또는 이메일 주소 lcarter@bpinstitute.net.

도입

2003년 가을, 루 카터(Lou Carter)가 경영하는 베스트 프랙티스 인스티튜트(Best Practice Institute, BPI)는 리더십 개발과 조직변화의 경향과 관행에 대한 연구를 실시하였다. BPI는 산업, 규모, 사업 수명 주기상의 위치등을 고려하여 선정한 조직들에게 전략적 변화와 목표를 달성하기 위한 최상의 방법들로 어떤 것들을 사용하는지를 확인하기 위한 질문서를 보냈다. 이 연구결과에 따르면 리더십과 조직변화(표 1.1 참조) 영역의 수요가 특히 크다는 점이 확인되었다. 리더십 개발과 변화관리의 최고 관행들에 대하여 그간 우리가 지속한 연구에 의하면 이 책에서 다루는 여러 가지 가정들이나 조직 사례연구들은 강력하게 지지된다.

이 연구에 의거하여 BPI는 리더십 개발과 조직변화에서 뛰어난 성과를 거두고 있는 최고 조직들을 선정하였다. BPI는 이들 조직의 변화와 개발방식이 독특함을 발견하였다. 각 조직들은 자신들의 역동성 및 설계 측면에서 각자 독특한 모습과 관련한 서로 다른 방법, 동기 및 목표들을 가지고 있다. 리더십 개발과 조직변화 부분은 우리가 선정한 최고의 조직들 내에서 '실제 업무(real work)'가 이루어지는 방법을 설명해 주는 범주이거나 공통 용어라고 할 수 있다. '실제 업무'는 경영 관행을 조직 내에서 제도화하여 달성한 사업 성과라는 표현으로 이 책의 각 장들에서 나타난다(표 1.2 참조). 세계 최고의 조직들 대부분은 리더십 개발과 조직변화가 '조직의 실제 업무'라고 설명한다. 지난 몇 년간 우리는 조직개발(Organizational Development, OD)' 분야에서 이러한 변화가 발생하는 것을 목격해 왔다. 국제화의 진전과 도전적 경제환경 속에서 경쟁하고 혁신해야 하며, 보다 효과적이고 생산적이며 수익성을 갖추기 위해서는 인적자본(종업원과 고객 모두)의 파워를 강화하기 위한 OD의 도구, 기법 및 관행이 필요하다는 점을 조직들은 발견하고 있는 것이다. 이 책에서 알 수 있듯이 베스트 프랙티스를 가진 기업들은 조직개발과 변화에서 성과 지향적인 최고 관행을 통하여 인적자본의 힘을 증명하고 있다.

표 1.1 전략적 변화와 목표 달성 프로그램 방법에 대한 상위 순위(수요에 따른 순위)

OD / HRD에서 다루어지는 주제들	순위
리더십 개발	1
성과관리	2
조직개발과 변화	3
혁신과 서비스 향상	4
코칭	5

우리는 전략적인 사업목표들을 달성하기 위하여 리더십 개발 프로그램과 조직변화 프로그램을 설계하고 개발해 온 세계 최고의 조직 중에서 18개 회사를 소개한다.

주요 발견들

우리는 이 책을 만들기 위하여 리더십 개발과 조직변화에서 효과가 입증된 실용적인 방법들을 사용하고 있는 여러 산업분야의 조직들과 토론하였다. 그리고 이들 조직들에게 프로그램을 성공으로 이끈 접근방법과 그들이 사용하였던 도구 및 구체적인 방법들을 공유해 줄 것을 요구하였다. 이들 조직들은 강력한 재무적 역사를 가지고 있고, 회사의 전략을 프로그램 목표에 통합시키는 공식적 인적자원 프로그램을 가지고 있으며, 자질 높은 인재 풀(pool)과 긍정적 변화 열정 그리고 입증된 결과들을 가지고 있다. 본서에 소개하기 위한 리더십 및 조직변화 우수 프로그램 선정은 여섯 단계의 진단 과정을 통하여 신중하게 조사되었다(아래 조직 및 인적자원 개발에 대한 단계적 시스템 참조).

우리는 결과에 기반한 변혁적 조직변화를 훌륭하게 실행하여 긍정적인 사업성과를 이루어 낸 성공적인 회사들을 선정하였다. 이들은 다양하게 통합된 프로그램들을 통해서 변화를 촉진하는 기업들인데, 이 프로그램들은 성격상 시스템적이고 사업목표와 지속적 개선에 직접 연결되며, 아울러 다음과 같은 공유된 요인들을 가지고 있다.

표 1.2 회사, 산업 및 종업원 수와 총수입에 따른 최고 베스트 프랙티스 사례 연구들의 목록

회사	산업	종업원수	수입($ U.S.)
애질런트 테크놀로지즈사 (Agilent Technologies Inc.)	전자	36,000	6,010.0 M
코닝(Corning)	커뮤니케이션	23,300	3,164.0 M
델노어 병원(Delnor Hospital)	의료	1,382	235.1 M
에미스 커뮤니케이션즈 (Emmis Communications)	미디어	3,080	533.8 M
퍼스트 컨설팅 그룹 (First Consulting Group)	비지니스 서비스	1,775	282.7 M
GE캐피털(GE Capital)	금융	315,000+	131.7 B
휴렛패커드(Hewlett-Packard)	컴퓨터하드웨어	141,000	56,588.0 M
하니웰 에어로스페이스 (Honeywell Aeorspace)	기술 및 제조	100,000+	22,274.0 M
인텔(Intel)	제조, 전자	78,700	26,764.0 M
록히드 마틴(Lockheed Martin)	항공 및 방위	125,000	26,578.0 M
마텔(Mattel)	소비제품	25,000	4,885.3 M
맥도널드사(McDonald' s Corportaion)	레저 , 식당	413,000	15,405.7 M
엠아이티대학교	교육	9,400	1,664.7 M
모토로라(Motorola)	텔레커뮤니케이션	97,000	26,679.0 M
프락세어(Praxair)	화학	25,010	5,128.0 M
세인트 루크 병원과 헬스 네트워크 (St. Luke' s Hospital and Health Network)	의료	5,500	424 M
스토리지텍(StorageTek)	컴퓨터 하드웨어	7,100	2,039.6 M
윈드버 메디컬 센터 (Windber Medical Center)	의료	427	54.0 M

조직목표 및 문화에 대한 몰입

우리가 조사한 대부분의 변화 시도 프로그램들은 전략적인 조직목표들과 조직문화에 대한 몰입을 이룬 프로그램들이다. 이들이 추진한 변화 시도 프로그램들 거의 대부분은 메시지나 비전을 가지고 있으며, 그에 입각한 변화나 개발활동을 구축하였다. 에미스 커뮤니케이션즈는 회사의 구조와 전략 및 문화에 대한 이해도를 높이고 구성원들의 동의를 더 많이 촉진하기 위한 변화 노력으로 '위대한 미디어, 위대한 사람, 위대한 서비스'라는 목표들을 강조하였다. 록히드 마틴은 다음과 같은 세 가지 핵심 역량을 중심으로 회사의 문화 변화관리 프로그램을 설계하였다.

- 솔직하고 열린 의사소통
- 성과를 가로막는 장애를 제거하기 위한 행동 취하기
- 필요할 때 문제들을 무시하기보다는 행동으로 실행하기

맥도널드는 지역관리자를 위한 리더십 개발 프로그램에서 신임 관리자들에게 다음 역량들을 개발함으로써 조직의 사명과 전략적 목표를 촉진하여 조직의 기대에 부응할 수 있게 하였다.

- 전략적 조망의 개발
- 사업성과의 극대화
- 통찰적인 추리, 문제해결, 혁신, 정신적 유연성에 대한 스킬 취득

모토롤라의 리더십 개발 프로그램은 고객 중심과 우수한 성과를 촉진하는 리더십 역량과 리더십 행동을 중심으로 하고 있다. 이 회사가 강조하는 리더십 역량과 행동은 비전설정(envision), 활성화(energize), 결단(edge), 실행(execute)으로서, 후에 '4e's +Always 1' 이라는 이름으로 불리게 되었다.

퍼스트 컨설팅 그룹(FCG)은 회사의 우선 가치 중 하나인 '회사 제일(Firm First)'을 보여주는 것에서부터 시작하였다. 그것은 리더십이 해 나가야 할 방향을 정해주는 목표들을 다음과 같이 상술한다.

- FCG의 비전 달성에 장애가 되는 것을 제거한다.
- 경영자 승계계획(succession plan)을 세운다. 즉 FCG의 차세대를 이끌 리더십을 확인하고 훈련하며 지원한다.
- 리더들 간에 서로 교류하며 상호의존적이 되는 환경을 만든다.
- 리더십 제일(Leadership First) 프로그램 가치들이 FCG 문화에 공통적 개인 특성으로 새겨지도록 한다.
- '터치 필리(touch-feely—친근감을 표시하는 다소 가식적 신체접촉 : 역주) 철학이나/개념적' 프로그램보다는 진정으로 실질적인 프로그램이 되게 한다.
- 도입 프로그램이 당장의 문제에 맞는 단기적인 '유행적(fad)' 처방이 아닌, 장기적 효과가 있도록 보증한다.

엠아이티대학(MIT)의 프로그램은 지식을 증진하고, 과학과 기술 및 기타 학문분야에서 학생을 교육한다는 엠아이티의 사명을 강화하는 환경을 조성하고, 운영하며, 제공, 유지하는 조직을 설립할 목적으로 설계되었다. 코닝의 프로그램은 혁신을 가장 중요한 품질 프로그램의 하나로 강조하는데, 이는 그 프로그램이 조직의 전 영역을 넘어 영향을 미쳐서 조직에 공통 요인으로서의 역할을 수행하기 때문이다. 스토리지텍은 자신의 조직목표들을 다시 정의하고 이를 통하여 보다 더 종업원 중심적인 문화를 만드는 데 성큼 다가설 수 있었다. 종업원들에게 더 많은 관심을 쏟는 모습을 보여줌으로써 회사 종업원들을 소비자의 필요점에 다시 연결시켜 결과적으로 회사가 성과를 높이고 낙관적인 전망을 갖도록 하는 결과가 되었다. 휴렛패커드의 다이내믹 리더십(Dynamic Leadership)은 (회사가 이루고자 하는 결과를 잘 정의하여) 회사가 필요로 하는 것이 확실하게 해결되도록 설계되었다. 하니웰은 생산성이 화사의 진정한 성장 엔진이 되도록 하기 위하여 공정개선 변화 시도 프로그램에서부터 시작하여 식스 시그마(Six Sigma) 및 린(Lean) 경영, 리더십이 강력하게 결합된 근본적인 리더십 시스템의 요소에 이르기까지 식스 시그마 활동을 성공리에 전개해 왔다.

행동, 문화, 지각 등의 변화

때때로 리더십 개발과 변화 프로그램은 한 회사 내 구성원들의 지각과 행동, 문화를 바꾸어 놓는다. 엠아이티 대학의 직원들은 동료들과의 상호작용에서 자신들이 보다 더 진솔하다고(authentic) 생각하고 있었고, 학습기회들을 '미리 아는' 조직을 만들어 그 일원이 되고자 하는 욕구를 가진 것으로 전해져 왔다. 이 조직은 조직 및 자원 통제권을 분권화하여 과거 분리된 사일로(silos)로 운영해 왔던 운영부문들의 혁신방식을 개선하였다. 마텔의 플래티퍼스(Platypus) 프로젝트는 신뢰, 의사소통, 존중, 팀워크에 대한 가치의 실행이 말 그대로 효과를 거둘 수 있음을 보여주었고, 혁신과정에 창의성이 예외적으로 이루어지기보다는 원칙이 되어야 한다는 점을 보여주었다. 프락세어는 신규 관리팀을 만들어 문화, 운영절차 및 가치와 종업원 관리 방식이 서로 다른 느슨한 사업 단위 간의 관계를 변혁하여 대기업조직에서의 규모의 장점과 소기업조직에서의 속도의 장점을 결합하여 시장의 리더가 되고자 하였다. HP는 자국 내 시장뿐만 아니라 미국 내 시장 점유율을 놓고 벌이는 아시아와 유럽의 고품질 제품 간의 경쟁과 같은 세계적 경쟁으로 정의되는 새로운 시장 현실에서 성공적으로 경쟁하기 위해서는 아주 신속하게 제휴할 수 있고, 빠르게 문제를 찾아 해결하는 능력과 정보에 입각한 효율적인 의사결정 능력을 갖춘 경영문화가 필요하다는 점을 인식하게 되었다. 윈드버 메디컬 센터와 델노어 병원, 그리고 세인트 루크(St. Luke) 병원은 환자 중심 치료방식과 종업원 및 환자의 사기와 만족에서 의미 있는 개선을 향하여 확실한 변화를 이루었다.

역량과 조직 효과성 모델

실제 이 모든 프로그램들은 확실한 모델들을 가지고 있으며, 통상 행동 역량(behavioral competencies)이나 조직평가 측정법(metrics)을 사용하고 있다. 여기에는 GE의 가치로부터 시작하여 모토롤라의 성과관리 시스템 안에 있는 측정법까지 해당된다. 이 연구에서 다루는 많은 프로그램들은 성과관리를 촉진하는 코치들과 관리자들에게 필요한 행동들을 다루고 있다. 퍼스트 컨설팅 그룹이 360도/다면 평가 피드백을 구체화하면서 집중적이고 잘 짜인 리더십 개발 프로그램을 통하여 조직 비전의 달성을 돕도록 목표를 설정했다는 것을 보면 이 회사의 리더들이 전에는 자아인식이 부족했다는 점을 암시하는 것이기도 하다. 엠아이티는 피터 센게(Peter Senge)의 조직학습 역량들에 대한 연구와 W. 워너 버크(Warner Burke)의 조직학습을 위한 핵심역량 연구에 근거하여 개선된 모델을 사용하였다. 이 모델들은 자주 다면평가 및 여타의 역량기반 평가도구들의 근거가 되며 종종 프로그램의 체계적 설계에 초점을 제공한다.

최고경영자의 강력한 리더십 지원과 열정

최고경영자는 조직에서 변화나 리더십 개발 변화 시도 프로그램을 위한 예산지원뿐만 아니라 이 변화 프로그램을 강하게 신봉하면서 전 조직에 그에 필요한 행동을 모델화해야 한다. 고위 경영자의 지원은 변화에 대한 저항을 극복하는 데 결정적으로 중요하다는 점을 이 책의 기고자 중 88%의 사람들로부터 확인할 수 있었다.

GE 캐피털은 리더들의 행동과 가치 중심의 프로그램, 즉 조직 상위 계층의 수용을 이루어 내는 데 초점을 둔 프로그램을 설계하였으며, 참가자들이 CEO 업무와 관련한 프로젝트에 참여케 함으로써 리더들을 동기부여하였다. 윈드버 메디컬 센터의 환자 임파워먼트 프로그램(empower program)은 CEO인 닉 제이콥스(Nick Jacobs)가 직접 이끌었다. 제이콥스 사장은 윈드버의 조직변화 프로그램과 병원의 환자 중심 치료에 대한 설명에서 "환자들이 보통 병원에 들어갈 때 환자들의 기를 죽이는 어려운 용어를, 소독약 냄새, 병원 직원들의 퉁명스럽고 불친절한 태도, 의사의 엄청난 권력은 환자로 하여금 자신들의 존엄성을 병원 문 밖에 남겨 놓고 와야 한다는 것을 알려주는 확실한 표시들입니다."고 지적한다. 제이콥스는 환자보호에 열정적이다. 이 점은 그가 수년간 지원해 온 프로그램들에서 나타나고 있다.

애질런트 회사가 처음 독립된 조직이 되었을 때 이 회사의 CEO는 차기 리더개발을 그의 가장 중요한 우선 순위 중 하나에 포함시켰다. 그는 기존의 변화 시도 프로그램들을 확실하게 수용하게 하였고 이것들이 보편적으로 적용될 수 있게 함으로써 이 과정들에 의거하여 조직의 개선을 이루어 내었다. 퍼스트 컨설팅 그룹은 리더십 개발위원회를 만들어 최고경영자들이 강력히 지원한다는 느낌을 보여주었는데 이 위원회는 CEO와 두 명의 부사장, 18명의 임원 및 부사장급 스태프들을 구성하여 미래의 조직 리더개발에 필요한 조직평가와 벤치마킹 조사가 이루어지도록 도왔다. 프락세어의 변화관리팀은 프락세어 디스트리뷰션사(Praxair Distribution

Inc.' s, PDI' s)의 종업원을 지속적인 경쟁우위의 원천으로 만드는 데 필요한 리더십 관행과 변화 상태 진단에 최고위 관리자 175명이 관여하는 네 단계 리더십 전략설계 과정을 제안하였다. 하니웰의 전 회장이며 CEO인 래리 보시디(Larry Bossidy)의 식스 시그마에 대한 열정은 의심할 나위없이 식스 시그마를 도입하고 이를 모든 리더와 종업원의 관심사가 되도록 만들기 위하여 필요한 바로 그것이었다. FCG는 회사의 CEO와 경영위원회가 리더십 제일 프로그램 세션에 퍼실리테이터 역할을 담당하고, 그 위원회의 멤버들이 참가자들의 후원자가 된다는 점에서 독특하다.

조직 및 인적자원 개발에 대한 단계적 시스템

BPI는 리더십과 조직변화 관리에 대한 여섯 단계로 이루어진 시스템을 정의하고 있는데 이 책에 있는 대부분의 사례연구들에 포함되어 있다.

1. 사업 진단(business diagnosis)
2. 사전평가(assessment)
3. 프로그램 설계(program design)
4. 실행(implementation)
5. 일을 통한 지원(on-the-job support)
6. 평가(evaluation)

제1단계 : 사업 진단

첫 단계는 통상 변화 시도 프로그램을 만들 사업 동인(drivers)과 그 근거들이 확인되는 진단 단계이다. 이 단계의 핵심은 변화 시도 프로그램에 대한 동의와 변화 필요성에 대한 위기감을 조성하는 것이다. 경영진이 미래에 대한 비전을 제시하는 것은 이와 같은 프로그램들에서 성공의 핵심요인이다. 모든 시스템들은 업무수행방식에 대해 하나의 초점을 제공하는 어떤 형태의 사업모형을 가지고 있다. 좋은 모형은 종업원과 전 조직으로부터 상상력과 열망을 끌어낸다. 또한 그런 시스템의 설계는 GE 캐피털의 사례에서 볼 수 있는 바와 같이 다음과 같은 전략적 질문으로 연결된다.

- 이 사업이 당면하고 있는 가장 큰 도전은 무엇인가? 밤새 잠을 못 이루게 하는 것이 무엇인가?
- 이 사업에서 미래 지도자들에게 한 가지 메시지를 전한다면 그것은 무엇인가?
- 사업상의 도전들에 대처하기 위해서 리더들이 해야 할 일은 무엇인가?
- 자신이 어떤 리더로 기억되기를 원하는가?
- 대부분의 리더십에 대하여 자신이 배웠던 가장 결정적인 순간은 언제인가?
- 현재의 역할에서 무엇이 가장 흥미로운가?

HP는 'HP재창조'를 위한 설문조사를 실시하였다. 7,000명 이상의 관리자들과 종업원들(individual contributors)이 응답하였다. 그 결과 의사결정과 협력을 가속화할 필요성을 강조하는 몇 가지 주제들이 나타났다. 전 조직에 걸쳐서 응답자들은 의사결정을 가속화하고, 행동에 대한 책임을 늘려야 한다는 것을 인정하였고, 유연성을 제고해야 한다는 고위 경영자들의 요구가 강화되었다.

이와 같은 진단 단계가 잘 만들어지면 보통 제6단계의 바람직한 사업영향 평가로 이어진다.

제2단계 : 사전평가

사전평가는 GE 캐피털의 사전평가 시스템(참가자는 최고 성과자를 나타내는 질문이 담긴 360도 피드백 설문조사를 작성한다)에서부터 시작하여 리더십 영향조사에 대한 마이어 브리그의 성격유형 지표(Myers Briggs Type Indicater, MBTI), 리더십 효과에 대한 설문조사(리더 행동과 조직문화 및 가치 간의 상관관계 설문조사), 퍼스트 컨설팅 그룹의 시스템(여기서 개인 참가자들에 대한 사전평가는 다섯 가지 방식으로 실시된다. 참가자 자신의 자기 평가, 360도 및 다면 피드백, 외부 벤치마크, 관리자 스타일 프로파일, 행동 요구 프로파일)에까지 걸친다.

사전평가는 이제 하나의 사업규범이 되고 있다. 문제는 우리가 이 사전평가를 어떻게 활용해야 우리 사업과 우리 자신의 변화를 잘 추진할 수 있는가이다. 애질런트는 고위 리더들의 역할에 대한 회사의 전략적 우선 순위, 핵심 가치 및 기대사항에 입각하여 리더십 행동 프로파일을 개발하기 위한 사전평가 도구를 사용하였다. 스토리지텍은 변혁에서 어떤 요인이 부족한가를 판단하기 위하여 내부를 정밀조사하는 방식을 사용하였다. 프락세어는 500명 이상의 종업원을 참여시켜(상위 세 개관리자 계층에서 175명의 리더들과 15개의 전 사업지역에서 325명의 종업원들) 미래를 위한 변화에 필요한 조직을 준비하기 위하여 사전평가를 실시하였다. 제너럴 일렉트릭, 인텔, 맥도널드사 및 다른 회사들은 마이어 브리그의 성격유형 지표나 360도 평가와 같은 행동분석 도구들을 사용한다. 이러한 사전평가를 수반하는 개인별 코칭은 참가자들의 행동변화를 촉진한다. 이러한 코칭은 GE 캐피털, 인텔, 애질런트, 맥도널드사와 기타 회사들에서 매우 큰 성공을 거두었다.

제3단계 : 프로그램 설계

다음 보여주는 뛰어난 프로그램들은 몇 가지 주목할 만한 독특한 요소들을 가지고 있다.

- **코칭** 인텔의 코칭 및 멘터 시스템은 내부 코치방식이 특징을 이루고 있고, 프로그램 참가자와 수료자에 대한 지원 네트워크가 그 특징이다. 에미스 커뮤니케이션즈는 문화 변화에 대한 저항을 관리자들이 극복해 나갈 수 있도록 코칭방식을 사용하였다.
- **참가자 선발** 애질런트의 코칭 프로그램은 성과를 보증하며, 이를 위하여 종업원들은 참가 전에 인터뷰를 포함한 자격화 과정을 거쳐야 한다. 인텔은 프로그램에 무관심하거나 냉담한 참가 후보자를 걸러내기 위하여 참가자들이 자원케 하는 제도를 활용한다. 맥도널드는 각 부문의 리더들에 의하여 선정된 잠재성이 높은 후보자들만 선발한다.
- **행동학습**(action learning) GE와 마텔, 맥도널드는 리더십 개발 시스템의 필수적인 요소로서 행동학습을 사용한다. 특히 GE의 행동학습 프로그램은 실제적인 사업 문제들을 푸는 데 초점을 두고 있는 반면, 맥도널드의 행동학습은 운영 혁신을 이루는 데 집중한다. 이러한 프로그램들은 다음과 같은 질문들에 답한다.

  사고를 넓혀 주면서도 '실행이 가능한' 프로젝트는 무엇인가?
  사업 가치에 대한 고위 경영진들의 기대를 어떻게 설정하여 학습을 성과있게 이룰 것인가?
  어떻게 하면 시간이 지난 후에도 실행팀들이 학습 집단으로서 함께 남아 학습을 지속할 수 있게 할 것인가?

- **복합적인 도구들의 강조** 마텔에서부터 GE 캐피털까지 모든 조직은 훈련, 개발 및 혁신을 위한 다양한 방법 사용에 크게 신경을 쓰고 있다. 휴렛패커드는 참가자가 부담을 줄이고 사외 교육에 따른 과도한 시간 사용을 줄이면서 충분한 깊이와 실습을 제공하기 위하여 소집단 활동과 실습, 토론을 곁들인 프리젠테이션을 포함한 빠른 속도의 프로그램을 최종 설계하였다. 마텔에서는 소집단을 모집하여 집중 프로그램에 참여하게 하였는데 이 프로그램에서는 바닥부터 천장 높이의 칠판과 생생한 저널의 역할을 하는 높이 12피트, 길이 40피트의 게시용 벽을 사용하며, 또한 각 참가자들이 새로워진 자아의식과 표현력을 발견하도록 이들을 도와주는 자아발견 강사를 활용한다.
- **현재의 관행들을 사용** 코닝은 미래의 성공을 강화하기 위해서 자신들이 과거에 축적한 강점과 성공을 이용한다. 코닝은 자신들의 역사와 스토리텔링(storytelling)에 중점을 두어 기업가적 행동을 증가시킬 수 있다. 스토리지텍은 새로운 변화 시도 프로그램에 안정감과 일관성을 부여하기 위해 이미 자리 잡고 있던 프로그램과 관행들에 기초하여 신중하게 조직변화를 추진하였다.
- **조직의 핵심 목적과 연결** 세인트 루크 병원과 헬스 시스템은 탁월한 서비스 문화를 촉진하는 개선들을 포용하며, 환자 만족에 대한 비전, PCRAFT(pride, caring, respect, accountability, flexibilty, teamwork) 핵심가치, 우수한 서비스에 대한 성과 표준 및 성과 개선 계획과 같은 리더십 개발 모델의 기초를 이루는 경영철학의 기본 개념들을 담는다. 이러한 개념들에는 다음 사항들이 포함된다.

  1. 종업원 만족은 환자 만족을 낳고 환자 만족은 성공적 '사업'을 이끈다(여러분의 사람들을 만들라. 그러면 그들이 여러분의 사업을 만들 것이다).
  2. 종업원 만족은 효과적인 리더들과 함께 시작하고 그들과 함께 끝난다. 효과적인 리더은 비전을 제시하고, 환자치료 및 서비스에 관한 확실한 기대를 제시하며 개발과 교육, 효과적인 의사소통과 역할모델을 하고, 건설적 피드백을 제공하며 인정(recognition)을 해줄 줄 안다.

3. 효과적인 리더들은 개발이 가능한 것이고 개발될 필요가 있다.
4. 리더십 개발과 교육은 행동변화 교육에 의거한다.

윈드버 메디컬 센터는 변혁적 변화를 따라서 구축된 다음과 같은 확실한 프로그램을 가지고 있다. 이 조직은 환자중심 치료에 조직의 가장 우선 순위를 두고, 환자와 그 가족들에게 애정과 보살핌의 환경을 제공하며, 모든 환자들과 환자 가족들의 문제들을 빠르고 효율적으로 다루며, 환자의 존엄성에 대해서는 타협하지 않는다는 환자보호에 대한 새 약속을 가지고 지역에서 인정받음은 물론 더 나아가 전국으로부터 인정받겠다고 결심하였다.

제4단계 : 실행

거의 모든 변화 시도 프로그램들은 변화나 개발과정을 실행에 옮기기 위한 공식화된 훈련 및 개발 프로그램이나 워크숍을 가지고 있다. 다음은 주목할 만한 몇 가지의 훈련과 개발 워크숍의 특성들이다.

- 록히드 마틴은 리더가 새로운 행동역량을 종업원들에게 공개적으로 가르치도록 훈련하여 리더들이 행동역량에 공개적으로 몰입케 함으로써 리더 자신의 저항을 극복하였다. 록히드 마틴은 또한 문화변화 기간 동안 동료 영향을 활용하기 위해서 사내에 있는 오피니언 리더그룹(Group of Opinion Leaders)에 집중하였다.
- 퍼스트 컨설팅 그룹의 리더십 제일 프로그램은 보다 전통적인 주제 접근방식(subject matter approach—교육내용을 교육 목적에 맞게 조직해 놓은 방식 묶음 : 역주)보다 FCG의 실질적 업무와 시나리오들에 의거한 사례연구들을 활용함으로써 상황적 접근방식을 구사하는 점을 자랑한다. 다른 많은 프로그램들이 동기와 의사소통에 초점을 두는 것과는 달리 FCG 프로그램은 다양한 스킬에 초점을 둔다. 예를 들면 유능한 리더가 되려면 조직 합병 사례를 연구할 때 재무, 법률, 사업과 수익(revenue)의 의미, 정서, 동기 및 의사소통과 같은 다양한 이슈들에 초점을 맞출 수 있어야 한다. FCG는 또한 CEO와 경영위원회가 과정의 세션을 맡은 퍼실리테이터의 역할을 담당하고, 그 위원회의 멤버가 참가자들의 후원자가 된다는 점이 독특하다.

- 마텔의 플래티퍼스(Platypus) 프로젝트는 제품 혁신 지향적 창의성 극대화를 위하여 개인 개발에 집중하였다. 스토리텔링과 창의적 문화를 다루는 강사 및 '대면(face-to-face)' 관계를 통한 신뢰, 존중 및 의사소통 활동이 모두 장려되었다. 융심리 분석가(Jungian Analyst)나 일본의 다도 마스터(Japanese Tea Master)와 같은 외부 전문가들이 팀 관찰 기술을 연마하게 도와주기도 하였다. 최초 구성된 12개 그룹은 포스트모더니즘과 살아있는 시스템으로서의 회사라는 개념을 사용하면서, 브레인스토밍을 하고, 결속을 이루면서 브랜드를 만들고 비전통적인 방식을 사용한 연구활동까지 하였다. 이 노력으로 '엘로(Ello)'라는 여자 어린이를 위한 하이브리드 빌딩 장난감(hybrid building toy)이 탄생하여 1억 달러 선의 수입을 거둘 것으로 기대되었다.
- HP는 다이내믹 리더십(Dynamic Leadership)이라는 원칙들을 실행하기 위하여 교육 후에는 사후관리 도구인 *Friday5s®*를 활용하여 엄격한 사후관리 시스템을 운영하였다. 이 프로그램의 종료 세션에서 참가자들은 자신이 배운 것을 실무에 적용하도록 두 가지 목표를 적어 내게 하였다. 교육이 이루어진 후 그 다음 주에 참가자들에게는 이메일로 본인의 목표를 상기시켜 주었다. 또 각 참가자들이 정한 목표들이 이메일로 상사들에게 송부됨으로써 상사들이 과정에 참가했던 부하사원이 배운 것과 그들이 하려는 것이 무엇인지를 확실히 알도록 하였다. 이 시스템은 각 참가자의 목표를 팀 내에 공개하게 하여 책임과 학습을 공유하도록 장려하였다. 또한 이 목표들은 집단 전용의 *Friday5s®*라는 웹사이트에 입력되며 그 다음 주에 참가자들에게는 이메일로 자신들의 목적들이 상기되었다.

다른 어떤 회사들은 시스템적 기능장애를 예방하기 위한 변화 촉진 프로그램들을 실행하였다.

- 엠아이티대학의 변혁 프로그램에서 사용하는 주요 훈련은 상상력 훈련으로, 참가한 리더가 변화를 상상하게 하고 자신을 그 전체 시스템의 일부로 인식하도록 개발하는 데 초점을 두고 있다. 향후 5년간 부서를 건전하고 생산적으로 운영하는 모습을 상상하게 만들자 참가자들은 자극을 받아 그 변화를 실현하기 위해 지금 무엇을 할지를 토론하게 되었다. 참가자들은 새로운 방

식으로 생각하는 데 몰입하였고 자기의 결정이 부서 장래뿐 아니라 서로에게도 영향을 준다는 것을 깨닫게 되었다.

- 코닝은 혁신 추진팀을 구성하여 회사의 성공에 초점을 맞추는 한편 회사의 단점들도 확인하였다. 이 두 가지 모두는 혁신개념을 옹호하고 수용하도록 종업원들에게 더욱 더 눈에 잘 보이고 잘 이해되도록 할 필요가 있는 자원으로 여겨졌다. 모든 계층의 종업원들을 위한 공식화된 훈련 프로그램이 만들어져 승진 및 평가와 채용 등에 대한 기준의 일부가 되었다. 코닝은 또한 코닝 컴피츠(Corning Competes)라는 프로그램을 제도화하였는데 이 프로그램은 리엔지니어링을 통한 사업 관행들에 대하여 지속적 개선을 도모하고자 설계되었다.
- 스토리지텍사는 자신들의 변화프로그램을 성공시키기 위해서는 모든 계층에서 위기감을 고취시키고 그 프로그램을 확실하게 수용토록 할 필요가 있다는 것을 알았다. 그들은 종업원과 대화를 거친 후, '현실 : 정보의 홍수(Current Reality : Flood of Information)' 라는 학습지도(learning map)를 만들기 위해 전략 혁신 분야 전문 회사를 활용하였다. 이 학습지도는 전 세계에 걸친 최고 경영층과 스토리지텍의 모든 종업원들이 회사의 경쟁환경 토론에 관심을 기울이게 하는 데 효과가 있었다. 그 다음 단계로 고성과 문화 달성을 중심으로 한 추가적 의사소통들과 변화 시도 프로그램을 도입하면서 위기감을 유지하도록 하였다.
- 프락세어는 15개월 이상 사전평가 단계를 지속하였는데 이는 몇 개의 설문조사나 포커스 그룹(focus group)을 활용하는 방식을 훨씬 넘어선 것이다. 그것은 집약된 행동 집합으로서 500명 이상의 종업원이 관여하였으며, 행동변화가 필요하다고 생각된 사람들이 자신들의 변화를 약속함으로써 실행행동이 공고하게 되었다. 따라서 실행단계 동안에 저항은 사실상 거의 존재하지 않았다.

제5단계 : 직무수행을 통한 지원

이들 벤치마킹 프로그램들은 경영진 계획이나 강의장 교육으로 끝나지 않고, 직무를 통하여 강화되고 지원된다. 이 단계는 변화와 개발이 직무 수행과정으로 전환될지를 결정하는 사후관리 지원방안에 대해서 정의한다. 프로그램들 중에서 훈련장 밖에서의 지원시스템은 조직개발-인적자원개발(OD-HRD) 프로그램들의 성공을 위해 가장 중요한 요인 중 하나이다. 모토롤라에서는 성과관리 시스템을 만들어 조직의 공유된 목적들이 개인행동으로 전환되게 하였다. 맥도널드사는 프로그램에서 다룬 통찰 사항들을 조직전반에 걸쳐 지속적 개인개발 시스템과 과정들에 통합시켰다. 에미스 커뮤니케이션은 특별 행사 시 개인이 이룬 업적들을 축하해 주었고, 균형잡힌 성과지표 측정 시스템을 사용하여 바람직한 행동을 회사의 성과측정에 통합하였다.

애질런트는 코칭 시스템에서 다소 다른 접근법을 사용하는데 코칭과정 동안에 참가자가 일하는 곳의 사람들과 함께 주기적으로 '점검(check-ins)' 하는 방식이 포함된다. 이 점검 방식은 어느 면에서 보면 중요하다. 왜냐하면 경영자용 성과 가속화 프로그램(Accelerated Performance for Executives program)이 지향하는 개발 목적이 자신과 그의 상사, 동료 및 부하 등과의 관계성에 달려 있기 때문이며, 그 관련된 사람들이 참가자의 개발활동에 대한 성공 여부를 결정하기 때문이다. 마찬가지로 마텔은 혁신과정에 관리자들의 참여도를 높여, 그들이 플래티퍼스 프로젝트 후 본래 역할로 돌아갈 때 새로 배운 스킬이 더 부드럽게 통합되고 더 잘 활용될 수 있도록 하였다.

이 책에 있는 코칭과 멘토링 사례연구들은 특히 리더십 개발 시도 프로그램에서 지속적인 지원과 개발을 제공하기 위하여 준비된 것이다. 인텔과 제너럴 일렉트릭사의 코칭과 멘토링 사례연구들은 리더십 개발에 대한 지속적 지원을 제공하고, 조직의 전략적 사업 목적 및 목표들을 보다 더 구체적으로 제공하는 조직들에 대한 훌륭한 본보기들이다. 다른 조직들은 검토과정을 만들어 두어 변화를 위한 지속적 지원과 개발을 제공하는 데 좀 더 직접적으로 접근한다.

퍼스트 컨설팅 그룹과 모토롤라, 엠아이티 및 프락세어는 지속적 점검과 모니터링 및 분석과정을 적절히 사용하여 신규 정책이나 절차들이 확실히 추진되도록 한다. 델노어 병원은 부서장(department head)들이 연간 목표 달성을 위한 분기별 활동을 정하는 90일 계획을 개발토록 함으로써 각 팀들이 제대로 일을 진행하도록 도왔다. 이 원리는 또한 병원의 점검 및 평가 시스템 안에 구축되어 모든 사람들이 개인 및 팀 목적과 조직 목적 달성에 있어서 자신의 성과에 대한 책임감을 갖게 한다.

제6단계 : 평가

평가는 마지막 정점에 해당한다. 즉 조직이 프로그램을 수정하고 강화하는 방법에 대한 통찰력을 얻을 수 있는 부분이고, 강화과정에서의 장애를 제거하며 현장에서 사용하는 방법에 대하여 통찰력을 얻을 수 있는 부분이다. 또한 성공을 측정하기 위해서 그 개입활동(intervention)을 원래 목적에 다시 연결해 보는 방법에 대한 통찰력을 얻을 수 있게 하는 부분이다. 이 단계에서 몇 가지 변화 시도 프로그램에 대해서 주목할 가치가 있다.

- 맥도널드는 프로그램이 종료된 후 참가자들의 성과를 평가하기 위해서 참가자들의 승진비율과 성과 평가를 포함하는 행동 측정치를 사용한다.
- 에미스 커뮤니케이션은 종업원 1인당 수익, 종업원 설문조사 결과 및 바람직하지 않은 이직률 측정으로 변화관리 노력에 대한 성공도를 측정한다.
- 록히드 마틴은 종업원 설문조사를 사용하여 중요 행동에서의 변화를 추적하였다. 이 결과에 따르면 중요 행동들에서 의미 있는 개선을 이룬 조직이 또한 재무성과에서도 개선을 이루었다.
- 인텔의 Fab 12반도체공장의 리더십 개발 프로그램은 과정 수료 후 직원들의 책임성의 증가와 프로그램 후의 자기평가 그리고 동료들로부터의 감사 편지와 리더십 개발 포럼 동안 참가자가 실행한 와우 프로젝트(WOW! Projects) 결과에 따라 프로그램의 효과성을 평가한다.
- GE 캐피털은 참가자가 변화를 위하여 개인적으로, 팀에서 그리고 조직에서 행한 행동들을 조사한다. 이 조사는 교육 후 리더십의 세 가지 수준에 대한 초기 프로그램 구성에 따라 실시된다. 또한 참여자의 특별한 개발필요점에 대한 미니 360도 평가도 실시된다. 피드백 제공자들의 의견에 따르면 이 경우 참가자의 95%에서 개선이 일어난다. 프로그램 평가는 또한 그 설계와 내용이 글로벌 참가자들에게 관련 있고 적합하도록 실행된다.
- 애질런트는 약식 조사와 전화를 통한 점검 및 대면 인터뷰들을 결합 사용하여 리더의 전반적인 리더십 효과성과 특별 개발 영역에서 개선이 있는지를 판단한다. 이 집계된 결과들은 80%에 가까운 응답자들이 평가대상 리더가 자신을 개발하는 데서 성공적이었다고 느꼈다는 점에서 인상적이다. 코칭에

대하여 성과가 보증된다는 것은 이 프로그램의 효과성에 대한 또 다른 초석이다.

결 론

회사들이 조직개발과 인적자원 개발에 투자를 해야만 하는가? 이 책에서 소개된 대부분의 조직들은 평균적으로 미화 50만 달러 이상을 지출하며, 리더십 개발과 조직 변화 시도 프로그램 투자 대비 두 배 이상의 투자수익(ROI)을 거두고 있음을 보여줌으로써, 위의 대답에 '예'라고 매우 긍정적으로 대답한다. 이 책에 있는 변화시도 프로그램들의 대부분은 조직 문화와 목표들에 상당한 영향력을 미쳤다. 사업에 준 영향과 직무에 전이된 효과는 글로벌 경쟁력의 증가, 수익성의 증가, 신제품 판매, 주주가치 상승, 인수 및 합병을 위한 회사의 견고화 등의 형태로 나타났다. 이러한 변혁적 영향들에 대한 정확한 양적 측정방식은 지속적으로 연구되어야 하고, 추적되어야 하며 측정되어야 할 것이다.

인적자원 개발과 조직개발 및 리더십 개발 분야의 미래는 그에 대한 투자수익을 증명하고 일관된 근거에 의하여 측정할 수 있는 능력에 달려 있을 뿐만 아니라 지속된 성장과 개발이 유지되도록 돕는 몇 가지 요인들에도 달려 있다. 18개사의 모든 최고 관행들에는 다음 네 가지 주요 요인들이 공유된다.

- 사회 시스템 맥락 내에서 조직 문화와 조직 시스템의 독특성을 완전히 이해한 후 프로그램을 설계하고 실행
- 제공된 프로그램과 관행에 대한 조직 전체적 관심과 신념
- 비용 대비 프로그램들의 평가결과로 나타난 경성(hard) 및 연성(soft)효과 측정치들을 지속적으로 조사
- 사업 목표와 연관된 개발활동의 수익모델 창출

컨설팅과 개발사업은 다른 주요 산업과는 달리 몇 가지 경제적 불안을 야기하는 요인들 속에서 지난 몇 년간 점점 경쟁적이 되고 있다. 컨설팅 회사들 안에서 증가하는 실업과 고용조정으로 틈새시장을 노리는 수많은 컨설턴트들이 시장에서 탄생하고 있다. 조직 내에서 조직개발과 리더십 개발을 담당하는 임원들(directors)은 외부 컨설팅 회사를 다룰 때 예전보다 더 주의를 기울여 조직 목표와 조직의 요구에

초점을 두어야 한다. 존 앳킨슨(John Atkinson)의 말이 기억난다. “자신의 인생을 자기가 이끌지 않으면 다른 누군가가 대신할 것이다.” 이는 여러분 회사 내의 모든 계층에서 건실한 자료로부터 도움을 받아 여러분의 조직을 위한 여러분 자신의 필요점과 본능에 귀 기울이라는 현명한 충고이다.

확실히 산업 전반에 걸쳐 잘 공유된 관점과 접근방법이 존재하며, 변화를 이루어 내는 도전을 다루는 데 필요한 OD와 HRD 관행들이 존재한다. 조직개발 및 변화의 공식은 중요한 목적으로 남아 회사 자산으로 간직될 필요가 있다. 이 조직들과 여러 조직들이 리더십 개발과 변화의 여정을 지속하는 동안에 우리는 그들 조직들의 행보를 추적해 보기를 기대한다.

2004년 10월

루이스 카터(*Waltham, Massachusetts*)

데이비드 울리히(*Ville Mont Royal, Quebec*)

마셜 골드스미스(*Rancho Santa Fe, California*)

1

애질런트 테크놀로지즈사

애질런트 테크놀로지즈의 전사적인 경영자 코칭 프로그램은 고성과를 내는 잠재력 높은 고위리더들을 위한 것으로서 맞춤화된 360도 리더십 피드백 프로파일, 국제적 연결망을 가진 외부 코치들, 그리고 사후성과를 측정하여 코칭비용을 이와 연계시킨 '성과에 따른 보수(pay for result)' 조항을 특징으로 한다.

개 요

애질런트 테크놀로지즈는 47,000명의 직원을 거느린 실리콘 밸리의 '벤처기업'으로서 새로운 출발의 기회를 가졌다. 고위 경영자팀이 새로 출범하여 미래 전략과 새로운 가치들을 추구하게 되었다. 회사의 전략적 이니셔티브들에 따라 정렬된 집중적 리더십 개발 프로그램은 통합 경영자 코칭 프로그램과 함께 곧 회사의 필수 과정이 되었다.

이 사례연구는 애질런트사의 경영자를 위한 성과가속화(Accelerated Performance for Executives, APEX) 코칭 프로그램의 개발과 실행 내용을 밝힌다. 두 해 반에 걸쳐서 APEX는 60명으로 구성된 세계적인 코칭 풀(coaching pool)을 활용하여 100여 명이 넘는 회사 리더들에게 도움을 주었다. 평가자들로부터 얻은 피드백에 의하면 이 회사 리더들의 95% 이상이 이 프로그램에 참여하는 동안 전반적 리더십 효과성이 긍정적으로 개선된 것으로 나타났다.

애질런트 테크놀로지즈가 APEX 프로그램을 실행하면서 얻은 교훈들은 핵심 리더들의 지속적 개발에 전념하는 다른 회사들에게 값진 통찰력을 제공한다.

배 경

1999년에 휴렛패커드(HP)는 전략적인 재정렬을 통해 두 개의 회사를 만든다는 정책을 발표하였다. 하나는 HP로서 컴퓨터와 프린터 및 이미징 사업과 관련된 것이고 다른 하나는 하이테크 계열 '신생 회사(newco)'로 시험 측정 장비들과 화학 분석 및 의료사업으로 구성되어 있었다. 이 두 번째 회사가 애질런트 테크놀로지즈로 불리게 된다.

애질런트는 실리콘밸리 역사상 가장 큰 주식공개상장(Initial Public Offering, IPO)으로 뉴욕증권거래소(NYSE) 종목 코드 'A'를 부여받으며 1999년 11월 18일 완전히 독립하게 되었다. 신생 회사의 본사는 HP가 연구개발(R&D) 및 제조시설을 처음 소유하고 운영했던 캘리포니아의 팔로 알토(Palo Alto)에 설립되었다.

'탄생' 당시 애질런트는 속도, 초점, 책임성이라는 세 가지의 신 기업가치를 가지고 회사의 미래를 이끌어 갈 것이라고 선언하였다. 애질런트는 또한 HP로부터 '전승된(heritage)' 가치들인 타협 없는 성실성, 혁신, 신뢰 및 존중과 팀워크도 간직하였다.

회사를 세우고 유지할 강한 개별 리더들이 필요하다는 점이 확실히 이해되면서 리더십 개발전략을 신속히 구축해야 할 필요성이 대두되었다. 미래의 리더를 개발하는 것은 CEO인 네드 반홀트(Ned Barnholt)가 맡은 핵심 우선 과제 중의 하나였고 현재도 여전히 그러하다.

초창기의 코칭 노력

리더십 개발 계획이 등장하게 된 한 가지 핵심에는 잠재력이 높거나 성과가 탁월한 리더로 이미 인정받고 있던 핵심 경영자들을 더욱 더 개발하려고 하는 목적에서 경영자 코칭 과정을 포함하려는 것이었다.

경영자 코칭 과정은 HP 내에서 도입되어 있었지만 이를 위한 노력들은 통상 제대로 조율되지 못한 상태였다. 즉 회사의 여러 리더십 개발 시도 프로그램들 안에서 코칭이 전략적으로 통합되지 못한 상태였다. 다수의 프로그램 제공자들과 개인 코칭 활동가들이 여러 가격대에 걸쳐 서로 다른 코칭 프로그램들을 제공하고 있었다. 회사는 뒤늦게 이런 사실들을 알고 두 가지의 우선 목표를 달성하고자 하였다. 바로 (1) '회사가 추천' 하는 우수한 통합 코칭 프로그램을 만들고, (2) 우대 할인요금(preferred discount rate) 제도의 장점을 활용하는 것이었다.

애질런트의 운영 조직 중의 하나인 반도체 그룹(Semiconductor Product Group, SPG)은 1999년 여름, 컨설팅 회사인 케일티, 골드 스미스 앤 컴퍼니(Keilty, Goldsmith & Company, 이 회사는 후에 Alliance for Strategic Leadership Coaching & Consulting 사가 된다)와 함께 '성과를 보증(result guarantee)' 하는 조율된 코칭 프로그램 추진 계약을 맺게 되었다. SPG의 고위 지도자들 중 50명 이상이 일 년 과정의 리더십 효과성(행동) 향상을 위한 코칭을 받게 되었는데, 이것은 독특하게도 프로그램의 성과를 보증한다. 이 노력들은 회사에서 긍정적 관심을 끌어 뒷날 APEX 프로그램을 만드는 데 기초가 되었다.

2000년 2월, 애질런트의 글로벌 프로그램 관리자인 다이앤 앤더슨(Dianne

Anderson)은 전 세계에 걸쳐 있는 회사의 고위 관리자들과 경영자들(약 750여 명)을 위한 코칭방안 설계 책임을 맡았다. 이 관리자는 케일티, 골드 스미스 앤 컴퍼니의 브라이언 언더힐(Brian Underhill)과 함께 공동 작업을 하여 SPG 내에서 사용된 것과 같은 성공적 코칭모델에 의거하여 새 APEX 프로그램을 설계하여 보급하게 되었다.

애질런트의 글로벌 리더십 프로파일

APEX 프로그램을 착수하는 단계에서, 새로운 리더십 행동 프로파일 개발에 핵심을 두어 회사의 전략적 우선 순위들, 핵심가치, 고위 경영자 역할에 대한 기대들이 확실하고 정확히 반영될 수 있도록 하여야 한다는 의견이 모아졌다. 이전에는 SPG 부문의 코칭을 위한 리더십 요건(leadership inventory)을 맞춤화하여 만들었으나, 이번에는 애질런트 전사 프로파일을 통해서 전사적으로 일관된 리더십 행동이 설정될 필요성이 있다는 데 큰 공감이 이루어지게 되었다.

이렇게 하여 최고경영층의 핵심 전략 사항, 애질런트의 새로운 가치, 전승된 핵심가치 및 SPG의 기존 프로파일 등에 근거하여 차세대 리더십 프로파일 초안이 만들어졌다. 애질런트 사업리더 요건(Agilent Business Leader Inventory)은 여러 곳으로부터 의견수렴을 거쳐 2000년 여름에 만들어졌으며 그 중요한 역량들은 보기 1.1에 제시된다.

그 뒤 2001년 봄, 애질런트는 애질런트 사업리더 요건을 갱신하여 일선 관리자로부터 상위 리더까지 모두를 포함하기 위한 새로운 프로파일을 만들기로 하였다. 애질런트와 A4SL 코칭 & 컨설팅(A4LS C&C)으로 구성된 다기능팀 요원들이 그에 따른 새로운 프로파일 개발작업을 착수하였다.

몇 개월간의 자료검토와 입력 및 정교화 과정을 반복한 후에 전사에 사용될 수 있는 측정가능하고 정렬된 글로벌 리더십 프로파일이 개발되었다. 그러한 노력의 결과 최종적으로 중간 및 일선 관리자를 위한 프로파일이 만들어졌는데, 그 프로파일은 '전략과 변화를 이끈다'는 부분과 '성과를 지향한다'는 영역에서 행동 표현 부분에서 약간의 차이가 있을 뿐 거의 80% 수준이 경영자 프로파일과 같았다.

이 두 가지의 프로파일은 최종적으로 애질런트 사업 조직의 각 고위 관리자들과 미국 외의 지역 대표들에 의해 검토되었으며, 이들의 피드백을 종합하고 반영하여 최종 작품이 만들어지게 되었다. 이에 따라 애질런트 글로벌 리더십 프로파일은 모든 부문에 걸쳐 일관되게 적용될 수 있게 되었고 2001년 여름부터 사용되었다. 가장 중요한 역량들의 개요는 보기 1.2와 같다. 이 프로파일에 대한 여러 번의 개정과정에서 APEX의 점수관리 파트너는 조지아 주 애틀랜타의 어세스먼트 플러스(Assessment Plus of Atlanta, Georgia)사가 맡아 활동하였다.

APEX 프로그램의 설계

초기의 목표

리더십 프로파일 초기 설계작업이 진행하는 때와 동시에 새로운 코칭 프로그램을 구성하는 기본 요소들이 고려되고 만들어졌다. 초기 작업 단계부터 애질런트는 다음과 같은 복합적 목표들을 다룰 수 있는 코칭 프로그램을 만드는 데 초점을 두었다.

- **고위관리자 및 경영자에 집중** APEX 참가할 수 있는 후보자로는 부사장들과 회사 간부들 및 사업부 조직 리더들과 총괄 관리자, 이사 및 직능 관리자(functional managers)들이 포함되었다.
- **세계적 범위** 애질런트는 미국을 포함, 60개 이상의 국가에서 시설들을 보유한 세계적인 조직이다. APEX 프로그램은 리더들에게 인근 지역(가능한 한) 혹은 비행기로 한 시간 거리 안에 있는 코치들을 동원하여 효과적으로 도울 필요가 있었다. 그 목적은 각 근무 지역 내에서 코칭 프로그램을 제공할 수 있게 하기 위한 것이었다. 코치가 지역의 문화적 차이들을 이해하는 것이 중요시 되었고, 해당 지역의 언어를 구사할 수 있는 능력 역시 매우 강조되었다.
- **유연하며 사용자 친화적** APEX는 시작부터 끝까지 사용자의 편의를 고려할 필요가 있었다. 이를 달성하기 위하여 예산범위에 맞으면서 코칭 과정의 다양한 관심들을 충족시킬 수 있는 간단한 선택안들이 만들어졌다. 또한 코칭 계약을 쉽게 하고 코칭 서비스에 대한 비용지불 업무를 쉽게 관리할 수 있는 프로그램을 중시하여 만들어졌다.

- **결과에 대한 책임** APEX 프로그램은 애질런트에게 부가가치를 제공하여야 했다. 회사가 참가자에게 투자한 데 대한 결과로 참가자들도 자신의 직속 보고선상에 있는 사람들과 동료들에게 자신들의 리더십에서 긍정적이고 측정가능한 변화가 있음을 보여주어야 했다.

이러한 목표들을 맞추기 위하여 몇 개월간의 설계작업이 계속되었다. 몇 가지 코칭 선택 방안들이 반영된 형태가 만들어졌고 프로그램을 소개하는 초안이 만들어졌다. 애질런트의 핵심 시설들의 지역적 위치를 고려하여 글로벌 차원의 코칭 풀이 확보되었고, APEX 코치로 선정되기 위한 자격기준이 결정되었다. 이어 컨설턴트를 확보하기 위한 표준들을 확립하여 계약과정도 순조롭게 진행되었다. 360도 피드백과 사후관리(follow-up)를 위한 설문조사의 점수화 절차에 대한 지침이 작성되었다. 마지막으로 이 프로그램의 설명, 가격, 코치 신상 자료 및 계약 정보를 포함한 내용들이 회사 인트라넷상에 게재되었다. 이로써 APEX의 기초적인 작업이 본 궤도에 놓이게 되었다.

설계안에 의하면, APEX 프로그램은 행동에 기반을 둔 경영자 코칭방식이고, 직무와 관련한 리더십 행동 개선에 초점을 맞춘다. APEX는 경력계획 수립, 생애계획 수립, 전략계획 수립이나 교정을 목적으로 하는 코칭에는 사용되지 않는다. 이러한 특징은 프로그램 홍보 과정에서도 확실하게 나타나게 하였다.

2000년 5월에 전사적인 리더십 개발 전시회(Leadership Development Showcase)에서 경영자를 위한 가속화된 성과(Accelerated Performance for Executives) 프로그램이 공식적으로 시작되었다. APEX 프로그램이 전 조직 내 인적자원 관리자와 리더십 개발 전문가들에게 소개되었다. 제1차 참가자들이 참가하기 시작하였다. 프로그램을 다듬고 신규 서비스를 지속적으로 추가하고 있기는 하지만, APEX 프로그램은 2년 넘게 프로그램의 기본 목적과 일치하는 운영 결과를 보여주고 있다.

다섯 가지 코칭선택안

프로그램 이름에서 암시하듯이 성취 지향적 등산(achievement-oriented mountaineering)이라는 주제에 따라서 APEX는 적절하게 이름 붙여진 다음 다섯 가지의 코칭방안을 선택할 수 있게 제공한다.

베이스 캠프 경영자는 애질런트 글로벌 리더십 프로파일에 참가하여 2~4시간에 걸친 대면(face to face)코칭 세션을 통하여 개인 진단결과의 검토, 개발 분야 선정과 함께 즉석 코칭을 받으며 개발을 위한 행동 계획을 짠다.

캠프 2 경영자는 애질런트 글로벌 리더십 프로파일에 참가하여 6개월간 대면코칭과 전화를 통한 코칭을 받으며 사후 측정을 위한 미니설문조사를 한 번 받는다. 코치는 이 경영자의 핵심 이해관계자들과 전화를 통하여 변화가 이루어지고 있는지에 대한 '점검(check-in)' 활동을 갖는다. 코칭활동은 성과를 거두도록 보증된다.

캠프 3 경영자들은 6개월간 대면코칭과 전화코칭을 받고 사후에 코칭의 효과 측정을 위한 미니설문조사를 한 번 받는다. 코치는 경영자에 대한 핵심 이해관계자들과 12번의 인터뷰를 수행하고 그 결과를 자세하게 기록한다. 코치는 이 경영자의 핵심 이해관계자들과 전화를 통하여 변화를 '점검' 한다. 이 코칭활동은 성과를 거두도록 보증된다.

하이(high) **캠프** 경영자는 애질런트 글로벌 리더십 프로파일에 참여하여 일년간 대면코칭과 전화코칭을 받고 추가로 사후효과 측정을 위한 미니설문조사를 두 번 받는다. 코치는 핵심 이해관계자들과 전화를 통하여 변화를 '점검' 한다. 이 코칭작업 역시 성과를 보증한다.

정상(summit) 경영자들은 일 년간 대면코칭과 전화코칭을 받으며, 사후 측정을 위한 두 번의 미니설문조사를 받게 된다. 코치는 핵심 이해관계자들과 12번의 인터뷰를 수행하게 되고 그 결과들을 자세하게 기록한다. 코치는 핵심 이해관계자들과 전화를 통하여 변화를 '점검' 한다. 이 코칭활동은 성과를 거두도록 보증된다.

또한 인터뷰와 지원도구들 및 팀 또는 집단을 기반으로 하는 경험사례들을 포함한 몇 가지의 추가 옵션들이 선택가능하였다.

다양한 선택안을 마련한 의도는 참가자들에게 코칭 경험에서 최대의 유연성을 허용하고 적합한 선택을 가능하게 하기 위한 것이다. 각 선택안에서 참가자들은 불이익 없이 다음 단계로 한 단계 향상 혹은 확장할 수 있었다(예를 들면 6개월짜리로부터 12개월짜리로). 일부 라인조직 경영자들은 APEX에 고유한 팀(intact team)을 참가시키면서 팀빌딩 목표를 추가하기도 하였다. 가장 일반적으로 선택된 것은 하이 캠프과정이었다.

성과 보증 조항

대부분의 APEX 선택안들은 A4SL 코칭 & 컨설팅에서 제시하는 독특한 제안을 포함하고 있다. 즉 성과를 보증하는 것이다. 리더들은 코칭이 완료되기 전에는 비용을 지불하지 않으며, 코칭이 완료된 후에도 개선이 이루어지지 않으면 비용을 지불하지 않는다. 개선이 이루어졌는지 여부는 함께 일하면서 그를 평가하는 사람들에 의해 결정되며, 리더 자신은 평가하지 않는다.

이 접근법은 애질런트 경영자들에게 아주 인기가 있었다. 도전적인 시장환경 속에서도 리더들이 자기개발 노력을 계속할 수 있고 전문적인 서비스들을 받으면서 비용 지불을 일 년까지 늦출 수 있다. 게다가 리더들은 사후 미니설문조사에 의해 자신들의 리더십효과성에서 지각될 만한 개선들이 있는 것으로 입증되는 경우에만 비용을 지불하게 된다는 점을 사전에 안다.

이 성과 보증 조항은 잠재적 참가자들에 대한 '자격화'를 필요로 한다(이에 대해서는 뒤에 설명). 프로그램을 조기에 중단하거나 더 이상 참여하지 않기로 결정한 리더들에게는 참여한 만큼의 금액만 청구된다.

더욱이 애질런트사는 한 코칭업체와 관계를 맺을 때 우대 할인요금제도를 도입하여 원하는 수준에서 협상을 할 수 있었다. 각 선택안에 대하여 코칭비를 균일요금(flat rate)으로 설정하여, 코치가 컨설팅 시간을 과도하게 사용하려는 유인을 없앰으로써, 리더들의 돈과 귀중한 시간 낭비없이 측정가능한 변화를 만들어 내도록 장려된다.

세계적인 코칭 풀

이 프로그램을 전개하는 동안에 반복적으로 나타나는 도전과제는 세계 어디서나 인증된 코칭 자원들을 활용가능하도록 보장받는 것이었다. 가상조직인 A4SL 코칭 & 컨설팅은 독립적인 코치들과 계약을 맺어 세계적인 기반으로 코칭서비스를 제공한다. 이것은 A4SL 코칭 & 컨설팅이 추가적 비용 유발 없이 애질런트의 코칭 풀안에 코치 수를 늘릴 수 있었음을 의미한다.

코치들은 성과 보증 방식으로 보수를 받는다는 점에 동의하여야 했다. 즉 코칭 프로그램이 끝날 때까지는 비용 외의 보수가 지불되지 않고, 성공적인 리더십 변화가 없는 경우 보수가 없다. 미국에서 코치들을 조달하는 것은 어렵지 않았다. 그러나 유럽과 아시아와 같이 경영자 코칭이 덜 발달한 곳에서는 자질 있는 전문가의 숫자가 매우 적었으며, 또한 매우 바빠서 그들을 성과 보증 방식에 동의하도록 설득하기는 쉽지 않았다.

코칭 분야는 일반적으로 다양성이 크고 규제가 적기 때문에 코치자격에 대한 일련의 가이드 라인이 필요하다는 점이 시작할 때부터 확실시되었다. 따라서 APEX 코치들에 대한 최소의 요건들이 확립되었는데 여기에는 상위 경영자들과 일을 해본 경험, 행동문제에 대한 코치로 일을 해본 경험, 리더역할에서의 경력기간과 석박사 학위가 포함되었다. 한편 성과 보증 방식은 자연스럽게 자격요인으로서 작용하게 되었다. 즉 일반적으로 자질 있는 코치들은 자신들의 일에 신념을 가지고 있어서(그것도 충분하게 갖추고 있다) 후불제임에도 불구하고 성과를 보증할 수 있다. 또한, 그들은 회사의 컨퍼런스 콜에 참여하고, 자신의 전문성을 유지하며, 일련의 윤리적 지침들을 지키기로 동의한다. 코치들에 대한 기초 신상 자료가 검토된 후 잠재적인 코치들은 세부 인터뷰를 거친다.

코칭 풀은 세계적으로 60명까지 늘어났다. 각 코치들은 전화 오리엔테이션에 참여하고 60쪽 분량의 오리엔테이션 패키지를 받는다. 애질런트는 현재 분기별 컨퍼런스 콜을 열어 코치들에게 회사의 뉴스를 제공하고, 애질런트의 리더들과 일하는 데서 코치들이 도전하는 것을 배우며, 동료 간 학습을 위한 포럼을 제공한다.

내부 마케팅

APEX가 회사에서 개발, 추천된 것이기 때문에 분권화된 사업조직들을 가지고 있는 곳에서 이 프로그램을 이용할 것이라는 점을 보증하기는 어려웠다. 따라서 초기 단계에서는 APEX 프로그램의 이점을 강조하기 위하여 내부 마케팅 캠페인이 필요하다는 데 의견이 모아졌다.

리더십 개발 전시회(Leadership Development Showcase)는 이 프로그램을 시작하는 데 적절하게 도움을 주었다. 2000년 여름과 가을에 다양한 사내 HR 개발 세션과 리더십 개발 세션에서 유사한 프리젠테이션들이(개인적으로 또한 전화로) 발표되었다.

프로그램이 무르익음에 따라 입에서 입으로 전해지는 구전은 매우 효과적인 마케팅 수단이 되었다. 프로그램에 참가하는 리더들의 수가 늘어남에 따라 사내에 소문이 퍼지게 되었다. 어떤 라인부서 경영자들은 자신들과 휘하의 팀들이 단체로 이 프로그램에 참여하기 위해 등록하였다. 여러 계층의 회사 간부들과 부사장들(VPs)을 포함한 고위 리더들은 일찍부터 이 과정에 등록하였다. 또한 HR관리자들은 서로 잘 네트워크화되어 있어 APEX에 대한 소문은 애질런트의 HR 커뮤니티를 통해 퍼져 나갔다.

마침내 전사 인트라넷에 프로그램을 지지하는 글들이 올려져 프로그램에 대한 정보가 쉽게 공유될 수 있었다. 사업 리더들이 이 프로그램을 빨리 이해할 수 있도록 돕기 위하여 많은 시간을 들여 명쾌하고, 요점중심적(straight-to-the-point) 내용들이 만들어졌다.

APEX 과정에 대하여

자격화와 코치 배정

APEX는 성과를 보증하는 톡득한 성격 때문에 참가자들에 대한 자격화 과정이 필요하다. 잠재적인 참가자들은 A4SL 코칭 & 컨설팅 프로그램 관리자와 함께 간단한 인터뷰를 실시하여 구체적인 개발 필요점을 결정하고 APEX가 자신의 목표를 충족시킬 수 있다는 것을 확신해야 한다. 참가자들은 이 프로그램에 대하여 진심으로 관심이 있음을 보여주고(프로그램에 대해서 듣는 수동적 입장이 되기보다는), 기꺼이 피드백을 수용하며, 자신이 개발할 영역을 설정하고 자신의 개발 목표에 관하여 핵심 이해관계자들과 함께 정기적으로 사후관리를 실행할 필요가 있다.

초기 대화를 토대로 하여, 프로그램 관리자는 참가자의 개발 필요점과 스타일 및 장소들을 고려하여 두 명에서 네 명의 코치들에 대한 신상 자료들을 참가자들에게 보낸다. 그러면 참가자들은 코치와 전화 인터뷰를 통하여 코치의 스타일과 접근방식, 배경 등에 대하여 상세하게 알게 된다. 이때 코치들은 코칭 대상자에게 특별한 필요점이나 현안들을 파악하기 위한 질문들을 한다.

이 방식은 경영자들로 하여금 이 과정에 대하여 더 큰 주인의식을 갖게 한다. 참가자들이 자신의 코치를 선정하도록 권장하게 하면 자신에게 맞지 않는 코치를 선정할 가능성을 줄일 수 있다. 더 확실한 최종적 자격화 요건은 APEX 참가비를 리더가 속한 부문의 예산으로 부담하게 한다는 것이다(애질런트사는 APEX를 위한 설계와 지속적 개발을 후원하지만 개별적 참여를 지원하지는 않는다).

코치와 경영자는 이 프로그램에서 무엇을 하는가

APEX 과정이 진행되는 동안에 A4SL 코칭 & 컨설팅 코치와 이에 참가하는 애질런트의 리더 간에는 실제로 무슨 일이 일어날까? 넓게 보면 코칭서비스에서 코치의 노력은 두 가지 차원을 지향한다.

1. **전반적인 피드백 과정** 초기 온라인 360도 피드백과 한두 번의 미니설문조사를 통하여 참가자를 안내하고, 참가자가 자신을 평가한 360도 평가자와 피드백 제공자들에게 피드백 결과를 알려주고 자기 개발에 대한 사후관리를 그들과 함께 하게 도와준다.
2. **내용코칭** 참가자가 개발을 목표로 하는 영역[예를 들면 경청 스킬, 지위권력(position power)에 의존하지 않는 영향력 행사, 타인을 코칭하기]에서 더욱 효과를 낼 수 있도록 돕는다. 대부분의 APEX 과정(참가자)에서 개발의 타깃은 애질런트의 맞춤식 360도 피드백 도구인 애질런트 글로벌 리더십 프로파일 관리를 거쳐서 유도된다.

APEX의 코칭 배정은 두 가지 방식 중의 하나로 시작하는 경향이 있었다. 주로 라인관리자나 HR 관리자의 권유에 따라 개인적으로 이 프로그램을 시작하는 경우, 또 다른 경우는 애질런트의 고위 경영자가 자신의 리더십 팀을 지정하여 APEX 프로그램을 통하여 개발될 수 있게 하는 경우이다. 각 개인들은 A4SL 코칭 & 컨설팅으로부터 코치를 정하여 과정을 시작한다. APEX 코칭 파트너십 내에서 개인들의 활성화가 일어나고, 그와 같은 개인 개발노력을 중심으로 집단적인 팀 시너지가 발생한다. 개인 개발과 팀 개발이라는 두 가지 목표들은 이 모델에서 잘 충족된다.

360도 피드백 자료를 온라인으로 모을 때 팀 모델은 특히 장점이 있다. 즉 팀 전체가 하나의 조직으로 함께 참여하도록 지정될 때, 개인들에 대한 자료수집 과정이 동시에 일어나고, 전체 팀이 참여한다는 사실이 자주 보다 더 큰 긴장감을 만든다.

APEX 코칭과정에는 정기적이고 지속적인 전화 및 이메일 접촉과 함께 직접 방문

활동도 이루어진다. 코치는 실제 대략 6~8주 단위로, 프로그램에 참가하는 애질런트 리더들을 방문한다(어떤 경우에는 방문 횟수가 더 많거나 적을 수 있다). 전화나 이메일 접촉은 통상 한 달에 한 번에서 여섯 번에 이를 수 있다. 흥미롭게도 APEX 프로그램이 해당되는 대부분의 기간에 애질런트는 불필요한 여행을 제한하는 정책을 운영하고 있다. APEX 코치의 배정에 따라 바로 나타나는 효과는 여행(특히 국제여행)의 감소이며, 대부분의 APEX 파트너십은 전화나 이메일을 좀 더 사용함으로써 지속적으로 장점을 갖는다.

부분적으로는 국제 주요 지역에 A4SL 코칭 & 컨설팅사의 글로벌 코치 풀에서 지역 내의 코칭을 가능하도록 하여 이 여행 제한을 성공적으로 관리하고 있다. 또한 어떤 코치들은 애질런트의 특정 지역(예를 들면 산타 클라라, 덴버, 독일의 보어블링겐)에서 APEX 배정(참가자)을 복수로 받아 참가자들이 비용을 분담케 함으로써 정기 여행비용을 더욱 경제적이게 하였다.

개인별 코칭 세션 동안 다음과 같은 주제들이 다루어진다.

- 현재의 사업맥락을 살펴보라. 코칭 세션을 가진 이후에 무엇이 달라지고 무엇이 같은지를 판단하라.
- 행동개발 계획에 따라 감지되는 발전이 이루어지고 있는지를 평가하라.
- 경영자의 변화 노력을 지원할 수 있는 자원과 수단들을 확인하라.
- 경영자 자신의 행동목적들을 추구하면서 함께 자신이 얻은 최근 경험들을 평가하라.
- 애질런트의 리더를 따라다니면서(shadow) 두드러진 개인적 리더십(first-hand personal leadership) 경향들을 관찰하라(예를 들면 스태프 미팅, 팀 미팅, 피드백 전달, 중요 프리젠테이션).
- 역할 연기(코치와 애질런트 경영자들은 자신들의 역할이 무엇인지 생각해 보고 이를 실천해 보거나 또는 모의 연습을 해보고 평가와 점검을 한다.)
- 핵심 이해관계자들 및 피드백 제공자들과 함께 사후관리 노력들에 대한 준비를 하고 그 사후관리 노력들을 평가하라.
- 다음 코칭 세션 동안에 완성할 실행 항목들을 정하라.

핵심 이해관계자와 사후관리

APEX 프로그램은 지각된 리더십 효과성 제고를 위해서는 사후관리가 중요한 영향을 미친다는 A4SL 코칭 & 컨설팅의 연구에 근거를 두고 있다. 실제 A4SL 코칭 & 컨설팅은 코칭서비스를 제공하는 모든 조직들에서는 한 가지 공통적 교훈을 가지고 있다. 즉 핵심 이해관계자들과의 정기적인 사후관리 활동을 통하여 리더십 효과성에서 지각된 개선이 가능하게 된다는 것이다.

사후관리를 효과적으로 했던 것으로 보이는 애질런트의 어떤 경영자들은 360도 평가 결과를 처음 보고하는 자리에서 자기의 개발목적을 평가자들에게 알려 주었다. 이 보고는 360도 평가서를 받은 직후 각 응답자들과 5~10분간 갖는 개별적 미팅이다. 사후관리에서는 다음 사항들이 강조된다.

- 익명으로 이루어졌던 360도 평가에서 자료를 제공한 평가자들에게 감사
- 긍정적인 피드백을 활용하기
- 개발 목적들의 표명
- 참가자들의 개발 노력에 대하여 평가자들이 주는 도움을 기록

이 '초기 보고(intial debrief)' 후 APEX 참가자들은 자신들의 개선활동에 대하여 평가자들과 함께 추가적 피드백을 얻기 위하여 정기적(평균 분기단위)으로 사후관리를 하도록 장려된다. 그림 1.3은 사후관리 실행을 한 참가자들과 그렇지 않은 참가자들 간에 지각된 개선의 차이를 확실하게 보여준다.

측정 : 미니설문조사 과정

APEX 코칭에는 최대 두 번의 온라인 미니설문조사(보기 1.3)가 포함된다. 이와 같은 미니설문조사 결과는 행동변화 감지에 대한 명확한 통찰력을 제공하는 것 외에도 성과 보증 조항에 따른 개선이 있는지를 결정하는 데도 함께 사용된다.

미니설문조사는 3~5개의 간단한 질문서로서 리더 주변의 핵심 이해관계자들에 의해 완성된다. 전반적인 리더십 효과성과 구체적 개발 영역에서 리더가 개선을 이루고 있는지 측정하기 위하여 평가자들에게 질문이 제시된다. 평가자들은 또한 리

더가 자신의 개발영역에서 사후평가를 실행하고 있는지에 대해서도 알려준다. 그리고 추가 의견들을 글로 써주도록 요구한다.

미니설문조사 자료는 개인별 개선을 입증하는 데 쓰이는 것 외에도 팀 또는 집단과 전사적 개선을 파악하기 위한 자료로 활용될 수 있다.

성과

집계된 미니설문조사 자료가 보여주는 바와 같이 현재까지 나타난 APEX 성과들은 인상적이다. 그림 1.1은 전반적인 리더십 효과에서 이루어진 개선에 대한 집계 자료들을 보여준다(자료의 출처는 원래의 SPG 평가자와 APEX이다).

질문 : 이 사람은 피드백 세션 후 리더로서 보다 더 효과적이 되었는가 아니면 보다 덜 효과적이 되었는가?

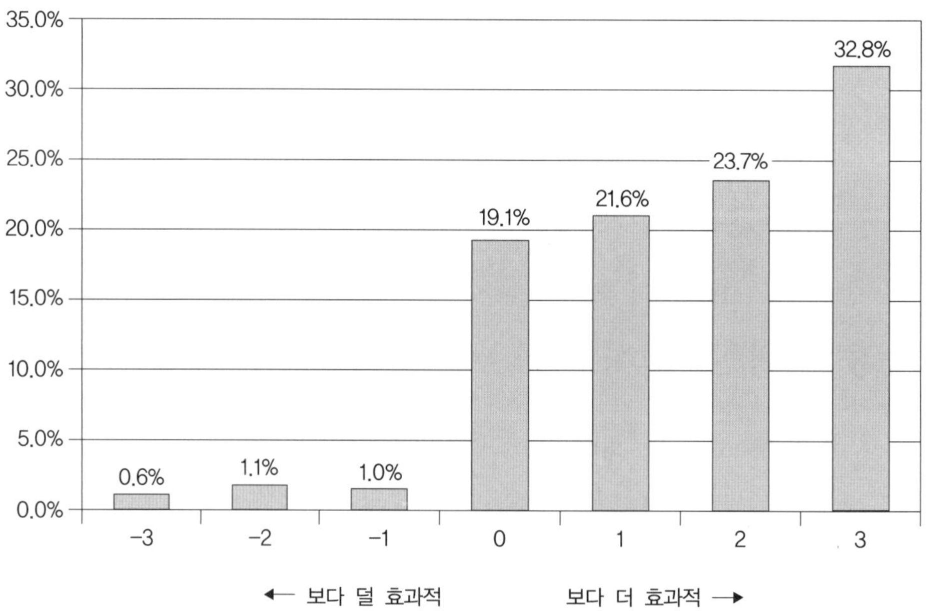

그림 1.1 전반적인 리더십 효과성에 대한 집계된 성과

출처 : Assessment Plus에서 수집되고 관리된 자료

척도 : –3 '보다 덜 효과적' 에서부터 +3 '보다 더 효과적'
831명의 평가자, 73명의 리더들

응답자의 약 57%는 APEX 리더들이 전반적인 리더십 효과성에서 +2에서 +3까지 개선되었다고 느꼈다. 응답자의 78% 이상은 APEX의 리더들이 +1에서 +3 수준까지 개선되었다고 느꼈다. 리더에게서 변화가 없었다고 응답한 사람들은 19%였고 더 나빠졌다고 응답한 사람들은 3%였다.

그림 1.2는 참가자들이 정하였던 개발영역들에서의 변화를 나타낸다(이 자료의 출처 역시 SPG 평가자와 APEX이다).

리더가 스스로 정한 구체적 개발 분야에서 이루어진 개선 성과
척도 : –3 '보다 덜 효과적' 에서부터 +3 '보다 더 효과적'
2,276명의 평가자와 73명의 리더들

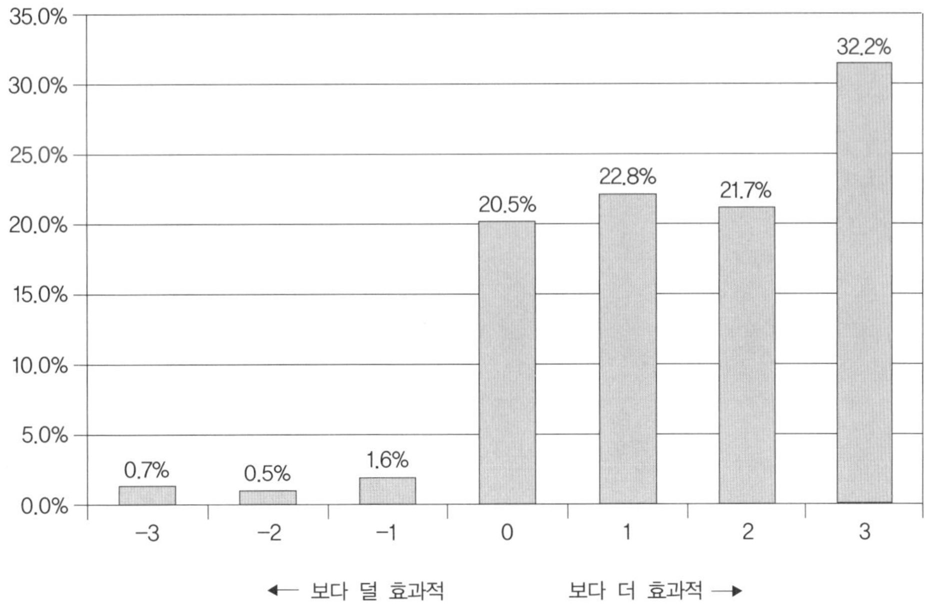

그림 1.2 선정된 개발영역에 대한 집계 결과

출처 : Assessment Plus에서 수집되고 관리된 자료

응답자의 약 54%가 선정된 개발 목적들에서 +2에서 +3 수준까지 리더들이 개발되었다고 느꼈다. 약 77%는 리더들이 +1에서 +3 수준까지 개선되었다고 느꼈다. 21%의 평가자들은 리더들에게서 어떤 변화가 없다고 지각하였으며, 2%의 응답자들이 더 악화되었다고 느꼈다.

사후관리가 이루어진 리더들 대비 그렇지 않은 리더들에 대한 성과들
(APEX와 원래의 SPG 그룹에서 얻은 결과들)
831명의 평가자와 73명의 리더들

831명의 평가자 중에서 530명(64%)은 리더들이 자신들과 함께 사후관리를 했다

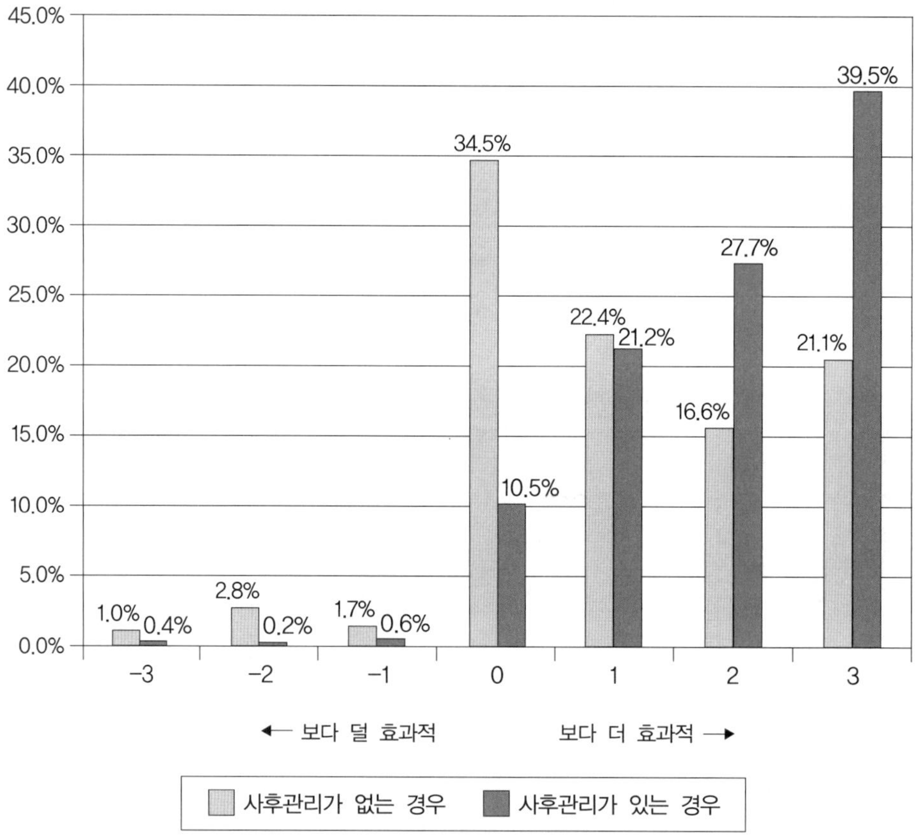

그림 1.3 사후관리가 있는 경우와 그렇지 않은 경우의 집계된 성과

출처 : Assessment Plus에서 수집되고 관리된 자료

고 믿었고, 301명(36%)은 그렇지 않았다고 믿었다. 사후관리를 한 리더들의 거의 67%가 +2에서 +3 수준의 개선이 이루어진 것으로 나타난 반면, 그렇지 못한 리더들에게서는 38%만이 그와 같은 효과를 보인 것으로 나타났다. 더욱 주목할 만한 것은 사후관리를 하지 않은 리더들 중 35%가 이전과 같은 수준(0의 변화)에 머무르는 반면, 실행한 리더는 11%만이 이전과 같은 수준인 것으로 나타났다. 사후관리 실행을 하지 않은 리더들 중 5% 이상이 더 악화된 것으로 지각되었고, 이를 실행한 리더들은 1.2%만이 악화된 것으로 지각되었다.

또한 긍정적 피드백이 진술식 의견들을 통하여 자주 미니설문조사에서 보고되었다.

전반적으로 현재까지 APEX의 결과들은 매우 고무적이다. 리더들은 전반적인 리더십 효과성에서 그리고 선정된 개발 영역에서 그들 리더와 함께 일하는 사람들에 의하여 지각된 바와 같이 개선을 이루고 있다.

핵심 통찰과 교훈

다음은 APEX의 경험으로부터 얻은 몇 가지의 핵심 통찰들과 교훈들로서 다른 조직들이 경영자 코칭 프로그램을 좀 더 효과적으로 실행하는 데 도움이 될 수 있다.

- **APEX에 대한 고위 리더들의 관여** 2001년부터 2003년까지 지난 2년간 기술 분야는 근래 들어 최악의 침체를 겪었다. 애질런트사의 APEX 프로그램은 어려운 시장 여건 속에서도 경영자 개발과 개인 개발을 후원함으로써 리더 개발에 고위 리더들의 지속적 관여를 가시적으로 증명하고 있다. 최상층 고위 리더들이 초기에 APEX 프로그램을 선택함으로써 더 많은 리더들이 이 프로그램에 등록하도록 자극하였다.
- **애질런트 리더들의 개인적 몰입** APEX 참가자들 대부분은 각자 개인 코칭 파트너십을 통하여 보여주듯이 자기개발에 높은 수준의 개인적 몰입을 보여주었다. APEX 프로그램 참가자 중 흥미를 잃거나 중도 탈락자는 매우 낮은 비율이다. 대부분의 참가자들은 프로그램 끝에 시행되는 미니설문조사에서 호의적인 피드백을 얻는다. 개인 개발에 대한 투자로 인하여 대부분의 APEX 참가자들은 오랜 기간 동안 혜택을 얻는다.

- **APEX에 대한 세계적인 범위** 프로그램 개발에서 핵심 도전과제는 성과 보증 조항하에서도 기꺼이 일할 수 있는 자질 높은 코치를 국제적으로 찾고 확보하는 일이었다. 초기의 어려움들은 성과 보증 조항하에서도 기꺼이 일하겠다는 자질 있는 코치들의 국제적 네트워크가 개발되면서 극복되었다. 이에 앞서 어떤 코치들은 APEX 코칭 서비스를 제공하기 위하여 국제 여행을 하기도 하였다.
- **APEX의 타깃 참가대상** 프로그램 시작 후 APEX는 고성과를 거두거나 잠재성이 높은 애질런트 경영자들을 목표로 하는 개발 도구였고 아직도 여전히 그러하다. 이 도구는 성과가 낮은 경영자를 교정하기 위한 과정이나 성과평가 프로그램으로 사용될 목적으로 개발된 것은 아니다. 애질런트 리더십 개발 그룹(Agilent' s Leadership Development Group)은 APEX 참가 후보자에게 APEX 프로그램이 적합한지를 먼저 점검한다.
- **코치와 피드백 평가자들이 함께 사후관리** APEX 코치들은 리더들 주변의 핵심 이해관계자들과 정기적으로 접촉한다. 코치들은 리더를 평가하는 사람들에 의하여 리더에게서 새로운 행동들이 감지되는지를 알고 싶어 한다. 전체 과정 종료 후에도 APEX가 성공적 성과를 거두지 못한 유일한 경우란 코치가 평가자들과 접촉하지 않고, 리더에 대한 평가자들의 지속적인 불만을 확인하지 않은 경우였다. APEX 과정에서 평가자들은 '고객(customer)' 이므로 코치는 정기적으로 이들과 의사소통한다.
- **코치가 잘못 맺어지는 경우** 코치와 경영자 간에 짝이 잘못 맺어질 가능성이 사전에 검토되어 이런 일이 일어날 가능성이 최소화되었다. APEX 프로그램을 시작하려는 참가자는 지역 내에 있는, 최대 4명의 A4SL 코칭 & 컨설팅 코치에 대한 소개서를 받는다. 경영자들은 후보 코치들과 만나서 심사한 후 최종적으로 자신들의 코치를 선발한다. 경영자들이 대부분 코치를 스스로 선택하게 함으로써 APEX는 참가자와 코치 간의 짝이 잘못 구성되는 경우가 거의 없다. 하지만 이러한 경우가 발생하면 교체할 수 있는 코치들이 준비되어 있었다.

보기 1.1 애질런트의 사업리더 요건

1. 시장 지향적인 탁월한 성과를 만든다.
   - 대외적으로 고객에게 초점을 맞춘다.
   - 성과를 지향한다.
   - 스피드에 모범이 된다.
   - 초점을 맞추는 데 모범이 된다.
   - 혁신의 모범이 된다.
2. 적극적인 리더십을 실천한다.
   - 사람들을 리드한다.
   - 인재들을 적극적으로 관리한다.
   - 책임지는 데 모범이 된다.
   - 신뢰, 존중, 팀워크에 대해 모범이 된다.
   - 타협하지 않는 성실성에 모범이 된다.
3. 공정성을 애질런트의 브랜드로 구축한다.
   - 전략적 포트폴리오 관리를 실행한다.
   - 글로벌 브랜드를 촉진한다.
   - 벽 없는 조직을 만든다.

보기 1.2 애질런트 글로벌 리더십 프로파일

4. 고 성장의 성과를 만든다.
   - 대외적으로 고객에게 초점을 맞춘다.
   - 성과를 지향한다.
   - 스피드에 모범이 된다.
   - 초점 있게 하는 데 모범이 된다.
   - 책임지는 데 모범이 된다.
5. 적극적인 리더십을 실행하라.
   - 전략과 변화를 이끈다.
   - 적극적으로 자신을 개발한다.
   - 적극적으로 인재들을 관리한다.
   - 타협하지 않는 성실성의 모범이 된다.
   - 혁신의 모범이 된다.
6. 세계적으로 행동한다.
   - 글로벌 조직을 만든다.
   - 신뢰와 존중 그리고 팀워크의 모범이 된다.

보기 1.3 애질런트의 미니설문조사 사례

360도 평가에 따른 애질런트 테크놀로지의 미니설문조사 사후관리

회신 정보사항
귀하는 앨리슨 제든(Alison Jerden)을 평가하고 있습니다.
귀하는 '동료(PEERS)' 평가자 집단에 속합니다.
귀하의 웹 아이디(Web ID)는 434-211667입니다.
귀하는 다음 온라인 주소에서 이 설문조사에 응하실 수 있습니다.
http://www.assessmentplus.com/survey
또는
1.413.582.2791로 작성하신 내용을 팩스로 보내시거나
아니면
발송물 조회가 가능한 운송회사(FedEx, UPS 등)를 통하여 아래 주소로 보내주십시오.
Assessment Plus
1001 Main Street
Stone Mountain, GA 30083-2922

귀하의 피드백은 2000년 8월 9일까지 도착해야 합니다.
질문이 있으시면 앨리슨 제든에게 전화(1.800.536.1470)나
이메일(ajerden@assessmentplus.com)을 주십시오.

회사 사항
C1 피드백 세션 이후 상기인이 자신이 어떻게 개선을 이룰 수 있는지에 대하여 귀하와 사후관리를 했습니까?
1 : 아니요
2 : 예

C2 귀하는 상기인이 피드백 세션 이후 리더로서 대체로 효과적으로 활동해 왔다고 느끼십니까? (상기인이 통제할 수 없는 환경적 요소들은 고려하지 마십시오.)
-3 : 보다 덜 효과적
-2 :
-1 :
0 :
+1 :
+2 :
+3 : 보다 더 효과적
N : 알 수 없음

보기 1.3 (계속)

최초의 360도 설문조사 항목들

지난 몇 개월 동안에 다음의 개발영역에서 상기인의 효과성에서 어느 정도 향상이나 감소가 있었는지를 평가해 주십시오.

2. 시장의 지식을 의미 있는 추세나 유형으로 정제해 낸다.

- 3 : 보다 덜 효과적
- 2 :
- 1 :
0 :
+ 1 :
+ 2 :
+ 3 : 보다 더 효과적
N : 알 수 없음

2a. 귀하는 앞의 질문에 언급된 분야에서 변화가 필요했다고 느끼십니까?

1 : 아니요
2 : 예

14. 보다 높은 조직의 비전에 대하여 효과적으로 의사소통 한다.

- 3 : 보다 덜 효과적
- 2 :
- 1 :
0 :
+ 1 :
+ 2 :
+ 3 : 보다 더 효과적
N : 알 수 없음

14a. 귀하는 앞의 질문에서 언급된 분야에서 변화가 필요했다고 느끼십니까?

1 : 아니요
2 : 예

30. 정보를 공개적으로 공유하고 있습니까?

- 3 : 보다 덜 효과적
- 2 :
- 1 :
0 :

보기 1.3 (계속)

+ 1 :
+ 2 :
+ 3 : 보다 더 효과적
N : 알 수 없음

30a. 귀하는 앞의 질문에서 언급된 분야에서 변화가 필요했다고 느끼십니까?
1 : 아니요
2 : 예

귀하는 앨리슨 제든을 평가하고 있습니다.

코멘트
귀하가 보기에 지난 몇 개월간에 무엇이 특히 효과적으로 행하여 졌습니까?

위에 표시된 개발영역들에서 상기인이 보다 효과적인 관리자가 되기 위해서 할 수 있는 일은 무엇이겠습니까?

기고자 소개

브라이언 O. 언더힐(Brian O. Underhill)은 얼라이언스 포 스트레트직 리더십 코칭 앤 컨설팅(Alliance for Strategic Leadership Coaching & Consulting)의 선임 컨설턴트이자 코치이다. 그는 리더십 개발과 다면평가(360도 평가) 피드백, 경영자 코칭, 조직문화 전문가이다. 브라이언은 여러 조직에서 대규모의 성과 보증 경영자 코칭 프로그램을 설계하여 실행하고 있다. 그의 경영자 코칭작업은 고객들이 리더십 행동에서 측정가능한 장기간의 긍정적으로 변화를 이루도록 도와주는 데 초점을 두고 있다. 그의 고객들은 애질런트 테크놀로지즈, AT&T, 캘리포니아 공무원 퇴직 시스템(Califonia Public Employee Retirement System, CalPERS), 연방항공(Federal Aviation Administration, FAA), 존슨 앤 존슨(Johnson & Johnson), 선 마이크로시스템즈(Sun Microsystems), 워너 램버트(Warner Lambert)들이다. 브라이언은 LA에 있는 캘리포니아 심리전문학교에서 조직심리학 석사와 박사학위를 받았다.

다이앤 앤더슨(Dianne Anderson)은 개인과 조직이 학습과 변화 및 성장을 이루도록 돕는 일을 맡았다. 애질런트 테크놀로지즈사의 글로벌 프로그램 관리자로서 그녀는 현 직위에서 모든 글로벌 경영자 코칭 프로그램과 애질런트 사업조직들에 대한 학습 및 조직효과성 컨설팅을 책임지고 있다. 다이앤의 경력에는 R&D 경험과 함께 휴렛패커드의 전 세계적 마케팅 분야에서 리더 역할과 운영경험이 포함된다. 다이앤은 17년이 넘는 운영분야 경험을 가지고 있어 글로벌 시장에서 고위 경영층이 보다 효과적으로 경쟁할 수 있도록 그들의 스킬과 지식, 능력을 개발할 수 있다. 그녀의 경력 중 그녀는 사업조직과 전사수준에서의 라인과 스태프직무 경험을 바탕으로 수백만 달러의 예산을 가진 복잡한 조직을 관리해 왔고 핵심마케팅과 판매능력 구축 책임을 맡았다.

로버트 A. 실바(Robert A. Silva)는 2002년 1월부터 샌디에이고를 기반으로 한 리더십 개발전문컨설팅 회사인 A4SL 코칭 & 컨설팅에서 코칭 실행 책임을 맡고 있다. 이 역할을 맡기 전에는 1987년부터 2001년까지 케일티 골드스미스 앤 컴퍼니의 7명의 이사 중 한 명으로 재직하였다. 밥(Bob)은 보스톤에 있는 페인 웨버에서 투자분야 경험을 가지고 있으며 뉴 잉글랜드에 있는 Minnesota Mining & Manufacturing Company의 판매관리 역할을 14년간 맡은 사업경력을 가지고 있다. 밥은 컨설턴트와 코치로서의 15년간 경험으로 리더십 개발, 조직가치, 팀 효과성 촉진을 위한 훈련 프로그램 설계와 보급에 집중하였다. 1990년대 중반 이후 밥의 주요 분야는 경영자 코칭으로, 핵심 인물들의 리더십 효과성 향상을 통하여 우수한 조직을 성공하도록 돕는 것이다.

카렌 워커(Karen Walker)는 Assessment Plus의 고객 솔루션 부문 이사이며, 애질런트의 자료 서비스를 지휘한다. Assessment Plus는 리더십, 팀, 조직효과성 프로그램들의 효과를 극대화하기 위한 웹 기반 평가 전문가로서 애틀랜타에 기반을 둔 컨설팅 회사이다. 카렌은 코퍼레이트 코치 대학교에서 360도 피드백 인증 코스를 가르치고 있으며 코넬 대학교의 산업 및 노사관계학과에서 360도 프로그램 실행을 위한 베스트 프랙티스 워크숍을 맡고 있다. 카렌의 조직 설문조사에 참가한 고객으로는 애쿠시너트, 콕스 엔터프라이즈, 렌드 리스, 마쉬, 포르쉐, 비시너티, 컨슈머 크레디트 컨설팅 서비스 등이 있다. 카렌은 미국 암협회, 시티그룹, 록히드 마틴, 아크조 노벨, BMW, 코닥, 선 마이크로시스템즈를 포함하는 조직들을 위한 리더십 평가 프로그램에 참가하는 경영자들을 코치한다. 카렌은 조지아 인스티튜트 오브 테그놀로지(Georgia Insititute of Techonlolgy)에서 산업 및 시스템공학에서 학위를 받았으며, 조지아 대학교에서 상담심리학 박사학위를 취득했다.

2

코닝

코닝의 이 혁신사례는 제조, 혁신 파이프라인, 혁신과정, 학습코치 및 지속적 평가라는 다섯 단계 관문을 거치는 프로세스(five stage-gate process)를 통하여 영업과 제조 및 제품개발에서 베스트 프랙티스를 가능하게 만드는 코닝의 변화와 기술 혁신 시스템에 대하여 설명한다.

개요

자신들을 민첩한 기술 회사로 다시 재창조하려고 하는 수많은 꿈들.
코닝은 실제로 이를 이루어 내었다.

— 챌리 크레이(Charlie Cray), 월스트리트 저널

코닝사는 한 세기가 넘는 기간 동안 기술에 기반한 혁신을 이룬 회사를 상징하는 이름이었다. 오늘날 혁신의 정신은 전보다 더욱 강하다. 이 경영 사례 연구를 통하여 여러분은 코닝에서 현재 진행되고 있는 혁신과정의 진화를 살펴보게 될 것이다. 본 사례는 세계적 수준의 신제품 혁신을 성공적으로 만들고 실행하며 육성하는 데 사용된 체계적 접근방법을 기술할 것이다. 또한 이 사례는 거의 20년간 혁신을 하나의 베스트 프랙티스로 지켜온 사람들에 대하여 설명할 것이다.

1984년 당시 부회장인 톰 맥아보이(Tom MacAvoy)는 혁신에 대한 코닝식 방식을 '만들어낼 것' 을 요구받았다 — 기술들을 쌓아놓는 창고는 거의 바닥을 드러난 상태였다. 맥아보이는 코닝의 회장이자 최고경영자(CEO: 1983~1996, 2001~현재)인 제임스 R. 휴턴[James R. Houghton(Jamie)]의 지원을 얻기 위하여 회사가 가장 중시하는 품질 프로그램 안에 혁신과정을 포함시켜 그 중요성을 강조하였다. 그러한 노력의 결과 이전에는 체계적인 기반 위에서 혁신방식을 오랜 기간 암묵적으로 학습하던 것이 지금은 회사 전체에 걸쳐 실행될 수 있도록 공공연하게 강조된다.

오늘날 코닝의 혁신과정은 생생하게 살아있고 잘 돌아간다. 사실상 이 분야에서 코닝이 가진 전문성은 코닝을 지속가능한 가치를 가진 성장하는 회사로 만드는 데 중요한 역할을 하고 있는 게 확실하다. 코닝의 현 최고 기술경영자(Chief Technology Officer)인 조 밀러(Joe Miller)는 "혁신이 그 길을 이끌어 줄 것이다."라고 강조한다.

도입

코닝 법인은 최소 세 가지의 생활을 변화시키는 제품(life-changing product)—유리 전구(light bulb envelope), TV튜브(tube), 광학 도파관(optical waveguides)—의 혁신을 책임지면서 2001년, 150주년을 맞이하였다. 낡고 성숙한 사업들을 벗어 버리

고 혁신적인 신제품라인들과 공정기술들에서 리더십을 확보하는 것으로 알려진 이 회사는 1993년 국가기술혁신 훈장(National Medal of Techonology for Innovation)을 수상하였다. 자신을 혁신적으로 재창조하려는 노력은 코닝의 핵심 정체성을 이루는 부분으로 1850년 애모리 휴튼 시니어(Amory Houghton, Sr.—제이미의 고조부)가 조그마한 전문 유리 제조 공장으로 이 회사를 세운 이래로 계승되었다.

1870년대에 휴턴의 아들들인 애모리 주니어(Amory, Jr.)와 찰스(Charles)는 유리 전문 제품을 과학적으로 탐구하고 중시하는 코닝의 전통을 세웠다. 이들은 인류를 위한 독특한 제품 창조에 매우 확고한 신념을 가지고 있었고 세속적이며 일상적인 것과는 거리가 멀다고 믿었다. 따라서 이들은 혁신과 연구 및 개발을 신봉하였다. 그 다음 세대인 앨런슨(Alanson)과 아더(Arthur)는 회사의 집단적 발명능력이 관리 가능하도록 연구활동을 조직화하였다. 이들은 1908년에 미국에서 가장 초창기 기업연구소를 설립하였는데 이는 그 당시에 존재하였던 네 개의 연구소 중 하나에 해당한다.

그 이후 코닝은 한 가지 목표를 겨냥한 혁신활동들이 여러 분야에서 결실을 맺는 수많은 사례를 보여준다. 종업원들은 특수 재료들에 대한 새롭고도 혁신적인 사용법을 발견함으로써 사업 도전에 대응하여 왔다. 회사가 사업에서 아주 잘 성공할 수 있었던 것은 특수 재료들을 특정 응용 분야에 잘 맞출 수 있는 능력에서 비롯된다. 우리는 큰 성과를 거두기 위하여 혁신과정을 사용한 EAGLE2000TM과 같은 사례에 대하여 뒤에 좀 더 깊이 살펴볼 것이다.

1960년대와 1970년대 초에 사용된 반 구조화된 식스 플러스 스테이지(six-plus-stage) 과정을 시작한 후 코닝의 혁신과정은 현재와 같은 모습이 되기까지 다섯 번의 반복과정을 통하여 제품개발의 중심 요소로서 발전해 왔다.

진단 : 우리를 간섭하지 말고 자신들의 문제나 해결하라

1983년부터 1986년까지 기술에 대한 특별 책임을 맡은 부회장인 톰 맥아보이는 자신이 운영부서들로부터 공공연하게 원성의 대상이 되고 있다는 사실을 알게 되었다. 운영부서는 낮은 생산성과 중앙화된 기술 체제에 따른 부담을 너무 오랫동안 자신들이 떠맡아 왔다고 믿는 것처럼 보였다. 사업 리더들에게는 극히 도전적인 이익 및 손실(P&L)에 대한 목표가 부과되었다. 그들은 연구개발 및 엔지니어링(RD&E)에서의 고비용과 비효율성이 그러한 목표치 달성에 중요한 장애라고 느꼈다. "우리를 간섭하지 말고 자신들의 문제나 해결하라."는 운영부서의 비난이 맥아보이에게 들려오는 메시지였다.

조직의 도전

코닝사에서 혁신은, 넓게는 1980년대의 미국 산업에서처럼 대중적 지지를 얻지 못하는 개념이었다. 이것은 제이미 휴턴이 연구개발(R&D) 예산을 매출액 비율에 따라 줄일 거라는 의미는 아니었다. 그는 그 당시 연구와 개발에 대한 지출을 매출액의 4~5%로 유지하겠다는 자신의 개인적 약속을 거듭 천명하였다. 이 수치는 비록 국가 평균치의 두 배에 해당하고 유리산업 부분에서 매우 경쟁력이 있다고 할 수 있지만 '하이테크' 회사에 대해서는 적절하지 않았는데 하이테크 회사의 경우 6~8% 수준이 표준에 가까웠기 때문이다. 2004년인 오늘날 R&D 지출은 매출액 대비 최고 10~11% 수준에 이르고 있으며, 계속 이 수준에 머물 것으로 기대된다.

1980년대에 'R&D 문제를 해결' 하는 보편적인 방법은 연구기관들을 분권화하거나 기금을 통제하거나, 이 두 가지를 모두 하는 것이었다. 코닝의 핵심 관리자들은 특수 유리 및 재료 연구를 물리적으로 집중화하는 것이 불가피하지만 여전히 재무적 분권화는 수익성 있는 성장계획의 중요한 토대라고 믿었다. 이에 따라 기술 분야의 중앙 조직에는 1970년 초 최고 1,400명이던 인력이 중앙 제조 및 엔지니어링을 포함하여 800명의 핵심인력으로 줄게 되었다. 오늘날 R&D는 집중화와 분권화가 혼합된 자원 배정의 형태를 띤다. 코닝은 기술과 사업 간의 연결성을 이루는 데 탁월한 회사가 되려고 노력하고 있다. 사실 코닝에서는 이러한 노력이 매우 강해서 두 부서 간에 자연스럽게 따르는 조직 간 장벽조차도 문제가 되지 않는다.

변화의 목표

맥아보이는 이 중요한 변화 노력에 회장인 제이미 휴턴의 지원을 얻기 위해서, 회장이 내린 의무사항 중 최소 다음 두 가지 사항—성과에서 10%의 운영마진(Operating

Margin, OM)(당시의 OM은 2% 수준이었다)과 총체적인 품질관리(Total Quality Management, TQM)—이 연결되도록 해야 했다. 품질에 대한 휴턴의 입장은 확고하였다. 맥아보이는 다음과 같이 회상한다. "나는 단순한 산술적 문제들을 해결해 왔습니다. 우리가 연간 미화 1.5억 달러를 쓰고 있다고 해봅시다. 아마 그 중 3분의 1은 우리가 낭비를 하고 있을지도 모릅니다. 그게 정확히 3분의 얼마가 되는지는 우리는 잘 모릅니다. 만일 품질개선을 단지 제조부서에서 이루어지는 개선방식으로 생각한다면 우리는 기껏해야 총 마진에서 5%의 개선효과만 얻을 수 있을 것입니다. 그러므로 우리가 나머지 개선을 이루기 위해서는 혁신하는 방법을 개선해야 합니다. 마침내 나는 휴턴에게 혁신이 총제적 품질 목표 중 하나가 되어야 한다는 확신을 심어 주었습니다."

변화관리에 대한 사명은 명확하였다. 맥아보이는 그 목표를 다음과 같이 세 가지로 요약하였다. 첫째, 기술 추세를 조기에 감지하는 데 숙달된 인재들을 갖춘 좋은 연구소를 만든다. 둘째, 성장산업에서 OEM고객(주문자 상표에 의한 제품 생산) 관계를 구축한다. 셋째, 과학자 및 엔지니어들이 판매와 마케팅 그룹들을 통하여 고객과 잘 연결한다.

맥아보이의 비전 달성을 위해서는 혁신이 변화를 위한 핵심 동인(動因)이 되어야 하는 점은 확실하였다. 즉 혁신은 코닝의 가장 중요한 품질과정이고, 결정적 핵심이다. 혁신은 전통적인 사고방식에 도전하는 것이다. 다시 말해 회사나 사업부서에서 과거에 가능하였던 것을 다르게 생각하도록 도전하는 것이다. 혁신은 아이디어들을 기회들로 전환하고, 이 기회들을 코닝을 위한 지속적인 수익흐름으로 바꾸게 될 것이다.

사전평가

대부분의 RD&E 프로그램은 최고경영층 보호하에 있는 몇 가지 핵심 프로젝트와 새로 편입된 몇 개의 제품을 제외하고는 방치되어 있었다. 신제품 개발은 수익성을 유지하기에 충분하지 못하였고, 신규 공정개발 능력의 쇠퇴로 인하여 핵심사업과 합병 사업들이 수익을 내지 못하고 있었으며, 또한 제조기술은 열악하였다. 분명히 여기저기 유망한 기술들이 있기는 하였으나 이것들은 시장에 기반을 둔 바람직한 사업, 즉 최종 소비제품 및 시스템 기반 제품으로 전략적 통합을 이루지 못한 상태였다.

1970년대와 1980년대 초 코닝의 방어적인 경향—연구 기금 축소(10년간 실질 달러표시에서 20% 감소), 주로 저 위험성 제품과 공정 확장 및 공정쇄신에 대해서만 신규 투자를 하도록 제한—은 수익을 줄이는 순환 고리를 만들었다. 코닝에서 조직횡단적 탐구와 진취적 프로젝트를 후원하는 관행은 일정수준의 위험을 감수하는 전통적인 관행과 함께 회사의 '기술저장 창고'를 다시 채워주는 중요한 부수 효과가 있었다. 1980년대 중반에 이 창고를 다시 활성화시킬 필요가 있었다. 즉 창고가 바닥을 드러내고 있었다.

더욱이 회사의 나머지 부서들은 혁신에 대해서는 전혀 관심을 보이지 않았다. 반면에 R&D 조직 자체의 낮은 사기는 프로젝트들의 효과성을 잠식하고 있었다. 혁신은 극단적인 수단을 이용한 경우에만 발생하였다. 혁신 노력들은 영웅주의적 행위에 의해서나 회사의 여타 부서들과의 투쟁을 통해서만 연명되었다.

접근방법

휴턴의 지원하에 맥아보이는 혁신을 총체적 품질관리의 관할하에 두고 이를 통해 자신의 방식을 추진하였다.

이전에는 회사의 혁신과정은 연구와 제품개발 및 엔지니어링 분야에서만 하는 것으로 정의되었으나, 지금 이 회사는 아직 공식적이긴 하지만 이와 같은 최소주의자들로 하여금 보다 더 넓은 커뮤니티를 가로지르는 중앙통합적 방식을 처리하게 만드는 일을 하고 있다.

맥아보이가 한 중요한 노력 중의 하나는 과거 코닝의 혁신에서 있었던 많은 성공과 실패—베스트 프랙티스들과 교훈들—를 자신과 자신의 팀이 체계적으로 평가하여 잘 정리되고 공식화된 코닝의 혁신방식, 즉 혁신과정을 개발하는 것이었다.

개발활동 : 핵심요소

우리가 하는 일들의 모든 부분에서 혁신은 가능하다.

—톰 맥아보이

의미 있는 변화를 위한 첫 단계로서 맥아보이는 품질개선팀이라는 혁신 추진팀을 구성하여 회사 내에서 RD&E에 대하여 왜 불만을 가지고 있는지를 알아보았다. 회사에서 인정받고 있는 혁신가들을 포함하고 있는 이 팀 구성원들은 수개월에 해당하는 개인 시간을 투자하였는데, 주로 이른 아침 조찬 모임을 이용하였다. 이 모임은 챔피언들의 조찬(Breakfast of Champions)으로 알려지게 되었다. 이 팀은 외부의 시각을 반영하기 위하여 프로그램에 외부 컨설턴트를 참여시켰다.

첫 번째로 내린 결정은 과거 코닝에서 성공을 거두었던 혁신의 역사를 아직 개발되지 않은 하나의 자원으로 보고 이에 초점을 맞추는 것이었다. 이 자원은 사기를 재구축하는 데 결정적일 수 있었다. 그들은 또한 혁신을 회사의 공유된 기억속에 암묵적으로 존재하는 것으로 이해하지 말고 좀 더 겉으로 드러낼 필요가 있다고 믿었다. 맥아보이는 코닝의 베테랑인 애디 레이비그(Eddie Leibig)가 쓴 유명한 말에서 이 노력을 위한 하나의 슬로건을 다음과 같이 제안하였다. '우리는 장단만 맞추지 않는다. 우리는 노하우도 가지고 있다.'

이 그룹은 더 큰 의미를 발견하기 위하여 수백 가지에 이르는 코닝의 혁신을 연구하고 조사하였다. 이들이 일반화한 많은 부분들은 전국에 걸친 폭넓은 혁신 연구에서 발표한 것들과 일치하였다. 그것은 위험을 기꺼이 감수하는 인재, 훌륭한 의사소통 기술과 팀 빌딩 기술을 가진 유능한 인재들이 핵심이었다.

또 다른 한 가지 특징이 나타났다. 이것은 아주 중요한 프로젝트에 코닝이 최대의 힘을 빠르게 집중할 수 있는 능력인데 내부에서는 '유연한 결정적 다수(flexible critical mass)' 로 알려져 있었다. 이 방식은 코닝으로 하여금 자신들에 비하여 규모가 큰 기회에 달려드는 것을 가능하게 하였다. 게다가 코닝의 혁신은 어느 한 분야의 과학자들이나 기술 전문가들만의 영역은 아니었다. 회사의 역사를 통해서 보면 코닝은 적합한 자질을 가진 유능한 혁신적 리더들을 발굴하고 개발하는 데 숙달되어 있었다. 그러나 전문화 압력, 조직축소 압력 또는 자산축소 압력과 단기적 · 장기적 균형점 변경 등에 부딪쳤던 이사회 운영방식 때문에 그러한 리더십이 쇠퇴하게 되었다. 마침내 혁신에 대한 현재의 자료들에 근거하여 이 추진팀은 코닝에 적합한 다섯 단계 관문 Stage-Gate™ 모형을 만들어 내었다(그림 2.1).

이 혁신과정은 교육 목적상 직선형(linear fashion)으로 설명되고 있지만 사실은 직선이 아니다. 정의에 의하면 혁신은 반복적 과정으로서 가장 유동적이며 여전히 사회적으로 복잡한 사업과정 중의 하나이다. 혁신은 전체 조직을 뛰어넘는다. 그것은 사람들이 함께 배울 수 있게 하는 방법이며, 공통의 언어를 위한 하나의 틀을 제공한다. 그림 2.1은 혁신활동을 위한 교차 기능 팀으로서 전형적으로 조직화된 세 가지 기능적 분야들이 동시에 진행되는 것을 나타낸다.

마케팅 이사인 짐 리스벡(Jim Riesbeck)은 챔피언 조찬에서 마케팅 멤버로서 활동하고 있는데 많은 다른 회사들이 그 당시 하고 있는 것들을 따라하는 것을 경계하였다. 즉 그 회사들에서는 새로운 제품개발 과정을 너무 세분화함으로써 혁신을 끊임없는 점검목록들로 채우는 일로 격하시키고 창의성을 향상시키기보다는 오히려 억제하였다. 그러나 코닝 추진팀은 코닝 자체의 독특한 경험에 입각하여 과정 본질에 대한 윤곽을 채택하고 이를 통합을 위한 틀로 사용하였다 "우리는 이것을 마케팅의 역사적 기록으로 만들려고 한다. 우리는 정말로 이것을 실용화하려고 한다."고 리스벡은 외쳤다.

중요 변화를 위한 두 번째 단계로 맥아보이는 200명이 넘는 코닝의 고위 리더들을 대상으로 한 이틀 반 일정의 혁신 컨퍼런스를 지휘하였다. 이 컨퍼런스의 목적은 혁신에 관심을 집중시키고 혁신과정을 재소개하기 위한 것이었다. 게다가 그는 컨퍼런스에 참가한 사람들에게 그 컨퍼런스의 주제가 사실 회사의 활동들을 정의하는 것과 다르지 않다는 점을 상기시켰다. "기술은 모든 사안에 관계됩니다. 기술은 우리가 하는 일의 핵심입니다. 우리는 주로 기술을 혁신함으로써 앞서 나갑니다. 기술을 새로운 제품들과 공정들로 전환하고, 우리의 고객들을 돕는 새로운 방법으로 바꾸며, 새로운 수익과 성장의 원천으로 바꾸는 것, 그것이 우리 회사가 하는 일의 전부입니다."

이 추진팀은 축하할 만한 코닝의 과거업적을 밝히는 데만 역할을 한정하지 않았다. 더불어 코닝이 혁신을 효과적으로 추진하는 데 부족했던 중요 요인들도 발견하였다. 맥아보이는 혁신을 회사의 최고 품질과 관련된 문제들 중의 하나로 묘사하였

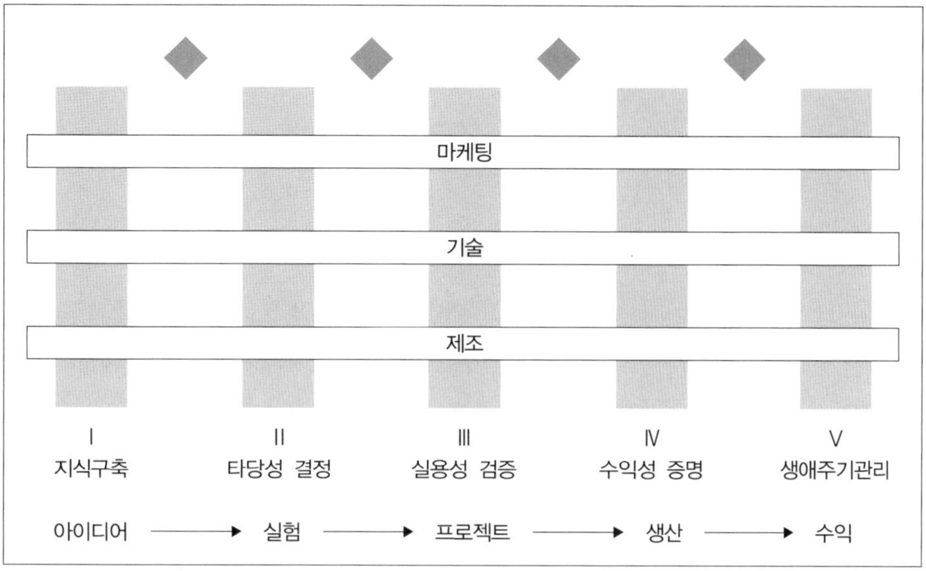

그림 2.1 다섯 단계 관문 Stage-Gate™ 모형

출처 : Copyright ⓒ 코닝법인. 허가하에 게재

다. 그는 혁신과정을 연간 10%씩 개선하면 비용을 절반으로 줄일 수 있다는 생각을 확고하게 주입하였다. 그 비율을 두 배로 하면 RD&E 지출수준을 두 배로 늘리는 것에 해당할 것이다. 그 결과 다음과 같은 몇 가지 간단한 요인들, 즉 에너지와 열정을 가진 환경과 문화, 모든 계층에서의 기업가적 행동, 인재의 적소배치, 건실한 사업 및 기술전략들, 아이디어 육성과정 향상 그리고 조직 성과 지향을 지원할 수 있는 조직적 메커니즘이 회복되게 되었다.

전환점

컨퍼런스는 정말로 전환점이 되었다. TQM과 혁신의 개념 결합은 단순한 수사적인 표현 그 이상이었다. 품질 프로그램들과 혁신이 동일한 트랙에서 함께 작업을 하기 전까지는 다시 7년의 시간이 필요하였지만, 최소한 이들은 병렬적인 트랙에서 가동되기 시작하였다. 그 혁신 컨퍼런스에서 시작된 혁신에 대한 태도의 변화가 RD&E 예산의 상당한 증가라는 결과로 반영되기 전까지는 10년이라는 기간이 소요되겠지만, 필요한 종합적 스킬을 가진 혁신가들인 새 세대가 형성되고 있었다. 최근 코닝에서는 TQM과 혁신 효과성 간의 이러한 결합이 활성화되고 있다.

핵심 성공요인

성공을 지속시키는 몇 가지 요인들이 혁신 컨퍼런스에서 등장하였다. 첫째, 회사의 모든 계층에 대한 훈련 프로그램을 제공하기 위한 하나의 틀로 명료화된 혁신과정 소개과정이 제공되었는데, 이것은 프로젝트 점검을 위한 구조의 한 부분이 되었고 직원들의 채용 및 배치에 활용되는 기반이 되었다. 이 훈련에 참가하기 위한 하나의 요건은 팀을 중심으로 하는 것이었다. 이 훈련은 마케팅과 기술부서에서 관심을 갖기 시작하여 나중에는 회사의 다른 영역들까지 확장되었는데 혁신가를 육성하고, 통합된 기술계획들을 수립하는 데 관심이 집중되었다. 지식 및 기술 분야의 부사장이자 최고 운영관리자(COO)인 챌리 크레이그(Chalie Craig)는 "우리가 사용하는 도안(사람을 닮은 위 아래가 바뀐 세 개의 느낌표와 제대로 된 세 개의 느낌표)이 이 모든 것을 말해 줍니다(그림 2.2 참조). 이 느낌표는 사람과 동기 그리고 가장 중요한 요인인 혁신에 대한 열광을 나타냅니다."라고 말한다.

이 다섯 단계의 혁신과정과 이를 전사에 사용하게 한 훈련으로 나타난 장기 효과 덕택에 '시장의 시대(time to market)'가 산업에서 경쟁 이슈가 되었던 때에 코닝은 이미 신 공정이나 신제품 개발시 가능한 한 초기에 주요 부서들이 함께 참여하는 관행을 일찍이 일상화할 수 있었다. 코닝의 많은 성공적인 제품들에 대한 핵심 개발관리자 중의 한 사람이었던 테드 코즐로프스키(Ted Kozlowski)는 사람들 간의 관계가 결정적으로 중요하다고 강조하였다.

그림 2.2 혁신하는 사람들(innovation people!)

출처 : Copyright © 코닝법인. 허가하에 게재

혁신에 대한 노력으로 인한 또 다른 결과는 내부 기업가적 행동이 일어났다는 점이었다. 특히 설리번 파크(Sullivan Park)의 기술자들은 그동안 사용하지 않고 묶혀두었던 기술(shelf technology)이나 코닝이 특별히 전문성이 있는 서비스들을 판매함으로써, 또한 자신들이 개발하고자 할 기술들을 정부가 지원하는 계약을 활용함으로써 원래 부족한 R&D 예산을 보충하는 것이 허락되었다. 자발적으로 그렇게 애쓰는 사람들에게는 소기업 창업의 기회가 주어졌다.

그렇지만 또 다른 성공요인은 그 당시 회사들로 보면 아마 가장 색다른 것으로서, 이전 코닝세대가 마찬가지로 사용해 왔던 **집단적 자기 점검**(collective self-examination)을 지속적으로 실행하는 것이었다. 이 추진팀은 **스토리텔링**(storytelling) 관행을 되살려 공유된 기억들을 활성화하는 것이 회사의 집단적 능력을 구축하는 강력한 방법이라는 것을 보여주었다. **스토리텔링** 관행은 베스트 프랙티스 개념을 외부 전문가의 지도나 다른 회사 사례들과 연결시켜 주었을 뿐만 아니라 회사 자체에 있던 경험을 복구하는 것과도 연결되었다.

이것이 마케팅과 제조부서에 영향을 미침에 따라 추가적인 부서들이 혁신을 검토하게 되었다.

마케팅에서의 혁신

> 나는 마케팅에서의 혁신이 시기상조라고 생각하지 않는다… 마케팅 전문성이란 마케팅 지식이고 고객에 대한 지식이다… 그 전문성에 따라 제품이 만들어진다… 그곳에 있는 사람들에게 물어보고 그들이 어떠한 생각을 하고 있는지 알아보라… 중요한 데 사용할 수 있다고 생각하는 기술을 얻는다면… 그것이 아마도 새로운 비법이 될 수도 있다… 누군가가 믿게 될 것이다… "나는 그것이 우리 회사에서 유용할 수 있다고 생각한다."
>
> — 데이비드 하워드(David Howard), 코닝 텔레커뮤니케이션즈

코닝은 전통적으로는 약점이었던 현재와 미래의 고객요구점과 시장요구점을 이해하기 위해 필요한 자원을 얻고 배분하는 일을 효과적으로 하는 데 초점을 맞출 필요가 있었다. 여기에는 현재 거두고 있는 성과와 개발활동에 대한 평가와 계획이 실행되는지에 대한 평가들이 포함되어 있었다. 거기에는 자료를 수집해서, 분석도구를 적용하여 통찰력을 개발하고 그것을 조직 전체에 공유하는 모든 부서 및 모든

계층의 사람들이 포함되었다. 이 조직은 오늘날 '로드맵핑(roadmapping)'과 '포트폴리오' 및 다섯 단계 혁신과정 그 자체를 지원한다.

제조에서의 혁신

창의성이 중시되는 R&D 센터에서 혁신이 새롭게 이루어지는 것과 함께 제조공정들 역시 코닝의 뿌리로 되돌아감으로써 이익이 발생할 수 있었다. 코닝이 혁신의 전면에서 독특한 재료, 공정 및 기술을 발명함으로써 자신들의 지위를 되찾기 위하여 활동하는 동안에 제조 운영부서들은 자신들이 경쟁자를 지속적으로 앞지르기 어렵게 만들었던 몇 가지 공통된 문제들이 무엇인지를 공유하였다. 경영층이 1986년에 로저 애커먼(Roger Ackerman, 그는 1996년에 회장이자 CEO인 제이미 휴턴을 승계하여 2001년까지 역임함)에게 제조 운영부서들에 대한 전사적 평가를 하도록 요구하였을 때, 품질개선에 대한 노력은 이미 모든 코닝 공장들에서 제조 분야를 개선하기 위하여 꽤 진행되고 있었다.

혁신과정이 전개되면서 기술과 마케팅 및 제조분야가 서로 잘 연결되도록 개발할 필요성은 혁신의 삼각대로서 중요하였다. 이전에 공장의 제조 엔지니어였던 에드 세버(Ed Sever)는 이렇게 말한다. "과거와 마찬가지로 오늘날에도 대규모 프로젝트가 있을 때 공장 사람이 팀에 참여토록 하고 있습니다. 그 사람은 프로젝트가 종료된 다음 과정을 공장에서 이어받아야 한다는 것을 알고 자신들의 업무가 그 프로젝트를 성공시키도록 도와야 한다는 것을 압니다. 그들은 R&D 요원들이 작업을 넘겨주는 만큼 열심히 그것들을 자신들이 끌어가야 한다는 것을 압니다."

하이테크 회사

시장에 대한 지식과 위험, 비용 그리고 시간은 하이테크 회사에서 성공적인 혁신을 이루는 데 결정적이다.

—챌리 크레이그(Charlie Craig)

1990대 초기까지 코닝은 품질과 혁신이 서로 보완되도록 함으로써 미래에 하이테크 회사가 된다는 한 가지 전략적 방안을 보여주었다. 1993년 제이미 휴턴이 산업연구기관(Industrial Research Institute)에 행한 연설은 거기서 그가 했던 첫 연설 후 10년째가 되는 해의 연설이었는데, 이 미래전략을 나타내주는 표시였다. 휴턴은 혁신이 모든 조직 기능들을 발명가와 생산자, 혁신자로 구성된 하나의 응집력 있는 팀으로 묶는 아교와 같은 것이라고 선언하였다. 그는 하이테크 제품 개발과 마케팅에서 총괄 관리자의 리더십 의무를 이야기하면서 코닝은 TQM 원칙을 혁신에 적용함으로써 회사의 RD&E에 대한 효과성—혁신의 질과 비율—을 매우 향상시켰다고 주장하였다. "나의 의견으로는 혁신은 확실히 총체적 품질의 한 통합 부분입니다. 1980년대 중반에 그것은 우리 회사 내에서 단일 비용으로는 가장 큰 품질문제였습니다. 우리가 거기서 전진할 수 있다면, 그리고 우리 기술을 시장에 연결시키는 데 10~20% 더 효과적일 수 있다면 그것은 우리에게 큰 기회가 될 것입니다."

코닝 컴피츠

휴턴이 산업연구기관(1993년)에서 한 연설에 바로 뒤이어 코닝은 핵심 사업과정들을 리엔지니어링하기 위하여 고안된 코닝 컴피츠(Corning Competes)를 가동시켰다. 리스트럭처링(restructuring)보다는 리엔지니어링(regineering) 선택을 신중하게 고려한 코닝 컴피츠 프로그램은 베스트 프랙티스들의 지속적 개선을 통하여 코닝이 사업과정에 재투자한다는 것을 나타내었다. 그것은 또한 기술 분야와 사업 분야 간에 더 나은 의사소통을 이루기 위하여 필요한 도구들을 제공하였다. 회사는 재무적 성과를 향상하면서 현재 및 미래 사업을 위한 경쟁역량을 향상시킬 필요가 있었다.

회사에서 혁신과정은 가장 중요하게 다룰 부분이었으므로 코닝 컴피츠 혁신 효과성팀의 목적은 제품과 공정기술에 대한 혁신 투자에서 코닝이 가장 많은 것을 얻어낼 수 있게 하는 것이었다. 회사의 성장과 수익성을 확보하기 위하여 이 팀은 '코닝이 시장의 기회들에 역행해서 이루어지는 제작, 확인, 평가, 우선 순위 부여 및 실행과정 등의 모든 활동들에 대해 리엔지니어링을 하도록' 모색하였다.

마찬가지로 기술커뮤니티 내에서 긴급하게 필요한 것은 획기적 개선 추진, 즉 베스트 프랙티스의 점진적 개선 선상에서 '급격한 변화(step-change)' 를 심어주는 것이었다. 회사는 점진적 개선과 한계 돌파적 기술을 보급하는 데 필요한 급격한 변화들 간에 적정 균형점을 찾을 수 있게 하는 문화변화를 다루어야 했다. 코닝에서 가장 큰 수익성을 내는 한계돌파 기술 중 어떤 것은 바로 여기에서 나온 것인데, 바로 점진적인 개선과 한계돌파적 발명 간에 섬세한 균형을 이루면서 여기에서 신제품과 공정의 상업화를 이끌어 내었다. 이러한 종류의 혁신이 진행될 때, 그 혁신은 코닝에 '보증수표(the ticket)'가 되곤 하였다.

오늘날의 혁신

오늘날 혁신에 대한 코닝의 관심이 지속되면서—기능경계를 넘어서 각 분야들 간의 벽을 넘는 통합이 강조되는, 아직 진화 중인 역동적 과정과 함께—회사는 의사결정이 빨라지고 좀 더 행동지향적이 되고 있다. 여전히 엄격하기는 하지만 유연하게 실행되는 혁신과정은 사람들과 프로젝트들이 내, 외부의 장애를 극복하고 유연해지며—새로운 정보와 통찰을 얻고 공유하며 그에 입각하여 행동하면서—혁신할 기회를 더 많이 제공하고, 제품개발 시간을 줄이며, 고객관계를 향상시킨다. 줄여 말하자면 이 회사는 경쟁을 뛰어넘어 학습하고 그 경쟁을 선도한다.

혁신은 코닝에서 수 세대 동안의 변화 속에서 처음부터 끝까지 지속되는 특징이다. 챌리 크레이그는 "코닝의 DNA 속에는 혁신이 있다"고 말한다. 혁신은 회사가 보유한 기술을 재사용하여 회사를 재창조하는 것으로, 코닝은 151년의 역사에서 열여섯 번이나 그렇게 하였다. 이 회사는 혁신을 옹호하고 육성한다. 즉 혁신을 성공의 수단으로 사용한다. 한 가지 현존 사례가 있다. 코닝이 텔레커뮤니케이션 산업이 붕괴될 때에 대처한 한 가지 방법인데, 이 붕괴로 인하여 전체 시장이 하룻밤 사이에 사라지는 것처럼 보일 때 코닝이 사용한 방법은 광학기술 중심이었던 회사의 지적 재산 투자를 텔레커뮤니케이션과 무관한 기술투자로 목적과 방향을 전환한 것이다.

혁신이 최고조에 달한 오늘날 핵심기술에 대한 또 다른 사용을 통하여 코닝은 우수한 혁신 사례인 EAGLE^2000TM^이라는 성과를 만들어 냈다.

배경

혁신은 언제나 우리에게 성공을 가져다 주는 보증수표였다.

—제이미 휴턴

코닝은 혁신을 이루고 신규 사업 기회를 만들기 위하여 현존하는 기술 및 지식기반들에 바탕을 두고 확대하며 재사용하는 오랜 전통을 가지고 있었다. '혼합 공정(fusion process)' 이라는 중요한 한 사례가 코닝 기술자들에 의하여 1960년대 초에 개발되었다. 이 혼합공정은 새로 개발된 물질인 켐코(Chemcor—자동차 앞 유리 제조를 위하여 화학적으로 강화된 유리)와 결합하여 처음 사용되었는데 자동차의 앞 유리 시장이 아직 코닝에게 무르익지 않던 시기에 살아있었다.

1970년대 프랑스의 퐁텐블로에 있는 회사의 연구소에서 코닝 과학자들은 이 혼합공정을 선글라스 렌즈 제조에 사용하였다. 텔레비전 산업에 튜브를 장기간 공급해 왔던 코닝은 디스플레이 시장에서 자신의 입지를 확장하는 방법을 모색하기 시작하였다. 이 혼합 공정을 사용해서 회사는 랩탑 컴퓨터와 같은 액정 표시장치(liquid crystal display, LCD) 응용 분야에서 평면 유리를 제조하기 시작하였다. 랩탑과 PDA(personal digital assistants), 평면 스크린 모니터 및 평면 텔레비전에 대한 시장이 1990년대에 성장하기 시작하면서 코닝 과학자들과 기술자들은 지속적인 혁신과정과 혼합공정을 통하여 고객의 요구에 맞춰 나갔다. EAGLE2000TM은 두 가지 공정들을 사용한 뛰어난 사례에 해당한다.

현대에 거둔 성공 이야기 : 혁신의 전성기

EAGLE2000TM에 대한 성과는 환상적이었다. 이 프로젝트는 더 가벼운 표시장치를 원하는 고객의 요구를 맞추기 위하여 혁신과정을 사용하였을 뿐만 아니라 회사의 능력과 수익을 향상시켰다.

— 랜디 로즈(Randy Rhoads), 프로젝트 매니저

우리는 초기에 흥미 있는 공동 세션들을 가졌다. 초기 단계에서 제품개발과 제품 상세화 그리고 고객이 정말로 원하는 것에 대하여 제조와 기술부분

그리고 마케팅부서가 아주 긴밀하게 공조하였다.

—댄 노렛(Dan Nolet), 표시장치 기술 분야

코닝의 EAGLE2000TM 판유리 회로기판은 유리의 성질을 제조기술과 결합함으로써 활성 매트릭스 액정표시장치(AMLCD) 제조자들이 컴퓨터 모니터와 가정용, 오락용으로 보다 더 크고, 가벼우며, 얇고 높은 해상도를 가진 표시장치를 만들 수 있게 해주었다. 이 유리는 산업에서 가장 낮은 열팽창률을 가지면서 열저하에 따른 충격과 파손에 따른 부작용을 줄였고 아울러 현저하게 낮은 저밀도 구성 때문에 시장에서 가장 가벼운 AMLCD 회로기판에 속한다.

EAGLE2000TM은 또한 초기의 유리 회로기판에 비하여 화학적 내구성을 개선시켰는데, 이 회로기판은 표시장치 제조과정 중에 거치는 가혹한 화학공정 처리과정에서 발생할 수 있는 유리 손상을 최소화하였다. 코닝의 EAGLE2000TM유리는 혼합공정을 사용하여 만들어진다. 이 정밀오차를 가진 유리 제조공정은 코닝이 특허받은 합성품들과 함께 매우 탁월한 품질을 가진 유리—두께 변동이 개선되어 연마할 필요가 없는 거의 완벽에 가까운 새로운 평면—를 생산한다.

제조부서는 마케팅 및 기술부서와 함께 혁신과정의 초기에 참여함으로써 생산-조달과정의 설계에 모든 중요 운전성과 요건들이 포함되도록 하였다. 강력한 교차기능 팀이 시작 단계부터 구축된 것이다. 이처럼 초기에 제조 분야가 함께 참여함으로써 이 팀은 제조부서가 혁신 초기 단계에서 적극 참여하지 않을 경우 후에 종종 발생할 수 있는 많은 문제들을 미리 예방할 수 있었다. 이와 같이 제조그룹이 설계에 영향을 미칠 수 있게 됨으로써 더 강한 제조공정이 가능하게 되었다(그림 2.3 참조).

마케팅부서가 고객의 필요점들을 확인하고 계량화하는 연구를 확장하는 동안에 제조부서는 고급 표시장치(Advanced Display) 공정들의 성과범위를 정의함으로써 기술부서가 고객요구점을 맞추고 현재의 제조특성과 기대되는 특성 내에서 작업할 다양한 합성품을 확인할 수 있었다. EAGLE2000TM제품팀은 혁신과정 사용에 따른 다음과 같은 추가적 이점에 주목하였다.

- 다섯 단계에 대한 공통의 언어 이해를 통하여 이 프로젝트 과정에서 일어났던 직원 이동 등과 같은 많은 변화를 쉽게 수용할 수 있었다. 그것은 또한

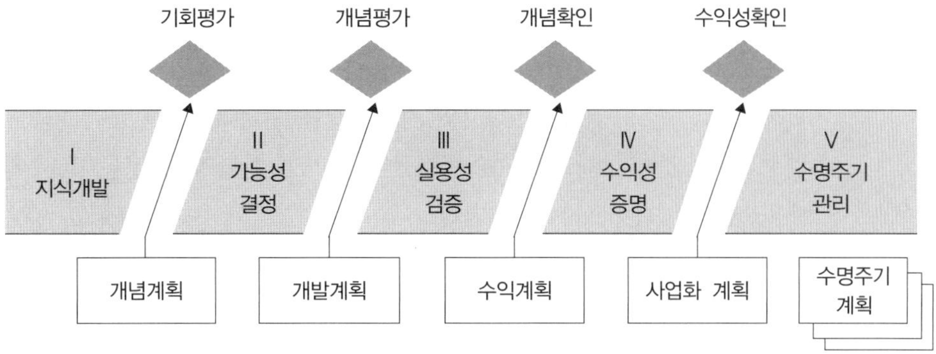

그림 2.3 제조과정

출처 : Copyright © 코닝법인. 허가하에 게재

그들의 글로벌 팀을 하나로 유지하는 틀을 제공하였다.

- 시작 단계부터 교차기능팀이 구성되어 프로젝트의 목표를 개발하는 데 모든 부서들이 적극적으로 참여할 수 있게 되었다. 프로젝트 목표에 대한 주인의식을 공유할 수 있게 하여 다섯 단계가 진행되는 과정에서 프로젝트를 보다 효과적으로 이끌어 갈 수 있었다.
- 이 팀은 적극적으로 위기를 관리함으로써 시장 요건과 제조능력 및 기술역량 간의 균형을 발견하는 능력을 가지고 있었다. EAGLE2000TM에 대한 핵심은 세 가지 영역 모두에서 공통요인을 찾아내는 것이었다.
- 이 다섯 단계에서 제안된 활동들은 그들의 계획수립 과정에 요구되는 일과 실행해야 할 것들을 약술하게 도움을 주었다.

직무상의 지원 : 강화요인들의 강화

> 혁신과정은 우리가 20년 전에 채택한 초기의 모형이상으로 잘 발전해 왔고…
> 지금 우리의 문화에 스며들어 있다.
>
> —조 밀러(Joe Miller)

지속적이고 일관된 기반 위에서 코닝은 프로젝트팀 종업원들이 코닝의 혁신훈련에 참가하고 제품혁신을 지향하는 포괄적 지침과 수단들에 따라줄 것을 요구한다. 코닝은 더 많은 팀과 기능부서까지 이 훈련을 혁신적으로 확대하여 '사업의 언어를 확산시켰다.' 코닝은 또한 회사의 혁신과정을 주기적으로 새롭게 하는데, 예를 들면 가장 최근에는 새로운 사업기회들과 일반적 위험평가, 비용 및 부가가치 등에 대한 혁신의 '파이프라인' 을 관리하기 위하여 그렇게 한다.

혁신 효과성

이 혁신효과성 과정들은 우리 회사 성장을 위한 기초이다.

—찰스 디네카(Charles Deneca), CTO, 1996-2001

혁신 효과성이라는 개념은 코닝의 혁신노력에 대한 포괄적 용어(umbrella term)이다. "혁신 효과성은 이익의 실현을 위하여 기회를 확인하고(로드맵핑), 기회를 선정하며(포트폴리오 의사결정), 기회를 실행하고(혁신 프로젝트 관리), 아울러 고객과 시장에 밀착하는 것을 포함합니다"[부르스 커크(Bruce Kirk), 전사 혁신 효과성 리더].

혁신 효과성은 다음을 필요로 한다.

- 전사 및 사업부 전략들의 전반적인 이해

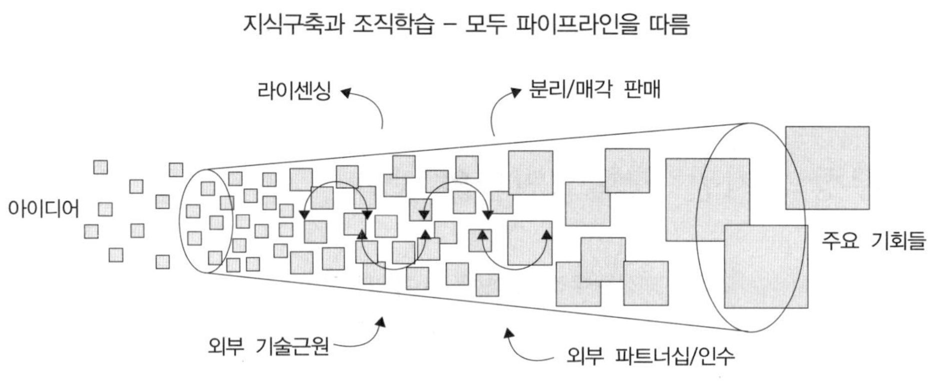

그림 2.4 코닝의 혁신 파이프라인

출처 : Copyright © 코닝법인. 허가하에 게재

- 고객, 시장, 경쟁자, 코닝의 강, 약점과 아울러 자금을 위해 포트폴리오 관리 과정에 제출된 각 프로젝트에 필요한 추정을 토대로 한 알찬 로드맵 개발
- 프로젝트 평가와 우선순위 부여 및 프로젝트 선정시에 포트폴리오 관리과정을 적용
- 선정된 프로젝트를 잘 실행

아이디어를 수익으로

아래에 설명하는 사항들과 그림 2.5는 성공적이고 혁신적인 프로젝트들을 가능하게 하는 코닝의 베스트 프랙티스를 기술한다.

- **로드맵핑** 미래의 기회들을 위한 예측과 계획을 수립한다. 고객관점과 미래지향적 사고가 필요하다.
- **프로젝트 포트폴리오** 최선의 기회들을 선정하고 위험 및 수익 간 균형을 유지하며, 핵심 자원들을 할당한다. 판단시 유연성을 유지하되 과정을 엄격하게 적용한다.
- **혁신 프로젝트 관리** 반복적으로 혁신 단계를 통하여 제품과 공정 또는 서비스 아이디어가 상업화(달러로)에 성공할 수 있게 이동한다. 개발시간을 줄이고, 상업화에 성공하는 제품 수를 늘리며, 수익전망이 낮은 제품을 조기에 중단한다. 이것이 앞에서 말한 다섯 단계 관문의 Stage-Gate™ 혁신과정이다.
- **고객과 시장의 이해** 고객, 시장, 경쟁자들을 진실로 이해하고 그들의 행동과 반응을 예측한다. 이것들은 혁신의 다른 세 가지 요인들의 기초이다.

평 가

코닝에서 혁신 효과성 과정에서 의미 있는 측정치는 R&D를 통하여 개발된 신제품에 대한 판매 비율이다. 1998년 이후 코닝은 개발된 후 4년이 지나지 않은 신제품들의 시장점유율을 57% 이상으로 유지하였다. 이는 다른 어떠한 회사보다도 뛰어난 업적을 이룬 것이다.

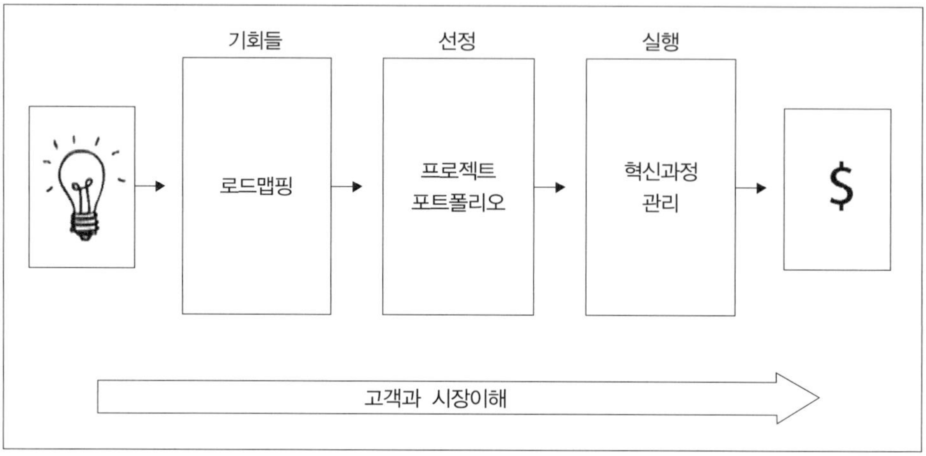

그림 2.5 아이디어를 수익으로

출처 : Copyright © 코닝법인. 허가하에 게재

표 2.1 혁신의 보급

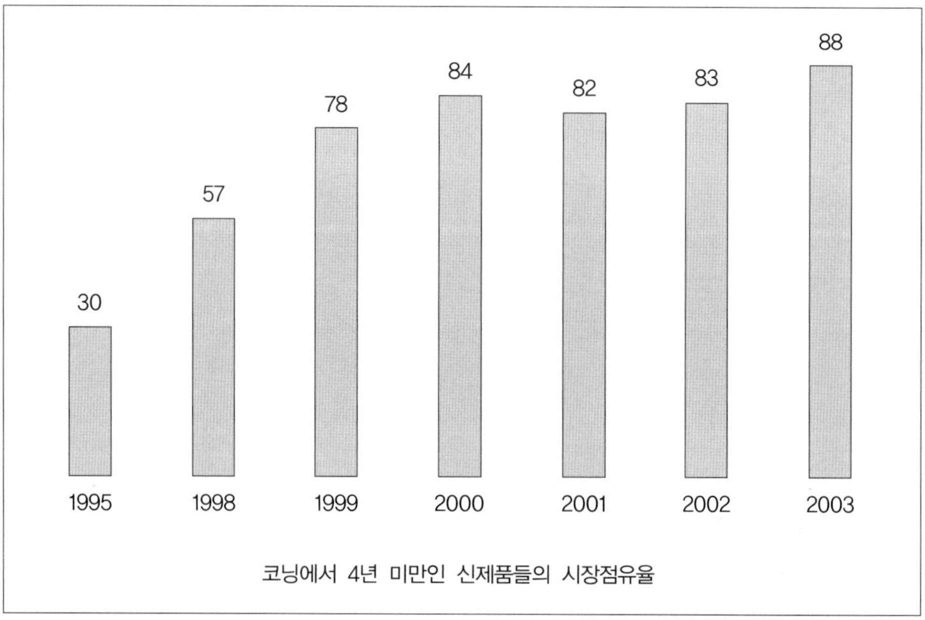

출처 : Copyright © 코닝법인. 허가하에 게재

학습 기계 : 지속가능한 가치와 성장 추진

혁신과정은 회사의 지속가능한 가치와 성장을 추진하는 하나의 학습 기계와 같다(그림 2.6 참조). 코닝은 품질, 지식 공유수단, 관행에 중점을 둠으로써 차별적 가치와 경쟁우위를 가져다 주는 조직학습 비율을 증가시키고, 그에 따라서 다시 혁신의 비율을 늘려주는 '비율변화 가능인자(rate-change enablers)' 를 제공한다.

학습 기계 : 새로운 통찰 시각의 제시

코닝은 지나치게 지시적이거나 관료적이지 않으면서, 다음과 같은 방법으로 지식 공유를 장려한다. 이것은 주기가 짧은(short cycle) '학습방식' 을 장려하였는데 동료들이 검사자료와 베스트 프랙티스를 공유하고 점검하게 하는 것이다.

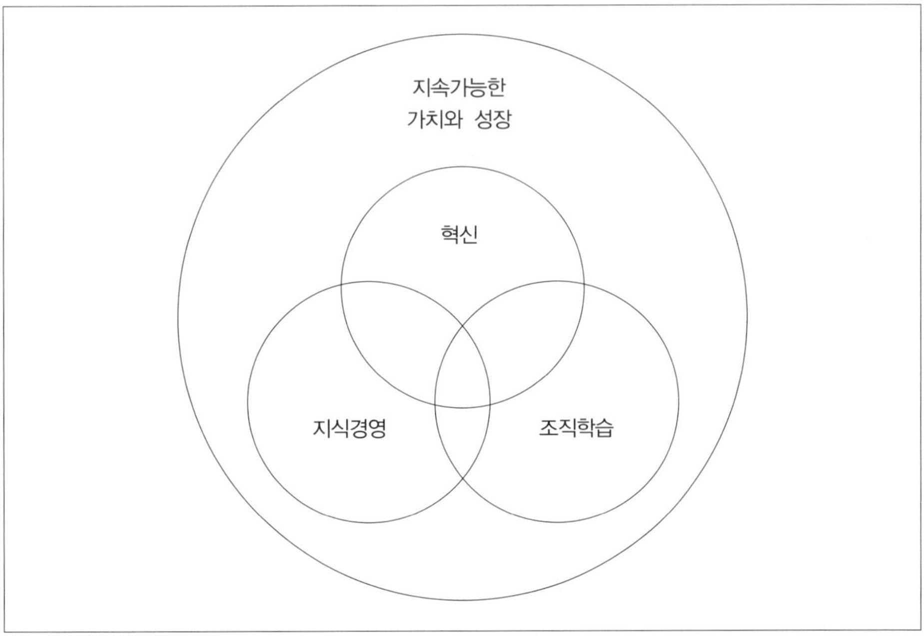

그림 2.6 혁신과정

출처 : Copyright Ⓒ 코닝법인. 허가하에 게재

- **모닝미팅**
  진행 중에 있는 특허 연구 결과를 공유하기 위한 포럼
  작업 또는 지식이나 프로젝트의 현재 진행 상태에 대한 30분간의 담화
  질의응답과 토론을 위하여 정해진 추가적 시간
  청중과 발언자 간의 아이디어 교환과 통찰력 획득
- **기술 개별지도**(technical tutorials)
  오리엔테이션과 전략, 기술 요인 등을 포함한 기술 교육
  다양한 수준(multiple level)별로 제공
  암묵적인 지식교환 장려
- **연구 평가**(research reviews)
  사업리더들과 기술커뮤니티 멤버들이 빠르게 변하는 기술과 시장흐름을 따라잡을 수 있도록 함
  사업 파트너들과 함께 아울러 기술커뮤니티 내의 상호교류를 위한 시간을 활용하여 두 시간 동안 진행
  특정 프로젝트를 맡은 리더의 개막인사로 시작하고 핵심 프로젝트 구성원들에 의해서 발표가 이어짐
- **실행 공동체**(communities of practice)
  직접적 또는 간접적으로 자신들의 업무와 관계될 수 있는 공통의 이익을 위하여 함께 하는 사람들
  공식적(승인된 커뮤니티) : 예 우수성 센터(Centers of Excellence)
  비공식적(자생적 커뮤니티) : 예 소프트웨어 프로그래머들

지식경영과 조직학습

이러한 지식공유 도구들과 관행들은 기술커뮤니티 내에서 일어난 많은 사례 중에서 아주 소수에 불과하다. 이것들은 어떻게 해서 혁신이 코닝의 다른 사업관행들과 결합하여 일상 활동과 과정에 반영되었는지를 보여주며, 코닝에게 새로운 통찰력을 제공한다. 과학자와 기술자, 테크니션과 영업관리자는 정규적으로 지식, 경험, 조망을 공유한다. 그러한 과정 속에서 그들은 이 학습에서 가장 중요한 요인인 핵심 지

식과 경험 및 조망을 기술맥락 내에서 최적화하고 강화하며 재사용한다. 코닝에서는 이것이 새로운 제품과 공정혁신으로 전환되어 아이디어가 수익으로 전환된다.

코닝의 학습 방식의 핵심 목적은 지식 재사용 비율을 증가시키는 것이다. 이를 위하여 이 회사는 조직 내에서 관점들의 종류[사람과 분과들(discipline)]를 늘리고 분과들 간(interdisciplinary)의 공유(분과 간에 일어나는 상호작용 횟수)를 개선한다. 아울러 기존 지식의 재사용을 목적으로 회사 지식을 재구성하는 데 관련된 모든 상호작용을 종합하기 위하여 필요한 도구들을 제공한다. 코닝은 또한 이러한 상호작용이 확실히 일어나도록 인간공학(ergonomics)과 설비 고안과 같은 전술적 요인들도 포함한다. 안전한 비디오 컨퍼런스, 장비들, 비공식적 회의 장소 등을 예로 들 수 있다. 지식 재사용 비율이 증가한다는 것은 글로벌 문화에서 그리고 작업장 내 일상 환경에서 이 조직적 지식과 기억이 사람들을 통하여 실시간으로 접근되는 것을 의미한다.

또 다른 핵심 요인은 지식(기술) 저장소의 구축이다. 이것은 기본적으로 하나의 기록 보관소—기술 저장소—로써 재사용 목적으로 기술을 연구하고 확인하며 접근할 수 있는 곳이다. 코닝에서 기술투자는 결코 실패하는 법이 없다. 유형물들(샘플, 특허, 기술보고서, 실험 기록들)의 형태로 보관되거나 아니면 스토리텔링, 구두로 전하는 역사적 내용들 그리고 기타 일상적인 수단들과 같은 무형적이고 암묵적인 회사의 메모리를 통하여 접근된다. 회사는 끊임없이 지식 보관소를 만들고, 완벽하고 적절한 형태로 이를 '묶으며' 향후 더 발전적인 사용을 위하여 이에 접근하는 방법—즉 핵심역량과 결정적인 능력들을 보존하고 또한 이에 의거하여 확대하는 법—을 종업원들에게 교육한다. 이 혁신과정은 반복적으로 학습을 촉진시킨다. 즉 학습의 두 양식들을 함께 '학습 기계'에 연결하는 것이다.

학습문화의 향상 : 혁신을 가능하게 하는 가교 구축

혁신을 가능하게 하는 학습문화를 만들고 유지하기 위해서는 가교가 구축되어야 한다. 한 사례로 제조 효과성과 혁신 효과성을 공정(설계)을 통하여 연결하려는 움직임을 들 수 있다(그림 2.7 참조). 또 다른 사례로는 혁신주제의 단일화에 중점을 둔 전통적으로 서로 다른 두 개의 내부 변화시도 프로그램—제조공정 개선과 지식경영 및 조직학습노력—을 연결하는 것이다. 그렇게 하는 것은 오늘날 코닝이 당면

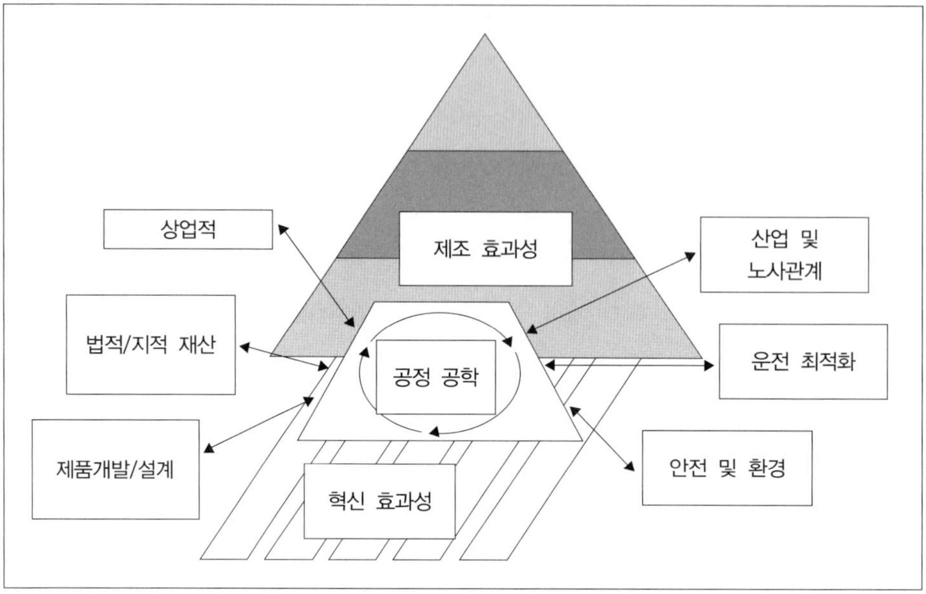

그림 2.7 전 조직에 가교 구축으로 학습 가속화

출처 : Copyright © 코닝법인. 허가하에 게재

한 절박한 공정기술 이슈들에 대처할 수 있는 실시간적인 기회, 즉 현재의 수익성 개선을 도모하고 품질을 다시 활성화시키며 차기 경기상승 국면에 대비하여 '준비' 할 기회를 제공할 것이다.

이런 유형의 상호작용적, 역동적인 협동은 이 회사를 위하여 표준 비용을 억제하고, 자원 가용성을 향상시키며 내부에 더 큰 타깃 오디언스를 만들어 줄 뿐만 아니라, 회사의 안정과 성장을 보증하도록 돕는다. 이것은 또한 연결망 구축을 돕고 학습문화를 향상시키며 시너지의 최적화를 통하여 기술 노하우 확대를 돕는다.

학습코치 : R&D에서의 새로운 핵심역량의 구축

문화와 원칙을 확실하게 유지하는 방법은 경험 많은 어드바이저를 참여시키는 것이다. 우리의 학습 코치들을 위한 우수성 센터(Learning Coach Center of Exellence)는 전사적인 실행과 학습을 보증할 것이다.

—챌리 크레이그

학습문화 요소들이 제자리를 찾고 조직이 가장 효과적으로 학습하는 방법을 이해하게 되면 그 과정은 식스 시그마의 블랙벨트와 같은 방식으로 학습코치들과 함께 촉진된다. 이들은 지식을 연결해 주는 '대리인(agents)' 이나 조직 내에서 학습촉진자 역할을 하는 사람들이다. 학습코치(Learning Coach)를 위한 '우수성 센터' 혹은 가상 실행 공동체의 일부인 이들은 혁신 프로젝트 관리자로 훈련을 받고 혁신 효과성을 중심으로 한 공정 우수 전문가와 학습전문가로 숙련화된다. 이들 학습코치들은 팀에 참가하여 팀원들을 촉진하여 지식을 공유하고, 경계를 넘어서 함께 배우며 보다 더 효과적인 협력자가 되게 한다.

학습코치는 한 번에 몇 개의 프로젝트 팀원이 되면서, 지속적으로 팀들을 새로운 지식으로 접목시키고 베스트 프랙티스와 교훈을 공유하도록 프로젝트 간에 학습을 위한 다리를 놓는다. 또한 이 학습코치는 '스릴을 취미로 삼기(the thrill of hobby)' 환경을 만들고, 그렇게 함으로써 더욱 심도 있고 빠르게 학습하도록 촉진하며 일을 통해서 더 큰 만족을 얻도록 한다.

코닝은 역량과 능력을 통합하고 학습을 순환시킴으로써 이 과정을 끊임없이 최적화한다. 이 과정은 선순환 과정이다. 이것은 변화를 촉진하고 강화하는 것이고 지식을 구축하고 지적 자산을 생산적으로 사용할 수 있도록 전환하는 것이며, 혁신을 더 잘하기 위해서 함께 하는 방식을 더 잘 배우는 것이다. 따라서 코닝은 이전에는 결코 가능하다고 생각하지 못했던 새로운 기회와 해결안, 즉 불연속적인 개선과 한계돌파적인 발명을 독특한 방식으로 실현할 수 있다. 이는 결국 경쟁우위에 대한 것이며, 혁신을 주도하는 것이다.

교훈

혁신이란 유연한 경영에 관한 것이며 좋은 판단에 관한 것이다.

—로저 애커먼

이 사례에서 얻을 수 있는 교훈은 일부 사람들이 '행동 후 검토(after action review)' 라 부르는 하나의 공유된 관행인데 이것은 R&DE의 중요 프로젝트들에 대해 조직적인 기억을 유지하는 형태를 띤다. 이 관행에는 다음과 같은 행동들이 포함된다.

- **혁신에 진정 열정이 있고, 사람들이 그를 중심으로 모이며, 변화의 주체이면서 조직 내 모든 계층에서 진정한 신봉자 집단을 고무시킬 수 있는 강력하고 눈에 띄며 영향력 있는 챔피언과 함께 시작하라.** 맥아보이는 이 문제를 해결하는 데 마케팅과 제조 및 기술과 인적자원을 함께 결합할 수 있었다. 챔피언은 시간이 지남에 따라 바뀌지만 그들의 존재나 지원수준은 변할 수 없다. 코닝은 20년간 혁신의 챔피언들을 유지해 왔다. 예를 들면 맥아보이, 데네카, 애커먼, 밀러, 크레이그, 휴턴과 같은 사람들이다.
- **변화 프로그램과 회사의 핵심가치, 목적 간에 전략적 연결이 이루어지도록 하라.** 맥아보이와 그의 팀은 시작할 때부터 총체적 품질관리와 수익성 및 성장에 대한 의미 있는 연결을 강조하였다.
- **유연성을 갖춘 발전적이고, 공식적이면서도 유동적이며 반복적인 과정을 수립하라.** 이 과정은 요리책처럼 점검표를 만들어 체크하는 식으로 환원될 수는 없다. 그것은 가장 빨리 관료주의로 가는 방식이고 혁신을 질식시키는 방법이다. 오늘날의 모형은 어떤 특정 혁신 단계에서 엄격하게 적용하는 것이 필요할 때 프로젝트 리더와 후원자의 판단이 강조되는데, 이는 주요 활동을 혁신 가이드에 따라 하기만 하면 되는 원래의 선형모형과는 반대되는 것이다.
- **기능부서를 가로지르며, 각 분과들을 가로지르는 프로젝트팀들을 장려하라.** 이 팀에서 사람들은 개방적으로 협력하고, 공유하며 경계를 넘고, 자신들의 집합적 지식과 경험 및 조망에 의거하여 행동한다. 정의에 의하면 프로젝트팀 간에 커뮤니케이션이 매우 잘 이루어져야 하고 '겹치기도' 해야 한다.
- **베스트 프랙티스와 교훈 이 두 가지로부터 배워라.** 코닝이 혁신과정을 효과적으로 사용하면 이미 투입된 자원 때문에 선택된 프로젝트가 잘못되는 경우에도 중단하지 못하는 자연적 경향을 경영층이 극복할 수 있다. 코닝은 그것이 베스트 프랙티스일 뿐 아니라 혁신을 촉진하는 교훈이라는 것을 배웠다. (코닝에서는 기술에 대한 투자가 결코 실패하는 법이 없다. 기술은 새로운 시장 개척을 위한 신물질과 공정을 개발하기 위하여 다시 사용된다. 예를 들면 처음에 목표시장에서 실패한 재료였던 선글라스는 반도체 산업에서

꾸준히 수익성 있는 사업이 되었다.)

- **고객이 누구인지 알고 그들 요구가 무엇인지를 알라.** 시장 및 고객의 이해가 혁신 효과성의 세 가지 핵심 요인인 로드맵핑, 포트폴리오 관리 및 혁신 프로젝트 관리의 기초라는 점을 결코 잊지 말라.

코닝이 미래를 위해 스스로를 재창조하면서 회장이자 CEO인 제이미 휴턴은 1983년 그가 처음 회장이 되었을 때와는 달리 코닝의 기술 창고가 가득 차게 되었다고 말한다. 그와 다른 사람들은 이 경쟁우위를 엄격하고 역동적이며 유동적인 혁신과정의 덕택으로 돌린다. 모두가 좋은 것이지만 사실 문제의 핵심은 텔레콤 붕괴로 인한 이 위기에 혁신 효과를 얼마나 잘 이루어 내는지를 코닝은 실시간으로 알 수 있다는 것이다. 코닝이 이룬 혁신과 재창조의 오랜 역사를 감안하면, 이 조직이 가진 태도는 도전을 촉진하고 이를 환영하는 것이다.

후기 : 점진적 개선

혁신과정의 효과에 진정으로 영향을 미치는 몇 가지 핵심 영역에 초점을 두라.

- 기회와 프로젝트들의 선정과 우선 순위에 초점을 두라. 어떠한 일에 착수할 것인지(혁신 기회)가 혁신 업무를 얼마나 잘 할 것인가(혁신 프로젝트)만큼 중요하다.
- 다섯 단계 관문 Stage-Gate™(과정)에서 각각의 다이아몬드 의사결정에서 교훈을 얻고 공유하라.
- 그 과정을 변함없이 사용하기 위해서는 고위 리더가 확실히 관여하게 만들라.
- 성공을 위한 중요 부분에 적합한 인재를 적소에 두라.
  혁신 프로젝트 리더십의 품질
  혁신 프로젝트 후원자들의 관여
  프로젝트의 목표에 맞는 팀 기술
- 혁신 프로젝트 후원자와 팀 리더 및 팀 구성원의 개발을 위한 학습코치를 설치하라.

기고자 소개

리처드 A. 오리어리(Richard A. O'Leary)는 코닝법인의 지식(science) 및 기술 분야의 인적자원과 다양성 관리 이사이다. 그는 또한 중앙 및 분권 조직 모두에 걸친 기술 커뮤니티의 장점을 유지하는 책임을 맡고 있다. 이전에는 생의학 분야의 하이테크 창업회사인 사이토메트릭사(Cytometrics, Inc.)에서 인적자원 부사장을 지냈다. 그는 퍼블릭 서비스 일렉트릭 & 가스 코퍼레이션(Public Service Electric & Gas Corporation)과 오웬스 코닝 코퍼레이션(Owens-Corning Corporation)에서 임원급으로 인적자원 직책을 맡고 있다. 또한 조직개발 및 학습 분야 전문가로서 전국적 명성을 얻고 있다. 오리어리 박사는 뉴저지 의과대학교의 외래 교수이고 주 방위 공군(air National Guard) 중령(Lt)이며 어설라인 아카데미(Ursuline Academy) 중역으로 활동 중이다. 오리어리 박사는 2001년에 대통령 우수상(President Excellence Award) 그리고 2002년에는 서부 미시간에서 탁월한 동문상(Distinguished Alumni Award)을 받았다.

3

델노어 병원

이 사례는 델노어 병원의 혁신사례로서 균형잡힌 성과지표, 고객서비스 개발활동, 책임감 개발활동과 함께 모든 이해 관계자들에 대한 만족도 측정을 강조하여 서비스, 사람, 품질, 성장, 재무적 성과라는 다섯 개의 분야에서 우수성을 달성하는 문화변화의 모형에 대하여 설명한다.

개요

이 사례연구는 델노어 커뮤니티 병원에서 아래와 같은 변화들을 이루기 위하여 사용하였던 중요 원칙들과 관리 구조에 대하여 설명한다.

- 병원의 조직문화 변혁
- 내부 및 외부 고객서비스 개선
- 내원환자수의 증가와 영업이익률의 성장목표 달성
- 환자간호의 질 향상

비전지향적이었던 고위 경영자팀의 리더십과 헬스케어(health care)분야 컨설턴트의 선도적인 코칭을 통하여, 이 병원은 서비스 우수성과 환자, 종업원 및 의사들의 만족도에서 전국적인 선도자로 부상하였다.

이 병원은 또한 입원환자 수와 외래환자 수가 괄목할 만하게 증가하였고 영업이익률도 거의 기록적인 수준으로 향상되었다. 델노어의 품질측정치는 꾸준하게 올라가고 있고, 전체적 문화는 오늘날 헬스케어의 도전적 환경에서 어려움을 겪는 많은 병원들이 갈망하는 방향으로 활성화되고 있다.

델노어는 어떻게 이것을 달성할 수 있었는가? 서비스, 사람, 품질, 성장, 재무적 성과라는 다섯 개의 기둥을 중심으로 하여 관리, 환자간호 및 병원 운영 등을 구조화하고, 다음 아홉 가지 원칙들을 조직 체제로 통합함으로써 가능할 수 있었다.

1. 우수성에 전념하라.
2. 서비스 중심의 문화를 구축하라.
3. 책임감을 갖게 하라.
4. 리더를 만들고 개발하라.
5. 성공을 인정해 주고 보상하라.
6. 종업원 만족에 초점을 두라.
7. 중요한 것을 측정하라.
8. 모든 계층과 의사소통하라.
9. 행동을 목적 및 가치들과 일치되게 하라.

이러한 기둥들과 원칙들을 실행해 온 델노어의 경험은 보다 높은 성과를 달성하기 위하여 문화변혁을 시도하는 다른 헬스케어 업체들과 그 이외의 조직들에게 흥미로운 사례연구와 가치있는 통찰력을 제공한다.

도입

1999년 1월이었다. 델노어 커뮤니티 헬스 시스템(Delnor-Community Health System)의 사장이자 CEO인 크레이그 리버모어(Craig Livermore)는 자신의 병원이 역사상 매우 중요한 시점에 처해 있음을 알았다. 수년간 델노어는 서비스에 있어서 이미 '좋은(good)' 커뮤니티 병원이라는 명성을 얻고 있었다. 환자들의 만족도는 양호하였으며, 환자 치료의 질도 좋았다. 고용관계도 좋았고 병원의 재무적 상태도 좋았다. 문제는 '좋은' 정도로는 더 이상 충분하지 않다는 것이었다.

"쉽게 말해서, 우리는 '최고 중의 최고'가 되기를 원한다는 결정을 내렸습니다"라고 리버모어는 상기한다. "이사회이자 고위 경영자팀으로서 우리는 델노어를 한 단계 높여 우리 지역이나 주가 아닌 미국 전체에서 최고의 병원 중 하나가 되도록 전념하기로 다짐하였습니다."

이 원대한 목적의 동인(driver)은 무엇이었는가? "무엇보다도 우리는 지역사회에 그냥 좋은 정도가 아닌 탁월한 환자치료와 서비스를 제공할 책임이 있다고 느꼈습니다. 그것은 우리 사명의 핵심이었으며 우리가 존재하는 근본적인 이유였습니다. 그러나 그 외에도 우리는 앞으로도 성공을 계속하기 위해서는 시장에서 우리를 위한 적합한 틈새시장(niche), 즉 델노어를 다른 커뮤니티 병원들과 차별화할 그 무엇을 확립하여야 한다는 것을 알게 되었습니다."라고 리버모어는 말하였다.

신중하게 숙고한 끝에 고위 경영자팀은 '우수한 서비스'를 선정하여 병원 전체에서 환자만족도를 개선하는 데 그들의 힘을 집중하기 시작하였다. 그러나 이 과정을 추진하면서 그들은 이 목적을 달성하는 것이 일시적 조치나 '고객 서비스 프로그램' 등의 실행보다는 훨씬 많은 시간이 걸린다는 것을 곧 알게 되었다.

"우리가 이 과정에 깊이 들어갈수록 보다 더 확실해지는 것은 우리가 해야 할 일이 오직 환자만족도를 개선하는 방법에 집중하는 것보다는 훨씬 크다는 점이었습니다."라고 부사장이자 최고 간호 관리자(Chief Nursing Officer)인 린다 디어링(Linda Deering)은 상기한다.

"우리가 이루려고 하는 우수한 병원이 되기 위해서 우리는 병원 문화를 변혁하고, 환자치료와 운영의 모든 부분에 영향을 줄 커다란 조직변화를 이룰 필요가 있다고 깨닫게 되었습니다. 그것은 그 결과에 따라 병원의 미래 성공이 달린 대단한 도전이었습니다. 그러나 나는 그 도전에 따라 우리의 운명이 걸려 있다는 것을 알고, 이 일을 추진하여야 한다는 결정을 내렸습니다."라고 디어링은 말하였다.

이후 3년 이상 델노어는 환자, 종업원 및 의사만족도에서 전국적인 리더로서 각광받으면서 성공을 이끄는 공식을 실행하였다. 다음의 사례연구에서 이 공식의 핵심부분들에 대한 통찰이 제시될 것이며, 여러분의 조직에 '영원히 지속되는(built to last)' 변화 실행에 대한 접근 '방법' 이 제공될 것이다.

최고 중의 최고가 되기 위한 톱다운식 전념으로 시작

조직변화를 추진할 때 많은 기업들은 우선 적합한 변화관리 모형을 찾는 데 초점을 맞추는 실수를 범한다. 그러나 델노어 병원의 리더들은 성공의 첫 번째 열쇠란 보다 더 기초적이고 근본적인 것임을 발견하였다. 리버모어는 다음과 같이 관찰하였다.

> 세상에서 제일 좋은 시스템이나 모형은 그것을 가능하게 하는 톱다운식으로 전념하지 않는다면 여러분 조직에 별로 도움이 되지 않을 것입니다. 내 경우에는 그것이 모든 일들의 출발점이 됩니다. 여러분 회사의 이사회와 CEO, 고위 경영자 팀은 '최고 중의 최고' 가 되는 데 확고하게, 열정을 가지고 전념해야 합니다. 그들은 전 조직에 대하여 기조와 방향을 설정해야 합니다. 주요 변화의 필요성을 확인하고 그것이 이루어지도록 촉매역할을 해야 한다는 점은 절대적입니다. 이것은 전 조직에게 전파되는 효과를 만듭니다. 최고경영자들이 이러한 변화를 이끈다는 것을 일단 중견 관리자들과 일선 종업원들이 보게 되면, 그들 대부분은 그 이니셔티브를 또한 지원하기 시작할 것입니다.

"우리 CEO와 다른 최고관리자들이 '최고 중의 최고' 가 되도록 이끌어가기 시작하였을 때 내게 가장 인상적이었던 점은 그들이 델노어를 더 높은 단계로 이끌고자 하는 헌신적인 모습이었습니다."라고 정보 시스템 이사인 하시 스미스(Hasi Smith)

는 말한다. “나는 정말로 경영층이 실행 중인 변화에 전념하고 있음을 우리에게 보여주었다고 생각합니다. 그들의 열정은 전염되었습니다. 그들로 인해서 우리는 현실을 받아들였을 뿐 아니라, 우리의 스태프들 역시 받아들였습니다.”라고 스미스는 말한다.

적합한 코치를 선택하는 것이 중요하다

문화변화를 통하여 조직을 이끌어 가기 위해서는 적합한 코치를 갖는 것이 성공의 핵심 열쇠이다. 델노어에서 그러한 관리는 퀸트 스튜더(Quint Studer)에게 돌아갔는데 그는 서비스 우수성과 변화관리 컨설턴트로서 전국적인 명성을 얻고 있었다. 플로리다 펜사콜라에 기반을 둔 스튜더 그룹(Pensacola, Florid-based Studer Group)의 사장인 스튜더는 1990년대 말에 CEO로 활동하면서 시카고의 홀리 적십자 병원(Holy Cross Hospital)과 펜사콜라의 뱁티스트 병원(Baptist Hospital)을 환자 만족도 부분에서 새로운 경지로 이끌었다.

스튜더는 효과가 입증된 변화모형을 제공하였으며, 또한 자신을 델노어 병원에 적합하도록 만들어 준 역동적 코칭 스타일을 소개하였다. “퀸트는 정말로 헬스케어를 개선하고 환자만족을 개선하려는 열정을 가지고 있었습니다.” “그리고 그 열정은 고객과 함께 일할 때 빛났습니다. 그의 발표방식에는 정말로 집단의 관심을 이끌어 내고 자신의 메시지를 따르도록 하는 동기부여 방법을 가지고 있었습니다. 그의 발표로 인하여 우리 병원 리더와 스태프들은 우리들의 이니셔티브를 추진하게 되었고, 우리가 하고 있던 일에 믿음을 갖게 되었습니다.”라고 디어링은 말했다.

조직변화를 위한 적합한 모형의 실행

문화변화에서 델노어가 성공을 거두고 전국적으로 인정받은 것은 이 병원이 스튜더의 아홉 가지 원칙들과 다섯 개의 조직 기둥들을 채택하였기 때문인 것으로 귀인될 수 있다.

아홉 가지의 원칙들

- 우수성에 전념하라.
- 서비스를 중심으로 한 문화를 구축하라.
- 책임을 갖게 하라.
- 리더를 만들고 개발하라.
- 성공을 인정해 주고 보상하라.
- 종업원 만족에 초점을 두라.
- 중요한 것을 측정하라.
- 모든 계층과 의사소통하라.
- 행동을 목적 및 가치들과 일치되게 하라.

다섯 개의 기둥

- 서비스
- 품질
- 비용
- 사람
- 성장

리버모어의 다음과 같이 설명한다.

> 일단 여러분이 톱다운 방식으로 전념하면서 적합한 코치를 선정하게 되면 다음 단계로 해야 할 필수 사항은 변화를 위한 적합한 모형이나 시스템을 실행하는 것입니다. 퀸트가 제시한 아홉 가지 원칙과 다섯 개 기둥은 델노어에게 적합하다고 증명되었습니다. 그것들은 병원의 성과와 운영의 모든 측면에서 개선을 위한 로드맵을 우리에게 제공하였습니다. 커뮤니케이션의 관점에서 보면 '원칙' 과 '기둥' 들의 단순성이 리더들과 스태프들에게 그 모형을 알리는 데 우리에게 도움을 주었습니다. 그것은 모든 사람이 이해하고 기억하며 관계될 수 있는 어떤 것이었습니다. 나는 이것이 매우 중요하다고 생각합니다. 만일 여러분의 변화관리의 설계가 너무 복잡하다면 그것을 실행하는 것은 고사하고 리더와 스태프는 그것을 이해하지도 못할 것입니다.

아홉 가지 원칙

제1원칙 : 우수성에 전념하라

스튜더는 델노어 병원의 리더들에게 '챔피언십 문화' 구축은 우수성에 전념하는 데서부터 시작한다고 말하였다. 그는 "우수성이 이루어질 때 종업원들은 존중받음을 느끼게 되고, 의사들은 조직이 최고라고 느끼게 되며, 환자들은 이 병원의 서비스가 뛰어나다고 느끼게 됩니다."라고 말하였다. 리버모어와 이사회가 이 첫 번째 원리를 조직에 '뿌리 내리게(hardwire)' 하기 위하여 맨 처음 한 일 중의 하나는 우수성에 대한 전념을 병원의 사명과 비전, 가치들과 전략계획 안에 심는 것이었다.

사명 선언문 헬스케어에서 우수성을 이루고 우리가 봉사하는 공동체의 평생복지를 증진한다.

비전 선언문 우리 지역은 헬스케어와 건강관리를 먼저 우리에게 의존하게 될 것이다. 우리는 우수한 서비스의 전통을 개발할 것이다. 환자들과 고객들은 자신들에 대한 치료가 종합적으로 잘 연결되어 있다는 것을 경험하게 될 것이다. 의사는 우리를 믿을 만한 파트너로 간주할 것이다. 결국, 우리는 우수한 의료로 지역 내에서 명성을 얻을 것이다.

가치 우수성, 서비스, 동정심, 존중, 성실성

전략적 계획 서비스 우수성은 병원의 신규 전략계획에서 여덟 개의 추진 전략 중의 하나가 되었다.

"우리는 이 원리를 조직의 체제 속에 깊이 통합함으로써 우수성에 전념하는 것이 우리가 만들고 있는 새로운 병원 문화의 기반이 될 것이라는 확실한 메시지를 리더와 스태프들에게 전달하였습니다."라고 리버모어는 말하였다.

이 과정을 촉진하기 위하여 관리자들은 다음과 같은 다양한 전략들을 사용하였다.

- 최고경영자와 최고 운영관리자가 이끄는 종업원 포럼들
- 종업원, 자원봉사자 및 의사를 위한 소식지
- 배너, 포스터, 전단지
- 경영층, 단위조직 및 부서 회의에서의 발표

- 병원 전체를 통하여 종업원들이 자기 부서에서 '우수성' 이란 단어를 창의적으로 전시하도록 겨루는 컨테스트

"우리는 병원의 어느 곳에서건 리더와 스태프 및 자원봉사자와 의사들이 우리가 우수성에 대하여 전념하는 것을 보고 듣도록 하였습니다. 이것은 그들이 하는 모든 일에서 이 원칙을 준수하여 그것을 실현하는 첫 번째 단계가 되었습니다."라고 리버모어는 말하였다.

제2원칙 : 서비스를 중심으로 한 문화를 구축하라

오늘날 헬스케어를 둘러싼 경쟁환경에서 대부분의 병원들은 환자들에게 기본적으로 같은 종류의 서비스를 제공한다. 그렇다면 병원은 어떻게 하여 자신을 시장에서 차별화하고 업계에서 경쟁자들을 앞설 수 있을까? 스튜더에 따르면 가장 효과적인 전략 중 하나는 서비스를 중심으로 한 문화를 구축하는 것이다.

"몇 년 전 병원의 경영자들을 대상으로 한 전국적인 설문조사가 있었습니다. 이에 의하면 대부분의 최고경영자가 '해야 할 일' 의 목록 중에서 최상위권에 있는 것들은 좀 더 최신화된 기술을 도입하거나 치료비 수납률(reimbursement rate)을 개선하는 것이라고 나타났습니다. 하지만 기초적이면서도 근본적으로 우선시되어야 할 환자만족도는 바로 이 목록에서 빠져 있었습니다."라고 스튜더는 말한다.

이와 같은 놀라운 사실들은 델노어 리더들에게 영향을 미쳐, 그들이 추구하기로 결정을 내린 전략적 방향을 다시 한번 확인하게 되었다. "우리 병원이 장래에 계속하여 성공하기 위해서는 지역 시장에서 우리에게 알맞는 틈새시장을 찾아야 한다는 것을 알았습니다. 우리에게 가장 의미 있고 우리의 사명과 가장 일치하는 것은 우수한 서비스였습니다. 그래서 우리는 환자만족도에 있어서 지역에서의 최고 병원, 그리고 전국적으로는 최고 중의 하나인 병원이 되자는 조직 목적을 수립하게 되었습니다."라고 리버모어는 말하였다.

델노어는 이 원대한 목표를 달성하기 위하여 스튜더로부터 영감을 받은 다음 다섯 개의 중요 요소로 구성된 우수한 서비스를 위한 이니셔티브를 실행하였다. (1) 고객만족팀의 발족 (2) 종업원이 환자와 방문자들과 만날 때 '사용할 대화' 들의 대본 (3) 병실 리더의 회진 (4) 퇴원 환자들을 위한 사후관리 전화 (5) 서비스 복구

고객 만족팀의 발족 환자만족 이니셔티브를 우선시하기 위하여 필요한 조직의 관심과 자원을 확보하기 위하여 델노어는 일곱 개 실행팀을 만들었는데 각 팀은 고객이 겪게 되는 각기 다른 상황을 처리하는 책임을 맡았다('보기 3.1 : 델노어 고객서비스 팀의 구조' 참조).

- **행동 표준** 이 팀은 병원의 사명과 가치들을 지원하는 성과표준과 탁월한 고객서비스를 지원하는 성과표준을 수립하였다(행동표준에 대한 더 자세한 정보를 위해서는 '제9원칙: 행동과 목적 및 가치들을 정렬하라' 참조).
- **불편 요인의 제거** 이 팀은 병원의 환자와 방문객에 대한 뛰어난 서비스를 제공하는 데 장애가 되는 것들을 확인하고 대처하는 데 집중하였다. "환자치료 과정 중에 너무나 자주 고객을 불편하게 하는 크고 작은 일들이 있었습니다. 만일 조직이 이들을 확인하고 바로잡는 수단을 가지고 있지 않다면 아무것도 개선될 게 없습니다."라고 팀의 의장인 디어링은 말한다. "이러한 장애를 찾아내고 그것들을 제거하기 위하여 병원의 관련 부서들과 함께 할 수 있는 것은 무엇이든 하려는 사명을 가진 팀을 적소에 배치하는 것은 매우 의미 있는 일입니다. 그것은 환자들이 델노어를 더 좋게 경험하고 환자들의 만족도 점수도 향상되는 윈윈(win-win)에 해당하는 것입니다."
- **보상과 인정** 최고의 성과자를 보상해 주고 인정해 주는 것은 조직에서 종업원들이 우수한 서비스를 제공하도록 장려하고 종업원 만족수준을 높이는 두 가지 모두에 중요하다. 델노어에서 이 팀은 병원의 공식적 보상과 인정 프로그램을 개발하고 감독하는 책임을 진다(더 많은 정보을 위해서는 '제5원칙: 성공을 인정해 주고 보상하라" 참조).
- **의사만족** "델노어의 의사들은 환자와 마찬가지로 중요한 고객으로 간주됩니다."라고 리버모어는 말한다. "의사 없이는 환자도 있을 수 없습니다. 그래서 우리는 의사들의 진료행위의 편의를 도모하거나 환자치료와 병원에 대한 그들의 기여를 인정하여 델노어 의사들의 경력을 향상시키는 데만 집중하는 새로운 팀을 만드는 것이 중요하다고 느꼈습니다." 전자를 달성하기 위해서 이 새로운 팀은 병원에서 의사들이 부딪치는 장애를 확인하고 처리하기 위해서 그들과 함께 일하였다. 후자를 달성하기 위해서 또한 이 팀은 혁신적인 '탁월한 의사 상(Distinguished Physicians Awards)' 제도를 운영하

였다.

- **측정** 병원에서 환자만족도 개선에 진전이 있는지를 점검하고자 병원은 모든 환자만족도 조사를 관리하고 주, 월, 분기 단위로 자료를 간행하며, 해석하는 책임을 맡은 측정팀을 설치하였다.
  "병원 전체와 개별 부서 수준에서 자료를 분석, 보고하는 것이 우리의 일입니다"라고 부사장이자 팀 의장인 마이클 키토에(Michael Kittoe)는 말한다. "우리는 병원의 리더들과 스태프들을 도와 자신들에 대한 설문조사와 그 결과들을 이해하고 그 자료에 의거하여 전향적으로 행동할 수 있고 개선이 필요한 영역에서 일할 수 있게 합니다. 우리는 환자만족도 조사의 전 과정을 전 조직이 볼 수 있도록 합니다. 환자만족도 조사는 모든 사람의 마음에서 고객만족이 우선이 되게 만들고 리더와 팀이 자신들의 점수에 대하여 책임질 수 있게 합니다."라고 키토에는 말한다.
- **리더십 개발** 이 이니셔티브는 운영위원회(steering committee)와 세 개의 소위원회가 이끄는데, 이 소위원회들은 관리자들이 자신의 리더십 스킬향상을 위해 필요로 하는 훈련과 툴(tool)을 종합할 책임을 진다(더 많은 정보를 위해서는 '제4원칙 : 리더를 만들고 개발하라' 참조).

대본(scripting) 서비스 중심의 문화를 구축하는 또 다른 중요 요소는 매우 중요한 진료상의 대화를 할 때에 고객에 대해 사용할 대본 또는 '사용할 말들'을 스태프에게 제공하는 것이다('보기 3.2 : 간호사들을 위한 델노어의 대본 사례' 참조). "이 목적은 종업원들이 환자, 방문객, 의사 및 내부 고객들에 대하여 고객만족에 도움이 되는 용어와 문구를 어떻게 사용해야 하는지를 가르치는 것입니다. 특정 상황에서 스태프들이 고객과 대화하는 방법을 표준화함으로써 우리는 조직 전체에 걸쳐 더 나은 서비스를 보다 더 일관되게 제공할 수 있습니다."라고 디어링은 말한다.

델노어에서 가장 널리 사용되는 대본 사례는 다음과 같은 문구이다. "고객님을 위해 제가 해드릴 수 있는 다른 일이 있습니까? 제가 해드릴 수 있습니다." 간호사, 조무사, 병실관리인 그리고 기타의 근무자들은 환자의 방을 떠날 때마다 다양한 형식으로 이 질문을 묻는다. 이 문구는 행정부서의 종업원들이 내부 고객을 대할 때조차도 각인되어 있다.

병실 리더들의 회진 델노어 간호리더들은 만나야 할 환자와 가족 및 담당 부서 스태프들에 대하여 매일 우선 순위를 정한다. "제가 담당하는 구역에서 일어나는 일들을 긴밀하게 파악하고 환자와 가족들의 요구점이 확실히 충족되게 하는 데는 정기적인 회진보다 더 좋은 방법은 없습니다. 환자를 적극적으로 살펴보고 그들과 가족들에게 병세가 어떠냐고 물어 봄으로써 저는 더 큰 문제로 악화되기 전에 우려 사항을 처리할 수 있습니다."라고 병원의 한 구역을 맡은 간호 관리자인 데보라 디렉(Deborah Dyrek)은 말한다.

간호 관리자가 시간을 내서 환자의 병실에 들러 그들과 함께 이야기를 나누는 것에 환자와 가족들은 종종 놀란다고 디렉은 덧붙인다. "환자를 방문하여 그들에게 관심을 보이는 것은 강한 인상을 줍니다. 그리고 이것은 우리가 델노어의 치료와 서비스 질에 대한 환자와 가족들의 만족을 중시한다는 점을 말해 줍니다."

회진은 중요하기 때문에 스태프들과 함께 한다고 디렉은 말한다. "눈에 띄게 하고, 신경 쓰고 있음을 보여주며, 코치를 하고, 팀멤버들이 그들의 업무에 최선을 다하기 위해서 무엇이 필요한지를 찾아내는 것은 중요합니다. 그런 것들이 제게는 회진에서 얻는 이익입니다."

환자에 대한 전화방문(call back) 당신이 외래 환자로서의 수술을 받고 집에 막 도착하였다고 가정해 보자. 당신은 고통스런 상태일 것이고, 회복에 대하여 불안해하고 있으며 병원을 나서기 전에 누군가에게 잊지 않고 묻기 원하였던 수십 가지의 질문이 머리 속에 떠오를 것이다. 이때 간호사로부터 상태가 어떠한지 도와 줄 일은 없는지에 대해서 물어보는 전화를 받는다면 얼마나 편안하고 위안이 될 것인지를 상상해 보라. 이 이야기는 왜 델노어의 간호 리더들이 퇴원한 모든 외래 환자와 입원 환자에게 전화방문하는 것을 제도화하기로 결정하였는지에 대한 정확한 이유이다.

"그것은 우리가 환자치료에 개인적 보살핌을 더 할 수 있는 또 다른 방법입니다."라고 디어링은 말한다. "어떤 사람들에게는 전화방문이 그리 대단해 보이지 않을지도 모릅니다. 그러나 환자에게는 우리한테서 전화를 받는 것이 얼마나 중요한지 여러분은 잘 믿어지지 않을 겁니다. 대부분의 전화는 5분을 넘지 않습니다. 그러나 그 시간 동안에 우리는 환자와 우리가 유대를 강하게 할 수 있고 그들의 걱정을 들을 수 있으며 환자의 질문에 대답할 수 있고 환자들에게 모든 것이 잘 되고 있다는 것을 다시 확신시켜 줄 수 있습니다. 그것은 믿기 어려울 정도로 강력한 환자 만족 수단입니다."

환자 전화방문에 대하여 주목할 또 다른 일은 이것이 좋은 의료행위라는 것이다. "환자에 대한 사후관리를 통하여 우리는 환자가 퇴원한 후에 발생할 수도 있는 부작용이 더 악화되기 전에 문제를 확인할 수 있습니다. 그것은 우리에게 환자들이 퇴원 지침들을 확실하게 이해하여 스스로 치료하고 있는지를 확인하는 기회도 제공합니다. 또한 그들의 통증 치료제를 복용하는 것에 대하여 그들이 가지게 될지 모르는 질문에 답할 기회를 제공합니다. 치료의 품질 관점에서 보면 그것은 해야 할 옳은 일입니다. 그것은 확실히 환자를 다시 입원하게 하는 비율을 낮추어 줍니다."라고 디어링은 덧붙인다.

서비스 복구 "아무리 열심히 노력하더라도 어느 조직도 고객에 대하여 완벽한 서비스를 제공할 수는 없습니다"라고 디어링은 지적한다. "우리는 모두 인간입니다. 실수를 할 수 있죠. 그러나 그러한 실수들이 올바른 방법으로 다루어진다면 여러분은 그 부정적인 것을 신속하게 긍정적인 것으로 바꿀 수 있습니다. 우리는 ACT라고 부르는 서비스 복구 과정을 통해서 불만스런 고객들을 충성스런 고객으로 바꿀 수 있습니다."

ACT란 사과하고(apology), 바로 잡고(correct), 행동을 취한다(take action)는 것의 머리글자를 딴 것이다. 델노어에서는 이것이 종업원들이 환자와 방문객의 불만에 대처하는 표준적인 과정이다. 불만족한 고객과 접할 때 서비스 회복의 첫 번째 단계는 고객의 기대에 미치지 못한데 대하여 사과를 하는 것이다. 이것은 어루만지는 분위기를 즉시 형성하고, 그 불만을 중요하게 다루고 있다는 것을 고객이 인식하게 한다. 다음 단계는 문제를 고객이 수용할 수 있는 수준으로 바로 잡기 위한 최선의 방법을 결정하기 위하여 고객과 함께 작업을 하는 것이다. 마지막 단계는 문제를 해결하기 위하여 빠르게 행동을 취하도록 움직이는 것이다.

"델노어에서 우리는 종업원들이 불만을 선물로 간주하도록 훈련시킵니다."라고 디어링은 말한다. "이상하게 들릴지 모르지만 고객들이 적절한 불만들을 표출하는 것은 실제 우리에게 호의를 베푸는 것입니다. 그건 고객에 대한 서비스 과정이 잘못되었고 고칠 필요가 있다는 적신호를 보내는 것입니다." 이것은 문제에 대하여 불만을 토로하는 고객이 한 명이면 여기에는 불만을 토로하지 않고 다른 곳으로 서비스를 그냥 바꿔버리는 아홉 명의 고객들이 더 있다는 것을 알려주는 것으로 고객 연구의 견지에서 보자면 훨씬 더 중요하다고 디어링은 말한다.

"긍정적인 면에서 보면, 자신의 불만들이 즉시 처리되는 것을 경험하는 대부분의 고객들은 회사나 업체로 되돌아온다는 연구가 보고되었습니다. 이 통계는 정말로 서비스 복구의 중요성을 강조하는 것입니다. ACT의 간단한 세 단계가 고객의 부정적 경험을 긍정적 경험으로 바꾸는 데 얼마나 강력한지 정말 놀랍습니다."라고 디어링은 말한다.

제3원칙 : 책임을 지게 하라

챔피언십의 문화를 구축하려면 조직 내 모든 수준에서 오너십을 갖고 책임을 지는 환경을 만드는 것이 필요하다. "이 원칙은 절대 중요합니다"라고 리버모어는 말한다. "최고 관리자부터 일선 스태프에 이르기까지 우리는 자신들의 영역에서 '임차인' 처럼 행동하지 않고 '주인' 처럼 행동하는 팀이 필요하였습니다. 그리고 우리는 모든 사람이 전체적인 조직 성과와 함께 각자의 성과와 팀의 성과에 대하여 책임을 지도록 우리의 시스템을 갖출 필요가 있었습니다."

주인의식을 촉진하기 위하여 병원 전체에서 리더들과 스태프 모두에게 이 원칙의 중요성이 다양한 방식으로 널리 의사소통되었다. 그것은 또한 종업원 채용과 오리엔테이션 과정에서도 강조되었다.

조직과 팀의 목적 달성 진도를 점검하는 월별 성과 점수표를 개발함으로써 이 회사 문화에서 책임감을 보다 더 높이게 하였다('보기 3.3 : 델노어의 월간 성과기록표 사례' 참조). 이러한 목적을 지향하는 성과관리는 리더와 스태프에 대한 연말 성과 점검에서 비중 있게 다루는 요인이 되었고 이사회가 병원 경영자팀을 평가하는 핵심지표가 되었다. 병원 전체, 각 단위 조직과 부서별 환자만족도 점수는(부서들이 제공하는 서비스를 서로 평가하는) 내부 고객 조사결과와 마찬가지로 병원 전체에 널리 공표되고 게시되었다. 리더들과 스태프들은 또한 뛰어난 아이디어(Bright Idea) 프로그램을 통하여 그들이 해마다 이룬 과정개선과 비용절감 아이디어들의 숫자에 대해서도 책임을 진다.

제4원칙 : 리더를 만들고 개발하라

"퀸트 스튜더와 함께 한 우리의 첫 번째 코칭 세션에서 퀸트는 우리 리더들 중에서 얼마나 많은 사람들이 관리자가 되기 위한 정식 훈련을 받았는지 물었습니다. 손을 드는 사람이 거의 없었습니다. 그건 정말로 내게는 놀라운 경험이었습니다"라고 리버모어는 상기한다.

"나는 우리도 다른 많은 병원이나 사업체와 같이 훌륭한 리더가 되기에 필요한 도구들을 사람이 제공받지 못한 채 다른 직위에서 쌓은 지식과 기술적 스킬 및 과거 성과에 의거하여 사람들을 종종 경영자로 승진시킨다는 것을 알게 되었습니다. 이 네 번째 원칙이 델노어의 새로운 문화를 만드는 데 가장 중요한 요인들 중 하나가 된 이유는 바로 이 때문입니다."라고 리버모어는 말하였다.

이 원칙을 실행하기 위하여 델노어는 스튜더 그룹의 모형을 따라 사내에 리더십 개발부서를 만들었다. 이 부서의 목적은 신규 관리자와 기존 관리자 모두에게 새로운 기술, 역량 및 행동들을 가르쳐 좀 더 유능한 리더가 되고 조직변화를 이루는 데 촉매 역할을 담당하도록 돕는 것이었다[각 리더들이 팀에 돌아가서 실행할 단계별 행동들에 대한 지침인 '책임 격자(accountability grid)' 에 따른, 이틀 일정의 리더십 훈련 과정들 중의 하나에 대한 의제들의 사례를 보여주는 보기 3.4와 보기 3.5 참조].

이 부서는 병원의 리더들을 위하여 맞춤화된, 분기별 이틀 일정의 훈련 세션을 만드는 책임을 맡았다. 각 세션은 독특한 주제하에 성장, 서비스, 사람, 품질, 재무 등과 같은 다섯 개의 기둥 각각에 맞추어졌다. 주제 발표는 델노어 리더들과 외부의 전문 연사들이 공동으로 하였다. 프로그램의 내용은 다음과 같은 이슈들을 다룬다.

- 리더 대 관리자
- 저 성과자들에 대한 관리
- 종업원들에 대한 인정과 보상
- 새로운 스태프의 채용과 인터뷰 및 고용
- 예산 수립 기술개발
- 갈등 관리
- 종업원들에게 긍정적 및 부정적 피드백의 제공

각 세션을 따라서 리더들은 그들이 배운 것을 공유하고 팀과 함께 새로운 실천사항들을 실행할 것이 요구된다. 분기별 미팅 외에도 리더들에게 추가적인 훈련기회를 제공하기 위하여 월별 '점심식사와 함께 하는 학습(lunch and learn)' 이 제공된다.

이 리더십 개발 이니셔티브는 운영위원회와 델노어의 횡적(cross-section)인 관리자들로 구성되는 일련의 소위원회에 의하여 조정된다. 그들은 각 훈련과정을 위한 목적, 주제, 내용, 학습자료와 의사소통 방식을 함께 개발한다. 그들은 또한 모든 물류지원 사항들도 마련해 준다.

"우리는 리더들의 성장과 개발에 상당한 투자를 합니다. 왜냐하면 그들은 팀 차원에서 그리고 개별 종업원 차원에서 조직의 변화를 실행하고 유지할 능력을 가진 사람들이기 때문입니다. 내가 이야기를 나눈 다른 병원의 어떤 경영자들은 이 원칙에 어떻게 그렇게 많은 시간과 인력 및 자원을 쏟아부을 수 있는지를 물었습니다. 그들에게 나는 이렇게 답변하였습니다. '그렇게 하지 않을 수가 없다' 고 말입니다."

캐서린 바커(Katherine Barker)와 같은 간호사 리더는 이 이니셔티브의 성공에 대하여 증언한다. 바커는 다음과 같이 말한다. "나는 공인 간호사로서 이 자리까지 올라왔습니다. 나의 모든 전문적 교육과 훈련은 환자간호에 관한 것들입니다. 내가 관리 간호사 직책으로 승진했을 때 나는 그 직위에서 요구되는 임상지식이나 기술들은 모두 가지고 있었지만 팀을 어떻게 효과적으로 관리하고 이끄는지에 대해서는 전혀 교육을 받은 적이 없었습니다. 그렇지만 지난 3년 동안 델노어에서 내가 받은 훈련은 내가 자신 있고 효과적인 리더가 되기 위해 필요한 방법들을 제게 주었습니다. 이를 통해 저는 완전히 새로운 수준의 전문성을 갖게 되었습니다."

델노어가 강력한 성과를 거두는 데 리더십 개발이 중요한 역할을 수행한 반면에 병원관리자들은 또한 문화변화에 따라서 관리팀에게 생성된 스트레스 증가에도 민감하게 대처하였다. 이런 도전적인 시기에 리더들이 최적 성과를 달성하고 정서적 균형을 이루도록 도와주기 위하여 병원측은 하트매스사(HeartMath LLC—스트레스 관리를 전문으로 하는 회사 : 역주)와 제휴하였다[하트매스의 프리즈 프레임(Freeze Frame) 기법 사용 전과 후의 심장 리듬을 보여주는 보기 3.6과 보기 3.7 참조].

"우리는 우리가 겪고 있는 변혁이 절대적으로 필요하기는 하지만 그것으로 인하여 우리 리더들이 스트레스를 겪고 있다는 것을 알게 되었습니다. 우리는 그것이

걱정되었습니다. 그래서 그들이 개인적 차원과 직업적 차원 모두에서 변화에 더욱 효과적으로 대처하는 데 필요한 지원과 자원을 제공할 방법들을 찾기 시작하였습니다. 그때 하트매스가 뛰어난 해결책이라는 것을 알게 되었습니다."라고 최고운영 관리자인 톰 라이트(Tom Wright)는 회상한다.

하트매스 LLC는 개인과 조직의 건강 및 성과를 만들어 내는 데 성공적이라고 증명된 첨단적인 성과 훈련 및 기술 회사였다. 하트매스는 과학적으로 인증된 스트레스 관리 기법과 객관적 생체 측정 피드백을 가진 시스템을 사용한다.

과학에 의하면 심장은 신경 체계와 호르몬 체계 및 다른 경로를 통하여 뇌와 의사소통을 하고 뇌에 영향을 주는 그 자신만의 지능유형을 가지고 있는 것으로 알려져 있다. 신경심장학에 대한 하트매스의 연구에 의하면 우리가 의식적으로 긍정적인 정서상태로 전환하면 우리의 심장리듬도 또한 그렇게 따른다고 한다. 심장에서의 이 반응은 스트레스의 효과를 감소시키고 성과를 향상시키는 신경과 호르몬 그리고 생화학적인 결과들이 순기능적 연쇄효과를 만들어, 뇌에서의 반응을 유발한다.

하트매스 워크숍은—이것은 개인들에게 스트레스를 받는 순간에 스트레스를 어떻게 잘 관리할 수 있는지, 압력 상태에서 어떻게 성과를 잘 유지할 수 있는지 그리고 일과생활 간의 적절한 균형을 어떻게 잘 유지해야 하는지를 가르치기 위하여 설계되었다—병원 리더십 훈련의 핵심 부분이 되었다. 라이트에 따르면 그 결과는 인상적이었다. 2001 회계년도에 병원의 전체적인 이직률은 21%였지만 하트매스 워크숍에 참석한 422명의 리더와 종업원들의 이직률은 단지 5.9%에 불과하였다. "하트매스 워크숍이 우리 리더들의 스트레스를 줄이고 정신을 맑게 하며 의사결정을 개선하고 좀 더 효율적으로 관리하며 최고의 성과를 유지하도록 도왔다는 것은 의심할 여지가 없습니다. 사실 그 프로그램은 매우 효과적이어서 우리는 지금 병원의 모든 종업원들과 의사들에게 권하고 있습니다."라고 라이트는 말한다.

제5원칙 : 성공을 인정해 주고 보상하라

오늘날의 근로자들에게 가장 커다란 동기부여 요인은 무엇일까? 만일 여러분이 임금인상이나 회사의 더 좋은 특전이라고 대답한다면 위치타 주립대학의 경영학 교수인 제럴드 그래함(Gerald Graham) 박사가 수행한 연구 결과에 놀랄 것이다. 그의 연구결과에서는 가장 효과적인 네 가지 작업장 인센티브 중에서 세 가지는 인정 및 보상과 관련된다는 것을 밝혀주었다.

- 관리자들로부터 얻는 개인적인 감사
- 관리자들로부터 얻은 서면 감사
- 성과에 따른 승진
- 공개적인 칭찬

"잘한 일에 대해서는 결코 그냥 지나치지 마십시오."라는 말은 퀸트 스튜더가 이 원칙의 중요성에 대하여 병원 관리자들을 코치할 때 했던 충고였다. 스튜더는 우수한 성과에 대하여 종업원들을 인정하고 보상하는 것은 마땅히 해야 할 옳은 일일 뿐만 아니라 강력한 사업전략이기도 하다고 말한다. "종업원을 칭찬할 때 여러분은 그 사람들의 직무만족도를 높이고, 그 동료들을 위한 역할 모델들을 만드는 것입니다. 게다가 연구에 의하면 칭찬받은 행동은 반복된다는 점을 보여줍니다. 이건 정말로 스태프와 회사 모두에게 윈윈 상태가 되는 것입니다."

델노어 최고경영자는 이 원리를 리더십 훈련에 통합하기 시작하였다. "우리는 리더들에게 자신의 종업원들을 칭찬하는 것의 중요성에 대하여 교육을 시켰습니다. 그리고 효과적으로 칭찬하는 기술을 가르쳤습니다."라고 디어링은 말한다. "그건 쉬운 것처럼 들리지만 칭찬이 조직 문화가 되지 않은 곳에서 많은 리더들이 자신의 부하들에게 일을 잘 한다고 칭찬하는 데 시간을 쓰지 않는다는 점을 알게 되면 놀라게 됩니다."

이 병원은 또한 팀을 만들어 새로운 보상 및 인정 프로그램을 개발하기 시작하였는 데 다음과 같다('보기 3.8 : 최고 중의 최고 또는 'BoB' 포상 양식' 참조).

- **최고 중의 최고(BoB) 프로그램** 이 프로그램은 고객에 대한 뛰어난 서비스를 제공하는 종업원들을 인정하기 위해서 환자, 방문객, 리더, 동료, 자원자 또는 의사가 기입할 수 있는 보상 인증서 신설을 포함한다. 그 인증서를 받은 종업원들은 그것을 관리자를 통해 상품으로 바꾸는데 이 상품은 카페테리아를 이용할 수 있는 식사권이나 지역 상점과 식당 등에서 사용할 수 있는 선물카드를 포함한다.

"누군가 내게 'BoB'를 줄 때는 정말 기분 좋습니다. 그것은 내가 환자와 더 많은 시간을 갖거나 동료를 위해 좋은 일을 하는 것 때문에 저의 진가를 알아 준다는 것을 느끼게 합니다. 그리고 선물권은 작은 보너스를 얻는 것과 같습니다. 전 그걸 좋아합니다."라고 공인 간호사인 신디 마사(Cindy Masa)는 말한다. 마사의 발언은 이 프로그램에 대한 종업원들의 전반적인 반응을 대변한다. 이 프로그램은 델노어의 인정과 보상노력들 중에서 가장 성공적인 것 중의 하나가 되었다.

- **이달의 우수상**(Monthly Excellence Awards) 이것은 한 단계 더 높은 인정 방법이다. 고객서비스에서 기대 이상의 성과를 이루는 종업원들은 병원 리더들과 종업원들이 참석한 월례 축하행사에서 특별한 상을 받는다.
- **올해의 우수상**(Annual Excellence Awards) 고객이나 조직을 위하여 뛰어난 일을 한 소수의 종업원들을 뽑아 이 상이 수여된다. 이 상은 일 년에 한 번 종업원 인정 축하 연회장에서 주어진다. 차례로 상패들이 수여되고 최고 수준 인정과 함께 최고 1,000달러의 현금을 부상으로 받게 된다. 리버모어는 "이 수상 만찬은 가장 이름 있는 종업원 축하 행사입니다. 그리고 언제나 병원에서 열리는 한 해의 최고 행사 중의 하나입니다. 그건 바로 델노어에서 '최고 중의 최고'를 인정하는 훌륭한 방법입니다"라고 말한다.

제6원칙 : 종업원 만족에 초점을 맞추라

"우리는 종업원 만족과 환자 및 의사만족 간에는 직접적인 상관관계가 있다는 것을 발견하였습니다."라고 리버모어는 말한다. "우리는 스태프들을 지속적으로 만족시킴으로써 사기를 개선할 수 있었고, 동시에 환자만족과 의사만족 점수도 극적으로 향상시킬 수 있었습니다. 행복한 종업원들이 고객에게 더 나은 치료와 서비스를 제공하게 된다는 것은 이치에 맞는 것입니다."

거시적 차원에서 높은 수준의 종업원 만족 달성은 조직이 이 장에서 기술된 다른 여덟 가지 원칙들을 통합하는 데 성공적이었는지에 따라 크게 좌우된다. "이 모든 요인들은 조화롭게 협업하여 여러분을 차별화하고, 종업원들이 존중받는다고 느끼며 매일같이 일하러 오고 싶어하는 병원과 회사가 될 수 있는 환경과 문화를 만들어야 합니다."라고 리버모어는 말한다.

미시적인 차원에서 이 병원은 시카고 서부 외곽에서 종업원 만족에 있어서 최고의 병원이 되려는 조직목적을 확립하려는 것을 포함하여, 이들 원칙들을 통합하기 위한 수많은 조치들을 취하였다. "우리는 그 목적을 우리의 전략계획에 포함시켰고 우리가 거기에 도달하게 할 촉매역할을 담당할, 종업원이 뽑은 우수 회사(Employer of Choice) 팀을 만들었습니다."라고 리버모어는 말한다. 지난 3년간 이 그룹은 다음과 같은 성공적인 전략들을 연구하였고 실행하였다.

- 종업원들이 일과 생활에서 보다 더 잘 균형을 이루게 하는 프로그램 개발
- 경력개발을 위한 기회들의 증진
- 병원의 임금 및 부가급여 프로그램에 대한 경쟁력 개선
- 종업원들을 위한 보건 및 복지기회들의 제공
- 종업원들의 정신을 수양하는 취미 활동들의 조직화

이러한 노력과 병원의 문화변혁 덕분에 델노어는 최근에 전국적 연구조사 기관인 스퍼두토 앤 어소시에이트(Sperduto & Associates)가 병원 및 헬스케어 조직들을 대상으로 실시한 전국적 설문조사 결과의 종업원 만족도 분야에서 최고의 점수를 얻었다(이 기관에 의하여 조사된 '보기 3.9 : 병원의 종업원 만족도 결과' 참조). 이 병원은 또한 2002년에 보건 및 생산성 관리 연구소(Institute for Health and Productivity Management)가 주는 기업보건 및 생산성 상(Corporate Health and Productivity Award)을 수상하였다.

델노어의 '종업원이 뽑은 우수 회사' 이니셔티브들은 전국적인 찬사를 얻은데다가 또한 병원에 대해서도 실질적인 성과를 거두고 있다. 스태프 이직률은 2001 회계년도에 20.5%였던 것이 2002 회계년도에는 11%로 떨어져 충원과 훈련 및 신규 종업원의 채용과 관련된 다른 비용 등에서 수십만 달러를 절감할 수 있게 해주었다.

제7원칙 : 중요한 일들의 성과를 측정하라

"목표를 설정하되 실행되는 과정을 측정하려고 노력하지 않는다면 그게 달성되는지를 어떻게 알 수 있는가?"라고 리버모어는 제7원칙의 중요성을 강조하면서 묻는다. 이 열쇠는 측정해야 할 가장 중요하고 의미 있는 자료들을 결정하는 것과 일단

그 자료들이 수집되면 그 정보를 가지고 해야 할 일들을 확실하게 하는 것이라고 말한다. 델노어 병원은 전략적 우선순위 및 조직목적과 밀접하게 관련된 자료를 측정하는 데 집중한다.

대시보드 지표 "우리는 서비스, 사람, 성장, 품질 및 재무에 대한 다섯 개 기둥 아래 핵심 자료들을 수집하고 고위 경영층과 이사회가 병원의 성과를 모니터하도록 지표들의 대시보드(dash board)를 개발하였습니다. 각각의 측정은 환자만족, 환자수, 시장 점유율, 치료의 품질, 재무 성과 등과 같이 우리의 전략계획 및 목표와 연결되어 있습니다."라고 기획이사인 그레첸 파커(Gretchen Parker)는 말한다('보기 3.10 : 대시보드의 측정지표' 참조).

고객만족 델노어는 '우수한 서비스'라는 전략적 우선순위를 만들고 환자만족도를 99% 달성한다는 조직목적을 설정한 후 엄격한 환자만족 자료의 측정과 보고 시스템을 가동하였다.

이 병원은 전문적이고 독립된 전국적 연구회사인 프레스 가니(Press Ganey)를 활용하여 내원하는 모든 환자 유형(입원 환자, 외래 환자, 응급실 환자 등)을 일 년 내내 계속하여 조사한다. 환자만족도 보고서는 병원 전체에 걸쳐 주별, 월별, 분기별, 연도별로 만들어지고 공유된다('보기 3.11 : 환자와 의사만족도 조사결과' 참조).

"이와 같이 광범위한 측정 시스템을 만드는 것은 상당한 인력과 자금이 필요한 거대한 사업입니다. 그러나 우린 그렇게 할 만한 가치가 있다는 것을 발견하였습니다. 이 자료를 자주 발간함으로써 이 시스템은 우리의 리더들과 종업원들이 정말 환자만족도에 초점을 맞추게 도와주었습니다. 더욱이 리더와 팀들은 자신들의 점수에 책임감을 갖게 되고, 조사자료를 활용하여 환자만족도의 차이점들을 확인하여 그에 따라 치료과정에 대한 개선을 실행할 수 있었습니다."라고 병원 부사장이자 자료측정팀(Data Measurement Team)의 의장인 마이클 기토에는 말한다.

그에 의하면 최고 점수를 얻는 팀들은 인정을 받고 보상을 받으며, 주위에 퍼지기 쉬운 축하분위기를 만든다고 한다. "그건 병원 내에서 팀 간에 건전한 경쟁분위기를 만들고 끊임없이 개선하도록 자극합니다."

환자만족도에서 99%(또는 상위 1%)를 달성하는 것은 슬로건이 되었고 최고경영자는 기회가 있을 때마다 이 목적을 리더들과 종업원들에게 강조한다. "고위경영자는 조직에 초점을 제시해 주고 기조를 설정합니다. 이 목적에 대하여 그들이 얼마나 열정적인지를 보고 들으면, 나머지 사람들도 그 목적을 달성하기 위해 열심히 일하도록 자극받습니다."라고 바커는 말한다.

환자만족도를 측정하는 것 외에 이 병원은 또한 의사만족도와 종업원 만족도 조사 그리고 지역사회를 근거로 한 시장조사를 실시한다. 이들 각 집단에 대하여 고객에 대한 서비스 행동계획이 개발되고 실행됨에 따라 델노어 병원은 이 점수들에서도 마찬가지로 상당한 증가가 이루어졌다.

"환자만족도와 종업원 그리고 의사만족도에서의 전국적인 순위에 오른 것은 의심할 여지없이 우리가 중요한 일을 측정하는 것과 측정결과에 따라 조치를 취하는데 전념하는 것을 강조한 점과 일치합니다."라고 리버모어는 말한다.

제8원칙 : 모든 계층과 의사소통하라

효과적인 기업 의사소통은 언제나 중요한데, 특히 대규모 문화변화의 시기에 더욱 그렇다. "솔직히 말해서 변화는 불편한 것이고 때로는 두려운 것이기도 합니다. 이것이 바로 최고경영층이 조직의 비전과 목적들 및 전략적 방향을 리더와 종업원들에게 명확하게 전달해야 하는 중요한 이유입니다. 우리는 조직이 어디로 향하고 있고 왜 그런지를 설명해야 할 책임을 가지고 있습니다."라고 리버모어는 말한다.

델노어에서는 이 목적을 달성하기 위하여 관리자들이 다음과 같은 다양한 의사소통 전술을 사용하였다.

- 리더십 회의
- 종업원 포럼
- 메모와 이메일
- 종업원 소식지

게다가 팀의 리더들은 부서 회의 때마다 변화에 대하여 의사소통을 하고 종업원들의 질문사항들을 관리하였다.

"새로운 비전과 전략적 방향과 같은 근본적인 것들은 한 번의 의사소통으로 리더들과 종업원들이 그것을 '이해하기' 를 기대할 수는 없습니다. 우리의 목적은 일관된 주제와 메시지를 사용하여 가능한 한 자주 그리고 다른 여러 가지 방법으로 그런 말들을 전하는 것입니다. 이와 같은 상황에서 지나친 의사소통이라는 것은 실제 불가능합니다."라고 리버모어는 말한다. 톱다운식의 의사소통 외에 델노어는 '관리자들의 상향식(managing-up)' 의사소통 기법도 사용한다. 여기서 종업원들은 중요한 이슈들에 대하여 감독자들과 적극적으로 의사소통하도록 장려된다. "우리는 우리 스태프에게 상사의 입장이 되어 보도록 이야기합니다. 그리고 '내가 지금 하고 있는 일에 대하여 상사가 무엇을 알아야 하는지, 그리고 더욱 성공적인 병원이 되도록 하기 위해 내가 어떻게 도울 수 있을지'를 스스로에게 물어보게 합니다. 상향적 의사소통은 종업원들이 자신들의 우선순위를 상사의 기대, 팀 및 조직 목적 등과 같은 선상에 놓이게 만들 수 있는 중요한 방법입니다."라고 디어링은 말한다.

제9원칙 : 행동과 목적 및 가치들을 정렬하라

"조직의 비전과 가치 및 전략적 계획들을 개발하는 것은 중요합니다. 그러나 그와 똑같이 중요한 것은 그것들이 리더와 종업원의 일상 행동과 의사결정 및 활동들로 융합되는 시스템들을 적절한 곳에 배치하는 것입니다."라고 리버모어는 말한다. 델노어는 일련의 행동 표준을 채택함으로써 또한 부서와 개인의 목적들을 조직의 목표들에 연계함으로써 이를 가장 잘 달성하였다.

행동 표준 종업원들에게 무엇이 기대되는지를 확실하게 정의하기 위하여 병원관리부서는 병원의 가치들을 강조하고 대인 간 의사소통, 동료들에 대한 헌신, 개인 용모, 환자의 프라이버시 등과 같은 이슈들을 처리하는 일련의 행동기준들을 개발하였다.

"델노어 병원에서 우리는 고객 서비스가 최고 중의 최고가 되도록 노력합니다. 이것은 우리가 일상적으로 모든 고객들과 만날 때마다 일관되게 우수해야 함을 의미합니다. 이 행동 표준화는 종업원들에게 환자와 방문객 및 동료들을 대하는 방법을 그들에게 확실하게 함으로써 가능합니다. 그것들은 우리가 기대하는 것에 대한 표준을 설정합니다."라고 디어링은 말한다.

이 행동 기준들은 새로 채용되는 모든 사람들이 읽어야 하는 매뉴얼에 상세히 설명되어 있다. 이 표준들은 또한 부서미팅과 게시판, 종업원 소식지 및 기타 다른 수단들을 통하여 모든 병원 종업원들과 함께 매월 공표되고 검토된다.

목적 설정 "여덟 번째 원칙을 달성하기 위하여 우리가 활용한 가장 효과적인 전략 중의 하나는 병원의 모든 부서가 조직의 목적에 따라 정렬된 팀 목적을 개발하도록 한 것입니다. 그리고 팀 및 조직 목적 달성에 초점을 둔 개인 목적을 설정하도록 관리자가 각 종업원들과 함께 작업하게 함으로써 그 과정을 한 단계 더 앞서 나가게 합니다. 이것은 전 조직이 우리의 비전과 전략적 계획 달성을 위하여 협력하도록 합니다."라고 리버모어는 말한다(델노어 리더들에 의하여 사용된 팀 목적 샘플과 90일 행동계획 양식을 보여주는 보기 3.12와 보기 3.13 참조).

팀들이 진로를 벗어나지 않도록 하기 위해서, 부서장들은 연간 달성목적을 위하여 각 분기에 취해야 할 특정 활동들을 약술한 90일간의 활동 계획을 개발해야 한다. "이 계획들은 한해 동안 리더들이 목표에 초점을 두고 그 진행을 측정하는 것을 도와주는 대단한 도구입니다."라고 리버모어는 말한다.

이 원칙은 또한 병원의 검토-평가 시스템 안에 구축되어 개인, 팀 그리고 조직의 목적에서 성과 달성에 대하여 모든 사람이 책임을 지게 한다.

교훈

델노어에서 챔피언십 문화를 만드는 여정을 거치면서 병원 경영팀은 그 길을 따라 다음과 같은 많은 소중한 교훈들을 배우게 되었다.

1. 조직변혁은 최고경영층의 전념과 함께 시작한다. 이사회, CEO 그리고 고위 경영자팀은 조직을 위한 기조와 방향을 설정한다.
2. 우수성에 전념하는 것은 조직의 사명과 비전, 전략계획과 가치들 속에서 만들어져야 한다.
3. 대규모 조직변화의 성공적인 실행은 하룻밤에 일어나는 것이 아니다. 그것은 조직의 문화를 변혁하기 위한 시간과 결심과 의지가 필요하다.
4. '최고 중의 최고'가 되는 데는 옳은 결정이 단지 한 가지만 있는 것은 아니다. 변화와 개선을 위한 어떤 모형도 조직의 독특한 특징과 문화, 시장의 조건 등에 적합하도록 맞춤화되어야 한다.

5. 챔피언십의 문화를 구축하기 위해서는 조직의 모든 계층에 오너십을 가지고 책임을 지는 환경을 만들 필요가 있다.
6. 리더를 만들어 내고 개발하는 것은 조직성공의 열쇠이다.
7. 스트레스 관리와 일-생활 균형에 대한 훈련과 도움을 제공하는 것은 대규모 조직변화를 거치는 시기에 리더와 종업원들이 최고의 성과를 유지하는 데 아주 중요하다.
8. 뛰어나게 잘한 일들에 대하여 결코 그냥 지나치지 마라. 최고의 성과자를 인정하고 보상하는 것은 강력한 동기부여 요인이자 종업원 만족에서 핵심요인이다.
9. 종업원 만족에 초점을 두라. 행복한 근로자, 충성스런 근로자는 고객에게 보다 더 좋은 서비스를 제공한다.
10. 중요한 일을 측정하라. 만일 조직이 목적을 향해 나아가는 과정을 추적하지 않는다면 그 목적이 달성되었는지를 어떻게 알 것인가?
11. 유연하라. 어떠한 변화관리 모형의 실행도 어려운 과정이며 완벽하지 않다. 예기치 않은 장애들을 극복하고 항상 변하는 조건들에 적합하게 여러분의 계획을 수정하도록 대비하라.

보기 3.1 델노어 고객서비스 팀의 구조

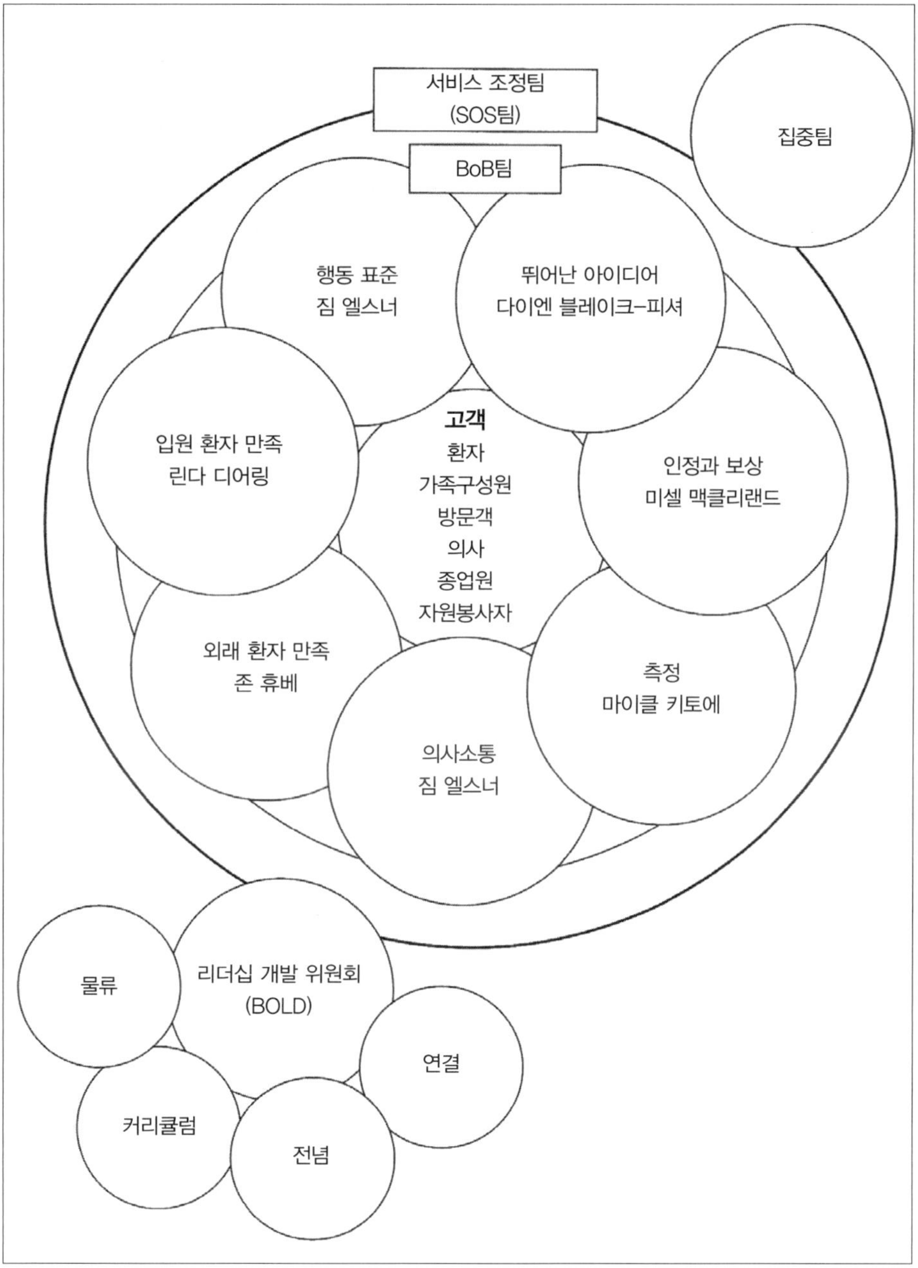

보기 3.2 간호사를 위한 델노어의 대본 사례

상황

만일 환자가 의사를 만나기를 기대하면서 언제 가능한지를 물으면, 다음과 같은 말을 사용해 주십시오(하나를 고르세요).

대본
- "선생님의 담당 의사는 통상 _________시경에 회진을 돕니다."
- "그 분을 언제 만날지 확실하지는 않지만 그분 사무실에 전화를 걸어 선생님이 언제쯤 그분을 만들 수 있는지에 대해서 접수원에게 여쭤볼게요."
- 담당 의사와 관련된 종업원들이 시간을 알려주지 못하면, 그 종업원들이 의사에게 확인하여 다시 전화를 달라고 요청하십시오. 환자에게는 "제가 담당 의사 _________(분)의 사무실에 메시지를 남기고 전화가 오기를 기다리고 있습니다. 그 밖에 제가 도와드릴 다른 일은 없을까요?"라고 응해 주십시오.

상황

검사, 옷을 갈아 입거나 목욕을 시키거나 또는 그와 같은 일들을 수행하는 동안 환자들의 프라이버시를 보호하기 위하여 환자실의 문을 닫을 필요가 있는 경우 다음과 같은 말을 사용하십시오.

대본
- "환자 분의 프라이버시를 위해서 문을 닫습니다. 제가 해 드릴 또 다른 일이 있을까요? 해드릴게요."

상황

환자의 요구에 신속하게 대응하고 호출등(call light)의 사용을 최소화하기 위해서 다음과 같이 말하십시오.

대본
- 이건 제 전화번호입니다. 필요하신 게 있으면 저를 부르십시오. 제가 바로 전화만 하면 요구하시는 일에 아주 빨리 처리할 수 있을 겁니다. 제가 해 드릴 또 다른 일이 있을까요? 해드릴게요."

상황

환자가 일시적으로 몰리는 기간 동안, 환자들은 좋은 치료가 제공되고 환자의 요구점을 맞추기 위해 간호부서가 적절하게 증원되는지에 대하여 걱정을 하게 됩니다. 만일 환자나 가족이 이에 대해서 질문하게 되면 다음과 같이 말하십시오.

대본
- 오늘은 바쁘게 돌아가는군요. 하지만 우리 종업원은 충분합니다. 환자분을 치료, 간호할 수 있습니다. 걱정 마시고 언제든지 전화 주십시오. 제가 해 드릴 또 다른 일이 있을까요? 해드릴게요."

상황

때때로 환자들이나 가족들은 여러분이 바로 답을 할 수 없는 질문을 할지도 모릅니다. 그런 경우에 여러분의 대답을 도와 줄 대본이 여기 있습니다.

대본
- " 잘 모르겠습니다. 좋은 질문입니다. 제가 확인을 해 보고(요), 답변을 가지고 오늘 _________시까지 다시 오겠습니다.

보기 3.3 델노어의 월간 성과기록표 사례

A과. 병원전체의 성과 측정시기 : ______________ 기간 ______________

지표/정의	결과
서비스 내원 환자, 외래/재택 헬스케어, 응급서비스 및 동일일자 수술에 대한 환자만족 조사 평균 퍼센트 순위 5=평균이 96% 이상인 경우 4=평균이 93%에서 95% 3=평균이 90%에서 92% 2=평균이 87%에서 89% 1=평균이 86% 이하	2004년 회계년도 현재까지 평균
사람 연간수치로 환산한 종업원 평균이직률 5 = 이직률 15.0% 또는 이하 4 = 이직률 15.1 ~ 17.0% 3 = 이직률 17.1 ~ 19.0% 2 = 이직률 19.1 ~ 21.0% 1 = 이직률 21.0% 이상	2004년 회계년도 현재까지 평균
품질 수술지감염(Surgical site infection, SSI) 비율 성과개선 5 = 최소 3개의 전 시스템 전반 증거기반 인터벤션 실시, 그리고 SSI 비율에서 통계적으로 유의미한 감소 4 = 최소 3개의 전 시스템 전반 증거기반 인터벤션 실시, 그리고 SSI 비율에서 통계적으로 감소 3 = 최소 3개의 전 시스템 전반 증거기반 인터벤션 실시 2 = 최소 2개의 전 시스템 전반 증거기반 인터벤션 실시 1 = 최소 1개 이상 시스템 전반 증거기반 인터벤션 실시	2004년 회계년도 현재까지 평균
재무성과 연간 계획의 현시점 대비 현재까지의 실제 운영수익 5 = 계획된 수익 대비 10.0% 이상 초과 4 = 계획된 수익 대비 5.0%에서 9.9% 초과 달성 3 = 계획된 수익 대비 0.0%에서 4.9% 초과 달성 2 = 계획된 수익 대비 0.1% 에서 4.9% 미달 1 = 계획된 수익 대비 5.0% 이상 미달	2004년 회계년도 현재까지 평균
성장 연간 계획의 현시점 대비 현재까지의 내원 및 외래환자의 총 수 5 = 계획인원 대비 3.0% 이상 초과 4 = 계획인원 대비 1.5%에서 2.9%까지 초과 달성 3 = 계획인원 대비 0.0%에서 1.4%까지 초과 달성 2 = 계획인원 대비 0.1%에서 1.4%까지 미달 1 = 계획인원 대비 1.5% 이상 미달	2004년 회계년도 현재까지 평균

A과의 연간대비 현재까지 점수 : ______________

주 : 5(탁월), 4(기대 이상), 3(기대 성취), 2(기대 이하), 1(개선 필요)

보기 3.4 이틀 과정의 리더십 훈련 세션 중 한 가지에 대한 논의 주제 사례

폭스밸리에 있는 세 도시*에서 WDCH 생방송 주파스 채널 300에 맞추세요!

프로그램 안내 – 2003년 3월 19일 수요일　　　　진행자(MC) – 채드 길리랜드와 캐린 포돌스키

프로그램	목 록	라디오 및 텔레비전 진행자
이른 아침에 얻는 것	얻기 위해서는 등록 필요	
환영인사 방송		채드 길리랜드와 캐린 포돌스키
참가자 점수기록 카드 확인 – 책임격자 검토(새 프로)	드라마 	채드 길리랜드와 캐린 포돌스키
하트 타임(Heart Time) 생방송	헬스 와이즈(Health Wise)	다이앤 볼
공용 서비스 안내	HIPPA(의료자료 보관기준 : 역주)	HIPPA 대책반
이러닝(e-learning)과 그 경향 	델노어의 현재 및 미래의 재무상태에 대한 이해 리더들의 재무 운영 관리에서의 우수성을 습득할 필요점	마이클 키토에와 댄 윤커
휴식	운동	
보다 더 나은 공급망 관리 	효율성을 높이기 위해 책임격자의 첫 번째 항목 참고	HFMA(미 의료기관 재무관리 협회 : 역주) 
휴식	운동	
작업장의 약물 남용 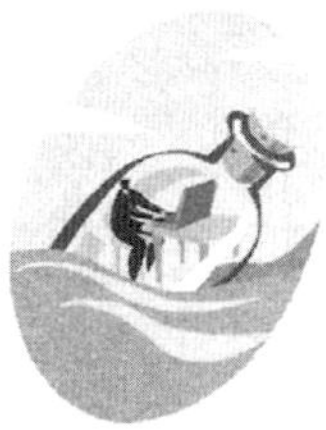 참가자에 대한 책임격자의 두 번째 항목 참고	약물 남용과 업무방침에 대한 숙지 및 이해  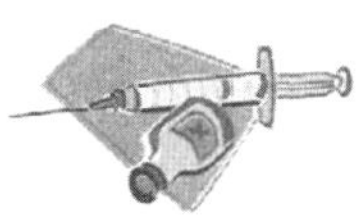	우드워드 박사  
광고	HIPPA	HIPPA 대책반

* 역주 : 일리노이 주에 있는 바타비아, 세인트 찰스, 제네바로서 델노어 병원은 이 중 제네바에 소재

보기 3.4 계속

늦은 점심 	수수께끼 프로그램	웨이트 와처스(살 빼기 프로그램 관련 회사 : 역주)
믿어보세요! 	2002년에 '졸업' 하기 	올스타 상 
진실을 말하자면 	게임 쇼 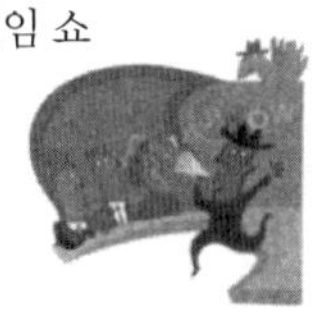	관객 참여
노동비 관리: 노동력 부족에 대한 대응과 현재의 FTE 목표로 수입을 증진할 필요점 책임격자의 세 번째 및 네 번째 항목 참고	자원 증대 없이 생산성을 향상하기 위하여	HFMA 
빨리 달리기 – 5분 후 프로그램 시작 	운동	
방송국 뉴스 속보	HIPPA	HIPPA 대책반
델노어 하이라이트	여러분이 이용할 수 있는 뉴스	앵커–C. 리버모어 
운동		

보기 3.4 계속

프로그램 안내 – 2003년 3월 20일 목요일

프로그램	목 록	라디오 및 텔레비전 진행자
안녕하세요	먼저 다이얼을 맞춰 주세요	그 남자와 그 여자(Him & Her)
준비하는 하루	어디로 가고 있는지를 배운다	채드 길리랜드와 캐린 포돌스키
움직이는 산	상당한 성취를 얻기 위해 앞서 꾸며낼 필요가 있는 정서적 위험을 감수할 때 신뢰와 자신감의 증진	다이앤 볼 
가족 간의 불화 	게임 쇼 	로지스틱스(The Logistics)
둘 중 선택 예측 이것인지, 저것인지	2006년 동안의 재무 프로젝트	톰과 마이클(Tom & Michael) 
스트레치하고, 마시고, 간식 먹는 시간	배관공(Pipefitter)에 의한 칼로리. 달콤한 롤빵, 과일, 베이글, 커피, 차 혹은 소변	균형을 맞춰 (We Fit It to Your Hips)
광고 시간	HIPPA	HIPPA 대책반
정원사 	환자치료코디 & 퇴원계획 담당자 – 오늘의 에피소드에서 말보다 행동이 어떻게 더 크게 이야기하는지 보라	M. 스콜필드, L. 퍼틀, J. 조셉, K. 캘린, L. 아담스
효과적인 리더십의 여섯 가지 비밀 책임격자의 다섯 번째 항목 참고	V – 비전(Vision) O – 개방성(Openness) I – 영향(Influence) C – 적성(Competence) E – 윤리(Ethics) S – 사교기술(Social skills)	브라이언 스미스 

보기 3.4 계속

재활 프로그램 이탈자 	재활 프로그램 복귀 – 실제 이야기 	J. 폴코우, K. 페닝톤, D. 해밀톤, S. 블랙 
최고와의 점심	토크쇼(Talk Show Variety)	
오래된 좋은 친구 	델노어 글렌 – (촬영장) 뒷이야기	D. 윈네케, P. 파우트, L. 스팽, D. 스프로비에리, C. 듀어
공공 서비스 안내	HIPPA 	HIPPA 대책반
효과적인 리더십의 여섯 가지 비밀 (계속)	책임격자의 다섯 번째 항목 참고	브라이언 스미스
세 가지 종류의 돌 굴리기	North – 토크 	존슨, B. 넬슨, W. 페레즈
밧줄의 전사	고리에 대해 생각하기	데이비드 피셔 
라이트 쇼	점들을 연결하기	톰 라이트

보기 3.5 델노어 커뮤니티 병원의 2003년 3~5월, 최적 비용과 최고의 사람들을 위한 책임격자

누가	무엇을	언제까지	완성여부(Y/N)	비고
팀 리더와 코디네이터	노동력 외의 자원관리와 관련된 도전들을 팀과 공유하라. 2~3회의 인터벤션으로 실행계획을 짜라.	03/04/17		
	센터 리더들과 만나라. 자신의 개인적 지식/약물 남용에 대한 새로운 정보와 관련된 치료변화를 확인하라.	03/05/01		
	노동력의 관리와 관련된 도전을 팀과 공유하라. 2~3개의 인터벤션을 가진 실행 계획을 만들라.	03/04/17		
	요구되는 7.5%의 성과 개선 또는 달성되어야 할 공급사슬 비용 결과와 그에 관련한 측정(개선과 그 결과를 측정하는 관련수단)을 정의하라. 첫 2주 이내에 센터 리더와 시간계획을 정하라.	03/04/03		
	3개의 쉬운 해결안 중 하나를 선택하고 개인적인 행동계획을 짜며 센터 리더와 공유하라.	03/04/03		
센터 리더	노동력관리 소프트웨어에 대한 적절한 업무지식 확보를 위한 훈련목적을 개발하기 위하여 팀리더 및 코디네이터와 만나라.			

보기 3.6 하트매스의 '프리즈 프레임' 개입 전 심장 리듬

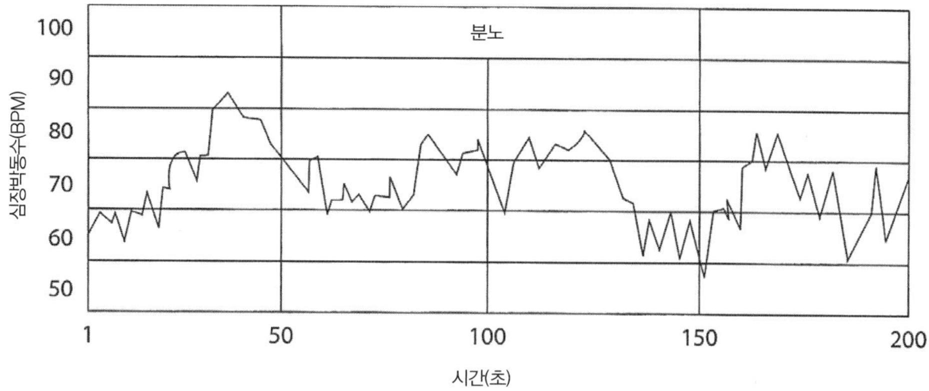

보기 3.7 하트매스의 '프리즈 프레임' 개입 후 심장 리듬

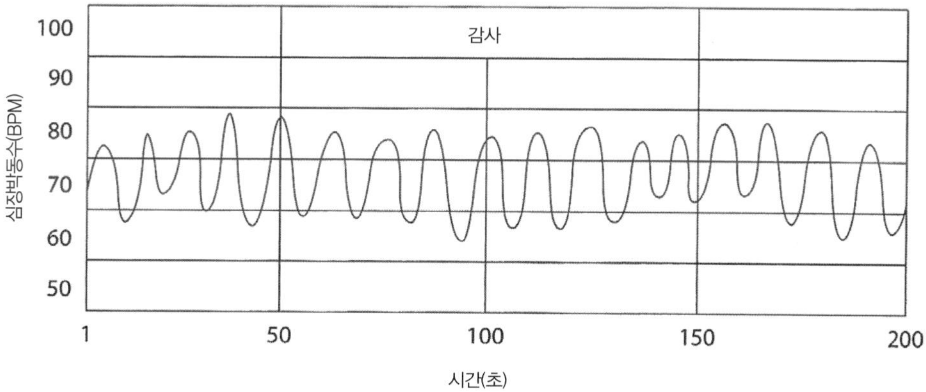

보기 3.8 '최고 중의 최고(BoB)' 상 양식

최고 중의 최고

나는 ______________ 를 칭찬합니다.

부서, ______________

칭찬 이유 : ______________

____

____

____

칭찬자 이름 : ______________

귀하는 : ______________

☐환자 ☐스태프 ☐방문객

이 카드를 팀 리더나 코디네이터 또는 수간호사에게 전달해 주십시오.
팀 리더 등 : 이 완성된 카드를 정보 시스템부의 메리앤 러스에게 보내주십시오.

우리는 여러분을 기대 이상으로 만족시켜 주는 사람들을 칭찬해 주려고 합니다.

리더 :
칭찬의 수준을 적어주십시오.

____

포상수준

____

리더 서명

보기 3.9 병원의 종업원 만족도 결과

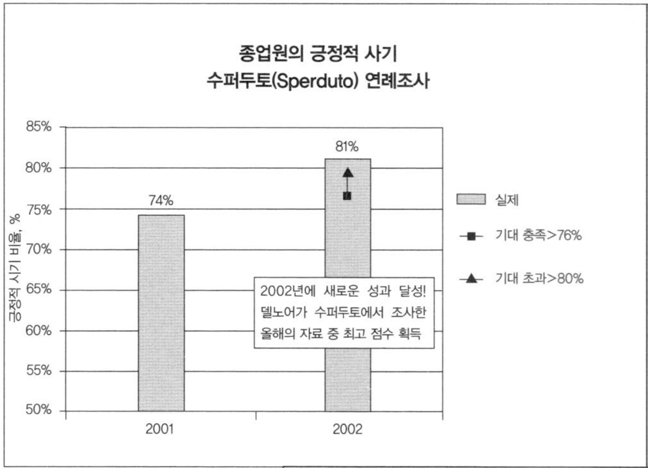

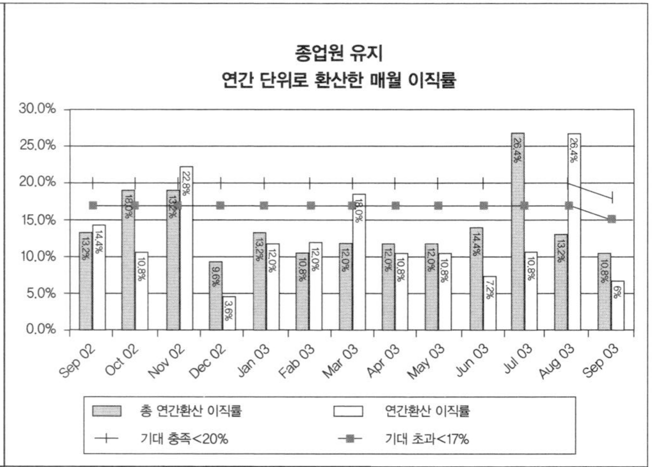

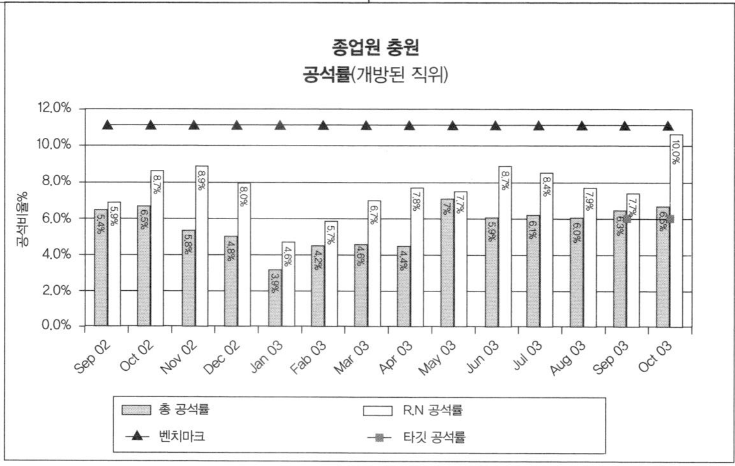

보기 3.10 대시보드(계기반)의 측정지표

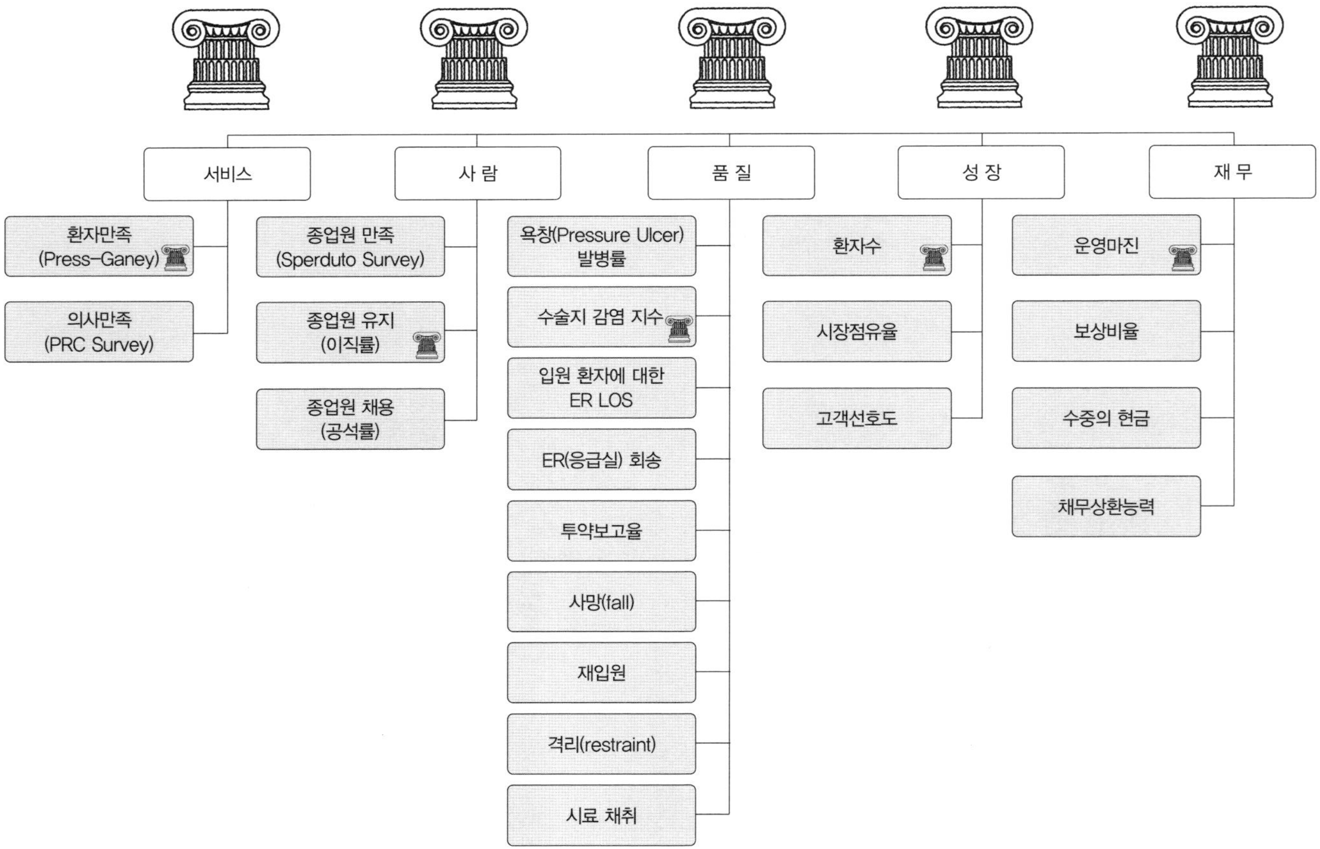

기둥표시가 된 측정지표는 모든 스태프들에 대한 성과평가와 보상과 연결된다.

주 : 점수표시 : 타깃수준이거나 그 이상, 타깃에 근접하거나 접근 중, 타깃에서 멀어짐, 미개발

보기 3.11 환자와 의사만족도 설문조사 결과

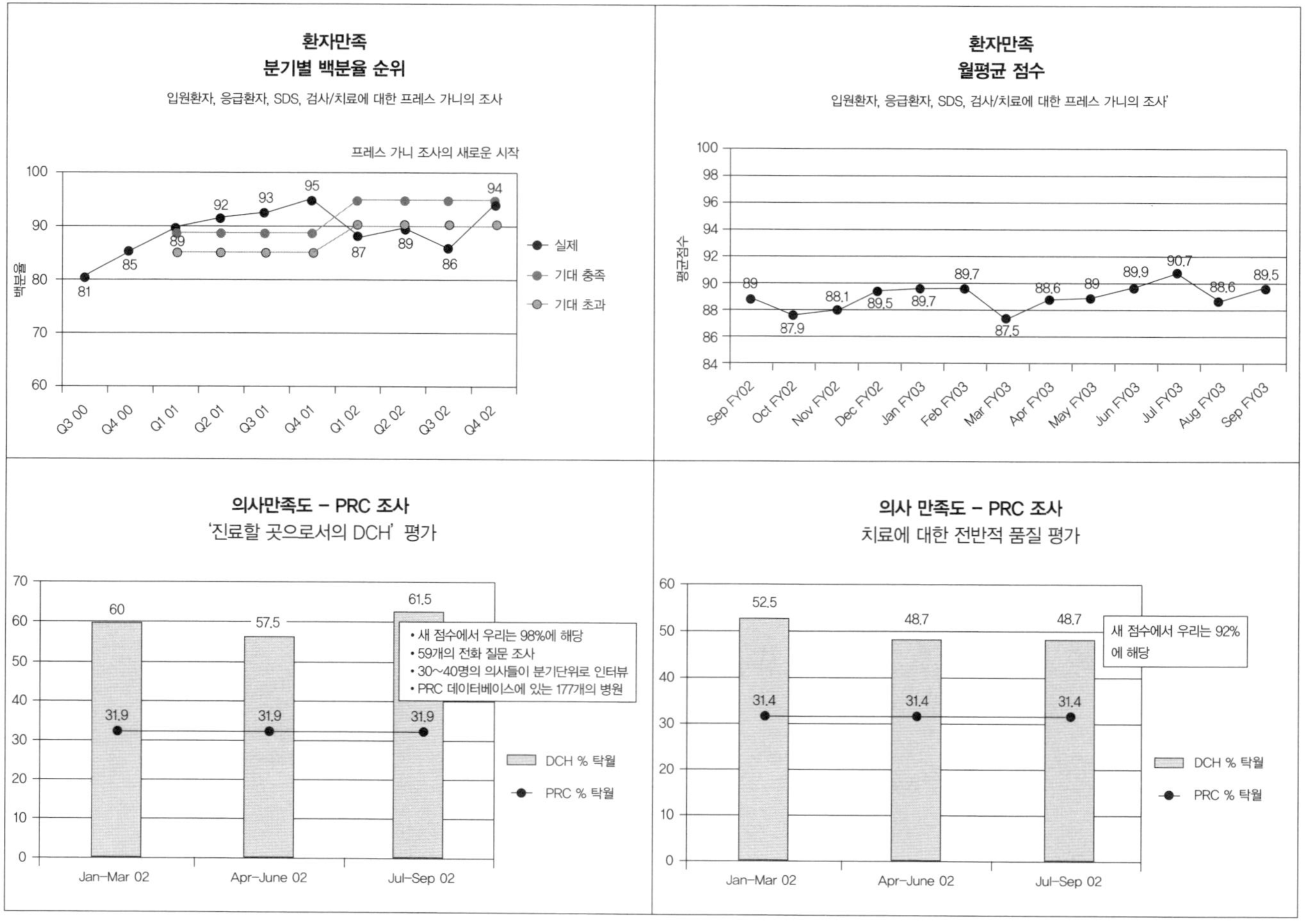

보기 3.12 팀의 목적

B. 팀 성과 팀 성과는 여러 수준에서 측정될 수 있다. 예를 들면 중앙(부문)과, 팀(부), 작업단위수준에서 측정될 수 있다. 아래는 조직의 리더들과 협력하에 여러분의 팀에 의해서 만들어진 4개 이상의 팀기준 성과목표와 측정척도이다. 같은 부문 내에 있는 둘 이상의 팀은 공통의 측정척도를 공유하고 부문 내에 각 팀은 한 개 이상 각 팀에 고유한 척도를 가지고 있다. 체크표시는 각 척도에 대한 여러분 팀의 달성도를 나타낼 것이다.

팀 명 : 응급부____________________

최고 서비스 : ER에 대하여 분기를 평균한 평균점수로 측정된 환자만족도

[ ] 3 = 평균점수가 87.8 이상
[ ] 2 = 평균점수가 86.3~87.7
[ ] 1 = 평균점수가 86.3 이하

최고의 사람들 : ER에 대해서 12개월 평균적으로 측정된 이직 관리(현재 56.1%)

[ ] 3 = 10.0% 미만
[ ] 2 = 10.0%과 12.0% 사이
[ ] 1 = 12.0% 이상

최고의 품질 : ER팀에서 실행된 뛰어난 아이디어. 아이디어는 팀을 개선하는 것이어야 한다.

[ ] 3 = 팀에 FTE당 하나의 뛰어난 아이디어 (≥34)
[ ] 2 = 팀에 FTE 당 0.5 FTE의 뛰어난 아이디어(17~33)
[ ] 1 = 팀에 FTE당 0.5 미만의 뛰어난 아이디어(<17)

최고의 품질 : 입원환자로 들어온 환자들의 피부상태에 대한 기록된 입원 시간에 의해 측정된 피부손질

[ ] 3 = 90% 이상 또는 더 크게 기록됨
[ ] 2 = 80~89%가 기록됨
[ ] 1 = 79% 이하가 기록됨

보기 3.12 계속

최적의 재정 : ER에 대하여 재무책임 성과지표에 의하여 측정된 팀 재정성과의 관리

[ ] 3 = 90 이상의 점수

[ ] 2 = 80~89대의 점수

[ ] 1 = 79 이하의 점수

최고의 성장 : 환자 방문 횟수에 의하여 측정된 양에서의 증가

[ ] 3 = 예산보다 3% 이상 초과

[ ] 2 = 예산보다 0~2%

[ ] 1 = 예산 이하

의견과 목적들(선택)

B과의 평균점수 : ____________________ (이 과의 각 점수를 더하여 척도수로 나눈다.)

주 : 3(예외적으로 탁월), 2(기대수준 달성), 1(개선 필요)

보기 3.13 90일 과업 및 행동계획

90일 작업 / 행동 계획	2003년 회계년도	분기 :	리더명 :		부서명 :
목적	실행 단계	% 시간*	우선순위(1~3)*	지원/방향(1~3)*	90일 결과보고
최고의 사람					
최고의 서비스					
품질					
비용					
성장					

주 : * % 시간 : 목적을 위해 리더가 소비한 시간의 백분율. 우선순위(1~3) : 1=높음, 2=중간, 3=낮음. 지원/방향(1~3) : 1=감독자 승인 필요, 2 = 감독자 의견이 필요함, 3 =혼자서 진행

기고자 소개

크레이그 A. 리버모어(Craig A. Livermore)는 일리노이 주 제네바에 있는 델노어 커뮤니티 헬스시스템 및 델노어 커뮤니티 병원(Delnor-Community Health System and Delnor-Community Hospital)의 사장이자 최고경영자이다. 그는 이스턴 일리노이 대학교에서 학사학위를 취득하였고 세인트루이스 대학교에서 병원 및 헬스케어 행정학 석사학위를 받았다. 그는 메트로폴리탄 시카고 헬스케어 카운실 이사회(Metropolitan Chicago Healthcare Council Board of Directors) 의장을 역임하였고 헬스케어 경영자를 위한 아메리카컬리지(American College of Healthcare Executives) 멤버였다. 그는 또한 수많은 헬스케어 및 지역공동체 조직에도 관여하였다. 델노어와 관계를 맺기 전에 그는 시카고에 있는 오거스타나 병원과 헬스케어 센터(Augustana Hospital and Health Care Center) 사장이자 최고경영자를 지냈다.

토마스 L. 라이트(Thomas L. Wright)는 일리노이 주 제네바에 있는 델노어 커뮤니티 헬스시스템 및 델노어 커뮤니티 병원의 최고 운영관리자이다. 그는 또한 Delnor-Community Health Care Foundation and Delnor-Community Residential Living의 최고 재무관리자로서 근무하기도 한다. 그는 수학 학사학위를 가지고 있고 시카고 로욜라 대학교 재무 분야 MBA학위를 가지고 있다. 그는 Healthcare Financial Management Association의 선임 멤버이기도 하고, Metropolitan Chicago Healthcare Council Finance Committee의 멤버이며 과거 회장을 역임하였고 헬스케어 경영자를 위한 아메리카컬리지 멤버이기도 하다. 라이트는 또한 헬스케어 및 지역사회조직을 지원하는 데 매우 적극적이다.

린다 디어링(Linda Deering)은 일리노이에 있는 델노어 커뮤니티 병원 부사장이자 최고 간호관리자이다. 그는 노던 일리노이 대학교에서 학사학위를 받았고 동 대학에서 석사학위를 받았다. 그녀는 미국 간호 경영자 조직(American Organization of Nurse Executives)의 활동 멤버이며 일리노이 간호리더들의 조직(Illinois Organization of Nurse Leaders)과 일리노이 간호연합회(Illinois Coalition for Nursing Resources) 일원이다. 델노어에서 일하는 것 외에 그녀는 조직우수성과 문화변혁을 촉진하기 위해 전국적으로 다른 병원과도 일을 한다.

4

에미스 커뮤니케이션즈

에미스 커뮤니케이션즈의 변화관리 과정은 특색 있는 회사브랜드를 만들며 실행하는 것이고 성과, 책임 및 혁신을 더 높은 수준으로 이끌면서 종업원이 선정한 좋은 회사(employer-of-choice)라는 독특한 문화를 촉진하는 것이다. 변화 시도 프로그램은 경영전략계획 및 정렬, 리더십 개발 프로그램, 성과관리 시스템, 종업원 몰입전략, 목표를 가진 조직 의사소통과 특별 행사 및 인정 프로그램 등으로 구성되어 있다.

주 : 이 사례연구의 일부 내용은 에미스 커뮤니케이션즈의 내부 및 공개자료에서 허가하에 게재함

개 요

나는 우리가 뭔가 다른 모습을 가진 회사를 세울 수 있다는 것을 확신하였습니다.
20년 전 라디오 회사는 단기적인 고용관계에 의해 특징되는 산업이었습니다.
사람들은 한 회사에서 장기적으로 일하는 것을 거의 생각하지 않았습니다.
또한 여러 곳을 옮겨다니지 않고는 경력을 쌓을 수 없다고 생각하였습니다.
나는 에미스사에서는 다른 분위기를 만들 수 있다고 생각하였습니다.

— 제프 스멀리언(Jeff Smulyan), 에미스 커뮤니케이션즈의 CEO, 20주년사에서 발췌

에미스 커뮤니케이션즈는 다양한 미디어를 보유하면서 보다 큰 규모의 국제적인 회사로 도약하고 있는 소규모의 기업형 라디오 회사이다. 이 변화 관리 사례연구는, 에미스 커뮤니케이션즈가 종업원이 선정한 우수 회사라는 긍정적 명성을 얻는 한편 특색 있는 회사 브랜드와 성과 문화를 성공적으로 창출하기 위하여 사용한 체계적 접근방법에 대해서 설명한다. 회사가 급성장하자, 이 회사는 보다 큰 회사구조와 명확한 전략이 필요해지게 되었다. 아울러 새로 인수한 회사들을 융화시키기 위해서, 조직 전체를 '에미스화(Emmisizing)' 하기 위한 보다 더 나은 정렬과 혁신적인 전략들이 필요하게 되었다.

이 조직은 비전을 가진 기업가인 CEO인 제프 스멀리언의 영도하에 회사의 전략, 기업구조 및 문화를 더욱 분명하게 하는 과정을 시도하였다. 또한 사업성과를 내고 특색 있는 브랜드와 문화를 세우기 위하여 명료성과 초점을 전사로 확장하였다. 에미스는 결과기반 리더십(Results Based Leadership) 컨설팅업체와 파트너가 되어 초점설정, 교육과 의사소통 및 성과 책임 등의 과정에 대한 단계적인 공동작업을 진행하였다. 이 변화 시도 활동은 전사적인 접근법에 초점을 두면서 여러 가지 변화 기법들을 사용하였다.

에미스 커뮤니케이션즈가 주는 교훈은 조직의 브랜드와 문화, 수행 및 사업성과에 영향을 미치는 대규모의 변화관리 이니셔티브를 추진하는 조직들에게 중요하다. 특히 급속한 성장을 겪거나 종업원들의 권리주장적(entitlement)인 행동을 극복하거나 회사 전체에 특색 있는 문화를 도입하기를 원하는 회사 또는 종업원이 선정한 좋은 회사라는 명성을 구축하거나 또는 아주 작은 회사에서 중견 회사로 발전하고 있는 회사에서는 이 교훈이 유용하다는 점을 발견할 것이다.

도입 : 중견기업으로 급격한 성장

에미스 커뮤니케이션즈사(나스닥 : EMMS)는 총 청취자 수 기준으로 미국 내에서 여섯 번째 규모인 라디오 상장 회사이다. 에미스는 전국에서 가장 큰 시장인 뉴욕, 로스앤젤레스, 시카고, 피닉스, 세인트 루이스, 인디애나폴리스, 인디애나의 테레 호트 지역에서 방송하는 열여덟 개의 FM 방송국과 세 개의 AM 방송국을 소유하고 있다. 그 외에도 에미스는 두 개의 라디오 네트워크, 열다섯 개의 텔레비전 방송국, 지역 및 전문잡지를 가지고 있으며 방송판매업과 출판업에서 협력사를 가지고 있다.

1980년에 설립된 이 회사는 그 첫 번째 라디오 방송국인 WENS-FM을 1981년 7월부터 방송하기 시작하였다. 에미스('진실'의 히브리어)는 전국의 라디오 방송국들을 더 많이 인수하면서 건실한 회사운영으로 명성을 얻게 되었고 라디오 산업의 리더이자 혁신자로 등장하게 되었다. 이 회사는 LA와 뉴욕 최고의 라디오 방송국을 모두 소유한 최초의 방송사였고, 리드믹 톱 40위(Rhythmic Top 40)와 스포츠 전문 라디오 프로그램 구성과 같은 컨셉트 등을 개척하였다.

에미스는 1988년 인디애나폴리스 먼드리(Indianapolis Monthly)를 사들여 회사의 잡지 사업부를 출범시켰고, 나중에 텍사스 먼드리(Texas Monthly)와 로스앤젤레스 매거진(Los Angeles Magazine)과 같은 잡지사를 취득하였다. 1994년에는 상장 회사가 되었고, 1997년에는 헝가리의 전국 라디오 네트워크 운영권을 얻어 국제 라디오업계에 진출하였다. 1998년에는 미국 시장에서 여섯 개의 텔레비전 방송국을 사들여 텔레비전 사업 분야로 확장하였다. 최근 3년간 에미스는 각 사업부문에서 자산을 늘려가고 있고, 2000 회계년도에는 미화 15억 달러 이상을 회사 인수에 투자하였다. 그 결과 연간 순수익(net revenue)은 1998 회계년도에 미화 1.4억 달러였던 것이 2003 회계년도에는 미화 5.62억 달러로 늘어났다. 같은 기간에 종업원 수는 500명이 안 되던 것이 3,100명 이상으로 늘어났다. 이 회사는 인디애나폴리스에 본사를 가지고 있다.

특색 있는 문화

나는 당시 에미스가 현재의 규모로 성장할 거라고 상상할 수는 없었지만, 동종 업계의 회사들과는 구별되는 문화를 가진 회사가 될 수 있다는 것을 확신하였습니다. 나는 우리가 종업원들을 잘 대우해 주고 우리가 성공하고 직원들도 이익을 얻게 할 때 위대한 라디오 방송을 만들 수 있다고 믿었습니다. 나는 우리가 회사의 최고 계층 사람들에 의해서뿐만이 아니라 모든 사람들로부터 위대한 아이디어들을 이끌어 낼 수 있다고 믿었습니다. 나는 위험을 감수함으로써 승리할 수 있다고 믿었습니다. 나는—이것은 아마 가장 중요한 것일 텐데—우리가 재미있을 수 있고 여전히 뭔가 다를 수 있다는 점을 믿습니다. 나는 계속해서 이것들을 믿습니다. 결론적으로 20년 전 미디어 세계에서 에미스를 독특하게 만든 그 접근방법은 오늘날에도 우리를 더욱 더 독특하게 만듭니다.

—제프 스멀리언

에미스의 문화는 건실한 운영, 성실, 공동체 관여, 혁신, 재미를 강조함으로써 종업원들과 업계 모두로부터 찬사를 받았다. 업계 출판사들은 이 회사의 리더들이 업계에서는 최고라고 정기적으로 인용하고 있다. 2001년에 「라디오 잉크(Radio Ink)」 잡지는 제프 스멀리언 CEO를 '올해의 경영자'로 선정하였다. 또한 그는 1989년부터 1992년까지 시애틀 마리너스(Seattle Mariners) 구단을 소유하여 프로야구에서도 명성을 얻었다. 야구와 게임경제학에 대하여 스포츠 및 뉴스 미디어와 인터뷰를 하기도 하였고, 2001년에 HBO의 밥 코스타스 쇼(Bob Costas Show)에 게스트로 출현하였으며, 2002년에 야구구단이 파업으로 치달을 때에는 여러 미디어와 인터뷰를 하기도 하였다.

에미스 문화에는 회사가 성공하기 위해서는 위험을 감수해야 하며 사람들을 잘 대우해 주어야 하고 그들에게 필요한 도구를 마련해 주어야 한다는 신념이 담겨 있다. 이 문화는 CEO가 만든 에미스 십일계명을 그 기반으로 한다(보기 4.1 참조). 원래의 십계명은 CEO인 제프 스멀리언이 연례 관리자 회의에서 행한 연설의 일부로 쓰여져 있던 것으로, '실수를 인정하라'는 열한 번째 계명은 제프가 시애틀 마리너스를 소유하였던 경험 이후에 추가되었다.

내부 성장과 경제적 시련

그 당시 이 회사를 출범시키는 것이 어떠했는지를 말로 다 설명할 수는 없다.
나는 음악을 모두 선곡하고 방송 원고(commercials)를 쓰며, 장비를 사들이기도 하고,
판촉 전화를 하기도 하였다. 한마디로 말하자면
나는 방송국의 모든 일에 관여하고 있었다.

—제프 스멀리언

2000년까지 에미스는 엄청난 성장의 시련을 겪기 시작하였다. 이 회사에서 제프의 리더십과 핵심 가치들이 언제나 눈에 띄고 영향을 주고 있었지만 전통적으로 부문들과 단위조직들은 주로 독립적으로 운영되고 있었다. 그러나 규모 및 자원 관리상 보다 큰 지배구조를 확립하고 전사 기능들을 전문화할 필요성이 있었다. 제프 스멀리언은 새로 인수한 모든 사업들에서 특유의 문화를 조성하도록 인적자원(HR) 기능이 특히 전문화될 필요가 있고 적절하게 충원될 필요가 있다고 믿었다. 이 변화를 위해서는 HR의 새로운 리더십과 에미스 러닝(Emmis Learning)을 구축하고 조직문화를 조성할 과정과 시스템을 개발하기 위한 자원과 예산이 필요하였다.

이 변화과정이 시작되면서 또 다른 한 가지 요인이 주목을 끌었다. 즉 2001년에 나타난 경제하강기가 특히 미디어 산업을 강타한 것이다. 2001년 9월 10일 제프 스멀리언이 뉴욕 시에서 미디어와 광고업계의 경영자 그룹과 함께 있을 때, 어떤 경영자는 2001년이 '1940년 이후 자신이 겪은 최악의 환경'이라고 말할 정도였는데 바로 그 하루 뒷날에 일어난 뉴욕과 워싱턴 DC에 대한 테러공격은 이미 어두웠던 당시의 상황을 더욱 악화시켰다. 그 해 내내 그리고 그 다음 해인 2002년까지 부문장들[라디오 사업부 사장인 릭 커밍스(Rick Cummings), TV사업부 사장인 랜디 봉거튼(Randy Bongarten), 출판사업부 사장인 게리 토우(Gary Thoe)]은 자신들에게 직접 보고할 라인(TV, 라디오 총괄관리자들과 잡지 출판인 및 편집인)에게 지시하여 재무예측을 다시 하고 비용구조를 과감하게 재검토하게 하였다.

2001년 3월, 이 회사는 전사에 걸쳐 판매조직에 대한 규모와 능력을 확대하기 위해 설계된 이니셔티브인 에미스 판매공략(Emmis Sales Assault Plan, ESAP)을 가동하였다. 이를 위해서는 모집, 채용, 훈련 그리고 성과 보상 과정이 새로 필요하였다. 이 활동은 이익 증진, 구매제도 개선, IT/시스템 실행, 우수한 판매 프로그램,

전사적 승인 및 보고를 위한 추가적 규정 등을 포함한 다른 많은 중요 개선활동들이 이루어진 후에 바로 시작되었다. 성장에 따른 이들 개선활동들과 다른 요인들을 추진한 결과 에미스의 본부들과 현장 단위 조직들 간의 관계는 점차 변화하였는데, 2001년과 2002년에 현장에서서는 본사의 간섭이 점점 늘어난다고 느끼게 되었다.

종업원이 선정한 배려적인 좋은 회사

이 사례는 특색 있고 고 성과를 내는 문화 구축에 대한 것이기는 하지만 강한 고용 브랜드를 만드는 베스트 프랙티스 사례도 될 수 있다. 그러나 여러분은 그와 같은 문화를 개발하고 촉진하는 것이 생각지 않은 도전들을 가져다 줄 수 있다는 것을 알게 될 것이다.

에미스의 리더들은 고용관계 브랜드 개발이 십일계명과 같은 슬로건이나 가치 진술 이상을 필요로 한다는 사실을 깨달았다. 그런 높은 명성을 쌓기 위해서 이 회사는 종업원들과 공동체를 보다 더 규칙적이고 일관된 방식으로 대하는 프로그램이나 관행들에 투자해야 할 필요성을 인식하였다. 이것은 조직가치들을 통합하고 진실되게 보여줄 종업원들에 대한 경영자의 투자이고, 행동이며, 결정이 될 것이다.

다음은 '일하기 좋은 직장(great place to work)' 이라는 명성을 가져다 준 몇 가지 요인들을 소개한다.

- **종업원 주식 소유 프로그램에 대한 공약** '한 주(One Share)' 프로그램에 따라 모든 신규 종업원들에게는 에미스 주식 한 주의 증서가 제공된다. 아울러 성과가 좋은 종업원 모두에게는 상당한 옵션을 부여하는 스톡옵션 연례행사가 계획된다.
- **직원 혜택 및 복지 프로그램** 에미스는 종업원들의 종업원 건강 및 혜택 프로그램에서 높은 경쟁력을 갖는다는 약속을 언제나 HR 프로그램의 핵심에 두고 있다. 그 목적은 통상 동종 업계의 회사들보다 '좀 더 관대하게' 대우하는 것이다. 프로그램들은 매년 검토되고, 종업원들의 피드백에 의거하여 가시적인 변화가 이루어진다.
- **9월 11일 사건에 대한 대응** 뉴욕 시에 있는 에미스 라디오 사업부의 전략 클

러스터 종업원들이 9월 11일 테러사건으로 특히 영향을 받았을 때, 회사는 이것이 회사에서 모든 종업원들과 관계가 있는 사건임을 인식하였다. 따라서 종업원들이 필요로 하는 사항에 신속하게 지원하는 행동으로 대응하였다. 예를 들면, 9월 13일 인적자원부서는 모든 종업원들에게 종업원 지원 프로그램을 소개하였다. 더 나아가 제프 스멀리언은 그 사건을 회상하면서 그 비극적 사건이 회사와 모든 사람들의 삶에 얼마나 큰 영향을 미쳤는지에 대하여 자신의 느낌을 적은 감동적인 이메일을 전 종업원들에게 보냈다.

- **고용 정책과 관행 등** 이 회사는 고용관계 정책이 종업원들과 회사와의 관계에서 종업원들에게 유연성과 자유를 허용해야 한다는 철학을 가지고 있었다. 이는 종업원들과 회사는 성숙한 관계와 같다는 것을 가정한다.
- **2001년과 2002년 경제적 하강기의 대처** 회사의 부채 상황을 처리하기 위하여 비용절감 조치를 취하지 않을 수 없었다. 총체적으로 종업원들의 약 8%를 줄여야 했는데 이는 회사로서는 처음 겪는 경험이었다. 이 상황에 대처하기 위하여, 향상된 해고 종업원 지원 프로그램과 전직 알선(outplacement) 지원 서비스가 만들어졌다. TV 부문에 대한 상당한 정리해고가 이루어진 직후에, 제프 스멀리언과 TV 부문 사장인 랜디 봉가튼은 위성 TV 생방송에 참여하여 이 사태와 회사의 상황, 정리해고된 종업원들에 대한 회사의 입장을 설명하였다.
- **투자 수준의 유지** 이 어려운 시기에 경영층은 자원과 투자에 대한 중대한 의사결정을 해야 했다. 이 어려운 시기에도 불구하고 쟁점이 된 두 가지의 투자는 유지되었는데 (1) 에미스 러닝의 리더십 개발 워크숍과 (2) 에미스 연례 관리자 회의(Annual Emmis Managers Meeting) 및 에미 수상식(Emmi Awards Ceremony)이었다.
- **종업원 연례 설문조사** 이 회사는 1986년 이래로 매년 종업원 설문조사를 실시하고 있다. 이 설문조사는 표준화된 반응척도를 포함할 뿐만 아니라 구술코멘트도 함께 수집하며, 제프 스멀리언은 이 모두를 읽는다. 이 조직은 관심 영역 행동들에 대한 검토와 적절한 책임을 확실하게 하기 위한 공식화된 종업원 설문조사 대응계획(Employee Survey Reaction Plan) 과정을 갖고 있다.

- **창의적인 주식보상 프로그램** 아마 가장 인상적인 것은 혁신적인 주식보상 프로그램이다. 이것은 회사가 재무적으로 가장 어려웠던 시기에 일자리와 임금을 보호하기 위하여 만들어진 것이다. 그 하나의 프로그램을 보면, 임금은 10%(미화 약 1천 4백만 달러)를 줄이도록 설계되었지만 종업원들의 월 순수입은 매 급여기간에 운영된 주식 특별 프로그램을 통하여 비슷하게 유지되도록 하고 있다.

위의 내용들은 최근에 에미스에서 일어난 행사, 프로그램 및 관행과 결정들을 모두 망라한 것이 아니고 단지 에미스 커뮤니케이션즈의 종업원들을 위한 일반적인 문화와 진정한 배려의 의미를 보여주는 사례의 목록에 불과하다.

사전평가 : 지속 추진중

2001년 1월에 HR 부서가 갖추어졌고, 평가활동이 시작되었다. 다음 두 개의 중요 영역이 평가되었다. (1) 전사에 걸친 에미스 문화 상태 (2) 사업전략과 운영 필요점을 지원하기 위한 적절한 HR 과정 실행 여부. 자료 수집은 2001년 3월 동안에 공식, 비공식적으로 수행되었다.

공식 자료 수집

- HRIS 보고에서 나타난 종업원들의 인구통계적 프로파일과 이직률 추세
- 종업원 연례 설문조사 자료결과와 추세
- 에미스 연례 관리자 회의(3월, 라스베이거스)의 포커스 그룹
- 2001년 에미스 연례 관리자 회의에서 참가자 300명 전원에 대하여 행해지고 취합된 리더십 360도 피드백 결과들
- 퇴사자 인터뷰 자료와 추세
- 에미스 학습의 훈련필요점 평가

비공식 자료 수집

- HR 리더들이 단위조직 중에서 큰 대표 집단을 방문해서 총괄관리자, 부장, 핵심 종업원들과 토론하고 인터뷰한다. 여기에는 또한 질의응답을 포함한

종업원 전체 의사소통 회의가 포함된다.

- 사업과 문화의 상태와 지각된 조직필요점에 대한 제프 스멀리언과 경영자팀 멤버와의 인터뷰 및 수많은 토론들
- 이전의 사업 계획들과 전략들에 대한 검토
- 사기, 종업원 관계, 리더십 이슈 및 리더십 트렌드에 대한 HR 스태프의 확인
- 현재의 모든 HR 과정과 정책 및 관행에 대한 검토

진단 : 잘 대응하고 있는가?

앞에서 힌트를 주었듯이 수년에 걸친 에미스의 온정주의적 종업원 친화 문화는 어떤 종업원들에게는 특권의식과 같은 것을 만들어 내었다. 이들은 성과를 높이는 데는 관심 없는 대신 자신들이 업무를 일관되게 그리고 신뢰할 정도만 하면 높은 수준의 보상을 받을 것이라고 자주 생각하였다. 이 종업원들은 회사에 충성하려는 생각을 갖기보다는 자신들의 성과수준과는 관계없이 회사가 자신들에게 좀 더 충실해야 한다고 종종 느꼈다.

이런 현상 외에도 또 다른 어떤 확실한 특징들이 나타났다. 다음은 조직변화 시도 프로그램의 초점이 되었고 접근방법이 되었던 초기 발견 사항들에 대한 요약내용이다.

- 확실한, 공통된 내부 전략계획 과정이 존재하지 않았고, 또한 투자와 프로젝트 그리고 이니셔티브의 우선순위가 기능적으로, 또한 '기회주의적' 으로 이루어졌다.
- 조직 전체의 문화에 대한 이해와 통합이 크게 잘 이루어지지 않았다. 새로 인수한 사업의 대부분은 에미스의 십일계명과 에미스 문화를 효과적으로 이해하지 못하고 받아들이지도 않았다.
- 경영자팀 내에서는 사업투자의 우선순위와 에미스 문화, 그리고 십일계명에 대한 해석과 신념에 차이가 있었다.
- 부문과 각 조직들은 독립체로서 운영되기를 선호한 반면, 전사 전략은 중앙집권화와 사업 관여를 통하여 비용우위와 시너지를 얻는 데 점차 초점이 맞

취지고 있었다.

- 성장의 부정적 효과(소규모 회사가 가진 가족적 분위기를 잃을 위험)에 대하여, 그리고 성장과 기업 지배 권한 증가에 따른 표준화, 절차화 및 형식화에 대한 일반적인 우려가 있었다.
- 수년간 회사와 함께 해 왔던 전사 및 단위 그룹에서, 특권의식 및 '일자리 보호' 요인들이 성과와 책임 및 혁신을 가로막았다.
- 에미스 문화를 이해하지 못하거나 이 문화를 겪어 보지 않은 조직들에게서 사기와 종업원 몰입이 일반적으로 낮았다.
- 에미스 문화를 더 많이 경험하였거나 이 조직문화를 이해하는 종업원들은 프라이드 수준이 높았다.
- 성과 관리와 성과 책임은 개발이 덜 되었으며, 일관성이 적었고 때로는 존재하지도 않았다. 급여 결정들은 성과보다는 내부 공정성과 직무수행 시간에 주로 근거를 두었다.
- 제프 스멀리언은 인수를 통한 성장을 지속하고, 보다 더 높은 수준의 성과와 혁신을 구축하며, 설립 가치를 통하여 충성도가 높은 문화를 촉진하는데 몰입하였다. 그러나 경영자들 모두가 적절한 수준에서 이 비전과 정렬된 것은 아니었다.

새로운 사업현실 : 변화를 위한 동인

경제적 압박과 경쟁에 대한 압박, 부채 레버리지 등과 같은 이슈들은 회사의 성과를 극대화해야 한다는 동기를 만들었다. 미디어 산업은 급격한 변화를 겪고 있었다. 합병과 인수 및 자산 스와핑은 업계 전체의 모습을 다시 만들고 있다.

이 합병은 부분적으로는 새로운 기술들에 의하여 추진되었는데, 그 기술들은 이해관계가 상충될 수 있는 원인이 되었다. 예를 들면 최근 연방방송위원회(Federal Communications Commission, FCC)의 정책변화로 인하여 하나의 미디어 회사는 시장지배력을 가지고 있는 지역에서 자기에게 비우호적인 뉴스들을 쉽게 억누를 수 있었다. 미디어의 힘이 더 커지고 강해질수록 손쉽게 경쟁사의 뉴스 보도를 통제할 수 있었다. 최종적으로는 큰 플레이어가 하나의 플랫폼에서 다른 플랫폼으로 경계를 넘어 자신의 제품들을 촉진할 수 있었던 것이다. 최근까지만 해도, 이것은 도가 지나친 것이라고 생각되었을 것이다. 비록 워싱턴(Washington—미국정부)이 개입하기 전까지 언제든지 FCC가 중재할 기회가 있기는 하지만, 어쨌건 이것이 오늘날 새로운 사업현실의 일면이다.

이러한 새로운 사업현실 때문에 에미스는 라디오와 TV사업에서 회사를 개혁하고, 가능할 때 새로운 자산을 계속 확보하면서 비전통적인 수익원을 개발하지 않을 수 없었다. 이 노력을 더욱 더 도전적으로 만든 것은 그 산업에서 탁월한 에미스 문화를 유지하면서 이런 변혁과 성장을 완수하려는 회사의 지속적인 열망이었다.

변화의 목표

에미스에서는 사업의 성과개선을 추진하기 위해 회사의 구조와 전략 및 문화 정의에 대하여 더 많은 이해와 합의가 회사의 최고경영층에서부터 필요하였다. 전 조직에 새로운 명료성과 초점을 주입하기 위한 적절한 과정들이 필요하였다. 회사는 전략, 목적 및 목표 등을 전개하는 활동과 문화, 십일계명 및 행동 기대 등을 유지하는 활동 간에 높은 책임의식과 균형이 필요하였다.

그래서 진행되고 있는 조직변화 시도 활동의 뒤에 있는 가설은 지원적인 의사소통과 성과 시스템을 가진 명확한 전략, 확고한 브랜드, 문화정의 등을 갖추면 더 높은 수준의 종업원 생산성과 몰입을 가져오고 아울러 고객과 투자자에게 탁월성과 가치를 만들 것이라는 점이었다.

접근방법

HR 분야의 주요 핵심 공동 경영자인 빅터 애그루소(Victor Agruso)가 전략, 조직개발 및 HR 효과성 분야의 컨설턴트로서 합류하였다. HR 리더들과 함께 애그루소는 에미스의 가치와 전략들을 보다 명료화하고 보다 더 잘 실행할 수 있는 최선의 방법을 평가하도록 도와주었고, 아울러 인적자원부서가 최대한 긍정적으로 기여할 수 있는 법에 대하여 조언하였다. 변화노력 개발을 지원하기 위하여 컨설턴트들의 네트워크가 적절하게 활용되었다. 애그루소는 본 사례에서 요약된 프로젝트 목적을 사외 컨설턴트들이 달성할 수 있도록 하는 청사진을 만들고 실행하였다.

변화에 대한 구체적인 접근방법은 다음과 같다.

- 회사의 구조, 전략 및 문화에 대한 경영자팀의 정의
- 회사의 방향을 널리 전달하기 위한 전략들
- 성과와 행동 기대 및 책임을 이끌기 위한 성과관리 시스템
- 독특한 에미스 문화를 전사로 확대하기 위한 의사소통, 포럼 및 행사
- 이해를 얻기 위한 그리고 전략과 문화에 따라 실행할 능력을 만들기 위한 경영자 및 리더십 개발 프로그램
- 성과와 행동에 영향을 주고 변화 이니셔티브를 안내할 측정과정
- 회사의 방향과 책임을 강화하기 위한 프로그램, 상징적 행사 및 공로인정 활동

설계 : 우리의 고객은 누구인가

라디오, TV, 출판에 대한 미디어 업무에서 고객은 전통적으로 청취자, 시청자, 독자들일 것이다. 에미스는 조직 정렬과정에서 이 패러다임에 도전하여, 내부 관계자를 정의하고, 회사의 '프로그램 활동'을 중심으로 어떻게 그 관계자들의 관심, 몰입, 에너지를 얻을 것인지를 결정할 필요성이 있었다. 이를 위하여 에미스는 정렬을 이루기 위한 이원적 접근법을 취할 필요가 있었다. 보기 4-2의 모델은 사명과 비전 및 회사 브랜드에 대한 정의와 해석이 무엇(what)과 어떻게(how)의 경로를 통하여 성과달성과 병렬적으로 연결된다는 것을 보여준다. 무엇에 해당하는 열은 전략, 목적, 목표, 결과측정 등이 정렬되는 것을 보여준다. 어떻게에 해당하는 열은 문화, 역량 및 행동 등에 대한 정렬을 보여준다. 이 모델에서 고객은 회사의 모든 종업원이고, 지원 시스템 또는 영향력 있는 항목들은 무엇과 어떻게 모델의 중간 위치에 있다.

이 모델은 톱다운식으로 조직을 정렬하는 순차적인 접근방법을 만들게 한다. 그것은 톱으로부터의 '프로그래밍(programming)과 그 프로그래밍을 전 조직에 단계적으로 흘러내려가게 하는 과정을 대표적 이해관계자들이 정의하도록 요구한다. 이해관계자의 피드백을 수집하는 과정에서 일정한 수준의 협력을 가능하게 하고,

그 내부고객 소리의 경청을 가능하게 하는 기회가 존재한다.

이 변화 이니셔티브의 진정한 '고객들(customers)'은 이니셔티브의 성공을 통하여 가치를 얻는 사람들, 즉 CEO인 스멀리언, 투자자, 종업원 및 고객(에미스의 광고주)이다.

개발 : 최신 유행에 맞춤

회사가 무엇을 달성하려고 하는 것이며, 어떻게 거기에 이르려 하는지를 보여주는 신호는 얼마나 확실하고 일관되며 강력한가? 에미스가 산업계에서 최고의 운영자들, 즉 새로운 성공적 체제를 도입하고 저성과 사업부문을 정상화시키는 운영자들로 가득찬 조직이라는 것은 확실하였다. 회사가 각 부문을 그와 같이 독립적으로 운영하게 허용한 것은 이들 운영자들의 힘 때문이었다. 그러나 불과 몇 년 전에 가능했던 그와 같은 회사는 더 이상 존재하지 않았다. 조직이 이전보다 더 커진 상태가 되었고 지금은 국제적인 미디어의 복합화와 중요한 사업인수 및 전사구조가 개발됨에 따라 새로운 초점과 운영에 대한 정의가 필요하였다. 회사가 성장하면서 독특한 문화가 희석되었고 새로 인수한 회사에 문화를 전파하는 것도 더욱 어려웠다.

경영자 정렬

에미스의 파트너인, 애그루소 및 가치기반 리더십사(RBL)가 경영자팀과 함께 조직에 대한 정의를 내리고 그에 따라 경영방식을 정렬시키는 접근방법이 만들어졌다. RBL과 함께 짐 다울링(Jim Dowling)은 RBL FAST 워크숍을 이틀 일정의 경영자 과정으로 맞춤화하여 만들었는데 사외 과정으로 편성되었다(보기 4.3). 결과 기반 리더십(Result Based Leadership)의 저자인 노엄 스몰우드(Norm Smallwood)는 열여섯 명의 회사 최고경영자와 함께 하나의 세션을 진행하였는데, 이 경영자들은 교육, 토론, 의사결정 등에 도전적이면서 때로는 그것들에 대해 정서적으로 그 과정에 몰입하였다.

두 번째로, 이어진 후속 FAST 워크숍은 회사의 전략 방향을 검증하고, 리더들에게 미치는 영향을 확인하는 열정적인 논의가 이어지도록 계획되었다. FAST 워크숍은 에미스가 사업수행을 어떻게 선택하고 리더들이 최고의 고객들에게 어떻게 보여지기를 원하는지에 대하여 준거를 설정하는 것이었다.

워크숍 결과로 이루어진 몇 가지 중요한 조치들은 다음과 같다.

- 전사적, 부문별 전략이 심도 있게 개발되었다.
- 운영에 대한 정의가 구체화되면서 회사의 제휴 구조가 구축되었다.
- 새로운 시대(era)가 설정되었다 : 성과와 혁신에 대한 새로운 기준 확립
- 확고한 브랜드가 만들어졌다 : 위대한 미디어, 위대한 사람들, 위대한 서비스
- 성과지표가 개발되었고, 관여팀(commitment team), 프로세스팀 및 실무담당팀이 만들어졌다.
- 다음 단계의 RBL 리더십 프로그램(결과를 위한 리더십 발휘 : Leading for Results)을 위한 핵심 전략 내용이 만들어졌다.
- 경영자 추가 개발과 정렬, 팀빌딩 등에 대한 요구점이 확인되었다.

주목할 만한 가치가 있는 것은 회사의 가치사슬(value chain)에 대한 결론이다.

- 고객 : 광고주(구독료가 존재하는 경우에는 독자)
- 제품 : 광고주가 원하는 인구통계학적인 고객풀(pool)
- 생산과정 : 광고주가 원하는 시청자, 청취자, 독자의 관심이라는 제품을 만드는 방송프로그래밍과 잡지 편집내용

이때 회사의 확고한 브랜드란 이와 같은 핵심 영역에서 요구되는 탁월성을 의미한다.

- 위대한 미디어 : 광고주들이 관심을 두고 청취자들을 확보할 수 있는 동인(driver)
- 위대한 서비스 : 주요 고객인 광고주의 요구에 특별하게 대처하는 데 집중
- 위대한 사람 : 모든 종업원들을 통하여 나타나는 문화이며, 종업원들이 고객, 오디언스, 투자자 및 다른 종업원과의 상호작용에서 나타나는 에미스의 문화

새로운 시대—성과와 혁신에 대한 새로운 표준 확립—는 성과와 책임에 대한 관심 증가를 강조하는 한편 긍정적으로 의도된 문화요인들을 강화하면서 문화에 집중하려는 회사의 의도를 나타낸다.

해로운 복종

처음 이틀간의 사외 워크숍이 진행되는 동안에 다음과 같은 핵심 영역에서 경영자 간의 생각 차이와 저항의 징조가 일어났다. (1) 비지니스 포트폴리오 구성과 의사 결정 (2) 정렬이 이루어진 전사구조로 갈 것인가 지주회사의 모델로 갈 것인가 (3) 광고주를 고객으로 정의할 것인가 아니면 청취자, 시청자 및 독자를 고객으로 정의할 것인가. 그러나 이 그룹은 위의 항목들에 대하여 결론적으로는 동의하는 것처럼 보였다. 워크숍 후 일부 핵심 경영자와 그들의 직접 보고라인상에 있는 일부 사람들은 그에 대하여 지지하는 주장과 그 일을 전달하는 데 있어 확신이 부족하였다. 이것은 후에 '해로운 복종(malicious compliance)' 이라는 딱지가 붙었는데, 그들은 경영자 팀으로서 결정된 것은 지지하려 노력하지만 의사소통에서는 유보적이고 이견을 보이는 것을 뜻하였다. 소수의 사람들은 마치 지주회사 운영에서와 같은 행동을 계속하였는데, 예를 들면 행동방식을 달리 취하거나 경영자 팀의 공약 사항을 위배하거나 혼선을 주는 메시지를 현장에 보내거나 하는 것이었다.

노스스타 그룹(Northstar Group)의 짐 인태글리아타(Jim Intagliata)는 스멀리언과 경영자 팀에게 경영자 코칭을 제공하기 위한 변화 이니셔티브에 일찍이 관여하였다. 이 경영자 코칭과 평가작업은 미래 경영자들의 팀빌딩과 정렬을 위한 세션을 만드는 역할을 하였고 아울러 스멀리언이 경영자를 관리할 수 있게 지원하는 역할을 하였다. 인태글리아타는 전략과 실행 행동작업에 개입하여 정렬을 이끌어 낼 대단한 통찰력을 갖게 되었고, 그간 전개되어 왔던 '해로운 복종' 에 대한 우려점들을 전달하였다. 인태글리아타는 뒤에 설명될, 역량 관점에서 경영자팀을 도와 줄 핵심 도구인 역량모델 개발 과정에 더 깊이 관여하였다.

결과를 이루기 위한 지도

그 다음 단계의 리더들은 총괄 관리자, 출판인, 부문 부사장 및 전사 임원 등 75명으로 구성되었다. 일관성을 이루기 위하여, 리더십 정렬, 관여행동, 능력개발 등을 위하여 설계된 워크숍을 결과기반 리더십컨설팅사가 진행하였다. 차세대 리더들에게 에미스의 전략을 이해하게 하고 스스로 그리고 타인을 통하여 그들이 어떻게 결과를 달성할 것인가를 점검할 수 있도록, 결과기반 리더십이라는 고도의 양방향 워크숍이 실행되었다.

그 기반이 된 철학은 조직의 핵심 리더들이야말로 에미스 문화를 현장에 조성하고 확장하는 데 가장 영향력이 있을 것이라는 것이었다. 이렇게 하기 위해서, 에미스는 회사 전체적으로 회사 전략과 확고한 브랜드 및 문화를 익숙하게 이해하는 리더들이 필요하였다. 이 리더들은 또한 이 메시지와 그들의 우선순위를 자신들의 각 스태프에게 열정을 가지고 전달하기 위해 관여하려는 태도가 필요하였고 이를 전달할 능력을 갖출 필요가 있었다. 다음은 에미스의 결과기반 리더십이라는 워크숍에서 다루었던 고차원적인 의제들이다.

첫째 날 : 변화를 위한 사례 개발

개회 : 에미스의 전략, 전사구조, 확고한 브랜드, 문화에 대해서 CEO와 경영자 팀이 전체적으로 설명함

초점 : 리더들이 변화를 어떻게 가속화할 것인가

다뤄진 토픽들 :

새로운 사업현실
조직변화
리더십의 질이 왜 중요한가
리더십 가치명제
리더십 브랜드 진술문

둘째 날 : 조직역량의 구축

초점 : 리더는 일을 어떻게 달성하는가

다뤄진 토픽들 :

공유된 마음가짐
인재
협력
속도
책임감
학습

셋째 날 : 개별 리더의 의미

초점 : 결과를 가능하게 하는 리더의 개인적인 스킬과 책임

다뤄진 토픽들 :

코치로서의 리더

개인적인 리더십 발휘 계획

참가자들은 또한 회사 브랜드, 문화, 리더십 요건을 에미스의 리더십 브랜드에 대한 정의에 따라 그에 맞게 설명하고 실행하는 책임을 맡았다. 리더십 브랜드란 에미스에서 리더들이 무엇을 해야 하는지를 나타내는 하나의 진술문이다. 그것은 전략과 연결되어 있고, 에미스가 최고의 고객들에게 어떻게 알려지기를 원하는지와 리더십 개발활동에 어떻게 초점을 제공하는지와도 연결되어 있다. 이 리더들은 다음과 같은 리더십 브랜드를 만들었다.

에미스 리더들은 고객에 대한 깊은 이해를 토대로 좋은 제품 관점을 구현하고, 의사소통을 잘 이루며, 비전을 행동으로 실현한다.

프로그램 촉진을 위한 여러 가지 방법

반복적이고 복합된 메시지 전달은 구매자의 행동에 영향을 미친다. 에미스의 변화 프로그램에 대한 핵심전략에는 브랜드 인지도를 구축하고 문화에 영향을 미치기 위한 많은 의사소통 수단 사용이 포함된다. 모든 전사 커뮤니케이션 매체들은 적절히 활용되었고 목표에 맞도록 조정되었다(보기 4.4). 이러한 수단들은 시의적절한 전달, 이야기 및 특별행사들과 전략적으로 관계를 갖도록 하였다.

에미스의 연례 관리자 대회는 회사의 가장 큰 행사로서, 고위층 종업원들을 함께 모아 훈련하고, 네트워크화하며, 이루어낸 공로를 인정한다. 2002년도 회의는 비용을 줄이고, 본사 외 관리자들이 본사 사무실과 본사 스태프들에 대하여 더 잘 이해할 수 있도록 하기 위하여 인디애나폴리스에서 열렸다. 이 행사는 회사의 새로운 초점과 방향에 관한 최초의 전사적 커뮤니케이션['에미서리(Emmisary)' 와 같은] 실행에 일정이 맞추어졌다. 관리자 회의를 위한 주제와 의제는 확고한 신 브랜드 시대, '좀 더 분발하자(crank it up)! 성과와 혁신을 위한 새로운 표준을 확립하자' 를

중심으로 전개되었다.

이 프로그램은 회사의 전략, 회사 브랜드, 문화적 초점 등을 전달하도록 구성되었다. 결과 기반 리더십은 이틀 과정으로 열린 컨퍼런스의 기조를 설정하였다. 새로운 시대의 구체적 요소와 그 문화의 구체적 요소들을 강조하기 위하여 강연과 행사들이 이어졌다. 프로그램을 시작하기 전에 연사들이 서로 소개되었고, 프로그램 교재들을 서로 공유하여, 각자가 발표를 할 때는 전반적으로 궤를 같이 하도록 하였다. 프로그램은 모든 참여자들이 함께 하도록 설계되었고, 초기 기간 동안에 네트워크를 구성하였다. 그 결과 에미스의 직원 모두는 동일한 에미스의 메시지를 들을 수 있었다. 이 메시지들에는 다음 사항들이 담겨 있었다.

- 제프의 연두교서(State of the Union)—에미스의 새 '시대(era)' 의 초점
- 노엄 스몰우드 : 확고한 브랜드, 리더십 브랜드, 균형잡힌 성과지표, 에미스 역량들, 성과관리
- 부문장들의 사업전략 발표
- 다양성 채널(Diversity Channel)의 마크 윌리엄스(Mark Williams) : 위대한 사람들과 다양성 인식
- 노드스트롬의 길(Nordstrom Way)의 저자인 로버트 스펙터(Robert Spector) : 세계수준의 고객서비스
- 산업분석가들과 전 FCC 위원들이 월 스트리트에서 본 전망

회의 종료 후에 실시된 설문조사에 의하면 에미스의 회사 전략과 회사 브랜드에 대한 이해가 확실하게 이루어진 것을 보여주고 있다. 또 관리자들이 이제는 전략과 회사 브랜드를 자신들의 스태프들에게 마음 편하게 의사소통할 수 있다는 것을 보여주고 있다.

에미상은 에미 종업원들이 누구나 선망하는, 종업원과 각 조직을 위한 에미스의 연례 포상으로써 많은 분야에서 최고 수준을 이룬 공적을 표창하기 위한 것이다. 2002년에 이 표창 분야들은 성과기반 관리 시스템과 새로 규정된 목표로 회사가 지향하는 것을 더욱 잘 반영하도록 바뀌었다. 이 상의 후보자를 추천할 때 관리자들은 예전보다 성과를 더욱 중시하고, 종업원들이 정해진 목표들을 얼마나 잘 성취하였는지를 고려하도록 장려되었다. 이것은 조직에 새로운 접근이며, 의미 있는 신호

이다. 경영자들은 후보자를 검토하는 데 많은 시간을 할애하였고, 이전에는 주관적으로 선정하였던 것을 이제는 객관적이고 사실에 근거하여 수상자를 결정하고 있다.

2002년도 연차 보고서(Annual Report)에서는 확고한 새 브랜드가 투자자들에게 소개되었다. 이것은 이 새로운 브랜드가 에미스의 새로운 초점이며 그에 대한 열정이 강하다는 것을 종업원들에게 확실하게 전달하는 또 하나의 중요한 단계였다. 에미스는 위대한 미디어, 위대한 서비스, 위대한 사람들로 알려질 것이다.

고성과 원칙 수립 : 좀 더 분발하자!

성과와 책임성을 높이기 위해 보다 강력한 기강을 세울 필요성이 있었다. 경영자로부터 일선 종업원에 이르기까지, 자신에게 기대되는 것을 명확하게 하고, 적절한 수준의 책임감과 공로 인정수단의 개발을 보다 더 확실하게 해야 할 필요가 있었다. 전략이 제대로 설정되었으므로 이제는 균형잡힌 성과지표와 성과 관리 시스템이 개발될 차례였다.

새로운 성과관리 시스템은 다음과 같이 구성되었다.

- 전사차원의 균형잡힌 성과지표
  전사 기능 단위조직 차원의 균형잡힌 성과지표
  부문단위조직 차원의 균형잡힌 성과지표
- 전략적으로 갖추어야 할 특성, 또한 격차를 해소하기 위하여 필요한 행동, 그리고 십일계명 강조 등을 결합하여 개발된 역량모델
- '무엇' 과 '어떻게' 의 목적 및 목표와 행동역량을 결합하는 개인별 새로운 성과 기록
- 성과에 기반한 주식 및 성과 보상 프로그램

균형잡힌 성과지표

균형잡힌 성과지표를 통하여 전략에 초점을 두는 핵심과정과 책임성을 강화하는 핵심 과정이 수립되었다. 결과 기반 리더십 컨설팅사[균형잡힌 성과지표의 선구자인 리치 린치(Rich Lynch)를 포함하여]의 컨설턴트들은 경영자팀이 완성한 작업결과를 토대로 과정이 만들어지도록 촉진하였다. 각 성과지표를 전사 및 부문별 차원에서 개발하기 위한 팀들이 구성되었다. 팀은 소속된 각 조직 내의 관리자와 핵심 관계자들로 구성되었다. 팀을 잘 구성하는 것은 변화과정에서 매우 중요하였다. 즉 역량 있고 영향력 있는 공식적, 비공식적 리더들이 발굴되었다. 팀들은 워크숍에서 며칠을 보내기도 하였고, 네 가지 주요 결과 영역인 투자자, 고객, 종업원, 조직영역에서의 전략적 성과를 점검하는 측정수단을 설정하기 위하여 여러 사후관리 활동에 참가하기도 하였다. RBL 컨설턴트들은 매우 소중한 고객들과의 직접적 인터뷰들을 통하여 자료를 보충하였다(보기 4.5).

에미스의 역량모델

문화변화 과정에서의 핵심은 회사의 새로운 전략방향 추진을 도와주고 바람직한 에미스 문화와 십일계명의 확장을 지원할 수 있는 에미스의 구체적인 행동들을 개발하는 것이었다. 짐 인태글리아타는 성과 관리 과정의 중요 요소가 된 역량모델 개발 과정을 이끌었다. 이것은 전사적으로 아주 중요하며 눈에 띄는 도구였으므로, 경영자들의 깊은 관여가 요구되었을 것이다. 그 개발과정 동안에 경영자들이 관여되었던 인터뷰와 자료들의 수집 외에도, 경영자 중 핵심 멤버들로부터 더 많은 피드백과 그들의 더 적극적인 참가를 얻기 위한 한 가지 협조공문이 만들어졌다(보기 4.6).

십일계명들을 역량모델로 통합하는 데는 특별한 주의가 기울여졌다(보기 4.7). 이 모델을 통해서 최종적으로 모든 종업원들을 위한 여덟 개의 핵심역량이 완성되었고, 다섯 개의 추가적인 리더십 역량이 구축되었다(보기 4.8). 이 작업에 경영자들이 참가한 결과, 몇몇 경영자들과 그들의 직속 보고라인에서는 이렇게 만들어진 초안 역량들을 거의 즉시 실무에 활용하였다.

성과 및 보상관리

애그루소 컨설턴트와 결과 기반 리더십사는 설계 및 통제 원칙들, 성과 계획, 성과 개선, 성과 보상이라는 네 가지 영역에서 현재의 상태와 바람직한 결과들을 제공해 주는 인터뷰와 포커스 그룹 및 설문조사 등을 경영자들을 대상으로 수행하였다. 또한, 제3단계(원칙이 잡힌)에 있는 조직들과 비교하여 현 상태의 과정과 성숙상태의 과정에 대한 통찰내용들이 제시되었다(보기 4.9). 이렇게 관여하고 평가한 결과, 보상 시스템과 조직개발 및 인재 예측을 통합하는 일 년 주기의 순환과정이 설계되었다(보기 4.10).

모든 의사소통과 성과 관리 행사를 지원하는 과정을 다루기 위하여 성과 및 보상관리에 대한 실행계획(The Performance and Reward Management Implementation Plan)이 개발되었다(보기 4.11). 보기 4.11은 성과 관리 실행의 범위를 시각적으로 보여주고, 또한 전체적인 변화 의제를 강조하기 위하여 단계별로 예정된 변화 행사들을 시각적으로 보여준다.

종업원 훈련

2월과 3월에, 종업원과 관리자 100%가 성과 관리 훈련과 문화에 대한 훈련을 받았다. 전통적인 성과 관리와 SMART 목적개발 교육 외에, 독특성을 띤 '에미스 사람을 만들기(Emmis-like)' 훈련이 실행되었다. 이것은 두 가지로 이루어진 훈련이었는데, 하나는 십일계명의 이해에 대한 것이고, 다른 하나는 새로운 에미스 행동들에 대한 확실한 이해를 높이는 데 초점을 두었다. 예를 들면 에미스 문화를 중심으로 한 이해와 대화 훈련을 만드는 데 십일계명 카드 게임이 사용되었다. 카드에는 특정 계명과 관련된 다양한 상징들과 클립아트들이 표시되어 있었다. 팀들은 카드를 관련된 가치들과 짝을 만들고 자신들의 환경에서 그 가치를 일과 관련하여 나타내는 사례들에 대하여 이야기하였다.

두 번째 훈련은 에미스의 여덟 가지 핵심 행동들을 중심으로 한 혁신 연습들이 필요하였다. 새로운 팀들이 만들어지고, 각 팀은 에미스가 운영하는 세 개의 매체, 즉 시각 설계, 라디오 광고, 공연 광고 중의 하나를 가지고 한 가지 행동을 묘사하여야 했다. 이것은 재미있고, 유쾌하며, 생생한 학습 경험이었다. 다른 그룹들은 그 팀이 묘사한 것을 확인하고, 그들이 선택한 것과 예술 양식에 대한 이야기를 나누었다. 이 특별한 훈련은 새로운 문화와 책임감 및 리더십에 대하여 의미 깊은 토론을 야기하였다. 더욱이, 이 창의적인 묘사들은 확실히 학습의 이해와 유지 및 학습 전이 효과를 높여주었다.

혁신은 어떤가

'성과와 혁신에 대한 새로운 표준 확립' 에서 혁신은 어디에 있는가? 중요한 이 문화적 가치를 조직적으로 강조하기 위하여 에미스의 핵심역량 이외에도 혁신과 유연성, 추가적 프로그램, 시스템, 행사 등이 개발되었다.

창의적이고 혁신적인 사업 솔루션의 생성을 지원하기 위해서 뛰어난 아이디어 경진대회가 수년간 개최되었다. 그러나 과거에는 이 활동에서 실질적인 결과나 실행을 필요로 하지는 않았었다. 많은 사례에서 채택된 아이디어들은 주식 제공으로 인정을 받았다. 그러나 실제 아무것도 실행되지 않았고 조직에 돌아온 성과도 없었다. 어떤 점에서 이 프로그램은 혁신을 억제하는 효과가 있었다. 왜냐하면 아이디어들은 경진대회를 위해서만 유효할 뿐 공유되지는 않았기 때문이다. 그런 이유로 이 프로그램은 집단의 참여와 성과를 장려하도록 변경되었다. 2002년부터는 최고경영층으로부터 아이디어들을 인정받기 위해서는 일 속에서 그것들을 실행하려는 노력이 있어야 했고 실제로 성과가 존재하여야 했다. 그외에도, 여러 팀들이 아이디어와 실행을 함께 개발하는 것에 대해서도 공로가 인정되었다. 이것은 성과와 책임감을 중심으로 한 메시지와 그에 대한 초점을 더욱 더 강화하였다.

본사에는 오래된 방음 장치가 있는 프로덕션 스튜디오에 하나의 상징적인 '두뇌연구소(think tank)' 가 만들어졌다. 이 새 회의실은 콩자루로 만든 의자들(beanbag chairs), 장난감, 분장 액세서리, 게임, 라바 램프(lava lamps), 기타 재치 있고 창의적인 소도구로 채워졌다. 이 방은 브레인스토밍과 팀빌딩을 위해 사용하거나 그냥 기분을 이완하려는 집단을 위해서 만든 것으로 종업원들과 팀들이 회사라는 환경에서 벗어나, 고정된 틀을 벗어난 사고를 할 수 있는 장소를 제공한다.

인트라넷과 종업원 포탈, 기타 다른 시스템을 통하여 정보공유, 베스트 프랙티스,

지식 네크워크화에 대한 기술 사용을 위한 추가적인 단계들이 추진되고 있다. 기술은 조직에 의사결정의 질과 속도에 우위를 제공할 것이다. 균형잡힌 성과지표가 연결되면 경영자와 조직에 기업경영 안내 시스템을 통하여 실시간 자료를 제공할 수 있다.

평가 : 신호강도 측정

> 그렇게 하여 1981년 7월 4일, WENS가 방송을 시작하게 되었다. 나는 우리의 전파가 시장에서 수신될 만큼 충분히 강력한지를 파악하기 위해 시내를 돌아다니며 방송국 주인으로서의 첫날을 보냈다. 우리가 시장에서 틈새를 발견하였다는 것은 꽤 빨리 확실해졌다. 방송국은 계속해서 큰 성공을 거두었다. 그 당시를 돌아보면, 나는 그때 이 회사를 특별하게 만들었던 것이 20년이 지난 지금도 다시 특별하게 만든다는 것을 깨닫는다. 즉 우리는 언제나 우리 사업에 열정을 가지고 있고 우리의 운영 방식에 열정이 있는 위대한 사람들을 끌어들였다. 그 첫날 밤부터 오늘까지 하나의 일관된 주제가 있다고 한다면, 그것은 에미스에서는 다른 방식으로 사업을 운영한다는 점이었다.
>
> —제프 스멀리언

이제 질문은 '사업을 다르게 하는 방식' 이 조직 전체에 통합되었는가에 대한 것이다. 스멀리언은 이 과정을 통하여, 종업원들이 '동일한 생각을 가질 것' 과 '관리자들이 그들에게 무엇을 기대하는지' 를 알 것을 일관되게 요구하였다. 전사와 부문의 성과지표들을 개발하는 동안에, 종업원 성과와 관련된 세 가지 영역이 일관되게 반영되었다.

- 생산성 : 종업원 1인당 수익
- 열정이 있고 몰입하고 있는 종업원들 : 종업원 설문조사 결과
- 핵심 종업원의 유지 : 바람직하지 않은 이직

시간이 지나면서 이것들은 조직에 대한 개선활동의 효과를 측정하는 고차원적 측정도구가 되었다. 그에 대한 설문조사를 가지고 잘 알 수 있는가? 잘 알 수 있다. 2002년 5월에 만들어진 종업원 연례 설문조사에서 이를 알려주는 결과들이 있다. 변화 이니셔티브가 그다지 깊이 실행되지 않았고 몇 개의 성과 관리 요소들이 아직

개발되지 않았다는 점을 고려해 볼 때, 그 설문조사 결과는 긍정적인 전조를 보여주었다. 첫 번째 수치인 백분율은 이 회사의 연례 종업원 설문조사에 대한 종업원들의 평균 응답치를 나타낸다. 두 번째 수치는 '「포춘지」가 선정한 100대 일하기 좋은 기업' 에 오른 회사들에 대한 평균 점수를 나타낸다.

- 나는 내 일의 중요성과 나의 일이 우리의 사명/목적들과 어떻게 연관되어 있는지를 안다 : 91%, 73%
- 나는 내 일에 대한 확실한 직무 기술서를 가지고 있고 내게 무엇이 요구되는지를 이해한다 : 83%, 88%
- 나는 함께 일하는 사람들을 정말로 좋아한다 : 86%, 84%
- 나는 여기서 하나의 숫자에 불과한 것이 아니다. 나는 일을 떠나서 생활이 있는 전인적 인격체로 대우받는다 : 78%, 77%
- 지난 해에 나는 관리자와 나의 성과 점검에 대하여 논의하였다 : 76%, 78%
- 나의 일은 특별한 의미를 가지고 있다. 그건 '단지 일' 만은 아니다 : 77%, 79%
- 나는 지금부터 한 해 동안 에미스를 위하여 일할 것이다 : 76%, 66%
- 모든 것을 고려하면, 에미스가 아주 일하기 좋은 회사라고 말할 수 있다 : 77%, 88%

이 회사는 계속해서 연례 설문조사를 실시하고 있고 종합적인 종업원 몰입지수를 산정하기 위한 추가 질문들을 고려하고 있다. 이 회사에서는 새로운 책임감의 결과로써, 그리고 확실하게 정의된 표준들을 종업원들이 수용함으로써 어떤 영역에서 실제로 응답치의 수치들이 감소되기를 기대하는 분야들도 있다.

또 다른 측정 수단들을 통해 성과지표상 중요한 성과 추세가 점검되기 시작할 것이다. 생산성은 종업원당 수익(revenue)과 이익(earning)으로 측정될 수 있다. 바람직하지 않은 이직이나 핵심 종업원의 유지는 인재확보상태 점검계획과 승계 계획과정이 자리 잡게 된 후 더 효과적으로 점검될 것이다. 이 핵심적인 성과 자료를 효과적으로 측정하고 나타내기 위한 기술개발이 진행되고 있다.

2004년 1월 12일, 에미스 커뮤니케이션즈의 CEO인 제프 스멀리언과의 질의응답

질문 삼사분기 이익을 보고할 때, 작년이 회사의 24년간의 역사에서 최고의 해였다고 말씀하셨는데 왜 그렇습니까?

답변 초기에는 개인 회사로서, 우리는 신생 기업의 열정과 기업가 정신을 가지고 있었기 때문에 부분적으로 성공하였습니다. 우리는 정말 대단한 세월들을 보냈습니다. 과거의 시간들이 더 대단한 이유는 산업에서 훨씬 더 성숙한, 그리고 더 크고 다루기 어려운 경쟁자들을 상대로 하여 우리가 경쟁하는 하나의 성숙한 회사로서 높은 성과를 이루기 시작하였기 때문입니다. 우리는 어느 환경에서나 어느 누구와도 경쟁할 수 있다는 것을 보여주었습니다.

사업의 모든 영역에서, 우리는 전보다 더 전문성을 가지고 운영합니다. 나는 우리의 시장에서 일어나고 있는 일이 자랑스럽습니다. 우리의 구성원들이 새로운 성공의 길을 찾고 있습니다. 나는 우리 본사팀이 제공하는 서비스를 자랑스럽게 생각합니다. HR, 재무, 법률, IT, 엔지니어링, 지원 스태프… 모든 사람이 기여하고 있습니다. 나는 우리가 이 사업 분야에서 과거의 어느 누구 못지 않게 성공을 갈망하는 순수한 생각이 있다고 생각합니다. 그리고 나는 우리가 그 목적을 이루어가고 있다고 생각합니다.

교훈

제1교훈— 새로운 변화시도 프로그램이 도입되기 이전에 실시된 전사 변화 시도 프로그램이 미치고 있는 영향을 연구하라. 여러분의 변화시도 프로그램은 이전에 시도했던 변화시도 프로그램이 미치는 피해에 대한 대책에서부터 시작해야 할지 모른다. 이전의 모든 전사 이니셔티브들과 그것들의 성공과 실패, 그리고 가장 중요한 것은 그것이 경영에 미친 영향과 경영에 대해 가지고 있는 인상을 인식하라는 점이다. 이전의 '전사' 이니셔티브 목록에 대한 분석을 가지고서 시작하여, 새로운 이니셔티브에 대하여 전사 기능부서들과 협력하여 일하라. 핵심 이니셔티브를 현장에 추진하기에 앞서 전사 기능부서들의 충분한 참여와 지원이 먼저 이루어져야 할 것이다.

제2교훈—새로운 변화시도 활동에 대한 경영자들의 정렬과 관여를 끊임없이 점검하고 강화하라. CEO의 지원과 신임을 얻는 것만으로는 충분하지 않다. 어떤 핵심 리더들이 교체되면 그를 대신하는 새 리더들의 후원을 얻기 위하여 그들에게 많은 시간을 투자하라. 가능한 한 그들이 알려주는 많은 피드백이 제품에 반영되도록 하라. 그것이 자신들의 일처럼 느껴지도록 사업필요점에 대한 충분한 초점과 경영자 의견을 제공하라. 경영자들 간의 정렬이 이루어지기만 하면 그 다음 단계 리더들은 확실하게 정렬될 것이라고 안이하게 생각하지는 말라.

제3교훈—의사소통을 촉진하는 기술을 강화하여, 회사의 핵심정보, 성과 측정결과 및 성과변화 등을 실시간으로 볼 수 있게 만들라. 인트라넷, 종업원 포탈, 사업지능 및 지식관리 시스템이 변화 시도 프로그램과 함께 협력을 이루어 구축되고 실행되어야 한다. 이렇게 유사한 전사지원 시스템들이 하나의 전사 변화 시도 프로그램의 일부가 되게 하라.

제4교훈—가시적인 베타 테스트(beta test : 실시 전에 오류를 확인하기 위한 점검)를 시행하고, 프로그램 시도에 대한 후원을 상향적, 측방적, 하향적으로 끌어내도록 현장 경영자들을 강화하라. 결과 기반 리더십 워크숍과 같은 교육을 통하여, 그리고 보다 더 중요한 것은 전사적인 실행에 들어가기 전에 프로그램 설계 및 실행단계에서의 참여를 통하여 한 단계 높은 수준의 지원을 얻으라. 현장의 베타 테스트들을 사례로 사용하고 동료와 종업원들에게 자신의 경험들을 전달하기 위하여 현장의 리더십을 활용하라.

제5교훈—언어 사용을 감시하고 조정하라. '컨설턴트가 하는 말' 또는 'MBA에서 사용하는 말'이라고 하여 시작 단계부터 겁을 주어 멀어지게 하지 말라. 여러분의 독특한 조직문화를 새로운 공통전략으로 통합하고 여러분이 만들려고 하는 성과언어로 통합하라. 특히 성과와 전략을 중심으로 한 공통언어가 존재하지 않는다면, 공통의 언어가 만들어져야 한다. 그러나 조심하라. 단지 말과 형식일 뿐이라는 인상은 변화 시도 프로그램을 상당히 지체시킬 수 있다. 변화 관리팀에 조직 해설가를 두어 진행되는 모든 단계마다 그 사람을 활용하라.

제6교훈—인내로 시작하되 결코 지름길을 취하지 말라. 변화모델을 활용하라. 속도를 내기 위해서 수용단계들을 축소하지 말라. 이 정도의 노력으로는 측정

가능하고 일관된 성과를 만드는 데 2~3년이 소요된다는 점을 인식하라. 경영자와 종업원의 기대를 적절하게 설정하라—즉 약속을 적게 하되 전달은 충분히 하라. 일이 년 안에 성공하기를 기대한다거나 성공이 쉽게 이루어질 것이라고 기대한다면 신뢰를 잃게 될 것이다. 이것이 경영자팀에서 실행해야 할 과정 중에 가장 어려운 일일 것이다. 다시 말하자면 변화에 대한 저항에 부딪칠 것이다. 일관성, 강인성 그리고 가시적 정렬이 필요하다.

제7교훈—이니셔티브와 모순되거나 리더들에 대한 믿음을 희석화시킬 외부 사건과 의사결정을 감시하라. 사업을 하는 과정 중에 여러 가지 일들이 발생한다. 의사결정은 시장과 경제에 맞도록 그리고 내부요인들에 적합하도록 이루어져야 한다. 어떠한 결정과 행동들이 조직의 나머지 다른 사람들에 의하여 어떻게 해석될지에 대하여 경영층에게 설명할 용기가 필요하다. 어떤 사람들이 아직 준비되어 있지 않은 변화시도 프로그램의 리더가 된다는 것, 또 한편으로 어떤 모순들이나 잠재적으로 신뢰성과 관련된 현안들에 관하여 의견을 내거나 전달자가 된다는 것은 때로는 민감한 상황을 만든다. 용기를 가져라. 조직에 여러분의 역할을 상기시켜라. 그것은 자기만의 이익을 위해서 그러는 것이 아니고 회사 전체를 위한 것임을 증명하라.

제8교훈—정치가 개입되지 않게 하라. 전사적 기능들이 기능적 의제나 정치 또는 리더들의 이기심을 위해서가 아닌, 회사에 최선인 것에 초점을 두도록 하라. 그와 같은 변화관리 활동에는 전사 기능들 간의 전략적이고, 적극적인 정렬이 있어야 한다. 내부 서열을 인정하고 존중하는 것과, 내부 여론 선도계층에 특별한 관심을 기울이는 데 신중을 기해야 한다. 회사의 성과가 긍정적이게 되면 그것이 훗날 변화시도 프로그램에서 그들을 대변해 줄 것이다. 회사의 이익을 위해서 사심없는 리더의 본보기가 되도록 일하라.

보기 4.1 에미스 커뮤니케이션의 십일계명

11. 자신의 실수를 인정하라.
10. 유연해져라 – 열린 마음을 유지하라.
9. 합리적이 되라 – 모든 선택안을 살펴보라.
8. 재미있게 하라 – 너무 심각하게 받아들이지 말라.
7. 잘난 체 하지 말라.
6. 자신이나 자신의 미디어를 과소평가하지 마라 – 산업을 공격하지 말고, 산업을 일으켜 세우라.
5. 자신에 대한 믿음을 가져라 – 당신이 가능하다고 생각하면 가능할 것이다.
4. 성실성을 위태롭게 하지 말라 – 정도를 가야 할 것이며, 그렇지 않으면 우리는 아무것도 얻지 못할 것이다.
3. 자신의 사람들에게 잘하라 – 그들이 함께 참여하게 하고 그들에게 이익이 있도록 하라.
2. 자신의 일에 대해 열정을 가져라, 자신의 일하는 방법에 대하여 동정을 보여라.
1. 자신의 오디언스와 광고주를 돌보라 – 그들을 생각하면 얻는 것이 있을 것이다.

보기 4.2 이중 경로(dual path) 결과 모델

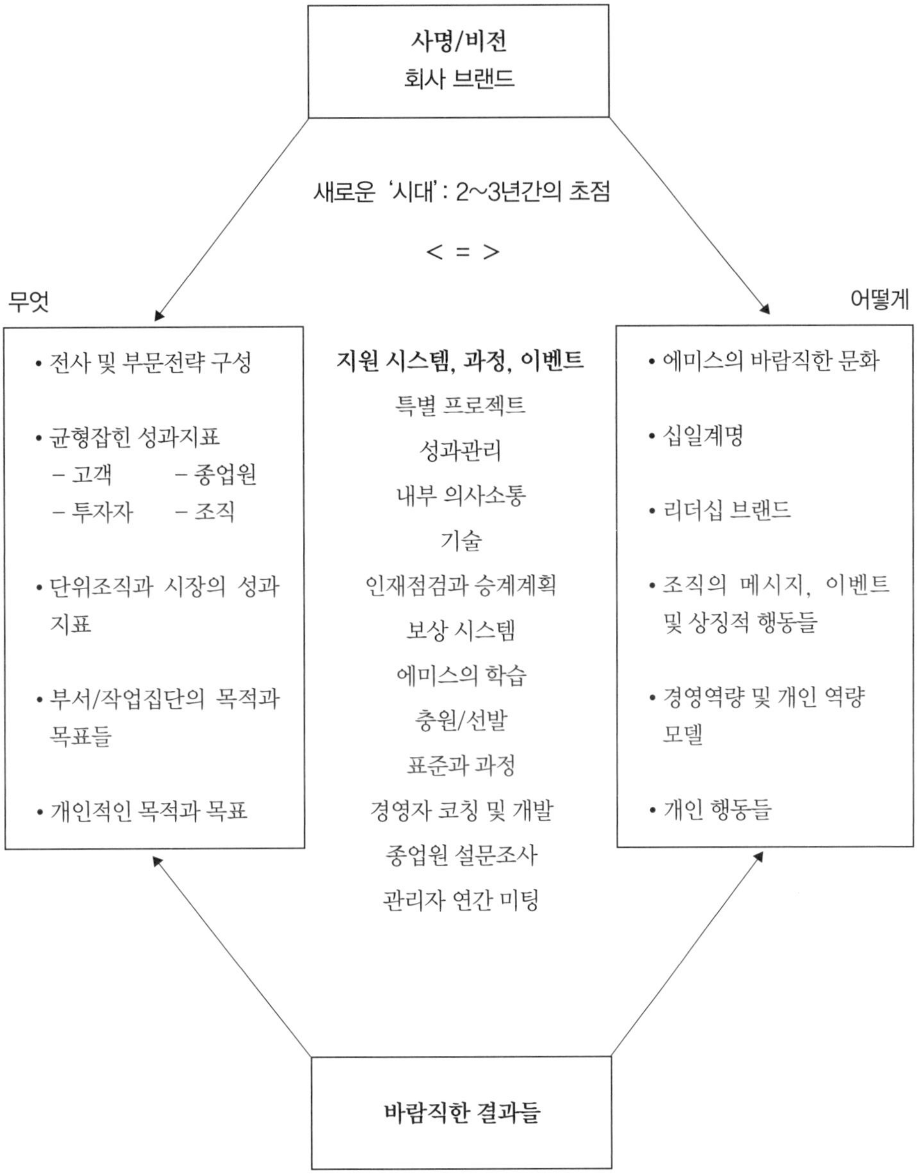

보기 4.3 경영자 과정의 FAST 의제

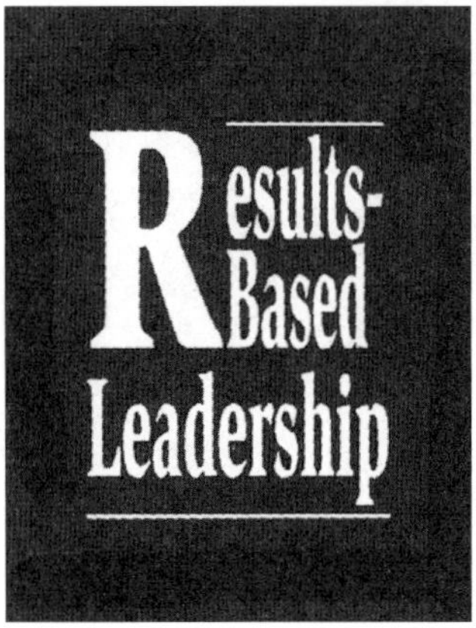

FAST 워크숍
- 전략 초점과 전략들의 정렬

사업 및 리더십 의제

- **전략 방향**
- **리더십 역할**
- **의사결정 과정**
- **책임성**
- **측정수단**

도입

새로운 사업현실
- 전사전략
- 사업전략
- 조직의 장애물들
- 우리는 기회의 창안에서 변할 수 있는가?

FAST 노트 및 숙지사항
- 리더십의 역할
- 변혁기간 동안의 리더십
- 워크숍에서 요구되는 결과
- 변화 의제
- 에미스에 대한 것
- 새로운 사업현실
- 회사에 영향을 미치는 힘
- 역설적인 규범들의 목록
- 리더십 가치 명제
- 환경에 대한 대응
- 전사적 전략
- 정렬된 모델이 보너스 계획에 어떻게 영향을 미칠 것인가
- 사업전략

보기 4.3 계속

하나된 사업정렬 속에서의 책임
지식 의제
일의 유형
장점 역량(Advantage capabilities)
성과지표
특성들
장기-단기 목적들 간의 균형
리더십 브랜드
가능하게 하는 시스템

성과지표
종업원
조직

다음 단계들

보기 4.4 내부 의사소통 매트릭스

주요 의사소통 수단과 그 내용 및 목표		
수단	미디어와 빈도	목표/사용
에미스 주간 소식지	매주 이메일로 전 종업원들에게 보내는 두 페이지로 된 메모 — 월요일 아침에 종업원들이 출근하기 전에 전달된다.	에미스 주간 소식지는 종업원들이 회사에 연결되어 있고, 회사의 운영에 대하여 알고 느끼도록 도와주는 정보를 제공하기 위해서 사용된다. 그것은 CEO 및 여타 경영자의 특별 메시지를 위해 사용되며, 회사 뉴스, 회사에 대한 매스컴 보도, 회사 및 산업에 대한 분석가들의 의견, 종업원 복지에 대한 뉴스를 알려주기 위해서도 또한 사용된다.
에미서리 (emmisary)	분기마다 전 종업원들에게 보내지는 두 가지 색상으로 만든 뉴스레터	에미서리(emmisary)는 종업원들에게 회사에 대한 더 큰 그림을 가진 정보를 의사소통하기 위해서 사용된다. 에미스 주간 소식지보다는 좀 더 긴 이야기를 담는데 종업원들에게 전략적 메시지 전달 및 종업원 복지와 회사의 프로그램에 대한 정보를 제공하고, 개별 방송국들과 출판물들의 촉진 활동을 강조하며, 성공을 축하해 주고, 흥미로운 인물들을 통하여 종업원 간에 소개하고 종업원들을 리더들에게 소개한다.
CEO메모	필요에 따라 전 종업원에게 보내는 이메일	CEO인 제프 스멀리언은 때때로 비공식적인 이메일 메시지를 통하여 회사에 대한 주요 이니셔티브를 알려주기를 좋아하며, 회사와 산업 및 전국적 사건들에 대한 코멘트를 하거나 또는 그냥 사기를 북돋기 위해 종업원과 직접 의사소통하기를 좋아한다. 스멀리언은 또한 개인들이나, 개별 방송국들 및 특정 부문에 직접 의사소통한다.
'에미스 소식 (Emmis announcement)'	필요에 따라 모든 종업원들에게 보내는 이메일	'에미스 소식'은 모든 종업원을 대상으로 이메일로 보내는 이메일 연설이다. 이 '에미스 소식'은 회사소식이나 복지 정보에 대하여 종업원들과의 중요한 의사소통시에만 사용된다.

보기 4.4 계속

주요 의사소통 수단과 그 내용 및 목표		
수단	미디어와 빈도	목표/사용
부문 이메일	필요에 따라 부문에서 부문 내 종업원들에게 보내는 이메일	회사의 소식이나 이니셔티브들에 대하여 특정 부분의 종업원들에게 정보를 보내기 위해 사용한다.
전사 컨퍼런스 콜	연간(또는 필요에 따라서는 더 자주) 컨퍼런스 콜과 파워포인트 프리젠테이션	특정한 중요 행사나 뉴스들에 대하여 회사는 모든 종업원들과 컨퍼런스 콜을 가질 수 있고 그들에게 웹을 통하여 파워포인트 프리젠테이션을 제공할 수 있다. 지금까지 종업원들에게 주식 보상 프로그램을 소개하는 수단으로 단 한 번만 사용되었다. 이 주식 보상 프로그램은 모든 종업원들에게 급여의 10%를 줄이고 동시에 전 종업원에게 10%의 주식을 보상으로 주었다.
뉴스 발표	필요에 따라 이메일을 통해서 전달된 뉴스 발표	모든 주요 뉴스의 발표는 분기별 재무 보고서를 포함하여 CEO 제프 스멀리언의 짧은 의견과 함께 모든 종업원에게 이메일로 전송된다.
연간 보고	회사의 연간보고서	실제 모든 종업원이 주주이므로 에미스는 주주에 대한 그의 연차 보고서를 주주에 대한 보고서로서뿐만이 아니고 종업원들에 대한 의사소통 수단으로 간주한다.
월스트리트와의 분기 컨퍼런스 콜	분기	실제 모든 종업원이 주주이므로 에미스는 월 스트리트 분석가들과의 분기별 컨퍼런스 콜을 종업원과 이해관계자에 대한 의사소통의 형태가 될 것으로 간주한다. 종업원들은 특별히 컨퍼런스 콜을 듣기 위해 초대된다.

보기 4.5 균형잡힌 성과지표 사례

텔레비전 성과지표					
측정 : 사업성과의 결과, 차원, 양 및 능력	정의 : 이해관계자에 대한 측정을 어떻게 정의할 것인가	공식 : 우리가 어떻게 그 측정을 계산할 것인가	빈도 : 이 자료를 언제 모니터할 필요가 있는가	관점들 : 자료를 어떻게 세분화할 것인가	자료원 : 어디서 그 자료를 얻을 수 있나?
우리의 측정치는…	…에 대하여 말해주고	…과 같이 계산되며	보고된다	…에 의해 볼 수 있는	… 자료에 근거해서
고객					
평가	시장 영역에 근거한 이용 시청자 백분율	HUTS 세어(TV 소유 가구 중 시청 가구 비율) 방송국의 타깃들에 의거한 넓은 공식 PUTS 세어(TV를 보는 사람 비율)	• 매일 • 분기별	• 종일 시청 • 뉴스 시청 • 쇼 시청 • 합성(syndicated) • 네트워크 시청 • 낮 시간 시청	• 닐슨 조사(전자문서로 이용가능한)
질적 인구통계 연구	프로그램을 보는 시청자의 프로파일	전체 인구통계로 나뉜 결정된 특징들의 수	연간 2회	• 나이 • 성 • 라이프스타일 • 행동 • 시청자 습관 • 소비자 습관	• 매지드(Magid) • AR&D • 스카보로프 (Scaborough) • 미디어 오딧 (Media Audit) • 마셜(Marshall)
인구통계적 히트 비율—가용	영향권 내에 있는 타깃 시청자에 대한 상업성 범위 또는 타깃 오디언스의 수	타깃 인구통계—특정 일정에 대한 GRPs	일정 완성에서 시작	광고주가 요구하는 인구통계에 의해서	• TV스캔 • Ad커넥션즈

보기 4.6 역량 피드백

에미스의 특성모델

첨부된 것은 우리가 RBL과 함께 한 작업과 귀하가 짐 인태글리아타와의 대화에서 개인적으로 제공한 내용에 의거하여 개발된 에미스 특성모델의 초안입니다.

이 모델을 만들기 위해서 짐은 표준적인 RBL 특성 구조를 27개에서 보다 관리 가능한 12개로 다듬었습니다. 그는 또한 에미스의 모든 계명과 관리자 규정들을 이 모델에 통합하여 이 가치들이 우리가 성과지향적인 문화를 구축하기 위한 작업시 잊혀지지거나 사장되지 않게 하였습니다(귀하는 이 항목들이 굵은 글씨체로 된 것을 볼 것이며 본문 적절한 곳에서 발견하게 될 것입니다). 끝으로 첨부물의 처음 페이지에서 짐은 그 속성들이 어느 역할들에 적용되는지를 나타내는 매트릭스와 이들 속성이 이 모델에 통합되는 핵심 이유를 제시하였습니다.

보시다시피 제안된 모델은 이같은 핵심 설계 특징을 가지고 있습니다.

1. 모든 계층에서 에미스 종업원이 보여주어야 할 8개의 핵심 특성들과 직접 타인을 관리할 위치에 있는 사람(관리자들), 전 부문과 기능들을 관리할 사람(경영자)이 보여줄 것으로 기대되는 네 가지의 추가적 특성이 있습니다.

2. 에미스 모델의 각 특성에 대하여 조직에서 개인이 수행하는 역할에 따라 한 개의 개별적 행동지표 집합이 있습니다. 예를 들면 혁신과 유연과 관련하여 누군가 이 특성을 보여주기 위해서 무엇을 할 것으로 기대되는가는 그들이 개인의 직위에 있는가, 관리자나 경영자의 위치에 있는가에 따라 다릅니다. 이 설계 내용은 사람들이 조직변화에 가치를 높일 것으로 기대되는 방식이 그들의 경력상의 성장과 발전에 따라 시기적으로 변한다는 것을 강조합니다.

귀하의 도움을 필요로 하는 점

이 모델을 정밀화하고 최종화하기 위하여 우리는 당신의 도움에 크게 감사할 것입니다.
부디 시간을 가지고 이 모델을 잘 읽고 다음 질문들을 생각해 주시기 바랍니다.

- 귀하는 이 모델에 포함된 특성 중 어느 것이 불필요하거나 가치가 없다고 느끼십니까?
- 이 모델에서 빠져 있다고 느끼거나 추가할 필요가 있는 중요한 다른 특성이 있습니까?
- 각 특성들을 읽으면서 개인에서부터 관리자, 경영자에 이르기까지 차이를 두고 발전 등급을 두는 것이 귀하에게는 의미가 있습니까?
- 끝으로 각 역량 문구를 검토하면서 귀하는 우리가 '에미답다(Emmisize)' 라는 용어 외에 동일한 아이디어로서 어떻게 하면 더 잘 표현할 것인지에 대하여 특별히 제안하실 것이 있습니까?

귀하의 피드백을 얻을 수 있는 전화통화 일정이 곧 잡힐 것입니다. 이 만남 일정의 최종 일자는 __________ 일까지 이 모델이 최종화되어 에미스 특성모델이 성과 관리 시스템의 실시의 일부로서 소개될 것입니다.

보기 4.7 역량을 문화에 연결

에미스를 위한 핵심 특성				
행동 특성	에미스에서의 역할			왜 필요한가?
	종업원	중간관리자	선임경영자	
핵심 우선순위				
1. 혁신과 유연성	X	X	X	• 산업의 변화속도를 따라 잡고 거인/강자(gorillas)를 이기기 위해서 • 사업의 모든 측면에서 **혁신의 새로운 표준**(제품/내용만이 아닌) • 에미스 문화 중 '틀 밖의 생각(out of the box)' 요인들과 일치
2. 높은 표준 달성 열정	X	X	X	• 에미스가 경쟁을 해서 다음 수준으로 올라가도록 돕기 위해 • 결코 '잘난 체 하지 않고(never get smug)' — '자신이 하는 일에 열정을 갖는' 가치들과의 일치 • **'성과와 혁신에 대한 새로운 표준 설정'** 주제와 일치
3. 개인적 성실성	X	X	X	• 기본적인 에미스의 원칙/계명의 유지와 강화 • 종업원과 고객들에 대하여 에미스를 차별화(일류 인재와 서비스)
4. 정보를 통한 의사결정	X	X	X	• 에미스의 연구 전문성과 일치 • 의사결정에 대한 보다 더 폭넓은 훈련 필요성

보기 4.7 계속

에미스를 위한 핵심 특성				
행동 특성	에미스에서의 역할			왜 필요한가?
	종업원	중간관리자	선임경영자	
5. 성과에 대한 책임성	X	X	X	• 전체적 성과를 향상하고 주주에게 제공하기 위하여 • 가치를 제공하고 부가하는 사람들에게 공정하게 대하고 최고 성과자들을 끌어들이고 유지하기 위하여
6. 팀워크와 협력	X	X	X	• 조직라인에 걸쳐서 아이디어와 관행들, 인재들의 공유를 지원하기 위해서 • 타인을 존중하면서 대우하고 일을 하는 동안 재미있게 하는 가치와 일치
7. 비전을 행동으로 전환	X	X	X	• 공유된 에미스 비전에 대한 현재 수용할 가치에 의거하여 구축 • 정렬된 행동/실행으로 전환하는 데 다음 단계를 취한다. • 사업에서 초점을 날카롭게 할 필요성을 지각하도록 반응
8. 에미스 고객에게 경험을 제공한다.	X	X	X	• 에미스 고객에게 경험을 만들어 줌 — 결과/성공을 전달하는 파트너 • 일류 서비스와 일류 인재들 — 에미스를 경쟁에서 차별화

보기 4.7 계속

에미스를 위한 핵심 특성				
행동 특성	에미스에서의 역할			왜 필요한가?
	종업원	중간관리자	선임경영자	
관리자/경영자				
9. 사람들을 동기부여하고 관리한다.		X	X	• 가치/계명과의 일치—'재미를 가지고, 사람을 게임에 참가시켜라.' • 에미스 문화 내에서 개인적 관계를 유지하라. • 종업원이 선정한 좋은 회사가 되라.
10. 팀을 만들고 이끈다.		X	X	• 단위조직/전체조직에 팀워크와 상호작용 문화를 만든다. • 인적자원을 효과적으로 강화한다—함께 하는 작업 대 독불장군
11. 인재를 채용하고 개발하며 유지한다.		X	X	• 더 좋은 결과와 정렬된 전략 실행을 위해서 필요 • 인재를 보강하고 강화하라—에미스를 위한 차별화 요인
12. 자원을 효과적으로 관리한다.		X	X	• 사업이 재정적으로 활력 있도록 기여하라. • 핵심자원 사용의 우선 순위를 매기고 초점을 맞추어라.
13. 전략적 조망		X	X	• 사업단위 조직의 장은 자신들의 도전/기회들을 이해할 필요가 있으며 성공의 과정을 그릴 필요가 있다. • 제프는 외로운 비전가일 리 없다(Jeff can' t be the only visionary).

보기 4.7 계속

특성들과 에미스 계명/관리자 규정과의 관계		
특 성	에미스 계명	에미스 관리자 규정
혁신과 유연	• 유연해지고 열린 마음을 갖는다(계명 10). • 자신을 신뢰하고, 일을 가능하게 하는 자신의 능력을 믿는다(계명 5).	• 틀에 박힌 사고를 벗어날 수 있고 타인의 창조성을 촉진한다 (관리자 규정 8).
우수성 지향	• 자신이 하는 일에 대해 열정적이 된다(계명 2). • 결코 자만하거나 자기만족적이 되지 않는다(계명 7).	• 자신이 하는 모든 일에 대하여 열정을 갖는다(관리자 규정 6).
개인적 성실성	• 성실성을 위태롭게 하지 않는다. 즉 올바른 방식으로 얻지 않으면 아무것도 얻지 못한다는 것을 주장한다(계명 4). • 자신의 실수를 확인하고 인정할 수 있다(계명 11).	• 인생에서 무엇이 중요한지에 대하여 균형과 전망의 감을 잘 갖는다(관리자 규정 5).
사실에 근거한 의사결정	• 합리적이 되고 가능한 모든 선택대안을 검토한다(계명 9).	
결과에 대한 책임	• 관계를 중시하고 타인을 존중하며 동정심을 가지고 대한다(계명 2).	
정렬과 협력을 조성한다.		• 조직 전반에 가치를 더하는 일에 초점을 두되, 자기 영역을 보호하거나 정치적이 되지 않는다(관리자 규정 7).
비전을 행동으로 전환		• 에미스의 비전/전략을 개인적으로 수용하고 몰입하는 모범을 보인다(관리자 규정 1). • 관리되어야 할 일에 집중한다 — 정치는 정치가에게 맡긴다(관리자 규정 7).

보기 4.7 계속

특성들과 에미스 계명/관리자 규정과의 관계		
특 성	에미스 계명	에미스 관리자 규정
에미스 고객에게 경험을 제공한다.	• 자신의 고객이 누구인지를 알고, 그에 대하여 생각하며 그들을 개인적으로 돌보는 책임을 맡는다(계명 1). • 자신이나 미디어를 과소평가하지 않는다. 즉 타인과의 거래 속에서 이 산업을 세운다(계명 6).	• 자신과 에미스가 매일 차이를 만들어 낼 수 있다고 믿는다(관리자 규정 11). • 다른 사람을 위해 '여분의 노력' 을 기꺼이 다한다. • 재미를 가질 수 있고 자신에게 웃을 수 있다(관리자 규정 10).
개인과 팀을 동기부여한다.	• 자신의 사람들에게 도움이 된다. 그들을 '게임으로 이끌어 들이고' 파이를 얻도록 한다(계명 3). • 재미를 가질 수 있고, 자신에게 웃을 수 있다(계명 8).	
인재를 모집하고 개발, 유지한다.		• 에미스의 비전을 믿는, 자신보다 더 스마트한 활기찬 사람들을 고용한다(관리자 규정 2, 3, 4).
자원을 효과적으로 관리한다.		
전략적 조망		

보기 4.7 계속

특성과 주요 성과 범주 간의 관계				
특 성	종업원	조직	고객	투자자
방향을 설정한다.				
1. 전략적 조망				X
2. 비전을 초점화된 행동으로 전환한다.				X
개인적 몰입을 활성화한다.				
3. 개인과 팀을 동기부여한다.	X			
4. 인재를 모집하고 개발하며 유지한다.	X			
조직 능력을 만들어 낸다.				
5. 자신과 사람들이 책임감을 갖게 한다.		X		
6. 자원을 효과적으로 관리한다.				X
7. 에미스 고객에게 체험을 제공한다.			X	
8. 정렬을 이루고 협력을 조성한다.		X		
9. 혁신과 유연성		X		
개인적인 특성을 보여준다.				
10. 개인적인 성실성	X	X	X	X
11. 우수성의 지향	X	X	X	X
12. 사실에 근거한 의사결정	X	X	X	X

보기 4.8 에미스의 역량모델

모든 사람에 대한 핵심역량

1. **정보에 근거한 의사결정** 상황에 대해 객관적으로 접근하고, 확실하게 이해하기 위해 필요한 사실과 정보를 수집하며, 정보에 의거한 결정을 하기 위하여 논리와 상식을 사용함.
2. **혁신과 유연성** 회사가 산업 내에서 항상 우수하고 탁월할 수 있도록 혁신적 아이디어를 개발하고 창의적인 접근방법과 해결안을 찾으며 빠르게 변화에 적응하도록 일함.
3. **더 높은 표준을 달성하려는 열정** 자신의 일에 열정적이고 결코 '누릴 만한 자격'이 있다는 의식을 갖거나 받아들이지 않으며, 자신과 타인 그리고 회사에 대하여 일관되게 더 많이 기대를 가짐.
4. **개인적 성실성** 자신의 모든 행동과 의사결정 및 다른 사람과의 거래에서 회사의 근본적인 신념과 가치들을 보여줌.
5. **팀워크와 협동** 전반적으로 회사에 이익에 되도록 조직의 경계를 넘어 자원과 아이디어 및 최고 관행들에 대해 적극적으로 의사소통하고 공유하도록 변화를 시도함.
6. **에미스 고객 경험의 전달** 자신의 고객이 누구인지 알고 그들이 가장 기대하고 중시하는 것을 확실하게 하며, 그것을 제공함.
7. **비전을 행동으로** 전반적인 회사의 비전 이해에 대한 책임뿐만 아니라 이를 현실화하기 위하여 특정 행동을 개인적으로 취할 필요가 있는지를 이해하는 데 책임을 짐.
8. **성과에 대한 책임감** 모든 약속 사항의 충족에 대하여 개인적인 책임을 지고, 자신의 목적들을 달성하고 그 목적을 초과 달성하는 결과를 만들어 내며, 적절한 방식으로 성과 이슈들을 확인하고 해결함.

추가적인 리더십 역량

1. **전략적 조망** 사업과 그 미래에 대하여 넓고 장기적인 관점을 취할 수 있으며, 회사의 단기적 및 장기적 성공에 기여할 수 있는 방식으로 행동함.
2. **개인에 대한 동기부여와 관리** 의미 있는 작업을 완수하고 성공에 대한 명성을 얻도록 사람들에게 책임과 권한을 공유함으로써 '게임에 참여케 하는' 긍정적인 방식으로 관리함.
3. **팀을 구축하고 리더십을 발휘함** 강력하고 상호보완적인 스킬을 가진 사람들로 팀을 구성하여 그들이 하나의 조직으로서 효과적으로 일하게 하는 방식으로 팀을 이끎.
4. **인재 모집, 개발 유지** 회사에 가장 적합한 인재를 확인하고 채용하며 잠재력을 최고로 이끌어 내도록 코치하고, 기여수준을 반영하도록 보상함.
5. **효과적 자원 경영** 작업을 계획하고 조직화하며, 자원을 효과적으로 관리함. 회사의 수익(revenues)과 수익성(profitability)을 키우는 데 가장 중요하게 기여하는 것이 무엇인지를 이해함.

보기 4.9 성과관리 통찰
리더십 브랜드 통찰

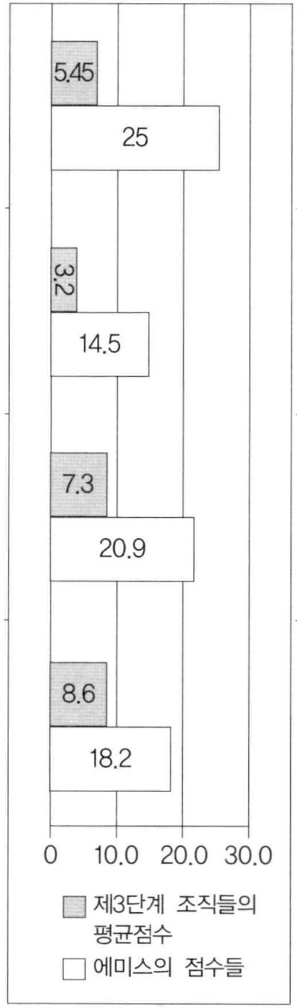

	성과 및 보상관리
설계와 통제원칙	전사 및 부문에 대한 낮은 프로세스 오너십과 내용 오너십. 최소한의 시스템 통합과 실제로 실행에 대한 무책임. 우수한 과정(프로세스)에 대한 명시적 기준의 부재. 사업성과와 성과평가 결과 간의 낮은 상관관계. 회사의 안내지침/지식경영 시스템 능력의 부재
성과 계획수립	개별적인 성과계획이 일반적으로 만들어지지는 않음. 따라서 사업의 우선 순위에 잘 결부되는 구체적 측정 수단, 필요한 특성 또는 핵심 프로젝트가 없음. 매우 제한된 훈련능력을 가짐. 결과 기반 기록에 따라 성과를 차별화하는 방법이 없음.
성과 향상	성과에 대한 코치가 실시간으로 더 자주 실시됨. 필요한 특성들을 평가하거나 개발할 방법이 없음. 리더십 프로그램은 기본 훈련을 제공함. 성과 관리 시스템과 연결은 되지 않지만 널리 사용되는 다면평가 피드백 프로그램이 있음. 자동화된 지식관리능력이 없음.
성과 보상	성과에 대한 검토가 일 년에 최소 한 번 이상 일어나지 않음. 성과문제를 다루기 위해서 단호하고 건설적인 행동이 취해진다고 지각되는 것은 아님. 평가 결과와 고용 관련 행동들 간의 관계가 낮음. 전사/사업부의 성과(개인성과 대비)에 현금을 직접 지급하는 변동 급여 시스템을 사용하며 성과 관리 시스템에 대한 긴밀한 연결방식을 사용하지 않음. 집단과 개인성과 및 보상 관리에 대하여 현금외 보상방식의 사용

보기 4.10 성과와 보상관리 전개도

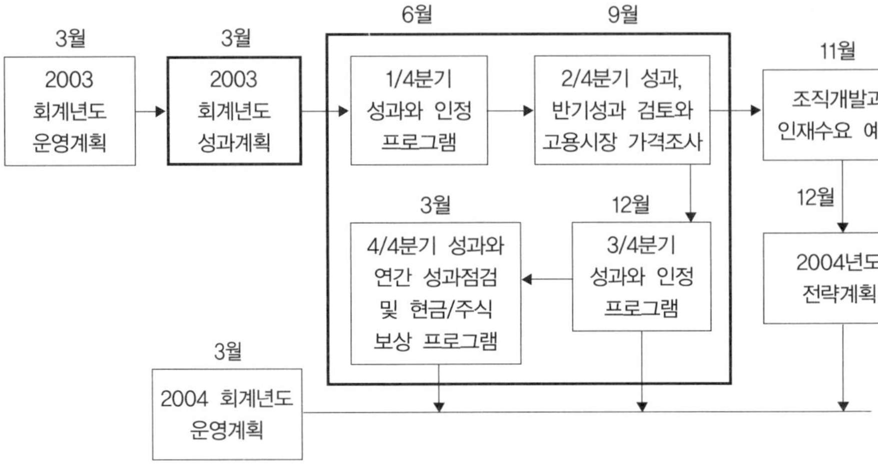

보기 4.11 성과와 보상관리 실행

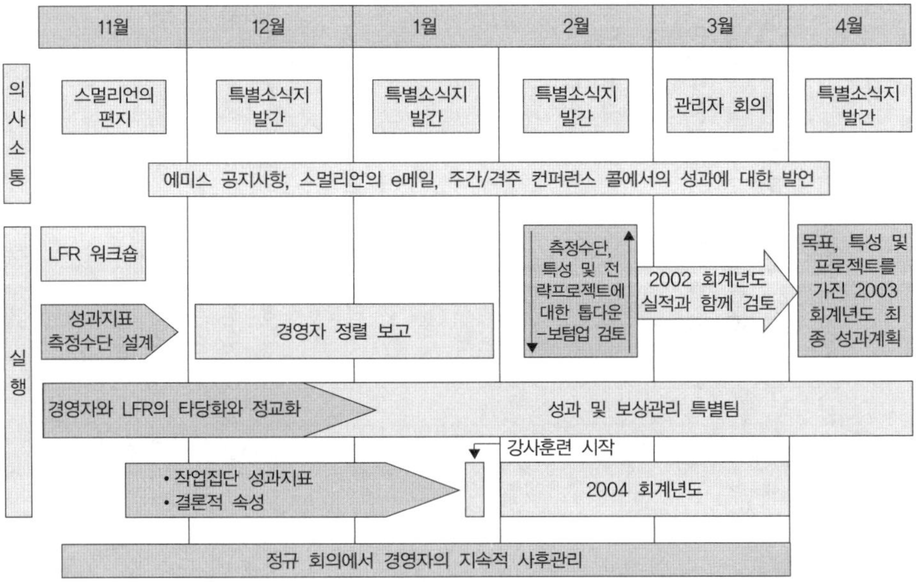

기고자 소개

존 넬슨[John S. Nelson(jnelson@od-source.com)]은 오디 소스 컨설팅(OD Source Consulting, Inc.)의 사장이다. 이 회사는 경영, 인적자원 전략개발, 문화, 변화관리, 성과향상전략 및 우수 인적자원 전문회사이다. 넬슨은 이 회사에서 일하기 전에는 에미스 커뮤니케이션즈사의 경영자이자 인적자원 부사장을 지냈으며, 이 회사에 들어와 전략과 하부구조를 구축하고 회사의 중요한 성장을 관리하기 위한, 또한 독특한 문화를 전사에 추진하기 위한 인적자원 기능을 전문화하였다. 넬슨은 기업경영, 총괄관리, 컨설팅, 전략적 인적자원 및 조직개발 역할에 대한 다양한 경험을 가지고 있다. 그는 인터컨티넨털 호텔 그룹(InterContinental Hotels Group), 하니웰(얼라이드 시그널)[Honeywell(AlliedSignal)], 애플 컴퓨터(Apple Computer), 아라마크 비즈니스 서비시즈(ARAMARK Business Services), 서리디언 임플로이어 서비시즈(Ceridian Employer Services), 홀마크 카드(Hallmark Cards), 하비스트맵 시스템즈(HarvestMap Systems), 메드트로닉(Medtronic), 피플스트레터지(PeopleStrategy), 1.0 & 컴퍼니(1.0 & Company), 결과기반 리더십(Results-Based Leadership)에서와 같이 산업에서 가장 존경받는 회사들에 중요한 기여를 해왔고 자문가로서 일해 왔다. 넬슨은 아이오와 주립대 노사관계에서 학사학위를 받았고, 미네소타 대학교 칼슨 경영대학의 노사관계 분야에서 우등생으로 석사학위를 마쳤다. 보다 더 많은 정보를 원하면 www.od-source.com을 방문하면 된다.

5

퍼스트 컨설팅 그룹

이 리더십 개발 사례연구에서는 퍼스트 컨설팅이 중견 및 고위 계층 경영자에게 필요한 독특한 기술, 지식, 개인 성장 설계와 이것들을 실행하기 위하여 사용한 혁신적인 접근방법에 대하여 설명한다.

개요

이 리더십 개발 사례연구는 퍼스트 컨설팅이 중견 및 고위 경영자를 위해 특성 있는 스킬에 해당하는 지식, 성장을 설계하고 그것들을 실행하기 위하여 사용한 혁신적인 접근법에 대하여 설명한다. 퍼스트 컨설팅 그룹은 헬스케어 산업에서 고객에게 정보기술 제공과 사업혁신 솔루션 분야에서 인정받고 있는 시장의 리더이다.

이 회사의 리더십 개발위원회(CEO와 두 명의 부사장)에서는 워렌 베니스(Warren Bennis)의 자문을 받아 부사장과 임원들로 구성된 하나의 추진팀을 만들었는데, 이 팀은 현재의 리더와 장래 리더가 될 사람들의 개발을 가속화하기 위한 조직 평가와 벤치마킹 설문조사를 수행하고, 회사의 경영위원회에 프로그램 설계를 제안하는 책임을 맡게 되었다.

리더십 개발위원회는 이 추진팀이 제안한 설계를 통합하여, 자신들의 컨설팅 산업환경과 FCG의 비전, 전략 및 문화 그리고 매우 깊이 있는 행동학습 기법들을 활용하는 고도로 집중화되고 독특성을 가진 프로그램을 만들어 실행하였다.

프로그램 과제와 사례 문제들을 마칠 때 참가자들이 이룬 성과는 회사의 기대 이상이었고 그 결과 회사의 중요한 전략적 결정에 기여하였다. 설계와 실행과정은 2년도 안 돼 폭넓은 지지와 열정을 일구었다. 이 사례에서 사용하는 접근법, 과정, 설계 논리와 원리는 어느 조직에게나 값진 교훈이 될 것이다.

도입

3년이 지나면서 폭발적인 성장으로 인하여 이 조직의 크기는 세 배가 되었다. 매우 성공적이었던 선풍적 첫 공개상장(IPO)을 통하여 개인 회사였던 이 회사는 상장 회사가 되었고, 인수를 통하여 두 배의 크기가 되었을 뿐만 아니라 또 다른 문화를 받아들였고, 또 다른 시장기회를 가지게 되었다. FCG는 자리를 잘 잡았으며, 회사의 미래는 흥미진진하였다.

그때, 때 아니게 회사의 젊은 CEO이자 설립자가 세상을 뜨게 되면서 하룻밤 사이에 제2세대 리더십 필요성이 등장하게 되었다.

이 회사는 이전에 매우 평등한 조직문화와 가치 시스템을 고취하는 개인회사 파트너십을 가지고 있었으므로, 부사장급으로 이루어진 팀에서는 회사가 나아가는데 어떤 행동들을 취해야 할지, 멤버 중에서 누가 조직을 이끌지에 대하여 서로 협력적 관계를 유지해 왔다. 누가 미래의 리더가 될지에 대하여 설립자가 오랫동안 생각을 표현하기는 하였지만, 승계계획은 아직 초기 단계였고 CEO 후보자는 각자 특별한 강점들을 가지고 있었다. 문제는 이 특수한 시기에 회사가 어떠한 강점을 필요로 하는가였다.

마음으로 그리고 가슴으로 퍼스트 컨설팅그룹의 이익에 대하여, 그리고 균형잡힌 미래에 대하여 매우 정직하지만 악의 없는 토론들이 이루어졌다. 대안을 만들고 평가하기 위한 몇 차례의 회의를 거친 후 합의가 이루어졌고 부사장들의 추천사항이 이사회에 전달되었다. 이사회는 실행계획에 동의하였고, 팀이 추천한 미래의 CEO와 사장, 사업부 리더들에 대하여 이사회도 동의한다는 입장을 보였다.

그러한 점검 과정은 FCG의 가치들 중에서 최고였던 회사제일(Firm First)의 정신을 보여주는 놀라운 경험이었다. 그 평가과정에서는 또한 리더개발과 강한 인재확보가 회사의 최고 우선순위들 중의 하나라는 것도 들어 있었다.

진단 : 리더십 개발을 위한 사례

1998년에 20주년을 맞는 퍼스트 컨설팅 그룹은 회사가 매우 많은 도전에 당면해 있음을 발견하게 되었다. 조직은 설립한 지 6년도 안 되어, 200명의 동료직원들(associates)에 2천5백만 달러 규모였던 것이 2,000명의 종업원(employees)에 3억 달러에 이르는 규모로 성장하였다. 파트너십 모형으로 이루어진 이 개인회사는 1997년에는 최초 공개 상장(IPO)을 통하여 공개회사로 발전하였다. 그런 후 CEO이자 설립자는 이 회사에 강한 비전을 남긴 후, 리더십팀이나 승계계획이 아직 개발되지 못한 상태에서 40대 중반의 나이에 갑자기 세상을 뜨게 되었다.

이러한 내부의 도전 외에도 수많은 외부의 경쟁 위협들이 또한 전개되고 있었다. 즉 시장의 중심이 이동 중에 있었고, 인터넷 발흥과 다양한 기술발전으로 인하여 경기장의 규칙이 바뀌었으며, 낡은 컨설팅 모형(직원 수×시간×시간당 요금)은 더 이상 충분치 않았다. 고객들은 좀 더 창의적이고 좀 더 측정가능한 것을 기대하고 있었다. 그들은 과정보다는 솔루션을 지향하고 있었고, 또한 FCG가 컨설팅업체로 선택될 때 컨설팅 계약에서 위험과 보상기회를 공유하기를 기대하였다.

더욱이 새로운 위협들이 진행되고 있었다. e컨설팅업과 e벤더의 도래 그리고 파트너십 계약과 공동사업(joint venture) 계약이 인기리에 부상하여 시장의 경쟁을 격화시키고 있었다. 고객들은 자신들의 이슈를 해결하는 방식의 일부로 파트너십, 공동사업(joint venture) 및 다른 혁신적인 관계와 조직구조를 만들고 이를 관리하는 능력을 요구하고 있었다.

해결안의 제공자로서 퍼스트 컨설팅 그룹의 기술적 스킬과 지식 전문성은 매일 최고 수준일 것이 요구되었다. 폭발적인 기술변화를 능가하는 것 그리고 선도적인 경향들이 어디로 흘러가고 있는지를 이해한다는 것은 어려웠다. 고용시장에서는 첨단기술을 가진 인재를 확보하기 위한 경쟁들이 격렬해지면서 재능 있는 기술전문가들을 찾아내어 고용하고 보유하는 것은 더욱 어려워졌다. 컨설팅이라는 것은 늘 보수가 좋은 직업임에도 불구하고 그것은 이전의 '매력' 적인 힘을 잃기 시작하고 있었다. '도로의 전사(road warriors)' 에게 부과된 장거리 여행을 다녀야 하는 조건은 생활스타일이 덜 매력적이어서 오늘날의 보다 젊은 기술 직업인들의 기대와는 양립하기 어려웠다.

성장 그리고 더 크고 더 복잡한 조직을 관리하는 데 대한 도전, 시장에서의 점증하는 경쟁 그리고 고객의 요구와 기대 증가를 보면, 현재의 리더십 기술수준과 지식 및 잠재적인 장래의 리더들의 수가 회사가 당장 필요한 것은 맞출 수 있을지 모르지만, 앞으로 있을 수요는 지금 당장 대처하지 않으면 회사를 압박할 것이라는 점이 명백하였다. 미래의 성장 전망은 다가오는 4년 내에 약 5,000명에서 7,000명의 동료직원들(associate)을 가진 조직으로서 300명이 넘는 리더들이 필요할 것이라고 예측되었다. 역사적으로 보면 리더들은 외부 회사로부터 고용되었는데, 짧은 기간 동안에 리더들을 고용하는 데 드는 비용은 수백만 달러라는 경이적 채용비용이 들 것이라는 전망이 제시되었다. 필요한 리더십 후보진을 개발하지 못하면 회사의 성장 능력이 감소할 것이라는 점이 FCG의 경영위원회에게는 매우 확실해 보였다.

상황 평가

이와 같은 이슈들과 도전들을 유념하면서 FCG 경영위원회 멤버 세 사람으로 구성된 리더십 개발위원회, 그리고 이사(director) 및 부사장 수준의 스태프 18명으로 구성된 추진팀이 워렌 베니스의 지도하에 미래 리더들을 위한 기술 요건들의 정의와 회사의 장래를 위해 공급하게 될 리더십 개발 프로그램 구축작업을 착수하였다. 미래 프로그램은 리더십 퍼스트(Leadership First)라고 이름 붙여졌다.

프로그램의 목표

이 프로그램의 구체적인 목표가 만들어졌다. 이 목표들은 프로그램 설계에 반영될 뿐 아니라 시간이 지나 회사의 문화와 가치들(보기 5.1 참조)이 될 것이라고 기대되었다. 이 목표들은 리더십 퍼스트가 다음과 같아야 한다고 정하였다.

- FCG의 비전 2004 달성에 대한 장벽을 제거하기 위해, 폭넓게 이해된 비전을 강조하고 보급하며, 산업전반에 대한 인식을 향상시킨다. 아울러 자아인식을 가진 리더십과 자기개발을 지원하는 원만한 리더십 특성을 개발하고 이 활동을 리더십 훈련 프로그램 이상의 진정한 '리더십 의식' 으로 만든다.
- 승계 계획을 수립한다 : FCG의 미래 세대의 리더를 확인하고 훈련하며 지원한다.
- 리더들이 서로 상호작용하게 하고 서로에게 의지하게 하는 환경을 만든다.
- FCG의 문화와 가치들과 함께 간직하고 있는, 또한 매우 성공적인 종업원들에게 공통적인, 그런 보편적 인격적 · 행동적 특징만큼 FCG의 문화에 각인될 때까지 리더십 퍼스트의 가치를 주입한다.
- '가식적인 스킨십(touch-feely)' 의 철학이나 개념적 프로그램보다는 정말로 실질적이 된다.
- 이 이니셔티브가 현 문제들에 대한 단기적 '유행적(fad)' 처방이 아니고 수년간 지속적으로 유지되도록 한다.

위험-보상 분석

FCG는 단순한 컨설팅사는 아니였다. 이 조직은 다중적이고 끊임없이 진화하는 사업모형(컨설팅, 경영서비스, 공동사업, 기타)이 혼합된 공적인 협력관계(public-partnership) 모형을 가진 조직이었다. 역사적 자료로 보면 많은 중간 및 고위 수준의 리더들은 자신들의 프로젝트 기반 컨설팅과 '파트너십' 역량—10여 년에 걸쳐서 확립된 사업모형—들에 의해 승진해 왔었다. 조직과 시장 및 기술은 이 기간 동안에 상당한 변화가 있었다. 신진 리더들은 확실히 현재와 미래의 회사를 이끌고 관리할 준비가 되어 있지는 않았다. 추진팀은 곧 두 가지 중요한 사항을 파악하였다.

- 회사의 변화로 인한 FCG의 취약점, 즉 리더 그룹들의 비전 강조와 동기부여의 취약점이 드러났다.
- 회사 설립 이후 계속된 리더십 기술 개발에 대한 낮은 투자가 즉각 시정되어야 한다.

이슈에 대처하는 데 실패하고 리더십과 사업 기술 개발에 실패함으로써 다음과 같은 실질적인 위험들이 진행되어 왔었다 : 시장의 수요에 대한 거래와 시장 수요에 대한 대응에서 만일 경쟁이 좀 더 빠르게 진행되면 시장점유율 상실, 조직의 성장 예측치 충족을 위하여 필요한 만큼의 리더들을 만들 능력 부족, 좋은 리더가 회사를 떠날 위험성 증가, FCG의 시장 가치에서 관심을 일으킬 능력 부족, 모든 문제를 해결하고 모든 기회에 대처하는 데 동일 인물에게 계속 의존, 많은 핵심 자리들이 빠져나갈 필요가 있는 경우 FCG 문화와 비전 희석화, 잠재적인 채용 비용 과다 발생(160명의 리더를 내부에서 개발할 때 4년의 기간에 걸쳐 1,600만 달러 기회비용 절감 가능).

특히 프로그램에서 얻을 수 있는 잠재적인 이익과 소득은 그 어떤 위험보다도 훨씬 더 나은 것으로 나타났다.

- 시장에서의 평가와 고객만족 향상
- 당면하는 변화를 다루고 이를 이용할 수 있는 능력 증가
- 도전을 충족시키도록 조직을 헤아릴 수 있는 능력

- 승계 계획의 수단
- 개인(리더) 만족 증가
- 공통 비전의 공유감과 강력한 리더들을 통하여 동료직원 유지의 증가
- 조직의 생존

장벽 : 그것들을 예측하고 대처함

추진팀은 프로그램 실행과 성공을 매끄럽게 하기 위하여 장애를 제거하거나 최소화하려는 의도로, 어떠한 잠재적 장애들이 리더십 퍼스트 효과성을 방해할 것인지를 미리 예측해 보았다. 미래에 대한 FCG의 비전이 충분하게 공유되지 못하였다는 것이 확인되었고 아울러 리더들이 장기적 조망보다는 단기를 지향하는 경향이 있다는 점이 확인되었다. 이와 같은 중요 고려사항들은 프로그램 실행에 앞서 경영위원회가 해결해 줄 필요가 있었다. 각 프로젝트 평가와 연간 평가 피드백, 동료직원들에 대한 개인 코칭에 전문성 보상과 개발 시스템이 반영되어 있기는 하였지만, 측정도구가 부족하다는 점, 그리고 360도 피드백 과정에서 보여주고 있듯이 회사의 많은 중간 및 고위직 리더들에게 일반적인 자아인식이 부족하다는 점이 아울러 나타났다. 참가자에 대한 포괄적 평가와 피드백이 핵심 설계요소로서 통합되어야 한다는 것은 확실하였다. 또한 피드백 자료를 수집하고 평가를 수행하는 수단들이 현재의 과정 내에는 존재하지 않으므로 개발될 필요가 있다는 것도 명백히 드러났다.

대체로 이들 기능적인 사항에 관심을 크게 기울여야 했지만 보상 시스템이라는 보다 더 큰 이슈가 이 프로그램에 대하여 잠재적으로 더욱 어려운 장애처럼 보였다. 회사 설립 이후 FCG의 핵심가치들과 관계된 리더십 행동이 강조되었음에도 불구하고 회사 고위계층에서의 보상은 고객의 성과와 수익형성 결과에 따라 인정하는 경향이 있었다. 타깃화된 리더십 기술과 리더십 행동을, 고객 성과 및 재무 성과와 똑같이 중시하도록 보상 시스템이 수정될 필요가 있다는 점이 확실하였다. 끝으로, 확인된 또 다른 장애는 프로그램 참가자에 대한 선발과정이었다. 참가자 선발과 관련하여, 회사 내에서 부주의하게 의사소통될 수 있는 메시지는 매우 민감할 것이고 잠재적으로는 정치화될 수도 있었을 것이다. 선발된 사람들은 '확실한 후계자' 처럼 보이게 될 것이고 반면, 지체되거나 선발되지 않은 참가자들은 회사에서

자신들의 미래가 없다고 느낄 수도 있었다. 선발과 의사소통 과정은 객관적이고 조심스럽게 관리되어야 하였다. 선발기준이 정의될 필요가 있었고, 선발된 사람이나 선발되지 않은 사람 모두가 똑같이 적절한 기대감을 갖고 고무되도록 아주 조심해서 의사소통이 이루어질 필요가 있었다.

사전평가

격차 평가

리더십 격차(gap)를 평가하려는 노력 속에서, 추진팀은 모두 나쁜 소식만 있는 것은 아니라는 점을 확인할 수 있었다. 사실 훌륭하고 건실한 리더십 기술들이 모든 계층에서 매일같이 확인되고 있었다. FCG의 전문적 보상 및 개발 시스템은 기술과 역량에 대한 경력 경로에서 구조화된 발전이 있었고, 개인 코치들은 모든 수준, 모든 동료직원들에게 가이드를 해주고 멘토링을 제공하였다. 문제는 그것으로 충분할 것인가에 대한 것이었다.

추진팀이 요약 분석한 결과에 따르면 FCG의 현 리더십 기술과 격차 해소를 위해

현재의 FCG 리더십 기술	미래 성공을 위해 조직이 부족한 기술
• 사업 및 기획 기술 • 제휴, 파트너십 및 공동사업을 이끄는 관리 경험 • 시장의 기회를 가치창조로 전환하는 사업지식 • 측정과 보고에서의 핵심 재무관리 기술 • 산업에 대한 전망의 폭 • 신봉자들을 만들 능력과 적합한 시기에 실행할 능력 • 집중하고 우선순위화하며 필요할 때 손실을 빨리 잘라내는 능력 • 협력할 능력 및 욕구	• 비전을 만들고 비전을 의사소통할 능력 • 신봉자를 만들면서, 이들을 동기부여할 일정 수준의 열정을 보여줄 능력 • 위험감수와 변화를 만들 용기 • 팀을 만들고 팀플레이를 고취할 능력 • 타인을 개발하고 선생(sensei)처럼 보일 능력 • 재무적 복잡성 이해 • 넓은 사업 안목 • 인성, 윤리 및 성실성의 강도 • 정서적 역량

그림 5.1 캡 평가

해결되어야 할 다음과 같은 평가 결과들이 나타났다(그림 5.1).

참가자 평가

포괄적인 기술 및 경력개발 사다리인 FCG의 전문적 보상 및 개발 시스템(Professional Compasation and Development system, PCADs)은 모든 초기 평가과정에서 훌륭한 기초가 되었다. 이 시스템은 연간 기술평가, 공식적 개발계획, 모든 동료직원에게 한 명의 개인 코치 할당 등을 통합하여 FCG의 동료들을 위한 확실한 방향을 안내하였고, 회사의 다양한 강, 약점에 대한 훌륭한 통찰력을 또한 제공하였다.

1999년 동안, FCG의 리더십 개발 위원회는 PCADs와 워렌 베니스가 자문해 준 통찰사항들을 사용하여, 회사의 리더십 필요점에 대한 자체 평가를 실시하였다. 사외에서 열린 기획회의에서 회사의 부사장들에게 의견을 요청하고, 조직과 고위계층 리더들의 전반적인 강약점을 검토한 후, 외부 벤치마킹 지식에 대한 내부 비교정보를 통합함으로써 믿을 만한 작업 데이터베이스를 만들었다. 이 초기 평가는 후에 추진팀을 거치고 워렌 베니스의 의견을 거쳐 정교화되었다. 리더십 퍼스트의 각 참가자에 대한 실제 평가는 이 프로그램 설계요인들 중의 하나였으나 그 프로그램을 구조화하는 자료로는 사용되지 않았다. 그보다 이 평가는 참가대상자가 선발된 후 그 프로그램 참가 바로 전에 실시되었고, 참가 후 9개월에서 12개월 후 다시 실시하게 되어 있었다.

PCADs 과정이 동료들에게 피드백과 경력 코칭 및 성과 코칭을 제공하였음에도 불구하고, 그 과정안에는 분석도구나 360도 평가와 같은 종류를 사용하지는 않았다. 자아인식과 통찰력 극대화를 위하여 모든 참가자들에게는 프로그램 참가 전에 다면 평가가 실시되었다. 이 포괄적인 평가는 리더십 퍼스트 참가 동안에 참가자들에게 '공부'의 초점이 되었고 아울러 공식적인 '학습계약(learning cotract)'을 만드는 기반이 되었다. 이 심사 패키지는 다섯 가지의 방법으로 얻은 자료로 구성되어 있었다.

- FCG가 목표로 하는 리더십 행동(자기 추천과정의 핵심 측면)과 비교한 결과 나타난 참가자의 자기평가
- FCG의 동료와 부하 및 상사에 의해 설정된 리더십 행동과 비교한 참가자에

대한 360도 평가

- 외부 벤치마킹—600명의 비교 대상 직위 관리직 및 전문직 스태프와 비교한 참가자의 행동 프로파일
- 앳킨스 캐처(Atkins Kacher)의 LIFO(LIFe Orientations : 역주)에 의하여 측정된 관리스타일 프로파일
- FIRO-B(Fundamental Interpersonal Relations Orientation-Behavior의 약자로 일종의 성격 진단 도구 : 역주)로 측정한 행동욕구 프로파일

종합적 평가 피드백은 자료를 도표로 표현한 내용과 코멘트, 리더십 개발위원회 멤버의 평가 피드백 논의와 함께 구성되어 각 참가자들에게 제공되었다.

이 글을 쓰는 현재, 여섯 개의 참가자 그룹(60명)이 리더십 퍼스트 참가를 끝냈다. 첫째, 이 제한된 인원에 의거해서 특정한 평가 경향성이 있는지를 확인하는 것은 아직 확실성을 보장하지 못하기는 하지만 현재까지의 이슈들은 주로 개인에 초점을 맞추고 있다. 놀라운건 아니지만, 전형적인 결과들은 부하들의 평가경향이 참가자의 자기 평가나 다른 평가자들의 것보다 높다는 것이다. 그러나 참가자의 자기 평가가 그 참가자에 대한 타인들의 평가와 크게 다른 영역들이 매우 적다는 점이 흥미롭다. 즉 FCG는 이 자아인식 수준에 대한 PCAD의 피드백과 코칭 측면을 신뢰할 수 있는 것이다.

프로그램 설계

설계팀

리더십 개발 프로그램을 만들려는 노력은 FCG의 CEO, 인적자원 분야 부사장, FCG의 품질 이니셔티브의 의장이자 핵심적인 운영 부사장으로 이루어진 세 명의 리더십 개발 위원회를 구성하면서 시작되었다. FCG 리더십의 강점과 약점을 평가한 후에 리더십 개발위원회는 미국의 몇 개 최고 조직들에서 사용되는 리더십 베스트 프랙티스 프로그램들과 그 특징들에 대한 외부 벤치마킹 조사를 실시하였다. 여기서 발견된 것을 가지고 성공적인 핵심 리더십 행동이라고 생각되는 스무 개의 행동과

특징들이 공통으로 확인되었다. 회사별로 20개에 해당하는 행동 목록들 간의 차이점들은 거의 없었다. 때때로 다소 다른 것은 산업과 조직문화에 따른 항목들의 중요성에 대한 특정 순서에서의 차이였다.

이 내부 평가결과와 벤치마킹분석 결과를 가지고 리더십 개발위원회는 남가주 대학(USC)의 교수이자, 리더십 개발의 저자이고 권위자(guru)인 워렌 베니스와 몇 차례의 논의를 가졌다. 이 논의는 곧 FCG 리더십 개발 프로그램을 만들기 위한 공동작업과 전략으로 이어졌다.

과정, 비전, 틀(framework)

설계과정에서 중요한 첫 단계는 그 프로그램의 실행과 관련한 현안들에 관하여 중역위원회를 교육시키고 프로그램 성공에 요구되는 필요한 재정적 및 인적 몰입에 대한 그들의 약속과 오너십을 얻는 것이었다.

FCG는 언제나 회사의 현안들에 동료직원들이 폭넓게 참여하는 분위기를 조성하였다. 그 문화에서는 동료들이 매우 평등한 권한을 가지고 있었다. 전문적 보상 및 개발 시스템과 고객만족 조사과정과 같은 회사의 많은 과정은 교차기능적이고, 다양한 분과들로 이루어진 추진팀들에 의하여 이루어졌다. 따라서 리더십 개발 프로젝트를 진행하기 위하여 조직이 이런 과정을 다시 한번 선택한 것은 이상하지 않았다.

2000년 6월에 리더십 개발 추진팀이 형성되어 부사장과 이사급 멤버 18명으로 구성되었다. 이 추진팀은 회사의 리더십 이슈들을 깊이 평가하고 프로그램 설계 제안을 짜기 위하여 리더십 개발 위원회 및 워렌 베니스와 함께 작업하였다(보기 5.2 참조).

진행된 초기 작업결과를 가지고, 또한 베니스의 지도를 받으며, 추진팀은 조직의 리더십 강점과 약점, 미래의 위험, 도전, 기회 및 필수 요건들에 대한 포괄적인 평가를 수행하기 위하여 이틀 일정의 사외작업 세션을 세 차례 개최하였고, 중간중간에 개별 연구와 하위 그룹 컨퍼런스 콜을 실시하였다. 그 최종 제품은 리더십 퍼스트 프로그램을 위한 틀을 제안하는 것이었다.

파일럿 프로그램에 대한 다음 제안사항이 논의되었고 승인을 받기 위하여 경영위원회에 제출되었다.

- 프로그램의 하부구조를 만들라.
  프로그램 관리인을 지정하라.
  리더십 특성을 PCADs에 연결하라.
  360도 평가도구와 강의실 훈련을 정하라.
  채용 과정에 즉시 리더십 특성을 사용하라.
- 리더십 승계 계획의 통합화를 실행하라.
  요구분석을 실시하고 사업조직의 계획을 수립하라.
  다양성 이니셔티브에 대한 동조를 확보하라.
- 추천과 선발을 위한 과정을 만들어라(보기 5.3).
  FCG에 필요한 리더십 행동들을 중심으로 하여 추천과정을 만들어라.
  프로그램의 지침, 시간계획, 선발과정과 기준을 폭넓게 알려라.
  자기 추천, 코치의 추천 및 사업부의 추천을 허용하라(보기 5.4 참조)
  정의된 기준에 의거하여 후보자를 선발하라 : 파일럿을 위하여 10명에서 12명의 부사장과 이사 참가자들을 확보
- 평가방식에 의거하여 개발계획을 만들어라.
  참가자의 기술과 성장영역을 정의하기 위하여 360도 평가를 활용하라(보기 5.5 참조).
  피드백 보고서를 검토하기 위하여 객관적 또는 외부 평가분석을 제공하라.
  평가자료를 제공할 사람들을 위한 평가 피드백 훈련을 실시하라.
  평가과정에 코치를 포함시켜라. 평가결과를 이해시키기 위한 훈련을 실시하라.
  코치를 포함하여, 피드백을 통합한 개인별 개발계획을 세우라.
- 공식적인 강의실 학습을 통합하라.
  리더십 개발 교실—내부 및 외부장소
  사업상 일어나는 문제해결 프로젝트를 활용한 경영자 MBA 방식
- 강의실 학습을 보충하도록 멘토링을 사용한 행동학습을 활용하라.
  사업 프로젝트
  교차 훈련과 직무 순환
  특정 분야 독서

지속적인 360도 피드백

- 그룹 프로그램과 개인 프로그램에서의 학습강화
  진도평가, 멘토링, 360도 피드백 및 성과 리뷰를 통한 지속적 피드백 고리를 제공하라.
- 지속적 팀 감각을 개발하기 위하여 동문모임들과 주기적 학습활동 및 사회적 행사들을 활용하라.

핵심 성공요인

리더십 퍼스트를 위한 목표들과 접근방식을 확립한 후, 추진팀에게 남은 마지막 과제는 FCG의 리더십 기술과 행동에 대한 타깃을 정의하는 것이었다. 외부에서 벤치마크한 행동들을 FCG의 전략계획과 회사의 시장 및 고객에 대한 멤버들의 지식과 연결하여 검토한 결과, 회사의 장래 성공에 중요한 열한 가지의 구체적 리더십 기술과 행동들이 확인되었다. 이 열한 가지의 행동들(알파벳 순으로)은 리더십 퍼스트를 위한 프로그램의 의제가 되었다(그림 5.2 참조).

리더십 퍼스트의 개념 설계에 대한 경영위원회의 승인을 받은 데 이어 리더십 개발위원회는 프로그램의 세부 설계에 착수하였다. 추진팀의 개념적 설계를 사용하여 위원회는 프로그램의 공식적 구조와 내용을 안내할 요소들(parameters)을 정의하였다.

- 훈련 진행자로 네 명의 경영자가 적극적으로 참여(CEO, 한 명의 경영위원인 사업부 관리부사장, 인적자원/프로그램 관리 부사장, 품질 이니셔티브 리더인 운영부사장)
- 그룹 크기는 최대 12명. 즉 투자수익을 극대화하고 중요한 수용성을 얻기 위하여 처음 두 세 세션(차수)에 대한 참가는 부사장들과 이사들로 제한한다.
- 참가자들은 고위 경영자 수준의 이슈들과 의사결정에 몰입하여야 하며, 자신의 사고를 넓히고 정신적인 능력을 넓히도록 개발되어야 된다.
- 프로그램은 매우 경험적이며 적극적인 학습에 기반하여야 한다.
- 사례연구와 팀 실습들은 FCG의 환경에서 의미 있는 것이어야 한다.
- 학습방법론으로서 강의는 세미나 동안에 최소화된다. 광범위한 사전 독서(현대 및 고전적 서적과 아티클들)는 학습과 논의를 위한 기초 지식과 개념

타깃화된 FCG의 리더십 행동	FCG 행동 정의
사업 안목	성과를 이루기 위하여 자신의 경험, 교육, 관계 및 다른 자원들을 강화하는 심오한 사색가와 사업전문가가 될 능력을 보여준다. 즉 개인적으로 지식에 대한 꺼지지 않은 갈망을 보여준다.
사업개발	FCG의 산업, 경쟁자, 시장, 시장의 흐름을 예리하게 이해하고 있음을 보여준다. 연간수입과 수익목표를 일관되게 충족시키도록 새 사업을 개발하고 종료하기 위한 지식을 강화한다.
시민정신	인품(성실성, 겸손, 봉사의지, 정직, 공감)과 관련된 자질을 구현하여 신뢰와 존중을 불러일으킬 능력을 보인다. 개인적, 사업적 및 시민적 책임에 균형을 보여준다. 단지 모범적인 사업가만이 아닌 모델시민으로 보여지도록 한다.
고객과의 관계	고객 및 벤더와의 전략적 관계를 확인, 개발할 능력을 보여준다. 품질서비스 제공을 통하여 고객에 대한 리더십을 가지고 뛰어난 관계를 만든다.
용기	대담할 수 있고 혁신적일 수 있음을 보여준다. 자신의 아이디어가 반드시 가장 안전하거나 가장 논리적인 것은 아니지만, 그 아이디어들은 모든 사람들이 결실을 얻고 싶어하는 아이디어들이기 때문에 동료직원들에게 신뢰를 고취한다.
정서적 능력	타인이 느끼는 것을 직관적으로 감지하며 사람을 '움직이게' 하는 것이 무엇인지를 이해하기 때문에 어느 상황이라도 관리할 수 있고 영향을 미칠 수 있음을 보여준다. 자신의 동기와 욕구를 가지고 끊임없이 평가하고 그것들을 가지고 일하는 것을 통하여 자아인식을 보인다.
FCG의 운영	예산, 인적자원 정책, 법적 제약들과 같은 FCG의 내부 사업 정책들과 과정들에 대한 지식을 가지고 있음을 보인다. 이들 가이드라인을 자신의 의사결정에 적용하고 타인들이 그것들을 이해하고, 적용하도록 개발한다.
동기부여	열정과 재미는, 종종 신념과 신뢰 이상으로 중요한 것이라고 강조될 수는 없겠지만, 사람들이 그들을 따르지 않을 수 없게 하는 것이므로, 그것들을 만들 수 있음을 보인다.
선생	동료직원들이 약점을 고치도록 길을 만들어 주고 동료직원들의 강점을 끌어냄으로써 지식을 가르치고 전달해 줄 수 있음을 보여준다. 사람들은 자신들의 개발이 서로의 목적이라는 것을 알면서 두려움 없이 큰 신뢰를 가지고 그를 따른다.
팀활동	그룹 내의 각 사람의 책임, 꿈, 공헌을 평가함으로써 팀으로부터 최고를 이끌어 낼 수 있음을 보인다. 그와 같은 토론이 갈등과 변화를 만들 때조차도 팀을 만들 수 있음을 보인다.
비전	'큰 그림' (향후 5년에서 10년간 노력할 때 팀이나 회사에 오는 장기적 이익)을 볼 수 있고, 직위에 관계없이 희망과 흥미를 만들어 내도록 이 그림을 타인과 의사소통을 할 수 있음을 보인다.

그림 5.2 행동지표를 가진 역량 모형

적 근거를 제공할 것이다.

- 중요 학습방법론으로 소그룹의 한계를 돌파하는 사례 실습과 응용문제들
- 진행단계별로 할당되는 숙제는 참가자 자신의 사업부 내에서 개념을 응용하게 할 것이며, 연구 및 분석을 필요로 할 것이다.
- 프로그램 일정은 중간중간에 시간간격을 둔 학습법(spaced learing)을 사용하게 된다. 세 차례의 복수 일정 세션(다섯 달에 걸쳐 삼일, 삼일, 이틀)과 함께 모든 세션 참가가 의무화된다.

세부 설계 : 핵심요인

리더십 개발위원회는 자신들의 경력기간 동안에 개인적으로 다양한 리더십 프로그램에 참여한 경험을 가지고 있으므로, 이 프로그램이 지적 재능을 가진 매우 동기부여된 FCG의 동료직원과 함께 성공을 이루면서 아울러 회사에 최대한 이익이 되기 위해서는 진정으로 FCG의 환경에 적합하여야 하고 적용할 수 있어야 한다고 크게 느꼈다. 제조나 다른 산업 사례연구와 문제들은 자신들에게는 도움을 주지 못할 것이었으므로 실제 모든 세미나 요소들은 자신들의 목적에 맞게 '처음부터 새로(from scratch)' 만들어져야 했다. 이 목적을 달성하기 위하여 위원회는 프로그램에 다음과 같은 사항들을 포함시켰다.

- 사례연구와 토론의 기초로 사용되기 위한 FCG의 비전, 가치, 전략 등에 대한 기록들과 의견들
- 사례연구와 분석에 FCG의 실제 사업운영 상황과 결정사항들과 관련하여 다음 사항을 포함함

  FCG 사업부에서의 경쟁상황과 시장에서 벗어난 것들

  기대에 미치지 못하였던 FCG의 서비스 전략들

  FCG의 사전평가 및 제안에 담긴 잠재적인 전략적 기회들

  평가 목적으로 연습해 보는 잠재적인 인수 및 합병후보들 분석

  FCG의 대차대조표와 재무분석

  사업부장 자리에 대하여 가정에 입각한 승진 시나리오, 즉 사업부 현안들의 확인과 분석

다루어져야 할 CEO의 도전과제—이사회의, 주식 시장 분석가, 주주에 대한 법적 이슈

- 세션 중에 강의내용들과 관련된 기초 지식 제공을 위하여 선정된 사전 읽을거리. 참가자와의 상호작용과 퍼실리테이터와의 상호작용, 아울러 사례-문제 작업 세션 등을 통해서 적극적으로 학습에 관여토록 유도
- FCG 사업부 구조와 충원 및 전략에 대한 개념들을 적용해 보는 것을 필요로 하며, 참가자가 개인적으로 분석해 보고 제안하도록 하는 숙제 부여

최종적인 프로그램 설계는 다섯 달에 걸쳐 중간중간에 시간 간격을 둔 세 차례의 복수일정 세션으로 통합되었다. 프로그램의 내용은 조직의 생성(비전, 사명, 구조)과 관련된 이슈로부터 시작하여 조직의 성장과 관리(사업 성장, 재무관리)에 관련된 이슈까지, 그리고 폭넓은 개념적 조망으로부터 개인적 리더십 스타일에 대한 고도의 목표를 가진 초점까지 순차적으로 구성되었다.

이와 같은 설계를 실행하는 데 리더십 개발위원회는 다양한 수단과 도구 및 기법을 동원하였다.

- **평가도구로는 내적 자아평가**(internal self-assessment)와 참가자의 동료들이 평가한 360도 평가, 그리고 리소스 어소시에이트사(Resource Associate)에 의하여 수행된 외부 벤치마킹이 포함되었다. FIRO-B 진단도구와 앳킨스 캐처의 LIFO 진단도구를 관리함으로써 이 평가활동이 완성되었다.
- **사전 읽을거리**들이 하버드 비즈니스 리뷰지(Havard Business Review)의 기사들과 리더십에 대한 다양한 서적들에서 발췌, 제공되었다. 모든 참가자들에게 기본 개념틀을 제공하고 강의에 부여된 세션 내의 시간을 효율화하기 위하여 내부적으로 준비된 읽을거리와 배경 자료들이 각 세션이 시작되기에 앞서 30일 전에 참가자들에게 배부되었다.
- **LDC(리더십 개발위원회)**에서는 핵심적인 사전 읽을거리의 개념들을 요약하고 논의의 목표를 설정하였다.
- **한계 돌파(break-out) 작업과정, FCG를 근거로 한 사례연구들과 작업과제들에 참가자들이 깊이 관여하였다.** 세부 작업과정 후에 참가자들은 자신들이 내린 분석 및 제안과 관련하여 보다 더 큰 상위 그룹에 LCD 프로젝터를 통하여 발

표하도록 요구받았다.

- **학습계약**의 초안이 만들어졌고 참가자에 대한 평가 피드백 내용을 논의하고, 개별적인 학습 계약에 대한 내용과 그 목적에 대한 발표를 통하여 서로 돕고 의견을 주는 기회들이 만들어졌다(보기 5.6 참조).
- **과제물**들이 과정과 과정 간에 주어짐으로써 학습한 것을 참가자들의 일상 작업환경에서 사업문제 분석의 형태로 바로 적용할 수 있도록 하였다. 참가자들은 그 결과를 그 다음 과정(session)에서 자신들의 동료직원들에게 다시 발표하였다.
- **관계 구축**을 위한 활동들이 구조화된 작업과정을 통하여, 숙제를 통하여, 그리고 학습계약과 매일매일의 과정 후에 이루어진 저녁 식사를 통하여 이루어져 내부 팀워크을 만드는 데 있어 회사에는 장기적으로 중요한 이익이 되었다.
- **개방적이고 정직한 논의 및 반응**이 모든 진행자로부터 이루어져—진행자들은 아무리 도전적이거나 개인적이거나 민감한 사항이더라도 참가자들이 제기한 이슈와 질문에 대해 대답해 주었다—진행자에 대한 신뢰와 믿음 그리고 회사가 그와 같은 개방성을 지원하고 고무해 줄 것이라는, 회사에 대한 진정한 수준의 존경심이 형성되었다.

실 행

프로그램의 실제 커리큘럼 설계가 리더십 개발위원에게는 도발적이고 시간이 소요되는 것으로 생각되었지만 프로그램에 대한 의사소통과 주인의식 그리고 그 프로그램에 대한 관리가 프로그램 성공에 중요한 요소들이어서 여기에 상당한 시간과 노력이 필요하다는 점이 확실해졌다. 이러한 인식에 따라 실행전략과 실행과정을 분리하여 만들게 되었다.

- **오너십 형성과 경영위원회의 동의(buy-off)**는 중요하였다. 프로그램과 그 내용 및 그에 필요한 조직의 자원투입 약속을 얻어내기 위해 경영자를 이해시키고 프로그램의 거부감을 줄이기 위하여 상당한 시간이 사용되었다.

- **프로그램에 대한 가시적인 참여와 지원**을 통하여 여타 조직과 함께 경영위원회의 관여가 강화되었다. 프로그램의 학습진행자로 리더십개발위원회의 세 멤버(CEO가 전체 과정에 참가하는 것을 포함하여)와 한 명의 경영위원회 위원이 담당하기로 동의된 것은 그렇기 때문이다. 이들은 리더십 퍼스트 프로그램을 위한 진행자로서 그리고 지정된 후원자 또는 멘터로서 기여하였다.
- **흥미와 관심**이 회사의 중간 및 고위층 리더들 간에 만들어져, 리더십 퍼스트의 이유와 개발 및 중요성에 대하여 사외 기획회의에서 발표가 이루어졌고 또한 CEO로부터 이메일과 육성 메일로 공식발표가 이루어졌다. 경영위원회 멤버가 자신들의 각 조직에 대하여 추가적으로 프로그램을 소개하는 활동은 이 메시지들을 강화하였고, 잠재적인 참가자들의 상사들이 관여하는 결과가 되었다.
- 프로그램에 대한 관리과정의 투명성과 공정성이 추가되어 프로그램 수용도와 신용을 높였다. VPHR(HR 담당 부사장)이 프로그램 관리자로 지정되었는데, 그는 프로그램의 경로를 설정하고 과정을 마무리하며, 프로그램의 메커니즘을 관리하고 도구와 과정들을 FCG의 하부구조에 통합하는 한편, 프로그램 물류지원, 발표, 참가 일정 등을 수립하였다. 또한 추천과 선발과정(리더십개발위원회와 경영위원회를 연결하여)의 관리, 선발되거나 연기된 모든 참가자들에 대한 구두 또는 문서통지 송부, 평가도구 관리, 피드백 자료들의 통합 등을 실행하면서, 평가 피드백 보고서를 준비하여 참가자들과 피드백 논의를 수행하기도 하였다.
- **자기추천 과정(self-nomination process)**이 필요하였는데, 피추천자(nominee) 자신이 다른 사람과 비교하여 왜 선정되어야 하는지, 자기가 참가해서 무엇을 얻기를 기대하는지에 대한 기술과 함께, 피추천자에 대한 교육, 배경, 경험 등에 대한 개요를 적는 등의 문서 작성작업이 포함되었다. 이 정보에서 많은 부분은 FCG의 파일에서 가능하였음에도 불구하고 자기추천(이는 추천자가 소속한 사업부장의 추천과 일치되는 것을 필요로 한다)방식은 FCG가 목표로 삼은 리더십 행동과 비교한 자기평가와 함께, 참가자로 지정된 자의 자기지각(self-perception), 문서작성능력, 사고과정, 성숙도 등에 대하여 리더십개발위원회에 중요한 정보를 제공하였다.

- 각 그룹별로 10명에서 12명의 참가자 선발의 우선 순위는 자기추천과 리더십개발위원회에 의한 평가, 각 교차 조직들의 대표성과 다양성을 반영하는 한편 현 역할에서 참가자가 긴급하게 성장이 필요한 점 등의 검토에 따라 정해졌다. 참가에 대한 위원회의 최종 제안은 FCG의 경영위원회의 동의를 얻기 위하여 동위원회에 제출되었다.

교훈

참가자들이 주는 피드백

참가인원이 아직 매우 적다는 점을 고려하면서 과정 이수자들로부터 얻은 자료들을 정리해보면 리더십 퍼스트는 세 가지 특별한 측면이 가장 큰 영향을 준다는 점이 발견되었다.

- **평가과정**에서 평가와 피드백은 폭넓고 깊이가 있어, 모든 참가자들은 프로그램들이 개별적으로는 아주 효과가 있었다고 느꼈다.
- **FCG에 기반을 둔 적절하고 활용가능한 분석 사례연구**는 참가자들에게 가장 인상적이었다. 많은 참가자들은 한두 종류의 개발 프로그램에 참가한 경험이 있지만 그 어느 것도 자신들의 일상환경에서 접하는 그와 같은 실제 상황에 근거한 것이 아니어서, 이 프로그램처럼 조직과 잘 부합된 것은 없었다고 말하였다.
- **고위 경영자와 CEO의 이슈, 문제, 결정들에 대한 집중훈련과 이들에 대한 도전 및 이사회의 역할연기 발표와 전사적 법률 관련 사항(legal implications)에 대한 경험**이 리더십 퍼스트 과정에 의하여 제공됨으로써 참가자들은 FCG 사업부장과 경영위원회가 당면한 리더십의 요구 사항들을 통찰하고 이해할 수 있다. 이와 같은 이해가 바탕이 될 경우 유사시에 참가자가 유사한 책임을 갖도록 준비시키고, 조직의 의사결정과 이니셔티브에 접할 때 조망을 제공할 수 있게 되겠지만, 그들이 이 프로그램에 참가하지 않았더라면 그런 결정과

이니셔티브들이 그렇게 빨리 이해되거나, 수용 또는 지원되기 어려웠을 것이다.

프로그램의 어느 측면이 가장 기억에 남고 개인적으로 유용했는가에 대한 질문을 받았을 때 참가자들은 평가과정 피드백과 학습계약 체결, 그룹 내 타인들과 함께 자기의 관심사항과 필요점을 공유하는 것과 그들로부터의 학습하는 것 그리고 사례연구와 사업문제들에 대한 강제적이고 노력이 필요했던 분석활동과 의사결정 활동을 들었다.

퍼실리테이터로부터 얻은 관찰보고와 통찰

매 과정마다 매일매일의 프로그램 구성내용과 일정이 리더십개발위원회에 의해 프로그램 설계단계에서 잘 만들어졌지만, 진행자들은 이 프로그램과 내용이 '자리 잡히면서' 프로그램이 지속적으로 다듬어질 필요가 있음을 깨달았다. 특히 진행자들은 주의를 필요로 하는 네 가지 도전에 당면하였다.

- **시간관리** 다루어야 할 무거운 내용의 주제를 가지고 시작할 때 그에 따른 질문과 이슈들 그리고 참가자들의 관심이탈은 진행자에게 갈등사항이었다. 진행자들은 참가자들의 조망과 보다 깊은 이해를 개발하게 도와주어야 한다는 점과 그에 필요한 프로그램 자료를 보완해야 할 필요점 간의 균형을 맞출 필요가 있었다. 때때로 이 두 가지 필요점들 간의 균형은 시간관리 차원에서 보면 비용이 드는 일이었다. 어떤 주제와 작업들은 시간부족으로 인하여 고의 아니게 줄여졌고, 어떤 논의들은 비록 가치는 있었지만 프로그램의 주제에서 벗어나기에 줄여야만 하였다. 이 갈등으로 인하여 보충적인 논의를 허용하기 위하여 또 다음 날에 전날의 논의 양식이 추가되었는데, 가급적 다른 중요 활동과 실습에 할당된 시간을 벗어나지는 않도록 하였다.
- **참가집단의 활력 수준의 평가와 관리**는 세션 진행기간 동안 진행자의 도전 사항 중의 하나였다. 매일매일 참여, 사례문제 활동, 발표와 참관 등으로 짜인 과정으로 인하여 참가자의 에너지 수준은 하루 내내 변화가 있었다. 때때로 진행자들은 의제를 가볍게 조절할 필요가 있었고, 어떤 작업과정은 그룹이

정신적으로 지쳐 있는 상태에서 무리하게 계속 진행하기보다는 다음날 이른 아침에 시작하는 것으로 연기될 필요도 있었다.

- 그룹 내 **동기수준과 참가자들 능력 간의 균형**은 진행자들에게는 다소 놀라운 경험이었다. 비록 모든 참가자가 같은 수준의 능력을 가지거나 같은 수준으로 동기부여되어 있다고 생각할 만큼 단순하지는 않았지만, 이사와 부사장 수준으로 하나의 그룹이 구성되면 대부분의 참가자들은 이 계층에 해당되는 수준에 맞춰 버리곤 하였다. 상황에 대한 요구가 주어질 때 각 참가자들이 실제로 수행하고 반응하는 방법을 보면 놀라웠다. 뛰어날 것으로 예측된 어떤 사람들은 개념을 숙달하는 데 열의와 동기를 상실한 것처럼 보이기도 하였고, 어떤 사람들은 이전에는 보통 이상의 능력을 보여주지 못했지만, '건실한' 수행성과를 보이면서 기회에 진정으로 도전하는 것으로 보였으며 자신들의 진정한 능력과 잠재성을 과시하기도 하였다.
- **사례연구와 한계 돌파적인 그룹 작업을 안내해 주고 이 활동을 극대화**하기 위해서는 기대 이상으로 진행자들의 더 적극적 참여가 필요하였다. 참가자들은 이전에 자신들이 경험해 본 적이 없는 문제들을 때때로 다루었기 때문에 조직의 위치와 사업 철학을 명확하게 할 필요가 있었고 어떤 의견이나 안내 제시가 필요하였다. 진행자들에게 가치 있었던 것은 회사의 모든 리더들이 충분히 정렬을 이루도록 만들기 위해서는 조직이 사업철학을 전달하거나 사업철학을 확실히 할 필요가 있다는 통찰이었다.

강의실을 넘어

세션들의 실질적 실행과 관련된 도전들 외에, 진행자들에게 닥친 다른 중요한 도전은 공식적인 프로그램 과정 종료 후에도 그룹을 함께 묶어 주어 학습과정을 유지하는 것이다. 그룹의 정체성을 계속 유지하고 성장과 학습을 강화하기 위해 진행자들은 리더십 퍼스트의 틀 안에 그를 위한 수단들을 설계하였다. 그 결과 이를 지원하기 위한 **그룹 후원자/멘터**(경영위원회 멤버와 세션 진행자)가 정해졌다. 후원자/멘터들의 역할은 참가자에게 프로그램 참가와 관련하여 사후 세션(post-session)과 관련한 피드백을 제공하고, 그룹 또는 개인들이 요구하는 학습계획과 이슈들에 대하여 그룹 및 각 개인들과 함께 필요한 작업에 참여하는 것이었다. 필요에 따라서, 그러나 최소한 분기단위로 그룹 멤버들과 함께 하는 컨퍼런스 콜이 그룹의 정체성 유지 수단으로, 아울러 지원네트워크와 상호문제 해결수단, 개별학습 계약의 진도공유와 점검을 위한 안전한 환경 유지 수단으로서 통합되었다. 마지막으로 리더십 퍼스트의 또 다른 강화수단으로 참가자 그룹이 매년 다시 만나도록 계획되었다.

각 개인은 과정에 참가한 후 자신의 학습과 개인 목적들을 자신들의 사업부장과 함께 공유하도록 권장되었다. 리더십 퍼스트 프로그램의 구조 및 과정과 회사의 PCADs 과정의 가치를 극대화하도록 하기 위해서 이 코칭과정은 리더십 퍼스트 프로그램이 PCADs과정과 연결되도록 촉진해 줄 것이다.

참가자가 실천하는 개별 학습계약에 대한 지속적 점검과 그 내용의 변경은 그룹 멘터와 그룹 내 타 참가자들(그들 중 일부는 특정 이슈에 대하여 서로 도울 것을 약속한다)과 함께 하는 사후 관리활동을 기반으로 해서 강화되며, PCADs 과정 자체를 통해서도 강화된다. 이렇게 지속되는 개발노력을 돕기 위하여 참가자들에게는 과정에서 필요한 개발자료들의 목록과 서적, 읽을거리(article)들이 참고 자료로 제공된다. 작업환경에서 관찰된 참가자의 성장과 행동발전을 추적하고 평가하기 위하여, 자기평가와 참가자에 대하여 이전에 자기를 평가했던 사람들과 동일한 동료 직원으로 부터의 피드백을 사용하는 사후 360도 평가과정이 리더십 퍼스트 과정 종료 후 9~12개월 사이에 수행된다.

참가자에게 리더십 퍼스트 프로그램의 목표들을 유지하고 강화하기 위한 구조와 수단을 제공하는 것은 초기 프로그램 설계에서 매우 중요한 부분이었다. 리더십 개발 위원회는 조직이 지속적인 이해와 지원을 확실히 하기 위하여 한 가지 수단을 통합할 필요성이 있었다. 각 사업부장과 동료들에 대한 참가자들의 피드백 외에, FCG 조직에서 동료들로 하여금 프로그램의 진도와 성공에 대한 정보를 알게 하고 그들이 지속적으로 관여하도록 하기 위하여 끊임없는 의사소통이 실시되었다. 주기적인 상황보고 및 피드백이 또한 FCG의 부사장, 경영위원회, 회사의 이사회에 제출되었다.

리더십 퍼스트의 평가

리더십 퍼스트 프로그램에 대한 피드백과 성과들을 점검하고 그 효과성을 평가하기 위하여 리더십 개발위원회는 다음과 같은 여러 가지 측정수단과 방법론을 통합하였다.

- 참가자의 평가점수와 피드백(초기 참가 대비 후기 참가)
- 참가자에 대한 관찰 또는 보고된 행동변화들—평가 피드백과 기술 및 지식 성장의 결과 모두
- 참가자의 행동과 성과개선에 대한 해당 사업부장의 피드백
- 프로그램의 질에 대한 워렌 베니스로부터의 외부 벤치마크 결과 피드백
- 참가자의 수행에서의 효과성과 발전 정도(장기)
- 과거의 참가자들이 해주는 참가 권장과 프로그램에 대한 구두 홍보
- 측정가능한 목적과 시간계획이 잡힌 문서화된 개인 학습계약 성취 진도

첫 여섯 그룹(60명의 참가자들)이 프로그램 참가 후 활동을 완료하였다. 이 프로그램에 대해서 이 제한된 참가 인원의 피드백과 열정이 신뢰할 수 있는 측정수단이라고 한다면, 프로그램은 아주 성공적이라고 할 수 있다. 시간이 지나면서 참가 인원이 증가하면, 프로그램에 들어 있는 평가 방법론은 신뢰로운 측정수단이 될 것이다.

상대적으로 짧은 기간과 적은 참가 인원이라는 점에서 확실한 평가를 내리기에는 제약이 있지만, 이 회사는 이미 이 프로그램으로부터 많은 무형적인 이익을 경험하고 있다.

- 조직횡단적 의사소통이 개선된 것은 뜻하지 않았던 이익으로서 프로그램의 결과로서 극적인 효과가 있었다.
- 사례문제들 및 사업부에 대한 분석에서 얻은 귀중한 생각과 작업결과물을 가지고 경영위원회에 부가적인 통찰력과 고려할 만한 아이디어들이 전달되었다.
- 프로그램과 그 목표들에 대한 논의와 그에 대한 주인의식의 결과로 고위 계층에서 목표통일이 더 강력하게 이루어졌다.
- 프로그램 참가자들에 의하여 가치, 사명 및 전략이 더 깊이 이해되었고(그

이유와 함께) 더 크게 수용되었으며, 그에 대한 몰입이 더 크게 이루어졌다.

- 많은 사람들에게서 전사적 조망과 전략적 조망능력이 증가하는 점이 매우 눈에 띄었다.
- FCG의 고위 리더들에게는 당면한 스트레스와 요구들에 대한 이해가 깊어졌다.
- 리더십 퍼스트 과정을 실시한 결과 회사가 성장에 몰입하고 있고, 비전을 가지고 있으며, 미래 조직을 관리할 경험 있고 훈련된 인재들을 가진 장기적이고 강한 미래가 다가서고 있다는 느낌이 대부분의 FCG 동료들 간에 감지되었다.

내부 및 외부 벤치마킹 비교자료와 피드백에 근거하고 있기에, FCG의 리더십 퍼스트는 그 설계가 FCG의 실제 사례연구와 문제(보기 5.7부터 5.10 참조)를 합친 것이라는 점에서, 그리고 전통적인 토픽 또는 주제 문제 접근법에 비해 리더십 훈련에 상황적 접근법을 사용한다는 점에서 독특한 것처럼 보인다. 학습주제로 의사소통이나 동기부여에 초점을 두는 여러 프로그램과는 달리 리더십 퍼스트는 특정 사업 상황에서 다양한 기술들이 동시에 필요하다는 것을 가정한다. 예를 들면 합병과 인수를 다룰 때 리더는 재무적 및 관련 법적 이슈들, 사업과 수입관계, 종업원들의 정서적, 동기적 의사소통 등의 필요 요건들을 평가하여야 한다. 아울러 합병맥락 내에 있는 이러한 다양한 상황적 필요점을 처리하기 위하여 다양한 리더십 행동들과 기술들을 끌어내야 한다. 리더십 퍼스트는 이 조망으로부터의 학습과정 접근방식이다.

이 프로그램은 또한 훈련 스태프와 개발 스태프에게 개발업무를 맡기지 않고 회사의 CEO와 경영위원회 멤버를 모든 세션의 진행자로 활용한다는 점에서, 그리고 각 참가자 그룹에 대하여 경영위원회의 멤버 한 명을 멘터/후원자로 활동하도록 한다는 점에서 독특하다.

끝으로 이 프로그램은 PCADs 및 코칭과정과 같은 FCG의 다른 과정들과 밀접하게 결합되어 있고, 재무관리와 사람관리에서 회사가 잘 관리되어야 한다는 회사의 강조사항이 전체적으로 통합된다.

아직은 초기 관리단계이므로 진정한 측정가능한 방법을 사용하여 리더십 퍼스트를 평가하는 것은 어렵다. 그렇지만 장점으로 인정될 만한 몇 가지 초기 결과들이 있다.

- 리더십 퍼스트 세션에 대한 준비 원칙들은 실행 부서가 집중해야 할 부분과 그 부서의 수익성에 즉시 영향을 주고 있다. 한 실행 부서에서 몇 명의 핵심 멤버들은 동일 그룹에 있으므로 그들은 비용절감, 사업모델의 변경, 사람 채용에 매우 중요한 그리고 차이를 만들어 내는 의사결정을 내릴 수 있다.
- 부사장들과 이사들 간의 사업부 모형과 전략문서를 공유함으로써 관련된 몇몇 그룹에 중요한 영향을 미쳤다.
- 어떤 부사장은 자신의 부서에 대한 자신의 접근방법을 변경하여 성장에서 큰 개선을 이루었다.
- 또 다른 핵심 실행부서는 그 프로그램에서 그 부서의 리더가 참여한 결과 그 부서의 성과가 상당히 개선되었다.

프로그램의 가시적 이득과 성공에 대한 진정한 측정은 회사의 '선수들의 질'의 깊이와 준비도, 그리고 궁극적으로는 FCG의 시장지위, 수입흐름, 산업의 리더로서 인정받음을 통해서 향후 드러날 것이다.

보기 5.1 프로그램의 전체 개관도

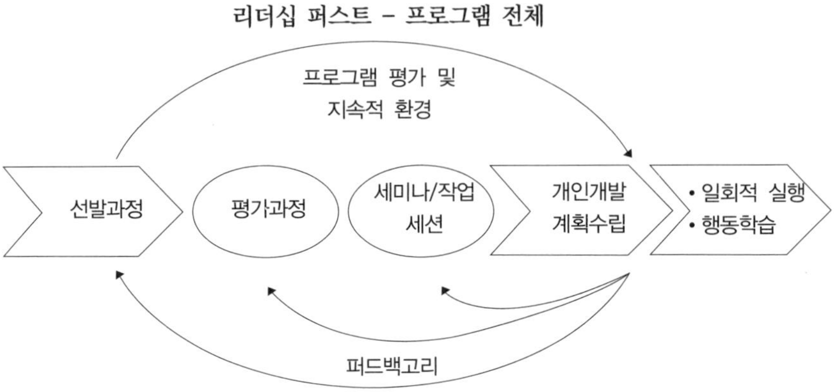

보기 5.2 프로그램 세션의 개요

첫째 세션 (3일)	둘째 세션(3일)	세째 세션(2일)
• 그룹의 기대 • 개인성장과 신뢰 • 평가과정과 학습계약 • 프로그램 역학과 구조 • 조직의 비전, 사명, 가치 창조 • 전략계획–개괄 • 조직구조 설계 • 사람선발과 팀 창조 • 사업모형과 의미 • 재무제표의 이해와 관리 • 측정과 인센티브–성과측정과 보상 시스템	• 첫 번째 세션의 재정리 • 개인별 학습 계약 • 영향이 큰 변화 의제의 발굴과 창조 • 숙제 발표–사업부 평가와 제안 사항 • 합병과 인수관리 • 상장사의 지위 이해 • 빅 게임 탐색(조직을 키우는 법)	• 둘째 세션의 재정리 • 숙제발표–사업부의 6개월 전략에 대한 이사회 발표 • 효과적 의사소통–조직의 내외부 • 몇 개 분기와 몇 년간을 이끌 선행 관리 • 개인 리더십–자신의 스타일의 이해와 개발 • 그룹의 기대 재검토 • 전진–그룹의 멘터, 그룹의 지위, 정체성–9~12개월의 재평가 과정

보기 5.3 추천 및 선발과정 개관도

리더십 퍼스트 참가자 지원과정

- 자기 추천
- 코치의 승인
- 사업부장의 동의
- 참가자의 자기추천 및 자기평가 양식

선발과정－전사적 표준화 비교척도

분기당 10명의 참가자

- 그룹 2－2002년 2월 7－8－9, 4월 12－13, 6월 21－22
- 빠른 성과를 위해서 고성과자에 대한 초기 초점－**VP와 이사수준**(시작 시점에 개발비용 투자를 최대한으로 활용함)
- 최소 12개월의 근무 자격
- 성과 요건
- 다양성 고려
- 사업부 리더의 검토/승인
- 선발위원회와 실행위원회의 검토/승인
- 선발자가 '특별'함을 느끼게 함
- 동일시/네트워크/동료 간 협조를 위하여 '학급'을 만듦

평가/개인별 참가피드백

- 도구들과 해석 및 피드백의 관리
- 360도 리더십 평가, 자료병합 및 문서화된 보고/프로파일을 가진 피드백(리더십 퍼스트 평가 피드백 양식)
- 리소스 어소시에이트 리더십 특성 벤치마크(Resource Associate Leadership Traits Benchmark)의 평가 보고서
- 전체(FCG를 위한) 및 개인별 중요 강점과 개발영역 프로파일
- 참가자의 발전과 피드백을 위한 사전 및 사후 360도 평가(6–9–12개월)
- **개발**을 강조—성과가 아닌—이 과정은 FCG의 기존 시스템을 보충하는 것임—PCADs를 대체하는 것이 아님

행동학습 계약 / 과정

- 평가단계에서의 피드백에 의거한 학습계약 완성
- 측정가능한 결과, 목표, 시간계획을 가진 확실한 목적
- 대부분의 개발과제는 참가자의 **현직/현업**에서 있는 것이며 그래야만 한다.
- 구조화된 프로그램 대비 전반적인 자기관리 비교
- 사례연구, 시뮬레이션, 그리고 산업리더와 FCG 스태프 강의가 병합된 그룹 세션 – '학급'의 정체성을 개발하고 공통의 요구점을 개발
- 참고로 쓸 자원목록 개발–외부 프로그램, 원격학습, 세미나, 대학
- 멘터링과 오너십을 위하여 각 '집단/학급'에 '경영자 후원자'로 내부자원 지정

개발계약 실행/재평가

- 그룹 개발과 프로그램 피드백을 위하여 하나의 '학급'으로서 그룹 2가 3회 미팅함
- 참가자와 함께 3/6/9/12개월에 사후관리
- 성장정도를 평가하기 위해 개발필요점에 대한 재평가

프로그램 평가

- 사전 및 사후평가 분석
- 조직 이슈(현재 및 전략/문화, 조직 그리고 리더십 변화) 및 개발필요점에 대하여 경영위원회와 함께 검토/대화
- 개인참가자의 경험 평가
- 교실학습/구조화된 학습경험 평가

보기 5.4 자기 추천 양식

피추천자 정보

피추천자 성명 :	현 직위 :
사업부 :	입사년월일 :
교육이수 사항/연도/학교 학사 ☐ ________ 석사 ☐ ________ MBA ☐ ________ 기타 ☐ ________	
특별 자격	연설/논문
국제적 과제/여행에 대한 귀하의 경험을 간단히 적으시오.	

최근에 이룬 중요 성과/공헌 사항

지난 12개월에서 18개월 사이에 FCG에서 귀하가 이룬 가장 중요한 성과/공헌이 무엇이라고 믿는지를 간단히 적으시오.

추천 이유

왜 귀하(다른 사람 보다)가 리더십 퍼스트에 참가가 고려되어야 한다고 생각하는지를 간단히 설명하시오.

(계속)

보기 5.4 계속

개발 가치

왜 귀하(다른 사람 보다)가 리더십 퍼스트에 참가가 고려되어야 한다고 생각하는지를 간단히 설명하시오.

경력 초점

향후 2년 후 귀하는 어떤 구체적 능력을 갖추고 어떤 구체적 직위에 오를 수 있다고 보십니까? 왜 그렇게 된다고 생각하십니까? 귀하는 거기서 어떤 특별한 기여를 할 수 있다고 생각하십니까?

사업부장의 의견/동의

이 사람에 대한 금번 리더십 퍼스트에 참가 추천이유를 간단히 설명하시오. 귀하는 2년 안에 이 사람이 어떤 능력/직위를 가질 수 있다고 전망합니까? 5년 안에는?

서명

지원자 ____________ (여기의 서명은 귀하의 리더십 퍼스트의 모든 과정에 참여한다는 절대적 약속을 확약하는 것입니다. 만일 이 약속을 지킬 수 없다면 이번에는 지원하지 않아야 합니다.)
사업부장 ____________ (여기의 서명은 귀하의 리더십 퍼스트에 이 후보자의 추천에 대하여 기탄 없이 귀하가 추천한다는 것을 나타내는 것입니다.)

참가 처리 (리더십 퍼스트 위원회에 의해 완성)

보기 5.5 360도 피드백 보고 사례

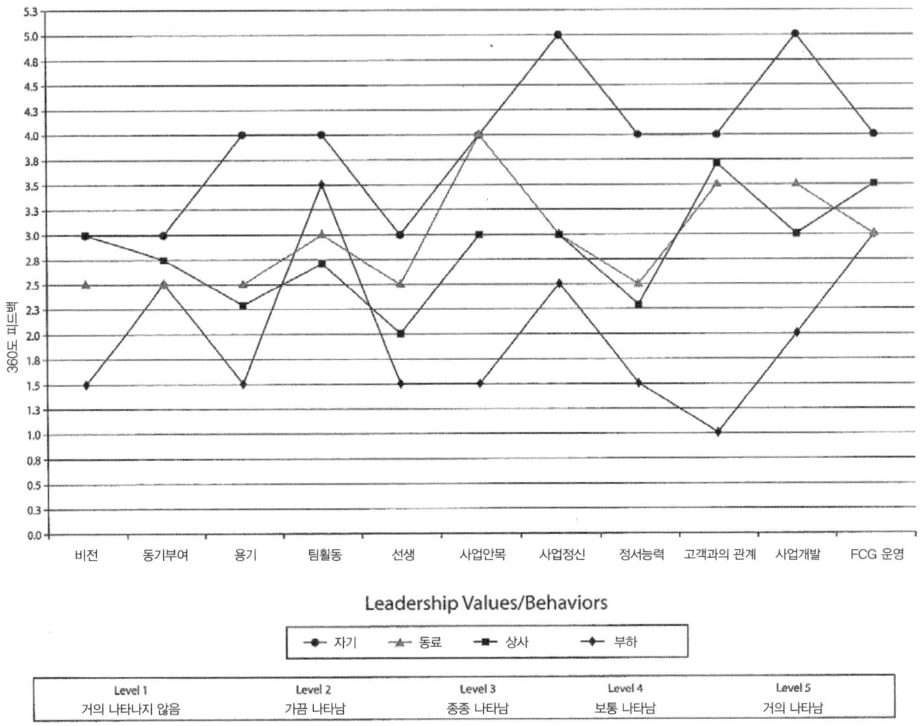

'큰 그림'(향후 5년에서 10년간 노력할 때 팀이나 회사에 오는 장기적 이익)을 보고, 직위에 관계없이 희망과 흥미를 만들어 내게 이 그림을 타인과 의사소통을 할 수 있음을 보여준다.	동기부여-열정과 재미는 종종 신념과 신뢰 이상으로 중요한 것이라고 강조될 수는 없겠지만, 사람들이 그들을 따르지 않을 수 없게 하는 것이므로 그것들을 만들 수 있음을 보여준다.	대담할 수 있고 혁신적일 수 있음을 보여준다. 자신의 아이디어가 반드시 가장 안전하거나 가장 논리적인 것은 아니지만, 그 아이디어들은 모든 사람들이 결실을 얻고 싶어하는 아이디어들이기 때문에 동료직원들에게 신뢰를 고취한다.	팀 활동-그룹 내 각 사람의 책임, 꿈, 공헌에 감사함으로서 팀으로부터 최고를 이끌어 낼 수 있음을 보인다. 그와 같은 토론이 갈등과 변화를 만들 때조차도 팀을 만들 수 있음을 보여준다.
사업의 안목-결과를 이루기 위하여 자신의 경험, 교육, 관계 및 다른 자원들을 강화하는 심오한 사색가와 사업 전문가가 될 능력을 보인다. 개인적으로 지식에 대한 꺼지지 않은 갈망을 보여준다.	시민정신-인품(성실성, 겸손, 봉사의지, 정직, 공감)과 관련된 자질을 구현하여 신뢰와 존중을 불러 일으킬 능력을 보인다. 개인적, 사업적 및 시민적 책임에 균형을 보인다. 단지 모범적인 사업가만이 아닌 모델시민으로 보여지도록 한다.	정서적 능력 -타인이 느끼는 것을 직관적으로 감지하며 사람을 '움직이게' 하는 것이 무엇인지를 이해하기 때문에 어느 상황이라도 관리할 수 있고 영향을 미칠 수 있음을 보여준다. 자신의 동기와 욕구를 끊임없이 평가하고 그것들을 가지고 일함으로써 자아인식을 가지고 있음을 보여준다.	고객관계-고객 및(또는) 벤더와 전략적 관계를 확인하고 개발할 능력을 보여준다. 품질서비스 제공을 통하여 고객에 대한 리더십을 가지고 뛰어난 관계를 만든다.

보기 5.5 계속

평가 피드백에 대한 관찰사항 요약

전반적으로 동료와 부하 및 상사가 귀하의 리더십 행동을 어떻게 보는가에 있어 귀하의 평가와 평가자들의 평가는 아주 다르며 불일치합니다. 귀하의 동료가 귀하의 리더십을 보는 방식에 있어서 귀하가 자신의 행동을 보는 경우와 비교할 때 상당히 중요한 차이가 있습니다. 귀하는 '비전', '동기부여', '선생'을 제외하고는 모든 행동에서 자신을 4~5점대 수준('보통 나타남', '항상 나타남')이라고 보는 반면 귀하의 평가자들은 귀하가 보여준 리더십 행동에서 귀하의 평가보다 0.5점에서 3.0점이 낮다고 일반적으로 보고 있습니다.

귀하의 부하들은 귀하가 자신을 평가하는 것보다 귀하를 낮게 평가하는 경향이 있고 귀하의 동료와 귀하의 상사들이 평가하는 것보다도 낮게 평가하는 경향이 있습니다. 이런 경향은 부하들이 일반적으로 자신들의 상사를 좀 더 경험이 있고 자신들보다 더 많은 전문성을 가지고 있어 동료나 상사들이 평가하는 것보다 더 후하게 평가한다는 점에서 보면 꽤 드문 일입니다. 귀하 부하들의 평가는 'FCG의 운영'(이 부분은 '3점대 점수-종종 나타남') 부분을 제외하고는 주로 '2점대 수준-가끔 나타남'에 해당하는 특성에 있습니다. 이러한 패턴은 귀하 부하들이 리더십 행동을 관찰하는 데 있어 꽤 세밀하다는 점을 암시하는 것이며, 그러므로 귀하의 리더십과 과거 다른 관리자들의 전문성과 비교하는 자신들의 어떤 근거가 있음을 암시해 줍니다. 그렇지 않으면 그것은 그들이 어떤 상황에서 귀하의 기술이나 행동들을 관찰할 충분한 경험을 가지지 못한 것일 수도 있습니다. 특별히 주목할 것은 귀하의 부하들이 귀하가 자신을 평가하는 것보다 귀하를 2.5에서 3.0점수대로 평가한 영역입니다. 즉 '사업개발'(자기평가 4.0점-부하평가 2.5점), '용기'(자기평가 4.0점-부하평가 1.5점), '사업안목'(자기평가 4.0점-부하평가 1.5점), '정서적 역량'(자기평가 4.0점-부하평가 1.5점). 이러한 차이들은 확실히 당신이 보여주는 행동을 다른 사람들이 보는 것과 귀하 자신이 지각하는 것 간에 상당한 단절이 있음을 나타내는 것입니다. 귀하가 어떤 리더십 특성을 보여주는 것은 때때로 다른 사람에게 보이지 않을 수 있습니다. 그것은 귀하가 보여주는 것이 그 리더십 기술이나 행동에서 다른 사람들이 정의하는 바나 기대와는 다른 것을 보여주는 것일 수도 있습니다. 그러나 귀하의 FCG의 리더십 행동에 대한 지식이나 숙달은 귀하가 생각하는 만큼 넓게 개발되거나 나타나지는 않고 있습니다.

귀하의 동료와 상사들의 귀하 리더십 기술에 대한 지각은 귀하 자신의 지각과 좀 더 가깝게 관련되고 있습니다. 그러나 그것들 역시 일반적으로 귀하의 리더십 기술에 대한 귀하 자신의 자아인식 보다는 일반적으로 더 낮은편입니다. '비전'에 대해서는 상당한 일치성이 있습니다. 여기서 평가범위는 3.0점에서 3.5점(귀하 자신의 평가는 3.0점), 그리고 '동기부여'(동료 및 상사 평가는 3.0점과 2.5점- 귀하 자신의 평가는 3.0점), '고객관계'와 'FCG운영'(동료 및 상사 평가는 2.5점과 3.5점-귀하 자신의 평가는 4.0점)에서도 상당한 일치성이 있습니다.

귀하의 동료는 귀하의 가장 커다란 강점이 '용기'(평점 4.0점)이고 귀하의 가장 큰 약점부분은 '팀 활동'(평점 2.0점)이라고 지각합니다. 반면에 귀하의 상사는 귀하의 가장 큰 장점이 '고객관계'(평점 3.5점)이고, 가장 큰 약점은 '선생', 즉 가르키는 능력이라고(평점 2.0점) 봅니다.

보기 5.5 계속

이러한 자료는 귀하가 스태프들과의 하향적 관리에서보다는 상향과 수평적 관리직무를 더 잘 할 수 있다는 것을 의미합니다. 그것은 또한 '팀 플레이'와 '선생'이 귀하의 성찰과 초점에 대한 중요한 영역임을 알려줍니다.

개발에 대한 피드백 의견들은 귀하가 시작하기를 원할 수 있는 세 가지 주요 사항을 나타냅니다. (1) FCG팀과 고객과 보다 더 나은 의사소통, (2) 귀하의 팀원들과의 관계에 대한 투자, 즉 그들과 함께 시간을 보내고, 그들을 보살피며, 그들이 배울 수 있도록 문제를 경험하면서 일하도록 도와주고 평가를 하며 의미 깊고 건설적이면서 섬세하고 공감적인 피드백을 제공함, (3) 귀하가 작업을 할 때 큰 그림을 확실하게 해야 한다는 것이 우리가 제공하는 자료들에서 알차고 일관되게 나타납니다.

사람들은 당신이 계속 유지하기를 원하는 많은 행동들이 있습니다. 그것들은 당신의 노력과 활동의 많은 부분이 가치 있고 긍정적인 기여를 한다는 점을 나타냅니다. 귀하의 열정적 태도와 틀을 벗어나 생각하도록 다른 사람을 장려하는 것, 그리고 당신의 사려 깊은 리더십과 조용한 행동은 감사하게 받아들여지고 있습니다.

사람들은 귀하가 의사소통 기술을 개선하기를 원합니다. (1) 사람들이 귀하가 가진 혁신적이고 창조적인 아이디어를 사람들이 이용할 수 있도록 고객과 함께 내적으로 영향을 미치는 기술을 개선하고, (2) 프로젝트가 이탈되지 않도록 일관된 의사소통을 확실히 하며, (3) 적임자와 함께 어떠한 비용청구(또는 다른) 문제라도 초기에 의논하기를 원합니다.

귀하는 **시작**, **계속**, **중단**이라는 부분에서 자신의 우선 순위를 귀하에 대한 평가 그룹에서 얻은 피드백 제안과 비교하여 그들의 의견을 귀하의 개발계획에 통합하고, 귀하의 개인학습 계약에 귀하의 우선 순위와 목적을 기록해야 합니다.

개 발 피 드 백

효과성 개선을 위하여 귀하는 다음 세 가지 사항을 시작하여야 한다.	□ 건전한 갈등을 정확히 건전한 상태로 수용한다. □ 자신이 상황에 영향을 미칠 수 있다는 것을 인정한다. □ 기회를 만들고 그리고/또는 기회를 발견하기 위해서 이를 인정하면서 자신의 역할과 경험수준을 더욱 더 받아들인다. □ 특히 상사와 좀 더 직접적이고 솔직하게 의사소통하는 것이 어렵더라도 이를 행한다(귀하가 본 대로 말하기를 피하지 말라). □ 귀하의 지식을 넓히기 위하여 더 많은 기회를 발견한다. □ 귀하의 사업부나 그룹만을 생각하지 말고 회사라는 맥락에서 생각한다. □ 성과를 직접 만드는 데 기여하기보다는 그것들을 관리하고/조율하는 것에 좀 더 관심을 가진다.

보기 5.5 계속

	□ 기술적 스킬들을 새롭게 한다 — 새로운 기술, 표준, 방법론에 정통한다. □ 좋은 일을 위해서 적절한 곳을 중심으로 신뢰를 확산한다. □ 문제만 제기하지 말고 문제에 해결안을 제공한다, 다른 해결안, 아마도 더 적절한 해결안 제안자를 포용하거나 지지한다. □ 팀 내의 다양성을 포용하고 관리한다. □ 시작부터 끝까지 하나의 프로젝트에 밀착한다. □ 고객에 대한 더 좋은 대인관계 기술을 개발한다. □ 더 나은 대화 기술을 개발한다. □ 프로젝트 재무 관련 부분들과 FCG의 전반적인 재무 성과와의 관계를 좀 더 잘 이해한다. □ 고객/스태프에 영향을 미치는 자신의 능력을 좀 더 잘 이해한다 — 긍정적 및 부정적 두 가지 모두 □ 내부과업을 완수한다 — 시작을 하려는 의도는 아주 좋으나 좀처럼 끝내지 못하는 것이 너무 잦다. □ 자료 개발과 출간에 좀 더 적극적이 된다. □ 단기 대비 장기에 초점을 둔다.
효과성 개선을 위하여 귀하는 다음 세 가지를 지속하여야 한다.	□ 현재의 열정과 헌신수준을 유지한다. □ 기술적 역할과 리더십 역할 차원에서 자신의 지식기반을 만든다. □ 일/가정 간의 건강한 균형을 유지한다. □ 사업부와 회사 내에 영향력을 확대한다. □ 새롭게 기여할 방식과 새로 학습할 것을 추구한다. □ 위기나 역경에 부딪칠 때 평정을 유지한다(귀하는 이에 익숙하다). □ 팀원들에게 고객과의 체면유지(친화) 시간이 필요하다는 것을 인정한다. □ 고객과의 관계와 FCG의 기술적 역량에서 자신감을 확립한다. □ 기술적 결정에서 고객을 관여시키는 창조적인 방법을 추구한다. □ FCG의 사업 확장에 자신의 뛰어난 컨설팅 기술을 적용한다. □ 다양한 FCG 사업부간에 네트워크를 구축한다. □ 열정적 태도를 유지한다. □ 팀원들이 틀에 갇힌 사고에서 벗어나도록 권장한다. □ 업계의 리더십을 통하여 추가 지식을 개발한다. □ FCG의 다른 동료직원과 강력한 기술적 스킬과 비전을 공유하고 강화한다.

보기 5.5 계속

	□ 자신의 창의성과 강한 작업윤리, 그리고 고객에 대하여 몰입함을 보여준다. □ 일을 가능하게 하는 데 필요한 것은 기꺼이 한다. □ 고객에게 가치를 부가하는 데 관심을 집중한다.
성과개선을 위하여 귀하는 다음 세 가지 일을 중단하여야 한다	□ 초점이 없거나 파괴적인 싹둑 자르기식과 움켜쥐기식 청취 태도 □ 주어진 상황에서 일어날 수 있는 것에 관심을 집중하고, 일어날 수도 있었을 뻔 한 것에는 관심을 집중하지 않는다. □ FCG에서의 내가 얼마나 오래 있을지에 대하여 걱정한다(이 질문이 사라지도록 우리가 할 수 있는 일이 무엇인지에 에너지를 쏟는다). □ 자신이 회사의 하나의 리더라기보다는 한 명의 동료직원이라는 생각을 갖는다. □ 다른 누군가가 회사/사업주의 문제에 대답을 가져다 줄 것으로 생각한다. □ 부재 중에 관리한다. □ 자신들이 활용하지 않는 낡은 기술을 제안한다. □ 자신의 의제를 밀어붙이고, 고객의 요구점이나 팀의 제안들은 잘 안듣는다. □ 이슈나 문제들을 사적으로 갖는다. □ 팀에서 파괴적 행동을 야기할 수 있을지 모를 숨은 동기를 추구한다. 이슈의 주도권을 쥔다. □ 자기의 이익을 팀의 이익보다 우선시 한다. □ '확고한 입장을 취해야' 할 필요가 갈등을 피한다. □ 잡담에 참여한다. □ 동료직원의 비밀을 부하 스태프들과 공유하거나, FCG의 고위급 동료직원과 가진 개인적 이슈를 부하 직원급 동료직원들에게 퍼뜨린다. □ 스태프 간에 불안감을 주는 회사의 사업/재무 현안들을 부하 스태프에게 유포시킨다. □ 자신이 조직에서 어떻게 하고 있는지 알기 위하여 자신의 네트워크를 남용한다.

보기 5.6 학습 계약

참가자 정보		
성명 :	현 직위 :	
서비스 계통 :	채용 년월일 :	
학습계약 일자 :	참가자 서명 :	리더 서명 :
참가자 정보		
나는 무엇을 달성하기를 원하는가?		
그 과정에 어떤 장애가 있는가?		
내가 원하는 것을 얻기 위해서 나는 무엇을 하고 있는가?(효과가 있는 것을 지속하고 효과가 없는 것을 끝내도록 관심을 집중함)		
나의 행동은 도움이 되는가?(왜 그런가/왜 아닌가? 어떤 행동에 변화가 필요한가?)		

보기 5.6 계속

평가 피드백 행동계획

선정된 개발요구점	나의 학습 목표	이 기술/지식을 어떻게 얻을 것인가? 이 행동이 나의 개발필요점을 어떻게 해결해 줄 것인가?	나는 어떻게 이 영역에서의 나의 성장을 증명할 것인가?	필요한 자원/도움	목표 완성 일자

출처 : © 퍼스트 컨설팅 그룹 기밀사항 및 소유권. 허가하에 게재

보기 5.7 사업 모형 실습

리더십 퍼스트 첫째 세션

팀 실습 – 사업모델과 그 의미

귀하는 FCG의 헬스 딜리버리 프랙티스(Health Delivery Practice)의 최근 내력을 다룬 정보를 받았습니다. 이 자료와 오늘 오후 세션에 발표되고 논의된 정보를 이용하여,

- 1999년 말과 2000년 초에 HD 모델에 작용하는 사업 영향요인들을 확인하고 HD 모델이 변하는 환경에 어떻게 반응하여 포지션되었는지 아니면 어떻게 반응하지 않게, 포지션되었는지를 판단하시오.
- 기존 사업모형의 지렛대는 무엇입니까? 그것들은 시장의 변화에 어떻게 반응하여 구조화되었습니까? 또는 반응하지 않고 구조화되었습니까?
- 사업과 서비스의 어떤 라인을 줄여야 하거나 중시하지 않아야 합니까?
- 귀하는 어떤 부분에 투자할 것입니까? 그 투자에 얼마나 자금을 댈 것입니까?
- 귀하는 마케팅과 마케팅 효과성을 어떻게 높이겠습니까?
- 사업을 관리하기 위해서 어떤 핵심 과정과 보고서가 즉시 제출되어야 합니까?
- 궁극적인 목적은 최대한 짧은 기간에 사업부를 수익성을 있게 하는 것입니다. 귀하는 어떤 시간 계획을 가지고 이것을 성취할 것입니까?
- 수용가능한 성장률을 가진 수익성을 이루기 위해 포지셔닝하면서 아울러 당면한 도전에 대처한다는 두 가지를 위하여 사업부를 어떻게 포지션하고 구조화할 것입니까?

위에 확인된 질문들을 포함하여 귀하 팀의 분석과 전략을 위하여 25분간 할 발표 내용을 준비해 주십시오.

팀 실습을 위한 시간 계획 : 1시간 45분

보기 5.7 계속

팀 헬스 딜리버리 사업부(The Health Delivery Business Unit)의 배경정보

배 경

2000년 내내 헬스 딜리버리 사업부는 FCG 사업의 버팀목 중의 하나였다. 이 사업부 및 관련된 서비스 판매는 회사의 사업설립부터 그 뿌리를 가지고 있었다. 서비스의 포트폴리오는 두 개의 주 사업계통, 즉 IT 컨설팅서비스와 그 서비스의 실행으로 구성되어 있었다. 거기다 시장침투와 시장 성공 차원에서 얼룩진 과거사를 가지며, 또한 전반적인 HD 그룹 내에서 내적 수용성이 제한된, 소규모 프로세스 개선 사업 라인이 있었다. 아래에 보다시피 이 주요 사업 라인 각각에는 하위 또는 요소별 판매가 있다.

FCG의 1999 헬스 딜리버리 사업부

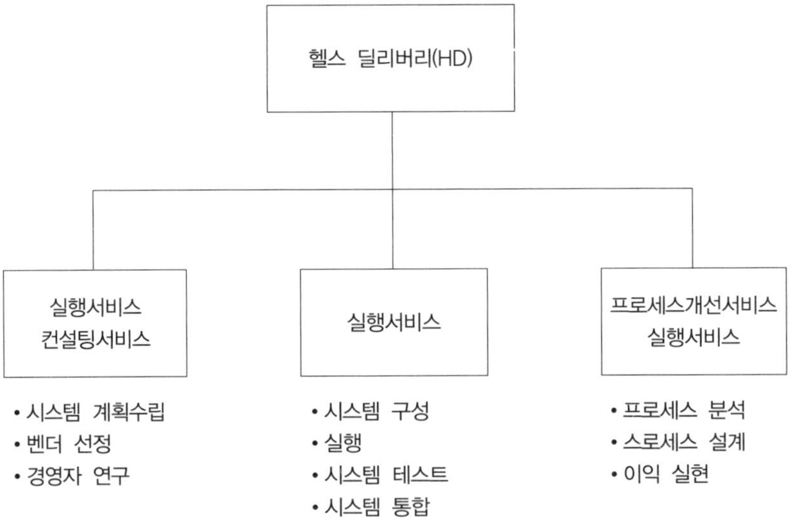

딜리버리 그룹 외에, '세일즈' 냐 고투마켓(go-to-maktet) 구조냐에 중복부분이 있었다. 지역의 판매 인력은 지역에 기반한 부사장급과 몇 명의 신규 사업 이사로 구성되었다. 그들의 주된 책임은 회사의 전체적 서비스를 헬스 딜리버리 시장에 판매하는 것이었다(이것은 HD 사업부에 의해 제공된 핵심 서비스 판매뿐만 아니라, 기술 및 통합서비스, 네트워킹 설계와 실행, e건강서비스와 같은 다른 사업단위가 제공한 HD의 응용가능 서비스가 포함되었다).

보기 5.7 계속

이 판매 인력은 '목표' 고객을 확인하고 우선 순위화할 책임을 졌으며, 마케팅개발과 판매전략 그리고 핵심 고객과의 '전략적' 관계유지 책임을 지고 있었다.

HD사업부에서 제공할 요소는 서비스 계통 또는 서비스 판매에 의해 조직되었고 특별 지역 또는 특별 거래처 판매 책임은 없었다. 그들의 관심 초점은 제안과정을 지원하기 위한 구체적인 기능적 전문성을 제공함으로써, 부가 작업을 확인하고 판매함으로써, 프로젝트의 품질과 경제성을 판매함으로써, 추가적 서비스와 제품 판매를 개발함으로써, 자신들의 그룹을 위한 전반적인 활용도를 관리함으로써, 그리고 채용과 HR 관리 이슈에 의하여 '판매' 과정을 지원하는 것이었다.

HD의 시장에서 20년간 있어 왔던 경향을 포착하기 위하여 이 사업부가 설계되고 구성되었다.

- 기존의 또는 새로운 HD의 거래에 강력한 관계를 유지하고, 시스템 계획수립, 벤더선정 서비스를 고객 기반으로 추진할 컨설팅 서비스 이용한다.
- 후속적인 대규모의 수개월간 또는 수년간의 실행계약을 '준비하도록' 계획과 시스템 선발과정을 이용한다.
- 우리가 기술과 전문성을 가지고 있다면 프로세스 개선영역에서 추가적인 '컨설팅' 서비스를 판매한다.
- 구 시스템이 더 이상 요구점을 충족하지 못할 때까지 고객에게 매 3년에서 5년간 이 사이클을 반복한다.

1999년과 2000년 HD 시장 역학

1999년의 대부분은 HD의 사업부서에 연속적인 강력한 분기들이 지속되었다. Y2K 문제로 충전된 거대한 수요에 의하여 부양되어, 거의 모든 HD 조직들이 시스템 대체 사이클을 가속화하였다. Y2K 현상은 또한 '보디숍' 의 Y2K 테스팅과 교정지원에 대한 추가 수요를 만들었다. 이 수요는 1999년도 수익으로 이어졌고, HD 시장에 제공된 모든 서비스에 대하여 프로젝트의 한계적 성과 현상으로 이어지는 결과가 되었다.

시장수요에서 1999년에 시작하고 2000년 초에 이어지는 갑작스럽게 급격한 감소가 있었다. 이에 기여하였던 요인들은

- 균형 예산조항(Balanced Budget Act, BBA)이 보건 공급 조직의 운영마진을 심각하게 잠식하기 시작하였다. BBA는 1998년에 발효되었으나 그것이 미치는 더 큰 충격은 1999년 연방정부의 변제율 감소를 통하여 체감되기 시작하였다. BBA는 헬스케어 서비스에 대한 정부의 상환수준이 영구히 감소하는 결과가 되었다.

보기 5.7 계속

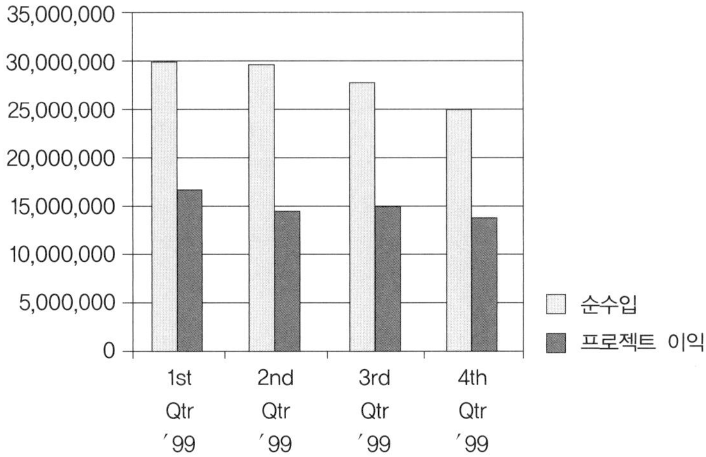

1998년과 1999년에 Y2K의 준비를 위해 시스템에 대한 과잉지출로 인하여 2000에는 IT에 대한 예산이 폐쇄되었다.

- 경영자들이 과거 IT에 대한 지출에 대하여 받은 '가치'와 미래의 투자에 대한 필요성에 대하여 심각하게 의문을 가졌다
- 모든 주요 IT 벤더들[세르너(Cerner)와 몇 개 소규모 회사]이 상당한 판매 및 수익감소를 겪었다.

결과적으로 2000 회계년도의 1, 2분기의 HD 사업부의 운영성과는 '좋지 않았다.' 전체적 구조, 개인 과업들(personal assignments), 보고 양식은 2000 회계연도에 놀랍게 재정렬되었다. 그러나 상대적인 운영 측정치는 성과에서 아직 상당한 감소를 반영하고 있다.

2000 회계년도 운영 측정치

분기	수입	비용	총이익	%	판매액	판매비 및 일반관리비	운전수입	운전수입(%)
Q1	$12,347	$8,044	$5,303	39.7%	$1,784	$1,454	$2,065	15.5%
Q2	$10,914	$6,955	$3,959	36.3%	$1,617	$1,574	$768	7.0%

사실을 모은 결과

HD 사업부의 리더십은 2000년 3월에 일련의 사실 수집과 분석활용 시작으로 시작하였다. 이 사실 수집은 현재와 예측된 시장수요, 운영통계들의 분석, 서비스 포트폴리오와 서비스판매 검토, 기존의 판매와 공급조직 구조 검토에 대한 자료 수집에 집중하였다.

보기 5.7 계속

그 과정을 통하여 상당한 논의와 의견갈등, 상충되는 제안들이 있었다. 눈에 띄는 사실과 의견들을 요약한 것 중에서 예를 들면,

- 시장의 현재 수요와 조만간의 수요 가능성에 대한 어떠한 확고한 자료도 없었다. 벤더로부터의 자료에 의하면, 2000년 남은 동안에 그리고 잠재적으로 2001년에도 소프트웨어와 신규 실행비지니스는 약화할 것으로 나타났다. FCG가 추진하는 시스템 계획과 벤더 선정 숫자는 매달 평균 한두 개의 신규계약 수준으로 떨어졌다.
- HD의 판매와 공급조직 간의 균열이 커지고 있었다. 그 조직의 공급 부분들은 판매측이 시장 기회를 효과적으로 추구하지 못하고 있다고 느꼈다. 그리고 판매측은 시장수요가 제한되어 있고 HD서비스 판매가 더 이상 자신들이 추구하고 있는 시장수요를 맞춰주지 못한다고 느꼈다.
- 많은 오래된 벤더 기반의 실행서비스는 시장에 더이상 '판매'를 하지 못하였다. 맥케선 로빈스(McKesson Robbins) HBOC 소프트웨어, IDX 소프트웨어, SMS소프트웨어의 수요는 상당히 감소하였다. 이것들은 실행서비스 사업의 버팀목이었다.
- 시장에서 수요감소가 주어지면서 상당한 가격하락이 나타나기 시작하였다. 벤더들과 다른 컨설팅사는 고정비용을 건지려고 비용을 20%에서 40%까지 깍기 시작하였다.
- 기존의 측정 및 모니터링 시스템은 현재와 미래의 성과를 분석하는 데 강력하지도 충분하지도 않았다. 특히

  판매예측 과정은 불완전하였고, 아무리 잘해도 미래의 수요가 미약하거나 존재하지 않는다고 나타났다.

  판매와 공급의 효과성을 책임질 확실한 라인이나 측정수단도 없었다.

  사업단위의 통제비용 요소를 제위치에서 감시할 도구나 관행도 없었다. 즉 관행개발은 비용과 다른 비용부담을 할 수 없는 비용들, 판매비, 고객의 종류와 지역에 따른 시간이 소요됨을 가르켰다.

  고객에 대한 계획은 존재하지 않았다.

실습을 위해 귀하의 분석과 제안을 제공하기 위하여 위에 자세히 적은 사실과 자료 및 의견을 사용하시오.

출처 : © 퍼스트 컨설팅 그룹 기밀사항 및 소유권. 허가하에 게재

보기 5.8 인수와 합병 실습관리

할당된 사전 읽을 자료를 오늘 그룹토의에서의 아이디어와 첨부된 FCG 인수 체크리스트를 활용하여 다음 후보 회사를 잠재적인 FCG의 인수 후보로서 평가하시오.

- 잠재적인 인수전략이 여기서 가능할 수 있는지를 확인하시오. 전체적인 인수뿐만 아니라 조직의 목적을 충족시키는 인수 또는 투자라는 다른 형태들도 또한 집단과 탐색하시오.
- 귀하의 최선의 선택을 만들어 다음을 개괄하는 4~5페이지의 짧은 파워포인트 발표자료를 작성하시오.
  거래의 기본적 구조
  양 조직을 위한 전략적 이점과 이득
  시간 계획과 경제성
  '합병시 당연히 받아야 할 배려(Due Diligence)' 의 주요 과제
  위험
- 만일 하나의 집단으로서 귀하가 어떤 형태의 결합으로 이끄는 거래를 구조화할 수 없다면(이것은 가능한 한 가지 전략이 될 수 있다). 다음을 개괄하는 4~5페이지의 파워포인트를 준비하시오.
  두 회사가 어떻게 함께 일할 것인가—관계구조와 리더십 구조
  시장에서 그 관계를 어떻게 자리매김할 것인가?
  구체적인 ERP실행을 위한 목표 성장과 수익성
  공식화된 관계와 공식화된 구조없이 관련된 위험을 어떻게 관리할 것인지, 그리고 ○○○ 회사를 위하여 또 다른 조직에게 △△△ 회사를 팔 가능성을 어떻게 관리할 것인지?
  FCG의 현재의 사업전략과 구조에 그것이 어떻게, 어느 부분에 적합한지?
  그것이 FCG에게 어떤 특정한 이점/기회를 제공하는지?
  두 회사 간의 '문화적 적합성' 은 무엇인지?
  거래가 함께 이루어 질 수 있는지, 왜 그런지, 아니면 왜 아닌지?
  거래 구조가 무엇과 같은지?
  스태프/기술 집합이 FCG에 적합한지? 모든 사람을 유지할 지 아니면 어떤 사람들을 내보내야 할지?
  이 인수와 관련된 책임/위험은 무엇인지?
  FCG가 이 회사를 사야 하는지?

귀하 팀의 분석과 제안을 20분간 발표하도록 준비하시오(귀하의 발표에 위의 질문들이 모두 다뤄지도록 하시오).

이 팀실습을 위한 시간 계획 : 1시간 30분

출처 : © 퍼스트 컨설팅 그룹 기밀사항 및 소유권. 허가하에 게재

보기 5.9 효과적인 의사소통 실습

오늘부로 귀하가 CEO로 지명되었습니다. 귀하와 귀하의 경영팀은 회사의 의사소통 필요 요건을 정의하고 회사를 위한 의사소통 전략과 계획을 정하기 위하여 모였습니다.

배부된 사전 읽을거리와 오늘 있었던 집단토의 및 회사에 대한 귀하의 지식을 이용하여,

- 귀하와 관련한 다양한 관계자들에 대하여 생각하고 FCG와 관련한 그 특정한 조망을 논의하시오. 무엇이 핵심적인 의사소통 이슈이고, 정보에 대한 필요점은 무엇인가? 귀하가 계획을 만들기에 앞서 이 현안을 논의하는 데 적절한 시간을 사용하시오.
- 귀하의 관리를 위한 의사소통 전략과 계획을 설계하시오. 어떤 이슈와 관련하여, 그리고 어떤 빈도로 귀하가 어떤 관계자들과 얼마나 많이 그리고 얼마나 구체적으로 의사소통할 것인지를 확인하시오(벤더, 고객, 회계 감사인, 변호사, 이사회, 시장분석가, 경영위원회, VPC, VPDC, 기타 당신이 필요하다고 생각하는 사람들을 생각하시오).
- 귀하가 그러한 그룹/조직들과 의사소통하기 위해 사용할 수단을 설명하고 그 의사소통의 효과성을 평가할 방법을 정의하시오.

귀하 팀의 분석과 제안을 20분간 발표하도록 준비하시오(귀하의 발표에 위의 질문들이 모두 다루어지도록 하시오).

이 팀실습을 위한 시간 계획 : 1시간 30분

출처 : © 퍼스트 컨설팅 그룹 기밀사항 및 소유권. 허가하에 게재

보기 5.10 숙제 사례

1. 지금과 두 번째 세션 사이에 귀하의 사업부 리더와 인터뷰를 하고 귀하 사업부의 평가를 준비하시오. 다음을 확인하고 다루시오.

- 사업부 조직구조를 간단히 설명하시오.
- 현재의 사업모형을 설명하시오.
- 현재와 미래의 사업동인과 시장 기회를 찾아내시오.
- 부서의 상대적 강점과 약점을 찾아내시오.
- 부서의 기술집합 중 강점과 결핍된 부분을 설명하시오.
- 향후 20개월에서 24개월 안에 존재하게 될 위험, 위험노출, 기회들을 찾아내시오.

다음 세션에서 전체 리더십 퍼스트 그룹에 귀하의 분석을 발표(20분 이하로)하도록 준비하시오. 이 발표는 독창적인 생각이어야 하고 이슈에 초점을 둔 분석이어야 합니다—단지 학문적 실습이나 사업부 멤버들이 만든 다른 발료들의 요약이어서는 안 됩니다.

2. 귀하의 개인적 성장과 학습전략의 근거인 귀하에 대한 평가 피드백 정보를 사용하여, 귀하의 학습계약을 자세히 완성하고, 귀하가 다음 6개월에서 8개월에 걸쳐 귀하를 위해 설정하고자 하는 핵심 개발목표를 찾아내시오. 두 번째와 세 번째 세션에서 귀하의 팀과 귀하의 학습 목표를 공유하고, 귀하가 어떤 과정을 만들었고 또는 만들고 있는지를 그들과 논의하도록 준비하시오.

출처 : © 퍼스트 컨설팅 그룹 기밀사항 및 소유권. 허가하에 게재

기고자 소개

폴라 코완(Paula Cowan)은 SHRM 자격을 가지고 있고 캘리포니아, 롱비치에 본사를 둔 퍼스트 컨설팅사의 에머리터스(Emeritus) 인적자원 부사장으로, 2001년에 퇴직하였다. FCG는 헬스케어 산업에서 고객에게 전략적 정보기술 솔루션을 제공한다. 그녀는 1996년에 회사에 들어가 인적자원 조직의 설계자를 지냈고, 기능을 짜고 충원하며 조직의 많은 HR 이니셔티브를 설계하고 실행하였다. 그녀는 회사의 운영위원회 멤버로 또한 CEO와 운영부사장과 함께 리더십 개발위원회의 멤버로 재직하였는데, 운영부사장은 회사의 품질 이니셔티브를 관장하였다. 퍼스트 컨설팅 그룹에 들어오기 전에는 헬스케어 산업과 하이테크, 컨설팅 산업에서 경영자로 근무하였다. 그녀는 캘리포니아 주립대학교 롱비치 캠퍼스에서 학사와 석사학위를 받았고 인적자원관리협회(Society for Human Resource Management, SHRM)가 부여하는 SPHR 자격을 가지고 있다. 그녀는 미국 훈련 및 개발협회(American Society for Training and Development)의 토치상과 YWCA가 주는 탁월한 여성 사업가상을 받았다. 그녀의 논문은 「HR 매거진」, 「퍼스널 저널」, 「HR PC와 미국 훈련 및 개발협회의 회보」에 실렸다. 그녀는 청십자 협회 컨퍼런스(Blue Cross Association Conference), PIRA, 로스앤젤레스 보상 및 부가보상 협회(Los Angeles Compensation and Benefits Association), 페퍼다인 대학교 우먼 임플로이먼트 옵션 컨퍼런스(the Women' s Employment Options Conference)의 초청강사이기도 하였다.

6

GE 캐피털

이 사례 연구에서는 강력한 진단 및 평가과정, GE 가치, 세 개의 리더십 렌즈, 스토리텔링, 미래 탐색(futuring), 최고 성과 규명, 시스템 사고, 사후관리 포럼 및 평가 등을 통하여 실질적 사업 영향력을 갖춘 글로벌 하이 임팩트(high-impactp) 리더십 개발방식에 대해서 설명한다.

개요

많은 리더십 개발 개입활동들이 그 설계와 실행에서 사업 리더들을 관여시키지 않는 방식으로 이루어진다. 결과적으로, 이와 같은 개입활동은 때때로 조직관점과 개인관점을 통하여 개선을 이룰 기회를 갖기보다는 훈련 실습과 같은 느낌을 더 많이 준다. 우리는 리더십 개발활동에 대한 연구에서 리더들이란 자신들의 일상활동에 뿌리를 둔 경험(Bass, 1990; Argyris, 1976; Clark, Clark, Campbell, 1992)과 자신들이 일에 직접 적용할 수 있는 경험을 통하여 가장 많이 배운다는 것을 안다. 하지만 조직과 그 조직에 참여하는 개인의 성과에 리더들이 실제로 미치는 영향을 판단하기 위해 영향력 발생과정을 따르는 리더십 개발활동은 너무나 적다.

이 사례연구는 여러분 조직에서 실행될 수 있는 리더십 개발 프로그램의 설계와 실행 및 평가에 대한 '처음부터 끝까지(soup to nut)' 의 과정을 다룰 것이다. 이 사례는 GE사의 재무서비스 사업부에서 세계적으로 사용된 한 과정을 중심으로 전개한다. 이 과정은 재무 조직뿐만 아니라 산업 경영과 또한 여러 기능 조직에 걸쳐 다양한 문화와 사업유형에서 효과가 증명된 것이다. 사업 리더들을 이 과정—강력한 성공요인—에 관여시키는 것에 대하여 입증된 방식이 개괄적으로 소개된다.

리더십 개발에 대한 비즈니스 케이스

GE 캐피털은 알려진 바와 같이 GE 회사의 재무 서비스를 맡은 한 팔로서 사업 확장과정을 크게 겪고 있다. 이 조직은 세계에서 가장 빨리 성장하는 재무 서비스 조직 중의 하나로서 1990년대 초기에는 미국에 기반을 두었던 조직에서 1990년대 중후반에는 글로벌 조직으로 커가고 있다. GE의 특징 중 하나는 회사의 핵심 리더 인재를 발굴하여, 회사를 나타내 주는 강력한 가치들을 그 인재가 확실하게 반영하도록 하는 문화를 추진하고 있다. GE가 급속하게 성장함에 따라 새로 부상하는 리더들이 회사와 강력하게 연결되도록 빨리 조치하지 않으면 경쟁우위를 상실할 것이라는 우려가 대두되었다. 아울러 회사가 세계적인 규모로 성장함에 따라 회사의 문화를 유지하는 것이 점점 중요하게 대두되었다.

리더십은 조직의 문화를 모델화하고 강화하는 데 중요한 역할을 맡는다. 문헌들에서 강조되듯이 조직의 문화적 가치들을 반영하지 않는 리더들은 회사의 수익에 파괴적 영향을 미칠 수 있다(Finkelstein & Hambrick, 1996). 역사적으로 GE는 강력한 리더를 만들고 개발하는 능력으로 유명하며, 따라서 GE 캐피털의 빠른 성장에 따라 이 조직이 리더개발에 초점을 두어야 한다는 점은 당연하였다. 문제는 정확히 이야기하자면 어떻게 하면 효과적 비용, 효과적인 방식으로 리더들을 키워갈 것인가였다.

출발

리더십 프로그램을 개발할 때에 빠지기 쉬운 유혹은 조직 내에서 그것들에 대한 개발 경험이 있는 사람들을 찾아가는 것이다. 제도적 역사로 보면 이 내부자들(insiders)이 귀중한 자원일 수 있으나 이들은 리더십 개발과 훈련에 대하여 자신들의 신념이나 신화를 종종 영속화시켜 결과적으로 '상자 밖의 사고(out of the box thinking)' 를 하는 것에 장막을 치게 된다. 문제를 진정으로 아는 사람들은 리더 자신이며, 리더십 방정식에 무엇이 빠져 있는지를 아는 진정한 사람들도 리더 자신들이다. 따라서 중요한 변화를 위한 핵심점을 규명하려는 노력에 대해 이를 지원하기 위한 결정적 다수(critical mass)를 만드는 것이 중요하고, 리더십에서 그들이 중요하다고 믿고 있는 것에 대하여 리더십 커뮤니티와 연결하는 것이 중요하다.

일부 사람들의 충고와는 반대로, 나는 사업과 리더십 도전에 대한 사업 리더들의 의견을 알아보기 위하여 그들 모두를 인터뷰하는 대담한 노력에 착수하였다. 나는 또한 변화와 개인개발에 대하여 시스템의 잠재적 사용자들의 취향을 읽기 위하여 시스템 전반에 걸쳐 그들과 인터뷰하였다. 이것은 매우 유용하고 깨달음을 주는 과정이었다. 사업의 문제점들이 확인되었을 뿐만 아니라 효과적 리더십에 대하여 리더들이 가르침을 줄 수 있는 관점들이 드러났기 때문이다(Tichy & Cohen, 1997). 이의 이점은 두 가지 측면이었다. 하나는 사업에 대한 도전이 앞에 놓여 있다는 점에 대해 상당한 공감이 있다는 것을 알았고(언제나 좋은 소식), 다른 하나는 그들이 정말로 리더십이 어때야 하는지에 대하여, 또한 좋은 리더가 되기 위해서 무엇이 필요한지에 대하여 강력한 관점을 가지고 있기 때문에 리더 자신이 그 개발노력에 중요한 역할을 할 수 있다는 것을 알았다. 그들은 확실히 자신들의 관점—자신들의 가장 위대한 교훈들을 배우는 '결정의 순간(defining moment)' —을 가지고 있었고 자신들이 그에 대하여 말하는 것을 흥미로워하였다. 잠재적 참가자들은 배우고 싶어하며 앞서고자 하는 강한 욕구가 있었다. 그들은 조직의 더 커다란 맥락을 이해하고 자신들을 개발하며 자신들의 부하들을 지속적으로 동기부여 하려는 열망을 가지고 있었다.

동일한 일련의 질문들이 사업 리더들과 잠재적 참가자들에게 주어졌다. 인터뷰의 접근방식은 개방형이었고 다음의 질문들이 사용되었다.

- 이 사업이 직면한 가장 커다란 도전은 무엇입니까? 무엇이 여러분을 잠 못 이루게 합니까?
- 이 사업에서 미래의 지도자에게 당신이 한마디 메시지를 전한다면 무엇이겠습니까?
- 사업의 도전에 대처하기 위해서 리더들은 무엇을 할 필요가 있습니까?
- 여러분은 어떤 리더로서 기억되기를 원합니까?
- 리더십에 대하여 당신에게 가장 많은 것을 가르쳐 준 가장 위대한 결정적 순간은 무엇이었습니까?
- 현재의 역할에 대하여 가장 흥미로운 것은 무엇입니까?
- 리더십 개발에 대한 관심집중이 중요합니까? 만일 "예"라면 왜 그렇습니까? 아니라면 왜 아닙니까?
- 우리가 한 가지 노력을 시작한다면 당신은 기꺼이 그 멤버가 되겠습니까?

이들 질문들은 자명해 보일지 모르나 매우 흥미로운 논의를 이끈다. 여러분은 내가 명확한 질문을 하지 않았다는 것을 알 것이다. 리더는 어떤 기술이 필요하다고 생각하십니까? 이 질문은 너무 쉬었을 것이고 사업 필요성에 반드시 근거를 둘 필요가 없는 전형적인 대답을 제시하였을 것이다. 위의 질문들은 또한 미래에 초점을 두고 있다. 이는 중요한데 왜냐하면 우리는 과거에 일어났던 것을 고쳐나가려고 논쟁하거나 정당화하거나 또는 노력하는 것이 아니었기 때문이다. 우리는 사업과 리더들이 미래에 성공적이기 위하여 무엇을 할 필요가 있는지를 적극적으로 생각하고 있었다. 피인터뷰 대상자들 또한 자신과 자신의 사업에 대하여 성찰할 기회—오늘날과 같이 빠르게 돌아가는 세계에서 즐길 수 있는 하나의 사치—를 가졌다.

나는 사업 도전, 잠재적 선생들로부터의 리더십 교훈, 그리고 잠재적인 참가자로부터의 리더십 필요점에 대해서 많이 배우면서 이 인터뷰들을 마쳤다. 이 변화시도 프로그램에 포함될 그리고 그에 관여할 집단 에너지가 만들어지고 있었다. 이 활동에 쏟은 시간을 통해 우리는 사업환경 중 성찰적인 부분들을 설계하게 되었으므로 노력한 만큼의 가치가 있었다. 이 단계의 핵심 결과는 사업 리더가 리더십의 어떤 측면에 관심을 가지고 있는지를 이해하는 것이었다. 각 사업 리더는 발전을 이루는데 소중하다고 증명된 특정의 관심집중 영역들을 가지고 있었다. 이 인터뷰 과정을 통하여 그 다음 단계에 대한 꽤 많은 관심들이 집단에서 또한 만들어졌다.

교훈 하나 : 개발과정에 리더들을 초기에 관여시켜라. 되돌아 보면, 나는 확실히 처음에 이 단계를 빠뜨리지 않으려 하였다. 그것은 위대한 모멘텀을 만들고 수용하게 만드는 노력의 기반과 초석이 되었다. 그것을 통하여 우리는 차세대의 고위층 리더들을 개발하려는 대단한 열정이 있다는 것을 또한 알게 되었다.

거시적인 사업 이슈가 정의되고 리더십 요구점이 결정되며, 리더십 교훈이 명료화되면서, 이를 좀 더 구체화시킬 시기가 되었다. 이제 우리는 역량의 세계를 파고 들어갈 필요가 있었다. 우리가 처음부터 역량을 가지고 시작하였더라면 우리는 OD 및 HR의 전문용어들(그것은 어쨌건 아무리 비용이 들더라도 내가 피할 것이다)에 빠져서 사업 걱정거리들로 짓눌려 있는 리더들을 놓쳐버리는 결과가 되었을 것이다.

거시적 이슈들이 이해되었기 때문에 미시적인 이슈들로 들어가는 것은 좀 더 쉬웠다. GE의 문제해결기법인 Workout™ 과정이 사용되었는데 어떤 구체적인 거시적 특징들이 성공적으로 나타날 때, 그것들이 무엇처럼 보이는지를 정의하기 위한 것이다. Workout™은 활력적이고 재미가 있었다. 사업 리더팀은 그 특징들의 정의에 대하여 의견이 일치되었고, 그 특징들이 행동적으로 나타나도록 철저하게 가르쳤다. 무엇이 성공적인 미래의 리더십을 구성하는가에 대해서는 상당한 공감대가 있었다. 이 과정을 통하여 그림 6.1의 리더십 개발의 구조와 관련된 행동들이 정의되었다.

이 구조는 최종 타당화를 위하여 모든 사업리더들에게 보내졌다. 일단 승인이 얻

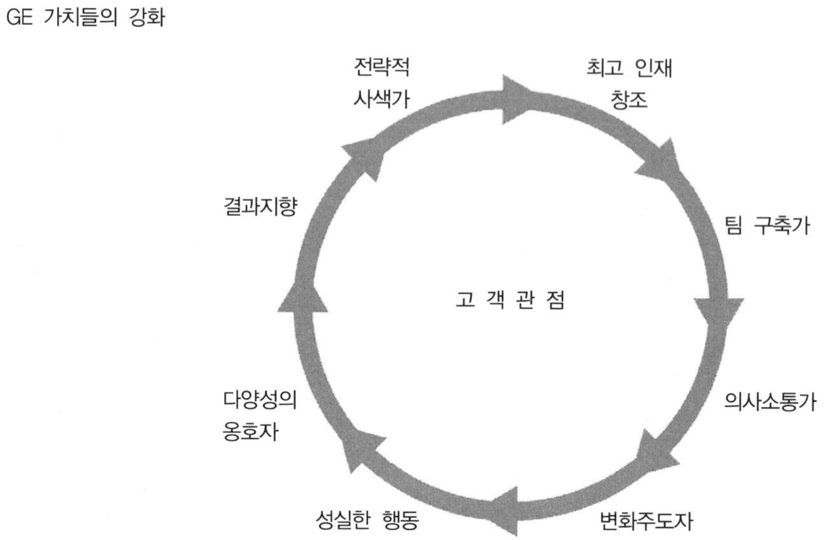

그림 6.1 이니셔티브의 닻을 내리기

어지자 이것은 그 다음의 개발방법에 대한 행동의 기초가 되었다.

> 교훈 둘 : 여러분 자신의 구조를 만들라. 문헌을 찾아보는 것이 더 쉽고 빠를지도 모르며, 그것들을 리더에게 보고하고 승인을 구하는 것이 더 빠를 수도 있다. 왜냐하면 그것들은 이미 행해진 것들일 수 있기 때문이다. 보다 더 해로운 것은 외부 컨설턴트들에게 그것을 개발하게 만드는 것이다. 그러나 그와 같은 행동에 대해서는 어떠한 주인의식도 없게 될 것이다. 그리고 그런 구조는 자신들의 리더들에 의하여 개발되고 소유된 것과 같은 무게를 참가자들이 갖기 어려울 것이다. 이 개발활동은 규격품과 같은 행동 품목들이 아니고 하나의 사업으로서 확고히 믿어지는 행동들이다.

한 가지 주목할 만한 흥미 있는 점은 이 구조가 성공을 위한 리더십 특징들에 대한 중요 연구들(Andersen Consulting, 1999)과 매우 가깝다는 점이다. 문헌 및 연구 관점에서 보면 그 구조는 이유있고 타당한 것이다. 궁극적으로 그것은 개발활동에 사용될 360도 설문조사 피드백 도구에 대한 기초가 되었다. 이제 우리는 설계 작업을 시작할 준비가 되었다.

운영철학의 구축

리더십 개발에서 쏟는 많은 노력들이 단지 리더 행동과 부하의 반응을 중심으로 하여 설계되고 있다. 그러나 좀 더 현대적인 관점으로 보면 리더들은 세 가지 수준에서 책임을 지게 된다. 리더들의 가치를 반영하는 개인적인 행동, 그들이 부하들과 상호작용하는 법과 부하들을 관여시키며 자신들의 가치를 모델화하는 법 그리고 시간이 지날수록 지속가능하며 강하고 건강한 조직을 만드는 법이다. 특히 리더들은 종업원과 주주 및 고객과 자신들의 지역공동체에 이익을 제공하는 조직을 만든다. 조직 성실성과 조직 윤리를 리더들의 마음 가장 앞 부분에 간직하는 것은 GE 리더들의 한 특징으로서 엔론사태 후 시의적절하였을 것이다. 그 설계를 이끄는 조직화 원리는 이 세 수준 리더십의 상호관계성일 것이다.

GE는 가치기반 조직이므로 GE 가치들은 반영될 필요가 있다. 가치들은 행동이나 스타일보다는 진정한 리더십에서 훨씬 더 중요하다(Clawson, 1999). 사실 우리가 아는 바와 같이 리더들은 스타일들이 다르다. 그러나 리더를 다른 사람들과 진정으로 구분해 주는 것은 일상 업무를 이끄는 강하게 보유된 가치들이다. 리더십에 대한 많은 구루들(gurus)은 이 점에 동의한다(Clawson, 1999; Deal & Kennedy, 1982). 그러므로 이 프로그램 설계는 참여자가 자신들의 기반이 되는 가치를 드러나게 하고 그 가치들이 자신들의 행동에서 얼마나 명확한가를 보게 하는 데 초점을 두고 있다. 우리는 참가자들의 가치와 전제 그리고 행동이 정렬될 수 있도록 하기 위하여 참가자들이 그것들을 연결시키도록 도움을 주고자 하였다. 이 아이디어는 자신들의 신념에 부합하는 일관된 행동을 만드는 것이었다. 또한 이 변화 시도에는 성찰적인 성격도 있었다. 꽤 고위급 리더들이 참여하므로 우리는 그들이 리더십에 대한 개인 이론을 이미 가지고 있지 않을 것이라고는 생각하지 않았다. 그보다도 우리는 리더들에게 무엇이 자신들을 이끄는지를 진실로 이해할 수 있도록 의식의 수준으로 그 이론을 끌어오고자 하였다. 우리는 참가자들이 스스로 자신들의 리더십 지도 원칙들을 정의하기를 원하였고, 왜 그것들이 그들에게 중요한가를 이해하기를 원하였으며, 리더들이 서로로부터 배울 수 있도록 이 원칙들을 공유하기를 원하였다.

이 프로그램이 사업에 기반을 둔 경험을 통하여 GE의 행동학습 문화에 맞게 안성맞춤화되어야 한다는 점 또한 중요하였다. 따라서 행동학습은 일반적인 개발원

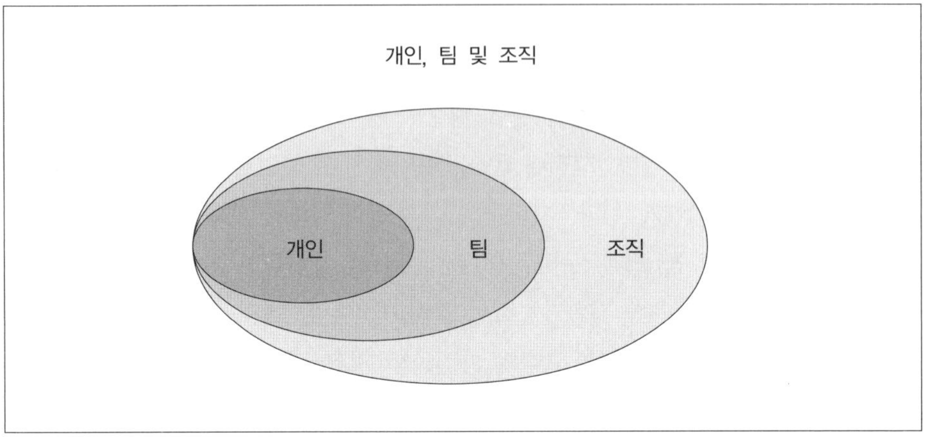

그림 6.2 리더십의 세 가지 렌즈

칙이 되었고 이에 의거하여 참가자들은 경험에 의거하여 행동을 취하고 성찰하며 틀을 다시 만들곤 하였다(Argyris, 1976). 이러한 개념들에 더하여 우리는 또한 다음을 활용하고자 하였다.

- 스토리텔링(storytelling). 이야기는 보다 더 잘 기억된다. 우리는 리더들이 자신들의 환경에서 스토리텔링을 사용하는 방법을 배우기를 원하였다(Conger, 1993).
- 미래탐색(futuring). 사람은 미래의 맥락에서 변화하여야 한다. 그것은 과거의 실수를 바꾸려 노력하는 것보다 훨씬 더 활력을 주는 것이다(Goldsmith, 2001). 미래 계획수립의 출발점으로서 과거를 진단하는 일반적인 OD 접근 방식은 폐기되었다.
- 최고의 성과 규명. 모든 사람은 어떤 점에서 리더이다. 그리고 자신이 최고였었던 때를 성찰하게 되면 자신이 사실 위대한 리더십을 보여줄 능력이 있다는 것을 보게 된다. 그러나 그 최고의 경험을 매일 적용해야 한다(Cooperrider, 1997-1998).
- 시스템 사고. 모든 리더들은 자신이 조직의 정렬을 이끌고 체계적인 변화를 이끌 수 있도록 전체의 조직을 전략적 조망으로부터 체계적으로 볼 수 있어야 한다(Senge, 1990).

교훈 셋 : 리더십의 세 가지 렌즈와 같은 개념적 틀 구조를 정의하는 것은 그 틀 구조가 프로그램을 함께 묶는 접착제 역할을 하므로 중요하다. 리더십 지도의 내용(map content)을 짜고 사용될 도구와 기법을 결정하기에 앞서 그것들이 조직 문화와 일치되도록 자신의 설계 철학과 전제를 자신이 결정할 수 있게 하라. 틀의 구조와 작업가설은 프로그램에 대한 논리를 제공한다. 참가자들은 프로그램 파워에 일치성이 높아짐을 느낄 수 있을 것이다. 철학을 확실하게 강조하는 것은 리더십 프로그램에 필수적임이라는 점이 증명되었다.

이 기초 작업이 자리 잡히면서 실질적인 자료(사전 및 사후), 행사 순서와 교수요원(faculty)을 개발할 시기가 되었다.

설계, 도구 및 기법

이 접근방법은 늘 변하는 사업환경에 맞출 수 있도록 충분히 유연할 필요가 있었고, 또한 충분히 구조화됨으로써 신뢰할 수 있고 고품질 결과가 일관되게 나타날 수 있도록 할 필요가 있었다. 주요 구성 요소는 인터뷰 및 개인 설문조사, 개인 코치를 포함하는 일주간의 심포지엄, 포스트 프로그램의 설문조사 사후관리, 초점화된 목표를 가진 개발필요점에 초점을 맞춘 하루 또는 이틀짜리의 집중적 행사 등으로 이루어지는 사전 작업으로 구성되었다.

이 사전 작업에는 다음 사항들이 포함되었다.

- 성찰과정에 도움을 주면서 개인 개발필요점에 대한 목표를 정하기 위한 인터뷰. 인터뷰는 사업에 처해 있는 도전과 미래의 리더가 이 도전에 대처하기 위하여 무엇이 필요한지에 대한 조망을 얻기 위하여 참가자의 상사, 몇몇 동료, 부하, 고객에 대한 인터뷰로 실행되었다(보기 6.1).
- 최고의 성과를 냈던 경험에 대한 개인적 분석. 그 경험된 사건은 무엇이었고 누가 관여되었으며, 성과를 최고로 만드는 데 자신이 무엇을 하였는가(보기 6.1)
- 세 가지 설문조사 도구의 완성 : 이것은 최고의 성과를 냈던 상태에서 그 리더에 대해서 설명을 해주는 내용으로 구성된 360도 피드백 설문조사, 마이어스 브리그스의 성격유형 진단(Myers Briggs Type Indicator, MBTI), 휴먼 시너지스틱사(Human Synergistics)에서 개발한 리더 행동과 조직문화 및 가

치들과의 상관성에 대한 설문조사 도구인 리더십 영향 설문조사(Leadership Impact(L/I) Survey)에 대한 질문 문항들이 포함되었다.

게다가 우리는 개인적으로 전화를 걸어 각 참가자들이 기대를 설정하도록 하고, 자신들이 경험하게 될 것을 잘 이해할 수 있도록 설계 원리와 설계 철학을 설명하였다. 우리는 사람들이 참가 전에 확실히 잘 숙달되게(versed) 하고, 주 초점이 리더십이라는 점에 대하여 이해를 확실히 하고자 하였다.

교훈 넷 : 신중하게 구성된 사전 작업으로 인하여 이 프로그램은 참가자들에게 기존에 해왔던 전형적인 과정이 아닐 것이라는 기조와 분위기를 만들어 주었다. 그것은 또한 참여자가 곧 경험하게 될 과정에 대하여 흥미를 갖게 만들었다. 참가자들은 무엇을 기대할 것인지를 알았고 또한 이 행사의 고객으로서 존중받음을 느꼈으므로 이 개인별 참여가 매우 값지다는 것이 증명되었다.

프로그램 자체는 마이클 샤아라(Michael Shaara)가 지은 남북전쟁(Civil War)에 대한 역사 소설인 『킬러 에인절(Killer-Angel)』의 이야기로 시작된다. 콜로넬 챔버린(Colonel Chamberlain)에 대한 이야기가 이 책에서 발췌되어, 리더십의 세 가지 수준을 강조하였고 진정한 리더십이란 행동이 아닌 도덕적 기반과 일련의 원칙들에 의거한다는 개념을 강조하였다. 이 이야기는 챔버린이 주요 전쟁에서 사람들이 가슴과 마음으로 자신을 따르게 하는 데 정확히 단지 3분 걸렸던 리더십의 결정적 순간을 묘사한다. 이 부분은 버지니아 대학 다든 경영대학(Darden School of Business at the University of Virginia) 교수인 짐 클로선(Clawson)이 행한 연구에서 직접 발췌된 것이다. 짐은 우리를 위해 이 부분을 허용해 줄 만큼 매우 친절하였다. 그것은 한 주일을 앞두었다는 것이 무엇과 같은지에 대한 아주 강력한 기조를 설정하였다. 이 이야기는 사람들이 리더 역할을 확장할 때 자신들이 어떠한 원칙들을 가지고 안내해 나아가야 하는지에 대하여 진정으로 생각하게 하였다. 첫째 날 오후에는 사전에 작업한 인터뷰를 설명하는 데 사용되었는데, 사업에 대한 도전이 앞에 주어질 때 미래에 무엇을 해야 할 것인지에 대한 맥락을 제공하기 위해서였다.

미래의 리더들의 의무가 정의되면서 참가자들이 리더로서 지속 성장하는 데 무엇을 할 필요가 있는지를 볼 수 있도록 360도 피드백 결과를 제공할 때가 되었다. 이것은 생각에서 중요하며 미묘한 전환이다. 그것은 사람들이 과거가 아닌 미래를 보게 하고, 사업 세계라는 맥락에 리더십을 갖다 놓는다. 사람들이 토론을 좋아하는 것은 놀라운 일이 아니다. 왜냐하면 토론은 사람들로 하여금 사업 도전들이 독특한 점이 아니고, 다른 사람들도 같은 배에 타고 있다는 점과 우리 모두가 서로로부터 개선하는 법을 배울 수 있다는 점을 알게 해 주기 때문이다. 그것은 360도 피드백 과정이 주는 위협을 제거하였는데, 왜냐하면 우리는 과거에 잘못 행동했던 것을 보는 것이 아니고 앞으로 나아가기 위해 무엇을 할 필요가 있는가를 보게 하였기 때문이다. 첫째 날 끝에 참가자들은 개인별 피드백 도구들을 검토하고 행동계획을 논의하기 위한 자신들의 개인 코치들과 일대일 코칭 시간을 위한 서명을 하였다. 각 코치들은 예닐곱 명의 사람들로 구성된 팀과 함께 일하면서 그 주일 남은 기간 동안 개인코칭과 팀 코칭을 실시하였다.

한 가지 주목할 것은, 원래의 설계에서는 외부 코치가 요구되었으나 프로그램들이 진행됨에 따라 우리는 내부의 선임 인적자원 관리자들을 사용하기로 바꾸었다. 내부 코치는 사업 맥락과 회사의 가치 및 문화를 이해하기 때문에 이것은 매우 중요한 전환이었다. 이들은 현재의 사업현실들과 관련하여 이슈들의 틀을 형성하게 도울 수 있었기 때문에 훨씬 더 값진 코칭을 제공하였다. 게다가 내부 사람들은 경영자의 코치가 되는 것을 좋아하였고, 코칭 관계는 실제 프로그램 이후에도 자주 오래 지속되어 또 다른 부가적인 이익이 되었다.

첫째 날(매일 이처럼)은 리더십(개인적인 결정적 순간들과 교훈들)에 대한 자신의 관점을 토론하는 사업 리더들과 '노변 한담(fireside chat)'을 하면서 끝을 맺었다. 노변 한담은 모든 사람들이 훌륭한 토론에 빠져 서로의 관점에서 배울 수 있도록 비공식 대화가 되도록 구조화되었다. 주지하듯이 리더들은 노엘 티치(Noel Tichy)가 쓴 가르칠 수 있는 관점에서 차용한 프로그램을 통하여 그날의 토론과 관계된 주제에 대한 프로그램을 통하여 발표한다. 전형적으로 약 10명에서 12명의 리더들이 교수요원으로 참여한다.

교훈 다섯 : 내부 사람들을 강사 및 코치로 활용하는 것은 독특한 기조를 형성한다. 그것은 다양한 사업 리더들이 다른 관점에서 보도록 도와준다. 사업 리더들의 참여는 또한 신용을 제공하고 그러한 노력이 성공할 수 있도록 구축하는 것을 도와주는 엄청한 지원수준을 보여준다. 게다가 내부코치들은 대단한 맥락적 가치를 제공한다.

이틀째는 MBTI를 탐색하고 성격상 360도 평가인 리더십 임팩트(L/I) 조사결과를 설명하면서 리더십의 개인적 측면에 초점을 두게 계속된다. 세 가지 설문조사들은 서로 밀접하게 상관되고(360, MBTI 및 L/I), 계속 성공을 이루기 위해서는 무엇을 계속할 필요가 있는가를 확인하게 도와주는 다양한 자료들이 제공된다. 또한 그들이 최고의 성과에 있을 때 자신들이 어떤 말을 들었으며, 최고의 성과에 있을 때 자신들이 뭐라고 말하였는지를 본다. 그것들은 밀접하게 정렬되는 경향이 있다. 최고의 성과가 실제적 관심집중이 필요한 위기의 시기에 나타났다는 것은 흥미 있다. 최고 성과에 대한 또 다른 주목할 점은 참가자들이 최고 성과수준에서 하는 일이 그들이 일상에서 더 잘하기 위하여 필요한 것과 일치한다는 것이다. 이것은 리더들이 평상시에 하는 일들에 주목해야 할 때 탁월성을 보여줄 수 있다는 사실을 강조하는 것인데, 일반적으로는 그 보통의 시기에 그들은 구습으로 되돌아가는 경향이 있다.

교훈 여섯 : 자신의 도구들을 조심스럽게 골라 변화를 지원할 진단도구들을 충분히 제공하라. 설문조사들은 프로그램의 전체적인 구성과 밀접하게 정렬될 필요가 있다. 이 경우 세 가지의 설문조사와 최고 수준을 이뤘던 성과에 대한 분석은 도덕적 근거의 조망과 또한 개인, 팀, 조직의 조망 모두에서 리더십의 세 가지 수준을 강화하였다. 그 도구들은 리더가 실제 이슈들에 근거하여 일할 필요가 있도록 상관성을 갖게 해야 한다. 실제의 이슈들에서 도구가 벗어나지 않도록 하라.

이틀째는 우리가 채택한 마샬 골드스미스의 코칭 모형(Marshall Goldsmith, 2001)과 함께 마무리한다. 이때에 참가자들은 자신들이 원하는 한 가지 항목을 정하도록 충분한 자료가 주어지며, 우리는 마샬의 코칭 모형을 적용하여 그들이 자신이 동료들로부터 어떻게 나아질 수 있는지에 대하여 아이디어를 얻게 한다. 이것은 이 날의 경험에서 대단원을 이루는 마지막 부분인데, 왜냐하면 그 참가자들은 자신들 모두 해야 할 유사한 이슈들을 가지고 있다는 점과 어떻게 개선할 수 있는지에 대하여 서로에게서 매우 실용적인 제안을 얻을 수 있다는 점을 배우기 때문이다. 마샬의 모형은 사용자 친화적이고 바쁜 경영자들에게는 실행하기가 쉽다. 이것은 동료코칭에 대하여 그 주 나머지 기간 동안 계속될 기조를 설정하므로 부가적인 이익이 된다. 참가자들은 개인적인 일대일 코칭을 받을 뿐만 아니라, 자신들이 코칭을 하고 서로가 개선하게 도와주는 환경이 만들어진다. 이러한 관계는 프로그램이 끝나도 계속 지속되었다. 즉 팀들은 서로가 자주 사후관리를 하고 서로에게 '개선을 촉진하는 전화(improvement call)'를 한다. 게다가 많은 사람들은 근무지에 돌아갔을 때 더 나은 팀워크를 구축하기 위하여 자기 직원들에게 이 모형을 사용하였다.

셋째 날과 넷째 날에는 리더-부하 간의 관계와 조직분석(Organizaion Analysis, OA) 모형—전략을 이끌어 내게 하는 조직에 대한 시스템 사고 모형—에 초점을 맞춘다. OA 모형은 전형적으로 새로운 변화시도 프로그램이 대처해야 할 현재 문제를 중심으로 하는 프로그램을 위하여, 특별히 선정된 비지니스 케이스(business case)를 분석하기 위한 도구이다. 이 사례는 하버드의 사례연구라기보다는 조직분석 모형—조직 360도의 한 종류—에 따라서 쓰인 사실들의 기술문이다. 이 모형은 식스 시그마에 의거하여 세워져, 비지니스 리더나 리더십 팀이 사업상황을 진단하거나 조직 개선을 위해 다뤄야 될 필요 영역들을 결정할 수 있게 한다(식스 시그마 프로그램에 대한 더 자세한 정보는 제7장 참조).

참가자들은 또한 그 사례에 관한 작업을 하기 위해 임시 추진팀에 투입된다. 그들은 갖춰야 할 팀 행동과 팀 과정을 중심으로 서로 계약을 맺고, 코치는 과정 관찰자와 팀 피드백 제공자 역할을 맡는다. 코치에게는 역기능적 행동이나 그런 과정이 발생할 때 지적할 권한이 부여되며 그를 통하여 그 팀이 배울 수 있게 하고 스스로 고쳐나갈 수 있게 한다. 실제로 다루어야 하는 사업 사례가 주어지기 때문에 팀의 행동들이 강하게 드러나는 경향이 있다. 이것은 실행을 통하여 배우는 또 다른 수준의 중요성을 제공한다.

조직분석 모형

이 사례는 전형적으로 스물 다섯 쪽에서 서른 쪽 분량으로서 OA 모형의 각 측면에 대한 사실들을 나타낸다. 이것은 이슈들에 대하여 팀이 합리적인 판단을 내리도록 충분한 자료를 제공한다. 추가로 이 사례에 해당하는 사업 오너(business owner)는 이 프로그램에 참여하여 그 사례에 대하여 팀이 갖게 될 어떤 질문들에 대해서 답변을 한다. 그들이 지속적인 개선을 이끌려 할 때 우선 그들이 공략하여야 할 모형의 구성요소를 결정하는 데서 이 팀을 도와줄 일련의 질문들은 OA와 관련되어 있다. 프로그램의 마지막 날에 참가자들의 제안은 사업 오너와 CEO 사무실에서 참가한 사람에게 보고된다. 팀은 모형을 배우고 실제의 이슈에 그것을 적용한다. 이 접근방식은 자신의 조직에 적용될 수 있는 중요한 사업 관련 사항에 관하여 변화를 이끄는 법을 그들이 개념화하게 만든다.

교훈 일곱 : 팀 행동들을 다루고 변화를 학습하는 것은 실제적이고 긴급한 사업 이슈들을 중심으로 하는 것이 가장 효과적이다. 이것은 게임이나 집단활동이 아니고 회사의 성공에 중요한 것이다. 또한 사람들이 실제 다루는 이슈들에 대하여 작업할 때 팀 행동이 좀 더 두드러지게 드러나는 경향이 있다. 그들이 타인에게 어떻게 영향을 미치는가 그리고 잠재적으로 부하들에게는 어떠한 영향을 미치는가에 대한 교훈은 좀 더 독하기조차 하다. 그들은 자신들의 가치를 볼 수 있고 행동에서 그들의 행위가 자신들이 말하는 가치들과 얼마나 일치하는지 그렇지 않은지를 볼 수 있다. 그들은 자신들이 부하들에게 미치는 영향에 대하여 전체적 조망을 얻는다.

이 프로그램은 모든 경험들을 하나의 응집된 전체로 모으면서 다섯째 날에 끝난다. 참가자들은 개인개발 계획과 사업 이슈에 대한 자신들의 집단 제안을 마무리한다. 그리고 그들이 팀으로서 그리고 개별적 팀 플레이어로서 더 잘 할 수 있었던 것이 무엇인지를 결정하기 위하여 마지막 팀 코칭을 한다. 그들은 또한 자신들의 리더십 교훈을 정의한다. 이 프로그램은 전형적으로 보고서나 사장이나 CEO 또는 CEO의 사무실에서 나온 고위자와 행해진 대화로 결론을 맺는다. 결과 보고서는 미

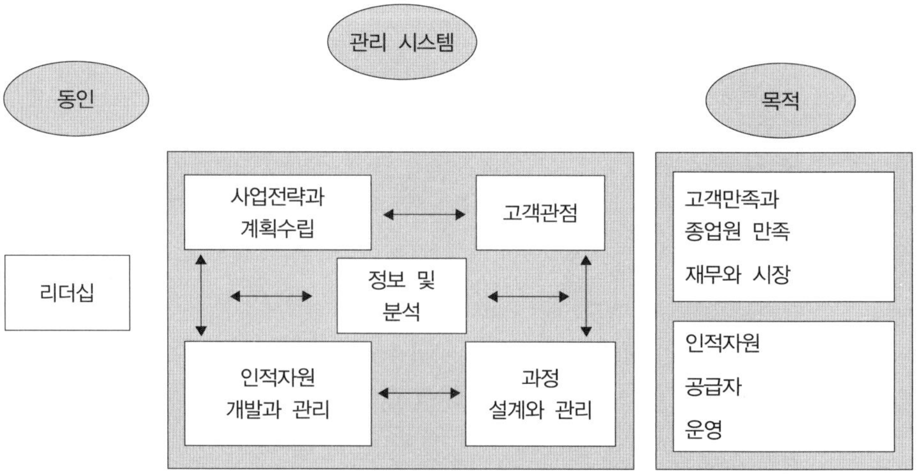

그림 6.3 조직문화

래를 향하여 나아가는 데 어떤 제안이 조직에 의하여 채택되어야 할 것인지에 대한 기초를 이룬다는 점에서 의미가 깊다. 그 기록에 대하여, 많은 제안들은 회사 내에서 성공적으로 실행되도록 처리되고 있다. 리더들이 프로그램의 실질적인 흐름을 맛볼 수 있도록 한눈에 보는 일주일 과정이 보기처럼 제공된다(보기 6.4).

사후관리와 결과

공식적으로 프로그램이 끝나더라도 상당한 사후관리가 뒤를 잇는다. 참가자는 개인, 팀, 조직수준에서 변화를 다루기 위하여 취해진 행동들에 대하여 설문조사가 이루어진다—리더십의 세 수준을 중심으로 프로그램의 원래 구성에 따라서 이루어진다. 어느 면에서 보아도 중요한 개선이 눈에 띈다. 또 참가자들에게는 리더로서 성장을 계속하기 위하여 필요할지 모르는 추가적 지원에 관하여 질문된다. 이 자료들은 특정 리더십 이슈들을 중심으로 하루 일정의 사후 세션의 기초 자료로 사용된다. 이 '베스트 프랙티스' 포럼은 특별한 전문 주제들에 대하여 전문가들의 참가를 의뢰하는 행사이다. 두 사람만 거명하자면 마샬 골드스미스는 코칭에 대한 집중 세션을 가졌고, 제이 콩고(Jay Conger)는 전략적 의사소통에 대하여 깊이 있는 세션을 가졌다. 이것은 학습을 지속하게 유지한다.

첫 프로그램 후 석 달째 및 여섯 달 째에 각 개인별 개발필요점을 중심으로 360도 미니 조사가 또한 실시된다. 우리는 최초 피드백을 준 사람들이 준 자료를 가지고 평가할 때 95%에서 참가자들에게 개선이 있음을 발견하였다. 이것은 매우 중요한 통계자료이다. 우리는 이 프로그램이 중요한 영향을 미쳤다는 한 가지 사실을 아는데 그 이유는 참가자들의 제안한 결과로 사업이 변화되었기 때문이다. 또한, 참가자가 중요한 개인적 변화를 이루었다는 사실을 자신들 스스로 주목하였기 때문이다. 그러나 가장 중요한 것은 그들과 상대하는 사람들이 그들에게서 지속된 변화가 이루어지는 것을 보았다는 점이다. 우리는 그러한 성과들이 그 프로그램에 대한 평가를 대변한다고 생각한다.

당연히 우리는 이 프로그램이 디자인과 내용 면에서 글로벌 오디언스와 관계 있고 적합하다고 평가한다. 이 프로그램은 일관되게 4점 만점에서 4점을 얻었다. 어디에서 실행되든 관계없이 반복가능하고 신뢰할 수 있는 접근방식을 수행하였다는 것을 나타낸다. 그러나 실제적인 성공의 증명은 이 노력에서 오는 결과를 정량화할 수 있는 데 있다.

교훈 여덟 : 사후관리는 개선과 변화를 보여주는 절대적인 열쇠이다. 사후관리 없는 개발활동은 반응평가(smile sheets)를 넘어 실제 사업에 영향을 기록할 수 없는 그냥 단지 하나의 활동에 불과하다.

최종 관찰

지속적인 영향력을 가진 강력한 리더십 개발활동을 구축하기 위해서는 사전에 많은 계획수립이 필요하다. 특히 중요한 것은 미래로 나아가는 데 사업이 직면한 도전을 철저하게 이해하는 것이다. 이것은 리더십 개발에 대한 아주 중요한 맥락을 제공한다. 리더십 개발은 스킬을 개발하는 것이 아니다. 그것은 여러분의 가치들과 원칙들을 건드리는 것에 대한 것이고, 그들 가치와 원칙들에 일치하는 방식으로 행동하는 것에 대한 것이다.

글로벌 리더십의 개발을 구축하는 데 조직문화와 리더십 가치가 각국의 문화와 가치들과 다르다는 것을 이해해야 한다(Hofestede, 1997). 리더십 수준과 조직수준에서, 우리는 리더와 팀들이 탁월한 사업 성과를 위해 최적으로 느끼는, 조직문화와 개인 가치들에 대한 눈에 띄는 일치점이 있다는 것을 발견하였다. 세계적으로 취합된 이 자료는 이러한 주장을 지지하고 있다.

끝으로, 그러나 아마도 가장 중요한 것은 여러분의 사업 리더들을 직접 여러분의 노력 속에 관여시켜라. 설계와 전달 및 사후관리에서 그들이 여러분의 파트너가 되도록 하라. 이것이 결국 여러분 모두가 성공하는 방법이다.

보기 6.1 경영자 리더십 개발 심포지엄 : 개인적 도전

귀하의 개인 리더십 도전에 대한 다음 질문들에 대하여 성찰해 보십시오. 그리고 응답을 작성하여 심포지엄에 가져오십시오.
귀하의 리더십에 대한 가장 커다란 도전은 무엇이었습니까?

1. 그때의 상황은 어떤 것이었습니까?

2. 그것에 도전을 하게 만든 것은 무엇이었습니까?

3. 그 상황을 귀하는 어떻게 다루었습니까?

4. 귀하는 무엇을 배웠습니까?

보기 6.2 경영자 리더십 개발 심포지엄 : 조직 도전

1. 다음 2, 3년간에 회사가 부딪치는 가장 커다란 전략적 도전은 무엇이라고 보십니까?

2. 이 도전들을 해결하기 위해서는 어떤 리더십 역량과 능력이 핵심 개발 순위가 되어야 한다고 귀하는 생각하십니까?

보기 6.3 경영자 리더십 개발 심포지엄 : 추가적인 개인적 도전

귀하의 개인 리더십 도전에 대한 다음 질문들에 대하여 성찰해 보십시오. 그리고 응답을 작성하여 심포지엄에 가져오십시오.

귀하의 경력을 볼 때 귀하는 무엇이 핵심적인 결정 포인트라고 보십니까? 수년간에 걸쳐 귀하가 행한 선택에 대하여 어떻게 느끼십니까?

귀하의 핵심 성공요인은 무엇이었습니까?

리더로서 귀하가 최고였을 때를 설명해 보십시오.

1. 그 상황은 어떠했습니까?

2. 이것을 하나의 결정적 순간으로 만드는 데 귀하는 무엇을 하였습니까?

3. 이 경험에서 귀하에게 가치 있는 것은 무엇입니까?

4. 효과적인 리더십의 어떤 특징들을 귀하는 보여주었습니까?

보기 6.4 의제 사례 : ELDS 프로그램 요약

	월요일 9월 30일	화요일 10월 1일	수요일 10월 2일	목요일 10월 3일	금요일 10월 4일
오전	9:30~10:30 A.M. 시작 프로그램의 구조틀 소개 10:30~12:15 P.M. 리더십의 기초	8:30~8:45 A.M. 코칭을 곁들인 조찬 8:30~8:45 A.M. 아침 맥박 재기 10:30~12:00 P.M. 리더십 행동과 조직의 성과 : 인과관계	7:30~8:30 A.M. 코칭을 곁들인 조찬 8:30~8:45 A.M. 아침 맥박 재기 8:45~9:45 A.M. OA모형의 소개와 GEC의 개별적 분석 9:45~12:15 P.M. GEC 분석을 위한 최초 팀 토론	7:30~8:30 A.M. 코칭을 곁들인 조찬 8:30~8:45 A.M. 아침 맥박 재기 8:45~10:00 A.M. 비지니스 케이스의 오너와 함께 하는 Q&A 10:15~12:00 P.M. 팀회의 : 사례분석	7:30~8:30 A.M. 코칭을 곁들인 조찬 8:30~8:45 A.M. 아침 맥박 재기 8:45~9:45 A.M. 도전 라운드 최종 제안에 대한 조직화 9:45~12:00 P.M. 최종보고준비 – 비즈니스 케이스 – GE 캐피털 – 리더십 교훈

(계속)

보기 6.4 계속

	월요일 9월 30일	화요일 10월 1일	수요일 10월 2일	목요일 10월 3일	금요일 10월 4일
점심	12:30~4:30 P.M. 유럽에서 GE의 브랜드 구축	12:00~1:45 P.M. 첫인상 실습	12:30~2:00 P.M. 리더십 도전	12:15~2:00 P.M. 리더십 토론 : 성장의 추동	M 12:00~1:30 P.M. 최종 팀 피드백
오후	2:15~4:30 P.M. 토론: 사업의 도전 및 미래에 필요한 리더 4:30–5:30 P.M. 360도 피드백 경영자 코치 소개	2:00~4:00 P.M. MBTI—리더십, 팀성과 및 의사결정 4:15~6:00 P.M. Luxor 사례 및 행동코칭 모형/실천계획 시작	2:15~3:00 P.M. GEC에 대한 보고준비 3:00~3:45 P.M. 보고서(reports) 4:00~5:00 P.M. 비지니스 케이스 논의에 대한 팀 장애/케이스 오너에 묻기로 결정된 질문들 5:00~6:00 P.M. 코칭 회의	2:00~5:30 P.M. 비니지스 케이스(계속) 5:30~6:30 P.M. 코칭 회의	1:30~2:00 P.M. 리허설 2:15~4:00 P.M. 보고 및 대화 4:00~4:30 P.M. 집단 사진과 프로그램 평가
저녁	6:00~7:30 P.M. 노변 한담 : GE에서의 경력 & 최고인재를 유치, 유지하는 데서 리더의 책임 7:30 P.M. 저녁식사	6:30~8:00 P.M. 저녁식사, 코치 회의 9:00~10:00 P.M. 코칭 미팅	6:00~9:00 P.M. 페스카도리 섬에서 회사 밖 저녁식사, 노변 한담	6:30~8:00 P.M. 노변한담 : 식스 시그마 추진에서의 리더의 역할 8:00 P.M. 저녁식사/코칭 회의 9:00~10:00 P.M. 코칭 회의	

참고문헌

Andersen Consulting. (1999). The Evolving Role of Executive Leadership. Wellesley, Mass.: Andersen Consulting Institute for Strategic Change.

Argyris, C. (1976). *Increasing Leadership Effectiveness*. New York: Wiley.

Bass, B. M. (1990). *Bass and Stoghill's Handbook of Leadership: A Survey of Theoryand Research*. New York: Free Press.

Clark, K. E., Clark, M. B., and Campbell, D. P. (1992). *Impact of Leadership*. Greensboro, N.C.: Center for Creative Leadership.

Clawson, J. (1999). *Level Three Leadership*. Upper Saddle River, N.J.: Prentice Hall.

Conger, J. A. (1993). "The Brave New World of Leadership Training." *Organizational Dynamics, 21* (3), 46?58.

Cooperrider, D. L. (1997-1998). "Appreciative Inquiry." (Class lecture: Benedictine University Ph.D. program, Lisle, Ill.)

Deal, T. E., and Kennedy, A. A. (1982). *Corporate Cultures: The Rites and Rituals of Corporate Life*. Reading, Mass.: Addison Wesley.

Finkelstein, S., and Hambrick, D. C. (1996). *Strategic Leadership: Top Executives and Their Effects on Organizations*. St. Paul, Minn.: West.

Goldsmith, M. (2001). "Helping Successful People Get Even Better." *Leading for Innovation*. San Francisco: Jossey-Bass.

Hofestede, G. (1997). *Cultures and Organizations*. New York: McGraw Hill.

Senge, P. M. (1990). *The Fifth Discipline: The Art and Practice of the Learning Organization*. New York: Doubleday.

Tichy, N., and Cohen, E. (1997). *Leadership Engine*. San Francisco: Jossey-Bass.

기고자 소개

린다 샤키(Linda Sharkey)는 현재 GE의 Commercial Equipment Finance(CEF)의 조직개발 및 충원부서 부사장이다. 이 회사는 미화 10억 달러의 순수익을 내는 GE의 커머셜 파이낸스(Commercial Finance)의 한 부분이다. 이 역할에서 린다는 CEF 리더들의 확인(발굴), 개발, 승계계획을 책임지고 있고, 세션 C와 성과관리 과정을 책임지고 있다. 그녀는 또한 CEF의 전략적 충원 이니셔티브에 앞장서고, 조직설계, 재구축, 인수통합에 대하여 리더십 팀과 밀접하게 작업하는데, 거기서 그녀는 인적자원 선임부사장으로 근무한다. 린다는 GE 이퀴티에서 CEF에 입사하였으며 거기서 인적자원 수석부사장으로 재직하였다. 그 이전에는 GE 캐피털의 글로벌 경영자 개발 관리자를 맡았다. 그 역할에서 고위 리더개발을 겨냥한 성공적 프로그램인 경영자 리더십 개발 심퍼지엄(Executive Leadership Development Symposium, ELDS)을 주도하였다. 린다는 1998년에 GE 캐피털의 리더십 개발팀의 요원이기 전에 페인 웨버(Paine Webber), 케미컬/체이스 은행(Chemical/Chase Bank) 및 뉴욕과 워싱턴 D.C에 있는 정부관련 조직에서 다양한 인적자원 역할을 맡았다. 린다는 나사렛 대학의 문학사 학위를 받았고 럿셀 세이지 대학에서 공공정책 석사학위를 받았으며, 베네딕틴 대학교에서 조직개발 박사학위를 받았다.

7

휴렛패커드

이 사례연구에서는 CEO 승인하에 전 세계에 걸쳐 8,000여 명의 관리자들이 핵심원칙들을 통하여 고성과를 내고 서로 정렬되도록 하며 책임 있게 실행하게 하려는 HP의 역동적 변혁과정에 대해 설명한다. 직무를 통한 적용지원, 지속적 평가, 코칭, 비즈니스 맵핑, 신속한 의사결정이라는 이 프로그램의 가장 성공적인 핵심 특징들로 인하여 이 프로그램은 투입 비용대비 15배의 가치가 있음을 보여주었고 아울러 컴팩(Compaq)과의 성공적인 합병에도 기여하였다.

개 요

1999년 말, 당시 휴렛패커드의 CEO로 막 임명된 칼리 피요리나(Carly Fiorina)는 'HP 재창조' 라는 캠페인을 시작하였다. 이번 장에서는 변화의 속도를 가속화하는 데 있어 관리자를 우수하게 만듦으로써 HP 재활성화를 지원했던 야심찬 세계적 프로그램인 다이내믹 리더십(Dynamic Leadership)에 대하여 설명한다. 첫 해에 8,000명 이상의 관리자들이 이 프로그램으로 훈련을 받았다. 투자수익(return on invest, ROI)은 탁월하였으며 투자 비용의 15배 이상에 해당하는 절감과 신규 수익을 만들었고 더불어 컴팩과의 합병에도 기여하였다.

다이내믹 리더십의 성공은 다음과 같은 6개의 핵심 요인들로 이루어졌다. (1) 이 리더십은 달성해야 할 결과가 잘 정의된, 회사의 명확하고 필수적인 필요점을 처리하였다. (2) 실행을 내부의 라인 관리자와 외부의 '자질 있는' 전문가들이 함께 이끌었다. (3) 지속적인 개선을 보증하기 위하여 빠르게 시행하고 지속적인 평가방식을 사용하였다. (4) HP의 경영위원회로부터 충분한 지원을 받은 공격적 실행일정에 따라, 공통의 언어와 공통의 방법론을 공유한 결정적 다수(critical mass)의 관리자들을 만들었다. (5) 과정 후 혁신적인 완성 시스템을 통하여 응용, 실천, 코칭 및 지원활동을 보증하였다. (6) 엄격한 측정수단이 시작단계부터 프로그램에 반영되어 설계되었다.

진단과 사전평가

휴렛패커드는 60년 이상 혁신과 성장에서 뛰어난 성과를 누려왔다. 그 기록을 유지하기 위해서는 새로운 기술을 이용하여 변화하는 시장의 요구에 대처하도록 회사는 끊임없이 자신을 재창조할 필요가 있었다. 20세기 내내 HP 수익의 80%는 최근 3년간 생산한 제품들에서 발생하였다.

1990년에 기술 분야에서는 전례 없는 변화가 목격되었다. 변화의 속도는—이미 빠른 상태에 있었지만—더욱 가속화되었다. 기술적 복잡성이나 기술통합 필요점이 점차 복잡해지고 있음에도 불구하고 제품의 라이프사이클은 더욱 짧아지고 있었다. 아시아와 유럽이 고품질 제품을 가지고 자국 시장과 함께 미국의 시장 점유율을 놓고 벌이는 경쟁은 심화되었다. 가격은 가파르게 하락하였다.

오랫동안 세계에서 가장 존경받는 회사 중의 하나였던 휴렛패커드는 쇠락의 징조를 보이고 있었다. 회사의 성장곡선은 정체되었고 의사결정은 느렸다. 정렬의 부족, 공유된 목적의 부족으로 인하여 기회와 자원이 낭비되고 있었다. 회사를 다시 활성화하기 위하여 1999년 7월 HP의 이사회는, 루슨트 테크놀로지즈에서 초창기 성공을 이끈 설계자였던 총명한 칼리 피요리나를 HP의 새 CEO로 임명하였다. 그 해 말에 칼리는 "빌 휴렛(Bill Hewlett)과 데이빗 패커드(Dave Packard) 회사가 재창조되고 있다. 다시 한번 처음과 같은 새로운 출발이 시작될 것이다."라고 공언하였다.

칼리와 HP의 경영자팀은 새로운 시장 현실에서, 성공적으로 경쟁하기 위해서는 빠른 협력이 가능할 수 있고, 이슈를 빨리 제기할 수 있으며 빨리 해결할 수 있고, 경계를 뛰어넘는 정보로 결정을 효율적, 효과적으로 할 수 있는 경영문화가 필요하다는 것을 인정하였다. 2000년에는 추진 진도를 평가하기 위하여 모든 계층의 종업원들에 대하여 회사 재창조에 대한 설문조사가 시작되었다. 그 결과에 따르면 회사의 전략 및 재창조의 불가피성이 실제로 이해되고 있음을 보여주었다. 종업원들은 재창조가 필요하며, 조직의 경계를 넘어 특히 더 빠르고 더 좋은 의사결정이 필요하다는 데 동의하였다. 그들은 측정가능한 성과 책임 제고와 고객에 대한 초점 강화를 원하였다.

이러한 필요점에 맞추기 위하여 HP의 인력개발 및 조직효과성(Workforce Development and Organization Effectiveness, WD&OE) 그룹은, 상위 목적을 중심으로 정렬을 가속화하고, 경계를 뛰어넘어 협력을 더 낫게 이루며, 이슈 제기와 해결을 가속화하고 의사결정을 향상하기 위해 특별 집중개발 과정인 다이내믹 리더십을 설계하고 실행하였다. 이 프로그램은 이틀짜리 전일제로 이루어지는 강의와 그룹 작업, 그리고 그 후 9주간의 직무(on-the-job) 적용 및 사후관리 과정으로 구성된다. 현재까지 8,000명 이상의 관리자가 다이내믹 리더십 과정을 이수하여 그 도구와 방법들을 사용하고 있다. 이번 사례연구는 이 변화시도 프로그램의 결과와 HP에게 가져다 준 투자수익 그리고 야심찬 인수사업을 성공시킨 핵심 요인들에 대해서 설명한다.

프로그램 설계

재창조에 대한 설문조사를 실시한 결과 사업단위조직과 기능부서 및 지역전반에 걸쳐 공통의 필요점이 나타났다. HP는 이 개발과정이 규모면에서 글로벌화되고, 당시의 문제점들에 초점을 맞추며, 157개국의 HP 사업장에서 효과적으로 제공될 수 있어야 한다고 결정하였다. 이 프로그램은 컴팩과의 합병 공표가 제안된 지 한 달이 안 되어 시작되었으므로, 그 첫 해에 실질적인 결과를 제공하여야 했다. 알찬 가치명제는 필수적이었는데 그렇지 않을 경우 HP 관리자들은 임박한 합병, 대리전쟁, 경제의 지속적 악화에 의해 또한 일탈될 수 있었기 때문이다. 이 모든 요인들은 가장 소중한 자원인 시간을 놓고 벌이는 경쟁이었다. 투자 수익을 극대화하기 위하여 HP는 가장 긴급한 영향을 줄 수 있는 한정된 수의 목표들에 초점을 두기로 결정하였다. 특히 다이내믹 리더십은 '고객제일과 주주, 종업원[1]을 위한 빠른 가치창조 속도(time-to-value)' 를 이루기 위한 HP 관리자들의 능력을 개선하기 위하여 설계되었다.

이 프로그램은 다음 두 가지 핵심 영역에[2] 초점을 두었다.

1. 고성과를 낼 수 있도록 협력하고 정렬하는 활동을 강화하기
   '가치' 를 공유하면서 일하기
   목적을 중심으로 정렬을 이루고 이슈를 빠르게 제기하며, 빠르게 해결할 수 있는 대화기술의 사용
2. 책임지고 실행하기
   효과적이고 효율적인 의사결정을 하기 위하여 신속한 결정과정 사용
   행동에 대한 책임을 갖게 하는 방안을 설계하기
   학습하기와 조율하기

신뢰성을 갖추고 전 세계적으로 빠르게 실행할 필요성이 주어지자, HP는 외부 프로그램 제공자와 내부 퍼실리테이터들의 혼합식 접근방식을 사용하기로 결정하였다. 콜로라도 주 볼더에 있는 컨버전트 솔루션즈(Conversant Solutions) 유한회사(Limited Liability Company, LLC)는 다른 분야들에서 이미 HP의 파트너였다. 그들은 리더급 컨설턴트와 퍼실리테이터들을 제공하였다. 특히 더 효과적인 대화를 통

하여 더 높은 가치를 제공하는 방법에 대한 개념은 상위 경영자들에게는 이미 가치 있다고 증명이 된 터였다.[3] 그것은 다이내믹 리더십의 목적에 적합하였고 프로그램의 핵심부분을 형성하였다.

마지막 설계는 공식적 설계과정에서 그랬던 것처럼, 빠른 원형을 만들고 실험하는 데 초점을 두었다. 꽉 짜인 시간일정과 행동을 필요로 하는 프로그램이었으므로 우리는 착수에 들어가기 위하여 칼리 피요리나의 '더 이상 완벽할 수 없을 만큼(perfect enough)' 이라는 원칙을 사용하였다. 몇 개의 소규모 파일럿 프로그램이 가동되었다. 즉 가장 효과적인 아이디어와 접근법이 최종 설계에 통합되었다. 실행과정이 진행됨에 따라 참여자들로부터의 피드백과 퍼실리테이터들의 월례 텔레커뮤니케이션의 피드백에 의거하여 조정이 더 이루어졌다.

최종 프로그램 설계는 이틀간의 집중과정, 실행계획, 그리고 9주간의 사후관리 과정으로 이어졌다. 참여자를 과도하게 압도하지 않고 일을 벗어나야 하는 과도한 시간부담을 요하지 않으면서 충분한 깊이와 실습을 제공하기 위하여 이틀 과정의 실제 상황(in-person) 대화가 선정되었다. 이 다이내믹 리더십의 실제 상황 부분은 소그룹 작업, 실습, 사업이 당면한 현재의 이슈 토론 등에 대한 개념 발표와 그와 관련한 도구 소개가 포함된 빠른 속도의 프로그램이다. 토픽의 수는 설명과 숙달을 위한 적절한 시간을 확보할 수 있도록 의도적으로 제한된다.

토픽에는 다음 사항들이 포함되었다.

- 비즈니스 맵핑을 통한 맥락의 설정
- 대화의 법칙
- 대화의 모형
- 신속한 의사결정
- 의사결정을 위한 RACI(Responsible, Accountable, Consulted, Informed)모형
- 이슈를 진심으로 제기하고 해결하기

설계자들은 목표로 잡은 기술과 개념들을 가장 효과적인 방식으로 소개하고 보여주기 위하여 살아있는 집단(live group)이라는 형식을 선정하였다. 참여자들에게는 개인적 노트에 필요한 핵심개념과 넓은 공간을 포함하는 학습저널이 제공된다. 프로그램은 첫날 저녁식사 후에도 계속되는데, 참가자들은 이 시간에 '가치 있는 저

녁(evening of value)' 을 만들기 위하여 배운 것을 실행해야 한다. 다음날 아침에는 자신들의 방식—이 과정의 중심이고 자주 하나의 인터벤션의 중심이 되는—에 대한 피드백과 코칭 세션으로 이루어진다.

설계에서 한 가지 중요한 부분은 행동으로 옮겨야 하는 책임이다. 즉 리더의 개발은 마지막 날의 수업으로 끝나는 것이 아니고 참가자들이 그들이 배운 것을 실행으로 옮길 때에 끝난다는 생각이다. 참가자들이 다이내믹 리더십을 적용하는 데 대한 자신들의 목적을 문서로 약속해야 하는 것은 이 설계에서 중요한 부분이다. 이 목적들은 책임성을 강조하고 경영층의 지원을 강조하기 위하여 자신들의 관리자들(아래 부분 참조)과 공유된다. HP는 그 보고서를 완성하는 프로그램에 관심을 기울이지 않은 관리자들은 필요하지 않았다. 관리자들은 참여도가 높은 HP 문화와 경영자들이 크게 지원하는 HP 문화에 의지하였는데 실제 이 프로그램에서 그 문화가 그대로 작용하였다. 참가자의 상사들은 참가자의 목표와 실천계획 사본을 받을 때 대부분 그 일을 지지하고 인정해 주거나 방향을 다시 설정해 주었다.

프로그램 실행

다이내믹 리더십 프로그램은 여행시간과 비용을 최소화하기 위하여 사내 또는 지역 호텔에서 개최되었다. 그룹의 규모는 개인별로 참가하는 것을 보장하고 실습을 보장하기 위하여 최대 30명으로 제한되었다. 그 프로그램에 대한 인력개발 경영자 자문팀(executive advisory team)의 부사장은 공개 등록방식과 팀 전체 세션 두 가지를 모두 제공하기로 결정하였다. 고위 자문가들은 팀 전체 참가가 가장 좋다고 믿었는데, 왜냐하면 그것은 하나의 팀 안에서 새로운 운영방식을 제도화하였기 때문이다. 그러나 다이내믹 리더십을 팀 전체로 한정하는 것은 이 기술들을 개발하고 조직 재창조를 가속화하는 데 더 느리고 더 많은 비용이 들었다. HP의 재창조는 변화의 속도 제고에 대한 것이고 짧은 시간에 소중한 행동이 가능하게 하는 것이었다. 더욱이 시작 시기(2001년 가을)에 HP는 일부 국가와 일부 사업에서는 여행을 동결하였다. 따라서 공개 등록 옵션은 여행할 수 없는 지역 내 사람들의 참가를 역시 가능하게 하였다.

이 프로그램을 즉시 적합할 수 있게 보증하기 위해서, 각 세션은 한 쌍의 퍼실리테이터들, 즉 한 명은 외부인 그리고 다른 한 명은 그 개념들을 현 사업사례들로 살려낼 수 있는 HP의 역할모델을 맡은 라인 리더가 가르쳤다. 프로그램의 설정 목표 달성에 필요한 수백 개 과정을 수행하기 위하여 12개 이상의 회사로부터 퍼실리테이터들이 충원되었다. 외부 퍼실리테이터들은 직접 강사훈련 세션에서 라인 관리자들과 함께 연습하였다. 훈련은 강화되었고 점진적 개선에 대한 아이디어는 지속적인 가상 컨퍼런스(인터넷과 전화를 동시 사용)를 통하여 공유되었다. 가능한 경우 새로운 퍼실리테이터들이 처음 몇 차수 동안은 경험이 있는 사람들과 짝지워졌다. 미국 외 지역에서 2개국 언어 사용이 가능한 지역 퍼실리테이터들이 충원되었고 프로그램을 이끌도록 훈련되었다. 프로그램의 품질과 지속적인 개선을 확보하기 위하여 참여자들은 각 과정의 끝에 평가양식을 완성하였다(아래 평가 부분 참조). 2002년에 50개국 이상의 지역에서 400개 이상의 세션이 열렸다. 전부 합해서 첫 일 년 만에 8,000여 명이 넘는 관리자들이 다이내믹 리더십 프로그램에 참가하였다.

직무상의 지원

다이내믹 리더십 프로그램의 독특한 측면은 과정 후 적용(완성) 기간을 관리하는 시스템이었다. 골드 스미스와 다른 사람들의 연구에 의하면 사후관리의 정도와 리더십 효과성의 향상 간에는 직접적인 관계가 있다.[4] 성인학습 연구에 의하면 새로운 기술은 즉시 응용되는 것이 중요하다는 점을 보여주고 있다. 다이내믹 리더십 원칙들이 실행되도록 하기 위하여 HP는 *Friday5s*®[5]라고 불리는 상업화되고 웹에 기반한 완성 관리수단을 사용하는 엄격한 과정 후 관리 시스템을 실행하였다.

프로그램의 결론 부분에서 참가자들은 자신들이 배운 것을 업무에 적용하기 위한 두 개의 목표를 적도록 요구받았다. 이 목표들은 그룹 전용 *Friday5s*® 웹사이트 안에 입력되었다. 그 다음 주에 참가자에게는 이메일을 통하여 자신들의 목적들이 상기되었다. 각 참가자가 정한 목표의 사본이 그들의 관리자에게 보내짐으로써, 관리자는 자신의 직속 보고 라인에서 배운 것과 실행하려는 의도를 알 수 있게 되었다. 각 참가자들이 가진 교육과정에서의 목적은 자기 동료들과의 책임공유와 학습공유를 장려하기 위하여 노출되도록 하였다.

완성과정은 보기 7.1에서 볼 수 있다. 그 과정에 이어지는 다섯 차례(1, 3, 5, 7, 9번째 주)에 걸쳐서 참가자들은 그룹의 웹사이트에 연결하여 다음 질문에 답함으로써 자신의 진도를 갱신하도록 요구받는다.

- 이 목적을 달성하기 위해 무엇을 하였습니까?
- 얼마나 많은 진전이 있었습니까?
- 다음에는 무엇을 할 예정입니까?
- 귀하에게 가장 중요한 교훈은 무엇이었습니까?

그 목적은 참가자들이 서로의 통찰을 공유함으로써, 자신들이 배운 것을 지속적으로 실천하고, 그 경험에 대하여 성찰하며, 그룹 학습을 지속하도록 권장하는 것이었다. 게다가 프로그램 참가자들은 피드백이나 상담을 위해서 자신들의 관리자나 코치에게 갱신된 내용을 보게 할 수 있다. 최종 갱신 내용에서 참가자들은 그 목적이 사업에 미치는 영향과 그 프로그램 종료 후 두 달간의 경험에 의거하여 무엇이 가장 가치 있다고 증명되었는지를 적도록 요구받았다.

프로그램의 학습은 과정의 자료들에 의거, 행동 실천을 제안하는 GuideMe™으로 불리는 온라인 자료들을 통하여 또한 강화되었다.

평가

프로그램을 지속적으로 개선하고, 그에 따른 영향을 측정하며, 투자에 대한 수익률을 계산하기 위하여 세 가지 유형의 평가 방법이 사용되었다.

- 프로그램 직후 평가
- 완성 보고서의 분석
- 프로그램 3개월 후에 대한 재무영향 분석

프로그램 직후 평가

이틀 일정의 프로그램 종료 후에 참가자들은 내용과 발표자에 대한 질문을 포함하는 무기명 평가서를 작성하도록 요구받았다. 이것들은 프로그램관리 사무실에 전달되어 프로그램 스태프에 의하여 검토되었다. 점수가 낮은 발표자들에 대해서는 코치들이 지원하였다. 다음 프로그램에서도 그들의 평가점수가 개선될 수 없으면 그들은 교체되었다.

이 평가에서 얻은 피드백은 프로그램의 교재를 개선하는 데도 또한 사용되었다. 즉 강사 훈련과 학습저널이 참가자들의 의견에 의거하여 다시 수정되었다. 아울러 불확실하거나 이해하기가 더 어렵다고 참가자들이 지적한 영역에 대해서도 이를 명료하게 하기 위하여 발표자료와 강조 사항이 수정되었다. 이와 같은 지속적인 개선 노력들을 기울인 결과 프로그램에 대한 전반적인 평가는 시간이 갈수록 나아졌고 지금은 5점 척도에서 일관되게 4점을 넘고 있다.

완성된 활동들에 대한 주제 분석

커크패트릭(Kirkpatrick)은 훈련 프로그램의 엄격한 평가에는 프로그램 그 자체에 대한 참가자들의 반응을 측정하는 것 외에도 행동변화(레벨 3) 기록을 포함하여야 하며, 사업에 미치는 결과(레벨 4)를 포함하여야 한다고 제안하였다.[6] 다이내믹 리더십은 레벨 3과 레벨 4에서의 평가가 모두 포함되었다.

참가자들의 목적 모두가 데이터 베이스에 입력되었으므로 과정 후 계획된 목표들의 분포상태를 평가할 수 있었다(보기 7.2). 프로그램 설계팀이 의도한 대로 모든 목표의 4분의 3 이상은 정렬을 높이고 더 효과적으로(진실하게) 대화하며, 의사결정을 가속화하는 데 초점을 두었다.

사후 프로그램의 목적들을 효과적으로 점검할 수 있는 능력을 통하여 이 프로그램이 가장 중요한 토픽을 강조하고 있다는 것과 참가자들이 바람직한 메시지를 받고 있다는 확신이 가능해졌다. 이 사후 프로그램의 목표들은 참가자들이 HP에 실용적 이익이 되도록 자신들의 학습을 적용하려고 계획을 세웠다는 것을 보여주었다.

비용계획에 관한 모든 이니셔티브들에 대하여 책임을 명확히 한다. 즉 비용팀의 역할들을 정의하고 보고상태와 편차 측정에 대한 과정을 만든다.

고객 주문 처리에 걸리는 시간을 25% 줄인다.

의사결정이 빨리 이루어질 수 있도록 공통의 기반을 발견하기 위하여 모든 참가 팀원들이 주요 목적을 이해하도록 노력한다.

나의 다음 프로젝트에서는 "이것은 가치를 높이는 것인가?"를 묻는 질문을 적어 놓을 것이다.
가치의 정의에 대해서 팀원들에게 설명한다.

더 빠른 결정 수단, 즉 사업 이슈들에 대한 재검토를 줄이기 위해서… 나의 동료그룹으로부터 모든 사실들과 상위 목적들을 이끌어 낼 대화 방식을 사용할 것이다.

목적의 설명과 공유와 함께, 언제나 필요한 사람을 참여시킴으로써 프로젝트에 대한 회의 시간을 줄인다. 소비된 시간의 25%를 줄이도록 문서화한다.

다가 올 고객점검 기간 동안 실행 항목 및 상시 배려와 관련하여 고객에 대한 가치 창조 속도를 개선하도록 RACI 모형을 사용한다.

HP는 그와 같은 목적들이 필요하지만 충분하지는 않다고 보았다. 레벨 3의 분석은 행동변화를 보여주는 것, 즉 학습자는 프로그램에 참여한 결과로서 새로워지고 달라지며 더 좋은 행동을 취한다는 점을 필요로 한다. 다이내믹 리더십에서 이것이 달성되었다는 명확한 두 가지 종류의 증거가 있다. (1) 참가자 자신들의 실시간적인 자기보고와 (2) 참가자의 관리자와 코치들에 의한 객관적인 관찰이 그것이다. 참가자들의 격주보고서를 관리하는 *Friday5s*®에 따르면 참가자들이 프로그램의 내용에 몰입하였을 뿐만 아니라 자신들의 학습 경험을 전체적으로 팀과 회사에 유익한 행동으로 전환하였다는 것을 나타냈다.

(1) 자신의 일이 고객에 대한 가치를 어떻게 높인다고 믿는지, (2) 가치 부가 활동 비율을 증가시키는 영역을 어떻게 확인하는지를 가지고서, 스태프들과 '가치' 개념을 검토하였으며 다음번 스태프가 될 사람을 지정하였다.

대화방식과 관련한 그리고 정확성 및 진실성(핑계와 성실성을 대비하면서)의 적절한 사용과 관련하여 수업에서 배운 원칙들을 공유하였다.

나는 고객의 관점으로부터 '가치' 대 '낭비'의 개념을 소개하고, 나의 그룹이 어떤 고객가치를 정말로 제공하는 것인지를 깨닫게 하는 브레인스토밍 세션을 진행하였다.

> 나는 팀과 그룹 회의에서 실시간 대화 사례의 방법에 의하여 대화방식을 소개하였다. 그 사례는 '성실' 형 사례를 설명하는 자료로서 그보다 더 좋을 수 없었다.
>
> 결합된 그룹 헌장에 대한 동의를 구하기 위하여 나의 공동 관리자와 함께 나의 일에 대한 접근방식을 그려내는(map out) 과정을 사용하였다.
>
> 팀은 RACI 방법론 사용이 어떻게 과정 정의를 계획대로 끝마치게 할 뿐만 아니라 웹수단 개발을 끝마치도록 우리를 인도하였는지를 배웠다.

다이내믹 리더십 훈련 효과와 참가자들이 보여준 노력은 참가자들의 상사와 코치들이 보기에도 확실히 효과가 있는데 그들이 준 피드백에 의하여 다음과 같이 증명된다.

> 존경하는 P_________, 우선 당신께 끊임없는 자기개발에 시간을 투자해 준 점에 대해 감사드리고 싶습니다. 그건 종종 중도에 포기할 수 있는 일 중의 하나입니다.
>
> 존경하는 J_________, 프로젝트 검토과정을 매끄럽게 하느라 고생하셨습니다. 우리가 하는 점검과정과의 연결이 확실히 정의되게 해 줄 수 있는지요? 이건 전체적으로 정렬되도록 도울 것입니다.
>
> 존경하는 D_________, 결정과정 논의를 촉진해 주셔서 감사합니다. 결정에 필요한 하부 과정의 수는 놀랍습니다. 나는 이 모델 사용을 통하여 좋은 의사결정에 도달할 수 있는 우리 능력에 대하여 훨씬 더 높은 수준의 신뢰를 가졌습니다.
>
> 존경하는 B_________, 귀하는 여기서 대단한 일을 하고 있습니다. 여기서 중단해서는 안 됩니다. 변혁적 리더십은 피할 수 없는 미래에 비전을 제시하는 것이며, 그 미래를 모형화하고 신봉자들을 얻는 것입니다.
>
> 존경하는 G_________, 귀하는 귀하의 팀과 중요한 사람들과 그 수단들을 공유하는 데 중요한 진전을 이루었습니다. 나는 귀하가 그 방법들을 얻은 후 귀하가 실행을 위하여 계획 중이고, 회의 소요 시간을 줄이기 위한 다른 기회들을 찾게 될 것이라고 믿습니다.

프로그램 후 10주차에 참가자들은 프로그램에서 무엇이 가장 유용하다고 생각하였는지에 대한 질문을 받았다. 모든 응답의 반 이상이 대화 수단들에 대하여 언급하였고 공유된 목적 및 공유된 교점들의 개념들과 밀접하게 관계된 것들이 언급되었다(보기 7.3).

프로그램 석 달 후 재무효과 분석

이 프로그램이 HP에 긍정적인 영향을 미쳤다는 폭넓은 일화적 증거가 사후관리 과정에서 나타났지만, 그건 분별력 높았던 HP의 재무관리자를 만족시키기 위해 필요한 엄격성을 갖춘 정량적 투자수익 증명 자료는 되지 못했다. 프로그램의 효과를 정량화하기 위하여 HP는 델라웨어 윌밍턴(Delaware Wilmington)의 포트 힐사(Fort Hill)와 함께 다이내믹 리더십 수단으로 각 참가자들이 충분한 직무 경험을 한 후에 성과를 내도록 관리될 수 있는 분석 시스템을 설계하였다.

다이내믹 리더십에 참가한 지 석 달 후에 참가자들은 이 다이내믹 리더십 수단을 얼마나 자주 사용하였는지에 대하여 질문을 받았다. 그들은 HP를 위하여 가치를 만든 구체적인 사례를 가능한 한 기술하도록 또한 요구받았고, 절감 시간, 신규 수익 또는 비용발생 예방과 같이 자세히 정량화할 수 있는 이익을 제시하도록 요구받았다. 프로그램의 재무적 영향을 평가하는 데 있어서는 좋은 기록과 가치를 결정할 수 있는 근거가 확실한 구체적 사례만이 포함되었다. 사기 증가, 더 좋은 품질, 향상된 고객만족에 대한 가치와 같이 중요하기는 하지만 정량화하기 어려운 이익에 대하여 계산하려는 시도는 하지 않았다. 따라서 이 분석결과는 프로그램의 종합적인 수익보다는 적게 평가된다.

프로그램에 의하여 이루어진 가치는, 보고된 것들의 중앙값(median value)을 프로그램 자료의 보고된 사용횟수로 곱하여 계산하였고 보고자들이 실제보다 긍정적으로 보고하는 편향이 있음을 고려하여 그 수치의 75%만을 반영하였다.

이 분석에서는 보고된 것들의 중간값(평균치보다는)이 사용된 것은 아주 높은 가치를 가진 소수의 사례들이 주는 과도한 영향을 피하기 위해서였다. 투자수익률(ROI)은 프로그램을 제공하는 데 든 총 비용을 비교하여 계산되었는데, 여기에는 참가자들의 시간당 기회비용이 포함된다.

이 결과는 HP의 투자에 대한 가치를 압도적으로 지지하였다. 중역회의에 보고된 중요 부분에는 다음이 포함되었다.

- **훈련은 실용적이고 직무에 유익하였다.** 참가자의 94%가 훈련 후 첫 석 달 동안 다이내믹 리더십 수단을 사용하였다고 보고하였다. 보통의 참가자들은 완성 기간 동안에 이 수단을 9.5회 사용하였다.

- **이 프로그램은 의미 있는 ROI를 만든다.** 보고된 응용사례의 건당 중앙값은 미화 3,800달러로 총 발생된 비용보다 50%가 많다. 연간으로 치면 투자수익률은 비용의 15배가 된다.
- **즉각적 효과의 대부분은 의사결정과 정렬을 얻는 데 절감된 시간에 귀속된다.** 아마도 가장 특징적인 것은 이 결과들이 회사 설립 후 가장 커다란 재조직화의 하나인 HP와 컴팩의 합병이 이루어지는 과정에서 달성되었다는 것이다.

HP의 경영위원회는 HP와 컴팩 간의 합병에 수반하게 될 피할 수 없는 불확실성과 혼란에도 불구하고 다이내믹 리더십으로 눈에 띄는 대담한 결정을 내렸다. 그들의 비전은 재무적 견지에서뿐만 아니라, 실제적이지만 쉽게 정량화되지 않은 많은 수혜로 빈번하게 언급되는 바와 같이 보상을 받았는데, 그 수혜에는 고객서비스 향상, 품질 향상, 사기개선 등이 포함된다.

특별한 보상은 결론 세션 동안에 참가자들에 의하여 공유된 발언들이다. 많은 사람들은 이 프로그램이 HP에 대한 신념과 회사에 대한 몰입을 회복하게 도왔다는 느낌을 표현하였다. 한 관리자는 '그건 팀 개발에서 나에게 강한 흥미를 일깨워 주었습니다. 난 코치가 되기를 자원하였고 TQC와 공정개선에 대한 나의 경험을 다시 사용였습니다"라고 적었다. 유사한 감정이 핵심 라인 관리자와 함께 열린 두 가지 피드백 과정에 반향되었다. 즉 참가자들 중에는 낙관적 느낌과 몰입에 대한 새로운 느낌이 있었다고 보고하였다. 다이내믹 리더십은 2개의 부(parent) 회사 출신의 동료들이 공유할 수 있는 공통의 언어를 제공하였다.

결론

여기 보고된 사례—HP의 다이내믹 리더십 방법론의 소개—는 고위 리더들의 강력한 지원하에 잘 설계되고 잘 실행된 학습 프로그램이 의미 깊고 측정가능한 결과들을 만들 수 있다는 것을 보여준다. 다이내믹 리더십 프로그램에 대한 긍정적인 ROI는 실천적 초점, 철저한 계획, 잘 관리된 실행, 프로그램 후의 엄격한 완성 및 지속적인 평가를 반영한다. 발전적인 가치를 만들 더 많은 기회에는 이 프로그램을 다른 관리자들에게 추가로 확장하고 핵심관리 기술에 집중하는 보완 프로그램들 개발이 포함된다.

보기 7.1 다이내믹 리더십의 완성과정

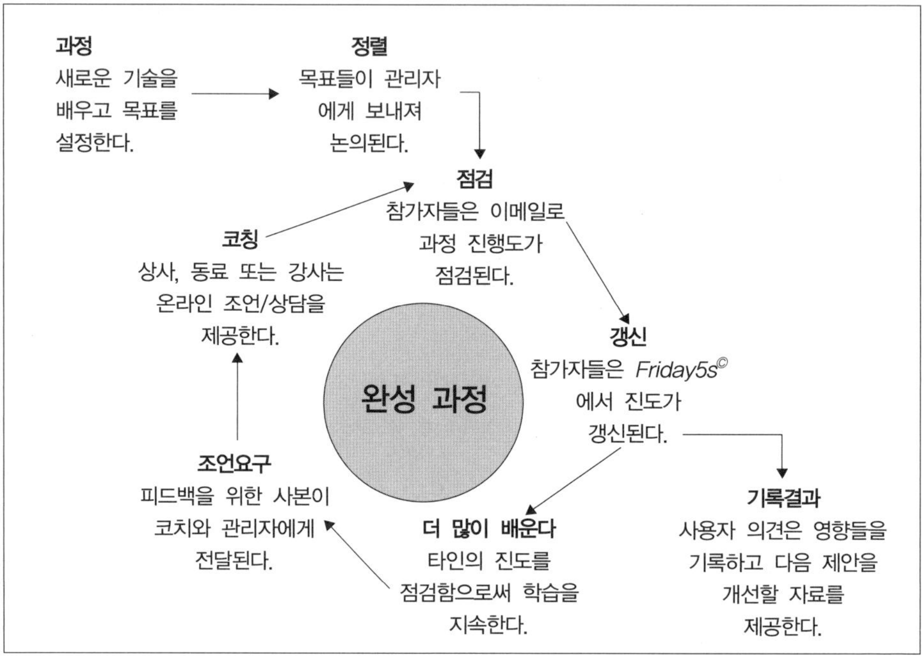

주 : 프로그램 결론에서 참가자들은 그들이 학습한 것을 적용할 목표를 설정한다. 이것들은 관리자에게 보내진다. 그리고 프로그램을 따라서 참가자들은 다섯 번 자신들의 진도를 갱신하고, 다른 사람들과 통찰을 공유하며 자신들의 학습을 지속하도록 요구받는다.

보기 7.2 다이내믹 리더십에서 완성 목표들의 분포상태

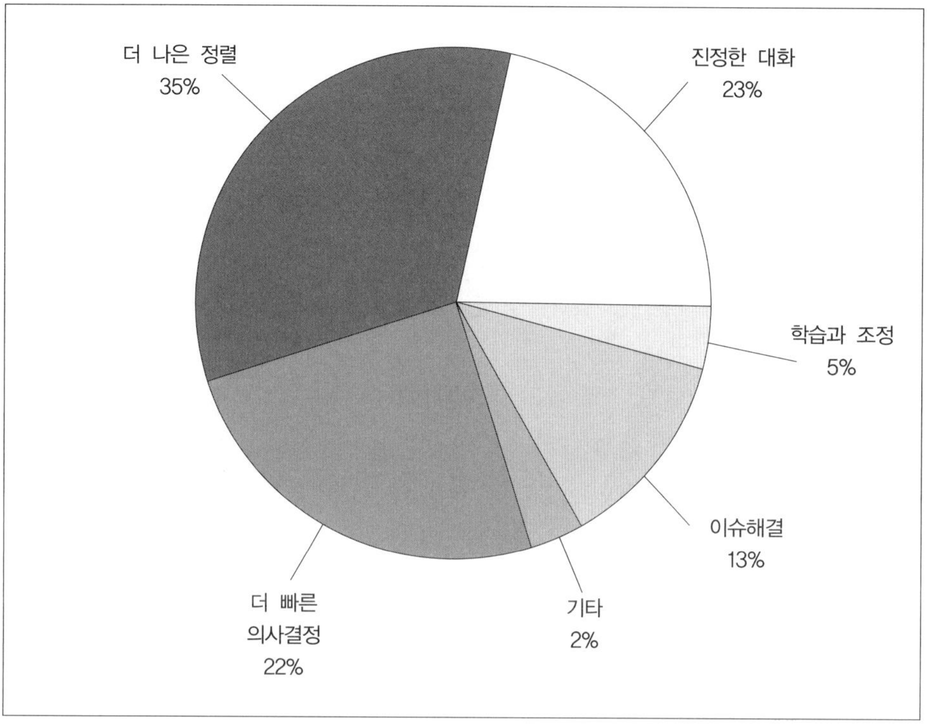

주 : 13,720DL 목표의 분포. 목적에 들어 있는 항목들의 분포는 설계목표와 부합한다.

보기 7.3 다이내믹 리더십의 가장 가치 있는 부분들의 분포

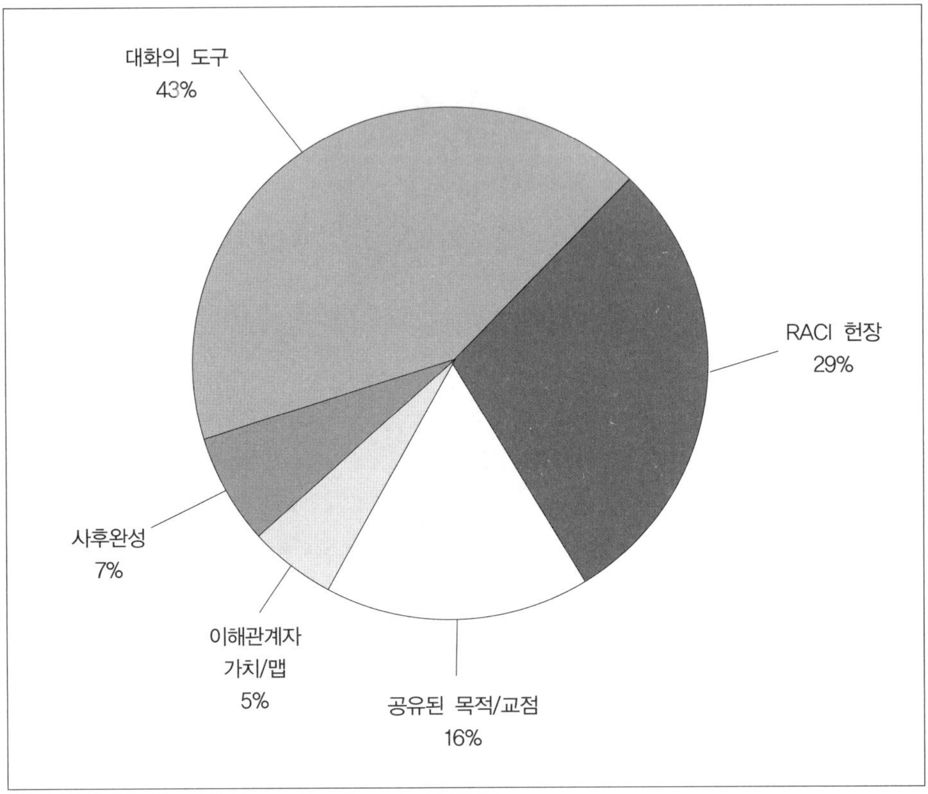

주 : 질문에 대한 400명의 응답분포 : 다이내믹 리더십 프로그램에 귀하가 가장 가치 있었다고 생각한 부분은 무엇입니까?(10주 후)

주석

1. Hewlett-Packard, Inc., *Dynamic Leadership Learning Journal*, 2002.
2. Hewlett-Packard, Inc., *Dynamic Leadership Learning Journal*, 2002.
3. Connolly, M., and Rianoshek, R. *The Communication Catalyst*. Chicago, Ill.: Dearborn Trade Publishing, 2002.
4. Goldsmith, M. "Ask, Learn, Follow Up, and Grow." In *The Leader of the Future*. San Francisco: Jossey-Bass, 1996, pp. 227-240.
5. *Friday5s*®, Fort Hill Company, Montchanin, Dela. www.ifollowthrough.com
6. Kirkpatrick, D. L. *Evaluation of Training Programs*, 2nd ed. San Francisco: Berrett-Koehler, 1998.

기고자 소개

수잔 버넛(Susan Burnett)은 휴렛패커드의 인력개발을 이끈다. 이 조직의 사명은 자신들의 고객들이 정하는 세계에서 가장 경쟁력 있고 충실한 인력을 개발하는 것이다. 가장 최근에 그녀는 5개의 사업부서와 17개의 제품군 및 4개의 지역과 10개의 기능부서에서 70개의 분권화된 훈련조직들에 대하여 함께 참여한 HP에서 처음 통합된 역량훈련인 HP의 전사 인력개발의 이사로 재직하였다. 이 역할을 맡기 전에 수잔은 종업원 및 관리자와 경영자 개발을 기획하고 제공하는 조직인 글로벌 러닝(Global Learning)의 이사였다. 회사에 들어오기 전에 수잔은 HP의 비지니스 PC 조직을 위한 조직 효과성 관리자였는데 경영팀이 시장에 새로 진입하는 모형을 만들고 조직을 설계하는 과정을 이끌었다. 수잔은 또한 HP가 가치를 창조하는 성장을 지속하도록 하는 데 필요한 문화, 관리, 리더십 변화를 촉진하는 CEO 및 경영위원회 스태프로 재직하기도 하였다. 수잔의 HP에서의 21년 경력에는 글로벌 시장과 판매지원에서 라인관리자로서 재직한 7년의 기간이 포함되어 있다. 그녀는 1997년부터 1999년에는 ASTD의 이사회 멤버로 선발되었고, 1999년부터 2000년까지는 보드의 임원이었다. 수잔은 사이먼 대학에서 학사학위를 받고 컬럼비아 대학교의 교육공학 석사학위를 받았다.

칼훈 윅(Calhoun Wick)은 포트 힐 컴퍼니(Fort Hill Company)의 설립자이며 회장이고, 관리자 개발방법과 회사들이 새로운 능력을 학습하는 방법을 연구하는 데 20년 이상을 보냈다. 그의 연구로 웹에 기반한 독특한 솔루션인 *Friday5s®*이 개발됨으로써 회사들은 학습과 개발활동 후 실행을 완성하도록 동기부여할 수 있었으며, 활동 결과를 측정할 수 있게 되었다.

칼(Cal)은 회사의 교육 프로그램들을 사업결과들의 개선으로 전환시키는 데 전국적으로 인정받은 전문가이고 그 주제에 대한 책을 썼다. 칼은 MIT의 슬로언 경영대학(MIT's Sloan School of Management)에서 알프레드 P. 슬로언 펠로우(Alfred P. Sloan Fellow)로서 과학 석사학위를 얻었다. 코네티컷 주에 있는 하트포드의 트리니티 대학에서 록펠러 펠로우(Rockefeller Fellow)로 졸업하였다.

8

허니웰 에어로스페이스

다음 사례에서는 공격적인 성장계획을 실현시키는 핵심 생산성 전략으로서 식스 시그마를 강조하는 허니웰사의 성공적 우주항공산업의 행로를 점검할 것이다. 이 사례는 허니웰이 식스 시그마를 프로세스 개선추진 프로그램에서부터 리더십 시스템의 근본 요소에 이르기까지 어떻게 진화시켜 왔는지에 대하여 살펴본다. 허니웰은 식스 시그마와 린(lean) 경영, 그리고 리더십을 강력하게 결합함으로써 이 최종 목표를 만들어 가고 있는 중이다. 이 장을 통하여 핵심영역과 이슈에 대한 실용적인 관점들을 밝힐 것이다.

개요

포춘 500대 기업과 같은 공격적인 세계에서는, 상당한 기간이 지나면 한 회사에 부여되는 어떤 연상이 생긴다. 시간이 지남에 따라 회사는 고객, 동종 업계, 월스트리트로부터 명성을 얻는다. 허니웰 인터내셔널사(Honeywell International, Inc.)는 과거 10년간에 걸쳐 실행과 생산성의 문화를 가진 것으로 확실한 명성을 얻어 왔다. 이 유산은 이전 회장이자 CEO인 래리 보시디(Larry Bossidy)의 탁월한 자취라 할 수 있다. 산업에서 거인인 허니웰이 오늘날 직면한 도전은 그 생산성을 어떻게 진정한 성장 엔진으로 전환하여 허니웰을 보다 더 높은 성과수준을 갖도록 영구화할 것인가이다. 이것은 회장이자 CEO인 데이브 코트(Dave Cote)가 당면한 가장 커다란 도전 중의 하나이다.

허니웰 인터내셔널사는 다양한 기술 및 제조회사로서 전 세계에 걸쳐 우주항공제품과 서비스 그리고 빌딩용, 가정용, 산업용 제어기술 또한 자동차 제품 재료, 특수화학 재료, 섬유재료, 플라스틱 재료, 전자 및 첨단재료 분야에서 고객에게 봉사한다. 잘 알려진 이 공업계 회사는 그 계보에서 성공을 거둔 우주항공회사들을 이어받고 있는데 스페리 플라이트 시스템즈(Sperry Flight Systems), 개럿 터빈 엔진즈(Garrett Turbine Engines), 에어 리서치(Air Research), 얼라이드 시그널(AlliedSignal) 그리고 지금의 허니웰이다.

1990년 중반 래리 보시디는 그 당시 얼라이드 시그널의 존재를 새로 생각하는 방식을 가져왔다. 돌이켜 볼 때 식스 시그마 추진활동에 생명력을 불어넣고 생산성을 위한 건강한 정열을 만든 이후 이 회사에서 사업은 결코 정체된 적이 없었다. 그때 이후 얼라이드 시그널과 이 회사가 취득한 회사들은 대다수 동종업계보다 훨씬 더 큰 모멘텀을 지속적으로 얻고 있다. 오늘날 허니웰은 성공적인 합병결합 후 시장에서 식스 시그마를 선도하는 회사 중의 하나로 자리 잡아 왔다. 이 회사는 새로운 고객들과 새로운 인재를 유치하고 수익성 있는 성장을 이끌기 위하여 이 차별적인 핵심역량을 잘 이용하도록 자리 잡았다.

오늘의 변화시도 프로그램 : 시트백 경영에서의 또 다른 시도

래리 보시디가 식스 시그마를 품질 개선, 적기 조달, 생산성을 위한 무제한적 기회를 만들 새로운 변화시도 프로그램이 되도록 결정했을 때, 여러분은 '위대한, 또 다른 시트백(seatback) 프로그램'에 대한 관련자들의 불평을 상상할 수 있을 것이다. 시트백 변화시도 프로그램은 CEO가 여행할 때 항공기 내 앞좌석 뒤에 꽂혀 있는 잡지를 읽고 사무실에 돌아온 후 사업상 작은 시도를 하기로 결정할 때 생기는 것이다. 그런데 이 이니셔티브가 대부분의 다른 사람들이 상상하는 것보다 훨씬 더 오래 지속하는 힘을 가질 것이라는 것을 종업원들이 깨닫는 데는 오래 걸리지 않았다.

늘상 그렇듯이, 대규모의 변화추진 프로그램을 착수하는 것은 잘 하더라도 어려운 것인데, 조직이 유사한 모양이나 느낌을 가진 몇 가지 '잘못된 출발'을 이미 시도한 적이 있는 경우라면 특히 더 어렵다. 총체적 품질관리운동이 1980년대를 휩쓸었고, 이 식스 시그마는 이름은 다르지만 내용은 같은 게임처럼 이상하게 들렸다. 기대된 것처럼 보시디는 식스 시그마 추진을 처음 시작할 때 특유의 보시디 방식을 가지고 공격적으로 밀어붙였다. 실패는 결코 있을 수 없었고 저항은 쓸데없었다. 식스 시그마에 대한 보시디의 열정은 의심할 여지없이 회사가 이 프로그램을 착수시키고 이것을 모든 리더들과 종업원들의 레이더망에 올려놓기 위하여 정확하게 필요한 것이었다.

> 실용적 요점 하나 : 모든 변화는 저항에 부딪힌다. 사람들이 변화 압력을 더 많이 받으면 받을수록 더욱 더 튀어오를 것이다. 사람들은 변화 대상이 되는 것을 꺼려하지만 스스로 변화하는 것은 꺼려하지 않는다. 열정과 강력한 비즈니스 케이스는 효과적인 변화를 위한 필수 요소이다. 저항에는 이유가 있다. 사람들은 왜 변화가 회사와 자신들에게 중요한지 알 필요가 있다. 변화가 왜 필요한지 우리는 확실히 아는가? 확실하고 단순하며, 불가피한 메시지와 형태로 우리는 그 이유를 전달하고 있는가? 저항이 있더라도 변화를 이루기 위하여 필요한 몰입을 우리는 하고 있나? 더 잘하기 위해 우리는 무엇이 필요한가?

그와 같이 고위 경영층이 강력히 지원하는 변화추진 활동을 전개할 때 공통적으로 뒤따르는 것은, 이런 활동을 모든 리더들의 연간 목적과 목표에 포함시킴으로써 갑작스럽게 그리고 베일에 가려진 채 채택하는 것이다. 게다가 여러분은 회사에서 발표와 보고들을 통하여 나타나는 식스 시그마 언어를 이제 보기 시작한다. '훌륭해' 라고 여러분은 생각할 것이다. 자, 내가 이제 대부분의 변화추진 프로그램들이 애타게 원하는 고위 경영자의 지원을 얻었다. 이 이정표를 이룬 후에 나는 또 다른 무엇을 요구하는 게 가능할까? 진정한 수용을 얻기 위해서는 마음에 와닿는 핵심요인이어야 할 것이다. 회장에게 용감히 맞서서 식스 시그마를 자신들의 공격적인 사업목표들을 달성하는 결정적 요인으로 받아들이지 않겠다고 말할 만큼 대담한 관리자들은 많지 않을 것이다. 아무도 자신의 경력을 제약할 수도 있는 그와 같은 결정을 최소한 공개적으로 하지는 못할 것이다. 많은 사람들이 겉으로는 식스 시그마를 지지하고 고무하지만 속으로는 이것 역시 지나쳐 가기를 기대하면서 안주한다.

실용적 요점 둘 : 일단 비즈니스 케이스가 이해되고 비전이 명확해지면, 효과적 변화에서 다음 단계의 더 어려운 도전은 새로운 행동에 대하여 동의를 이루는 것이다. 새로운 비전은 새로운 행동을 필요로 한다. 변화를 계속하기 위해서는 행동들이 변해야 한다. 비전을 만들기 위하여 우리가 무엇을 다르게 할 것인가? 우리가 동의하는 것은 무엇인가? 일단 행동들이 동의되면 누가 탑승하고 누가 하지 않았는가는 명백해지게 된다. 행동에 대한 동의 없이는 거짓 순종이 일어나기 쉽다.

변화의 여정

그렇게 변화의 여정이 시작되었다. 많은 리더들이 식스 시그마에 완전히 탑승한 것은 아니었지만 새로운 방법론으로부터 막대한 경영 개선과 탁월한 생산성이 얻어졌다. 식스 시그마는 우수한 경영 도구들에 포함되었고 조만간에 끝날 것으로는 보이지 않았다. 1995년부터 1999년까지 얼라이드 시그널과 모토롤라 그리고 GE는 식스 시그마를 회사 전체에 실행하는 가장 큰 세 회사가 되었다. 이때 얼라이드 시그널은 둘째가라면 서러울 만큼 탁월한 식스 시그마 기술훈련 프로그램을 만들기 시작하였다. 그것은 식스 시그마에 대한 지식과 경험 그리고 추진요원들의 깊이와 폭을 지속적으로 성장시켰다. 일단 보시디가 제조영역에서 중요한 개선을 이루자 그는 회사 내 다른 모든 분야에 식스 시그마를 추진하도록 독려하기 시작하였다. "공장을 넘어 식스 시그마를 확산하는 데에 있어 입에 바른 서비스만 할 때가 아니다. 그냥 하기만 하면 된다—여기서 그 잠재성은 엄청나다."

새로운 가족구성원

허니웰 에어로스페이스에게 2000년은 대단한 도전의 해였다는 점이 증명될 것이다. 얼라이드 시그널-허니웰의 합병에 따라 이 회사의 우주항공산업은 크기가 거의 두 배가 되었다. 이제 이 우주항공 사업 리더들은 이전 허니웰 우주항공 종업원들이 식스 시그마로 속도를 내도록 가르칠 필요가 있었고, 생산성을 제고하는 데 그것이 어떻게 사용되는지를 가르칠 필요가 있었으며, 회사로 하여금 합병의 시너지와 월가에 약속한 비용절감을 실현하는 데 그것이 어떻게 도움이 되는지를 가르칠 필요가 있었다. 이전 허니웰 에어로스페이스 사업에서 프로세스 개선은 새로운 것은 아니었지만 식스 시그마는 새로운 것이었다. 허니웰은 점진적인 개선을 위한 틀로 말콤 볼드리지(Malcom Baldrige) 모델을 사용해 왔고 많은 사업영역에서 대부분 상당한 개선을 이루었다. 그 두 사업체로부터 가장 좋은 것을 결합하려는 시도로서, 두 가지의 개선 프로그램이 한 지붕 아래서 함께 존재할 수 있는지를 파악하기 위해 한 팀이 구성되었다. 그 팀은 식스 시그마와 볼드리지 간에 결합이 가능하다고 결론내렸다. 이 팀은 만일 사업 개선이 필요한 곳을 진단하기 위한 심사도구로 볼드리지 모델을 적절하게 활용하고, 프로세스의 해결안을 만들기 위하여 식스 시그마 방법론을 사용한다면 성공적 결합을 이룰 것이라는 결정을 내렸다. 상상할 수 있듯이, 양측의 줄다리기 싸움을 둘러싼 개인적 편향과 감정적 에너지는 막대하였다. 이것은 사실 사람들이 싸우다 기꺼이 죽는 전투장이었다. 두 가지 개선 프로그램에 집중하는 것은 많은 사람들에게는 효과가 적은 것으로 보였다. 대규모 산업 합병에서 종종 발생하는 것처럼, 경쟁적으로 보이는 변화추진 프로그램은 결국 한쪽의 패배와 한쪽의 승리로 끝날 것이다. 이번 경우도 다르지 않았다. 일단 식스 시그마가 전반적인 개선 프로그램으로 선정되고 볼드리지 모델이 도구상자에 있는 많은 지원도구 중 하나로 사용 '가능하다'는 결정이 내려지자 그 소식이 벽에 붙었다. 두 가지 이니셔티브를 하나의 시너지를 내는 프로그램으로 묶는 것이 실용적인지를 결정하기 위하여 몇 개의 파일럿 과정이 실시되었다. 그 두 가지가 서로 보완적이고 적절히 결합될 수 있음에도 불구하고 대부분의 식스 시그마 신봉자들에게는 궤도를 이탈하는 것으로 보였고 볼드리지 신봉자들에게는 불리한 전투장으로 보였다. 식스 시그마는 추진될 수 있는 개선 전략에 대한 확실한 선택이었다.

실용적 요점 셋 : 통상 전투는 전투에 대한 것이 아니다. 전투는 통상 힘과 정책, 변화에 대한 두려움 또는 이와 관련된 문제들에 대한 것이다. 결론적으로 정서적 문제를 먼저 다루는 것이 필요하다. 우려 사항들을 털어놓기 위한 일련의 타운미팅과 경쟁관점을 논의하기 위한 일련의 대화과정 또는 질문을 하기 위한 비공식적 점심모임 등이 이러한 이슈들을 자세히 살펴보도록 도울 수 있다. 이 세션은 의견에 개방적인 리더들, 방어적이 아니면서 경쟁적 관점들을 들을 수 있는 리더들, 그리고 자신들이 아는 것과 모르는 것을 말할 용기를 갖는 리더들에 의하여 이끌어질 때 가장 효과적이 된다. 이 세션이 개방성과 정직성의 정신으로 촉진되었을 때 정서적인 이슈들은 발산이 허용된다. 이 발산이 있어야 진정한 통합, 상호협력 및 통합이 가능하게 된다. 그것은 더 밝은 미래를 향한 문을 연다. 그렇지 않으면 그것은 승자와 패자가 있는 인수활동과 같은 모습이 될 것이다.

그들을 품안으로

이제 식스 시그마를 이전의 허니웰 경영에 적용하는 데 집중할 때가 되었고 허니웰 에어로스페이스 사업 전체에 걸쳐 생산성을 극대화할 때가 되었다. 합병한 지 여섯 달이 안 되어 전 허니웰과 전 얼라이드 시그널이 자신들의 성공적인 이니셔티브 전개에 있어 각자의 경험에서 제공할 것이 많다는 점은 매우 확실하였다. 두 회사는 표준적인 접근방식과 그 접근방식을 일관되게 전개해야 한다는 중요성을 이해하고 있었다. 그들은 신임 리더 모두가 식스 시그마 기초 훈련을 확실하게 받도록 하는 데서부터 출발하였다. 많은 회사들은 이를 챔피언 훈련이라고 부른다. 그 목적은 전 조직에서 식스 시그마 활동 전개과정에서 리더들이 효과적으로 영향을 미칠 수 있도록 리더들에게 기본을 가르치는 것이다. 블랙벨트(Blackbelt)와 린 전문가들(Lean Expert)의 활동이 2000년에 시작되었다. 베스트 프랙티스가 회사 전체에 걸쳐 공유되었다. 발전이 이루어지기 시작하였고, 고객과 종업들은 새로 결합된 회사의 잠재적인 이익들을 볼 수 있었다.

또 다른 합병 시도 : 임박한 위기

지금까지 래리 보시디는 회장이자 CEO로서의 자신의 의무를 수행해 왔고 이전의 허니웰의 CEO인 마이클 본시노레(Michael Bonsignore)에게 자리를 넘겨주었다. 본시노레는 식스 시그마의 방법론이 가져다 주는 확실한 이익과 수익 성과를 거두기 위해 그것으로 무엇을 할 수 있는지를 보았다. 그러나 그런 기회를 충분히 갖기도 전에, 새 사업은 처음 몇 분기 동안 수행 성과가 저조하였다. 월스트리트와 허니웰 이사회는 그 상황이 개선될지 여부를 기다릴 만큼 여유가 있지 못했다. 이 수렁으로부터 허니웰을 끄집어 내게 도와줄 잠재적인 주식매입자로 유나이티드 테크놀로지즈(United Technologies)를 유치하려는 시도가 있은 후, GE의 잭 웰치가 개입하여 최종 순간에 허니웰 이사회가 거절할 수 없는 조건으로 구매제의를 하였다.

이전 허니웰-얼라이드 시그널 합병과는 다르게, 인수를 통한 양도의 성격을 좀 더 많이 가지고 있기는 하였지만, 허니웰에게 또 다른 대규모의 합병이 임박한 것은 피할 수 없어 보였다. 식스 시그마와 점진적 개선이라는 세계에서 사는 사람들에게 한 가지 밝은 점은 GE가 1990년 중반부터 래리 보시디의 조언을 받아들여 자신들이 만든 성공적인 식스 시그마 프로그램을 실행해 왔다는 점이다. GE가 허니웰의 식스 시그마 프로그램을 분석하면서 발견한 것은 그 방식이 GE가 기대한 것이 아니었다는 점이었다. GE는 이 회사가 수십 명의 고도로 훈련된 마스터들(Masters)과 수백 명의 기술 블랙벨트, 그리고 식스 시그마 도구와 방법론으로 훈련된 수천 명의 작업 계층의 그린벨트들을 가지고 있기는 하지만 뭔가가 빠졌다는 것을 발견한 것이다.

누락된 요소

그것은 리더십 요소였다. 잠깐만… 나는 당신이 허니웰은 고위 경영층의 충분한 지원을 받았다고 말했던 것이 생각나는데… 사실 이 회사는 고위 경영층의 충분한 지원을 받았다. 그러나 이 회사는 이 강력한 변화도구에 대한 원칙과 행동을 사업에 스며들게 보증하는 리더십 주도적(leadership driven) 식스 시그마 모형을 가지고 있지는 않았다. 허니웰 에어로스페이스가 매우 알찬 식스 시그마 프로그램을 가지고 있다는 데 아무도 이의를 제기하지는 않았지만, 좋은 프로그램에서 위대한 프로그램으로 이동할 때가 된 것은 확실하였다. 리더십을 포함한 모든 사업영역에서 식스 시그마를 활용할 때가 된 것이다. 우리는 리더들을 구경꾼 자세로부터 현장에 참여시키도록 이동시킬 필요가 있었다. 식스 시그마는 구경꾼을 위한 스포츠인 적이 없었고 앞으로도 그러할 것이다. 그것은 리더들의 정렬과 그들의 관여에 관한 것이다. 좀 더 정직해져 보자. 고위 경영자는 주로 세 가지를 다룬다—사업성과, 사업성과,

그리고 또 사업성과!—정확히 리더들이 신경 써야 하는 것은 바로 이것이다. 허니웰의 식스 시그마 챔피언들은 종종 대규모 변화 시도 프로그램에 수반되는 아주 유사한 덫에 자신들이 빠져 있는 것을 발견하였다. 고위 경영자는 책상 위에 전달된 식스 시그마의 가치를 이해하고 포용하였다. 그리고 역으로 식스 시그마팀은 경영자들이 그 프로그램을 지원하는 데 건실한 노력을 기울인다는 것을 보았다. 그럼에도 종종 이 이니셔티브의 주인공들은 경영층에 대한 비 현실적 기대를 갖는다. 경영층이 그 특정 이니셔티브에만 실제 초점을 유지할 것이라고 종종 기대를 한다. 경영층이 식스 시그마 프로그램 또는 그와 같은 어떤 하나의 이니셔티브를 추진하는 데 전념할 것으로 기대한다면 그것은 대단한 실패의 모드(mode)가 된다. 식스 시그마에 대하여 진정으로 지원하는 것과 리더들에게 식스 시그마 중심적인 조직을 만들도록 요구하는 것 사이에는 큰 차이가 있다. 사업성과 향상을 이끌 하나의 가능인자가 되는 것으로부터 그 자체가 목적이 되는 것으로 이동을 하는 이니셔티브의 사례들은 무수히 많다. 식스 시그마의 열광자들은 하나의 측정수단으로서, 방법론으로서 그리고 하나의 전략으로서의 식스 시그마를 강하게 믿기 때문에, 종종 경영층이 식스 시그마 선서를 암송할 수 없거나 진실이 담긴 악수를 수행할 수 없으면 경영층에게 당혹감을 느끼게 된다. 물론 지금 여러분은 어느 이니셔티브 오너가 이 접근법을 가지고 실제의 전략이라든가 또는 목적이라고 말하는 것을 보면 곧

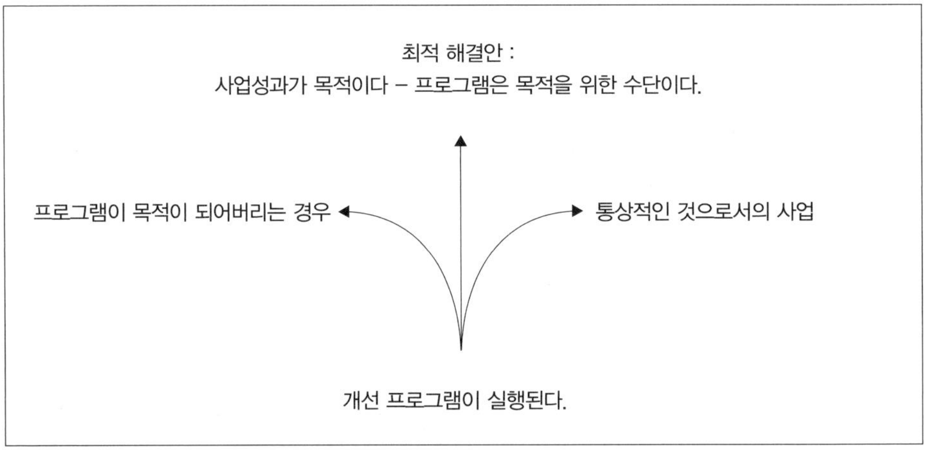

그림 8.1 방향이 다른 기대들

란을 느끼겠지만, 이 이니셔티브를 추진하는 사람들이 보이는 행동들은 종종 요란하다(그림 8.1).

어떤 경우에 그 전시적 행동은 우리가 식스 시그마 모형 내에서 정확한 접근법에 따라 그 사업모형이 적합성을 갖도록 재정리하거나 수정하기를 요구하고 있다. 정확한 접근법이란 사업의 모형 내에 적합하도록 식스 시그마를 수정하는 것이다. 허니웰에서는 이 행동양식이 살아있고 훌륭하다는 증거가 있었다. 예를 들면 블랙벨트는 인증을 받고 조직에 들어가 과업에 배정되어 백만 달러의 절감가치가 있는 것을 발견한다. 확실한 것은 매우 홍미 있는 잘 훈련된 과정 전문가가 절감할 것들을 찾아 사냥을 시작한다는 것이다. 사냥감을 집요하게 추적하는 사냥견처럼 매우 의지가 높은 블랙벨트가 특정 공장 한 구석에 있는 과도한 재고 더미를 발견한다. 이 블랙벨트는 다시 여기에 칼날을 갈면서 이를 '자신들의' 100만 달러짜리 프로젝트라고 확신하기 시작한다. 그 블랙벨트는 제조관리자와 만나 그에게 그 지역에서 재고가 제거되어야 할 대상이라는 정보를 준다. 논의에 이어 이 블랙벨트는 그 재고라는 적을 제거하기 위하여 사용될 도구들의 틀을 설명한다. 물론 그 제조 관리자는 변화에 저항할 것이다. 이 처음 미팅은 이 배신자인 블랙벨트를 배제하려고 재빨리 세워질 조직 장벽이 시작되는 것을 나타낸다. 이 제조 관리자가 그 재고를 제거하고 자신의 성과를 개선하기를 원하지 않는 것은 아니다. 단지 목적에서 의미있는 정렬이 끊어져 있는 것이다. 이러한 잘못된 정렬은 잠재적 프로젝트의 핵심 이해관계자로 하여금 그것이 아무 곳에서도 날아오지 않는 스커드 미사일로 지각되어 그 잠재적인 이익을 거부하게 만든다. 이 프로젝트의 잘못된 정렬의 유형이 매일같이 발생하는 것은 아니지만 허니웰에서는 식스 시그마 프로그램의 더 나은 발전을 멈추게 하고 많은 부분에서는 쇠퇴하기조차 하는 문화적 장벽을 만들 만큼 충분했다. 식스 시그마는 많은 사람에게 식스 시그마 프로젝트 자체를 위한 프로그램으로 느껴지게 되었다. 사업에서 '옳은' 것에 너무 초점을 맞추다보니 절대적인 이해관계자의 수용이라는 변화 이니셔티브에서 가장 중요한 요소를 고려하지 못한 것이다.

실용적 요점 넷 : 어떠한 변화추진 시도에서 가장 중요한 요인은 건강한 연합(coalition)을 구축하는 것이다. 수용과 연합 없이는 어떤 성공적인 실행도 불가능할 것이다. 누가 이해관계자

인가? 누가 이 변화추진 활동에 자원을 대는 사람인가? 누가 이 과정을 방해하거나 거부할 것인가? 누가 그것을 실행할 필요가 있나? 누가 영향을 받을 것인가? 모든 팀은 조심스럽게 이해관계자들을 고려할 필요가 있다. 이해관계자의 목록을 만들라. 이해관계자가 가능한 한 쉽게 수용하도록 만드는 것은 리더의 역할이다. 리더가 이해관계자의 관점을 존중하지 않는다면 무엇 때문에 이해관계자가 리더의 관점을 존중할 것인가? 중요한 일부터 먼저 하라(First things first). 이해관계자를 고려하라. 그러면 그들도 당신을 더 고려할 가능성이 높아진다. 이해관계자에 대해 해야 할 일들을 가지고 리드하라.

과잉 열정에 의해 전개되는 이 공통의 접근방법으로 인하여 허니웰이 셀 수 없을 만큼의 많은 개선을 할 수 없었거나, 존경할 만한 생산성 목적을 이루지 못한 것은 아니었다. 그러나 식스 시그마는 자신이 '한때 과거 실행된 적이 있고, 그렇게 끝났다'는 심연속으로 미끌어져 들어갔고 여기에 새롭거나 흥미로운 것은 아무것도 없었다.

이제 우리는 한 바퀴 돌아왔다. 허니웰에서 식스 시그마 프로그램의 아버지인 래리 보시디가 이곳으로 복귀하였다. 보시디는 허니웰로 복귀하여 고투 중인 회사의 재건을 도와달라는 요청을 이사회로부터 받았다. 래리가 함대를 이끄는 위치로 귀환하자 그는 곧 GE와의 합병 시도와 CEO인 마이클 본시노레의 사직으로 인하여 전사적으로 내분이 깊어져 있는 것을 발견하였다. 래리는 허니웰이 고투 중인 식스 시그마 프로그램을 중심으로 에너지를 주입할 필요가 있음을 발견하였다. 합병활동으로 인하여 식스 시그마에 대한 효과가 약화된 것은 분명하였다. 이제 군대를 재충전할 시기였다.

식스 시그마 : 앙코르 공연

식스 시그마 이니셔티브가 새로운 것이 아니라는 점이 허니웰의 가장 커다란 강점 중의 하나였고 동시에 가장 커다란 도전 중의 하나라는 점이 입증되었다. 허니웰이 식스 시그마를 재활성화하는 데 성공하기 위해서는 프로그램에서 리더십 요소를 상당히 강화시키는 한편 과거의 기술지식과 전문성 강화가 절대적으로 필요하였다. 이것이 허니웰의 엔진사업, 시스템 사업 및 서비스 사업에서 형태를 갖추게 된 것은 새로운 정열을 가진 사장이자 CEO인 스티브 로랭거(Steve Loranger)가 함께 하면서부터였다. 로랭거는 식스 시그마가 거의 50억 달러 규모의 사업에서 게임을 변화시키는 전략이 되지 않는다면, 향후 2~3년 동안 그가 계획한 공격적 전략들의 실행에서 성공을 거두지 못할 것이라는 점을 확인하였다. 답변이 요구되는 질문 중 하나는 식스 시그마를 성형수술할 것인가 아니면 완전히 새로운 게임을 계획할 것인가였다. 이것은 허니웰의 제프 오스본(Jeff Osborne)이 엔진 사업, 시스템 사업 및 우주항공 서비스 사업에서 식스 시그마 재생 노력을 이끄는 도전을 받아들이기로 동의하기 전에 정확히 물었던 질문이었다. 로랭거는 이 질문에 명쾌하고 간명하게 대답하였다. 만일 우리가 오늘날 우주항공산업의 도전적 환경에서 성공하려면 우리는 식스 시그마를 보다 더 영향력을 높게 발휘하는 수준으로 만들어야 한다. 이 사명, 즉 게임을 변화시켜야 하고 식스 시그마를 새로운 수준으로 올려야 한다는 것은 확실하였다. 이것은 현재의 프로그램을 변형하는 것이라기보다는 식스 시그마를 어떻게 전개, 활용, 강화할 것인가에 대하여 완전히 다른 접근방식을 취하는 것이다. 로랭거와 오스본이 정렬을 이루었으므로, 이제 남은 문제는 16,000명의 종업원들에게 너무 친숙한 이 모든 프로그램이 정말로 다르게 될 것이라는 점을 그들에게 어떻게 확신시킬 것인가였다. 식스 시그마의 새 부사장으로서, 제프 오스본은 조직에서 이 이니셔티브가 식스 시그마에 대한 통상적 업무가 아니라는 점을 확실하게 굳히는 방법을 빨리 터득해야 했다. 오스본에게 한 가지 좋은 소식은 허니웰이 이 사업이 상대적으로 유연하고 공격적으로 변화를 이룰 능력을 가지고 있다는 것이었다. 게다가 이 조직은 식스 시그마 여정이 잘 정착되어 있었고, 이 이니셔티브를 사업으로 이끄는 데 여러 활동들을 잘 해왔던 경력을 가지고 있다.

어느 재출발 프로그램이나 재활성화 프로그램에서와 같이, 잘 해왔던 것과 변화할 필요가 있는 것에 대해서는 주의 깊은 평가가 이루어져야 한다. 과거에 신성시되었던 것에 집착하려는 유혹과 필요 없게 된 목욕물을 버리면서 그 안의 아이(필요한 것)까지 함께 버리는 것 사이에는 균형이 이루어져야 한다. 이 균형들은 엔진 사업과 시스템 사업 및 서비스 사업이 이 조직 내에서 가진 가장 확실한 강점들 중의 일부였다.

강점

- 고위 경영층의 식스 시그마에 대한 지원
- 탁월한 기술적 능력

- 건실한 훈련 편성 과정과 학습 프로그램
- 수십 명의 마스터 블랙벨트(고급 전문가)와 린 마스터들(Lean Masters)
- 인증된 수백 명의 블랙벨트와 린 전문가들(Lean Experts)
- 인증된 수천 명의 그린벨트
- 전 사업에서 공통의 식스 시그마 언어와 용어

많은 회사들이 이와 같은 뛰어난 점을 부러워할 것이다. 사실 대부분의 회사들은 소위 시작단계에 도달하기 위해서 수년 동안 수백만 달러를 투자한다. 물론 현재 처해 있는 과업은 식스 시그마 프로그램을 시작하는 것이 아니고 현재의 식스 시그마를 좋은 것에서 위대한 것(good to great)으로 바꾸는 것이다. 오스본은 흥미로운 관찰을 하였다. 사실 성공적인 식스 시그마에 대한 핵심 성분 대부분은 제자리를 잡고 있었다. 그렇다면 문제는 왜 그 조리법이 바람직한 결과를 만들지 못하고 있는 것일까? 점진적 개선을 위한 꺼지지 않는 욕망이 부족한 것인가? 개선이익을 유지할 입증된 능력이 부족한 것인가? 여러분이 요리를 시도할 때 아마 경험하는 것처럼 보통은 실수를 하지는 않는다. 만일 핵심 요소를 하나만 빠뜨려도 그 요리는 손상된다. 결론적으로 건강하고 활기찬 식스 시그마를 만들기 위해서는 모든 성분이 필요하다. 모든 필요한 성분들을 가져야 할 뿐만 아니라 바람직한 최종 목적을 이룰 필요한 비전을 만들기 위해서는 그 성분들을 적절하게 모아줄 약간의 리더십 마술이 필요하다. 오스본이 엔진 사업과 시스템 사업 및 서비스 사업에서 식스 시그마를 재구축하기 위한 여정을 시작할 때 그가 당면한 도전을 살펴보자.

도전

- 리더들은 식스 시그마를 주로 과정 자문 컨설턴트 집단으로 보았다.
- 모든 종업원들에게 훈련과 인증자격은 점검 항목이 되었다.
- 식스 시그마의 도구들이 자주 과도하게 사용되었고 해결하려는 사업 이슈보다 더 중요시 하여 다루게 되었다.
- 식스 시그마 조직 내의 인재들의 수준은 주로 평균수준이었다.
- 인증받은 많은 식스 시그마 마스터와 블랙벨트들은 더 매력적인 외부의 손짓에 회사를 떠나고 있었다.
- 프로젝트는 종종 사업리더들에 비해 식스 시그마에서 스스로 선택한 것이 되

었다.
- 여러 방식에서 식스 시그마는 목적에 대한 수단에 비해 목적 그 자체가 되어 버렸다.

식스 시그마의 모멘텀은 전성기에서 퇴색되어 버렸다. 오스본은 엔진 사업과 시스템 사업 및 서비스 사업에서 식스 시그마 이니셔티브가 이니셔티브 그 자체에 너무 초점을 맞추었다는 것을 깨달았다. 오스본의 슬로건은 '식스 시그마를 식스 시그마 자체 활동으로부터 사업성과에 대한 것이 되도록 바꿔야 한다' 였다. 이제 더 이상 단지 다른 팀들을 훈련하고 그 도구 사용을 컨설팅하는 것으로 이 팀을 신용하지는 않을 것이다. 오스본이 이해한 한 가지 개념이 있다면 그것은 리더십은 사업의 성과를 중심으로 모이지 이니셔티브를 중심으로 모이지 않는다라는 것이다.

실용적 요점 다섯 : 사업이 존재하는 유일한 이유는 고객과 의뢰인에게 서비스를 제공하는 것이다. 그것은 시장에서 가치를 창조하는 것이다. 결과적으로 사업이 변화하는 유일한 이유는 고객 때문이다. 우리가 제공하지 않았던 것 중 고객에게 필요한 것이 무엇인가? 우리는 어떻게 식스 시그마 도구들을 시장에서 우리의 가치를 향상하는 데 적용할 수 있나? 이것은 어느 이니셔티브에 대해서도 유일하게 적용될 수 있는 적절한 출발점이다. 모든 사람은 고객을 '이해해야' 한다.

비전

새롭고 필요한 비전을 만드는 과정은 식스 시그마의 내, 외부의 조직으로부터 자료를 모으는 데서부터 시작하였다. 이를 위하여 식스 시그마 리더들은 식스 시그마 도구들과 방법들을 활용하여 이전의 식스 시그마 프로그램의 실패와 성공 양식들을 살펴보았다. 오스본은 자신이 어디에 있는지(기저선)를 잘 이해하게 되자 식스 시그마 노력을 통하여 그가 원했던 것을 기술한 명료하고 간단한 비전 선언문을 만들었다. '핵심 사업가치인 식스 시그마… 우리가 생각하고 행동하고 실행하는 방법.' 여러분은 자신에게 말할 것이다. "좋아 명료하고 간단해. 지나치게 독특하지 않아." 많은 비전 행사들은 벽에 있는 액자나 빌딩에 있는 포스터로 끝나는 경향이 있고 다시 그들을 귀찮게 만들지 않는다. 즉 확인된 그리고 완성된 행동목록에 놓인 또 하나의 항목인 것이다. 그것이 이 사례의 이야기는 아닐 것이다. 결코 그렇지는 않다. 즉 이것은 단지 시작일 뿐이다. 그건 중요한 시작이라는 것이 판명될 것이다. 식스 시그마 리더들은 어떤 핵심요소들이 바람직한 최종 상태를 구성하는지와 실제 거기에 도달하려면 그것이 어떠해야 하는지를 공식화하였다. 리더들과 종업원들과 많은 대화를 나눈 후에 그들은 자신들이 어디를 향하고 있는지를 명료하게 기술하였다. 이제 그 최종 상태에 이르게 해 줄 일련의 명확한 전략들을 정의할 필요가 있었다. 또한 이러한 전략 비전과 정렬을 이룰 일련의 목적과 목표들도 필요하였다. 식스 시그마를 위한 전반적인 최종 게임이 엔진, 시스템 및 서비스 사업 경영자들의 몫이라는 점은 피할 수 없었다. 그 최종 상태로 가는 길은 식스 시그마가 모든 성과 차이를 만들어 내는 곳이 될 것이다.

모멘텀과 속도를 가지고 그 새로운 최종 상태에 도달하기 위하여, 새로운 식스 시그마 모형에 대한 성공기준을 만들어 주게 될 몇 가지 핵심 조망들과 행동들이 있었다.

성공기준

- 식스 시그마는 하나의 품질 프로그램이 아니고 하나의 마인드 세트이다.
- 식스 시그마의 비전과 전략은 사업비전과 전략들의 하위 집합이다.
- 식스 시그마 조직은 사업조직 및 기능조직들과 직접 정렬되어야 한다.
- 프로젝트 선정은 상향식(bottom-up)에 비해서 하향식(top-down)이어야 한다.
- 자격 인증에 집중하기보다는 식스 시그마 도구를 적용하는 데 집중하여야 한다.
- 식스 시그마 활동에 대한 측정이 아닌 사업성과를 측정하라.
- 식스 시그마 인력은 풀타임이어야 하고 헌신적이어야 한다.
- 식스 시그마 인력은 통계학자가 아닌 사업 리더들이어야 한다.
- 식스 시그마 이익을 수학이 언제나 성공한다고 과대평가하지 마라 : 숫자로 만들면 언제나 성공적이라고 나타난다.
- 식스 시그마는 사업에 봉사한다. 사업이 식스 시그마에 봉사하는 게 아니다.

엔진과 시스템 및 서비스 사업부에서 식스 시그마가 사업을 위해 봉사하는 위치에 도달하도록 하기 위해서는 몇 가지 요인들이 고려되어야 하였다.

- 경영자는 자기고양적인 프로그램이나 이니셔티브를 결코 받아들이지 않아야

한다. 즉 목적을 명료하게 하고 의심할 수 없게 만들라.

- 식스 시그마는 목적에 대한 수단이다. 목적 자체가 아니다. 즉 '점검활동을 하는 행동'에 대하여 보상하는 측정방식과 그런 시스템에 초점을 두지 않도록 하라. 예를 들면 경영층이 저에게 이 식스 시그마 훈련 강의를 맡으라고 말했습니다. 그래서 나는 그것을 하고, 내 점검사항을 점검하려고 합니다. 그래야 그들은 날 놔둘 겁니다.
- 사업의 언어를 말하라. 그 언어는 사업의 효과성에 집중하여야 하며, 특정 도구나 방법론을 영속화하는 것에 집중하지 않아야 한다.
- 식스 시그마의 리더들을 만들지 말고 사업의 리더들을 만들라.
- 사업은 언제나 변화추진시도에서 가장 우선적인 것이다. 그 우선 순위가 어디에 있는지가 리더와 종업원들에게 불확실하다면 당신은 이미 길을 잃어버린 것이다.
- 사람들이 물을 때 그 결과는 반드시 '왜'가 되게 하라. 어쨌건 왜 우리가 이 식스 시그마를 하고 있는가? 그 왜는 언제나 무엇보다도 더 많이 절실하다.

그리고 끝으로 전 중역들에 해당하는 리더들이 충분하고 완벽하게 수용하도록 하기 위해서는 그 리더들이 식스 시그마에 대하여 정확히 지각하는 것이 중요하였다. 식스 시그마와 관련하여 오스본이 바라던 경영 스태프가 가져야 한다는 세 가지의 핵심 지각이 있다고 결론지어졌다.

- **식스 시그마는 부수적인 것(side-dish)이 아니고 핵심(entrée)으로 간주되어야 한다.** 리더들은 식스 시그마를 보완적인 것이 아닌, 사업 생산성을 만들고 유지하기 위한 주요 전략으로 생각해야 한다. 따라서 팀이 형성되고 제품이 공급자로부터 공급되며 새로운 제품이 설계될 때에 식스 시그마 기술과 그 자원들은 그 팀의 설계에서 핵심 구성 요소가 될 필요가 있다. 식스 시그마를 위한 시기와 공간이 따로 있다는 아이디어는 좋지 않은 생각이다. 이것이 왜 허니웰에서 식스 시그마를 품질이나 제조부문하에 두지 않는지의 이유이다. 이것은 사업 내에서 중요하기는 하지만 결코 배타적이지 않은 부서들에게만 그 영향이 제한될 것이다. 식스 시그마는 이미 때와 공간을 가지고 있는데 그 때는 현재이고, 공간은 사업의 모든 금간 곳과 균열이 있는 곳이다.

- **식스 시그마는 가속기(accelerator)이지 닻(anchor)이 아니다.** 엔진, 시스템, 서비스 사업의 많은 요소들에서는, 만일 블랙벨트가 그 문제에 관여하면 그 해결과정이 매우 느리게 진행될 것이라는 공통의 지각이 있다. 그 지각은 이유 없이 생성된 것은 아니다. 블랙벨트가 과도할 정도로 각 도구들의 사용을 고집할 때가 많아서 현장에서는 팀이 문제를 빨리 분석하고 의사결정하며 진행시킬 필요성을 놓치는 경우가 많았다. 식스 시그마의 도구들과 방법들이 지연을 초래하고 방해하며 의사결정이 만들어지는 속도를 늦추는 도구로서 인식된다면 그건 사업 리더들의 마음에서 실패하는 것이다.
- **식스 시그마의 성숙도는 단거리 경주가 아닌 마라톤이다.** 많은 중요한 문화변화 이니셔티브와 같이 변화과정은 몰아붙여서는 이루어질 수 없다. 체계적인 문화변화가 수개월 만에 일어날 수 있다고 제안하는 전문가나 컨설턴트를 여러분이 발견하게 되면 시달림을 받을 것이다. 여러분은 문화를 변경시킬 수 없지만 행동은 변화시킬 수 있는데, 그 행동변화는 문화에 크게 영향을 주게 되므로, 여러분이 조직에 영구적 변화효과를 얻는 데는, 어디서건 3년에서 7년의 기간이 걸릴 것이라는 것을 기대할 수 있다. 경영자 직위에 있는 우리 중 많은 사람은 도전적인 것을 좋아해서 종종 이 원칙을 생략한다. 그럴 때 우리는 종종 잘하면 시작이 잘못되었다는 것으로, 그리고 최악의 경우에는 완전하게 실패하는 것으로 그 대가를 치루고 끝낸다. 식스 시그마는 몇 년을 넘어 고위 경영층이 몇 차례 바뀌는 하나의 여정으로서 보여질 것이 틀림없다. 우리는 빠르게 그리고 유연하게 그러나 일 년 또는 그 전에 행해질 수 있는 것에 대한 현실적인 기대와 결합하여 운영하여야 한다.

이제 이 잣대를 가지고 엔진, 시스템 및 서비스 사업부에서는 재구축 과정 중 남은 부분을 이끌 준비가 되었다. 그 과정은 식스 시그마가 강조하기를 원하는 최고의 개선 영역들이 무엇인가에 대하여 최고경영자들의 동의를 이루어 가면서 시작되었다. 엔진과 시스템 및 서비스에서 그들은 이것들을 비즈니스 *Y*라고 불렀다(그림 8.2). 여기서 식스 시그마에 대한 기초 방정식은 $Y = f(x)$로서 *x*의 함수로서 *Y*가 표현된다. 이것은 여러분이 달성하고자 하는 결과(*y*)가 실제로 많은 입력들(*x*)의 함수라는 것을 의미한다. 여기서의 가정은 만일 여러분이 그 입력요소들과 그것들이 출력에 어떻게 영향을 미치는지를 이해한다면 여러분은 가장 중요한 입력요소들에

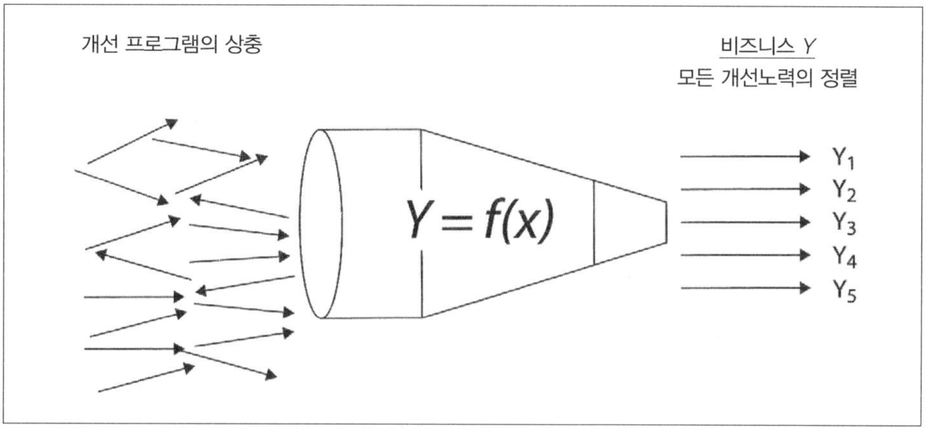

그림 8.2 비즈니스 *Y* 모델

관심을 집중함으로써 그 출력이 개선되도록 이끌 수 있다는 점이다. 경영자는 식스 시그마를 위한 초점이 될 여섯 개의 *Y*사업들에 대하여 동의하였다. 비즈니스 *Y*와 같은 한 줌의 관심 영역을 선정하는 데 있어서 많은 이익 중의 하나는 여러분이 개선을 위한 노력에 대해 정렬을 자연스럽게 이룰 수 있다는 것이다. 이 접근방식은 허니웰로 하여금 전 세계적인 사업에 걸친 다양한 지역에서 병렬적으로 수행되는 식스 시그마 프로젝트에 의하여 개선 노력이 부분 최적화가 되지 않도록 하였다. 이 비즈니스 *Y* 각각에 대하여 한 명의 식스 시그마 리더들과 함께 한 명씩 대표오너가 할당되었다. 이것은 오너십과 책임, 일치성을 확보해 주었다.

이 접근법은 허니웰에게 매우 효과적이라는 점이 증명되었다. 그것은 대규모 개선 프로젝트들을 비즈니스 *Y*에 정렬시킬 수 있었고 마찬가지로 수백 명의 그린벨트 프로젝트들이 시간 내에서 적절한 위치에서 수행되었다. 식스 시그마 리더와 관련된 경영자 챔피언은 중요한 우선 순위를 추진하고 이 모형을 통하여 조직의 활동들을 종합할 수 있었다. 식스 시그마 이니셔티브를 전개할 때 회사들이 만나는 공통의 함정 중의 하나는 일단 조직 전체에 걸쳐 마스터, 블랙벨트 및 그린벨트의 인원이 많고 프로젝트의 선정이 상향식으로 일어난다는 것이었다. 종종 문제가 되는 곳은 식스 시그마 자원이 사업 리더의 레이더망에 있지 않은 개선 노력을 추진할 때이다. 이것은 잘못된 정렬이 초래될 때이다. 허니웰이 비즈니스 *Y*를 제 위치에 놓았으므로 모든 식스 시그마 개선 프로젝트는 비즈니스 *Y*들 중의 하나에 정렬되고, 이어 비즈니스 *Y*의 챔피언에 의하여 승인되도록 효과적으로 확보할 수 있다(그림 8.3).

어떤 프로젝트들이 선발되어야 할지를 결정할 식스 시그마 리더들이 묻는 도움이 될 만한 질문들은 다음과 같다.

- 이 프로젝트는 사업 총괄 관리자와 기능부서 부사장의 목적에 직접 연결되어 있는가?
- 우리가 이 프로젝트를 수행한다면 고객에게 이익이 있을 것인가?
- 이 프로젝트는 현재의 사업 이니셔티브에 적합한가?
- 이 프로젝트를 하지 않는다면 결과는 무엇이 될 것인가?
- 이 프로젝트가 중요한 사업목표들에 정렬되어 있다고 가정하여 이 프로젝트를 지금 실행하는 것이 시기적으로 적절한가?

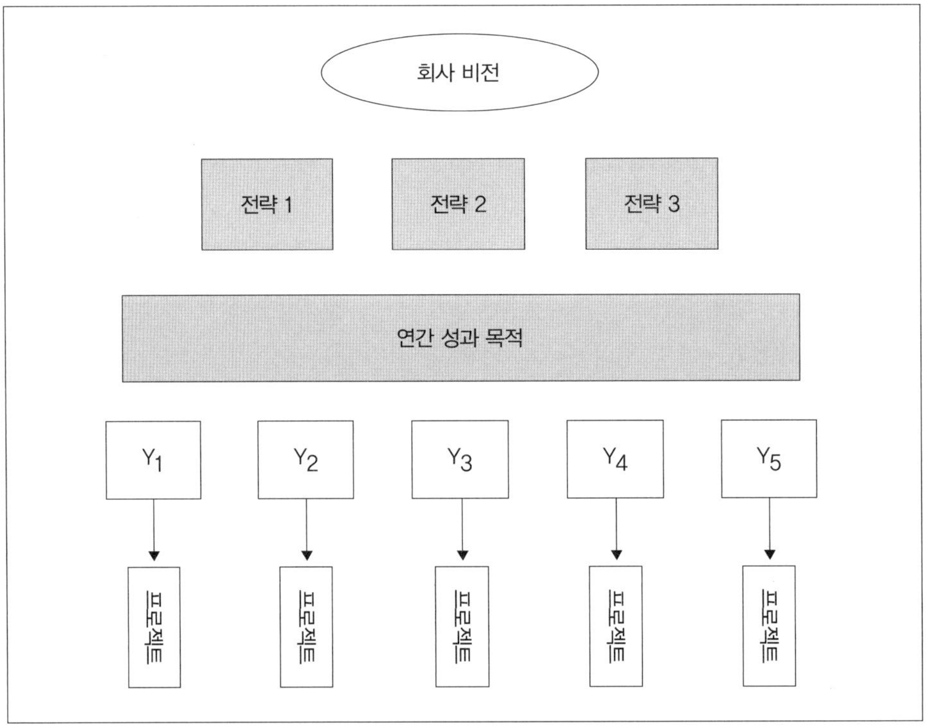

그림 8.3 프로젝트 선정 모형

실용적 요점 여섯 : 리더와 경영자가 할 일은 타인의 노력을 통하여 효과를 달성하는 것이다. 이것은 사람들의 강점을 하나의 우선 순위로 놓는 것을 필요로 한다. 그것은 합리적인 행동 기강을 고무하고 만드는 강력한 시스템을 필요로 한다. 리더의 일이란 의사결정을 하는 원칙과 정렬을 이루는 것이라는 점은 첫 번째에 해당하며 가장 중요함을 의미한다. 모든 합리적 행동은 건전한 의사결정에서 시작한다. 우리가 무엇에 초점을 두어야 하는가? 우리가 어떻게 그것을 측정해야 하는가? 고객에게 이것은 어떤 차이를 만들 것인가? 우리는 우리의 자원들과 에너지들이 가장 큰 효과를 가질 수 있도록 정렬할 수 있을까? 효과적인 리더십은 적절한 자료와 기준을 표면화하는 적절한 질문으로 시작한다. 이 정보는 건전한 결정과 합리적인 행동에 이르는 길이다.

인재 선발

최고의 비전, 전략 그리고 정렬된 프로젝트를 가지고 있다 하더라도 우리는 이 퍼즐의 가장 중요한 한 조각을 잊지 않아야 한다. 최고의 인재이다. 허니웰은 최고 수준을 뛰어넘도록 이 이니셔티브를 수행하기 위해서는 사내에 최고의 인재를 충원하고 개발해야 한다는 것을 알았다. 리더들은 비전을 만들고 전략과 방향을 설정한다. 식스 시그마는 자료에 의거한 의사결정이 이루어지도록 막대하고 강력한 분석도구와 기술들의 집합을 제시한다. 조직 내에서 최고의 인재들은 일이 이루어지게 하는 열정과 문화를 만든다. 즉 실행되게 만드는 것이다. 이들 요인들 중의 세 가지가 결합될 때 놀라운 결과를 갖게 된다.

리더십 + 식스 시그마 + 최고 인재 = 힘!

엔진, 시스템 및 서비스 사업이 식스 시그마 조직을 위한 재구축 과정을 시작하였을 때 그건 최고 중의 최고를 목표로 하였다. 그것은 이제 단지 식스 시그마를 채워 줄 최고의 인재들을 데려오기만 하면 된다는 것을 의미한다. 식스 시그마 리더이건, 마스터 블랙벨트이건, 린 마스터이건, 블랙벨트 또는 린 전문가이건 간에 조직 내에서 식스 시그마의 의무 순환기간이 완성되면 이들은 핵심리더 지위를 지킬 능력과 욕구를 가지도록 허니웰은 의무화하였다. 비록 많은 회사들은 이것이 주문일 뿐이라고 주장하지만 엔진과 시스템 및 서비스들은 실제로 이것을 현실로 만들었다. 회사는 이 기준에 맞는 인재팀을 구축하면서 2001년과 2002년 상반기를 보냈다. 식스 시그마 부사장 제프 오스본은 이를 이렇게 말한다. '많은 회사들이 블랙벨트를 채용하고 그들에게 리더십을 가르치려고 노력한다. 그렇지만 우리는 리더들을 채용하고 그들에게 블랙벨트 기술을 가르친다.' 이 미묘하지만 뚜렷한 차이는 허니웰을 위한 모든 차이를 만들어왔다.

실용적 요점 일곱 : 가장 재능 있는 리더들은 열정과 몰입 및 정열을 가지고 봉사한다. 그들은 자신들의 재능과 능력을 사용하는 경험에 의거하여 성장한다. 그들은 도전받기를 좋아한다. 이러한 이유로 재능 있는 사람들은 도전적인 일을 요구한다. 그 일이 그들의 에너지를 충분히 요구하는 것이 아니면 그들은 지루해한다. 다른 한편 아무도 모든 도전들에 대하여 재능을 가지고 있지는 않다. 각각의 도전은 독특성을 갖는다. 인재를 잘못된 일에 배치하면 그들은 빨리 탈진하고 좌절한다. 결과적으로 재능 있는 사람들은 올바른 일에서 올바른 도전을 필요로 한다.

모든 계층의 DNA 변화

엔진과 시스템 및 서비스가 식스 시그마의 기본적 구성에서 변화가 시작되자 세 개의 종업원 그룹들을 핵심 목표 대상으로 할 필요가 있었다. 6,500명이 넘는 모든 비조합원들(salary-exempt employees–임금, 근로시간 등에서 노동법 보호대상이 아닌 사람들 : 역주)을 포함하는 다수의 인원이 광범위한 그린벨트 프로그램을 통하여 훈련을 받았다. 이 인원 안에는 식스 시그마를 위한 설계라 불리는 그린벨트 훈련의 특별한 맛을 필요로 할 거의 3,000여 명의 엔지니어가 포함되었다. 이 단계는 제품과 공정 및 서비의 설계에 관여된 모든 엔지니어들과 지원요원들이 모든 설계 초기 단계부터 식스 시그마의 기본적인 원리가 사용되도록 보증할 것이다. 판매 및 영업과 대 고객 종업원에게 독특한 필요성을 강조하기 위하여 그로스 그린벨트(Growth Green Belt)라고 이름 붙여진 그린벨트 프로그램이 만들어졌는데 고객의 요구점과 필요점을 이해하기 위하여 식스 시그마를 어떻게 사용할 것인가에 초점을 두고 있다. 회사 내의 중간관리자 계층을 주로 변혁시키기 위하여 거의 200명의 헌신적이고 풀타임 인력으로 구성된 집권화된 식스 시그마 조직이 그 메커니즘이 되었다. 이들 마스터와 블랙벨트 및 린 전문가들은 식스 시그마 프로그램에 대한 자신들의 24개월간의 활동기간을 마치면 자신들의 사업조직이나 기능부서의 중간

보기 8.1 모든 계층에서 DNA 변화

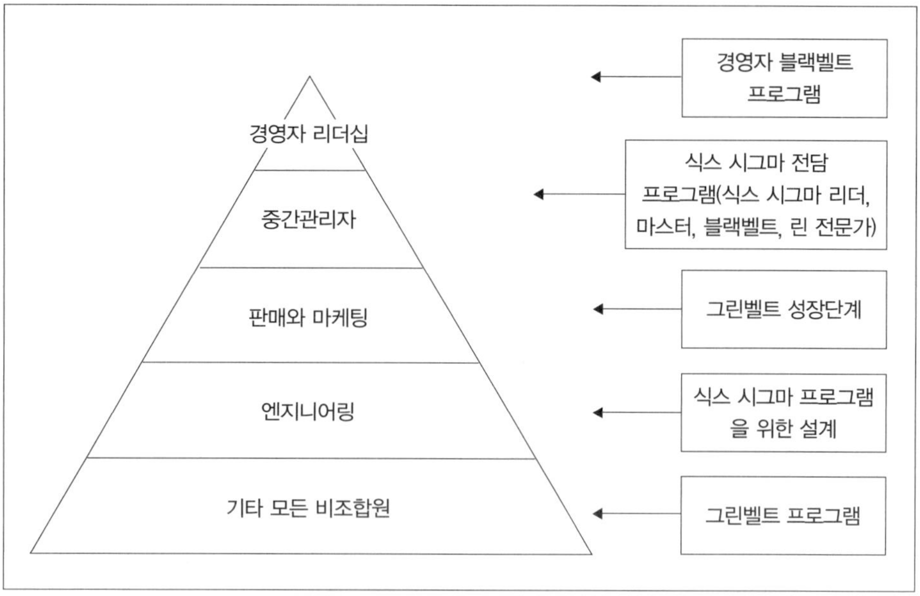

또는 상위직 관리자 지위로 복귀하게 된다. 마지막으로 그들은 상위직에 있으면서 풀타임직의 블랙벨트 역할에 참가하기 어려운 수백 명의 사람들에 대한 대처방안이 필요하였다. 이 사람들을 위한 리더십 블랙벨트 프로그램이 구축되었다. 이 집중 프로그램은 허니웰의 전문가가 배우는 블랙벨트 및 린 도구들과 똑같이 구성되었다. 넉 달의 훈련 프로그램과 또 다른 4~6개월의 프로젝트 응용 기간 끝에 이 경영자들은 블랙벨트를 인정받고 끝나게 된다. 이 포괄적인 학습 프로그램은 엔진과 시스템 및 서비스 문화가 최고의 사업결과를 달성하기 위하여 식스 시그마 방법론과 분석 기술로 효과가 발생하도록 하는 것을 보증한다(보기 8.1).

과정에 대한 최고의 리트머스 검사는 한 회사가 조직정렬과 문화변화, 리더십 개발 및 훈련과 멘토링을 중심으로 한 이 모든 활동들을 유형적인 사업개선 효과로 전환할 수 있는가이다. 엔진과 시스템 및 서비스에서는 그 결과가 의심할 나위없이 긍정적이었다. 2002년에 회사는 식스 시그마 자원과 도구들을 사용하고 포용하는 리더십을 이끌면서 식스 시그마 조직을 사업에 직접 정렬되도록 재구축하였다. 게다가 식스 시그마 조직의 인재는 엔진, 시스템 및 서비스가 제공한 최고의 가장 뛰어난 사람들로 구성되도록 상향 조정되었다. 사업 전반의 그린벨트, 그로스 그린벨트 및 식스 시그마 설계 프로그램을 통하여 지금 거의 6,500여 명이 훈련을 받았다. 100명이 넘는 경영자들이 리더십 블랙벨트 프로그램을 완수하였다. 그리고 이를 통해서 얻은 실제적인 이익은 현금, 운전수입, 판매를 포함하여 관리자들의 기대들을 넘었으며, 다음 해에 식스 시그마팀을 자리 잡게 하였다. 이들 모든 노력들은 허니웰의 엔진, 시스템 및 서비스가 점진적인 개선의 여정을 계속하는 동안 계속하여 정렬, 초점 및 책임감이라는 결과를 만들었다.

기고자 소개

그레그 즐레보(Greg Zlevor)는 경영자 교육과 컨설팅, 코칭 및 문화적 개선에 전념하는 회사인 웨스트우드 인터내셔널(Westwood International)의 설립자이고, 보스턴 대학에서 학부생을 대상으로 하는 리더십 프로젝트의 설립자이다. 최근의 고객들은 인텔, 볼보, 허니웰, 존슨 앤 존슨과 연방정부 및 GE가 있다. 그는 몇 개의 논문을 출판하였으며 최근에는 『변화챔피언의 필드 가이드(Change Champion's Field Guide)』를 출판하였다.

제프 오스본(Jeff Osborne)은 1988년부터 허니웰 에어로스페이스 사업의 리더를 지냈다. 그동안 그는 허니웰의 아비오닉스(Avionics, 항공전자) 엔진 및 시스템과 서비스 사업부에서 리더 역할을 맡았다. 제프는 엔지니어링과 고객 및 제품 지원, 운영, 프로그램 관리, 식스 시그마와 총괄관리를 맡았다. 제프는 인증된 블랙벨트이고 현재 7억 달러 규모의 제트엔진 사업인 비즈니스 아비에이션(Business Aviation)의 부사장이다. 제프는 애리조나 주립대학교에서 전자공학 분야 학사학위를 받았다.

9

인텔

이 사례연구에서는 혁신적이면서 기존의 방식에서 탈피한 리더개발 방법을 성공적으로 착수하기 위해 인텔사(Intel Corporation) Fab 12 반도체 공장의 조직개발팀(ODT)이 사용한 체계적 접근방식을 다룬다.[1] ODT는 Fab 12 공장의 특정 문제에 전사차원이 아닌 제조공장 차원에서 대처한다. 조직개발팀은 신속한 시범 프로그램 설계전략을 수행하여, 주요 학습방법으로 자아성찰과 행동학습(Action Learning)을 사용하는 리더십 심화개발 프로그램인 리더십 개발 포럼(Leadership Development Forum, LDF)을 개발하였다.

개요

리더십 개발 포럼(LDF)은 1998년에 처음 도입되어 참가자들로부터 대단히 긍정적인 반응을 얻었다. 시험 도입 이후 매 LDF마다 자신의 리더십 기술개발을 원하는 종업원 '대기자 명단'이 생겨났다. 네 번째 LDF 프로그램 참가자는 Fab 12 공장의 고위 스태프에게 요청하여 스태프들도 LDF에 참석하여 공장에 그 방식을 표준화하도록 하였다. 그 결과, 전체 22명의 고위 스태프들이 2000년에 LDF에 참석하였다. Fab 12 공장에서 있었던 11차례의 LDF 프로그램 동안 총 204명의 공장 중간(그룹리더) 및 고위 관리자(부장)들이 참석하였다.

첫 LDF는 Fab 12 공장의 간부들에게만 제공되었지만, 이후 프로그램들은 기업 내에 LDF를 확산시키기 위해 인텔 그룹 내 다른 직원들에게도 제공되었다. 2002년에 LDF는 처음으로 인텔 외부 공급자 그룹(Intel's Supplier Group)과 전사 품질 그룹(Corporate Quality Group)에 시험적으로 제공되었다. 프로그램 참가자들의 긍정적 반응에 따라 LDF는 확대 실시되었다. 현재 LDF는 미국과 아시아를 걸쳐 인텔의 다른 계열사에서도 제공되고 있다.

LDF 프로그램은 2000년에 인텔 제조분야 우수성 컨퍼런스(Intel Manufacturing Excellence Conference, IMEC)에서 부각되었다. 전 세계에서 선발된 500명의 인텔 종업원들이 매년 모이는 IMEC에서는 '최고로 알려진 방법들(best known methods)'을 기업에 확산시키기 위해 논문을 공유하고 발표하며 게시한다. 발표 내용들은 엄격한 과정을 통하여 선발된다(1,100개 중 80개만이 선정된다). IMEC의 주요 초점은 기술적인 내용들에 관한 것이지만, LDF는 독창적인 설계와 성공사례로 인하여 이 컨퍼런스에서 채택되었다. 인텔 제조부문 부회장의 컨퍼런스 기조 연설 직후에 LDF 프로그램의 철학, 주요 요소 및 그 성과가 발표되어 공유되었다. LDF는 IMEC를 통해 인텔의 주요 리더십 개발 프로그램으로 자리를 잡게 되었다.

이 사례에서의 교훈은 관리자들의 리더십 능력개발 방법이라는 어려운 도전을 앞에 두고 있는 모든 조직 및 모든 사람들에게 중요하다.

도입

1997년에 Fab 12 공장의 고위 스태프는 공장 운영상의 우선순위 과제와 공장의 장기 성공 계획을 명확화하기 위해 일련의 업무회의 및 사외에서 진행되는 회의를 가졌다. 스태프 사이에서 이 과정은 여정(Journey)으로 알려졌다. 여정이 진행될수록 리더십이 중요한 관심사가 되었다. Fab 12 공장의 중간 관리자 대다수는 당시 인텔에서의 근무 연수가 3년이 넘지 않았고 리더십 경험이 상당히 부족한 처지였다.

급변하는 고도의 기술변화와 대량 제조 수요에 대처할 리더십을 갖추기 위해 Fab 12 공장은 어떻게 준비했을까? Fab 12 공장에는 잠재적인 리더십을 개발하기 위한 전사 차원의 절차는 없었다. 그 당시 있었던 과정으로는 (1) 부스 컴퍼니(Booth Company[2])가 인텔을 위해 개발한 360도 사전평가 도구인 경영관행 설문조사(Survey of Management Practice©)와 (2) 인텔의 중간 및 일선 관리자를 대상으로 하는 사외에서 실시되는 40시간 관리자 연수 프로그램인 사람을 통한 경영(Managing Through People)이 있었다. 이 두 과정 모두는 리더십 훈련이 아니라 단순히 관리 훈련에 중점을 두었다.

1998년 3월, Fab 12 공장장은 ODT에게 공장에 적합한 리더십 개발 프로그램을 같은 해 삼사분기까지 설계해 줄 것을 요청하였다. 한 달 후, ODT는 중간 및 상위 수준 관리자를 대상으로 매년 두 차례 리더십 개발 포럼을 자발적 참여하에 개최할 것을 제안하였다. 5개월 과정의 프로그램인 LDF는 이 여정에서 경험한 리더십 관련 내용 및 행동들을 이용하고 확장하였다.

취지

LDF의 전반적 취지는 훈련 프로그램을 개발하는 것이 아니라 학습과정을 제공하는 것이다. 이 과정을 통해 참가자들의 리더십에 대한 생각은 도전을 받으며, 변화에 영향을 주는 능력과 공장의 성과 목표 달성 능력은 상당히 개선된다.

LDF는 리더십에만 집중한다. 하버드 경영대학원의 존 코터(John Kotter) 교수에 의하면, 리더십은 방향을 제시하고, 구성 요소들을 조율하며, 다른 사람들을 독려하는 것이고, 이와 달리 기본 관리기법은 기획, 예산, 충원 및 문제해결이라고 구별하고 있다.

또한 남가주 대학교의 경영학과 교수이자 유명한 저자인 워렌 베니스(Warren Bennis)에 의하면, '일반적인 리더십 과정의 문제점 중 하나는 기법만을 강조하여, 성과가 있더라도, 리더보다는 관리자를 양성한다는 점이라고 할 수 있다. 리더십은 상황에 대처하는 기법을 쓸 수 있는 능력보다는 부하들의 순수한 반응을 관대하게 허용하여 대처할 수 있는 능력이다.'[3]

LDF는 리더십이란 우리가 무엇을 하는가(What we do)와 마찬가지로 우리가 어떠한 사람인가(Who we are)에 관한 것이라는 전제하에 수립되었다. 존 코터, 워렌 베니스, 테리 피어스(Terry Pearce), 보이드 클라크(Boyd Clarke), 론 크로스랜드(Ron Crossland), 톰 피터스(Tom Peters), 벤 잰더(Ben Zander), 조엘 바커(Joel Barker), 제임스 쿠제스(James Kouzes), 배리 포스너(Barry Posner) 등 리더십 전문가가 제시한 근본적인 원칙들을 프로그램 설계에 구체화함으로써, LDF는 다른 사람들을 지도하는 지침보다는 리더십에 대한 '탐구(inquiry)'의 역할을 한다. LDF는 리더십이 「하버드 비즈니스 리뷰(Harvard Business Review)」의 트래이시 그로스(Tracy Gross) 논문에서 잘 설명되어 있는 '발생과정'이라는 전제하에 있다. '미국 및 다국적 기업에 대한 35년간의 연구와 컨설팅을 통해, 우리는 자신과 자신의 생각에 대해서는 엄격하게 생각하기를 꺼려한다는 것을 고위 경영자들에게서 발견하였다. 그러므로 많은 경영자들이 자신을 개혁할 수 있는 기회를 거부하는 것은 당연한 일이다. 다른 방법이 있지만, 이것을 하기 위해서는 리더의 자신에 대한 상당한 탐구가 필요하다. 이것은 잘못된 무언가를 고치는 심리적인 과정이 아니고, 우리가 의사결정을 내리는 맥락을 밝혀내는 연구이다.'[4]

LDF 참가자들은 하고 있는 것(what they are doing)(리더십 실천사항을 적용하거나 한계 돌파 프로젝트를 지휘하는 것)과 존재방식(how they are being)(패러다임의 전환, 인간관계 중시, 안락지대에서 벗어남)에 중점을 두고 있다. 참가자들은 돋보이고 정당해 보이는 것을 포기하고 대신에 리더는 취약하고 가능성을 인정하는 학습자라는 태도를 갖도록 요구된다. LDF의 궁극적인 취지는 참가자들이 자기 자신, 자신의 환경, 주변의 다른 사람의 삶까지도 개선하는 것이다.

목표

ODT는 주요 프로그램 목표와 요건을 다음 네 가지로 확립하였다.

1. 리더십에 대하여 참가자가 가진 기존 가정은 도전을 받는다. 리더십이란 자신의 존재와 과업을 정의하는 것이며, 자신이 잘 안다기보다는 자신이 배우는 사람임을 확인하는 것이고, 진실성과 자기 표현의 결과라는 것을 보여주는 것이기 때문이다.
2. 참가자는 일하는 목적, 개인적 가치, 조직에 대한 자신들의 비전, 남겨주고자 하는 유산을 기술한 한 쪽 분량의 리더십 자서전을 깊이 숙고하여 완성한다.
3. 참가자는 쿠제스와 포스너의 리더십 모델에 있는 다섯 가지 실습을 현재의 한계 돌파 프로젝트와 일상 업무에 적용하여 리더십 행동 계획을 개발하고 수행한다.[5]
4. 참가자 간의 강력한 교차 기능적 네트워크를 구축한다.

참가자는 LDF 전체 과정 참여를 담보하기 위해 다음의 요건을 준수할 책임이 있다.

- 모든 세션에 100% 참석한다. (참가자는 각각의 세션에 끝까지 참석해야 하고, 각 세션의 시작과 휴식 이후 정시에 참석할 것이 요구된다.)
- 모든 과제를 완수해야 한다. (논문을 읽고, 비디오를 보고, 과제를 완수한다.)
- 다른 참가자와 프로그램 퍼실리테이터에게 특정 피드백을 제공한다.
- 위험을 기꺼이 감수한다. (새로운 것을 시도하고, 실수를 두려워하지 않으며, 안락지대에서 벗어나서 서로 도전한다.)
- LDF 세션과 일대일 코칭 세션 동안 적극적으로 참여한다.
- 마음을 비우고 듣는다. (대답하려 하기보다 질문을 하고, 다른 참가자에게 자신이 얼마나 효과적인지 자신이 얼마나 리더십에 대하여 아는지 자랑하지 않는다.)
- 거리낌없이 말한다. (많은 참가자들이 대중 앞에서 약한 의사표현 능력을 보이거나 상당히 모호하게 말한다. 리더는 거리낌없이 말하고 자신의 의사표현이 다른 사람에게 어떻게 영향을 미칠지를 의식한다.)

사소해 보이지만 LDF의 성공은 프로그램의 목표와 요건을 엄격히 준수하는 것과 연결되어 있다. 이 요건들을 이행하지 못하는 참가자는 프로그램 참가를 그만두도록 권고받는다. 자신의 약속을 책임 있게 이행할 때, 리더십은 나타난다. 이러한 요건은 확고한 자기성찰 및 리더십 개발 단계를 준비하는 참가자에게 LDF 예비 세션에서 명확하게 제시된다.

접근방법

LDF를 개발하기 위해서, ODT는 다음과 같은 일곱 가지의 설계 전략을 채택하였다.

1. **리더십은 자기 발견의 과정이라는 원칙하에 LDF를 수립한다.** 리더십에 대한 ODT의 연구가 진행되면서 확고한 주제가 나타나게 되었다. 리더십이란 배우는 게 아니라 학습하는 것이다. 저술가이자 국제적 경영자 코치인 케빈 캐시먼(Kevin Cashman)에 의하면 '리더십은 사람들이 행하는 것이 아니라, 우리의 마음에서 우러나는 것이고 우리 존재에 대한 표현 과정이다. 행동에 내재되어 있는 우리의 존재가치이다.'[6]
2. **장황한 리더십 역량 항목들의 나열보다는 몇 가지 포괄적 리더십 훈련에 집중한다.** 인텔 내 타 제조부문 및 외부 프로그램에 대한 연구를 통해 리더십 개발의 주요 요소로 24개의 역량을 발표하였다. Fab 12 공장은 어떤 역량에 중점을 두었을까? ODT는 많은 항목의 역량들보다는 '존재방식'을 구체화한 쿠제스와 포스너의 다섯 가지 리더십 훈련이 간단하면서 보다 효과적인 구조라고 판단하였다.
3. **각 세션마다 '적시(just in time)'에 LDF를 설계하고 수정한다.** ODT는 상위 수준의 프로그램 스케줄과 핵심 학습과제를 확정하는 공동 비전을 개발하였다. 그러므로 ODT는 첫 번째 파일럿 세션을 시작하기에 앞서 프로그램 전체 과정을 다 설계할 필요가 없다. 각 세션이 종료될 때, 세션에 대한 피드백이 검토되고 이를 다음 세션 설계시 이를 반영한다. 이러한 적시성으로 인해 세션이 학생들의 요구에 따라 특별히 제작될 수 있어 더욱 유익하다.
4. **LDF에 자발적으로 참여하게 한다.** Fab 12 공장의 각 부서는 '자원 부서

(volunteer slot)' 에 배정된다. 관리자는 자기산하의 집단 리더들과 함께 프로그램을 살펴보고 그 중에서 관심을 가지는 후보자 명단을 ODT에 제출할 의무가 있다. 이 과정은 실질적인 참여를 촉진한다. 진심으로 리더십을 개발하기 원하는 집단의 리더와 관리자만이 LDF에 참여한다.

5. **워렌 베니스의 혁신적 학습방법을 LDF 설계에 적용한다.**[7] 이 방법에서는 학습이란 활동적이고 상상력을 이용할 때 가장 효과적이라는 사실을 옹호한다. 타인을 경청하는 것, 그리고 어떤 일에 의해 영향을 받기보다 그 일에 영향을 주는 것이 자아지식의 초석이 된다. 진정한 이해란 경험에 대한 성찰을 통해서 이루어진다. 이와 같은 접근방식은 모든 설계에 필요한 모든 의사결정시에 전제조건으로 채택되었다. 각 세션은 학생(참가자)들이 서로에게서 배울 수 있도록 대화하고 평가하는 시간을 갖도록 설계되었다. 모든 세션에는 행동학습을 포함하고 있는데, 이를 통해 학생들은 배운 것을 실습하고 어떻게 실무에 적용할 것인가를 공유하면서 마치게 된다.
6. **LDF를 현장에서 장기간 실행한다.** 현장에서 이루어지는 프로그램에 참석하는 것은 편리하고, 비용도 합리적이며, 공장 부서 간 동료관계도 증진할 수 있다. LDF의 90%는 현장에서 진행된다. 일회성으로 이루어지는 사외 교육에서는 참가자가 여러 이론을 경험할 수는 있겠지만 새로운 행동을 장기간에 걸쳐 실행할 기회를 갖기는 어려울 것이다. 리더십 개발은 관리자의 일상생활 속으로 배어들 때 가장 효과적이다. 그러므로 LDF는 새로운 리더십 행동이 일상화되고 그 효과가 지속되도록 5개월에 걸쳐 매주 진행된다.
7. **ODT 멤버가 퍼실리테이터 및 코치 역할을 담당하게 한다.** 퍼실리테이터로서 ODT는 학습을 위한 과정 및 환경을 제공한다. 코치로서 ODT는 직무 전문가가 아니라 참가자의 반향판 역할을 담당한다. 코치로서 ODT 역할은 참가자들이 다른 시각을 갖게 하고, 무엇을 할 것인지 알게 하며, 그대로 실천하게 하는 것이다. 코치는 질문을 하고 피드백을 제공하며 새로운 가능성에 대해 마음을 열게 하는 과업을 할당함으로써 참가자들이 자신을 성찰하고 자신의 문제를 풀게 한다.

프로그램 소개

프로그램 교재는 각 세션을 시작하기 전까지 갱신되어 제공된다. 참가자는 문서형식으로 된 프로그램 교재, 소프트웨어, 리더십 관련 논문, 계획표, 평가서 등이 포함되어 있는 바인더를 받는다. 참가자는 교차기능적 기능을 가진 '학습그룹(learning groups)' 에 배치된다. 일반적으로 18명의 참가자가 3개의 학습그룹으로 나뉜다(각 집단마다 6명의 참가자). 참가자는 프로그램 기간 동안 배치된 학습그룹에 소속된다.

각 학습그룹에는 한 명의 ODT 퍼실리테이터 혹은 코치가 배치된다. 코치는 리더십 개발 요구에 맞는 코칭, 평가, 자료(즉 책, 논문, 비디오), 격려, 지원, 충고 등을 제공하기 위해 각 학습그룹 참가자와 4~6회의 면담을 갖는다. LDF 사전 세션에서는 코칭의 기능에 대하여 설명하고, 코치는 참가자에게 이 프로그램의 '강제성(press in)' 과 참가자의 생각에 대하여 코치가 도전하는 것에 대하여 미리 양해를 구한다. 각 코칭은 상호 신뢰와 존중, 그리고 타인의 의견을 수용하고 자신을 표현하려는 의지를 기반으로 해서 만들어진다. 코치는 참가자와의 대화에서 나눈 이야기에 대해 어떠한 경우에도 비밀을 지킨다. LDF 시행 이후, 참가자는 코칭 세션을 프로그램 중에서 가장 가치 있는 시간이라고 평가하였다. 참가자들은 LDF가 종료된 후에도 종종 코칭 세션을 지속하자고 요청한다.

참가자들의 책임을 높이기 위해서, LDF 세션 시작 때에 세션 사이 기간 동안 각 참가자가 무엇을 했고(행동적 리더십, the doing of leadership) 어떻게 행동하였는지(존재적 리더십, the being of leadership)에 대한 정보를 학습그룹에 제공하게 한다. 프로젝트 혹은 팀을 개선하기 위해 자신이 어떻게 지도하고, 영향을 주었으며, 변화를 주었는가? 어떻게 사고를 전환시켰는가? 어떤 위험을 감수하였는가? 어떤 실수를 범하였는가? 관계를 어떻게 구축하였는가? 개인적으로 어떤 발전을 경험하였는가?

이러한 논의를 통하여, 참가자는 비밀투표를 통해 학습그룹 내에서 리더십 발전상(Leadership Breakthrough Award, LBA) 수상자 한 명을 선발한다. 선발된 사람은 다섯 가지 리더십 훈련이 새겨진 18인치 크기의 트로피를 받는다. 수상자는 전체 참가자들과 자신의 경험을 나누고, 다음 세션에서 수상자가 다시 선발될 때까지 트로피를 책상 위에 전시한다. LDF 전 과정이 종료될 때에는, 학습그룹별로 프로그램 동안 리더로서 가장 많이 발전을 이룬 한 명을 선발하고, 선발된 사람에게 LBA를 최종적으로 수여한다.

참가자는 프로그램 종료 시점에서 자기평가서를 작성한다. 이 평가서는 쿠제스와 포스너의 다섯 가지 리더십 실천 사항을 일상 업무에 적용하는 능력을 평가한다. 다섯 가지 리더십 실천 사항과 6점 척도(1=초급, 6=숙련)로 구성된 도표가 제공된다. 참가자는 '공개적'으로 자신의 리더십 훈련에 대하여 평가하고 그 결과에 대하여 토론한다.

참가자는 프로그램 기간 동안 세 가지의 주요 도구를 사용한다.

1. 와우! 프로젝트[8](WOW! Projects™)(보기 9.1). 참가자는 LDF 기간 동안 완수해야 하는 계획 중에서 업무목표와 연계되고 타인의 행동을 지도하는 특정 프로젝트를 선정한다. 와우! 프로젝트는 범위가 넓고, 결과를 측정할 수 있어야 하며, 효과적이어야 하고, 성공을 위해 개인적인 발전이 요구되는 것이어야 한다. 와우! 프로젝트 성과에 대해서는 강의실에서 그리고 교육 세션 동안에 토론된다. 참가자는 와우! 프로젝트와 관련하여 서로 책임감 있게 행동해야 하고 학습그룹의 구성원에게 조언하고 지원한다.
2. 리더십 행동 계획(Leadership Action Plan, LAP)(보기 9.2). LAP는 참가자가 LDF 기간 동안에 참고하고 갱신해 나가는 한 쪽의 기획서이다. 참가자가 새로운 활동이나 행동을 학습하고, 성찰하고, 실행할 때 LAP는 이를 점검하고 기록하는 체제이다. 참가자는 각 리더십 실천에 대한 행동 계획을 LAP에 기록하고 계획을 완수할 의무가 있다. 참가자는 각 세션이 시작될 때 LAP에 따라 행했던 행동에 관하여 학습그룹과 공유하고, 평가와 격려를 받는다. LAP 내용은 퍼실리테이터와 코칭 세션 시간에 논의되고 교육 수단으로 사용된다.
3. 리더십 자서전(회고록)(보기 9.3). 리더십 자서전은 참가자들이 LDF 기간 동안 작성하는 한 쪽 분량의 자기성찰 수단이다. 핵심 질문을 통해 참가자는 자신의 가치, 리더란 무엇인가, 자신의 존재에 영향을 준 경험, 자신이 관리하는 조직의 비전, 남겨줄 리더십 유산 등을 명확히 하게 된다.

프로그램은 ODT가 80%를 진행하고 나머지 20%는 외부 컨설턴트가 맡는다. ODT는 교재와 학습과정이 참가자의 요구에 적합하도록 하기 위하여 컨설턴트와 긴밀한 관계를 형성하며 미리 계약을 체결한다. 이를 통하여 참가자는 외부 컨설턴트를 따르게 되어 LDF 프로그램의 목적이 달성된다.

각 프로그램이 시행된 후 평균적으로 20% 정도는 내용이 수정된다. 수정을 효과적으로 하기 위해서 ODT는 다음과 같은 방법들을 활용하였다. 첫째, 각 세션의 전체적인 과정과 내용에 대한 개념도(conceptual maps)를 만들기 위해 스토리보드(storyboards)를 이용하였다. 둘째, 교재 체크리스트(일람표)와 장소 설계 등을 포함해서 세션에 관하여 자세하게 협의하였다. 셋째, 각 세션 전에 ODT가 구체적인 '예행연습(dry run)'을 하였다.

프로그램 보기 : 세션별

사전 세션(3시간)

ODT와 참가자가 서로 인사를 나누고, LDF 경험의 중요성을 보여주는 비디오가 상영되며, 프로그램의 목적과 기대사항이 검토되고, LDF 과정의 전체 개요가 소개된다. 참가자는 와우! 프로젝트를 수행하고, 실행계획을 사용하여야 하며, 리더십 자서전을 기록하고, 리더십 실천 목록(Leadership Practices Inventory, LPI)[9]을 작성해야 한다는 것을 알게 된다. 코치로서의 퍼실리테이터 역할을 상세하게 설명하고, 스스로 선택한 활동을 통하여 도전을 배우는 하룻밤의 야영에 대하여 알려준다. 이전 수료자들이 LDF에서 받은 영향에 대해 이야기를 나누고, LDF를 어떻게 효과적으로 이용할지 토론하면서, 참가자들의 질문에 대하여 대답해 준다. 참가자는 프로그램에 참가할 것인지에 대하여 다시 한번 생각하고, 계속하지 못할 것으로 판단될 때는 ODT에게 알려서 관심을 보이는 다른 대기 후보자들이 참석할 수 있게 한다.

세션 1 : 오리엔테이션(4.5시간)

Fab 12 공장장은 참가자를 환영하고, 참가한 학습그룹들은 관련된 활동들을 확정한다. LDF가 철저하게 리더십에만 중점을 둔다는 것을 강조하면서 리더십과 관리의 차이가 설명된다. 참가자는 와우! 프로젝트 아이디어를 공유하고, 기준에서 벗어난 행동에 대하여 도전하며 어떻게 프로젝트를 성공리에 마칠 수 있을지에 대하여 서로 조언한다. 학습그룹에서는 리더십에 대한 질문에 대답하는 참가자들의 모습을 녹화한다. 질문에 대한 사전 지식 없이 참가자는 다음과 같은 질문을 받는다. (1) 당신이 이끌고 있는 조직에 대한 비전은 무엇입니까? (2) 당신이 직책과 권한을 잃더라도, 당신의 지도를 받기 원하는 사람이 있다면 구체적으로 그 이유는 무엇이겠습니까? 녹화가 끝난 후, 집단은 비전의 중요성에 대해서 이야기를 나누며 자신 및 타인의 비전선언문에 대한 생각들에 대하여 토론한다.

세션 2 : 리더십 도전(The Leadership Challenge™)
(9시간, 2일 이상 반나절로 나눔)

톰 피터스 컴퍼니(Tom Peters Company)[10]에서 온 초청 강사는 쿠제스와 포스너의 리더십 모델 개요를 발표한다. 학습그룹에서 참가자들은 리더십을 위한 자신들의 최상의 노력들에 관한 개인적인 경험담들을 서로 나눈다. 리더십 실천 목록 결과를 설명하고 전달한다(집단 프로파일 및 개인 성적표). 각 리더십 훈련—행동환경 조성, 틀에 박힌 방식에 대한 도전, 공유비전 고취, 사기앙양, 방법의 모델화—이 한 시간씩 진행된다. 이러한 학습들에는 비디오 사례연구, 역동적인 학습 행동 및 가상실험, 대화, 자기성찰, 행동 계획 등이 포함된다. 참가자는 세션 1에서 비전에 대해 발표하던 영상을 보면서 비전의 효과에 대하여 서로 평가한다. 참가자는 자기의 직속 보고라인에 있는 사람들이 포커스 집단회의에 참석해서 그들이 Fab 12 공장에서 필요하다고 느끼는 리더십 유형에 대해 토론하는 것을 관찰하게 된다. 그 뒤에, 참가자와 직속 보고라인상의 사람들은 처음의 리더십 행동 계획을 검토하고 평가받기 위해 개별적으로 만난다.

세션 3 : 틀에 박힌 사고방식에 도전하기(8시간)

틀에 박힌 사고 과정에 대해서 도전하기에 가장 효과적인 방법으로 와우! 프로젝트가 소개된다. 톰 피터스의 와우! 프로젝트 개념은 인터넷을 통해 나인스 하우스 네트워크 이노베이션: 와우! 프로젝트 과정(Ninth House® Network Innovation: WOW! Projects™ Course)[11]에서 선별된 단편 비디오로부터 볼 수 있다. 참가자는 네 가지 주요 요소를 적용하여 현재의 업무를 와우! 프로젝트로 전환한다. 만들고, 설득하고, 실행하고, 진행한다. 참가자는 프로젝트의 '신속한 원형(quick prototype)'을 만들고 후원자의 지지를 얻기 위해 '작업의 크기, 속도(pitch)'를 개발한다. 참가자는 세 번째 단계에서 '설득(selling)'을 하고, 피드백을 받고 다시 이를 새로운 '작업의 크기, 속도'에 반영한다. 와우! 프로젝트의 진척은 이후에 LDF 세션과 퍼실리테이터와의 코칭 세션에서 논의될 것이다.

세션 4 : 신뢰 형성하기(1.5일과 하룻밤의 야영 여행)

이 세션은 ODT와 벤처 업 교육기관(Venture Up)[12]이 공동으로 주관한다. 참가자는 Fab 12 공장을 떠나 외딴 야영지로 이동한다. 학습그룹은 팀 구성을 촉진하기 위해 차량 한 대당 한 조씩 함께 여행한다. 도착해서 참가자들은 눈을 가리고 눈을 가리지 않은 다른 한 명의 조원의 지휘하에 텐트를 세운다. 참가자는 텐트 활동을 보고(debrief)하고, 저녁을 먹고, 학습그룹은 모닥불에 모여 다음날에 있을 '성공은 어떤 모습일까'를 토론한다. 개인적 가치와 리더십 유산에 대해서 역시 모닥불 앞에서 나눈다. 두 번째 날, 벤처 업은 '높은 밧줄 타기 안전 오리엔테이션(high ropes safety orientation)'을 진행하고, 참가자들은 암벽 등반 장소로 이동한다. 학습그룹에서 참가자들은 팀원들이 로프에 연결되어 서로 코치하고 지원하면서 암벽을 내려오고 올라간다. 점심 이후, 참가자는 리더십의 주요 요소로써 신뢰에 대해 논의한다. 집단이 핵심 학습 내용을 함께 나누고 자축한 후에 학습그룹은 Fab 12 공장으로 되돌아온다.

세션 5 : 사기앙양하기(4.5시간)

격려가 가져다 주는 효과에 대해 토론을 하면서, Fab 12 공장이 자체 제작한 비디오를 상영하여 관리자와 부하직원이 격려에 대하여 다른 인식을 가지고 있다는 점을 강조한다. 참가자는 격려란 믿을 만한 것이고, 감정을 표출하는 것이며, 진실한 것임을 강조한 '사기앙양, 타인을 인정하고 보상하기에 대한 리더용 가이드(*Encouraging the Heart, a Leader's Guide to Rewarding and Recognizing Others*)'[13]의 요약부분을 읽는다. 참가자는 어떤 종류의 격려를 받아 보았는지 그 격려가 본인에게 어떠한 영향을 미쳤는지에 대하여 토론한다. 사기앙양에 대한 일곱 가지 주요 본질을 확인한 비디오 사례연구(Tom Melohn, North American Tool and Die)[14]가 상영된다. 확실한 기준을 세워라, 최고를 기대하라, 집중하라, 개별적으로 인정하라, 이야기하라(tell the story), 함께 축하하라, 본보기를 보이라. 시청 후 참가자는 작업장 동료에게 격려하는 편지를 쓰고, 내용을 학습그룹에서 공유하며, 편지를 전달하여 어떠한 결과가 일어나는지 관찰하는 과제를 받는다. 학습그룹에서 참가자는 세션 4에서 찍은 개개인의 암벽등반 사진이 담긴 인증서를 받으며 서로 격려하고 서로가 집단에 기여한 바를 인정한다.

세션 6 : 행동 환경 조성하기(11.5시간, 2일 이상으로 나눔)

이 세션에서, 참가자는 발전적인 대화를 통하여 타인이 행동할 수 있게 하는 방법을 찾는다. 커리어 시스템 인터내셔널(Career Systems Internatinal)[15]의 '코칭 개발의 5 L 모델(5 L of Model of Developing Coaching)'로서 피고용인의 욕구에 대하여 듣기(Listening), 피드백을 주고 개발필요점을 반영하는 수준(Level), 미래의 트렌드가 어떻게 종업원에게 영향을 줄지에 대한 전망(Look ahead), 가치제고를 위한 선택과 불시사태 대비 계획을 분석하는 수단(Leverage), 네트워크 조성의 기회를 제공하는 연결(Link)이 소개되었다. 참가자는 커리어 시스템 인터내셔널로부터 코치 설문조사, 동기부여 설문조사, 관심 카드, 대화 힌트 카드, 네트워킹 지도 등이 포함된 도구를 받는다. 이 세션에서는 종업원의 관심과 개발에 대하여 토론하며 이 도구들의 이용에 중점을 둔다. 참가자는 발전적인 대화를 실천하기 위해 이 도구를 이용한다. 각 참가자는 부하 중의 한 사람과 함께 한 가지 개발계획을 짜며, 마찬가지로 자신의 상사와 함께 자신의 대화개발계획을 짠다. 두 번째 날에, 직접 보고라인선상에 있는 사람들(사전에 초대)은 그 참가자의 대화개발을 위해 55분간 참가자와 함께 참여한다. 그리고 그들은 그러한 회합의 효과성에 대한 보고에 참여한다. 세션은 이제 개인적인 초점에서 집단 초점으로 변한다. 세션의 나머지 시간은 집단

운영을 가능하게 하는 것에 전념한다. 참가자는 유니파이드 팀(The Unified Team)[16] 비디오를 보고 내용에 대해서 토론한다. 참가자는 본인이 소속된 팀의 성과에 대해 자기성찰을 하고, 팀 설문 조사를 통해 자신의 팀을 더 잘 할 수 있게 할 행동 계획을 만들어 공유한다.

세션 7 : 보텍스(8시간)

참가자는 시뮬레이션을 통해 개인, 집단 및 조직의 경계를 넘어서 효과적으로 일하는 능력을 증진한다. ODT는 보텍스 시뮬레이션(Vortex Simulation™)[17]을 이용하는데 참가자는 보텍스(Vortex, 소용돌이)라고 불리는 새로운 조직의 역할에 배치된다. 참가자들은 리더, 판매자, 설계자, 분석가, 제작자(builder) 등의 부문으로 나뉜다. 새로운 조직에서 성공하기 위해서는 참가자들이 효과적으로 조직의 다른 부문과 상호작용을 해야 하고, 조직의 전략을 수립하고 공유해야 하며, 아울러 부문 관점에서 벗어나 주변 환경에 대한 '큰 그림(big picture)' 을 잘 이해해야 하고, 피드백 체제를 형성해야 한다. 그와 같은 시뮬레이션 과정을 통해서, 선별된 부문에 새로운 시장자료 수요변화 기업의 진로변경들을 제공함으로써 복잡성은 증가될 수 있다. 정해진 시간 간격으로 이 활동들에 대한 보고회가 이루어지고, 또한 조직적 유효성을 높이기 위한 새로운 모델이 소개되며, 참가자는 시뮬레이트된 조직의 유효성을 증진하기 위해 필요한 리더십에 대한 제안을 하게 된다. 참가자는 이 경험이 인텔에서 자신의 업무와 어떠한 관련이 있는지에 대하여 자아성찰적으로 '성찰의 경과기록' 을 작성한다. 주요 학습 내용을 토론하고 리더로서의 통찰력을 Fab 12 공장에 적용할 행동계획을 개발하기 위한 최종 보고가 학습그룹 내에서 이루어진다.

세션 8 : 공유 비전 고취하기(6시간)

영감이란 효과적으로 의사소통되어 이루어진 비전의 핵심 요소라고 논의된다. 또한 영감은 리더가 의사소통을 진실하게 할 때 이루어진다. ODT는 당신은 얼마나 진실합니까?라는 질문을 제기하는 논문과 책을 참가자에게 소개한다. 참가자는 열정, 진실함, 영향력의 수용 등과 같은 타인 지도에 대한 효과를 평가하는 비디오와 영화를 관람한다. 참가자는 업무와 관련한 소신을 가로막는 장애들을 규정하고 이를 극복할 방법에 대해 토론한다. 참가자는 솔직하게 의사소통하는 것에 대해 훈련하고 학습그룹에서 비전을 공유하는 것을 녹화한다. 아울러 비전을 중심으로 사람들에게 영감을 주는 방법을 모형화하고 이에 대하여 서로를 평가한다.

세션 9를 위한 사전계획(4시간, 2시간 동안의 점심 2회)

참가자는 제9세션에서 발표할 것을 계획하기 위해 ODT 없이 회합을 갖는다.

세션 9 : 방법의 모델화(4시간)

참가자는 자신의 관리자, 동료, 직접 보고라인상에 있는 사람들을 공개석상에 초대하여, LDF 연수에 대하여, 또한 운영적 측면과 인격적 측면에서 자신이 성취한 결과에 대해서, 그리고 리더로서 자신이 헌신하게 된 것에 대하여 설명하는 프리젠테이션을 갖는다. 출석자와 참가자 간의 질의응답이 이루어지고, 참가자는 다른 방으로 이동하여 축하를 받으며, 리더십은 다른 사람의 '가능성'을 개발하는 것이란 점을 보여주는 벤 잰더의「리더십, 가능성의 한 예술(Leadership, an Art of Possibility)[18]」이란 비디오를 시청한다. 학습그룹에서 참가자는 주요 학습 내용과 LDF를 통해 얻은 결과를 공유한다. 비밀투표를 통해서 각 학습그룹에서 리더십 발전상 수상자를 한 명씩 선발한다. 학습 집단은 원탁회의를 시행하는 데 참가자는 서로를 인정하고 격려해 준다. 참가자는 자신의 리더십 자서전이 들어 있는 액자,『버팔로의 비행(Flight of the Buffalo)[19]』이란 책과 함께, 영감, 도전, 모델, 격려, 가능이라는 글자가 앞면에 새겨진 LDF 손목시계를 받는다.

영향 및 결과

일반적으로 리더십 개발 프로그램의 결과를 측정하기 어렵지만, ODT는 다음의 측정법이 조직 및 개인참가자에 미치는 프로그램의 영향을 나타낸다고 생각한다. ODT는 측정지표에 대한 알버트 아인슈타인의 명언 중 하나를 인용한다. '측정될

수 있다고 다 중요한 것은 아니며 중요한 것이 모두 측정될 수 있는 것은 아니다.'

전반적인 결과

- LDF 과정을 완수한 참가자의 47%가 더 상위의 직책으로 이동한다(큰 책무를 맡는다).
- 다섯 가지 리더십 훈련을 직무에 적용하는 참가자의 능력이 68% 향상되었다고 자체적으로 평가하였다.
- LDF 참가자의 89%는 타 부서의 동료와 강하고 확대된 네트워크를 구성하였다고 보고하였다.
- LDF 참가자의 100%가 자신의 리더역량이 증진되었다고 보고하였다.
- 벤치마크 : 세마텍[20] 제조협의회의(SEMATECH Manufacturing Council meeting)가 1999년 삼사분기에 시행한 9개의 회원사에 대한 비교에서, Fab 12 공장의 LDF 프로그램은 가장 혁신적이고 성과 지향적인 리더십 프로그램이라고 인정하였다.
- ODT는 항상 LDF의 효과에 대해서 질문을 받는다. 흥미롭게도 ODT가 LDF를 지속해야 하는지에 대하여 물을 때면, LDF를 수료한 모든 참가자들은 LDF를 여러 작업에 우선하여 계속되어야 한다고 대답하였다.

평가 결과

각 프로그램은 세 가지 방법으로 평가된다(표 9.1). 첫째, 각 프로그램 종료시, 자체 평가한 결과 참가자가 다섯 가지 리더십 실천사항을 적용하는 데 있어서 몇 퍼센트의 개선이 있었는지를 계산한다. 둘째, 각 LDF 세션(내용, 과정, 교재, 운영)에 대해서 평가하고, 6점 척도로 된 평가방법(1=낮은 가치, 6=높은 가치)을 이용하여 종합 점수를 산정한다. 셋째, ODT는 참가자의 동료, 관리자, 직접 보고라인상의 사람들에게 참가자의 리더십 능력 변화에 대해 느끼는 바를 그 참가자에게 편지로 보내주도록 부탁한다. 종종 ODT는 참가자가 LDF 참여의 결과로 얻은 긍정적인 변화를 공식적으로 인정하는 증명서 사본을 받기도 한다.

표 9.1 LDF의 종합평가에서 나타난 자체 평가 결과

LDF 자체 평가 결과 (다섯 가지 리더십 실천사항을 5개월에 걸쳐 적용하는 참가자의 능력 신장 백분율)	LDF 종합평가 결과 (6점 만점)
Q1/2 2004, 프로그램 11 = 진행중	진행중
Q3/4 2003, 프로그램 10 = 64%	5.5
Q1/2 2003, 프로그램 9 = 53%	5.6
Q1/2 2002, 프로그램 8 = 100%	5.3
Q3/4 2001, 프로그램 7 = 58%	5.5
Q1/2 2001, 프로그램 6 = 54%	5.8
Q3/4 2000, 프로그램 5 = 38%	4.4
Q1/2 2000, 프로그램 4 = 71%	5.6
Q3/4 1999, 프로그램 3 = 56%	5.0
Q1/2 1999, 프로그램 2 = 109%	4.7
Q3/4 1998, 프로그램 1 = 73%	4.9

다음은 LDF 참가자가 상사로부터 받은 감사편지의 내용이다.

> 코리,
>
> 지난 몇 달 동안 귀하가 괄목할 만하게 성장하고 바람직하게 변화하고 있다는 것을 알 수 있었습니다. 내가 느꼈던 가장 큰 변화는 귀하가 팀원들의 사기를 높여주고 있고 업무에 대한 열의가 더 뜨거워지고 있다는 점입니다. 귀하는 쉬지 않고 능력을 개발하여, 여러 공장에서 전문가로서 인정받고 있습니다. 스태프들에게 기여한 노고에 진심으로 감사를 드립니다. 귀하의 리더십으로 우리 팀은 앞으로 더 강해질 것이며, 동료들에게 귀감이 될 것입니다.
>
> 브루스 드림

와우! 프로젝트 : 사례

사례 1 : 설비 부서 관리자

- **와우! 프로젝트 내용** 지난 18개월 동안, 애리조나 설비공사는 세마텍의 종합설비보전(Total Productive Maintenance, TPM) 프로그램을 사용하여 세

가지 유틸리티 시스템 완성 작업을 해왔다. 우리는 향후 3개월 이내에 30개의 유틸리티 시스템을 끝내기 위해 속도를 높여야 한다. 이 프로그램에 더 많은 노력을 기울여, 상해사고를 줄이고, 설비 신뢰성을 높이며, 정비소요 시간을 단축할 수 있다. 우리는 모든 전사 서비스 조직들을 위하여 이러한 실행 노력을 주도할 것이다.

- **와우! 프로젝트 결과** 설비 생산성은 3년 내에 두 배로 늘었고 2001년 비용 절감 목표를 달성하였다. 공장의 신뢰성은 제조에 대한 '충격'을 86% 감소시킴으로써 향상되었다. 그 결과, 애리조나 설비공사(Arizona Facilities Operation)는 인텔사가 수여하는 2001년 기술제조 부문 우수상(Intel's Technology Manufacturing 2001 Excellence Award)을 받았다.

사례 2 : 재무 부서 관리자

- **와우! 프로젝트 내용** 나의 와우! 프로젝트는 인텔의 수익성을 극대화하기 위하여 제조 설비를 생산라인에 배정하는 방법을 분석하고 최적화하는 새로운 방법을 고안해 내는 것이다. 이 문제를 해결하기 위해, 우리는 다수의 인텔 조직으로부터 발생하는 복잡한 가정들에 대한 여러 시나리오를 평가하는 재무모델을 창안하였다.
- **와우! 프로젝트 결과** 이전에 우리는 변화가 필요하다는 것을 납득시키기 위해 필요한 자료를 가지고 있었고, 가설을 '이해시키고' 문제(그리고 해결책)가 존재한다는 것을 납득시키기 위해 각 조직의 주요 이해관계자들을 만났다. 우리는 다양한 관점(공장, 마케팅, 사업부)에서 얻은 평가에 기초하여 모델과 접근방식을 수정하였다. 아울러 관련 결정권자들이 모두 모인 제조 대책 회의에서 이러한 결정에 대하여 검토할 것을 제안하였다. 그 결과, 우리는 2000년 사사분기에 인텔의 이익을 미화 5,900만 달러 향상시킨 새로운 공급 전략을 제안하였다.

사례 3 : 현장 자재 관리자

- **와우! 프로젝트 내용** 제조설비의 예비부품에 대한 배달시간과 관련 비용을 줄여라.
- **와우! 프로젝트 결과** 우리는 종합 예비부품 해법(Integrated Spares Solutions,

ISS) 프로그램 성공이 LDF 때문이라 생각한다. 그 결과, 공급업체 수를 줄여 전략화함으로써 여러 업체에 대하여 행하던 불필요한 구매, 수령 및 비축 업무를 제거하였다. ISS는 현장 엔지니어의 요구를 수용하여 부품을 15일이 아니라 60분 내에 전달하기 위하여 '통합 배급자'에게 알린다. 개선된 프로젝트에 따른 계약에 의하면 대략 미화 2,000만 달러의 절약이 예상된다. LDF 덕택으로, 기존 방식에 이의를 제기할 수 있게 되었고, 다수 공장의 승인을 얻기 위한 공동의 비전을 이용할 수 있게 되었으며, 종업원을 장려하여 불가능해 보이는 장애를 극복할 수 있는 리더십을 제공할 수 있게 하였다.

개인적인 증언

나의 일상 초점이 변화하였다. 나는 이제 과업에만 초점을 두는 것보다는 소속 집단과의 관계를 정립하는 것에 중점을 두고 있다. 이를 통해서 나의 관리 방식에 대한 360도 평가 점수에서 향상이 입증된 것처럼 나는 보다 안정된 리더로 변하였다.

—소트(SORT) 그룹 리더

내가 이끄는 피닉스 청정 공기 선도팀(Phoenix Clean Air Initiative Team, PCAIT)의 노력으로 3년 연속 오존 없는 피닉스 대도시(Phoevix Metropolitan Area)를 만들 수 있었다. Fab 12는 공장이 추가적인 제한 규정 조정 없이 신속히 설비 및 과정 변경을 가능케 하여 오존에 대한 연방의 1시간 기준(Federal Ozone 1-Hour Standard)을 달성하였다. PCAIT는 나의 LDF 프로젝트였다. 성공의 열쇠는 다섯 가지 리더십 실천과정을 적용한 데 있다.

—안전관리자

나는 LDF 프로그램이 내가 다닌 주립대 리더십 학위 프로그램보다 더욱 효과가 있다는 것을 알았다. 지금껏 내가 참여한 어떠한 프로그램도 LDF만큼 내게 영향을 준 것은 없었다. 구조, 내용, 추진, 속도 등 모든 것이 충분히 활기 띤 경험을 제공한다. 그 결과, 나는 작업관련 문제를 처리함에 있어 더욱 효과적이 되었고 타인과 어떻게 상호작용을 하는지 잘 알게 되었다.

—자재 그룹 리더

나는 LDF로 인해 타인을 격려하는 가치를 이해하게 되었다.
상당히 오랜 동안 우리는 공장에서의 인간적 요소를 잊어가고 있었다.
사람들은 소모적 자원으로 전락하였다. LDF에서 입증된 실천 기법을 통하여 사람들이
자신의 가치를 지각하게 하는 것이 나의 목표가 되었다.

—엔지니어링 집단 리더

LDF는 당신이 얼마나 효과적이길 원하는가에 관한 선택이다. 나는 모든 세부사항에
관여하며 오직 목표에 도취된 미시 관리자로부터 신뢰할 만하고, 격려해 주며,
영감을 주는 기여자로 변화하였다.

—제조 교대 관리자

LDF는 관리와 리더십의 차이를 증대시킨다. 프로그램에 참여함으로써
타인의 영향을 받아들이는 것이 수용할 만한 일이고 동료에게 배우는 것은
매우 귀중하다는 것을 알게 되었다.

—훈련 관리자

교훈

- **교훈 1. 전사 차원의 시행을 기다리지 말라** 종종 대기업에는 리더를 어떻게 개발하는가에 초점을 맞춘 기업의 변화시도 프로그램들이 있다. 이러한 노력은 중요하고 중복을 피하여 일관성을 제공한다. 그러나 전사 프로그램은 고객의 필요에 맞는 것이 아니라 오직 '모두에게 맞는 한 가지 사이즈' 방식을 취할 수 있다. 공장수준에서는 관리자 개발 요구가 긴급하다. 고객의 필요를 이해하는 유능한 사람들로 구성된 작은 팀이 전사적 시도보다 신속하게 리더십 개발 과정을 설계하고 수행할 수 있다. 전사 차원의 시행을 기다리지 말고, 먼저 프로그램을 개발하고 이를 전사적으로 공유하라. 내부에서 만들고 외부와 공유하라. 대담해져라. 전문가란 먼저 시작한 사람들일 뿐이다.
- **교훈 2. 지속적으로 프로그램을 재설계하고 개선하라** LDF가 성공적일 수 있었던 이유는 어떻게 우리가 개선을 이룰 수 있는가, 어떻게 참가자의 학습을 촉진할 수 있을까를 ODT가 지속적으로 물었기 때문이다. LDF는 매 차수마다

똑같이 반복된 적이 없다. 세션, 내용, 교재, 학습과정 등은 계속해서 수정되고 개선되며 첨삭된다. 참가자가 해이해지거나 저항심을 보이면, ODT는 문제를 반영하여 다음 세션 혹은 프로그램을 조정한다. 성공의 모토는 설계하고, 시행하고, 재설계하고, 학습경험을 향상하기 위해 끊임없이 노력하는 것이다.

- **교훈 3. 리더십 개발은 자기성찰이다** LDF는 리더십 개발에 관한 것인가 아니면 개인개발에 관한 것인가? 두 가지 모두에 관한 것이다. 프로그램의 모든 측면에서 관리자란 무엇을 하고 리더로서 어떠한 존재인가에 관련하여 설계될 필요가 있다. 자신을 돌아볼 수 있는 다양한 방법(녹화, 평가, 초점집단, 일대일 코칭)과 새로운 학습내용을 적용할 수 있는 도전정신을 제공하라. 리더십 프로그램은 영향을 수용할 수 있는 진정한 자기표현을 위한 다양한 기회를 제공해야 한다. 그렇게 참가자는 학습하고 성장하는 것이다. 개발은 편안해지려 하는 것은 아니다. 역량모델은 잊어버려라. 리더십의 기술을 다른 사람에게 주입할 수는 없다. 진정한 리더십은 내면에서 나오는 것이다.
- **교훈 4. 세 가지를 꼭 갖추라** (1) 모험(위험)—혁신을 도모하고, 새로운 것을 시도하며, 프로그램을 강력히 추진하고, 주저하지 말라. (2) 지원—주요 이해관계자를 참여시키기 위해 필요한 모든 것을 하라(상사와 부하사원들 중에서 지지자들을 설득하라, 개발 필요성을 확인하기 위해 자료를 이용하라). 최고 경영자가 프로그램에 제일 먼저 참여해야 한다는 사고방식에서 벗어나라. 이들은 단지 프로그램 지원에만 필요하다. 주요 이해관계자로 하여금 참가자가 프로그램에서 어떠한 가치를 얻었는지 확실하게 '듣도록' 하라. (3) 열정과 지식—효과적인 리더십 프로그램을 수행하기 위해서는 헌신적인 풀타임 근무인력이 필요하다. 성공을 위해서는, 리더십 이론에 대한 지식이 필요하고, 혁신 프로그램 개발자가 이 사례연구에서 논의된 설계 원칙에 맞추어야 하고, 무엇보다도 리더를 양성하려는 열정을 입증해야 한다.

결론

Fab 12 공장의 LDF 프로그램은 5개월에 걸친 특유의 학습방법을 이용한 혁신적이고 포괄적인 리더십 개발 프로그램을 제공한다. 참가자는 집중적인 자기성찰, 행동학습, 교육 세션 등의 연수에 참여하고, 이렇게 학습한 새로운 리더십 행동을 업무에 적용해야 한다. 몇몇 참가자는 LDF를 통해 개인적인 심층변화를 경험하였다고 보고하였다.

참가자의 피드백에 의거한 엄격한 재설계 과정과 참가자에게 최고의 학습경험을 전달하고자 하는 ODT의 노력으로 인해서 공장의 운영업무에 있어서의 우선 순위 변화나 공장의 경제상황, 집중적인 비용절감 이니셔티브 등과 상관없이 LDF는 끊임없이 시행된다. ODT는 프로그램이 설립된 근본적인 설계 원칙과 목표를 존중함으로써 이를 달성할 수 있다. LDF는 Fab 12 공장이 생산목표를 달성하고 초과할 수 있도록 해 주는 리더십 개발 프로그램을 제공해 왔다.

보기 9.1 와우! 프로젝트의 4단계

1	창조	차이를 만드는 프로젝트를 찾으라! 기억에 남을 정도로 프로젝트를 재구성하고 팀과 조직에 영향을 주라!
2	이해	지원을 얻기 위해 자신의 비전을 받아들이게 이해시켜라! 원형을 신속히 만들고, 고객의 요구에 따라 프로젝트를 재구성하라. 그들이 수용하게 하라!
3	시행	계획을 개발하고 시행하고, 책임을 다하라. 장애를 기회로 바꾸라.
4	축하 및 진행	프로젝트 기여자들을 인정하라. 팀의 결과물들을 출간하라. 프로젝트를 계속 맡아 할 사람에게 넘겨주라.

주 : 와우! 프로젝트 설명은 톰 피터스 컴퍼니에 등록된 상표이다.

보기 9.2 리더십 행동 계획

<table>
<tr><td colspan="5">이름 :</td></tr>
<tr><td colspan="5">와우! 프로젝트 내용 :</td></tr>
<tr><th>틀에 박힌 방식에 대한 도전</th><th>행동 환경조성</th><th>사기앙양</th><th>공유비전 고취</th><th>방법 모델화</th></tr>
<tr><td>다음 사항을 통하여 한계를 돌파하기 위해 나는 기존의 상황에 이의를 제기할 것이다(틀을 벗어난 사고).</td><td>다음 사항을 통하여 다른 사람이 큰 일을 성취할 수 있도록 할 것이다.</td><td>다음 사항을 통하여 다른 사람을 격려할 것이다.</td><td>다음 사항을 통하여 다른 사람에게 영감을 주어 참여하게 할 것이다.</td><td>다음 사항을 통하여 성공하기 위하여 행동을 '모델화' 할 것이다.</td></tr>
</table>

보기 9.3 리더십 자서전

<table>
<tr><th>이름</th><th>리더의 입장</th></tr>
<tr><td>사진을 붙이시오.

나는 누구인가 : 8자 이내로 '명칭' 붙이기</td><td>업무에서 나의 현 역할을 잠시 생각하고 특별한 공헌을 하기 위해서 내가 여기 있는 것이라 가정하라. 여기서 무엇을 할 것인가? 무엇이 나에게 중요한가?
고려하라.
• 왜 일하려고 왔는가?
• 업무에서의 목적이 무엇인가?
• 업무에서 무엇에 대하여 열정이 있는가?
• 업무에 대한 신념은 무엇인가?
• 왜 이것을 지키려고 하는가?</td></tr>
<tr><th>개인의 가치들</th><th>개인적 경험들</th></tr>
<tr><td>어떠한 가치가 기본적으로 나를 나타내는가? 다음 사항을 고려하라.
• 삶의 지도원칙
• 조직에서 강화할 가치
• 너무나 근본적인 것이어서 보상의 여부와 상관없이 고수되어야 할 가치–시간이 지나도 변하지 않는 것</td><td>인생의 경험들에 대하여 성찰하라. 어떠한 경험이 이러한 가치의 중요성을 형성하도록 도왔는가? 어떤 경험이 나의 지식을 나타내고 나의 한계를 나타내는지를 공유할 수 있는가? 생각해보라.
• '인간다움'을 나타낸 경험
• 다른 사람을 참여시키고, 활력을 넣어주고, 가르치고, 지휘하기 위하여 사용한 경험
• 나를 움직이게 한 것과 어떻게 현재의 내가 되었는지를 설명하는 이야기</td></tr>
</table>

보기 9.3 계속

집단/팀 비전
집단 혹은 팀의 미래에 대한 나의 비전은 사람들에게 다음의 네 가지를 인지하게 해야 한다. • 왜 나는 변화가 있어야 한다고 생각하는가?(변화에 대한 나의 근거) • 나의 집단/팀은 어디로 가고 있는가?(이상적이고 독특하며 공통의 목적을 정립하는 명료하고 강력한 미래 모습) • 어떻게 도달할 것인가?(경영 철학/전략, 집단/팀을 성공으로 이끄는 아이디어) • 부하가 무엇을 하도록 할 것인가? 성공하면 어떠한 보상을 줄 것인가?
리더십 유산
'리더십 유산' 이란 당신이 남겨놓게 될 그 무엇이다. 당신이 알려지고 기억될 유산이다. 고려할 개인적인 통찰력 사항 • 업무에서 무엇을 성취하고 싶은가 • 실현하고자 하는 성공 • 다른 사람에게 미치고 싶은 영향 • 알려지기 원하는 경영/작업상 결과

보기 9.3 계속

이름 사진을 붙이시오. 나는 누구인가 :	리더의 입장
개인의 가치들	**개인적 경험들**

보기 9.3 계속

집단/팀 비전
리더십 유산

주석

1. 'Fab'는 반도체 공장이다. 인텔은 각각의 fab에 번호를 사용하였다(즉 Fab 8, Fab 11, Fab 12 공장). 애리조나 챈들러에 위치한 Fab 12 공장에서는 2,100명의 직원을 고용하고 있다.
2. 부스 컴퍼니(www.720Feedback.com)는 1972년부터 직무관련 관리 및 리더십 관련 설문조사를 제공하고 있다.
3. Bennis, Warren. *On Becoming a Leader*. (New York: Addison-Wesley), 1994, p. 73.
4. Gross, Tracy, and others. "The Reinvention Roller Coaster." *Harvard Business Review*, November 1992.
5. Kouzes, James, and Posner, Barry. *The Leadership Challenge*. (San Francisco: Jossey-Bass), 1995. 쿠제스와 포스너의 리더십 모델은 다섯 가지 훈련을 다루고 있다: 틀에 박힌 과정에 대한 도전, 공유비전 고취, 행동 환경 조성, 방법의 모델화, 사기앙양.
6. Cashman, Kevin. *Leadership from the Inside Out*. (Utah: Executive Excellence Publishing), 1998, p. 18.
7. Bennis, Warren. *On Becoming a Leader*. (New York: Addison-Wesley), 1994, pp. 76-79.
8. 와우! 프로젝트는 톰 피터스 컴퍼니의 등록 상표이다. 와우! 프로젝트 세미나는 저작권이 있는 강습회이다(www.tompeters.com).
9. 제임스 쿠제스와 배리 포스너에 의한 리더십 훈련 목록(Leadership Practices Inventory, LPI), 30개 질문, 360 리더십 평가는 다섯 가지 리더십 훈련을 평가한다: 과정에 대한 도전, 공유 비전 고취, 행동 환경 조성, 방법의 모델화, 사기앙양. LPI는 조시-배스, 파이퍼(Jossey-Bass, Pfeiffer, www.pfeiffer.com)의 상품이고 출판물이다.
10. 톰 피터스 컴퍼니(www.tompeters.com)는 글로벌 컨설팅 서비스와 사내 연수를 제공한다.
11. 나인스 하우스(Ninth House)와 인스턴트 어드바이스(Instant Advice)는 나

인스 하우스 이노베이션사(Ninth House, Inc. Innovation)의 상표이다. 와우! 프로젝트와 캡처링 브랜드 유(Capturing Brand You™)는 톰 피터스 컴퍼니의 상표이다.

12. 벤처 업(www.ventureup.com)은 상호 영향을 미치는 야외 모험 팀빌딩 이벤트를 제공한다. (피닉스, 애리조나, 1983년부터)
13. Kouzes, James and Posner, Barry. *Encouraging the Heart: A Leader's Guide to Rewarding and Recognizing Others*. (San Francisco: Jossey-Bass), 1999.
14. "톰 멜론 사례연구"는 *In Search of Excellence with Tom Peters* 훈련 비디오의 특징을 그린다(BusinessTrainingMedia.com).
15. 비벌리 캐이 컴퍼니(Beverly Kaye company)의 커리어 시스템 인터내셔널(Career Systems International, www.careersystemsintl)은 경력개발, 멘토링, 인재 유지 도구와 프로그램을 제공한다(스크랜톤, 펜실베이니아).
16. 하나된 팀 비디오(The Unified Team Video)는 팀 결속을 증진하고 성취와 소속 및 공헌욕구를 다루는 리더의 계획을 강조한다(Media Partners Corporation). 시애틀, 워싱턴. 1993년 설립.
17. 1996년 이후 시뮬레이션에 특화된 조직개발 컨설팅 서비스인 보텍스 시뮬레이션은 3D Learning, LLC, www.3Dlearning.com에 의해 설계된 제품이다.
18. 「리더십, 가능성의 예술(Leadership, an Art of Possibility)」 비디오는 보스턴 필하모닉 오케스트라의 지휘자인 벤 잰더가 다른 사람을 감동시키기 위해 리더십을 추구하는 것을 영상화하였다(www.provantmedia.com).
19. Balasco, James, and Stayer, Ralph. *Flight of the Buffalo* (New York: Warner Books), 1993.
20. 텍사스 오스틴에 위치한 세마텍(www.Sematech.com)은 1986년부터 세계 선두의 반도체 연구 컨소시엄이다. 휴렛패커드, 아이비엠, 인텔, 모토롤라, 텍사스 인스트루먼츠 등의 회원사는 선진 반도체 제조기술 개발을 가속화하기 위해 경쟁을 하기 앞서 협력한다.

감사의 말씀

우리는 인텔 내 다른 사업 집단을 통하여 LDF를 지속적으로 개발한 사람들에게 감사를 표한다: 스티브 토마스(Steve Thomas), 도로시 린그린(Dorothy Lingreen), 브라이언 슈와르즈(Brian Schwarz), 로리 에머릭(Lori Emerick), 디나 소토(Dina Sotto), 엘리사 아발라존(Elisa Abalajon), 마리언 파이크(Mariann Pike). 이들은 LDF 프로그램을 질 혹은 전체를 완전한 상태로 전파하려고 노력하였다. Fab 12에서 LDF 프로그램을 촉진하는 인텔사의 다른 종업원은 로렐 헨켈(Laurel Henkel), 폴 덴햄(Paul Denham), 데니스 다니엘슨(Dennis Danielson), 루이스 윌리엄스(Louise Williams), 톰 유커(Tom Eucker) 등이다.

기고자 소개

데일 햄(Dale Halm)은 인텔사의 20년 베테랑으로 현재 애리조나 챈들러에 있는 인텔의 Fab 12 마이크로 프로세서 공장의 조직 및 리더십 개발 관리자이다. 데일은 노던 일리노이 대학교에서 Speech Communication 학사, 석사학위를 받았다.

자넬 스미스(Janelle Smith)는 9년간 인텔에서 일한 LDF 프로그램 관리자이다. 인텔 입사 전에 자넬은 미공군(U.S. Air Force)의 대령이었고, 아칸소 대학교에서 산업공학 학사학위를 받았다.

수잔 루돌프(Susan Rudolph)는 7년간 인텔에서 근무한 조직개발 전문가로 캔자스 주립대학교에서 산업공학 학사학위를 받았다.

자넬, 수잔, 데일 등은 인텔 관리자의 리더십 능력을 개발하기 위해 개인변혁에 대한 열정을 가지고 전념하고 있다.

10

록히드 마틴

큰 변화를 빠르게—이것이 록히드 마틴의 전술 제트 사업부에서 요구되는 것이었다. 이러한 변화의 도전을 이겨내지 못한다면 록히드 마틴은 역사상 가장 규모가 큰 방위사업계약을 잃고 기껏해야 2순위 하도급 업체가 되거나 최악의 경우에는 도산될 위기에 처해 있었다. 이 사례는 록히드 마틴이 어떻게 이러한 도전을 이겨냈는가에 관한 것이다. 즉 독자들에게 위기가 고조되었을 때, 더욱이 자칫 도산될 위기에 처했을 때, '큰 변화를 빠르게(big change, fast)' 하는 최선의 방법들을 제시한다.

개요

'거친 파도(white water)'를 넘어서면 무엇이 있을까? 이 말은 10년 전 기업들이 맞서야 했던 도전적 경쟁을 특징짓는 용어였다. 오늘날 급류는 더 심해졌고, 구덩이는 더 깊어졌으며, 바위는 더 커졌고, 물의 흐름은 더 빨라졌다. 이러한 상황에서 승리는 더욱 어려워질 뿐 아니라 패배는 기업을 엄청난 파국으로 이끌 위험에 처하게 만든다. 이러한 현상은 방위산업에서 가장 두드러져 보였다. 냉전 종식으로 방위사업 계약자는 계약발주 감소(계약규모도 감소)로 수주 기회가 줄거나 결국 방위산업에서 손을 떼게 되었다. 1990년대 산업 통합은 파도로 이는 흰 거품과 같은 상태가 되었다. '승리하지 못하면 죽는다'는 말은 더 이상 말이 아니라 현실이었다.

록히드 마틴 전술항공기 시스템(Lockheed Martin Tactical Aircraft Systems, LMTAS)과 같은 조직에게 파도는 세계 최고의 경쟁사들을 제치고 F-16 제트 전투기 판매 계약을 수주하는 것을 의미한다. 그런데 이것이 모두가 아니었다. 1997년에 마지막 유인 제트 전투기의 계약으로 예상되는 수주 경합에서 국방부가 록히드 마틴을 두 개의 최종 경합 기업 중 하나로 발표하였는데, 이 계약은 미국 정부가 30년간 미화 2,000억 달러를 쏟아붓는 것이었고 계약 방식은 승자가 모든 것을 차지하는 방식이었다. 이 경쟁은 통합 공격전투기(Joint Strike Fighter, JSF) 계약에 관한 것이었고, 승자가 모든 것을 차지할 뿐 아니라 패자는 산업에서 물러나야 한다는 것을 의미하기도 하였다. 계약을 수주하지 못하면 LMTAS는 도산할 수도 있었다. 세계시장에서 F-16 판매 계약을 따낸다 해도, JSF가 결국 세계시장을 석권할 것이므로 F-16 판매사업은 성장하지 못할 것이었다.

이 사례연구를 통하여 여러분은 LMTAS의 사장인 데인 행콕(Dain Hancock)이 수십 년 동안 경직되어 있었던 조직에 변화를 주기 위한 신속한 지원을 통하여 여러 당면 과제들을 어떻게 인식하고 대처했는지를 알 수 있다. 그의 리더십으로 회사는 세계 각처에서 F-16기 판매계약과 나아가서 JSF 계약도 수주하도록 재정렬되었다. JSF 계약은 LMTAS가 생존하고 21세기까지 번성할 수 있는 열쇠였다.

우리는 행콕이 궁극적으로 사용한 전략을 설명하기 위해서 지레 받침대와 지렛대의 은유를 이용할 것이다. 그의 첫 번째 과제는 지레 받침대의 모양을 만드는 것이었다. 즉 필요한 행동 변화에 타당성을 부여하고 집중하는 것이었다. 그는 행동 변화를 위해 명백하고, 간결하며, 압도적인 비즈니스 케이스를 만들 필요가 있었다. 그 사례는 기업 생존에 중요한 행동들을 명확히 하기 위해 필요하였다. 또한 반발을 무시하는 방식으로 진행되어야 했다.

앞으로 알게 되겠지만, 받침대만으로는 충분치 않다. 행콕은 행동 변화의 타당성을 설득하였지만 아무 변화가 없었다. 그에게 지금 부족한 것은 바로 지렛대이다. 지렛대란 소수 고위 리더들이 가진 영향력을 일상 업무 수행 행동 변화에 영향을 주기 위해 조직 전체로 확대하는 것을 말한다. 조직을 수학으로 나타낼 때, 리더는 분자이고 그외 모든 합이 분모이다. 이런 식에서는, 변화가 수학적으로 불가능해 보일 수도 있다. 낙담한 리더는 비전을 가진 상대적으로 소수인 이들이 숫적으로 1,000배 이상 많은 조직원을 변화시킬 수 있을지 의심할 수도 있다.

록히드 마틴의 고위 리더들은 두 가지를 충족시켜 진정한 변화를 이루었다. 첫째, 변화에 영향을 미치는 공식적 및 비공식적(각각 교사로서 그리고 파트너로서) 역할을 명확히 하였다. 이것이 하나의 중요한 변화 지렛대로 밝혀졌다. 둘째, 책임의 소재를 자신으로 돌렸다. 고위 리더가 측정가능한 방식으로 책임을 지고 앞의 두 가지의 지렛대를 잘 잡을 때만 조직의 타성을 저지하고 비로소 진정으로 변화하기 시작한다. 결과에 대해 측정할 수 있는 책임을 지고 두 가지 변화의 지렛대를 이용하여 종종 대규모 기업에서는 거의 10여 년이 걸려야 가능할 수 있었던 변화를 추진하였다는 점을 주목하라. 이 사례에 나타난 증거는 그 효과가 3년 이내에 나타날 수 있다는 것을 보여준다. 또한 이 성공은 방위산업 역사상 가장 큰 계약을 수주할 수 있게 한—그리하여 항공산업에서 영향력을 보유할 수 있게 한—요인 중 하나라는 것도 증명한다.

배경

데인 행콕이 1995년에 사장으로 취임할 때, 권력을 차지했다고 생각되었을 것이다. 당시 록히드 마틴에서는 세계 시장에 대한 F-16 수주 잔고가 많이 있었다. 이전 2년 동안에 동종 산업 최초로, 비용을 상당히 절감하였고 동시에 기초 생산(base production)도 줄어가고 있었다. 주요 고객은 회사의 품질 향상에 열광하였고, 무엇보다도 설비 자체가 록히드 마틴에게 상당한 '캐시 카우(Cash Cow)' 가 되었다.

그러나 겉으로 보이는 것에는 속기 쉬운 것이 있다. 회사의 가장 큰 생산라인의 부사장직을 팔았던 행콕은 상당히 다른 현실을 인식하였다. 즉 풍부해 보이는 수주잔고는 급격히 줄어 가고 있었고, 새로운 주문의 준비기간은 3년이나 남았으며, 1999년 이후에는 F-16기 생산 일정조차 잡히지 않았다는 것이었다. 공장은 여전히 1970년대의 낡은 제조 기술을 가지고 있었다. 공장이 수년간 자본투자 유치에 어려움을 가지고 있었기 때문에 그다지 놀라운 일도 아니었다. 방위산업의 경기가 좋지 않았던 1990년대 초반, 예전 소유주의 기업전략은 '주문잔고를 최대한 끌어내고(milk the backlog) 가능한 적게 지출하라' 였다. 또한, 대부분의 젊은 기술인력은 1990년대 초 대규모 해고의 희생자가 되었고 약 8년간 설비시설에서 신입사원을 선발하지 않았기 때문에 작업인력은 고령화되어 가고 있었다. 한마디로, 미래가 불투명하였다.

희망의 서광?

록히드 마틴의 주요 생산라인인 F-16 제트 전투기 생산라인도 노후화되어 가고 있었다. 통합과 냉전 종식에 의해 산업이 위축되었고 노후화된 상품에 대한 수요도 사라졌다. 이 기업에 대한 시장의 메시지는 확실하였다. 차세대 전투기 사업에 참여하거나 도산하는 것이다. 행콕이 사장이 되기 직전에 통합공격전투기에 대한 수주경합이 공표되었다. 통합공격전투기는 영국 공군과 해군(U.K.' s Royal Air Force and Navy)뿐 아니라 미국 공군, 해병, 해군(U.S. air Force, Marines, and Navy)이 선매입 공약이 되어 있는 종목이다. 주식 분석가들은 이 발표를 방위산업에 속한 주요 기업이 21세기까지 살아남을 수 있게 되는 호재라고 분석하였다. 행콕이 만일 이번 경합에서 실패하면, 자신이 주도하던 모든 사업이 수주를 따낸 기업의 하도급업체가 되거나 최악의 경우 조직이 소멸된다. 경쟁에서 승자가 모든 것을 차지하는 형식이라고 발표되었기 때문에, 조직 소멸 가능성은 더 높아 보였다.

세계적인 경쟁자들에 대항할 과감한 신상품을 개발하는 데 무엇이 필요할지를 고려하면서, 행콕은 회사의 12,000명 고용자가 또 다른 힘든 거래가 요구되는 상태—즉 변화냐 패배냐—에 처해 있다고 빠르게 결론내렸다. 과거의 사고방식을 가지고서 대처한다면 일련의 다른 회사들과 장기적 파트너십 구축하에 공격적 목표를 정하거나 폭넓은 국내외 고객층을 위한 복합제품을 개발할 필요성과는 역행하는 결과가 될 수 있을 것이다. 낡은 사고 방식과 사업 방식으로는 충분치 않을 것이라는 점은 분명하였다.

다음 몇 달간, 사장 및 임원단은 문화 변화가 생존의 문제라는 메시지를 전 종업원에게 전달하려고 노력하였다. 직설적인 연설에서 행콕은 전 직원에게 다음과 같이 말하였다 "여러분 대부분에게는 와닿지 않겠지만, 우리 기업은 지난 해에 거의 파산할 뻔하였는데, 그 주된 이유는 우리의 기업문화 때문이었습니다! 우리는 너무 내부 지향적이었고 새로운 아이디어를 수용하지 못하여 추락하였고 궤도에서 벗어나 있었습니다."

공군 구매 수석인 달린 드루얀(Darleen Druyan)의 솔직한 진술은 행콕이 신랄한 메시지를 만드는 데 도움이 되었다. 수천기의 F-16을 구매한 후에, 포트 워스(Fort Worth) 공군 요원들은 공군이 궁지에 몰리고 있다고 생각하기 쉬웠을지도 모른다. 드루얀의 말에서 심지어 공군도 록히드 마틴이 새로운 종목에서 경쟁할 수 있는지 의문을 갖는다는 사실을 분명히 알 수 있었다. "이번 경쟁은 비행기에 관한 것이 아니고 경영자들에 관한 것입니다."

저항의 문화

행콕은 문화에 대해서 잘 알고 있었다. 행콕은 다양한 설비책임자들 아래에서 일하면서 서열을 거쳐 올라온 사람이었다. 그는 점진적 개선이나 획기적인 좋은 아이디어가 탄생은 하지만 곧 사장되어 가는 것을 오랫동안 지켜보았다. 사장으로서 행콕은 대부분의 시간을 변화에 열정적인 사람들을 만나는 데 사용하였다. 이들은 아이디어로 인해 위협받는 사람들이 아이디어를 사장시키는 것을 막기 위해 행콕을 보디가드처럼 이용하였다.

예를 들어 행콕이 식스 시그마(또는 '린 제조')를 시작함으로써 1970년대 중반 이후 거의 변하지 않은 제조 공정에 있어서의 주요 개선을 유도하려 하였다. 또한 이러한 시도를 통해, JSF 결정권자에게 록히드 마틴이 세계적인 품질, 적시(on-time) 조달, 저비용 생산 등으로 이끄는 혁신적인 경영 관행에 있어서 경쟁사인 보잉(Boeing)에 못지 않다는 것을 보여주고 싶어하였다. 식스 시그마의 시도는 그러한 능력을 보여주기 위한 결정적인 방법이었다.

그러나 일 년간의 시도에도 불구하고 몇 개의 다채로운 전시효과와 시범 프로젝트 정도 이상을 보여줄 수는 없었다. 잘 모르는 초보자들은 사장이 승인한 것이 이처럼 전략적으로 중대한 프로그램을 유지하기 위한 충분한 지원이자 원조라고 생각하겠지만, 문화야말로 그와 같은 상황을 다루는 전략을 완벽하게 한다. 즉 느리게 돌아가게 함으로써 말이다. 하위 관리자들은 어떤 것을 완전히 제거할 수 있는 권한이 부족할 때, 악어가 사냥하는 것과 같은 방식으로 제거할 방법을 찾는다. 즉 당분간은 포용한다. 사실상, 악어는 사냥감을 물속으로 끌어내려서 익사할 때까지 계속해서 서서히 물고 늘어진다. 록히드 마틴의 관리자들은 식스 시그마에 대해서 비슷한 방식으로 반응하였다. 새로운 아이디어에 공식적으로는 칭찬을 하지만, 이를 자신의 부서로 가지고 간 후, 고위 리더가 실패한 이니셔티브에는 결국 관심을 잃을 것이라는 기대를 가지고서는, 고위 관리자들의 기대가 새로운 프로그램으로 이동하기를 바라면서 관심을 주지 않는다.

행콕이 승인하였음에도 불구하고, 실제로 식스 시그마 아이디어를 시행하기 위해 시작된 변화 시도 프로그램은 거의 없었다. 대부분의 관리자는 식스 시그마 목표에 대하여 말로만 찬사를 보냈다. 이들이 스태프를 특별 프로젝트에 배치하였다면, 최선의 가장 똑똑한 스태프가 아니고 '잉여인력(surplus)'을 배치한 것이었다. '실제 업무(real work)'를 진행하는 과정에서는 교육 세션에서 발의된 현상 타파적 건의는 무시하였다.

매월 고위 간부는 기업 사보에 기사를 쓰고, 다른 교육 세션 시작 때에 연설을 하며 혹은 다른 관리자를 모아 이러한 시도의 중요성에 대하여 역설하였다. 간단히 말해서, 행콕과 스태프들은 억지로 힘을 써서 이 프로그램에 생기를 조금 불어넣을 방법을 찾곤 하였다.

이 경험과 또 다른 수많은 경험들을 통해, 행콕은 자신이 지키려고 애썼던 모든 혁신적인 시도에 대한 수백 개의 훌륭한 아이디어가 칠판에서 지워지기도 전에 먼저 사장됨에 틀림없다는 것을 확실히 알게 되었다.

중요 행동을 규정하여 지레 받침대 만들기

행콕은 훌륭한 엔지니어처럼 문화 변화의 문제들에 대해 공략하기 시작하였다. 혁신을 저해하는 거미줄 같은 반대를 제거하는 행동을 확실하게 구분지었다. 우리(저자들)는 행콕의 요청으로 자문가로서 참여하였다. 몇 개월에 걸친 우리의 도움으로, 행콕과 고위 간부들은 종업원과 인터뷰하고, 이야기를 기록하며, 문화가 사업과제 완수 능력에 어떻게 영향을 미치는지 알리는 보고서 작성 과정을 마쳤다.

우리의 목표는 중요 행동을 규정하는 것이었다. 우리의 관점에서 두세 가지의 행동으로 분류할 수 있다. 첫째, 사업 성과에 분명한 긍정적 영향을 미치는 행동, 둘째, 다른 많은 행동들이 변화할 수 있도록 연쇄적 효과를 내는 행동 등이다. 문화 변화에 대한 전형적인 접근방식—절대가치들을 담고 있는 긴 행동목록 혹은 많은 바람직한 행동들—은 실패의 요인이 된다고 결론지었다. 행콕의 목적은 확실하게 사업 성과를 높일 수 있는 결정적인 몇 가지 행동을 찾고 모든 리더십 에너지를 여기에 집중하는 것이었다. 소수의 핵심 행동을 제대로 고르는 것이 관건이었다.

600명이 넘는 포커스 집단 종업원과의 인터뷰를 마치고, 고위 간부들은 수집한 성공과 실패 경험에 있어서 패턴을 구별하기 시작하였다. 변화와 창의성을 방해한 모든 힘든 경험들의 중심에는 소수의 부정적인 행동이 있었다는 것을 알게 되었다. 또한, 혁신을 이루었던 기업에서 주요 행동이 보편적으로 나타났다. 예를 들어 몇몇 식스 시그마의 '우수집단(pockets of excellence)'과의 인터뷰를 통하여 조직의 다른 부분과 언제나 차별화시키는 몇 가지의 행동을 발견하였다. 대부분의 이러한 행동은 잘 다루면 식스 시그마를 진척시킬 수 있지만, 잘못 다루거나 기피하면 식스 시그마를 중단하게 하는 결정적 대화들이었다(보기 10.1).

이번 연구과정을 통해, 고위 리더는 특히 관심이 높은 주제에 대한 솔직하고 개방적 의사소통이 중요 행동이라고 결론지었다. 이들은 이러한 결정적 대화의 질을 긍정적으로 높일 수 있다면 이러한 대화가 다른 비생산적인 행동들을 '끌어주는 효과'를 가질 것이라고 결론지었다. 그러므로 결정적으로 중요한 주제에 관한 개방적 의사소통은 변화 시도에 대한 지레 받침대의 주요 부분이 되었다.

개방적 의사소통에 더하여, 다른 두 개의 중요 행동이 이 과정에서 나타났다. 첫째는 개인적 관여(personal engagement)라고 불리는데, '효과적인 성과를 저해하는 장애물을 제거하기 위해 개인적으로 취하는 행동'을 의미한다. 둘째는 긴박감(sense of urgency)이라고 불리는데, 뜻하는 바와 같이 '검토해야 할 일을 무시하거나 검토할 사람에게 상담하는 대신에, 필요하다면 즉시 행동하는 것'을 의미한다.

책임을 명백히 함으로써 지레 받침대 위치 찾기

문화에 대한 경험으로 인해 행콕은 문화 변화가 비중있게 진행되려면 고위 리더가 책임을 지게 만드는 확실한 방식이 필요하다고 생각하였다. 그는 소프트한 변화 노력에 대한 전통적인 '행동' 측정방식에 대해서는 확신하지 못하였다. 예를 들어 리더는 훈련받은 사람의 수와 시행된 시험 프로젝트의 수와 같은 것에 대해서만 평가받기 때문에, 리더는 식스 시그마 노력들이 충분히 '느리게 추진되게(slow rolling)' 할 수 있었다.

이번 경우에도 이들은 곧 끝날 것이라고 생각하며 시작했던 것이다. 행콕이 원하였던 것은 실질적인 행동 변화였으므로, 고위 관리자에게 책임을 지우려고 한 것이다. 조직 간에 중요 행동의 변화에 대한 인식을 측정하기 위해서 간결한 설문조사가 개발되었다. 10%의 달성목표가 정해지고 리더십에서 상위 두 계층의 변화에 영향을 주기 위해 18개월의 기간이 주어졌다. 인센티브 보상은 직접 측정가능한 목표 달성에 따라 주어졌다. 그러자 당연히 변화가 고위 리더들의 레이더 스크린에 나타나기 시작하였다.

희망찬 시작

우리는 고위 간부로 하여금 '무엇이 과거의 행동으로 돌아가게 만드는가?' 그리고 '새로운 행동을 조성하기 위해서는 무엇이 필요한가?' 등을 자신에게 자문하여 자신의 여행을 시작하도록 하였다. 결국, 이들은 수많은 변화의 이니셔티브를 시작하였다. 이러한 이니셔티브에는 현 평가 시스템에 내재된 가치를 변화시키고, 조직 설계에 있어서 문제 있는 부분을 개선하며, 리더십 피드백을 확대하여 주요 행동을 반영하는 것이 포함되었다.

1998년 초까지, 고위 간부들은 확실하고 측정가능한 목표, 변화를 측정할 수 있는 적당한 방법, 경영자들의 성공과 연결된 인센티브, 확실한 계획 등을 갖고 있었다. 몇 달간의 숙고 끝에 행콕은 '조직 활성화(Workforce Vitality)' 를 시작하겠다고 공식적으로 발표하였다.

그러나 아무런 변화도 일어나지 않았다.

사실상, 팀이 구성되어 이러한 이니셔티브를 진척시키기 위한 연구와 제안을 하였고, 많은 회의가 열렸으며, 발표가 이루어졌고, 설문조사가 행해졌다. 그 결과 간단하고 효과가 미미한 종업원 친화적인 변화가 나타났다. 그러나 설문조사 점수와 이야기들에서 얻은 증거에 의하면 중요한 것은 실질적으로 아무것도 변하지 않았다는 것을 보여주었다. 즉 냉소주의가 늘어났다는 것을 계산하지 않는다면 그러했다. 행콕은 다른 혁신들과 마찬가지로 조직 활성화가 '느리게 진행된다' 고 결론 내리게 되었다.

처음에 행콕은 모든 일들을 처리하기 위해 전통적인 톱다운 방식을 이용하였고, 매월 진행하는 '보고(briefing)' 에서 고위 간부진 직속 아래 세 단계 계층에 대한 변화 필요성과 변화전략을 의사소통하기 위해 수많은 노력을 하였다. 행콕은 추진 경과 보고를 요구하였고, 평가회의를 주관하고, 심지어 참여하지 못한 사람들을 해임할 것이라고 단언하였다. 공교롭게도 사장은 세계에 F-16기를 판촉하는 고위 판매자 역할로 인하여 주로 길에서 시간을 보냈다. 많은 시간이 지났지만 특별한 성과는 없었다. 변화 시도에 대한 민초들의 지원이 부족하다는 것이 뼈저리게 분명해지면서 행동은 억지로 힘을 써서 시행한 제도적인 변화와는 상관없으며 지도자층의 핵심적인 지원 없이는 변하지 않는다고 믿게 되었다. 이전의 문화가 깊게 뿌리박혀 있어서, 변화 추진에 대한 위계적 '하류전개(cascade)' 방식은 집단을 지루하게 만드는 형식적 동조만을 얻을 뿐이었다.

리더가 완전히 다른 방식으로 수단을 찾기 시작할 때까지는 아무런 변화도 발생하지 않았다. 다수의 변화를 얻기 위해 고위 리더가 직접적인 노력을 서서히 증가시키기보다—조직의 상당히 많은 사람들에게 주어진 불가능한 영향력을 행사—대신 우리는 그들이 영향권자에게 영향력을 미쳐서 일을 할 수 있도록 장려하였다. 그렇게 하기 위해, 그들은 다음 두 그룹으로 하여금 전 조직 내에서 꼭 필요한 일상적인 사회적 영향력 행사에 전념케 하였다. 첫째 그룹에서, 고위 리더들은 공식적인 명령 체계 내에서 변화에 대한 리더십 역할을 확실하게 규정하였다. 둘째 그룹에서, 이들은 조직 전체를 통하여 비공식적인 리더인 오피니언 리더를 찾아 참여케 하였다.

지렛대 1 : 공식적인 리더에게 교사역할을 부여하다

우리의 조언에 따라, 행콕과 그의 팀은 더 이상 조직 내 12,000명 각 구성원에게 관심을 분산시키지 않았다. 대신, 그들은 중요 행동 촉진에 관여하는 공식적 명령 체계에 영향력을 미치는 데 관심의 40%를 쓰도록 권장되었다.

우선 고위 관리자는 JSF 수주를 가능케 하는 요인으로서의 행동 변화의 절대적 필요성을 그들의 직접 보고라인에 있는 사람들 모두가 확실하게 이해하도록 하였다. 그리고 이들은 자신의 직접 보고라인에 있는 팀의 행동에 영향을 줄 수 있는 특정한 방법을 알려주었다. 이들이 교사가 되었다.

이후 몇 개월간 조직 내의 모든 리더는 직접 보고라인에 있는 사람들과 함께 격주 주기로 훈련과정을 열었다. 이러한 싱글 포인트 레슨(Single Point Lesson) 동안, 조직 활성화의 중대한 행동으로 인식된 대화의 질 개선의 개념과 기법을 가르쳤다. 격주로, 고위 관리자는 직접 보고라인에 있는 사람들에게 새로운 개념을 가르쳤다. 이 학생들이 다시 교사가 되었다. 직접 보고라인에 있는 사람들에게 개념을 가르치고 조직 내의 모든 구성원이 이를 배울 때까지 하류 전개가 계속된다.

학습 아이디어에 대한 명령 체계의 첫 반응은 놀라서 말을 못하는 경우부터 시작해서 공개적으로 불평을 토로하는 경우까지 다양하였다. 관리자와 감독자는 가르칠 것을 요청받고 놀랐다. 이러한 문제에 대한 두 가지 공통된 이유를 다음과 같이 말하였다. 첫째, 이들은 가르치는 것이 엔지니어나 비행기 제작자가 아닌 전문가의 직업이라고 생각하였다. 둘째, 사람들이 새로운 기술을 현실성이 없다고 버리는 경우가 많았는데, 그 이유는 이들 교사(즉 상사) 자신이 그런 기술에 반대하는 행동을 보여주었던 극심한 사례에 해당하였기 때문이라고 주장하였다.

시간이 지남에 따라 이러한 걱정들은 정반대로 바뀌게 되었다. 예를 들어 중요 행동에 있어서의 눈부신 발전을 보여준 분야의 연구들에 의하면 교사의 가르치는 기술과 교육 결과인 변화 정도는 거의 관련이 없다는 것이 입증되었다. 변화에 대한 가장 좋은 예측 요인은 교육 중에 어떤 일이 벌어졌는가가 아니라, 교육 세션 간에 이루어진 자연스런 많은 대화들이었다. 이러한 교육 세션에서는, 리더가 직접 보고라인에 있는 사람들에게 먼저 배웠던 기법을 사용할 것을 유도하기도 하고, 직접 보고라인에 있는 리더가 바로 그 기법 이용의 필요성을 상기시키기도 한다. 교사가 됨으로써, 리더는 중대한 행동에 대해서 옹호하는 역할을 담당하였다. 그 결과, 전문적인 강사로 대체하여 역할을 맡겼더라면 리더들이 인식하지 못했을 뻔했던 일상적 상호작용 속에서 사람들을 지도할 기회를 자연스럽게 얻게 되었다. 그러므로 훈련의 질이 때때로 뛰어나지는 않았을 수도 있지만, 리더가 훈련을 담당하도록 함으로써 일어나는 변화의 양은 외부 전문가에게 훈련을 일임하여 발생하는 변화의 양보다 훨씬 많았다.

가르친 것과 다르게 행동하는 리더들이 있기 때문에 그와 같은 노력은 효과가 잠식될 것이라는 두 번째 우려도 마찬가지로 잘못된 것이라고 판명되었다. 사실, 리더 자신이 가장 많이 변해야 했던 분야에서 가장 많은 변화를 경험하였다. 리더가 가르칠 때, 그들을 가장 경청하는 학생은 바로 자기 자신이다. 가르치려고 준비하는 과정에서, 많은 사람들은 관련된 새로운 행동을 더욱 더 잘 이해하게 되었다. 이들은 행동이 중요하다고 믿게 되면서, 심하게 반대하던 자신이 교착상태(sticky situation)에 처하게 됨을 발견하게 되었다. 이들은 자신들이 한 가지를 가르치고는 실제는 다른 행동을 보여주는 이러한 부조화현상에 상당히 괴로워하였다. 그러므로 '가장 심한 반대자들(worst offenders)' 대부분은 훈련 포럼을 사용하면서 자신의 실수를 인정할 가능성이 가장 높았다. 이들은 또한 개선하기 위하여 처음으로 눈에 보이는 시도를 하였다. 그리고 이들 리더와 함께, 이들의 말과 행동을 일치시키려는 작은 행동조차도 직접 보고라인에 있는 사람들에 의해서 즉시 감지될 수 있었다. 추가로 발생한 이점은 자신의 상사들에게서 약간의 변화가 일어난 것을 본 종업원들이 전체 문화의 변화 이니셔티브를 좀 더 호의적으로 받아들이고, 더욱이 자신의 변화를 촉진하기도 한 점이다.

지렛대 2 : 비공식적인 오피니언 리더를 파트너로 삼다

우리는 고위 리더에게 경영라인을 관리하는 것 외에, 비공식적인 리더들을 관리하도록 조언하였다. 비공식적인 리더는 변화과정 참가자들이 오피니언 리더라고 부르는 사람이다. 오피니언 리더는 말과 행동이 동료의 마음에서 큰 비중을 차지하는 사람이다. 달리 표현하면, 이들이 말할 때 사람들은 귀를 기울인다. 행콕의 팀은 이 전략이 이들에게 반대자들의 비율을 바꿀 것으로 기대하였다. 변화확산이론 연구에 의하면 인구 집단의 일부(5~10%)를 주요 영향력의 대상으로 여기도록 권장하고 있다. 컨설턴트들은 500여 명의 사람들이 확신을 가지고 참여하게 되면 남은 11,000명 이상의 사람들의 지지를 더욱 신속히 얻을 수 있는 열쇠라고 제시하였다. 고위 간부에게는 대단한 아이디어였다. 500여 명의 사람들에게 영향을 미치는 것은 12,000명 이상의 사람들에게 영향을 미치는 것보다 훨씬 달성가능한 일처럼 보였다. 이때 이후로, 고위 리더는 조직 활성화 노력의 40%를 이 유력한 집단에게 쏟았다. 동시에 다른 사람의 말을 경청할 수 있도록 서로 격려할 것을 기대하였다(부록 에버렛 로저스에 관한 상자 내용 참조).

우리는 오피니언 리더를 솔직한 방식으로 확인하였다. 즉 설문 응답자에게 자신이 가장 존경하는 사람을 세 명까지 적으라고 하여 이를 이용하는 것이다. 이름이 자주 거론된 사람들의 리스트를 만들었다. 이러한 방식은 쉽고 믿을 만한 선별 방법이다. 그 이름들은 '오피니언 리더 활용 전략(opinion leader engagement strategy)' 을 시범운영하는 데 동의한 의욕 넘치는 부사장들에게 전달되었다.

F-16기 프로그램의 부사장으로서 사장의 예전 직무 승계자인 빌 앤더슨(Bill Anderson) 같은 사람은 오피니언 리더를 사용하는 데 참여한 선두에 드는 한 사람이다. 중요 행동의 주요 골자는 중요한 주제에 관한 솔직한 대화이므로, 이러한 영향력 있는 집단과의 정기적인 접촉이—모든 것에 관해서 대화할 수 있다고 보여주는 방식으로—조직의 다른 사람들에게 강력한 메시지를 전달하는 것이라고 판단하였다. 그래서 그는 50~100명으로 된 집단들을 모아서 자신의 계획을 추진하였다.

그가 한 첫 번째 일은 이들이 비공식적 리더로서 이미 해왔던 역할을 스스로 이해하도록 도와주는 것이었다. 앤더슨은 두 시간짜리 오리엔테이션 세션에서 많은 오피니언 리더들을 만났다. 두 시간 동안 앤더슨은 그의 변화에 대한 경영 사례를 받아들이도록 설득하였다. 그는 오피니언 리더들이 과거의 행동들이 어떻게 기업에 비용을 부담시키는지를—미래에 기업을 파산시킬 수도 있는—알 수 있게 하였다. 그는 동료들이 어떻게 오피니언 리더를 선정했는지(수많은 칭찬과 함께)와 또 변화를 지지하기 위해 그들이 할 수 있는 잠재적 역할에 대해서 설명하였다. 앤더슨은 오피니언 리더가 자발적으로 참여해야 한다는 것과 경영자 집단이라기보다는 변화의 독립적인 파트너가 되는 것임을 확실히 하였다. 그는 오피니언 리더들이 노력할 때 지원을 다할 것이며, 이들에게 중요한 것은 어떠한 주제에 대해서도 언제나 이야기할 수 있다고 약속하였다. 이 세션의 결론에서, 관심 있는 사람을 최고 오피니언 리더 회의에 자발적으로 참여하도록 요구하였고, 이 회의에서 그들은 조직에서 변화를 창출할 방법을 밝히기 위해 함께 일하게 될 것이라고 하였다.

후속 회의를 통해서 오피니언 리더는 문화 변화의 필요성에 대해서 고위층 리더와 대화를 갖는 것이 허용되었으며 타인에게 긍정적인 영향을 미치는 기술을 개발하며, 공략해야 할 문제를 확인하는 것이 허용되었다. 오피니언 리더는 문화 변화 전략을 검토하는 앤더슨의 고위 간부에게 처음으로 조언을 하게 되었고, 사람들에게 다른 어떠한 공식적인 의사소통보다 이 전략을 잘 이해할 수 있게 도와줌으로써 조직의 나머지 사람들에게 의미와 목적을 전달하는 통로 역할을 하게 되었다.

예를 들자면, 고위 리더가 지불 정책을 시장 상황을 반영하는 브로드 밴딩(broad bending) 모델로 전환하려고 결정한 경우가 있다. 변화에 대한 소문이 새어나가면서, 종업원의 반응이 즉시 부정적으로 나타났다. 이러한 반발 가운데 앤더슨은 현안을 깊이 있게 논의하기 위해 오피니언 리더 집단과 회합을 갖기 시작하였다. 이러한 세션에서 경영자는 기업의 문제, 제안된 해결책, 해결책에 따른 피할 수 없는 손실 등을 함께 논의하였다. 이러한 대화는 모든 분야(찬성자, 반대자 등)에 변화를 일으켰다. 오피니언 리더의 의견을 수렴하여, 경영진은 때때로 계획을 수정하였다. 오피니언 리더는 리더의 긍정적인 의도를 파악하고 문제의 복잡성을 이해하여 자신들의 의견을 조정하였다. 기업이 더 나은 계획을 가지고 나올 때, 100여 명의 믿을 만한 오피니언 리더들이 '전면에 나서서' 만 명이 넘는 냉담한 사람들에게 고위 간부들의 바람 이상으로 심도 있게 이유들과 문제점들에 대해서 설명을 도왔다. 리더십 지렛대가 작동하고 있는 것 같았다.

모든 오피니언 리더가 조언자 및 연결자의 역할을 맡았지만, 보다 더 큰 리더십 기회를 가진 오피니언 리더도 많았다. 어떤 사람은 공식적 리더가 동료에게 대화 기술을 교육하도록 도와주어 중대한 행동에 기초하여 문화를 창조하는 목표를 지원하였다. 다른 어떤 사람들은 식스 시그마를 통해 지도 개선 노력을 지원하는 경우도 있었다. 또 다른 어떤 사람들은 조직 활성화를 개선하는 새로운 성과 평가 설계, 조직 설계, 채용 및 선발 등의 주요 역할을 담당하기도 하였다(오피니언 리더의 선택 가능한 다양한 역할 보기 10.2 참조).

이 리더십 전략은 유용하다고 입증되었기 때문에 앤더슨은 오피니언 리더와 매월 회의를 갖기 시작하였다. 이러한 회의는 기업의 현 상황, 전사차원의 개선팀 진행상황, 대처해야 할 장벽에 대한 확인 등에 대하여 솔직하게 대화를 나누기도 하였다.

주의사항

대부분의 혁신은 예상치 못한 많은 문제들을 야기한다. 회사의 오피니언 리더에 대한 전략도 예외는 아니다. 공식적인 리더가 오피니언 리더라 불리는 특수 집단을 활용한다는 말이 나오면, 어떤 관리자는 방어적으로 반응하였다. 초기의 소문은 오피니언 리더가 너무 앞서나간다고 매도하였다. 어떤 사람은 오피니언 리더와 경영라인 간의 갈등을 목격하기도 하였다. 또 다른 사람은 오피니언 리더 집단 간에 공조가 부족하다는 것을 알게 되었다. 조직이 매트릭스 구조(matrix-like)로 설계되어서(예를 들어 엔지니어는 엔지니어링 중심부의 일원이기도 하고 경영 프로그램에 배치되기도 한다), 어떤 오피니언 리더는 서로 다른 부사장들의 리스트에 올라 있어서 비슷하게 반복되는 행사에 초대되기도 하였다. 다른 사람은 오피니언 리더가 노동조합의 위원과 같은 건지 의문을 갖기도 하였다. 조합 위원은 피고용자를 대표하여 불평을 토로할 수 있는 그래서 경영진과 대화를 하게 되는 사람이다.

공식적인 리더들은 이와 같은 과정들이 완벽한 것은 아니며 오피니언 리더를 관여시키는 것은 변화를 창출하는 그저 한 가지 방법일 뿐이라고 언급하면서, 초기 저항에 대하여 오피니언 리더들의 의미를 대수롭지 않게 다루었다. 고위 관리자는 오피니언 리더의 절반이 또한 관리자라는 점을 지적하였다. 이들은 또한 오피니언 리더 명단이 종업원이 준 정보로부터 직접 나온 것이지, 경영자들이 작성한 것이 아니란 점을 상기시켰다. 갈등은 오피니언 리더 스스로 조정에 나섰다. 이들은 자신들이 참여하기에 적당하다고 생각하는 행사나 이슈를 선택하였다.

처음 우리가 기도했던 의도는 오피니언 리더의 개입을 통해 명령 체계상의 공식 라인의 관여를 약간 늦추게 하는 것이었다. 이는 다음의 두 가지 이유로 중요하다고 판단하였다. 첫째, 변화를 유도하는 것은 공식 리더의 역할이다. 따라서 오피니언 리더들이 빠르게 참여하면 이들의 책임을 덜어줄 것이다. 둘째, 오피니언 리더에게 변화에 대한 정보를 미리 알려주면 명령체계의 구성원의 시샘—결론적으로는 저항이 될 수도 있는—을 불러일으킬 것으로 보았다. 그러나 이 선한 의도가 언제나 현실에 적합하지는 않다. 록히드 마틴의 현실은 많은 고위 리더들이 명령 체계와 관계된 행동 시행에 몇 달씩 늑장을 부리고 있다는 점이었다. 그래서 명령 체계 전략이 교통체증에 걸려 있는 동안 오피니언 리더와 함께 추진할 준비가 된 빌 앤더슨과 같은 몇몇 의욕 있는 경영진이 함께 모였던 것이었다. 우리는 우리가 생각하기에 더 낫다고 생각하는 판단은 접어두고 오피니언 리더를 지속시키기로 결정하였다. 돌아보면 무엇이 최선이었는지 확실하지 않다. 어쨌든 변화가 이루어지기 시작하였다. 어떤 공식 리더는 화를 냈다. 그리고 여러 가지 점에서 우선 개입한 오피니언 리더는 늑장부리는 경영진에 압박을 가하여 명령 체계 전략을 작동하지 않던 상태로부터 벗어나게 하였다. 우리가 했어야만 하는 것이 무엇이었건, 우리는 분명히 명령 체계가 오피니언 리더의 개입보다 더 우선하여 많은 관심을 받아야 한다고 주장한다.

오피니언 리더와 함께 일하면서 우리는 이들이 누군가로부터 조종받는 대상이 될 가능성에 대해서 상당히 민감했었다는 것을 알았다. 신용과 신뢰는 이와 같은 관계에서 본질적인 부분이다. 이 신뢰와 신용이 있었기에 오피니언 리더는 나머지 조직을 생산적인 변화에 도달하도록 돕는 강력한 지원자가 되었다. 만일 신용과 신뢰가 없었더라면 우리는 오피니언 리더와 함께 보낸 시간에서 그들을 변화 시도에 대한 더 확실한 반대자로 만들 수도 있었다고 믿는다. 조직의 나머지 사람들은 공식 라인의 리더가 영향을 미치려고 했던 노력을 알 것이므로 변화의 적합성과 바람직함에 대한 오피니언 리더들의 의견은 더욱 중요한 무게를 가질 것이다. 그러므로 오피니언 리더는 더 부정적이고 냉소적인 거래관계일 경우 이탈할 수도 있고, 그럴 경우 이들이 이에 관련된 부정적 메시지를 나머지 조직에게 전달할 것이라는 점을 인식하는 것은 중요하다.

행콕이 이끄는 회사의 경우, 오피니언 리더와 신뢰를 쌓는 과제는 특히 더 어려운 것이었다. 행콕이 원했던 변화는 행동이었다. 그에 반하여 오피니언 리더는 공식 리더가 스스로가 변화하려고 할 때 비로소 그들이 영향력을 미칠 수 있도록 기꺼이 도와주겠다고 반응하였다. 고위 리더가 오피니언 리더와 함께 일하는 법을 배우면서 오피니언 리더가 더욱 더 솔직담백해지도록 실천하는 동안 리더는 더 솔직함과 신뢰를 보여주는 선 순환과정이 이루어졌다.

그 효과는?

오피니언 리더를 활용하는 데서 나타난 가장 중요한 효과는 공식적 부분에서 나타나는 것이 아니라 종업원들의 비공식적인 일상생활을 통하여 나타난다. 오피니언 리더는 조직 내의 모든 대화와 모든 회의와 의사결정에 참여한다. 문제는 이들이 이러한 상호작용에 긍정적 영향을 미치는가 아니면 부정적인 영향을 미치는가이다. 리더가 교사 역할을 하고 오피니언 리더를 활용한 이후 설문조사 결과에서 극적인 개선이 나타났음에도 불구하고, 우리는 오피니언 리더가 어떻게 변화를 유도하는지를 가장 잘 이해하는 방법은 구체적인 일화들을 통해서 알 수 있다고 생각한다.

오피니언 리더가 영향을 미치는 방법에 대한 고전적인 한 가지 사례에 의해 사장이 생각했던 '교사로서의 리더 개념(leader-as-teacher concept)'이 전사적으로 수용되었다. 처음에, 고위 간부들은 이러한 접근방식에 대하여 이중적이었고 아이디어를 느리게 진행시키기 시작하였다. 그러나 그 아래 관리자들은 관심사에 대하여 말이 좀 많은 편이었다. 한 비난자가 "우리는 관리자이지, 교육자가 아니다!"라고 한 말은 다른 사람들이 느끼는 바를 한마디로 요약해 주었다.

경영진이 숙고하는 동안, 운영부서에서는 교사로서의 리더 개념을 파일럿 시험을 해보기 위해 밀고 나갔다. 나중에 밝혀졌지만, 가장 많은 사람으로부터 추천을 받았던 오피니언 리더가 첫 번째 운영부서의 파일럿 시험과정에 참여했다. 그는 교육이 중요하기는 하지만 리더가 교사라는 개념은 문제가 많다고 확신하고 있던 상태였다. 예비 교육을 받은 후에, 그는 다른 사람을 마지 못해 교육하기 시작하였다. 교육을 하면 할수록 그의 태도가 변하였고, 그만큼 교사로서의 리더 개념에 대한 인식도 변하였다. 결국 그는 대단한 예찬론자가 되었고 동료들이 바쁠 때에는 대신 도와주기도 하였다. 반대론자에서 열광적인 지지론자로 돌아선 그의 변화는 상당히 고무적인 일이었지만, 더욱 중요한 것은 이를 지켜 본 수십 명의 사람들에게 미친 영향이었다.

우리도 이런 동료 효과를 예상하였지만 놀라운 것은 그가 미쳤던 상향적(upward) 영향력이다. 고위 간부가 다시 한번 전사 차원에서 교사로서의 리더정책을 시행할 것인지를 검토하는 한 세션에서, 생산담당 부사장인 러스 포드(Russ Ford)는 이 사람의 여정을 설명하였다. 그의 이름이 처음 언급되었을 때, 종이를 뒤적이고 사담을 나누던 사람들이 모두 멈추었다. 경영진조차 그를 존경하였고 그들은 그가 만만한 사람이 아니란 것을 알았다. 부사장이 그 이야기를 했을 때, 전에 회의적이었던 스태프들이 성실하게 질문을 하기 시작하였다. 결국에는 의견이 변하였다. 경연진이 토론할 때 이 오피니언 리더는 참석조차 안 했지만, 그는 강력한 영향을 미쳤던 것이다.

이 일화를 넘어 대규모 조직 변화 노력에 있어서 인과 관계를 규명하기는 대체로 어렵다. 이 경우도 마찬가지이다. 수많은 개별적인 변화 시도 프로그램이 하류 전개되는 방식으로, 그리고 또한 서로 겹치면서 조직 전체에 걸쳐 시도되었다. 그러나 어떠한 변화 결과가 특정한 개입활동이 일어났던 시기와 일치하는지를 확인하기 위해서 모든 변화 시도에 대한 데이터를 조사하는 것은 불가능하지는 않을 것이다. 이 사례에서는, 일반적인 설문조사 결과를 통하여 변화 노력의 효과에 대한 어느 정도의 통찰들이 제시된다(보기 10.3 설문조사 결과 참조). 변화 시도 프로그램이 시작된 첫 해와 그 다음 해의 중반까지(1998년 4월, 9월, 1999년 2월, 6월에 측정)는 중요 행동에 의미 있는 변화가 없었다고 나타난다. 그러나 이 결과는 1999년 12월 설문조사에서부터 달라졌다. 이 시기에 결과에 있어서 통계적으로 유의하고 ($p<.001$) 의미 있는 변화가 전사차원에서 관측되었다.

첫 번째 오피니언 리더가 1999년 늦은 봄에 합류했지만, 오피니언 리더와 리더-교사 시도 등을 포함하는 대부분의 활동이 수행된 것은 마지막 6개월간이었다. 우리는 이것이 우연이 아니라고 믿는다.

다른 증거 또한 변화 시도가 원하던 효과를 얻었다는 것을 알려주었다. 설문조사에는 종업원에게 최근 직장에서 느낀 변화에 대해 기술할 기회가 포함되었다. 교사로서의 리더와 오피니언 리더의 노력이 진행되면서 설문조사에서 조사된 의견들이 조직 활성화 이니셔티브와 일치하는 변화의 증거를 보여주었다. 논조와 언급 내용들이 긍정적으로 변하기 시작한 것은 네 번째 설문조사 때부터 시작되었다. 더욱 긍정적인 변화는 마지막 설문조사에서 언급되었는데, 이번에는 주로 조직 활성화 노력의 덕분으로 돌려졌다. 그러므로 종업원의 변화에 대한 보고서는 수많은 설문조사 결과에서 나타난 변화와 그 시기가 일치하였다.

문화를 바꾸고 어떻게 되었나?

일을 시작한 후에는 성공하는 것이 언제나 즐거운 것이기는 하지만 때로는 이룩한 성공이 그에 따른 비용보다 값진 것만은 아니다. 따라서 궁극적 질문은 당신이 한 일이 정말로 문화를 바꾸었는가 하는 식으로 단순하게 물어서는 안 된다. 문화 변화가 또한 확실한 경영상의 차이를 만들지 못하였다면 귀한 자원은 다른 곳에 사용되었어야 한다. 결국, 행콕은 철학적 혹은 본질적인 이유로 문화 변화를 추구한 것이 아니었다. 그는 중요 행동이 기업 생존을 위해서, 즉 JSF 계약을 수주하고 계약에 따라 양도할 수 있도록 변해야 한다고 확신하였다. 이러한 견지에서, 중요한 질문은 다음의 두 가지이다. 행동이 변했는가? 그리고 변화된 행동이 경영 성과를 증진시켰는가?

훌륭한 공학 훈련을 받았기 때문에, 행콕은 이러한 질문들의 답을 찾기 위해 적합한 연구를 처음부터 준비하였다. 문화 변화에 대한 설문조사는 대략 5개월마다 시행되었다. 이 설문조사를 통하여 중대한 행동의 변화를 알 수 있었다. 측정치상의 움직임은 문화가 변화하기 시작하였다는 표시였다.

우리는 각 18개의 F-16기 생산단위 조직의 성과 변화를 조사함으로써 두 번째 주요질문에 응답할 수 있었다. 이 사례에서, 우리는 측정된 성과 향상이 목표로 했던 중요 의사소통의 성공과 관련이 있는지를 알 수 있었다(보기 10.4 참조). 이러한 결과는 중요한 의사소통에 더욱 더 잘 참여할 수 있어 보이는 부서가 더 효율적이고 생산적이며 더 우수한 작품을 생산한다는 것을 보여준다.

통계적 방법을 사용하여 인과적 원인에 대한 질문에 최종적인 답을 제시할 수는 없어도(즉 향상된 성과가 행동 변화를 이끌었는가 아니면 행동 변화가 성과의 향상을 이끌었는가?), 이 사례는 상당히 놀라운 일이다. 우선, 리더는 특정 주요 행동에 영향을 미치려는 의도를 공표하였다. 둘째, 이러한 행동에 영향을 미치기 위해 설계된 활동을 시행하였다. 측정가능한 행동 변화가 이 활동의 뒤를 이었다. 그리고 성과 향상이 행동 변화의 뒤를 이었다. 사실, 후속 포커스 집단을 대상으로 한 연구 결과에 따르면 주요 행동에서 의미 있는 변화 없이 성과 향상을 이룬 조직은 없다는 것을 보여주었다.

재미있는 일화가 있다. 문화 변화의 증거가 확실해짐에 따라, LMTAS는 제조 우수기업이라면 누구나가 선망하는 싱고(Shingo)상의 평가대상이 되었다. 결국, LMTAS는 상을 탔을 뿐만 아니라, 상을 받을 때 평가자들로부터 이 장에서 기술되었던 종업원 참여 증대에 대한 획기적인 접근방법으로 인하여 찬사를 받았다.

문화 변화가 JSF를 수주하는 데 도움이 되었는가? 이 질문에 대답한 명확한 대답은 없다. 싱고상 및 「인더스트리 주간지(Industry Week)」의 올해의 공장상을 수상한 것이 수주에 도움이 되었을까? 그리고 가장 중요하게, 조직의 측정가능한 성과 향상을 지도하고 영향을 미치는 입증된 능력이 도움이 되었을까? 그렇지 않다고 생각하기는 어려울 것이다.

요약 및 베스트 프랙티스

크고 복잡한 조직 내에서 광범위하게 행해지고 깊이 뿌리내린 행동양식을 변화시키려는 것은 대단히 큰 도전이다. 그리고 이것이 상당한 성과 개선으로 안내하는 유일한 시기가 있다. 새 전략이나 과정은 잘못 시행되면 소용이 없다. 한편, 행동은 실행을 효과적으로 만드는 열쇠이다. 록히드 마틴이 직면한 도전이 그러하였다.

통합 공격전투기 계약의 성공적인 수주를 추구하기 위하여 문화를 변화시키려는 록히드 마틴의 성공적인 시도로부터 몇 가지 베스트 프랙티스가 나타난다. 그 주요 교훈은 소수의 헌신적인 리더가 긍정적으로 적절한 지렛대를 이용하면 수천 명에게 영향을 미칠 수 있다는 것이다.

데인 행콕(Dain Hancock)과 그의 직원들은 효과적으로 영향을 미치기 위해 그들 스스로 다음 사항들을 준비하였다.

1. 성과 개선에 쉽게 연결될 수 있는 소수의 중요 행동들을 규정하기

2. 구체적이고 측정가능한 개선 목표 설정
3. 최고위 두 계층의 리더에게 문화 변화 활동의 지원에 대한 것이 아니라 측정 가능한 중요 행동의 변화에 대하여 책임 명기

록히드 마틴 리더는 12,000명에게 영향을 미치기 위해 다음의 지렛대를 얻었다.

1. 공식 리더가 '교사' 의 역할을 담당하여 새로운 행동에 영향을 미치는 것에 책임질 수 있게 하기
2. 비공식 리더들을 확인하고 그들을 경청하며 그들을 전략적 방식으로 관여시킴으로써 변화를 이끌도록 그들에 대한 목록 만들기

부록

에버렛 로저스
확산에 대한 기존 연구로부터의 교훈

에버렛 로저스(Everett Rogers)는 새로운 아이디어와 행동이 대규모 그리고 복합적인 인구집단 사이에서 유행하는 방법에 대한 체계적인 연구로 잘 알려져 있다. '초기 채택자(early adopters)' 나 '느림보(laggards)' 같이, 그가 경영 용어로 사용하도록 소개한 것을 보면 용어에 대한 그의 영향력을 알 수 있다. 그가 여름 부업을 한 이후로 학문적인 관심이 생겼다는 것은 알려져 있지 않다. 그가 맡았던 여름 부업은 농촌 지도원이었는데, 그는 중서부 농부들에게 거부하기 어려울 만큼 좋은 농작법을 무료로 소개하였지만 이들이 이 무료 조언을 받아들이지 않는 점을 발견하고 놀랐다.

이외에도 비슷한 경험을 통하여, 로저스는 혁신의 확산이라 알려진 것에 대하여 체계적인 탐구를 시작하였다. 그는 사람들을 촉진하려고 하는 모든 종류의 새로운 행동들을 관찰하였다. 그는 의사에게 새로운 약을 사용하도록 하는 것, 농부에게 더 나은 농사 기법을 사용하게 하는 것, 사람들에게 처음 VCR을 구입하게 하는 것, 새로운 경영기법을 채택시키는 법, 일시적인 유행이 유명해지는 법 등을 조사하였다. 그는 3,085개의 행동 변화 연구를 조사한 결과, 모집단의 84%가 단지 장점에 대한 논의, 과학적 증거, 훌륭한 훈련, 혹은 다채로운 미디어 홍보 때문에 행동을 변화시키려 하지는 않는다고 결론지었다. 새로운 행동을 시도하는 대부분의 사람들은 존경받는 동료의 영향 때문에 그렇게 한다.

로저스는 흥미로운 방법으로 이것을 깨닫게 되었다. 3,000개가 넘은 연구들을 검토하면서, 그는 모든 경우에 변화는 S자 모양의 곡선을 따른다는 것을 알게 되었다. 변화는 천천히 시작해서 그 진행 과정도 초반에는 상당히 미약하다. 점차 소수의 전향자들을 끌어들인다. '적당한(right)' 수의 전향자 이상이 모이면, 진행이 가속화된다. 그곳이 S곡선이 가파라지는 곳이다. 후에, 혁신을 받아들이기 쉬운 사람부터 약간 어려운 사람까지 참여하게 되면, 곡선은 수평선으

로 되고, S자가 끝난다. 이 점을 지나면 진행과정은 다시 둔화되어, 많은 노력을 요구하게 된다.

피시본 도표, 프로세스 맵핑, 파레토 분석(Pareto Analyses) 등과 같은 우수한 도구의 사용을 소개하려는 시도와 같은, 공동의 과제를 고려해 보자. 많은 연구는 이러한 혁신은 정확하게 S곡선을 따른다고 주장한다. 어떤 사람들은 꽤 일찍 수용하여, 잘못된 모멘텀의 느낌을 갖기도 한다. 초기의 행복감이 사라지고 리더가 이러한 새 도구들에 대하여, 소수의 사람들이 들떠있는 것 외에는 아무도 남아 있지 않는다는 것을 깨닫는 때에 진정한 그림이 나타난다. 나중에 소수의 영향력 있는 관리자들이 회의에서 이 아이디어를 사용하기 시작하고, 몇몇 비효율적인 부서에 프로세스 맵핑을 사용할 것을 주장하기 시작한다. 이들은 거의 도움을 얻지 못한다.

채택 곡선은 약 18개월 동안 서서히 올라간다. 이 곡선은 리더들이 더 이상 밀어붙이지 않을 때 직선으로 뻗고, 비공식적인 실패를 선언한다.

최고 리더가 주장한다면 곡선의 더 가파른 부분을 얻을 수도 있다. 즉 곡선이 상향하기 전에 설득된 사람들이 적합한 사람들인 경우 그렇다. 이렇게 꺽이는 부분에 있는 사람들이 모든 다른 사람들에 대한 열쇠이다. 우선 로저스와 그의 동료들은 이런 집단을 '초기 채택자' 라 불렀다. 곡선상에서 그들의 오른쪽에 있는 사람들과의 관계를 밝혀내고는, 이들을 '오피니언 리더' 라고 불렀다.

오피니언 리더는 후발자들과 다른 이유에서 새로운 행동을 채택하는 경향이 있다는 것을 이 학자들은 발견하였다. 오피니언 리더는 다양한 주장을 듣고, 객관적인 자료를 읽고, 주의해서 선택안을 비교한다. 이 집단의 다른 특성들 역시 다른 집단과 구분된다: 동료들은 이들이 더욱 더 현명하고, 좋은 관계를 유지하고, 폭넓게 알려지고, 영향력이 많다고 여긴다. 오피니언 리더는 자신들이 그것을 연구한 것을 토대로 새로운 것을 시도하는 반면, 다른 집단은 주로 오피니언 리더가 하기 때문에 새로운 것을 채택하는 경향이 있다.

이 모든 것에 있어서 좋은 소식은 조직 내의 진흙 층을 뚫으려는 리더는 시간을 가지고 매우 영향력이 강한 작은 집단을 확인하고 참여시킨다면 진행 상황을 가속화할 수 있다는 것이다. 오피니언 리더는 S곡선을 가속화하는 열쇠이다. 리더가 이들을 놓친다면 완전히 놓칠 것을 각오를 해야 한다.

설문조사 내용

설문조사는 1998년 4월부터 1999년 12월까지 5회 시행되었다. 즉 약 5개월에 한 번씩 시행된 것이다. 설문조사는 모든 사무직 종업원를 대상으로 전산으로 시행되었다. 인터넷 접속 권한이 없는 조합가입 종업원은 기업의 강당에서 시행된 펜과 종이를 이용한 설문조사에 응하였다.

각 설문조사는 32개 항목을 포함하고 있었고, 이 중 8개는 3개의 주요 행동에 대한 평가를 위해서 설계되었다. 모든 척도가 충분히 신뢰할 만하였다(각 시행에서 크론바하 알파 > .70). 각 설문조사에서 각각의 중대한 행동의 평균은 보기 10.3에 그려져 있다.

처음 네 번의 설문조사에서, 전 종업원의 30~40%를 표본으로 하는 무작위 샘플을 선정하였다. 응답률은 33~51%였다. 마지막 설문에서는, 전체를 선정하였다. 응답률은 44%였다. 모든 참여자는 자발적, 무기명이었다. 매번 설문은 회사의 인구통계에서 기능부서, 조직 계층, 조합 여부 등이 확실히 포함되도록 실행되었다. 이러한 비율은 전 설문조사 관리에 걸쳐서 일관되었고, 기업 내 상기 변수들의 비율과도 일치하였다. 결국, 노조에 가입한 근로자들과 비가입 근로자들에 대한 결과는 서로 유사하고, 유일하게 1999년 12월 설문조사에서만 상당한 변화를 보여주었다.

보기 10.1 식스 시그마에서의 중요 대화

- 낭비하는 혹은 비생산적인 관행을 보면 사람들은 문제를 제기하였다.
- 감독자가 종업원의 요구에 느리게 반응하면, 종업원은 결과를 얻을 수 있는 방법으로 이야기하였다.
- 고위 경영진이 어떤 문제에 집중해야 할 필요가 있을 때, 종업원과 감독자는 그에 대한 솔직한 피드백을 명령 체계상의 적합한 사람에게 상달하였다.

보기 10.2 문화 변화에 있어서의 오피니언 리더의 역할

정보 경로 — 요약 보고 회의에 참석한다. 기업 노력에 대한 당신의 이해를 기반으로 다른 사람에게 정보를 전달한다.

조언자 — 요청받으면, 조직의 활기를 증진시킬 제안과 아이디어에 대한 피드백을 전달한다.

모델 — 공개 의사소통, 개인적 책무, 위기감 등의 중요 행동의 모형을 만든다.

자료 수집가 — 다른 사람을 인터뷰하고, 근본 문제를 발견하도록 관심집단을 운영하고, 공식 리더가 활기를 증진하도록 돕는다.

참여자, 개선 행사 — 점진적 개선(Kaizen) 행사 혹은 대규모 집단 문제해결 회의와 같은 집중된 개선 행사에 참여한다.

퍼실리테이터 — 집단 내에서 그리고 고위 관리자 중에서 비생산적인 반복된 특성에 주의하라 — 관찰한 것을 다른 사람과 솔직하게 나누고, 더욱 효과적인 전략에 대한 약속을 받아낸다.

교사 — 의사소통과 팀 기술에 주안점을 둔 싱글포인트 레슨을 촉진한다.
개선 행사의 리더 — Kaizen 행사 혹은 대규모 집단 문제해결 모임과 같은 개선 행사를 촉진하고 지도한다.

개선 프로젝트의 리더 — 문화적 활기를 저해하는 장애물을 제거하기 위한 특정한 개선 프로젝트를 지도하고 지원한다.

공식 리더를 코치 — 개방성과 변화를 촉진하기 위해 인터뷰 혹은 개인적 경험으로부터 리더의 행동에 대한 피드백을 리더에게 전달한다.

보기 10.3 설문조사 결과

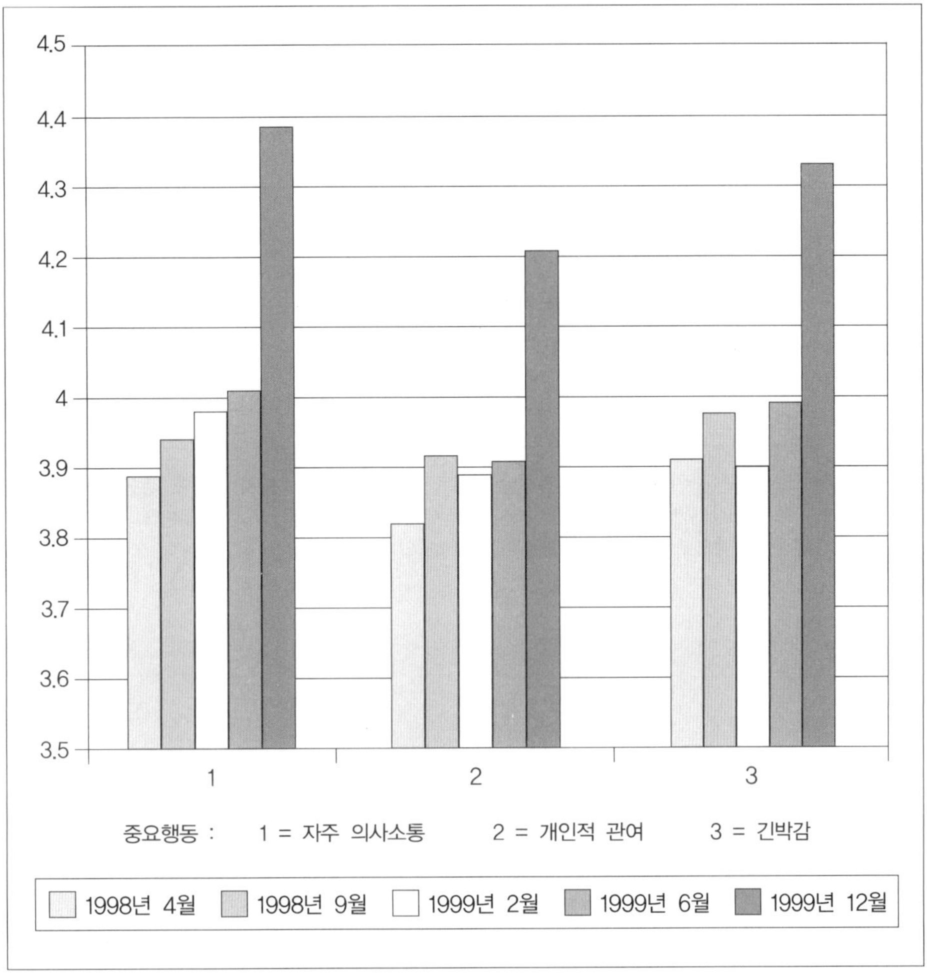

보기 10.4 특정 중요 행동항목과 세 가지 성과 측정 간의 의미 깊은 상관관계

	효율성*	생산성	품질
낭비하는 혹은 비생산적인 관행을 보면 사람들은 이의를 제기하였다.		.50	.42
감독자가 종업원의 요구에 느리게 반응하면, 종업원은 결과를 얻을 수 있는 방법으로 이야기하였다.	.53	.52	.49
고위 경영진이 어떤 문제에 집중해야 할 필요가 있을 때, 종업원과 감독자는 그에 대한 솔직한 피드백을 명령 체계상의 적합한 사람에게 상달하였다.		.68	.43

* 효율성은 단위당 시간으로 측정된 것으로 크기 단위로 표준화되어 있다. 생산성은 실질적으로 달성되는 가능한 작업의 백분율을 반영한다. 품질은 재작업해야 할 양으로 측정되며, 크기 단위로 표준화되어 있다.
주 : 통계적으로 의미 있는 상관관계만 보고되었다.

참고문헌

배경 정보를 위한 좋은 자료는 균형적 행동이다 : 리더십의 경쟁적 특징들에 대한 숙달(The Balancing Act : Mastering the Competing Demands of Leadership, K. Patterson, J. Grenny, R. McMillan, A. Switzler)(Cincinnati, Ohio: Thompson Executive Press, 1996). 이 책은 변화관리의 규모가 아무리 크고 압도적이라 하더라도, 변화 리더는 변화를 위한 목표로서 특정 행동에 집중할 필요가 있다는 점을 지적한다. 저자들은 현재의 행동을 지지하는 것과 이를 대체할 새로운 행동을 위해 변화해야 할 것이 무엇인지에 대하여 이해하게 한다. 이 책은 오피니언 리더와 함께 일함으로써 사회적 영향력을 통해 지렛대를 얻는 방법에 대해 하나의 장을 할애하여 설명하고 있다.

또한 같은 작가들이 쓴 결정적 대화(Crucial Conversations: Tools for Talking When Stakes are High, New York: McGraw-Hill, 2002)를 보라. 이 책은 확실히 일반적인 그러나 도발적인 대화가 변화를 가속화하거나 저해하는 중추적인 역할을 하고 있다고 기술하고 있다. 또한 대화를 지속하는 기술도 설명되어 있다. 이 책은 이번 장에서 언급된 원칙들, 즉 록히드 마틴 리더들이 교육했던 원칙들의 개요를 설명하고 있다.

에버렛 로저스의 혁신의 확산(Diffusion of Innovations, New York: Free Press, 1983)은 변화를 유도하는 것을 매우 독창적으로 연구한 것이고 이번 장에서 기술한 오피니언 리더 개입의 근간이 된다. 로저스는 어떤 새로운 아이디어—새로운 행동 혹은 새로운 약품 등—의 확산에서 직면되는 문제점을 설명하고, 유용한 수백 개 변화의 연구에 대해서 진행 중인 메타연구(Meta-research)로부터 베스트 프랙티스의 개요를 설명하고 있다.

리더십 엔진 : 성공하는 기업들은 어떻게 모든 계층에서 리더를 개발하는가(The Leadership Engine : How Winning Companies Build Leaders at Every Level, New York: Harper Trade, 1997)에서 엘리 코헨(Eli Cohen)과 노엘 티치(Noel Tichy)는 성공한 기업들에는 '조직의 모든 계층에서 다른 리더의 개발을 양성하는' 리더가 있다고 결론을 내린다. 저자는 최고 리더는 경영 아이디어와 가치에

있어서 가르칠 수 있는 관점을 개발해야 하며 이야기로써 체계화하며 구체화하고, 조직 전체와 의사소통할 수 있는 개인적인 비전을 가져야 한다고 설명한다. 요약하자면, 계층과 역할에 상관없이 리더는 교사라고 주장한다.

말콤 글래드웰(Malcolm Gladwell)의 *The Tipping Point: How Little Things Can Make a Big Difference*(New York: Little Brown and Company, 2000)는 비공식 영향의 다양한 역할에 대하여 기술하였다. 글래드웰은 연결자, 전문가, 판매원 등 세 가지 비공식 리더와 새로운 아이디어를 빠르게 확산함에 있어서 이들의 중추적인 역할을 기술하였다.

기고자 소개

조셉 그레니(Joseph Grenny)는 유타 주의 오렘에 위치한 경영 자문 및 연수회사인 바이탈스마트(VitalSmart, Inc.)의 창립 파트너이다. 회사를 창립하기 전에, 그는 6년 동안 코비 리더십 센터에서 임원으로 일하였다. 15년 이상 조직 개발 자문을 하면서, 확실하고 측정가능한 문화 변화를 유도하기 위해서 포춘 100대 기업 및 정부 조직의 고위 리더들과 함께 일하였다. 그는 개인 및 조직의 효율성에 관한 분야에서 많은 글을 저술하거나 공저하였고, 균형적 행동(The Balancing Act: Mastering the Competing Demands of Leadership and Crucial Conversationls: Tools for Talking이라는 책을 공저하였다. 이 책은 현재 「뉴욕 타임스」와 「월 스트리트 저널」의 베스트셀러 리스트에 올라와 있다. 그는 주요 문화 변화 이니셔티브를 설계하고 시행하였다. 그 대상 기업은 AT&T, 코리지스 보험, IBM, 캘리포니아 주, 록히드 마틴 등이었다. 연락처 : Joseph@VitalSmarts.com.

로렌스 피터스(Lawrence Peters)는 텍사스 크리스천 대학교의 닐리 경영대학원의 경영학 교수이고 리더십 솔루션의 사장이다. 그는 주요 저널의 글과 책을 50개 이상 썼고, 두 개의 사례집을 썼으며, *Encyclopedic Dictionary of Human Resource Management*의 수석 편집장이다. 그는 대학에서 우수강의상을 받았고, 리더십을 전문 분야로 하고 있다. 그는 현재 학부, MBA, EMBA 등에서 리더십 강의를 하고 있다. 그는 변화 시도와 연관된 다양한 분야의 사조직과 공조직에 대하여 자문역할을 하였다. 과거 3년간, 벨 헬리콥터, 첩 보험, 포드 자동차, 하트포드 보험, 록히드 마틴, Sprint PCS, 버라이존 통신 등의 기업에 대하여 자문해 왔다.
연락처 : L.Peters@TCU.edu.

M. 퀸 프라이스(M. Quinn Price)는 AT&T Wireless의 조직 효과성 집단(Organizational Effective Group)의 고위 관리자이다. 그의 전문성은 문화 변혁을 지도하고, 반응하는 조직을 설계하고, 큰 변화를 관리하는 것을 포함한다. 그의 고객은 마이크로소프트, 세이프웨이, S.C. 존슨, 록히드 마틴 등이 있다. 그의 작업은 「International HR Journa」과 「HR Magazine」에 잘 나타나 있다.
연락처 : quinn.price@attws.com.

캐리 윌리어드(Karie Willyerd)는 전자제품 서비스 회사인 Solectron Corporation의 인재확보 수석 관리자이다. 그녀는 H. J. 하인즈(H. J. Heinz)와 록히드 마틴에서 일했었다. 이곳에서 그녀는 인간 및 조직 개발부의 관리자였다. 현재 그녀는 인터내셔널 아테나 기금의 이사회에 소속되어 있고, ASTD의 이전 이사회 임원을 지낸 바 있다. 그녀는 보이즈 주립대학교에서 산업 및 성과 기술에 대한 석사학위를 받았고, 텍사스 크리스천 대학교에서 영어와 신문방송에 대한 학사학위를 받았다. 그녀는 2003년 케이스 웨스턴 리저브 대학교에서 최고경영자 박사학위의 수여 예정자였다. 연락처 : KarieWillyerd@ca.slr.com.

체인지 챔피언스—이 집단은 의미 있는 변화를 만들려고 노력하는 수많은 주요 기업, 정부 기관, 비영리 조직 등에 내부, 외부적 자문자로서 공동으로 일하였다(개인 신상명세 참조). 이들 의뢰 기업들은 이번 장에서 보고된 변화의 지레를 더 잘 이해할 수 있게 해준다. 어떤 기업은 이를 받아들이지 않음으로써, 다른 기업은 적극 수용함으로써 이해를 돕는다. 그 차이는 극적이었고 우리의 생각이 형성되도록 도움을 주었다. 우리와 함께 일해 온 의뢰인들에게 감사를 드린다. 우리는 성공적인 변혁을 만드는 것에 대하여 함께 배운 것이 우리의 이해력에 반영된다고 생각한다.

11

마텔

이 사례연구에서는 마텔의 플래티퍼스(오리너구리, Platypus) 프로젝트에 대해 설명한다. 이 프로젝트는 조직 내에서 인간의 잠재력을 이끌어 내기 위한 역동적인 변화와 혁신적인 과정이다. 협동적 경험과 행동 및 결과 지향적인 경험 등의 조합을 통해서 진행되는 과정으로 새로운 사업기회와 고성능 제품 등이 그 결과로 나타난다.

개요

이 사례연구는 세계 최고의 장난감 회사인 마텔(Mattel)의 걸스 사업부(Girls Division)에서 혁신 방법을 성공적으로 개혁하기 위하여 이용한 독특한 접근법을 설명한다. 이는 회사가 새로운 협력방법을 통하여 인적자산을 강화할 수 있는 법을 보여주는 독창적인 모형이다.

이 조직은 회사의 모든 분야 종업원들의 참여하에 제품을 반복하여 개발하는 과정에 착수하였다. 이 과정은 연극모델 내에 있는 살아있는 조직 개념에 집중되었다. 이것은 협력, 자기조직화, 자기생성, 자기교정 등을 촉진한다. 이 사업부에서는 새로운 성장기회를 만들어 내면서 인간의 잠재력을 이용하는 혁신적인 방법을 수립해 왔다.

마텔의 걸스 사업부가 주는 교훈은 건전하고, 지속가능하며, 혁신적인 미래를 확보할 새로운 방법을 찾는 모든 회사와 그룹에게 중요한 시사점을 준다.

도입

2001년이었다. 세계 최대 규모의 장난감 회사인 마텔은 1999년 러닝 컴퍼니(Learning Company)를 인수함에 따라 지난 10년이 넘는 기간 동안에 처음 발생하였던 연간 적자를 극복하였다. 전 크래프트 식품(Kraft Foods) 사장이었던 로버트 에커트(Robert Eckert)는 현 최고경영자 자리에 1년 남짓 재직하고 있었다. 이 기간 동안에는 비용 절감과 공급 사슬 개선에 관심이 집중되었다. 마텔은 효율성을 이루고 있었다. 보이스(Boys), 걸스(Girls), 피셔 프라이스(Fisher-Price) 등 각 부문에서 매년 3,000개의 새로운 장난감을 새로 만들어 냈다.

걸스 사업부의 디자인과 개발을 관장하는 선임 부사장 아이비 로스(Ivy Ross)는 이 회사에서 3년 반 정도 일하고 있었다. 그녀는 많은 리엔지니어링 프로세스(Reengineering processes)에 참여한 증인이다. 마텔은 대부분의 전통적인 장난감 범주에서 이미 우위를 차지하고 있었다. 분명, 지속적인 성장을 위해 마텔은 새로운 기회를 찾을 필요가 있었다. 이것은 시장에 나타난 유형을 조사하고 새로운 것을 만들어 내는 것을 의미한다.

로스는 마텔에서 일어나는 과정에 대하여 알고 있는 현실을 바탕으로, 혁신을 위한 새로운 과정이 개발되어야 한다고 본능적으로 느꼈다. 새로운 과정을 통하여 마텔이 가지고 있던 모든 인적자산을 강화하는 것은 중요하였다. 마가렛 휘틀리(Margaret Wheatley)가 말한 것처럼, "우리가 경영에서 성공하기를 원한다면, 인간의 욕구(needs)와 역동성에 주의를 기울여야 한다… 지식은 자산이나 자본이 아니다. 바로 사람이 자산이며 자본이다." 혁신의 열쇠는 모든 사람이 열정과 신뢰를 가지고 자신을 가치 있게 여기는 사회를 만드는 데에 있다. 최종 결과는 어느 누가 혼자서 창출할 수 있는 것보다 큰 것이어야 한다. 그 과정 역시 만들고자 하는 브랜드만큼 혁신적이어야 한다. 이것은 문화적, 인도적인 견지에서 사회를 반영해야 한다.

다음은 '플래티퍼스 프로젝트(Project Platypus)' 라 알려진 접근법 및 방법론에 영향을 준 연구에 대한 설명이다.

포스트모더니즘

포스트모더니즘은 1960년대에 건축계에서 먼저 사용한 단어이다. 당시, 건축가들은 모더니즘의 독특한 건축양식을 거부하기 시작하였고 대신에 과거의 고전적 양식들에 대한 갈망을 나타내면서, 과거에 사용하던 양식 요소를 현대적 디자인에 편입시키기 시작하였다. 그 결과는 하나의 구조 안에 여러 가지 스타일이 사용된 다소 혼합식(Hybrid) 혹은 콜라주(Collage) 식 접근방식이었다. 이것은 건축에 재미스러움을 만들어, 경계나 법칙이 없도록 하였는데, 포스트모더니즘의 또 다른 특징이라고 할 수 있다. 예술이란 과정 퍼포먼스(process performance)로서 예술가는 관객과 동질감을 나눈다. 이는 관객과 격리되어서 만들어진 후에 관객으로부터 평가를 받는 예술과는 반대되는 것이다. 원고에 써 있는 것이 아니라 즉석에서 나타나거나 만들어지는 것을 강조하는 즉흥 예술 운동이다. 포스트모더니즘은 모든 궁극적인 원칙의 존재를 부정함으로써 과학적 합리성에 대한 맹목적인 믿음을 종식시켰다. 그룹, 문화, 전통, 민족 등을 모두 설명할 수 있는 것이란 없다. 포스트모더니즘은 각 사람의 상대적 진실성에 중점을 두었다. 집단 무의식적인 경험에 중점을 두는 자율적인 개인이란 받아들여지지 않는다. 주체와 객체가 통합되고 자아와 타자가 통합되며 다양한 관점으로 인하여 지역 정치활동이 증가되고 중앙통제력이 상실된다.

살아있는 체계로서의 회사

살아있는 체계(living system)란 무엇인가? 그것은 자기조직화를 하고, 자기생성적이며, 자기 규제능력을 가진 몸을 말한다. 그것은 통제될 수 없으며, 명령에 의해서보다는 단지 자극에 의하여 억제되거나 그에 의하여 움직일 수 있을 뿐이다. 살아있는 체계는 피드백에 의하여 성장하고, 불안정 상태의 임계점에서 자연스럽게 질서가 나타나는 것으로 알려져 있다. 이는 더욱 복잡한 체계(complex system)와 복잡한 관계로 이끌어 주는 관계성과 연계성을 추구한다. 그것은 살아있는 것이며, 삶을 향상하는 것이다.

우리는 회사라고 해서 그와 같은 방식으로 생각하지 않을 이유가 없다. 회사의 대부분의 자산은 인간이다. 불행하게도, 조립공정의 기계적 사고방식이 회사의 사고 방식에 새겨져 왔다. 지속가능 사회 이론가인 프리조프 카프라(Fritjof Capra)는 "회사를 기계처럼 여기는 것은 정기적인 서비스를 통하여 경영진에 의해서 새로 만들어지지 않는다면 결국 고장나서 멈추게 된다는 것을 의미한다. 회사는 스스로 변할 수 없고 모든 변화는 누군가에 의해서 설계될 필요가 있다는 것을 의미하게 되

그림 11.1 플래티퍼스

오리 너구리, Plat-y-pus (plat e pes) n, pl. nes. 1. 반수생의, 물갈퀴가 있는, 난생(卵生)의 오리 부리가 있는 포유동물. 2. 두 개의 다른 종으로 만들어진 동물. 3. 특이한 혼합물. 4. 완전히 새로운 종류의 동물. 5. 우발적으로 발생한 생물. 6. 존재하지 말아야 할 동물. 7. 예기치 않은, 그러나 이상하게 이해가 되는.

는 것이다."라는 점을 주목한다. 그렇지만 살아있는 체계는 회사가 생존하고 번성하기 위해 필요한 모든 생성적 속성을 가지고 있다. 이 특성 중 몇 가지는 참신함, 관계를 통한 파트너십, 공통 가치를 갖는 강한 커뮤니티 의식 등을 지속적으로 생성한다. 살아있는 체계는 구성요소를 변혁하거나 재배치하여 지속적으로 자신을 창조하거나 재창조한다. 다만, 살아있는 체계와는 대조적으로, 회사는 변화하기가 상당히 힘들다. 사실, 회사는 종종 자연적으로 진화하기보다는 '재설계(reengineered)' 되어야 하기도 한다.

결론적으로 마텔의 과정에서는 포스트모더니즘의 구성요소로 알려진 모호성, 혼합성, 즉흥성, 성과, 재미 등을 담아야 한다고 결정되었다. 또한, 마텔에서는 살아있는 체계의 특성인 개방성, 재생성, 포괄성, 혼돈, 결합성 등을 구체화해야 하였다.

무대는 준비되었다. 로스는 극작가이고 감독이 필요하였다. 그녀는 프로젝트를 지도하기 위해서 데이비드 쿠엘러(David Kuehler)를 고용하였다. 플래티퍼스 프로젝트가 탄생하였다!

새로운 시도

플래티퍼스 프로젝트는 마텔에게 새로운 기회 창출의 수단으로 2001년에 시작되었다. 실현과제(deliverables) 중에는 시장에서 3년간 최소 미화 1억 달러의 이윤을 낼 수 있는 새 브랜드 개발도 포함한다. 최종 보고시에는 검사된 상품, 포장, 상품에 대한 아이디어, 충분한 재무분석 등이 포함된다.

프로젝트는 각기 다른 사업 단위에서 12명의 마텔 종업원을 선발하여 이루어졌다. 선발된 종업원들은 12주 동안 자신의 근무지를 떠나서 자신의 직책과 위계적 업무 방식을 벗어 버린다. 이들은 플래티퍼스 프로젝트에서 살아있는 체계의 일부로 포스트모던 방식에 따라 프로젝트를 수행하였다. 프로젝트를 마친 종업원들은 복귀하여, 새로이 배운 기술을 활용하여 관리자 및 동료와 과정을 공유하였다. 각 세션은 독특한 특성을 가지고 있다. 각 세션별로 참가자와 비전 혹은 조사될 필요가 있는 사업 기회는 변경되곤 하였다.

결국, 로스와 쿠엘러는 이러한 생각을 구체화하기 위한 모델이 필요하였다. 이들은 극장에서 이를 찾아 내었다.

살아있는 무대

빠져나갈 방법이 한두 가지밖에 없는 일반적이고 극한 상황에 사람들을 담가두라,
탈출구 선택시 그들 스스로 선택하도록 상황을 만들라, 그러면 당신은 승자가 된 것이다.
—그 각본은 훌륭하다.

—장-폴 사르트르(Jean-Paul Sartre), *Sartre on Theater*[1]

극장에서는 다양한 분야의 사람들이 한 장소에 모여 연극이라는 한 가지 공통 목적을 위해 일한다. 그것은 개방적, 협조적, 전체적 과정이다. 이 그룹에서는 개인과 그룹이 자신을 표현할 수 있도록 허용하는 작업 방법론, 즉 살아있는 체계를 정의한다. 이 그룹에서 이루어지는 프로세스에서는 무대에서 이루어지는 환상적인 생활을 믿게 만들 수 있도록 '실제 생활(real life)'을 구현해야 한다.

연극, 그리고 연극 그 자체가 제작사(production) 별로 다를지라도, 그 커뮤니티 안의 각 구성원의 내면에 전해지는 본질적인 과정과 언어가 존재한다. 그것은 구성원들이 공통의 비전, 즉 자신을 연극에 맞추면서도 창의성이 유기적으로 나타나도록 여전히 유연하고 개방적으로 남아 있다.

극장

새로운 과정을 위한 협력, 연극, 창의적 사고 등을 촉진할 수 있는 장소로, 새로운 극장이 필요하였다. 공간은 디자인 센터로부터 주차장 건너편에 위치해 있었다. 초록색 바닥이 설치되었고, 밝은 햇빛을 비추기 위해 천장에 채광창을 만들어 놓았다. 한 공사요원은 "초원과 같다."고 말하였다. 가구는 콩자루 의자, 인체공학적으로 설계된 사무용 의자, 앉아서 튀길 수 있는 고무볼 등을 갖추었다. 모든 책상에는 바퀴를 달아 다양한 자리 배치를 위해 쉽게 이동할 수 있게 하였다. 전통적인 사무실에 당연히 있는 컴퓨터, 전화, 사무용품 등은 공유하도록 하였다. 대형 방에 인접한 곳에 두 개의 작은 방을 설치하였다. 첫 번째 방은 독서와 자유로운 사교를 위한 도서관 및 라운지이고, 두 번째 방은 제프 톰슨 박사(Dr. Jeff Thompson)가 개발한 음악 의자가 설치된 음향실인데 이 의자는 바이너리 비트(binary beats)로 된 음악을 이용하여 좌뇌와 우뇌의 균형을 조율함으로써 최대의 창의성을 촉진한다. 마지

막 방에는 바닥에서 천정까지 닿는 칠판과 가로×세로가 12×40피트 크기로 된 압정을 사용할 수 있는 공간을 벽에 설치하였다. 이것들은 앞으로의 진행과정을 생동감 있는 일지처럼 기록하는 역할을 하였다.

플래티퍼스 프로젝트 : 진행과정

보기 11.1은 사람, 아이디어, 공유 경험 등이 12주간의 진행기간 동안 어떻게 스스로 정렬되었는지를 보여준다. 세 개의 독립된, 하지만 연관된 변수들이 계속해서 기록되었다 — 벽(가로×세로가 10×40피트인 벽에 적힌 아이디어), 사람들(살아있는 체계의 세포들의 정렬), 장면(그룹이 공유하는 경험과 사건).

제1무대 : 체험(첫째, 둘째 주)

독특한 문화가 조직적으로 나타나도록 체험의 장이 마련되었다. 발표자와 참가자 그리고 경험 등이 상세하게 프로그램화되었다. 특별한 공식이 있는 것은 아니었다. 우리는 비전을 세우고 비전이 성취되도록 도왔다(보기 11.2 참조). 일을 하는 과정이 아니었다. 우리가 찾기 위해서 했던 일들의 결과로 해결책들이 조직적으로 나타났다.

첫째, 리더는 참가자들에게 사명감을 주기 위해서 그룹의 프로젝트 비전을 공유하였다. 둘째, 그들은 체험의 핵심 가치인 공유 경험, 공유 지식, 자기 발견 등을 구현하는 많은 공유 경험을 모아 그룹에게 제공하여 문화의 씨앗을 심었다.

벽 그룹은 전체적인 목적을 눈에 띄게 하여 마음에 새기도록 벽에 비전을 붙여두었다.

사람 체험의 핵심 가치를 증진시키기 위해 발표자와 외부 전문가가 초대되었다.

지식 발표자(Knowledge speakers)는 비전의 360도 관점을 그룹에게 제공하였다. 당신이 만약 자동차를 설계한다면, 당신은 다른 차를 그냥 보기만 하지는 않을 것이다. 당신은 방해받지 않는 곳에서 지식과 영감을 구할 것이다. 우리는 융심리(Jungian) 분석가, 아동개발 박사 등과 함께 팀의 관찰력을 날카롭게 하기 위해서

보기 11.1 플래티퍼스 프로젝트 : 사람, 아이디어, 경험의 조직

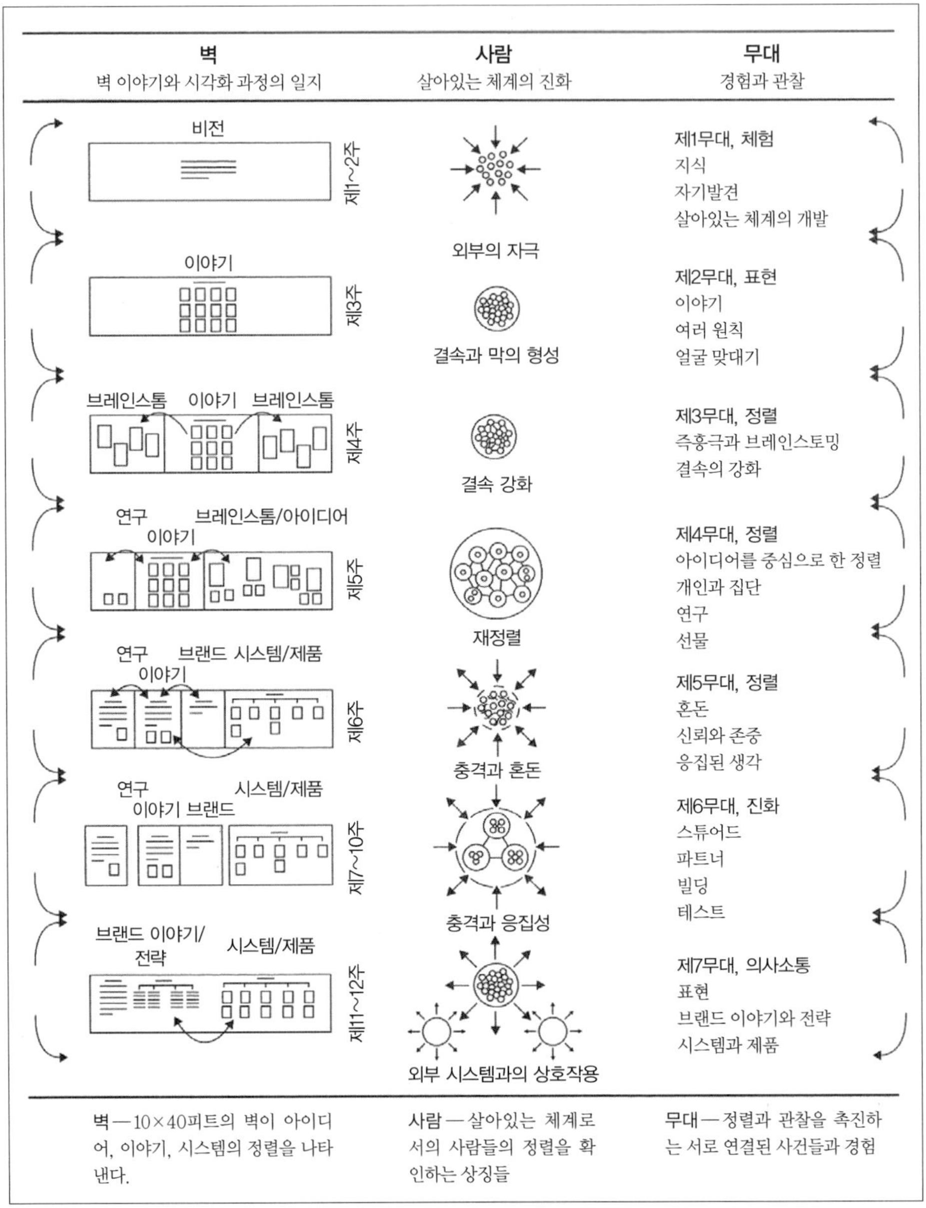

보기 11.2 이야기의 요소

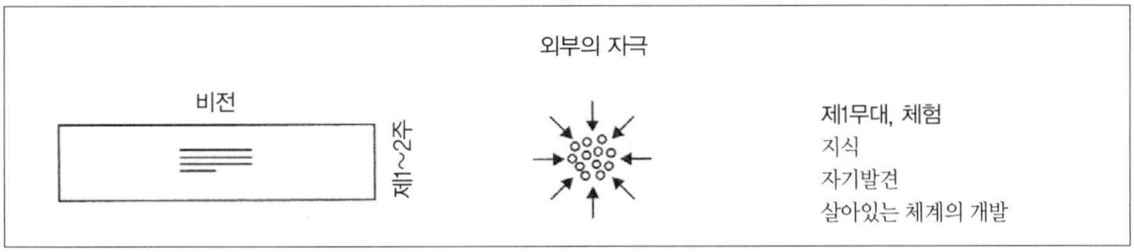

출처 : 빌 이델슨(Bill Idelson)에 의해 만들어진 보기

자문하였다. 여러 발표자들은 프로젝트 참가자들이 신선한 눈으로 프로젝트에 접근할 수 있도록 하기 위해 필요한 정보와 정황을 그룹에게 제공하였다.

자기발견 발표자(self-discovery speakers)는 각각의 플래티퍼스가 자신의 꿈과 개성을 되찾도록 도왔다. 한 참가자는 다음과 같이 말하였다. “이 과정은 내가 자신으로 돌아가는 길을 찾도록 도와주었다.” 발표자 중에는 협력적 ‘살아있는 체계’ 전문가와 음악 및 뇌파 활동 연구가가 포함되었다. 구성원은 창작성을 자극시키기 위해 소리 의자에서 시간을 보내도록 권장되었다. 그 목표는 각 참가자가 새롭게 자신감과 표현력을 발견하도록 도와주는 것이었다.

창의적 문화 강사(creative culture speakers)는 살아있는 생산 체계를 위한 토대를 마련하였다. 문화 신화학자는 이야기와 문화에 있는 원형의 의미를 토론하였고, 즉흥 예술가는 이야기하기와 브레인스토밍의 기본을 참가자에게 지도하기 위해 그룹을 다양한 극장 게임으로 이끌었다. 즉흥예술 극장의 가장 중요한 규칙 중 하나는 “네, 그리고…”라는 말로 아이디어에 응답하는 것이다. 이는 아이디어의 승인 및 수용을 위한 무대를 설정한다.

마지막 체험까지, 많은 사람들의 변화는 주목할 만하였다. 사람들은 달라지기 시작하였다. 그들은 더 많이 웃었다. 관계가 형성되었고 사람들은 자신의 감정과 아이디어를 좀 더 편하게 표현하였다. 이러한 것은 주로 살아있는 체계의 ‘포용 단계(inclusion phase)’ 라고 한다. 그 문화가 나타나기 시작하였다.

교훈 변화에는 시간이 필요하다. 그룹을 ‘풀어 주어,’ 의미 있는 관계를 배우고 개발하기 위한 시간이 주어졌다. 많은 조직들은 종업원에게 새로운 변화 준비에 필요한 시간을 허용하지 않는다. 그 과정은 주로 기계적이고 비인간적이다. “목표와 마감시간이 주어져 있습니다. ○○씨, △△씨, 그리고 □□씨가 함께 일하세요." 사람들이 과정의 노예가 되기 때문에 잃어버리게 되는 혁신적인 아이디어를 상상해 보라.

제2무대 : 표현(셋째 주)

표현단계에서의 목적은 지속적으로 커뮤니티를 개발하면서 첫 2주간 배운 것을 이용하여 비전에 대한 개인적인 이해를 표현하도록 하는 것이다(보기 11.3).

그룹은 다양한 분야의 사람들로 구성되었다. 어떤 사람은 자신의 아이디어를 시각적으로 표현하였고, 다른 사람은 말 혹은 기술적인 것을 이용하여 표현하였다. 공통적으로 필요한 '언어'는 이야기이다. 사람이 원하거나 필요한 것이 무엇인가? 무엇이 이것을 얻지 못하게 방해하고 있는가? 다음에 나오는 그림은 모든 이야기의 기본이다. '작은 빨간 망토(Little Red Riding Hood)', 「전쟁과 평화」 혹은 브랜드 이야기이건, 모든 이야기는 여기서 시작한다.

사람, 장애, 결핍/욕구

벽 주관적 및 객관적으로 이야기하는 훈련이 수행되고 그 내용이 벽에 붙여졌다.

주관적—비전에서 자신의 열정을 찾아라. 이 이니셔티브가 개인적으로 의미하는 것에 관한 이야기를 만들어라. 이 프로젝트의 멤버인 플래티피(Platypi)는 "…하면 어떨까?(What if?)"라 불리는 훈련에 참여하도록 요구되었다. 예를 들어 "아이들이 자신의 감정을 이해할 수 있도록 도와주는 새로운 상표를 만들 수 있다면 어떨까?"

객관적—자신이 관찰한 것에 근거해서 이야기하라. 플래티피는 관찰연구를 수행하도록 현장으로 보내졌다. 이들은 아이들이 노는 모습을 관찰하여 이야기를 만들었다. 이들은 일어난 일들의 신체적, 정신적 및 정서적 측면을 확인하였다.

플래티피는 자신의 이야기를 그룹의 다른 사람들과 나누었고, 이 이야기를 벽에 붙여두었다. 이들은 이야기들을 분석하고 나타나는 유형을 찾았다. 그 유형들은 새로운 브랜드 이야기(the emerging brand story)에 대한 아이디어를 제공한다.

보기 11.3 결속과 막의 형식

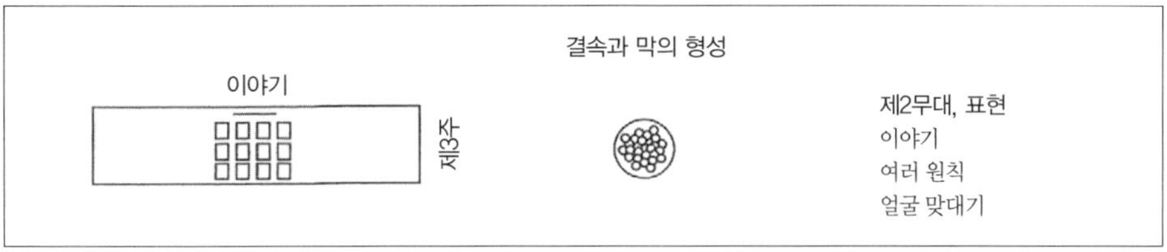

그림 11.2 사람, 장애, 결핍/욕구

사람 사람들은 개인적으로 일하고 있었지만, 이들은 또한 서로 연결된 상태를 유지할 필요가 있었다. '얼굴 마주 보기(face-to-face)' 라고 하는 점검활동이 실행되었다. 아침마다 그룹은 하루 일과를 시작하기 전에, 방 가운데 모여서 의자로 원을 만들어 서로의 옆에 앉았다.

얼굴 마주 보기

> 누구를 섬김다는 것은, 섬김을 받는 사람이 섬김의 과정에서 사랑을 받아야 하는 것으로서, 얼굴을 마주 보며 그룹화하는 커뮤니티가 필요하다. 이 그룹에서는 서로에 대하여 책임을 지고, 한 사람에 대하여 모든 사람이 무한 책임을 지거나, 가능한 그에 가까운 책임을 진다. 신뢰와 존경은 이 환경에서 가장 중요한 것이며, 모두를 강하게 만드는 일반적인 윤리가 강화된다.
>
> —로버트 K. 그린리프(Robert K. Greenleaf), *Servant Leadership*[2]

얼굴 마주 보기는 세 가지 목적을 충족시켰다. 처음 두 가지는 여기서 설명하고, 세 번째는 나중에 설명할 것이다. 첫 번째 목적으로는 사람들이 서로 연결되고, '관계를 맺도록' 하는 포럼이 제공되었다. 자신들이 서로 포함되어 있다는 것을 이해하는 것은 상당히 중요한 것이었다. 그들은 프로젝트에 관련된 주제를 가지고 토론하였고, 때로는 전혀 상관없는 문제에 대해서 이야기하였다. 그 의도는 매일같이 서로를 눈으로 보고, 연결하고, 관계를 새롭게 하는 것이었다.

두 번째는, 얼굴 마주 보기를 통해 사람들로 하여금 갈등에 대하여 이야기하고 해결하도록 하였다. 누군가 말하기를 부부들은 화가 난 채 잠자리에 들어가서는 안 된다고 말하였다. 팀의 좌우명은 '갈등 없이 하루를 보내자' 였다. 사람들이 '관계를 맺고' 있을 때 갈등은 그다지 나쁜 것만은 아니다. 사실, 그것은 살아있는 체계가 살아 남기 위해 필요한 것이기도 하다. 얼굴 마주 보기는 사람들에게 서로의 차이점을 이야기하고, 건강하며 서로를 존중하는 커뮤니티 내에서 해결책을 찾을 기회를 제공하였다.

표현활동의 마지막 단계에서, 플래티피는 만족스럽게 보였다. 이들은 자신들이 열정을 느끼는 의미 있는 이야기를 만들었고, 그 이야기를 벽에 붙여서 커뮤니티에 '자신들을 알렸다.' 어렵지 않게 이들은 서로에 대한 신뢰와 존경을 쌓기 시작하였다.

교훈 수용성=창조성. 그룹은 매일같이 서로 연결되어 있어 신뢰와 존중의 관계를 유지하였다. 사람들이 영향에 대해서 수용적이 될 때, 이들은 가장 개방적이 된다. 즉 쉽게 창조적이 된다. 전통적으로, 종업원은 "감정은 집에 두고 와라. 이것은 사업이다."라는 말을 듣는다. 조직이 직장에서 인간적인 면을 제거한다면, 인간의 잠재력과 창조력도 함께 제거하는 것이다.

제3무대 : 정렬(넷째 주)

이것은 정렬에 대한 세 장면 중 첫 번째였다. 팀이 만든 이야기를 토대로 제작이 이루어지고 개인 간 결속을 강화하도록 설계되었다(그림 11.3). 유명한 제품개발 회사와 즉흥 예술가가 창작(Creation) 작업실에 있는 그룹을 지도하기 위해서 소개되었다. 즉흥 연극과 제품개발 브레인스토밍 기법의 조합은 그룹이 자신의 관념 형성

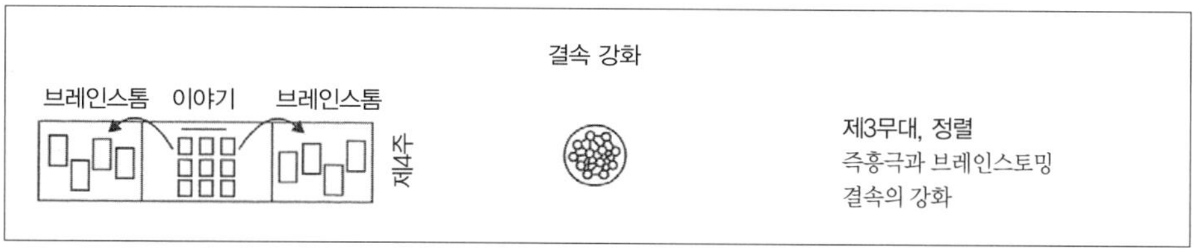

그림 11.3 결속 강화

과정을 규정하기에 필요한 도구를 만들어 낼 수 있게 하였다.

벽 벽에는 12개의 이야기가 있었다. 어느 것을 먼저 선택할 것인가? 이들은 투표를 하였다. 각 플래티피는 세 장의 포스트잇을 받았고, 이들은 비전에 도움이 될 것으로 생각되는 이야기를 선택하였다. 가장 많은 표를 얻은 이야기들은 이들이 브레인스톰하였던 것들이었다.

벽은 중앙에 있는 원래의 12개 이야기를 두 부분으로 전개하였는데 더 잘 다듬어진 이야기를 한쪽으로 모았다.

사람

> 그룹에 참여하고 그룹에 동의하는 것은 모든 긴장과 경쟁으로 인한 피로를 해소하고 조화의 길을 열어준다.
>
> —비올라 스폴린(Viola Spolin), 극장용 즉흥극(Improvisation for the Theater)[3]

개인들은 브레인스토밍을 위하여 소그룹으로 모여서 가장 열정적이라고 생각하는 이야기를 중심으로 스스로 정렬을 이루었다. 한 사람은 진행을 도왔고 서기처럼 행동하였으며, 다른 구성원들은 아이디어를 더하고 다른 사람의 아이디어에 살을 붙였다. 재미있는 환경, 상호존중, 신뢰, 솔직함, 주인의식 등이 중심을 차지하였다. 경쟁심과 이기심은 제껴져 있었다.

이 그룹은 브레인스토밍에 대한 자신들의 규칙을 규정하였다. 판단하지 않는다, 많은 아이디어를 모은다, 다른 사람의 아이디어에 덧붙인다, 나쁜 아이디어란 없다, 편집하지 않는다, 너무 많이 생각하지 않는다, 서로 간에 연결을 유지한다, 펜을 돌린다(브레인스토밍하는 동안 서기를 돌아가며 맡는다).

이 장(scene)은 그룹이 배운 모든 것을 실험해 보았다. 이들은

- 자신의 개인 지식, 그룹 지식을 적용하였다.
- 연극이 어떻게 자발성을 가능하게 하는가를 보았다.
- 이야기를 돕기 위해 자신의 아이디어를 포기하는 것이 어떤 것인지를 느꼈다.
- 12명의 지혜가 한 명의 지혜보다 월등하다는 것을 발견하였다.

교훈 그룹은 연극을 통하여 무언가를 함께 만드는 것의 힘과 만족감을 경험하였다. 이를 통해 개인 간 결속이 더욱 강화되었고 경쟁심은 사라졌다.

조직은 종종 경쟁이 혁신을 위한 촉진제로 작용하기를 기대한다. 종업원은 공허해지고, 지치고, 고립된 느낌을 받는다.

> 경쟁이 강요되면 조화는 불가능하게 된다. 왜냐하면 경쟁은 자신을 가두고 배우들을 떼어놓아 연극의 기본 본질을 파괴하기 때문이다.
>
> —비올라 스폴린, 극장용 즉흥극[4]

제4무대 : 정렬(다섯째 주)

이 장면에서 플래티피는 여전히 비전을 중시하며 열정을 느낀 이야기를 통해서 자신을 표현하기 시작하였다(그림 11.4). 이들은 하나 또는 두 그룹을 이루어 이야기에 따라 자신들을 정렬하고, 과제를 개발하기 위한 진행과정을 시각적으로 묘사한 벽을 이용하였다. '선물증정(Gift Giving)' 이라는 훈련이 나타났다.

벽 플래티피는 여기서 이야기를 계속 발전시켰다. 어떤 이들은 연구, 도면, 양식보드를 이용하였고, 다른 이들은 문서나 제품개념 등을 이용하였다. 모든 것이 그 중심에 비전과 함께 벽에 부착되었다. 이렇게 표현된 것들은 서로에게 정보를 제공한다. 살아 숨쉬는 브랜드가 하나로 묶여지기 시작하였다.

어느 오픈 하우스(open house－어느 일의 진행상태를 보여주는 행사 : 역주)에서, 우리는 한 손님이 방의 각 코너로 걸어다니는 것을 보았다. 그는 멈추어서서 벽을 보고 다시 이동하였다. 우리는 그가 무엇을 하고 있는지 물었다. 그러자 그는 "방의 모퉁이마다 벽들을 볼 수 있군요. 내가 어디에 서서 보더라도, 여러분이 어디쯤 진행하고 있는지 알 수 있습니다."라고 말하였다.

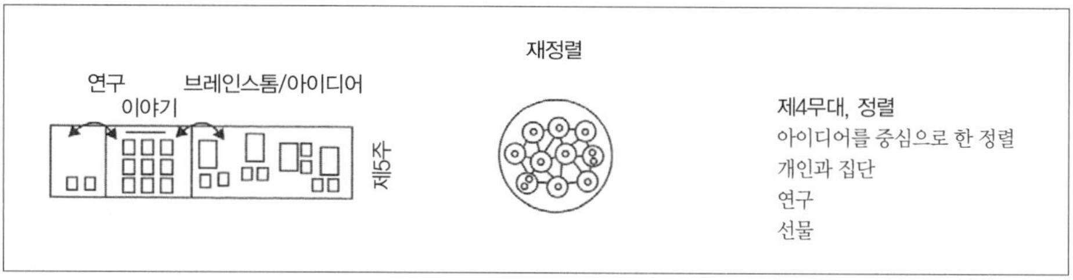

그림 11.4 재정렬

선물

> 우리는 선물을 주는 경제사회에 살고 있다. 당신이 선물을 만들어서 줘버리고 나면 당신은 빈 상태가 되어, 다시 만들 수 있는 자유가 생긴다.
>
> —샘 해밀(Sam Hamill), NPR Radio interview[5]

참가자는 서로에게 아이디어를 '선물'로 주기 시작하였다. 어떤 이가 다른 사람이나 그룹에 어울려 보이는 아이디어를 만들어 내면, 이들은 이것을 그리거나 글로 써서 벽에 자신의 작업물 옆에 붙여두었다. 모든 사람이 과정에 대하여 주인의식을 느끼고 있었기 때문에 경쟁은 거의 없었다. 선물은 무료였다.

사람 사람은 매력적이라고 느낀 아이디어에 따라 자신의 생각을 정렬하였다. 우리는 절대 다음과 같이 말하지 않았다. "○○씨, △△씨, 그리고 □□씨가 함께 이 일을 하세요." 이 일을 통하여 사람들이 자신을 표현할 수 있었다. 이들의 많은 미래 업무가 그룹에서 중요하게 다루어졌다. 이제 개인의 의견을 낼 차례였다. 어떤 사람은 함께 일하기를 선택하였다. 하나의 아이디어를 중심으로 유기적으로 제휴가 이루어졌다.

어떤 사람에게는 이러한 과정의 일부가 위협이었다. 이들은 회의를 하고, 자신의 사무공간(Cubes)으로 사라져서, 해결책을 찾았을 때 다시 나타나는 작업환경에 익숙하였다. "내 아이디어가 지금 있다!" 이런 사람들의 작업과정은 분리되어 있었고 눈에 띄지 않았다. 우선 자신의 아이디어를 벽에 적어놓는 것이 어떤 사람에게는 상당히 어려운 일이다. 왜냐하면 이들은 그것이 비밀을 누설하는 것으로 알았기 때문이다. 얼굴 마주 보기는 이 무대에서 상당히 의미 있었다. 그룹의 구성원은 개별적인 업무를 시작하기 전에 매일 아침 다시 접촉할 수 있었다.

우선 그룹은 홀로 일할 때의 쾌적함과 안전을 포기하기를 원치 않았다. 그러나 이들은 자신들이 살아있는 체계의 유기적인 전체를 구성한다는 것을 알았다. 이들은 그룹의 지원과 신뢰를 얻었고, 결국 개방적이며 자유롭게 창작을 할 수 있었다.

교훈 신뢰, 존중, 지원으로 구성된 체계에서 구성원들은 마음껏 서로를 위해 아이디어를 창안하고 이 아이디어들을 선물로 주도록 허용하였다. 이들은 모두 같은 이야기를 하였다. 어떤 회사에서, 브랜드 이야기는 선택된 몇 명에 의해서 소유된다. 그들은 이야기를 자신의 자산으로 생각한다. 하지만 모든 종업원이 이야기에 관련이 있다면, 아이디어를 더 많이 공유하고 이를 증진시키려고 노력할 것이다.

제5무대 : 정렬(여섯째 주)

정렬의 마지막 장면은 브랜드 이야기를 가시적으로 보이게 하는 것이었다. 이야기, 연구, 제품 개념 등이 벽 위에서 돌아가고 있었다. 그룹은 유형을 찾았고 이야기를 일관성 있게 만들려고 노력하였다. 벽과 살아있는 체계는 새로운, 그러나 필요한 개발 단계, 즉 혼돈(chaos)의 단계에 들어섰다(그림 11.5 참조).

> 혼돈이론에서는 반복적인 역동성이 서로 상호작용을 시작하면 이것이 너무 복잡하게 되어 정의 내릴 수 없다고 주장한다. 그러나 '복잡한 역동성(complex dynamics)'을 통하여, 이전의 성향에 구애받지 않는 새로운 성향이 결국 나타나게 된다. 즉 혼돈 체계는 질서를 무너뜨리지만, 결국 질서를 새로운 형식으로 다시 구성한다.
>
> —존 R. 반 인윅(John R. Van Eenwyk), 원형과 이상한 끌개(Archetypes and Strange Attractors)[6]

벽 '이상한 끌개(strange attractors)' 처럼 연구, 브랜드, 이야기, 제품 등이 벽 위에서 돌아가고 있었다. 그룹의 멤버들은 자신의 경험을 돌아보고 자신이 이전에 얻은 지식의 유형과 벽 위에 있는 학습내용 및 거시적 유형을 비교하였다. 상당히 비슷하였지만 이들은 이해할 수 없었다. 이틀 후에, 한 플래티퍼스가 독특한 체계의 틀을 벽에 '선물하였다.' 그러자 다른 사람이 아이디어들을 더하고, 또 다른 사람이 그렇게 하였다. 그러자 예고 없이 질서가 나타났다.

사람 이때는 그룹에게 어려운 시기였다. 이들은 계속 접촉되어 있었다. 그러나 자

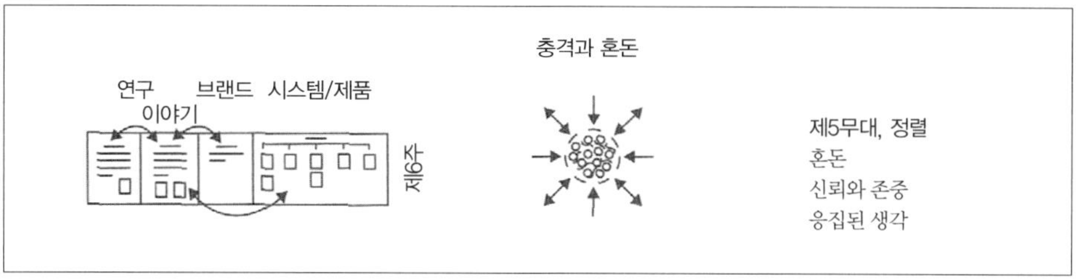

그림 11.5 충격과 혼돈

신과 서로에 대한 실망감은 분명하였다. 이들은 포용(inclusion)에서 갈등(conflict)으로, 응집(coherence)으로, 그리고 다시 거꾸로 이동하였다. 이들은 의미를 찾고 있었지만 찾을 수 없었다.

극장에서 모든 제작에는 정체되고 좌절되는 순간이 있다. 이럴 때 연기자는 연기의 다음 단계로 이동할 수가 없다. 감독은 한 배우에게 자극을 주면 다른 배우들도 상황에 반응하여 대처할 것을 기대하며 이들을 자극한다. 불행하게도, 이런 일은 예측할 수 없이 발생한다. 그룹은 자신만의 싱커페이션(syncopation), 즉 예측할 수 없는 시간 속에서의 새로운 조화를 찾는다. 필연적으로, 한 개인이 더욱 투지를 불태우면, 마술처럼 그룹의 다른 사람들도 합세할 것이다. 이런 변화는 주로 눈 깜짝할 사이에 일어난다. 당신이 과거를 돌아보며 이니셔티브 순간을 확인하려 할 때 당신은 언제, 왜 이런 일이 발생하였는지를 기억할 수 없다. 그냥 발생한 것이다. 플래티퍼스에서도 유사한 경험이 있었다. 어느 날 이들이 혼돈의 상태에 있었다. 이때는 아무것도 이치에 맞지 않아 보였지만 며칠이 지나자 응집성이 이루어졌다. 새로운 브랜드가 이들 눈앞에 나타났다.

과정 중 이 중요한 장면에서 그룹은 실망과 무질서를 경험하였다. 이들은 자신의 노력이 의미를 갖도록 노력하고 있었다. 이들은 터널 끝의 빛을 볼 수 있었지만, 거기에 도달할 수는 없었다. 리더는 사람들과 일을 믿으면서 여전히 힘이 되어 주었다. 이들도 역시 혼돈에 빠졌다. 이것이 이 과정에 필요하기도 하고 필수적이었다.

교훈 조직은 주로 혁신을 도모하는 과정에서 혼돈 국면을 경험한다. 혼돈을 탈피하도록 지원하기보다는 이들은 불안해한다. 이들은 계획 B, 즉 '효과가 입증된(tried and true)' 과정으로 전환한다. 만일 이들이 단지 과정을 지원하고 거기에 푹 빠져만 있었다면 그와 같은 일이 일어날 수 있을지 그 누가 알았겠는가.

> 참신함의 발현에 앞서는 중요한 불안정성 경험은 불확실성, 두려움, 혼돈, 자기의심 등을 포함할지 모른다. 경험 있는 리더는 이러한 감정을 전체적 역동성(dynamic)의 필수적 부분으로서 받아들여 신뢰와 상호 지원 분위기를 조성한다.
>
> —프리조프 카프라, 숨겨진 질서(The Hidden Connections)[7]

제6무대 : 진화(일곱 번째부터 열 번째 주)

브랜드 이야기와 체계는 일관성이 있었다(그림 11.6). 그룹은 소비자에게 적합한지를 알아볼 필요가 있었다. 이것은 다음의 세 단계로 구성되었다. 파트너 관계(partnering), 제작(building), 검사(testing)가 그것이다. 얼굴을 맞대는 회의는 프로젝트를 계획하는 데 있어서 필수적인 요소가 되었고, '안내(stewarding)'의 개념이 실현되었다.

벽 벽은 세 개 부분으로 분류되었다—연구, 이야기와 브랜드, 체계와 제품.

사람 그룹은 각 벽을 중심으로 소규모 팀으로 정렬되었다. 개인들은 그룹과 파트너 간의 교섭역할을 자원하였다.

- 안내인 안내인은 특정한 제품, 과정, 사고의 체계 등의 개발을 인도하는 사람이다. 이 사람은 아이디어를 제공하였을 수도 있으나 필수적인 사항은 아니다. 사람들은 매력적이라고 느낀 아이디어를 중심으로 다시 한번 정렬하였다. 어떤 사람은 최초의 아이디어를 생각해 냈을 수도 있고, 선물하였을 수도 있으며, 진행시켰을 수도 있다. 안내인이 아이디어를 소유하는 것이 아니고, 그룹이 소유하는 것이다. 안내인은 아이디어를 다음 발전단계로 인도하였다.
- 파트너 파트너십 개발은 두 가지 측면을 가지고 있다. 첫째, 플래티퍼스의 더 큰 임무의 일부로, 그 과정에 있는 회사의 다른 분야의 사람들을 수용하는 것이 중요하였다. 둘째, 팀은 홀로 그것을 할 수 없다. 브랜드를 살리기 위해서, 필요한 전문성을 제공할 파트너를 찾아 함께 일하는 것이 필수적이었다.

  플래티퍼스의 문을 들어선 각 사람은 과정에 있는 파트너로 인식되었다—

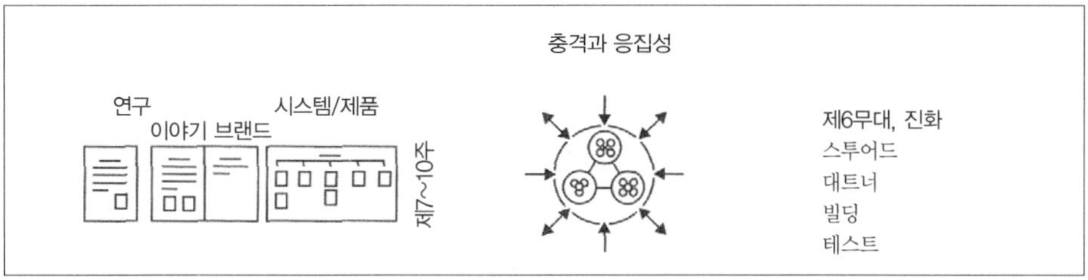

그림 11.6 자극과 일관성

최고경영자 밥 에커트(Bob Eckert)부터 프린터의 토너를 갈아끼우는 사람까지 모두 포함되었다. 플래티퍼스 방은 창의성의 공간이었다. 들어선 모든 이들은 이 공간의 일부였다. 각 방문자는 떠나기 전에 긴 이야기에 자신들이 참여한 기록으로 남을 만한 영감적인 말이나 그림 같은 선물 하나씩을 벽에 남기도록 부탁받았다.

- **제작** 팀은 엔지니어들이 제품의 원가를 산정하고 제품원형을 만들도록 돕기 위해 이들과 파트너가 되었다. 플래티퍼스의 정신에 의해, 각 파트너와 함께 앉아서 이야기(story)를 주고받았다. 자신들의 노력과 의견이 제품 발전에 필수적임을 이해하는 것은 중요하였다. 이들은 단지 제품의 비용을 산정하고 이것이 잘 될지 의견을 제시하기 위해 모인 것은 아니었다. 이들은 비전을 이루도록 협조하고 이야기를 나누고, 아이디어 단계부터 소비자에게 전달될 때까지 각 제품을 더 개발하기 위해서 모였다.
- **테스트** 테스트는 플래티퍼스의 중요한 임무의 일부로, 각각 새 브랜드 제품들은 소비자가 참여하는 두 차례의 중점 테스트를 거쳤다. 각 테스트는 프로젝트를 위한 이정표였다. 팀이 참석하여 자신들의 아이디어가 소비자의 의견을 반영하였는지를 볼 수 있게 하였다.

  중점 테스트 1 : 브랜드 사고에 대한 테스트
  중점 테스트 2 : 브랜드의 체계, 2-D에 있는 14개의 제품 개념
  중점 테스트 3 : 브랜드의 체계, 6개의 제품 모델, 3-D

- **얼굴 마주 보기** 앞서 언급된 바와 같이, 얼굴 마주 보기의 세 번째 요소는 계획이었다. 이것을 통해 플래티피는 자신들이 지나온 과정을 정의할 수 있

었다. 전반적인 프로젝트 일정이 있었지만, 날마다의 일정과 계획은 얼굴 마주 보기에서 생겼다. 하루하루가 가치 있었다. 전날 저녁의 중점 테스트 결과가 좋지 않았다면, 이들은 다음날 아침 제품에 대하여 다시 생각해야 했다 — 이들은 하루나 이틀을 기다릴 수 없었다. 그룹은 생각하고, 계획하고, 합의에 신속하게 도달해야 했다. 12명의 사람들이 연결되고 '중심점(their point of concentration)'이 같을 때, 복잡한 문제를 해결할 합쳐진 지혜와 능력은 주목할 만하다. 얼굴 마주 보기의 유연성으로 인해 이들은 과정을 재조정할 수 있게 되었고 필요에 따라 맞추어진 해결책을 창안할 수 있었다.

그룹은 프로젝트 개발을 촉진하기 위해 안팍으로 집중해야 하였다. 의사소통은 이 단계에서는 필수적인 요소이다. 소그룹, 큰 조직, 이들의 파트너 등은 성공을 보장하는 관계에 있을 필요가 있었다.

의사소통, 신뢰, 관계 등은 이 단계에서 매우 중요하였다. 여러 과정들이 동시다발적으로 일어나고 있었다. 리더는 그룹의 나머지 사람들로부터 신뢰와 지지를 가지고서 세밀한 과정을 인도하였다. 이들은 이 그룹이 속도를 높이고 다음 사항들을 달성하도록 하는 일을 얼굴 마주 보기에 의존하였다.

- 필요하다면 날마다의 계획을 조정하기 위해서
- 과정의 모든 것들이 '브랜드와 관련된(on brand)' 것임을 확증하기 위해서
- 장애를 극복하고 해결책에 도달하도록 그룹의 지혜를 이용하기 위해

교훈 한두 사람이 프로젝트의 모든 부담을 짊어질 필요는 없었다. 프로젝트에 대한 책임은 자연적으로 분산되었다. 리더는 안내인이 되어 더 큰 조직의 신뢰와 지원을 얻었다. 가장 중요한 것은 모든 플래티퍼스들이 그 이야기를 '소유하였다(owned)'는 점이다. 그러므로 이들은 자신들이 올바른 결정을 내리고 있는지를 확신하기 위해서 계속 점검할 필요는 없었다. 회사 관리자는 얼마나 자주 자신이 과정을 세밀하게 관리해야 한다고 생각할까? 종업원이 큰 사진의 일부라고 느낀다면, 또 신뢰받고 있다고 느낀다면, 이들은 자신의 과정에 대한 오너십이 더 커질 것이다.

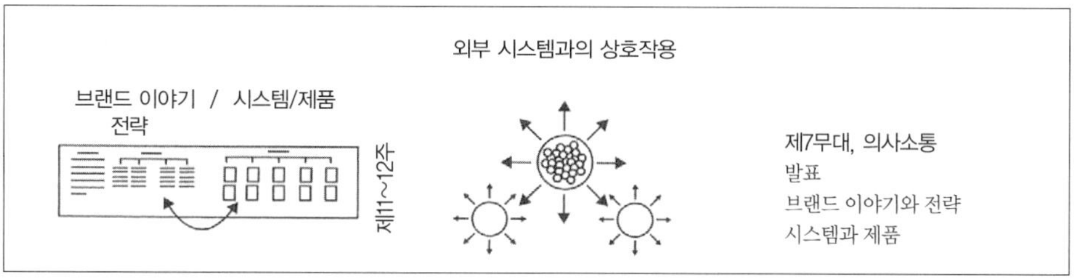

그림 11.7 외부 시스템과의 상호작용

제7무대 : 의사소통(열한 번째, 열두 번째 주)

팀은 마지막 주에 상위 경영진의 승인을 얻기 위해 프로젝트 추진결과를 발표하였다(그림 11.7). 이후 곧, 디자인 개발의 다음 단계를 위한 전략이 시작되었다. 발표는 추진과정, 연구, 브랜드 전략, 제품, 3년 사업계획 제안 등으로 구성되었다.

벽 벽에 붙은 내용들은 더 잘 다듬어졌다. 이것은 의사소통의 도구, 즉 12명의 인재들이 함께 쓰는 일지로 발전하였다. 이니셔티브에 대한 팀의 이해는 더욱 응집력 있게 되었고, 벽의 내용도 그렇게 되었다. 누구나 '벽을 따라 걸으면(walk the wall)' 전체 개발과정의 처음에서 끝까지를 이해할 수 있었다.

사람 팀은 더 높이 서로가 연결되는 수준에 도달해 있었다. 이들은 모두 같은 목적을 추구하였다. 개인적으로 혹은 작은 그룹에서 일하였지만, 필요하다면 자신의 생각과 업무를 신속히 전환할 수 있었다. 이들은 살아있는 체계의 내부와 외부에서 상대적으로 쉽게 작업하였다.

> 그룹에서, 구성원들이 어느 높은 상호연결 수준에 이르게 되면, 유사한 망(web) 혹은 매트릭스를 형성한다. 자원, 즉 각 구성원의 재능과 전문성은 전체 그룹이 이용할 수 있게 된다. 즉 포용(inclusion)이 이루어지면 그룹은 체계의 각 부분으로 일하는 것에서 체계의 전체적 관점에서 일는 것으로 전환될 수 있게 된다.
>
> —무카라 메레디스(Mukara Meredith), MatrixWorks Inc.[8]

최종 발표는 하나의 퍼포먼스였다. 이것은 과정과 내용과 방법의 연대기였다. 어떤 경우에, 구성원은 개인적인 그리고 업무와 관련된 변혁을 증언한다. 이들은 관객들이 개인, 그룹, 아이디어 등이 거쳤던 복잡한 여정을 꼭 이해해야 한다고 생각하였다.

결과와 효과

플래티퍼스 프로젝트의 결과는 우리의 예상을 뛰어넘었다. 첫 그룹은 '엘로(Ello)' 라는 여자아이를 위한 혼합(hybrid) 조립형 장난감 브랜드를 만들어 냈다. 엘로는 2003년 봄에 판매되었다. 마텔의 일사분기 재무보고에 의하면, "엘로™ 브랜드는 사분기 동안 7%의 신장을 보였다." 「The Akron Beacon Journal」은 10월 16일 화요일에 다음과 같이 보도하였다. "플라바스(Flavas), 폴리 포켓(Polly Pocket), 엘로(Ello) 등의 장난감이 다른 여자아이 브랜드에서 15%의 성장을 주도하였다." 오랫동안 산업분석가로서 그리고 「Toy Report and Toy Wishes」의 정기 기고자로 알려진 크리스 블라임(Chris Blyme)은 "압도적이다. 이 산업에서 이렇게 참신한 것은 보기 힘들다. 일반적으로 모두들 서로의 아이디어를 모방한다."라고 말하였다.

다음 두 브랜드(현재 개발 중인) 역시 독창적이다. 플래티퍼스 프로젝트는 마텔에게 성장기회를 제공할 뿐 아니라, 각 종업원 그룹이 체계로 다시 돌아갈 때 회사문화에도 더 많은 영향을 미칠 것이다. 이들은 기존 업무에 새로운 존재방식, 이행방식, 창작방식 등을 가져와서 창의적인 촉매 역할을 한다. 기록된 사각의 벽이 보이고, 회의는 대화로 대체되며, 이야기가 들리고, 선물이 매일 주어졌다. 직관을 음미할 수 있고 현장에서 패턴을 읽어낼 수 있는 능력은 관찰능력으로서 '미래 가능성(future possiblilities)' 과 '상상력(imagination)' 을 의미하는 것이다. 설계자와 판매자는 다른 방식으로 서로를 돕는다. 플래티퍼스에 참여하여 경험한 사람들 사이에는 일정 수준의 친밀감과 표현의 자유가 있다.

가장 중요한 것은 이들이 진정한 자기 자신의 모습으로 업무에 복귀할 때, 줄 수 있는 모든 것을 선물로 줄 때, 즐길 때, 동시에 영감을 얻을 때 마술이 발생할 수 있다는 것을 경험한 사람들의 수가 부서에서 증가한다. 한 플래티퍼스는 "이곳에서는 모든 진실을 환영한다."고 말하였다.

무엇이 플래티퍼스를 특별하게 만드는지를 물으면, 팀은 그림 11.8에 있는 설명으로 대답하였다.

그림 11.8 플래티피의 평가

주석

1. Sartre, John Paul. *Sartre on Theater*. New York: Pantheon Books, 1976.
2. Greenleaf, Robert K. *Servant Leadership: A Journey into the Nature of Legitimate Power and Greatness*. New York: Paulist Press, 1977, p. 38.
3. Spolin, Viola. *Improvisation for the Theater*. Evanston, III.: Northwestern University Press, 1963, p. 10.
4. Spolin, Viola. *Improvisation for the Theater*. Evanston, III.: Northwestern University Press, 1963, p. 10.
5. Sam Hamill, editor of Copper Mountain Press.(Radio interview). NPR/KCRW, Los Angeles, Calif.
6. Van Eenwyk, John R. *Archetypes and Strange Attractors*. Toronto: Inner City Books, 1997. p. 43.
7. Capra Fritjof. *The Hidden Connections*. New York: Doubleday, 2002. p. 123.

8. Meredith, Mukara.(Interview). MatrixWorks Inc., November 22, 2002.

기고자 소개

아이비 로스(Ivy Ross)는 현 마텔 걸스 부문의 디자인 및 개발 수석 부사장이다. 그녀는 여자 아이를 위한 모든 제품과 포장의 디자인 및 개발을 감독한다. 여기에는 바비인형, 악세서리, 디바 스타스(Diva Stars), 왓츠 허 페이스(What' s Her Face), 엘로, 폴리 포켓, 이외에 6개의 독특한 브랜드가 포함되는데 매출액은 미화 약 20억 달러이다. 또한, 로스는 모든 마텔의 제품에 대한 모형제작실, 음악연구실, 화학연구실, 조형기능 등도 담당하고 있다. 로스는 디자인과 심리학을 공부하였고 하버드 경영대학원에도 다녔다. 그녀는 20년 이상 패션과 디자인에 상당한 수준의 경력을 가지고 있다. 로스는 남자 악세서리 부문에서 쇄신을 주도하였던 캘빈 클라인에서 마텔로 옮겼다. 캘빈 클라인으로 옮기기 전에는, 고급 가죽 제품과 악세서리 제조사인 코치에서 제품 디자인 및 개발부 부사장으로 일하였다. 그녀는 또한 리즈 클레이본, 바슈롬, 스와치 시계 등에서도 근무하였다. 로스는 두 개의 독립적인 디자인 회사와 하나의 소매 상점의 창업 파트너이기도 하였다. 그녀는 디자인 리더로서 인정받은 자질을 가지고 있고, 강한 경영 감각도 가지고 있다. 세계적으로 유명한 예술가인 로스의 혁신적인 보석 금속공예품은 워싱턴 D.C.의 스미소니언, 런던의 빅토리아 알버트 박물관, 뉴욕의 쿠퍼 휴잇 박물관 등을 포함한 12개의 국제박물관에 영구 소장품목으로 소장되어 있다. 명성 있는 National Endowment for the Arts 상을 수상한 로스는 창의적인 디자인으로 인해 또한 Women in Design Award and Diamond Internatinal 상을 수상하였다. 그녀는 다양한 제품군의 심사원, 교사, 비평가 등으로서의 역할을 담당하였다.

데이빗 쿠엘러(David Kuehler)는 마텔 걸스 디비전(부문)의 혁신적인 제품개발 이니셔티브인 플래티퍼스 프로젝트의 감독자이다. 쿠엘러는 디자인 및 연예 분야에서 15년 이상의 경력을 가지고 있다. 그는 디자인, 엔지니어링, 연극 등을 전공하였다. 마텔에 입사하기 전, 쿠엘러는 로버트 레드포드의 Sundance Film Center에서 창의적인 개발 및 프로그램을 담당하는 감독이었다. 월트 디즈니사에서 쿠엘러는 장소에 근거한 오락 개념인 클럽 디즈니의 디자인 개발과 완성에 도움을 주었다. 그는 Walt Disney Imagineering, R&D, 디즈니 온라인, ESPN Zone 등을 위한 이니셔티브도 만들었다. Art Center College of Design의 강사 및 연설자로서, 그는 공간 그래픽을 가르쳤고 인텔사에서 후원하는 프로젝트에서 차세대 무선 컴퓨터를 위한 사용자 인터페이스 및 제품을 창안하도록 성공적으로 지도하였다. 혁신적인 아이디어를 생각해 내고 또한 이행하는 특별한 능력을 가진 다재다능한 사고가인 쿠엘러는 예능 디자인 및 제작사를 공동 창립하였다. 그는 Nelvana Communications와 Sundance Channel의 쇼를 개발하였다. 현재 그는 토마스 기차 시리즈로 유명한 브릿 얼크로프트(Britt Allcroft)와 함께 아동 프로그램을 공동 제작하고 있다.

12

맥도널드사

이 사례는 맥도널드사에서 사업 성공에 가장 중요한 역할에 대한 고조되는 도전에 대응하고 그 역할 요구를 충족시킬 수 있도록 참가자들을 대비시키기 위한 리더십 개발 특별 프로그램에 대하여 소개한다.

개요

사업 현황과 리더십 프로그램의 필요성

2001년 초, 맥도널드사의 인적자원 설계 센터(HR Design Center)에서는 회사 내에서의 중요한 역할, 즉 지역 관리자(Regional Manager, RM)로 승진할 가능성이 있는 후보자로 인정된 높은 잠재력을 가진 선택된 관리자를 대상으로 한 리더십 개발 특별 프로그램을 시작하였다. 개발된 프로그램의 명칭은 맥도널드 리더십 개발 경험(McDonald's Leadership Development Experience)이라고 정해지게 되었다. 이번 장은 이 프로그램이 이전에 회사 내에서 시행된 다른 리더십 개발 활동과 무엇이 다르고, 어떤 프로그램 요소가 특히 효과가 있으며(그리고 어떤 것이 효과가 없는지), 이 프로그램이 맥도널드의 훈련방법론과 현재 또는 미래에 계획된 리더십 훈련 이니셔티브의 실질적 내용에 어떻게 영향을 미치는가에 대하여 기술한다.

회사가 이러한 이니셔티브를 지원하도록 이끌었던 여러 가지 요소가 있었다. 첫째, 지역 관리자 직무는 사업의 전반적인 운영구조 내에서 상당히 중요한 부분이었다. 이 이니셔티브가 이루어진 시점에, 지역 관리자들은 미화 4억 8천만 달러~6억 4천만 달러의 수익을 내는 300~400개의 점포로 이루어진 지역을 관리하는 책임을 지고 있었다. 기업의 고위 임원급까지 승진할 수 있다고 생각되는 많은 사람들에게 지역 관리자 역할은 중요한 경영책임 직위이면서 중요한 디딤돌로 간주되었다. 지역 관리자 후보가 될 사람을 중심으로 리더십 개발 특별 프로그램 개발이 필요하다고 느끼게 했던 다른 요소는 이 직위에 대한 기대와 도전이 시장과 맥도널드 내부의 변화로 인해 이전 5~10년 동안 상당히 변화하였다는 사실이다. 이러한 변화에는 경쟁의 증가, 시장 점유율에 대한 도전 증가, 조직 분권화와 시장 및 소비자 지향적 의사결정에 따른 지역 관리자의 자율권 증가, 그리고 지역 관리자의 전략적·전술적 행동에 대한 큰 기대 등이 포함되었다. 이처럼 역할이 발전함에 따라 앞으로 미래 지역 관리자가 될 수 있는 사람들에게 이 새로운 기대와 도전을 충족시킬 수 있게 잘 준비하도록 도와줄 가속적인 리더십 개발 경험 프로그램을 개발하기로 결정되었다.

이 프로그램의 개발을 이끌면서 또한 그에 영향을 준 마지막 요소는 2000년에 시행되었던 지역 관리자 성공 요건(Regional Manager Success Profile)을 개발하기 위해 이루어진 연구였다. 당시 이 요건을 개발하려는 의도는 미래 인재 선발과 아울러 기존 관리자들의 성장을 돕기 위해서 지역 관리자 역할에서 탁월한 성과라는 것이 어떤 것인지를 보여주는 단적인 그림을 제공하기 위해서였다. 이 요건 개발을 위해 인터뷰가 이루어졌다. 인터뷰에는 북미지역 사업부 사장, 그에게 보고하는 다섯 명의 사업부문 사장들, 핵심 수석 인적자원 관리이사와 함께 그 외에 지역관리자 직위의 역할과 요구를 확실하게 이해하는 사람들 및 지역 관리자 중에서 뽑힌 '스타(star)' 급 고성과자 등이 포함되었다. 인터뷰 내용은 다음과 같은 사항을 확인하는 데 중점을 두었다.

1. 지난 5~10년간 사업이 어떻게 변하였는가?
2. 이러한 변화가 어떻게 지역 관리자 역할에서 '성공의 방식(the recipe for success)' 에 영향을 미쳤는가?
3. '스타(star)' 급 성과자와 보통 수준 성과자를 구분짓는 중요한 성과와 역량들은?
4. 관리자 직위에서 성공할 수 있기 위해서는 어떤 경험을 해야 핵심 준비가 되고 어떤 경험이 있어야 관리자를 자기 직위에서 물러나게 만든 문제에 대한 열쇠가 된다고 생각했는가?

이 작업(2001년 초에 완성)을 통하여 만들어진 지역 관리자에 대한 성공 프로필에는 최우수 지역 관리자가 이루어야 할 주요 성과와 그 직위를 훌륭하게 수행하기 위해 보여주어야 할 핵심역량 등이 규정되어 있다(보기 12.1 참조). 이 성공 프로필이 사용되면서 미래 지역 관리자 개발을 위해 맞춤화된 리더십 경험 프로그램의 설계가 더 용이하고 효과적이게 되었다.

이 과정에서 만들어진 성공 프로필 외에, 지역 관리자 리더십 훈련 및 개발 이니셔티브 설계에 대한 지속적인 노력에 도움을 줄 수 있는 귀중하고 다양한 종류의 유용한 정보가 이 사전 작업과정 중에 모아졌다. 이러한 추가 정보의 핵심 요소에는 다음 사항들이 포함된다.

- 지역 관리자의 역할을 시작하는 사람이 직면할 것으로 예상되는, 또한 이들이 효과적으로 대처하기 위해서 준비되어야 하는 중요하지만 공통적인 실무

적 리더십 도전과제 10가지에 대한 구체적 사례(예를 들어 시장점유율을 계속해서 잃고 있는 지역의 인수, 지역 운영 팀의 능력이나 사기를 상당수준 증진할 필요성, 점주-점원 간의 신뢰와 신용을 강화하거나 재건할 필요성 등)

- 지역 관리자가 되기 전에, 역할을 더 잘 하도록 준비하는 데 도움이 될 수 있는 기존 직무와 경험들의 확인

이러한 추가 정보 중 일부는 이 장의 주요 관심사인 리더십 개발 경험에 통합되어 있었지만, 다른 부분들은 이제 막 시작 단계에 있었다. 그것들은 맥도널드 전체 지역 리더십 수준에서 미래의 리더가 성공을 더 잘 준비할 수 있게 하기 위해 설계 중에 있었던 더 넓고 더 완벽한 개발 프로그램과 경험을 만드는 데 도움이 되게 할 때였다.

리더십 개발 경험의 목표

잠재력이 높은 지역 관리자 후보자를 육성하기 위한 리더십 개발 프로그램 설계에는 다음과 같은 여러 핵심 목표들이 포함된다.

- 참가자들이 자신들에 대해서 아울러 자신들의 현재 경영 능력에 대해서 비판적인 시각으로 볼 수 있게 하고 지역 관리자로서 성공 확률을 높이도록 하는 개별학습 계획을 개발하게 한다.
- 참가자들이 담당하는 중요 사업 문제에 대처하기 위한 실용적 아이디어를 개발하도록 지원하는 반면, 사업에 대한 참가자들의 이해력 증진을 돕는 행동 학습과제를 제공한다.
- 지속적인 개발 활동의 일부로써 조직의 주요 동료들과 파트너 관계를 쌓을 수 있는 기회를 참가자들에게 제공한다.
- 조직 내의 고위 임원진에게 후보자들에 대하여 알게 하고 또한 후보자들이 임원들에 대해서 알게 한다.
- 리더 개발을 가속화하는 새 모델로, 또한 이미 사용 중인 강의실 접근방식의 보완수단으로 행동학습의 잠재적 가치와 영향력을 입증한다.

참가자에 대한 사전평가

사전평가의 역할

지역 관리자를 위한 성공 프로필은 전반적인 프로그램의 설계를 구체화하기 위해서뿐만 아니라 프로그램에 참여한 사람의 강점과 개발 필요성을 평가하는 과정의 일부로 사용되도록 결정되었다. 이 프로그램을 위해 선발된 수많은 개인 후보자들은 과거 경력 중 여러 번 다양한 경영평가를 경험하였지만, 어느 하나도 지역 관리자 역할에서의 성공에 필요한 구체적인 요구점과 요건에 대하여 개인을 평가할 수 있도록 제작된 것은 없었다. 그러므로 지역 관리자를 위한 성공 프로필은 개인이 그 역할을 시작하기 위한 자신의 준비성을 더욱 잘 이해하게 하고, 유효성을 높일 필요가 있는 개발 요구들을 확인하게 하는 독특한 수단을 제공한다고 볼 수 있다. 이 장의 후반부에서 분명해지겠지만, 특정 역할을 맡을 준비가 되어 있는지에 대하여 피드백을 받을 기회(일반적인 경영기술에 대하여 단순한 피드백보다)를 제공하는 것은 참가자에게 리더십 개발 경험의 필수 부분 중 하나이다.

미래의 지역 관리자로 승진할 잠재력이 많은 후보자로 인정받은 14명의 참가자들은 프로그램에 참여하기 위해 자신의 부서장에 의해서 선발된 후 평가를 받았다. 다시 말해서, 이 단계에서 지역 관리자로서의 성공을 위한 프로필을 이용한 개인 평가는 잠재력이 높은 리더 그룹을 선발하기 위해 사용한 것이 아니며, 이 리더십 프로그램 참가 대상자를 선발하기 위한 근거로 사용한 것도 아니다.

개인 참가자에 대한 평가의 구체적 목표는 다음과 같았다.

- 지역 관리자에 대한 성공 프로필을 기준으로 개인이 자신을 평가하여 지역 관리자 역할에서 잠재된 유효성을 높이기 위하여 키워야 할 주요 강점과 핵심 개발 분야를 확인할 수 있게 하는 것
- 이 프로그램과 함께 다른 미래 리더십 개발 프로그램을 목표로 정함으로써 그룹에게 이익을 주는 개발 분야에 대한 자료를 조직에 제공하는 것

과정 및 접근법

평가과정은 심리학 박사들로 구성된 외부 컨설턴트 팀이 시행하였는데 참가자가 프로그램에 참여하도록 선발되었다는 통고를 한 후와 그 프로그램을 시작하기 전 시점 사이에서 각각 이루어졌다.

평가과정에는 다음과 같은 사항들이 포함되었다.

1. 참가자는 다음 사항에 대한 사전 작성 작업을 완료한다.
   - 지역 관리자를 위한 성공 프로필을 구성하는 14가지의 역량에 대한 자기평가
   - 지역 관리자가 전형적으로 직면하는 실무적인 직무상 리더십 도전과 유사한 여섯 가지의 도전적 학습을 경험하고 그 학습을 관리하여 이를 통해서 학습할 기회를 기존에 어느 정도 가졌었는지에 대한 간략한 설문조사
   - 지역 관리자가 되는 과정에서 거쳤던 주요 업무들과 학습하였던 경험 등을 밝혀주는 대략적인 경력 개관
2. 지역 관리자를 위한 성공 프로필(예를 들어 역량 및 '실적(track-record)' 등을 보여주는)에 있는 주요 요소에 대하여 개인적인 경력에서 이룬 업적들과 경험을 평가하도록 설계된 행동 중심의 심층 인터뷰(3~4시간)를 진행한다.

평가결과에서 나타나는 통찰력

평가를 받은 개인 간에는 상당한 차이가 있기는 하였지만, 참가자 그룹은 아래 분야의 역량을 개발코자 했던 본 프로그램에서 확실히 가장 많은 이득을 보았다.

- 전략적 조망
- 경영 성과 극대화
- 통찰적인 경청
- 문제해결 및 혁신
- 지적 기민성

더욱이, 지역 관리자가 직면하는 다양한 유형의 주요 리더십 과제를 다룰 기회가 주어진 후, 선행 학습을 어느 정도나 받았는지에 대한 견지에서 참가자들을 평가하

자, 그들 중 많은 사람들은 경영을 어떻게 해야 하는지에 대하여 다음과 같은 이유들 때문에 관점이 다소 제한적이었다.

- 한 지역에서 주로 '성장(grown up)' 해 왔고 그에 따라 상당히 제한된 사업 조건들과 도전들만 보아왔기 때문에
- 상대적으로 아주 적은 수의 지역 관리자들을 위해 일하였고, 따라서 지역 관리자로서의 경영 면에서 다양한 리더십 스타일과 접근방법을 모델링하는 데 한계가 있었기 때문에
- 고위 경영진이 지역 관리자들을 위해 개발한 계획 및 전술 시행에만 주로 중점을 두는 데 익숙하였기 때문에(지역관리자 자신의 개인적 책임하에 전략과 비전을 고안하기보다는)

지역 관리자 역할을 맡게 될 개발 대상자들에 대한 필요점과 준비성에 대하여 얻어진 이와 같은 통찰 사항들은 여기 기술된 리더십 프로그램을 구체화하는 데 사용되었고, 현재와 미래를 위한 훈련 이니셔티브를 구체화하기 위하여 활용되고 있다.

초기 피드백과 코칭

리더십 프로그램을 시작하기 앞서, 평가를 맡았던 개인 컨설턴트들은 평가결과에 대하여 토론하기 위해서 참가자와 일대일 면담을 하였다. 이 면담의 목적은 프로그램 시작 전에 개인적 학습이 요구되는 분야를 파악할 수 있도록 도와서 이 프로그램 세션에서 새로운 행동을 학습하고 연습할 수 있는 기회를 잘 이용할 수 있도록 하는 것이다. 이 피드백 세션을 통하여, 행동학습 프로그램 기간 동안 그리고 그 이후 이어질 각 참가자를 위한 개인개발 실행계획의 수립과 관련한 다음 단계의 작업이 준비되었다.

프로그램

리더십 개발 경험 설계

리더십 프로그램 설계에 대한 결정을 구체화하는 데 많은 인자들과 영향력 요소들이 사용되었다. 그 중에는 지역 관리자를 위한 성공 프로필을 만드는 데 사용되었던 초기 작업 결과들, 그리고 성공 프로필 요소와 비교해 본 참가자들의 기술수준, 개발수준에 대한 초기 평가 결과들, 참가자들이 이미 과거에 겪었던 리더십 개발 경험의 이해 등과 같은 요인들이 포함되어 있었다. 이와 같은 고려사항들을 통하여 특정한 필요점과 기회들이 확인될 수 있었고, 리더십 개발 프로그램의 설계에서 의도했던 다음 특정 사항 등을 지향할 수 있었다.

- 개발이 필요하다고 확인된 주요 역량들을 배우고, 실행하며, 보여줄 수 있는 기회를 참가자에게 제공한다. 여기에는 광범위한 경영 전략 개념, 문제해결에 있어서의 지적 기민성 및 창의적 문제해결, 경청하고 협력하는 기술 등이 포함된다.
- 지역 관리자 직위에서의 주요 경험들과 학습내용을 참가자들에게 공유함으로써 지역 관리자 역할에 대한 시각을 넓혀줄 수 있는 지역 관리자들을 선발하여 그 역할모델을 참가자들이 경험하게 한다.
- (리더십과 경영에 대하여) 귀감이 될 수 있는 고위 임원들과 가깝게 일할 수 있는 기회를 참가자에게 제공한다.
- 경영 전반에서 직면하는 실질적인 현안에 대처하는 행동학습 과제(즉 교실에서 배울 수 있는 것을 보완하는)를 참가자에게 부여한다.
- 조직에 적절하고(맥도널드의 성장 목표 달성에 관련된) 개인에게도 적절한(이들이 동경하는 지역 관리자 직위에서 성공하기 위해 필요한 특정역량을 개발하는 것에 관련된) 경험을 참가자에게 제공한다.
- 사업부장 및 팀장에게 결과를 보고한다는 명확한 약속과 함께 일정 기간(90일)에 집중하여 처리한다.

프로그램의 내용

프로그램은 6~12개월 동안에 네 단계로 이루어졌다.

제1단계 제1단계에서, 참가자는 3.5일 동안 첫 회합을 가졌다. 이 단계에서 이루어진 내용은 다음과 같다.

- 프로그램을 위한 그리고 하나의 그룹으로서 그들을 개발하기 위한 전략적 사업 맥락
- 프로그램 기간 동안 사용될 개인 학습저널 소개
- 지역 관리자를 위한 성공 프로필에 대한 근거를 설명하고 전체 그룹에 대한 총체적인 프로필 결과 발표
- 초기 개인개발 계획
- 학습 파트너의 활용
- '스타(star)' 급 지역 관리자로부터의 사업사례 발표
- 두 개의 행동학습 과제를 그룹에 소개
- 과정 동안 각 학습 그룹을 도와줄 사업 부장급 챔피언 소개
- 행동학습 과제를 공략하기 위한 팀 강령 개발
- 고위 경영자에게 참가자의 현안에 대한 초기 활동 발표
- 첫 회합에서의 개인적 학습 기록

행동학습 과제 행동학습 과제는 회사의 고위 경영층에 의해서 최우선 순위로 확인된 특정 경영 현안이나 문제 등과 관련된 것이었다. 선정된 실질적인 경영 현안이나 문제는, 사실상 10년 안에 사업을 두 배로 성장하게 하기 위하여 전사수준에서 개발된 '청사진 계획(Blueprint Plan)' 의 일부라고 확인된 주요 이니셔티브들의 목록에서 끌어낸다. 프로그램 내용을 경영 전략과 이렇게 연결하는 것은 학습 경험을 참가자들에게 더욱 실제적이고 설득력 있게 만들고 학습의 성과가 경영에 더욱 가치 있게 만든다.

제2단계 제2단계는 90일 동안 두 행동학습 팀이 각자의 과제를 공략하는 것으로 구성되었다.

그룹 1. 모든 지역에서 마케팅과 운영을 단순화할 기회를 확인하고 제안한다.

그룹 2. 회사의 성장 목표를 지원하기 위해서 지역 내 경영 컨설턴트의 핵심 역할을 변혁할 방법을 제안한다.

이 단계에서, 그룹은 브레인스톰을 하고 아이디어를 다듬기 위하여 몇 차례 만났고, 구성원들은 개인적인 과제(인터뷰를 위해 시스템 전체에 걸쳐 자료를 수집하고 전문가들과 만남)를 수행하였으며, 학습 파트너는 개별적인 학습 목표를 벗어나지 않기 위해 서로 간의 관계를 유지하였다.

제3단계 제3단계에서는 90일 내에 전체 참가자 그룹이 회사에 다시 모여 고위 경영진에게 활동결과와 제안사항을 제출하도록 하였다.

제4단계 제4단계에서는 고위 경영층이 실제 이 학습 그룹들이 개발한 많은 아이디어들을 실행하고 지속적으로 개인 참가자를 사후관리하고 코칭하였다.

도구와 방법 및 훈련 교재

프로그램 기간 동안 개발되고 사용된 여러 지원 도구, 방법, 훈련 교재 등이 있었다. 이 중에는 다음과 같은 것들이 있었다.

- 지역 관리자로서 성공하기 위한 요건. 이 요건은 지역 관리자 직무를 담당하는 사람의 '성공을 위한 청사진(blueprint for success)'으로 개발되었다. 직무에서 탁월한 성과를 보이기 위해서 지역 관리자가 입증해 보이고 만들어야 할 역량과 성과 모두를 포함한다. 보기 12.1에서와 같이 제공된다.
- 외부 평가자가 개별 참가자와 함께 그리고 참가자를 위해서 개발한 개별적인 참가자 평가 및 개발 보고서. 이 보고서에는 성공 프로필에 관련한 개인의 강점과 약점이 확인되어 있다.
- 각 참가자의 개인적 학습 필요점과 목표, 중요한 학습 이벤트와 통찰력, 지속적인 과정 등을 확인하는 것에 초점을 맞춘 학습 저널
- 행동학습 도구로서 다음 도구들이 포함된다.

팀 도구 : 프로젝트 지도, 팀 강령(보기 12.2 참조), 역할과 책임 도표, 팀 측정기준(보기 12.3), 팀 의사소통 모델, 팀 과정 점검(보기 12.4) 등

프로젝트 도구 : 이해관계자 관여 도표, 자료수집 방법—장단점(보기 12.5), 친화도표, 역장 분석(보기 12.6), 흐름도 과정 측정, 인과관계 도표, 프로젝트 평가 체크리스트(보기 12.7) 등

발표 도구 : 오디언스의 필요점 정의 내용들, 발표 구성, 발표내용 편성, 시청각 자료의 효과적 사용

학습 강화 및 학습 증진

참가자들은 프로그램을 잘 수용하였지만, 학습된 내용을 강화하기 위해서는 몇 단계를 더 거칠 필요가 있었다. 이러한 단계들에 대한 사례들은 다음과 같다.

- 프로그램 결과와 관련하여 참가 그룹에 대한 사후관리 실시 메모
- 특정 참가자의 제안에 대한 실시과정 보고서
- 지속적으로 학습을 강화할 수 있도록 참가자의 상사에게 보내는 피드백
- 개발계획 아이디어의 시행에 대한 경영자의 코치를 통해 개인 참가자와 함께 하는 사후과정 점검

프로그램 경험으로부터의 참가자 학습을 강화하기 위해서, 특정 프로그램에 대한 통찰과 학습 계획이 조직 전반의 지속적 개인 개발 시스템 및 그 과정과 연결되도록 참가자들을 지원하는 단계들이 있었다.

조직 내 인적자원 시스템과의 통합

- 지역 관리자 직위에 대한 성공 프로필의 일부인 직무별 독특한 역량 개발을 성과개발 시스템 전반의 핵심 요소가 되는 보다 더 근본적인 조직 핵심역량 및 리더십 역량 등과 연결하는 방법을 참가자에게 보여준다.
- 참가자들은 이 프로그램을 통하여 부각된 자신의 특정 학습 및 개발 목표와 계획을 정하고 연초에 관리자와 함께 취합한 개발 계획에 '추가'하도록 장려한다.
- 참가자들에게 역량 개발을 위한 사내자원 이용방법과 프로그램에서 확인된 개인개발 필요점 등을 연결하는 방법에 관한 정보를 제공한다.

- 특정 개발 필요점에 필요한 개인적 개발을 위한 추가적인 외부 자원(예를 들어 코칭)을 제공한다.

평가

방법과 측정

프로그램 효과성에 대한 과정지향과 성과지향 정도를 확인하고 수집하려는 노력이 이루어졌다. 수집된 평가 자료의 사례들은 다음과 같다.

- 프로그램의 네 단계 중 각 단계 종료시에 시행되는 참가자에 대한 질문
- 프로그램 혹은 참가자와 연관된 모든 고위 경영자로부터의 논평 및 제안
- 개인 행동 계획의 완료 및 이행에 관련된 자료
- 참가자의 승진 및 직무 성공에 대한 후속 조사
- 프로그램 종료 후 일 년간 프로그램 참가자에 대한 사후관리를 위한 전화 및 설문조사

프로그램 성과

현재까지 수집된 평가 자료에는 프로그램 효과에 대한 주관적인 평가와 참가자와 함께 발생한 객관적인 성과 등이 포함된다.

이 프로그램의 효과에 대한 객관적 자료 두 개의 팀에 의해 발표된 제안은 채택되고 취합되어 2002년 미국 지역 사업에 대한 전략적 의제 안에 상정되었다. 한 팀은 레스토랑 수준에서 단순화에 중점을 두었고, 다른 한 팀은 사내 경영 컨설턴트 역할을 재정의하는 데 중점을 두었다.

교육을 받았던 14명의 참가자 중 10명은 성공적으로 주요 지역 관리자 직위로 승진되었다. 이 핵심 관리자의 직위로 승진한 이들 중에서 30%는 새로운 업무를 맡은 직위에서 6개월이 지난 후 성과 평가 척도에서 최상위를 차지한 것으로 평가되었다. 나머지 70% 역시 좋은 성과를 보였다.

이 프로그램 효과에 대한 주관적인 평가 프로그램 참가자를 대상으로 한 일 년간의 사후관리에 대한 설문조사의 결과에 따르면, 행동학습 경험과 자신의 개인적인 효과성 및 개발 필요점에 대하여 피드백과 통찰을 통하여 자신이 현재 직무에서 더욱 효과적으로 일하는 데 도움이 되었다는 것을 보여주었는데 그 이유는 다음과 같았다.

- 특히 그룹으로 일할 때, 남의 말에 귀를 더욱 잘 기울이는 것의 중요성을 배우고 실천한다(예를 들어 다른 사람들로 하여금 그들의 의사를 표현할 수 있게 허용하고 자신이 반응을 나타내기 전에 먼저 이해한다).
- 팀의 가치와 다양한 사고를 인정하게 된다(예를 들어 한 총괄 관리자(General Manager, GM)가 구조조정기 동안 인재들을 선별하여 팀을 강화하기 위하여 자신의 팀을 조직하는 데 프로그램으로부터의 학습이 어떻게 도움이 되었는지에 대한 예를 제시하였다).
- 이 프로그램이 연결의 개념을 강화해 주고 변화를 만들 때 사업의 다양한 측면들이 얼마만큼 고려되어야 하는지를 심어준 결과 사업을 다양하게 본다(예를 들어 '큰 그림 사고(big pricture thinking)', 즉 단기 성과보다 미래 성과의 기초를 마련하는 데 중점을 둔 더욱 전략적인 관점).
- 더 폭넓은 맥도널드사의 시스템과 함께 의사소통하고 그 시스템 내에서 인적자원 및 아이디어 자원 등을 강화한다.
- 다른 사람을 지도하고 개발하려는 노력을 더욱 더 중요시한다.
- 여러 가지 접근방식을 달리하는 경우로부터 각각 장점을 깨달을 수 있도록 하기 위해서 서로 다른 경영 스타일을 경험한다.
- 개인 평가 후 피드백 결과에서 얻은 특정 이슈들과 기회요인들에 의거하여 직무를 수행함으로써 보다 자아의식적이 되고 자기 자신의 개인개발을 더욱 강조하기 시작한다.

핵심 성공요소

참가자의 피드백에 따르면 성공을 가능하게 한 수많은 프로그램 특징과 설계 특징이 있다는 점을 보여주었다. 참가자들은 특히 다음과 같이 평가하고 있다.

- 실제적인 경영 문제를 다루고 자신의 제안이 고위 경영자에 의하여 시행되는 것을 지켜 봄으로써 경영에 상당한 기여를 할 수 있는 능력을 갖게 된다.
- 자신들이 열망하는 지역 관리자 직위에 맞춘 리더십 모델에서 강조되는 자신의 개인적인 성공 요건을 갖게 된다(리더십 효과에 대한 보다 일반적인 모델과는 대조적으로).
- 성장을 위한 현재의 역량과 '준비 요건(readiness)' 에 의한 평가에 의하여 개인적 피드백과 코칭을 받는다.
- 다른 사업 분야의 '내용 전문가(content experts)' 및 매우 유능한 동료들과 네트워크를 구성하고 이들과 유대관계를 맺을 수 있는 기회를 가진다.
- 행동학습 프로그램에서 고위 관리자를 만날 수 있고, 참가시킬 수 있으며, 관계를 맺을 수 있다.
- 다양한 학습 그룹의 일부가 될 기회를 가진다(예를 들어 다르게 생각하는 방식, 다르게 작업하는 방식, 민족성의 차이).
- 조직에 대한 이해와 경영에 대한 관점을 상당히 넓힐 수 있는 기회를 가진다.

교훈 및 개선 기회

프로그램을 통해서 얻은 피드백과 프로그램 자체에 대한 피드백은 일반적으로 긍정적이었지만 개선할 필요가 있는 특정한 기회들도 또한 있었다. 이는 다음과 같았다.

- **학습 파트너 활용** 참가자들은 프로그램 진행 동안 자신의 학습 파트너와 긴밀하게 상호작용을 할 충분한 시간이 없었다고 지적하였다. 이들은 이러한 학습 파트너 활용이라는 발상은 좋게 생각했지만, 프로그램 기간 동안 파트너를 깊이 알고 친밀한 관계를 맺을 시간이 충분하지 않았다.
- **평가결과를 프로그램과 연결** 프로그램 시작 전에, 성공적 지역 관리자를 위한 프로파일에 따라 평가한 참가자의 개인적 피드백은 매우 도움이 되었다. 그러나 참가자들은 이 피드백이 3일짜리 행동학습 프로그램과 사후관리 세션에 있었던 구체적 활동들과 관련되었더라면 좋았을 것이라고 지적하였다.
- **평가결과를 IDPs과 연결** 프로그램의 개인별 평가 요소가 자신의 강점과 개발 필요점에 대한 자아의식을 증진시켰고, 긍정적인 행동 변화를 유도하였

다고 참가자 모두가 나타냈지만, 그 중 어느 누구도 평가결과를 자신의 공식적인 개인개발 계획(프로그램 일 년 전에 함께 취합된 계획)에 구체화한 사람은 없었다. 이 현상은 부분적으로는 단지 시간이 부족하였기 때문이었지만, 회사 내에서 프로그램 정보와 지속적인 성과 개발과정과의 연결을 촉진시키기 위해 더 많은 일들이 이루어질 수도 있었을 것이다.

- **평가과정의 개선** 많은 참가자들이 개인적 평가과정이 상당히 가치 있다고 생각하였지만, 개인 평가자가 행한 인터뷰에서 수집된 자료를 보충하도록 360도 피드백을 수집하고 포함하면 그 가치나 효과는 더욱 증가될 수도 있었다고 생각하였다(이 제안은 이후에 시행되었다). 그 외에, 참가자는 조직 내에서 누가 평가결과를 활용할 수 있는지에 대하여 처음부터 더욱 분명히 했어야 한다고 생각하였다(즉 어떤 이들은 자신들에 관한 자료가 자신들의 관리자와 공유되어야 한다고 생각했지만, 다른 이들은 자신들만 볼 수 있도록 비밀로 해야 한다고 생각하였다).

초기 프로그램 완료 이후 실현된 추가적인 이득과 효과

앞에 기술된 프로그램의 주요 목적을의 성공적으로 달성하는 것 외에, 프로그램에서 얻은 많은 추가적인 효과가 조직 내에서 실현되었다.

- 이 프로그램이 성공함에 따라 경영층 개발에 구체적으로 기여할 수 있는 고위 직위 확보에 대한 무대가 설정되었다.
- 특히 지역 관리자 직위를 위해 개발된, 또한 이 프로그램을 구체화하는 데 사용된 성공 프로필에 대한 긍정적인 반응은 조직 내에서 리더십 역량 모델을 더 많이 사용하기 위한 무대가 되었고, 핵심역할에서의 각 관리자의 효과성과 잠재력을 차별화해 줄 수 있는 구체적 직무 성공 프로필의 추가 개발에 전념할 무대가 되었다.
- 이 프로그램은 맥도널드 내에서 리더십 개발에 대한 행동학습 접근법의 실행 가능성과 가치를 보여주었다. 그 결과, 행동학습은 지금 조직 내에서 리더십 개발을 위한 우선 순위를 가진 방법이 되었고 잠재력이 높은 후보자를 위한 미래의 개발 프로그램으로 사용될 것이다.

개선된 프로그램의 착수

2003년 6월, 개선된 리더십 프로그램이 시작되었다. 맥도널드의 리더십 프로그램(The Leadership at McDonald's Program, LAMP)은 9개월의 긴 집중적인 리더십 개발 경험을 통해 임원급 직위로 승진할 가능성을 가지고 있다고 여겨지는 22명의 잠재력이 높은 관리자 풀(pool)을 만들도록 설계되었다. 2001년에 시행된(그리고 앞에 설명되었던) 맥도널드의 리더십 개발 경험에서의 주요 학습 내용들은 맥도널드를 위한 가속화된 새 개발 프로그램을 설계하는 데 상당히 기여하였다.

LAMP은 잠재력이 많은 인재들을 개발하기 위한 통합적인 접근방법이다. 분명히 개별 참가자의 개발을 가속화하는 것에 중점을 두고 있지만, 프로그램 과정도 역시 실제 경영 결과를 도출하고, 문화를 구현하며, 심오한 리더십 구축을 통하여 조직에 널리 도움이 되도록 설계된다. 이러한 목적을 달성하기 위해, 이 프로그램은 다음 사항에 중점을 둔다.

- **참가자들로 하여금 현재의 역할에서 경영성과를 개선할 수 있는 능력을 증진시킬 뿐 아니라 한 단계 더 상위수준에서 성공할 수 있도록 준비시킨다.** 잘 수용된 리더십 개발 경험(LDE)의 행동학습 요소와 유사하게, LAMP은 그룹에서 참가자들이 중요 경영상의 개선 기회를 확인하도록 작업할 기회를 제공하고 최고 경영층에 보고될 실행가능한 구체적인 제안들을 개발할 기회를 제공한다. LAMP에서 참가자는 외부환경을 조사함으로써, 또한 혁신을 이루기 위해 맥도널드 외부에서 제안된 아이디어를 이용함으로써, 자신의 개선 제안을 개발할 것이 또한 기대된다.
- **참가자의 직무상의 책임을 학습과 개발의 기회로 활용한다.** LDE 프로그램에서 얻은 피드백에 따르면, 참가자가 확인한 개발 필요점과 현재의 개인별 개발 계획(Individual Development Plans)을 포함한 구체적인 행동들은 더욱 긴밀하게 연관될 필요성이 있다고 지적되었다. LAMP은 관련된 기술을 개발하기 위하여 개별적인 프로그램 참가자 평가에서 확인된 개발필요점과 현 역할에서 쉽게 사용가능한 기회 사이에 연계성을 더욱 강화하는 데 중점을 둔다. 참가자의 상사가 프로그램 기간 동안에 개발 계획 과정에 직접 참여

하는 것도 또한 포함된다.

- **참가자가 개인적인 리더십 능력을 더 개발하는 데 필요한 통찰력을 얻을 수 있게 참가자를 돕는다.** 리더 역할에서의 성공이 구체적 리더십 모델과 대비되어 평가되는 점은 값지다고 보는 리더십 개발 참가자들의 긍정적 피드백을 고려하면서, LAMP 프로그램에서는 고위 경영층을 위해 설계된 LAMP 리더십 틀에 참가자들이 어떻게 관계되는지에 대한 조망을 참가자에게 제시하였다. 아울러, LAMP에 대한 평가과정에서 얻은 통찰들은 360도 피드백과 실제 업무 및 경영 시뮬레이션 등이 추가로 사용되면서 더 강화되었다.
- **참가자의 초점을 넓히고 마음가짐을 지역적 수준에서 세계적 수준으로 확장한다.** 초기 LDE 프로그램에서 대부분의 참가자에게서 확인되었던 확실한 필요점은 지역적 경험으로 인해 시각이 좋아졌던 참가자들의 전략적 사업 조망을 확장하는 것이었다. LAMP 프로그램은 참가자가 선더버드 국제 컨소시엄(Thunderbird International Consortia)에 의해 제공된 2주간의 경영자 교육 프로그램을 통하여 더욱 넓은 시각을 개발할 수 있도록 돕는 데 중점을 두었다.
- **동료 간의 견고한 네트워크—내부적으로뿐 아니라 외부적으로—를 구축할 기회를 제공한다.** 프로그램에 참여한 결과로 동료 간의 견고한 네트워크를 구성할 기회는 초기 LDE의 주요 이점으로 인식되었다. LAMP 프로그램은 참가자를 위한 더욱 견고한 내부 동료 네트워크 구축을 조성하는 것뿐만 아니라 참가자가 이 네트워크를 선더버드 경영자 교육 프로그램에서 함께 했던 외부 동료(비경쟁적인 세계적 기업의)에게까지 확장할 기회를 주었다.

이 글을 쓰고 있는 지금은 2003년 프로그램 종료 약 3주 전이다. 프로그램은 서브팀(Subteam)의 경영 개선 제안 발표(보기 12.8 경영 개선 제안 과정의 요약 참조), 프로그램 모든 부분의 전반적인 학습뿐만 아니라 발표 '경험(experience)' 의 보고, 팀 축하 등과 함께 종료될 것이다. 프로그램 사후관리는 주요 멘토링 관계의 구축, 2004년 프로그램 참가자 후원, 프로그램 종료 후 6개월 후에 '재결합(reconnecting)' 경험 등을 포함한다.

요 약

이 장은 맥도널드 사업의 주요 리더십 직위(즉 지역 관리자)로 승진하기 위해 교육 프로그램에 선발된 후보자들이 준비할 수 있도록 돕는 리더십 개발 프로그램의 개발과 시행을 설명하였다. 이러한 직위에서의 성공을 위한 특정한 요건을 확인하는 사전작업(이와 대조되는 것으로 리더십에 대한 '일반적인(generic)' 접근이 있다)과 더욱 실무적이고 연관된 훈련방법(행동학습) 사용과의 결합은 초기 프로그램 참가자에게 상당한 이익을 줄 뿐 아니라 기업 내의 현재와 미래 리더십 이니셔티브 설계에 영향을 주는 단계를 수립하는 데에도 또한 도움이 되었다.

보기 12.1 지역 관리자 성공 프로필

결 과	
종 류	측정기준(metrics)
종업원	• 스태프 그리고 몰입에 대한 설문조사 결과 • 회사 전략과 미래 비전의 이해 • 스태프의 높은 전문성 • 성과 기준 및 결과에 대한 책임 • 시스템을 위한 리더십 능력 개발
고객	• 목표 고객 인원 • 품질, 서비스, 청결, 가치기준 점수 • 고객 경험 피드백
점주–점원	• 점주(Owner)–점원(Operator)(O/O) 피드백/신뢰 • 결과 중심의 O/O팀 • 전략적 플랫폼에 대한 O/O의 관여 • 점원의 현금흐름 목표
구조와 과정	• 전사적 이니셔티브에 대한 성과 • 기반시설 및 과정 개선
재무	• 운영수익 목표 • 경제수익(EP)에 긍정적 기여
역 량	
생각하는 기술	• 정신적 기민함 • 집중과 균형 • 전략적 조망 • 문제해결 및 혁신
사람을 다루는 기술	• 자기관리 • 통찰적인 청취 • 효과와 영향 • 성숙한 주장 • 팀워크와 협력 • 효과적인 의사소통 • 동료 리더십
경영 이해	• 시장조망 • 경영성과의 극대화 • 재무적 수완 • 경영 판단

보기 12.2 팀 헌장—견본 양식

<table>
<tr><th colspan="2">팀 리더, 구성원, 후원자</th></tr>
<tr><td colspan="2"></td></tr>
<tr><th>팀 목표</th><th>조직의 맥락과 연계</th></tr>
<tr><td>과업 목표
대인 목표</td><td>(목적이 어떻게 특정 계획과 목표에 구체화되는지, 조직의 성과에 있어서의 차이에 어떻게 대처하는지, 혹은 특정 고객의 요구에 어떻게 대응하는지)</td></tr>
<tr><th>사용될 과정</th><th>성공 측정 및 과정 측정</th></tr>
<tr><td>(예를 들어 특정 문제 해결 방법론들, 정보 기술, 갈등 해결 기법)</td><td>(예를 들어 줄여야 할 사이클 타임, 실수 비율 혹은 비용, 높여야 할 생산성, 개선되어야 할 소비자 만족, 좁혀져야 할 갭)</td></tr>
<tr><th>팀 업무의 범위</th><th>가용한 자원 및 제한</th></tr>
<tr><td>(예를 들어 팀의 범위를 벗어나는 문제, 개선과정의 시작과 끝, 의사결정 권한)</td><td>(예를 들어 예산, 설비, 훈련)</td></tr>
<tr><th>주요 이정표</th><th>팀 구성원의 몰입 시간</th></tr>
<tr><td>(예를 들어 공식적 검토, 제공(양도)날짜, 최종 마감일정)</td><td></td></tr>
<tr><th colspan="2">팀 운영 원칙</th></tr>
<tr><td colspan="2"></td></tr>
</table>

보기 12.3 팀 측정 기준

	주관적 측정			객관적 측정		
팀 측정 기준						
설명						
책임						
측정법						
변화						
착수						
빈도						
상태						
현안						

보기 12.4 팀 과정 점검

목적/초점을 맞춤

0 1 2 3 4 5 6 7 8 9 10

0	10
혼란스런, 다양한, 갈등적, 비현실적, 정렬되지 않은, 구성원에게 흥미 없는	명확하고 모두에게 공유된, 모두에게 중요한, 잘 정렬된, 모두에게 관여하는

계획수립/추진점검

0 1 2 3 4 5 6 7 8 9 10

0	10
의제가 없거나, 의제를 따르지 않는, 계획이 빈약한	의제에 동의하고, 흐름을 따르며, 쓸데없이 이탈하지 않는

참여/관여가 이루어짐

0 1 2 3 4 5 6 7 8 9 10

0	10
소수의 핵심 멤버가 주도하고, 일부 멤버는 참여하지 않는	모든 사람이 토론과 팀과정에 기여하고 관여하는

경험/의사소통

0 1 2 3 4 5 6 7 8 9 10

0	10
여러 사람이 동시에 말하고, 반복, 끼어들기, 잡담, 질문과 주장이 거의 없는	한 번에 한 사람씩 이야기, 아이디어를 명료화하고 아이디어에 의거하여 만듦, 질문과 주장이 적절한 균형을 이룬

구성원의 신뢰/개방성

0 1 2 3 4 5 6 7 8 9 10

0	10
멤버들은 서로 불신, 자신들의 생각을 남과 공유하지 않는, 다른 사람들이 가진 자료와 입장을 검증해 보지 않는	서로 신뢰하며 다른 사람들의 자료와 입장을 개방적으로 탐색하는

생산성/성과를 이끄는

0 1 2 3 4 5 6 7 8 9 10

0	10
팀의 의사결정이 깨지는, 결론에 도달하지 못하는, 갈등을 해결할 수 없는 또는 결과에 초점을 맞추지 못하는	결정에 합의를 이루기 위해 과정에 참여하는, 결과를 얻기 위해 이슈를 맞닥뜨리고 해결할 수 있는

보기 12.5 자료수집 방법의 장단점

	장 점	단 점
일대일 인터뷰	• 인터뷰 받은 사람들과의 유대관계를 만들 기회가 있다. • 직접/간접적 비언어적 의사소통을 통한 추가적인 정보를 얻을 수 있다. • 세부 사항을 필요할 때 명확하게 할 수 있다.	• 인터뷰를 해야 하는 대상자를 만나기 어려울 수 있다. • 전화인터뷰 때에는 사람이 주의를 기울이지 않을 때도 있고 의사소통을 저해하기도 한다. • 인터뷰를 받지 않은 사람들은 '차별대우'를 받았다고 느낄 수도 있다.
포커스 그룹	• 짧은 시간에 많은 자료를 얻을 수 있다. • 그룹 설문은 심도 있는 질문으로 이어진다. • 여러 관점을 갖도록 도와준다.	• 시간 일정을 잡기가 어렵다. • '그룹 사고' 혹은 그룹 앞에서 자체 검열을 거치는 위험이 있다. • 진행과정이 영향력이 강하거나 말이 많은 리더에 의해 지배될 수 있다.
설문조사	• 적은 비용으로 많은 사람들로부터 많은 자료를 얻을 수 있다. • 접근할 수 없는 사람으로부터 정보를 얻을 수 있다. • 응답의 익명성으로 인해 더 솔직할 수 있다. • 인터벤션의 일부로 조직의 주의를 환기시키는 데 사용될 수 있다.	• 질문이 명확할 수 없다. • 정확한 응답의 근거를 알 수 없으므로 해석하기 어렵다. • 모든 질문에 솔직하고 정직한 응답을 얻지 못할 수도 있다. • 설계 및 시행에 주의를 기울여야 한다.
직접 관찰	• 개인적인 관찰로부터 직접적인 정보를 얻는다. • 다른 사람의 관찰보다 오해의 소지가 적다. • 상황의 변화에 따라 관심을 바꿀 수 있다.	• 관찰되어야 할 상황에 접근하지 못할 수도 있다. • 직접 관찰 자체가 관찰되는 상황을 변경시킬 수도 있다. • 일반화를 위한 충분한 관측이 이루어지기 어려울 수도 있다.
현존자료의 분석	• 시간, 돈, 자원 등을 절약한다. • 주요 연구자에 따라 자료를 더 높이 평가할 수 있다. • 이 방법 이외에는 접근하기 어려운 정보를 얻을 수 있다. • 다른 사람들이 보지 못한 관련성이 중요할 수 있다.	• 자료가 완성되지 않았거나, 신뢰할 수 없거나, 오래되었을 수도 있다. • 자료를 수집하거나 이해하는 것이 어렵거나 시간이 많이 걸릴 수도 있다. • 수집된 자료는 연구와 관련 없을 수도 있다.

보기 12.6 역장 분석

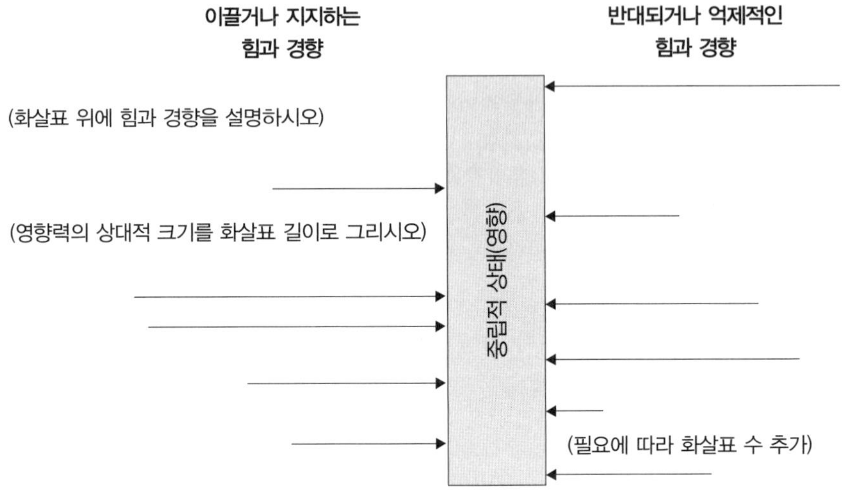

장표 사용에 대한 주석

힘과 경향을 확인하고 그것이 이 프로젝트에 긍정적 영향을 미치는지 부정적 영향을 미치는지를 확인하시오.

중심축(중립 상태)을 기준으로 양쪽 중 적당한 부분에 그 힘과 경향을 표시하시오.

그 표시 바로 아래 그 힘이나 경향이 이 프로젝트의 성공에 미치는 상대적인 영향력의 정도에 대한 팀이 느낀 지각을 화살표의 길이로 그리시오.

보기 12.7 프로젝트 검토 체크리스트

직 무	적용 가능	필요한 시간	필요한 날짜	완 료
프로젝트의 시행을 위해 필요한 계획				
프로젝트 시작 시점에서 프로젝트 검토 날짜를 결정	☐			☐
프로젝트 팀 구성원에게 개인 달력상의 검토 날짜를 잘 지키도록 요구	☐			☐
각 구성원이 표준을 맞춘 방식으로 프로젝트에서 자신의 부분의 진행과정을 보고할 수 있도록 장표양식을 개발	☐			☐
프로젝트 후원자가 날짜를 알고 있는지 확인	☐			☐
검토 이전				
모든 참가자를 확인, 공지한다.	☐			☐
검토에 대한 목표를 명시한다.	☐			☐
검토가 3시간 이상 지속되는지 특정 분야에 대한 시간 관련 협의사항을 개발	☐			☐
적절한 교재를 준비하고 미리 잘 배포한다.	☐			☐
필요하다면, 물적 지원사항을 조정(방, 커피, 음식, 음향-영상 지원 등)	☐			☐
검토 중				
참가자 환영 및 소개	☐			☐

보기 12.7 계속

직 무	적용 가능	필요한 시간	필요한 날짜	완 료
기록자 역할 부탁 및 공식 비서 부재 시 메모	☐			☐
검토를 위한 목표 설정	☐			☐
검토 의제, 필요에 따라 조정	☐			☐
의사결정모델 공지	☐			☐
관련 규정 및 과정 설명	☐			☐
집단과정 감시	☐			☐
업무에 집중토록 유지	☐			☐
토론 종료시 요약	☐			☐
다음 단계로 넘어가기 전에 어떠한 결정사항이 기록되었는지 확인	☐			☐
물류지원과 시간 준수 주의. 사람들이 효과적으로 자신의 공헌을 마치면, 그들이 원하는 한 먼저 마치고 떠나는 것을 인정	☐			☐
종료 전, 이루어진 결정 검토	☐			☐
필요한 모든 행동 계획 개발	☐			☐
참가자에게 검토의 효과성을 평가하도록 권유	☐			☐
참가자에게 감사표시	☐			☐
검토 후				
가능한 꼼꼼하게 사후관리(신속하게 메모 검토). 신속하게 움직이는 프로젝트에 대하여 같은 날에 발표해야 한다.	☐			☐
행동 계획을 시행	☐			☐

보기 12.8 경영개선 제안 과정

배경

맥도널드의 경영 전략과 목표를 달성하기 위해서는 맥도널드 리더들이 다르게 행동할 것을 요구될 것이다. 리더가 기업과 자신의 능력에 대하여 자신감을 갖는 것은 중요하지만, 이러한 자신감으로 인하여 다른 사람이 우리보다 잘 할 수 없고 또 잘 하지 않는다는 인식을 가질 수는 없다. 사실, 건전한 기업에서, 혁신은 모든 리더가 지속적으로 개선하려는 마음가짐을 가지고 경영을 더 잘할 수 있는 방법을 찾기 위해 끊임없이 외부 환경을 조사할 때 이루어진다.

그러므로 우리는 맥도널드 리더십 프로그램(LAMP)을 맥도널드 내에 지속적인 개선 및 혁신의 문화를 지원하고 강화하기 위한 도구로 사용하고 있다. 각 LAMP 서브팀은 적절하게 수용될 경우 맥도널드의 성과에 상당한 효과를 줄 수 있는 잠재력이 있는 외부의 잠재적 아이디어를 검토하기 위해 각 서브포럼들의 통합된 LAMP 경험, 특히 선더버드 대학교에서의 경험을 강화하는 책임을 맡았다.

팀 제공물

네 개의 하부팀은 맥도널드 외부의 가능한 모든 출처에서 얻은 맥도널드에서 채택할 가능성을 임원회의에서 의해 심사숙고하도록 제안할 상당한 '경영 개선 기회' 들을 찾고 발굴한다. 이러한 기회는 우리의 핵심 경영 전략 달성을 지원하고 촉진하는 것이어야 한다.

각 팀은 회장단 및 사장단에게 경영사례를 발표하고 실현가능한 다음 단계에 대한 제안을 수용토록 하기 위해 제시된 행동계획이 채택되도록 하고 자금이 필요하다면 자금을 지원받을 수 있도록 각자의 제안에 대하여 충분히 연구해야 한다.

경영개선 제안의 목적

- **조직적 리더십** 맥도널드 내의 마음가짐 및 문화의 지속적인 개선과 혁신을 강화하라. 맥도널드 내에 수용될 경우 경영성과에 상당히 긍정적으로 영향을 미칠 수 있는 잠재력을 가진 아이디어를 찾기 위해 지속적으로 외부 환경을 '조사하고 발굴하기' 를 추구하는 리더의 중요성에 더욱 중점을 두도록 하라.
- **팀 리더십** 네 개 팀 각각에게 사업 내의 상위 리더로 구성된 고위층 관객들에게 중요한 경영 제안을 전달할 책임이 있는 고성과 팀의 일원이 되어 지도하는 방법에 대하여 더 배울 수 있도록 역할연기 기회에 대비하여 실제적인 기회를 제공하라.
- **개인적 리더십** 모든 LAMP 참가자에게 혁신, 아이디어 개발 및 적응, 변화 관리, 이해관계자 분석, 실행상 발표 및 영향 등에 대한 개인적 개발의 기회를 제공하라.

기본 원칙

1. 핵심 아이디어는 맥도널드 외부에서 나와야 한다.
2. 제안된 사항들에 대하여 다른 조직이 성공적으로 시행될 수 있도록 뒷받침하는 근거가 있어야 한다.
3. 제안하기 전에 맥도널드 내의 사람이나 조직에서 승인을 받을 필요는 없다.

보기 12.8 계속

4. 각 팀의 발표는 위원회 구성원이 15분 정도 토론할 시간을 남겨두고, 30분 정도 할 수 있다.
5. 제안을 승인할 수 있도록 이러한 구조 내에서 팀은 완전히 자유롭다.

제안에 대한 위원회 멤버의 평가

- 제안을 이끌어 낸 사고의 과정 및 논리의 질 평가
- 제안을 승인할 수 있게 설득하는 데 미치는 효과성의 견지에서 발표 접근법, 스타일 형식 등의 평가
- 팀이 토론 중에 질문, 이의제기, 관심사 등을 효과적으로 다루는 정도 평가
- 성공적으로 이러한 제안을 시행하여 경영상의 이득을 얻을 수 있는 가능성 평가

경영위원회 멤버는 각 팀에게 팀이 제안한 것 중에서 가장 마음에 든 것에 대하여 구체적 문서 피드백을 제안할 것이며 아울러 팀이 발표를 개선할 수 있는 방안에 대한 한두 가지 제안을 제공할 것이다.

기고자 소개

제임스 인태글리아타(James Intagliata)는 고위 경영자 평가, 개인 리더십 코칭, 역량 모델 등을 전문으로 하는 경영 자문회사인 노스스타 그룹(Northstar Group)의 사장이자 창업자이다. 과거 20년 동안, 경영 및 시장에서 극적인 도전을 겪는 다양한 의뢰인 그룹과 벤처 창업기업부터 포춘 100대 기업까지 다양한 크기와 성숙도를 가진 기업 고위 경영자들을 자문하였다. 자문역 외에도, 그는 버팔로에 소재한 뉴욕 주립대학교와 캔자스 시티에 소재한 미주리 대학교에서 교수직을 역임하였고, 대학원생을 대상으로 조직이론 및 경영을 강의하였다. 그는 뉴욕 주립대학교에서 1976년에 치료심리학 박사학위를 받았다. 그는 최근에 「인적자원 계획수립(Human Resources Planning)지」 2000년 겨울호에 '리더십 브랜드를 만들기 위한 리더십 역량의 활용. 전략 및 성과집중에 의한 탁월성의 창조(Leveraging Leadership Competencies to Produce Leadership Brand. Creating Distinctiveness by Focusing on Strategy and Results)[데이브 울리히(Dave Ulrich), 놈 스몰우드(Norm Smallwood) 공저]를 발표하였다.

데이비드 스몰(David Small)은 현재 일리노이 오크 브룩에 있는 맥도널드사의 미국 리더십 개발 및 승계 계획을 담당하는 상무 이사이다. 이 자리에서, 맥도널드 미국 사업부의 인재 경영 및 리더십 개발을 책임지고 있다. 데이비드는 콜로라도 대학교에서 산업 및 조직심리학 석사학위를 받았고, 종업원 선발 및 평가 시스템, 성과개발, 승계 계획, 리더십 개발 등을 15년간 담당해 왔다. 그는 1995년 맥도널드사에 입사하기 전에 U.S. West와 Ameritech/SBC 등에서 근무하였다.

13

엠아이티대학교

이 사례는 정신 모델, 시스템 사고, 개인 및 조직의 비전 수립, 기타 몇 가지 베스트 프랙티스에 해당하는 조직학습 훈련과 도구들을 통하여 스스로 지속하는 학습조직을 만들고 유지할 수 있는 고수준의 기술을 개발하여 중요한 성과를 달성하는 엠아이티(MIT)대학교의 사례에 대하여 소개한다.

개요

이 사례연구에서는 엠아이티대학교의 설비조직(Massachusetts Institute of Technology's Department of Facilities)이 스스로 지속하는 학습 조직으로 변화하기 위해서 밟고 있는 단계들에 대하여 설명한다. 이 조직에서 무엇보다 중요한 목적은 과학, 기술, 기타 학문 분야의 지식을 향상시키고 학생을 교육하는 엠아이티대학교의 사명을 강화할 수 있도록 시설 공간을 건설하고, 운영하며, 봉사하고, 유지하는 조직을 설립하는 것이다. 이 사례는 리더들로 가득찬 조직을 세우기 위한, 또한 전략적인 방향을 설정하기 위해 조직의 모든 곳, 모든 계층의 대표들이 고객과 함께 하려는 리더의 비전과 용기에 대한 이야기이기도 하다.

필요점의 진단 및 평가

대부분의 여행은 첫걸음으로부터 시작된다. 그러나 이러한 여행은 두 가지 질문으로 시작되는 것이다. 계획이 어디에 있는가, 사람들이 무엇에 대하여 말하는가? 1993년 7월에, 빅토리아 시리아니(Victoria Sirianni)가 엠아이티대학교의 설비조직을 맡게 되었다. 그녀의 첫 공식적 업무는 조직의 전략 계획을 검토하는 것이었다. 그러나 그러한 계획은 단 하나도 존재하지 않았다. 또한, 업무수행 부서들을 구석구석 방문하는 동안 그녀는 매우 불행한 사람들이 있다는 것을 알았다. 그녀가 생각한 것보다 더 불행한 사람들이었다. 최고 설비 책임자 직책을 맡기 전, 비키(Vicky)—이렇게 불리기를 더 좋아한다—는 20년간 설비조직에서 직원으로 일하였고 학교공간을 운영하는 분야의 몇몇 직위에서 경험을 쌓았다. 그럼에도 불구하고, 그녀는 이 사실을 알고 놀라지 않을 수 없었다. 그녀의 새 목적은 두 가지 질문에 대해 답을 찾고 불행해하는 사람들을 위해 무언가를 하는 것이었다. 그렇게 하여 엠아이티대학교에서 단일 조직으로는 가장 큰 규모였던 행정조직에 대한 변화가 시작되었다.

비키가 새 직책을 수락한 직후, 그녀는 아직 몰랐지만 엠아이티대학교에서는 뒤엉킨 과정을 단순하게 하고 비용을 절약하기 위한 방편으로 몇몇 주요 운영부문에 대하여 비즈니스 프로세스 리엔지니어링을 실행하려고 시작하는 중이었다. 설비조직도 그 대상영역 중 하나였다. 비키는 이에 대비하여 부원들에게 리엔지니어링에 대하여 가능한 한 많은 것을 배우도록 장려하였다.

몇 달 동안 리엔지니어링이 임박했다는 소문 때문에 본 궤도에서 벗어나기는 하였지만, 비키는 지금의 학습 및 성과 코디네이터인 로라 루카스(Laura Lucas)에게 지시하여 전 부서원을 대상으로 한 설문조사를 실행하여 불행의 원인을 찾게 하였다. 설문조사의 질문은 단도직입적이었다: 우리는 내부적으로 의사소통을 어떻게 하고 있는가, 당신의 아이디어와 제안이 인정받는다고 느끼는가, 당신과 당신의 동료가 매우 훌륭하게 일을 한다고 믿는가? 이 질문들에 대한 대답 역시 단도직입적이었다. 현재 우리의 가장 큰 문제는 [ooo]의 독재 스타일로 인하여 의사소통이 붕괴되었고 종업원과 라인 감독자 간의 불신이 야기되었으며, 이것이 더 이상 문제되지 않도록 바꾸어 보겠다는 이야기도 들어보지 못했다는 것이다. 결국 모든 사람들이 상당한 몫의 일을 해야 한다는 것이었다. 이러한 응답이 상사와 동료를 비난하려는 사람들에게서 나온 것이든 리엔지니어링의 불확실성에 반응하는 사람들에게서 나온 것이든 간에, 무언가가 잘못되었다는 점은 분명하였다. 다행히도, 여러 가지 많은 긍정적인 의견들도 있었다. 예를 들면 나는 엠아이티대학교처럼 훌륭한 곳에서 일하는 것이 자랑스럽다. 나는 진정한 변화의 한 가운데에 서 있다는 것과 우리가 훌륭하고 활기찬 환경을 만들 수도 있다는 점에 자부심을 느낀다. 설비조직은 일하기 좋은 곳이다와 같은 의견도 있었다.

문제가 사실이든 지각된 것이든 간에 이것들은 해결되어야 하였다. 비키와 로라 그리고 현재의 인프라 재개발 및 특별 프로젝트를 담당하고 있는 설비조직의 부이사인 조 지펀(Joe Gifun)은 설비조직 종업원이 조직의 미래를 통제할 수 있다고 생각하였다. 그러므로 이들은 이 조직의 모든 부분을 대표하는 많은 사람들을 끌어모으고, 설문조사를 통해 수집된 정보를 이용하여, 그것을 이미 진행 중인 다른 변화 시도 활동에서 얻은 정보와 취합하여, 조직의 첫 번째 전략계획을 수립하는데 사용하였다.

사람들에게 계획 수립에 참여하도록 지원할 것을 권유하는 내용이 전달되었다. 50명의 자원자가 4개의 포커스 그룹 각각에 배정되었다. 의사소통 그룹, 권한부여 및 책임 그룹, 리더십, 관리 및 공정성 그룹, 공로인정그룹이 그것이다. 각 팀은 노동조합에 가입된 서비스 스태프, 행정요원, 건축가, 엔지니어, 컴퓨터 전문가, 운영보조, 정비/지상관리/시설 청소 유지들의 서비스 감독자 등 다양한 사람들로 구성되었다. 각 그룹은 설문조사 응답을 분석하면서 특정 분야에 대한 강점, 약점, 기회, 도전과제 등을 정하는 책임을 맡았고 구체적인 실행 아이템을 제시하게 되었다. 모든 일들이 하나의 문서로 집계되었고 1994년에 전략 계획이 발행되어 모든 부원들에게 배포되었다.

전략 계획의 성과 중 하나는 보다 더 많은 훈련을 받고자 하는 열망과 교육에 대한 필요성이었으므로, 설비조직은 조직 전체에 세 가지 훈련인 의사소통, 팀워크, 다양성에 노력을 기울이기 시작하였다. 또한, 설비조직은 학습과 성과 사이에 연관성을 확보하기 위한 메커니즘을 만들었고, 직무 분류에 따른 각 역량을 정하기 위해 인적자원 관리부서와 함께 작업을 하였다. 로라가 학습과 성과에 집중하기 위해서 설비조직 내의 훈련부서를 개조한 것은 바로 이 단계에서였다.

전략 계획 수립 이후 전략 리더십 팀(Strategic Leadership Team, SLT)이 곧 구성되었는데 이 조직은 몇몇 공식 리더들도 있었지만 주로 비공식 리더들로 구성되었다. 전략 리더십 팀은 조직의 각계 분야 사람들과 불만을 토로하는 고객이나 설비조직의 현재 관행 및 미래에 대한 아이디어를 제시해 주는 고객 등과 같이 다양한 그룹으로 구성되었다. 전략 리더십 팀은 또한 비키와 그녀의 참모진에게 조언자로서, 아울러 새로운 아이디어에 대한 반향판으로서의 역할을 담당하였다. 전략 리더십 팀의 구성원은 두 가지 규칙에 의해 움직였다. 조직 전체에 전략적인 초점을 유지하고, 최초의 전략 계획과 그의 수정 부분들에 대한 정신을 지키는 것이다.

전략 계획에는 56개의 실행 항목이 나열되어 있고, 그에 따른 많은 개선 진행이 이루어졌다. 보기 13.1은 1999년과 2002년에 56개 실행 항목의 진행 상황을 보여준다. 특히 흥미 있는 부분은 '진행 중'에 있는 실행 항목으로서 외부 및 내부 의사소통 프로그램의 실행을 필요로 한다. 1994년 이후 몇 개의 의사소통 프로그램과 그와 관련한 개선과정이 진행되어 왔다. 일부는 어느 정도의 성공을 거두었지만 완전한 성공은 어려웠다. 설비조직은 여전히 서비스 수준(내부 및 외부 고객이 요구하는 정보와 그것이 전달되고 표시되는 형식)과 비용 사이에서 균형점을 결정해야 한다. 설비조직은 프로젝트 기술지원, 훈련, 건물 시스템 보수와 같이 다른 팀이나 기능조직에게 서비스를 요구하는 설비조직 종업원을 내부 고객이라고 정의한다. 외부 고객은 설비조직 직원이 아닌 엠아이티대학교의 모든 구성원을 말한다.

정신의 유지 및 기조 설정

어느 조직이든 성공적인 성장과 변화를 위해서는 '최고경영진으로부터의' 전폭적인 지원이 필요하다고 사람들은 말한다. 엠아이티대학교의 설비조직은 상당히 운좋게도 조직 내부의 변화를 책임지고 이러한 변화가 발생하도록 적절한 부분들을 함께 모으려는 비전 있는 리더를 가지고 있었다. 이 조직은 사람들이 아이디어를 제시하고 문제해결, 정책 설계, 조직을 위한 전략적 비전개발 등을 위해 함께 일하는 팀 중심적 환경을 가지고 있다. 이 조직은 독립적인 생각을 존중하고 사람들에게 작업을 완수하고, 잘할 수 있도록 권한을 부여한다는 리엔지니어링 개념을 믿는다. 그렇게 하기 위해서 적절한 도구, 자원, 실수로부터 배울 수 있는 능력 등이 필요하다.

비키의 리더십하에 조직은 대안에 대한 토론, 의사결정, 당면 이슈 해결 등을 위한 수단으로 팀워크를 활용하기 시작하였다. 팀은 기존 서비스 분야 내에서, 아울러 개별분야—운영, 시설, 설계 및 시공, 자본 프로젝트, 재무 및 회계, 행정, 시스템 엔지니어링, 기반 시설 등—를 뛰어넘어서 일한다. 각 서비스 분야는 한 명의 이사급 경영자에 의해 이끌어진다. 1998년부터 2002년 여름까지, 세 개의 상설 팀이 비키, 이사, 운영 리더십 팀, 전략 리더십 팀 등을 지원하였다. 운영 리더십 팀은 오랜 동안 변혁을 이루어왔고 지금은 기능부서 소그룹 관리자들로 구성되어 있다. 이 조직은 모든 기능부서에게 영향을 미치는 운영 관련 문제에 대하여 토론하고 현재 및 앞으로 일어날 활동에 대하여 서로 정보를 갱신하도록 기능부서 관리자들을 위한 포럼을 제공한다. 전략 리더십 팀도 역시 변혁을 이루어왔고, 비키와 이사들은 그 형식과 조사 기능, 팀 기반의 리더십 모델 등을 채택하여 왔다.

오랜 기간 동안, 설비조직 종업원은 팀의 가치를 직접 경험하였다. 그러므로 개별적인 임시팀이 특정한 목적을 위해서 구성되곤 하였으며 여러 경우에 공식적인 허가 없이 구성되곤 하였다. 이러한 임시 팀은 공식적이건 비공식적이건, 비공식적인 리더를 위한 양성소가 되었고 하나의 아이디어를 실행하기 위해 비공식적인 리더에 의해 활용되는 수단이 되었다. 비공식적인 리더는 모두 급여를 받는 그룹(자원 봉사자가 아닌)에서 나왔다. 이들은 감독자, 관리자, 조합에 가입한 서비스 스태프, 행정 보조, 지원 스태프였고 이사들도 있었다. 여러 경우에, 팀들은 조직에 관한 의사결정을 하고 주요 과정을 개발하고 실행하였다. 이러한 관행으로 인하여 대부분의 문제들이 단지 개별적인 서비스 분야뿐만이 아니라 모두에게 중요하다는 것을 사람들이 이해할 수 있게 돕는, 개방적 환경 그리고 토론을 가능하게 하는 기능횡단적 환경이 만들어졌다.

설비 사업부는 끊임없이 스스로를 쇄신할 수 있는 열린 환경을 유지한다. 설비조직 종업원은 스스로를 성찰하고 팀, 리더, 개인 등에게서 활기를 계속 강화하는 문화를 개발하기 위한 변화와 그 변화의 필요성을 이해한다. 공식 팀들과 비공식 팀들은 자부심을 더 많이 보이고 있으며, 구성원을 참여시켜 우수한 과업을 만들어 내고 있다. 팀들은 설비조직이 새로 부상하는 리더를 찾는 곳이다.

변화의 시도

이전의 일부 시도들은 실패를 한 반면, 다른 어떤 시도들은 의도한 목적을 달성하여 유용하게 쓰이고 있지만, 사람들은 일반적으로 설비조직에서는 성격이 매우 다르다는 것을 쉽게 알 수 있다. 하지만 어찌됐건, 설비조직은 시장에서 번창하고자 하는 어느 조직과도 마찬가지로, 고객에게 경쟁자—이 경우에는 설비 운영 및 관리 회사—보다 높은 가치를 제공해야 한다. 설비조직은 어느 경쟁자와 마찬가지로, 건물 내부의 환경을 모니터하고 통제하는 등의 건물관리 시스템의 기술 변화를 최소한 따라잡고, 현재 보다 더 많은 서비스를 이전보다 더 빠르게 제공하기를 바라는 엠아이티대학교 커뮤니티의 기대에도 최소한 부응해야 한다. 그러므로 학습에 대한 그와 같은 필요성은 계속되며 훨씬 상위 수준의 개발단계에서는 더 필요하다. 이 조직이 당면한 목적은 설비조직 종업원이 더 나은 생각을 할 수 있게 되어 스스로 지속하는 학습 조직을 만들고 유지할 수 있는 능력을 갖추도록 도와주는 것이다. 이 목적을 달성하기 위해서, 설비조직은 서퍽(suffolk)대학교에서 조직학습 분야 교수인 캐롤 줄라우프 박사(Dr. Carol Zulauf)의 도움과 경험을 구하였다. 컨설팅 파트너인 줄라우프 박사와 행정 담당 이사인 팻 케네디 그레이엄(Pat Kennedy Graham), 그리고 조 지펀은 현재의 강점 및 약점을 규명하고 비키에게 행동 방침을 제시하기 위해서 과거에 설비조직 내에서 발생하였던 훌륭했던 일과 그렇지 못했던 모든 일에 대하여 솔직한 토론을 하는 데 많은 시간을 투자하였다. 계획 수립을 위한 토론을 하는 동안 사용된 주요 방법은 브레인스토밍이었다. 아이디어들은 일단 기록되었고, 필요한 경우 명료화되고 도전을 받기도 하였다. 그 결과 피터 센게의 다섯 가지 원칙(Peter Senge's five disciplines)을 소개하는 일련의 학습 모듈이 개발되었다. 첫 번째 모듈은 부 이사와 운영 리더십 및 전략리더십 팀 구성원에게 소개되었고 시스템 사고에 중점을 두었다. 두 번째 모듈인 개인적 숙달은 비공식적인 리더(이들이 현재 팀의 구성원이건 아니건)와 리더십 이니셔티브를 보여준 사람에게 제공되었다. 이 프로그램의 핵심은 다음과 같다.

프로그램 설계 단계

운영 리더십 팀에 의해 개발되고 소개된 전략적 목적들과 우선 순위로 뽑힌 것들은 다음과 같다.

- 고객 서비스 개선
- 엠아이티대학교의 자산을 강화하고 보호하기
- 자본 프로젝트에 대한 설계, 공사, 양도
- 핵심 과정에 대한 지속적인 개선
- 환경에 대한 엠아이티대학교의 약속 이행
- 개인 및 조직의 능력 개발

설비조직의 주요 인물 중 두 명과 가깝게 일한 줄라우프 박사는 '개인 및 조직의 능력개발' 이라는 전략적 목적 안에서 두 개 부분에 중점을 두었다. (1) 새로운 HR 훈련을 개발, 수용, 실행하고 (2) 학습 및 성과 노력을 새롭게 한다.

컨설팅 파트너가 전략적 목적과 우선 순위를 자신의 추진력으로 삼아 처음 이 프로젝트를 위한 변화추진 활동을 가시화하기 시작했을 때, 그녀는 균형 잡힌 성과지표(Balanced Scorecard)에 의하여 정의되고, 데이브 울리히와 다른 사람들이 개발한 결과 기반 리더십(Results-Based Leadership)에서 제시된 조직 및 개인의 능력을 전반적인 틀로 사용하였다. 이 틀에는 조직 관점에서 볼 때, 학습 및 혁신을 위한 능력 고려하기, '벽 없는 조직' 으로 일하기 혹은 설비조직의 언어로 일하기, 부서를 가로질러 일하기, 책임성을 바탕으로 일하기 등이 포함되었다. 종업원 관점 부분에서는 종업원 능력 및 지적 자본의 개발과 강화를 통하여 성과를 높이는 것이 포함된다. 그 결과 시간이 지나면서 설비조직 내에 새로운 베스트 프랙티스들이 포함되었고 설비조직의 내, 외부 고객 기반에 대한 긍정적인 영향이 포함되게 되었다.

이 컨설팅 파트너는 초기의 학습 및 성과 이니셔티브의 설계를 위한 전반적인 프레임워크로 조직 및 종업원 능력개발에 중점을 두면서, 설비조직 내 리더를 위한 학습문화를 개발하기 위하여 조직 학습 능력을 이용하는 수준까지 이 전반적인 프레임워크를 끌고 갔다. 이 리더십 개발 시스템의 설계는 설비조직에 의해서 처음으로 공표된 전략적 목적 및 우선 순위와 직접적으로 관련되었다.

- 핵심 성공요소에는 두 가지 지도 원칙이 포함된다.
- 성장 능력과 학습 능력은 시스템을 변화시킬 것이다.
- 학습은 리더십의 바탕이다.

컨설팅 파트너는 인터벤션을 실행하거나 시스템의 다이내믹스를 계획하기 전에 시스템을 이해해야 한다고 믿는다. 보기 13.2는 이러한 주요 다이내믹스를 보여준다.

시스템 관점을 가지면 인터벤션이나 변화가 어떻게 시스템에 영향을 미치는지와 그 결과 및 결론이 어떻게 될 것인지를 보게 되는 능력이 높아진다. 시스템 관점을 개발하는 것은 프로그램의 설계 및 실행에서 머릿돌이었다.

전반적인 역량모델

엠아이티대학교의 세션 개발을 지도하는 데 두 개의 중요한 모델이 사용되었다. 하나는 피터 센게로부터 나왔는데 무엇보다 조직의 학습 능력이 포괄적 원칙이라는 점을 보여준다. 또 다른 역량모델은 워너 버크(Warner Burke)에 의해 개발된 것으로서, 이 컨설팅 파트너가 조직 학습 원칙에 직접 연결한 특정 역량을 강조한다. 보기 13.3과 보기 13.4는 각각 모델 1과 모델 2를 보여준다.

프로그램의 실행

이 프로그램의 구체적 내용은 리더들이 설비조직 내에서 변화를 계획하도록, 또한 참가자들이 어떻게 자신들이 전체 시스템의 일부를 이루는지를 볼 수 있도록 시스템 조망에 대한 수용성을 개발하는 데 중점을 두었다. 조직 변화 전문가인 캐서린 대니밀러(Kathleen Dannemiller)의 말을 인용하면, "당신이 당신을 시스템의 일부로 여긴다면, 당신은 진정한 변화를 향하고 있는 것이다"(Linkage OD Summit, 2001년 10월). 첫 두 번의 훈련 세션에서 다루었던 의제는 보기 13.5와 보기 13.6에 제시되어 있으며, 실제적인 훈련 내용은 보기 13.8에 나타나 있다.

이 실행의 핵심 요소들은 참가자가 자기 조직이 건전하고 생산적이며 지속가능한 방법으로 운영되기 위한 방법을 자세히 생각하면서, 그들이 5년 후의 자신의 조직이 어떻게 될 것인지를 상상하는 연습을 통하여 조직의 전략적 사명과 분명하게 연결하는 목적을 가지고 있었다. 이 연습에서의 주요 질문은 다음과 같았다. 당신과 주변 사람들은 2001년에 놀라운 변혁을 이루기 위해서 했던 것이 무엇입니까? 이 참가자들은 자신들의 미래에 나아가야 할 방향을 설계하기 시작하면서 몰입감을 갖게 되고 활력을 얻게 되었다. 거기서부터, 우리는 시스템의 영향과 시스템적인 변화에 중점을 두었는데, 이것들은 참가자들로 하여금 자신들의 조직에 대하여 그리고 자신들의 의사결정이 서로에게 미치는 영향에 대하여 새로운 사고방식을 갖도록 만들었다.

여정은 계속된다

이 첫 번째 세션은 설비조직 내에 학습조직 설립과 미래 리더개발을 위한 끊임없는 작업의 장을 열었다. 두 번째 세션은 다음의 사상에 기초한 근본적인 전제하에 개인적 전문지식을 개발하는 데 중점을 두었다.

> 리더십 개발에 있어서 빠진 부분은 리더를 키우는 사람을 키우는 것이다.
>
> —케빈 캐시먼(Kevin Cashman, 1998, p. 18)

주요 사상

- 우리는 리더십을 외부적인 사건으로 생각하는 경향이 있다. 리더십을 우리

가 누구인지를 표현하는 것으로 생각하기보다는, 사람들이 행하는 어떤 것이라고 여긴다.

- 리더십은 리더의 행동 안에 있는 존재이다.
- 우리의 존재는 리더로서의 우리 자신을 리드하는 행동 그 자체만큼을 설명해준다.
- 우리는 성장을 할 때, 그만큼 남도 지도할 수 있어야 한다.

개인적 숙달 세션에서 다른 부분은 참가자가 자신과 자신들의 조직 내에서 창의적인 긴장감을 확인하는 데 중점을 두었다.

훈련방법론과 도구

두 가지 세션에서, 참가자의 몰입과 학습 극대화를 이루기 위해 여러 방법론들과 훈련 도구들이 사용되었다. 그것은 시스템 사고 세션을 위한 인과관계 도표, 실질적 연습, 소그룹 작업, 비디오 클립, 대화 세션, 발표, 공식적인 교실 수업 후 지속되는 연습 등으로 구성되었다.

세션 2 역시 프로그램 이후에 학습을 강화하는 두 가지의 특정한 단계를 실행함으로써 지속적인 개발과 사후관리를 위한 장을 마련하였다. 한 가지는 그들이 경험하였던 모든 주요 학습, 통찰력, 교훈, '차이를 만드는 행동' 등을 기록하는 과정을 장려하는 정신으로 일지를 기록하는 실천행동이었다('차이를 만든 행동'의 정의를 보기 위해서는 보기 13.8 참조). 참가자들은 이러한 경험을 기록하는 것뿐 아니라 이러한 통찰력, 교훈 등이 참가자 자신들의 작업관행이나 상호작용에 어떻게 영향을 미치거나 변화시켰는지 기록하도록 장려되었다. 그 세션이 참가자들의 상호작용과 리더로서 성찰에 어떻게 영향을 미쳤는지를 알아보기 위해서 그 세션을 마치고 난 6~8주 후에 각 참가자와 함께 사후관리가 이루어졌다.

성과에 대한 선행지표

성과 측정은 성과에 대한 선행지표에 중점을 두었다. 예를 들어 리더십 및 조직 학습능력 개발의 선행지표는 기능 간의 새로운 관계 수립, 설비조직 내부 및 외부에서 고객과의 상호작용 증가, 조직 내에서 의사소통 흐름 증가, 과정 및 결과를 엠아이티대학교 설비조직에 의해 이미 기술된 전략적 목적과 연계하는 것 등이다.

참가자로부터의 피드백과 사후관리 리더십 능력개발의 첫 번째 세션에서 한 참가자가 다음과 같은 피드백을 남겼다. "당신은 아침 세션에서 있었던 사례들[전략적 목적들의 윤곽을 잡는 세션]을 당신이 발표한 내용에 잘 통합하였더군요."

첫 세션의 다른 참가자는 "그 내용은 사람들로 하여금 의지를 갖도록 만들기 때문에 매우 유용합니다."라고 말하였다. 이 파트너가 이 의견을 해석하는 방식은 어떤 것이 의식적 사고과정의 일부가 되거나 의도적이 되면, 그 사람은 (행동) 변화가 이루어지는 과정에 있다는 것이다.

세션 2에서, 우리는 두 가지 측정을 실시하였다. 즉 세션 직후의 평가서 작성과 6~8주 후에 실시전 후속 질문서이다. 세션 종료시에, 참가자는 5점 척도(5 : 매우 우수)로 다음 사항을 평가하도록 요구받았다.

1. 세미나 내용—관련성, 적시성
2. 퍼실리테이터—주제에 대한 지식, 열정, 가르치는 스타일, 준비성
3. 세미나 자료—명료성, 적절성
4. 세미나 연습—다양성, 주제 영역과의 연관성
5. 추가적인 의견, 생각, 깨달음

피드백에는 다음과 같은 의견들이 담겨 있었다.

- 사후관리의 가치가 있다.
- 훈련들이 훌륭하였다.
- 더 많은 세션을 열어 모멘텀을 유지한다.
- 이 세션이 나의 미래를 설계하는 데 도움이 될 것이다.
- 이 세션은 내가 지금껏 생각해 보지 못한 것들에 대하여 생각해 보도록 만들었다.
- 나는 이 수업이 모든 이가 참가할 만한 훌륭한 것이고 또한 눈을 많이 열어 줄 것이라 생각한다.
- 우리 자신, 목적, 비전, 한계 등을 깊이 있게 바라보는 법에 대한 잘 만들어

진 연습이다.

보기 13.7과 같은 질문서를 세션 종료 후 6~8주가 지나서 참가자들에게 보냈다.

행동 및 태도의 변화

이 프로그램을 통하여 사람들이 다른 사람을 보는 방법과 상호작용하는 방법에 있어서 상당히 강력한 어떤 변화들이 일어났다. 몇 가지 사례는 다음과 같다.

> 나는 다른 사람과의 상호작용에 있어서 내 자신이 좀 더 진실해지려고 노력하는 것을 발견하였다. 내 마음속에 있던, 내가 신경을 왜 써야만 하는가?(Why should I care?)라는 질문은 내가 신경을 왜 쓰는가?(Why do I care?)로 바뀌었다. 그 결과, 나는 내가 위험을 감수할 만큼 충분히 신경 쓰고 있기 때문에 나의 직접 보고라인에 있지 않은 다른 사람들에게 피드백을 줄 수 있었다.

> 비디오[세션 2에서 보여준 개인적 숙달에 대한 비디오]는 나의 핵심을 건드렸다. 나를 흔들어 내가 서명하는 것이 무엇인가(What is my signature?)라고 질문하게 만들었다.

실질적인 변화는 외관상 미묘해 보이는 방식으로 발생하지만, 관계나 혹은 사람들이 다른 사람과 상호작용하는 방법에 여전히 강한 영향을 미친다는 것도 강조되어야 한다. 다음의 사례는 세션 2에서 우리의 의식적, 무의식적 신념을 확인하기 위한 연습의 결과로 두 동료 사이에 변화가 어떻게 발생하였는지에 대한 또 하나의 보기이다.

> 한계 돌파 세션에서, 동료와 나는 '완벽해지려고 노력하는' 데 있어서[그들은 이런 노력이 자신들에 대한 무의식에서 비롯된 것임을 확인하였다], 그리고 우리가 만든 제품이 그다지 훌륭하지 못해서 더 많은 성과를 얻을 수 없었다는 점에서 공통점을 발견하였다. 세미나 이후, 우리는 '완벽하지는 못하였지만' 요구를 충족시키기에는 충분한 보고 자료들을 교환할 수 있었다. 동료가 나에게 보고서를 요구할 때, 그는 "완벽할 필요는 없습니다."고 말하였고 나는 그 말의 뜻을 알아 들었다.

또한, 참가자에게 자신의 '상자 속의 말(word-in-a-box)'을 확인하기를 요구하는 개인 숙달훈련에 대하여, 한 참가자는 다음과 같이 말하였다.

> 수업 이후, 나는 '내 말(my word)' 을 다양한 환경에 맞추기 위해서 내가 변화할 필요가 있다는 것뿐만 아니라 나의 '상자 속의 말' 에 대하여 깊이 생각하게 되었다.

마지막으로, 그러나 역시 매우 중요한 의견은 이 조직 내에서 학습, 창의성, 성장 등의 문화를 만들기 원하는 참가자 중 한 사람으로부터 나왔다.

> 나는 학습 기회들을 예측하는 조직을 만들기를 원하며, 왜 가능하고, 왜 가능하지 않는가에 대해서 지속적으로 묻는 조직을 만들기를 원합니다.

조직 관행에서의 중요한 변화

설비조직은 지금 학습과 조직의 변화 시도에 대한 투자수익을 정량적으로 결정하는 메커니즘을 가지고 있지 않다. 그럼에도 불구하고, 다음의 비교사항들을 통하여 독자가 전략 계획 실행 이후에 발생한 변화의 정도를 이해하는 데 도움이 될 것이다 (전략 계획에 대하여 보기 13.1 참조).

통찰과 성찰

설비조직은 학습조직으로 변해가는 과정에서 많은 단계를 밟았다. 그러나 그 여정이 성공적이기 위해서는 무엇이 행해져야 할 것인가? 센게의 개인 숙달 원칙인 특히 창조적 긴장을 활용하라. 그리고 현재와 비전 간의 차이에 초점을 맞추라. 이러한 차이 속에 실행될 필요가 있는 것들, 해결되어야 할 문제들, 대답될 필요가 있는 질문 등이 존재한다. 예를 들어

- 경험으로부터 배우는 조직, 모든 종업원이 참고할 수 있도록 이러한 경험들을 기록 관리하는 조직을 설비조직은 어떻게 만들 것인가? 어떤 기능부서는 학내에서 매년 벌어지는 학위 수여식 행사 혹은 어려운 프로젝트 같은 선별된 행사가 끝난 후에 사후점검 활동을 수행하는 관행을 채택하였다. 참가자는 행동에 대한 평가과정이 유익하다는 것을 발견하며, 더 많은 사람들이 이러한 평가를 할 수 있도록 교육하는 것이 하나의 목적이 된다. 설비조직은

모든 건설 관련 서류의 중앙 보관소를 유지한다. 그러나 비건설 관련 연구, 프로젝트, 행사 등에 관한 학습 및 정보를 수집할 방도를 찾을 필요가 있다. 현재, 특정한 개인이 정보를 가지고 있다는 것을 사람들이 알지 못하거나 배우지 못하면, 이러한 기록들은 그 개인에 의해 보관되고 다른 사람에게 공개되지 않게 된다.

- 종업원에게는 조직의 모든 계층과 효과적인 의사소통을 할 수 있는 방법과 훈련이 필요하다. 설비조직 종업원은 설비조직 학습 및 성과 센터(Facilities Learning and Performance Center)에 의해서나 인적자원 관리부의 조직 및 종업원 개발 강사(HR's Organizational and Employee Development instructors) 등에 의해 실행되는 많은 의사소통 및 고객 서비스 과정을 활용할 수 있다. 높은 수준의 대인관계 기술과 발표 기술은 미래를 위해 필요하다. 그러므로 더 많은 훈련이 필요하다.
- 교차기능 팀들의 능력을 이용하라. 설비조직이 교차기능 팀으로 큰 성공을 경험했지만, 좋은 팀 구성원이 되기 위해 필요한 기술을 더 많은 사람들이 학습할 필요가 있다.
- 모든 수준에서 학습을 성과로 만들라. 학습 목적과 성취에 대한 토론은 해마다 열리는 성과 평가 회의에서 장려된다. 그러나 그 관행은 더욱 널리 실행될 필요가 있다. 종업원이 미화 30억 달러 규모의 유형자산에 대한 관리인이 될 수 있도록 도와주는 데 필요한 단계들을 실행하라. 모든 사람이 엠아이티대학교의 학습, 연구, 경영 등의 측면을 향상시키는 결정을 내리도록 도와주고, 그들이 엠아이티대학교의 빌딩 시스템과 사명에 잘못된 영향을 미치기 전에 문제를 찾아내고 해결할 수 있도록 도와주기 위해서, 설비조직 종업원들은 복잡한 과정들, 고객의 요구, 급격하게 증가하는 정밀 기술 시스템, 강화된 법률 등과 같은 상황에서 더욱 효과적, 효율적으로 일할 수 있는 능력을 가지고 있어야 한다. 엠아이티대학교 공동체의 구성원과 건물 및 토지 등의 엠아이티대학교 유형자산은 고도로 숙련된 설비조직 직원으로 인하여 혜택을 얻는다. 학습 및 성과 센터(Learning and Performance Center)는 다양성, 관리, 컴퓨터, 리더십, 안전 등의 많은 수업과정을 통하여 더욱 기능적인 기술 훈련을 실행할 것이다.

- 설비조직은 내부 고객과 외부 고객의 견지에서 서비스의 가치를 어떻게 측정하는가? 현존하는 모든 건물의 구조와 시스템 수리의 모든 책임을 맡고 있는 기능 소그룹인 수선 및 정비조직(Repair and Maintenance)과 모든 리노베이션의 책임을 맡고 있는 기능 부서인, 디자인 및 시공 서비스조직(Desing and Construction Services)은 모든 서비스 요구가 완료되었을 때, 내부 혹은 외부 고객에게 서비스의 질에 대한 피드백을 제공하도록 요구한다. 수집된 평가서들은 검토가 이루어지며, 필요하다면 개선을 실행하기도 한다. 학습 및 성과(Learning and Perfomance)평가활동에서는 모든 교육과정 종료시에 평가를 실시하고 또한 이수한 교육과정 종료 후 1~2개월이 지난 후의 대화 세션 방식으로 작업할 때 훈련이 가치가 있었는지를 평가한다. 그 평가서는 특정한 교육과정에 대하여 질문하고, 새로운 교육과정에 대한 제안 등을 요구하며, 대화 세션에서는 새로운 기술과 지식을 적용하는 데 중점을 두고 있다. 현재까지 집계된 통계 자료는 아직 매우 부족하다. 그러므로 종적인 연구는 현재 불가능하다. 설비조직은 자료를 수집하기 시작하고 있고 다른 기능부서에게 측정가능성을 확대하기 시작하는 중이다.

개발의 이 초기 단계에서, 설비조직의 학습조직 노력은 부서지기 쉽고, 끊임없는 주의와 많은 유지관리, 지속적이고 변함없는 강인한 리더십 등이 필요한 단계이다. 성장을 위한 주요 요소는 이미 갖추어져 있다. 그와 같은 요소는 장기적으로 성공하기 위해서 설비조직이 학습조직이 되어야 한다는 것에 대한 많은 종업원의 인식, 비전을 가지고 있는 설비조직 책임자(chief facilities officer), 소수의 계발된 리더, 발생할 많은 변화와 변혁을 통하여 이러한 성장을 유지하고 나머지 조직을 지도하고, 영향을 미치고, 동기부여하기 위한 비공식 리더 간부진 등이다. 설비조직의 여행은 확실히 아직 진행 중에 있다.

수천 마일의 여행은 당신의 첫 발걸음에서 시작한다.

—라오 츄(Lao Tzu, *Tao Te Ching*, Book Two, Chapter 64)

참고문헌

Burke, W. W. (2001). Competency Model. *OD Practitioner*, 33(3), 15.

Cashman, K. (1998). *Leadership from the Inside Out*. Provo, Utah: Executive Excellence Publishing.

Dannemiller, K. (Oct. 2001). "Whole Scale Change." Paper presented at Linkage Organization Development Summit, Chicago, Ill.

Lao Tzu (4th century B.C./1963). *Tao Te Ching*, D.C. Lau (Trans.). Baltimore, Md.: Penguin.

Senge, P. (1990). *The fifth Discipline: The Art and Practice of the Learning Organization*. New York: Doubleday.

Ulrich, D., Zenger, J., Smallwood, N. (1999). *Results-Based Leadership*. Boston, Mass.: Harvard Business School Press.

보기 13.1 전략 계획의 실행 항목 상태, 1999년에서 2002년까지

	실행 항목수	
	1999	2002
완성	29	45
부분적 완성	16	10
진행 중	5	1
미실행	6	0

주 : '부분적 완성' 이란 여러 항목으로 구성된 것에서 최소한 하나 이상이 완성된 항목을 의미하며, '진행 중' 이라는 말은 완성이 하나도 되지 않은 몇 개의 실행물들을 가진 행동 항목을 가리킴.

전략계획 이전	전략계획 이후
종업원의 27%에 대하여만 중앙조직에서 훈련이 기록되어 있다.	모든 종업원에 대하여 훈련을 기록
노조에 가입한 스태프에게 14개의 과정이 제공된다.	학습 및 성과조직 팀을 만든 일 년 후인 1998년에 40개의 각 과정이 모든 종업원에게 제공된다. 현재 학습 및 성과조직 팀은 유사한 수의 과정을 제공한다. 그러나 원래의 과정 중 많은 과정이 현재의 필요점 대처에 따라 갱신되고 대체된다.
30개의 컴퓨터와 30개의 터미널이 사용된다.	400개의 컴퓨터가 사용된다.
컴퓨터 훈련을 받은 종업원들만이 선발된다.	모든 종업원은 전자 메일과 웹 기초과정 훈련을 받는다.
훈련은 일반적으로 기술이슈에 초점이 맞춰진다.	학습이 전략적 목적과 정렬된다.
행정 담당 스태프들에 대한 연간 성과점검은 비공식적이고 일관되지 않게 행해진다.	행정담당 스태프들을 위한 연간 성과점검과정이 공식적이고 일관되게 적용된다.
행정보조원들은 연간 성과점검을 받지 않았다.	행정보조원들이 연간 성과평가를 받는다.

보기 13.1 계속

비노조 서비스 스태프들은 연간 성과평가를 받지 않았다.	비노조 서비스 스태프들은 자신들의 코치와 함께 연간 성과 피드백 세션에 참여한다.
잘한 일에 대한 인정이 고객이 종업원에게 보내는 칭찬에 의존한다. 이 편지는 종업원의 개인 파일에 보관된다.	종업원들은 잘한 일에 대하여 서로 간에 인정을 해 준다. 모든 현금 보상은 전략적 목적과 연계되어 있다. 고객으로부터의 칭찬은 장려되지만 대부분의 칭찬은 시설조직 내부에서 비롯된다.
전략적 의사결정에 고객이 관여하지 않는다.	고객은 설비조직의 전략적 방향에 영향을 미칠 수 있는 의사결정에 참가한다.
정비 요청서의 수령이 인정되지 않는다.	각 설비요구서의 수령과 완성내용이 고객에게 자동적으로 전달된다.
정해진 종업원만이 고객과 의사소통한다.	모든 종업원이 고객과 의사소통한다.

보기 13.2 시스템 도표

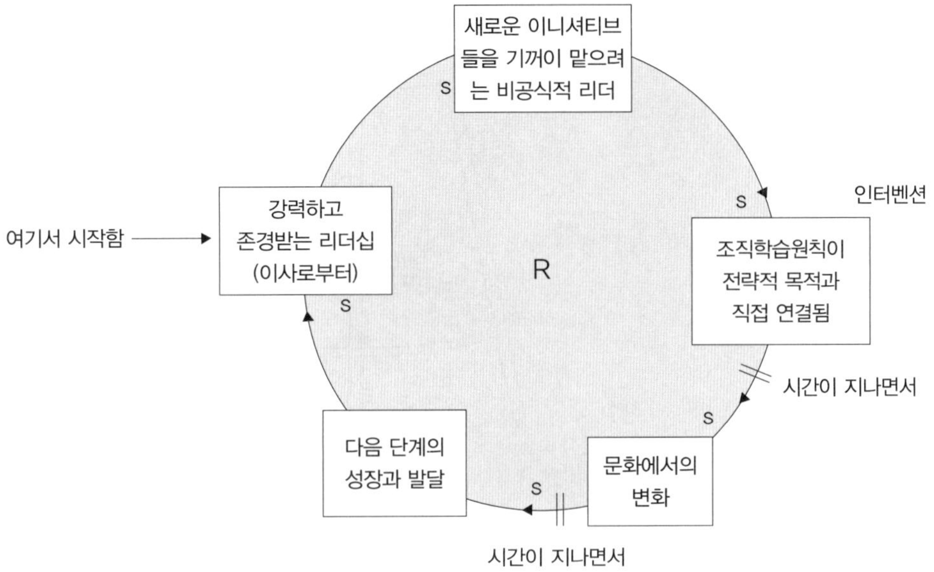

시스템 도표를 읽기 위해서

최고 시설 관리자인 비키 시리아니에 의하여 일관되게 제시된 강력하고 존경받는 리더십이 비공식적 리더들로 하여금 새로운 과정과 관행들을 실행하는 이니셔티브를 취하도록 영향을 미치는데, 그 새로운 과정과 관행들은 차츰 그 인터벤션에 이른다. 즉 조직 학습 원칙들이 직접적으로 조직의 전략적 목적에 연결되게 된다. 이것은 단 한 번의 인터벤션이 아니다. 지속적인 이니셔티브들이 개발되어 왔고 개발되고 있다. 시간이 지나면서 이 이니셔티브들의 목표들은 (a) 상호작용의 새로운 프랙티스와 방법들에 의하여 문화에서 변화들이 이루어지고 (b) 다음 단계의 성장을 위하여 학습하고 분발하는 종업원들을 만들게 된다.

주 : 's' 는 긍정적 방향으로 성장 또는 영향력의 방향에서 증가하는 것을 의미함.

보기 13.3 모델 I : 조직 학습 역량

개인적 숙달이란 개인 성장과 학습의 원칙을 의미한다. 그것은 자신이 진정으로 추구하는 삶에서 결과를 만들 능력이다.

공유비전이란 공통열망에 의하여 사람들을 함께 묶는다. 공유비전은 학습조직에서 중요한데, 왜냐하면 그것은 학습에 대한 초점과 에너지를 제공하기 때문이다(Senge, 1990, p. 206)

시스템 사고란 우리가 어느 주어진 상황에서 상호 연결되어 있고 상호 의존적임을 보도록 해 준다. 그것은 전체적인 사고방식이고 전체적으로 세상을 보는 것이다.

멘탈모델이란 우리가 자신의 마음에 세상이 어떻게 돌아가는가에 대하여 우리가 갖는 그림이다. 그것들은 우리의 가정이자 신념 시스템이다.

팀 학습은 보다 더 나은 선을 위하여 목적, 역할 학습을 함께 정렬하는 것에 대한 것이다. 그것은 집합적 원칙이다.

출처 : P. Senge(1990). 허가하에 재인쇄

보기 13.4 모델 II : 조직 학습 운영을 가능하게 하는 역량모델

핵심 역량들	
능력개발 요소	연결되는 조직 학습 능력
모호함을 참을 능력	시스템 사고
영향력	팀 학습
어려운 이슈(질문을 통하여)*	팀 학습
타인의 지원과 양육	팀 학습
잘 경청하고 공감함	팀 학습, 정신모델
자신의 감정, 직관을 빠르게 인정함	개인적 숙달, 팀 학습
개념화	시스템 사고
인간의 에너지를 발견하고 활성화함	팀 학습, 개인적 숙달
학습 기회를 만듦	조직학습의 전체성
사명감(그리고 비전감)*	개인적 숙달, 공유된 비전
유머감각의 유지	즐거움과 학습을 존중하고 지지하는 환경의 결과

* 컨설팅 파트너에 의하여 채용된 모델, 2001–2002

출처 : Copyright © 1982 W. Burke. 허가하에 재인쇄

보기 13.5 세션 I의 의제

리더십 능력 개발 : 개인능력과 조직능력에 리더십 능력을 연결함.

I. 성공적인 변화 연습
- 두 가지 목적
  1. 이 아침 세션을 개인 및 조직 성장 목적에 연결
  2. 우리가 조직 학습과 조직 효과성에 집중하는 근거를 제공함

II. 토론 : 리더십, 학습, 성과
- 성장역량 → 학습 → 우리 시스템의 변혁
- 조직 학습 능력
- 학습과 성과

III. 시스템의 영향과 시스템적 변화의 영향
- 네 가지 반응 양식
- 영향들의 상호연결을 확인 — 토론과 소집단 응용

IV. 리더십 대화 : 핵심 학습과 리더십 이야기

보기 13.6 세션 II의 의제

개인적 숙달과 비전 개발

I. 이 세션에 대한 기초적 전제들
II. 개인개발과 리더십 개발에 대한 성격 모형 및 인성 모형
III. 인성과 성격을 인도하는 특질들
IV. 개인적 숙달
V. 내부 여행 그 자체
  A. 의식적 신념들
  B. 무의식적 신념들
VI. 개인적 숙달의 두 가지 힘
VII. 개인적 숙달과 다른 원칙과의 연결
VIII. 개인적 비전의 개발
IX. 개인적 숙달 연습
X. 자신의 조직비전
XI. 지속적인 개인적 숙달 연습 : 다르게 하라

보기 13.7 세션에 대한 사후관리 질문

개인적 숙달과 비전 개발 : 2002년 7월 11에 열렸던 우리 세션에서 사후관리 질문사항

우리는 세션이 우리의 상호작용에 어떻게 영향을 미치는지를 알아보기를 원하고 있습니다. 이들 질문들에 대하여 생각할 시간을 가져주심에 감사드립니다.

---

1. 우리 세션이 이루어진 이후 리더십 변화의 관점을 귀하는 어떻게 보았습니까? 귀하는 생각과 행동에서 어떤 변화를 이루었습니까? 귀하는 어떻게 그것들을 느낍니까?(예를 들면 개인특징, 귀하가 이야기하는 의식적-무의식적 신념을 생각해 보십시오.)
2. 귀하는 개인비전 또는 조직비전 개발에 대하여 생각해 보기 시작하였습니까? 부탁하건데 잘 다듬어 주십시오…
3. 귀하는 귀하가 사용할 수 있게 된(또는 이미 사용해 왔던) 세션에서 무엇을 배웠습니까?
4. 귀하에게 깨달음(aha)이 있었습니까?, 그것은 무엇이었습니까?
5. 귀하는 '차이를 만들(Do Differently?)' 수 있습니까? 귀하나 다른 사람들은 '차이를 만든' 결과 어떤 변화를 경험하였습니까?
6. 후속 세션에서 어떤 것에 관심을 집중하고자 합니까?

보기 13.8 훈련 내용 : 조직 학습 세션에서 사용된 연습

세션 I

리더십 능력의 개발 : 개인능력과 조직능력에 연결

연습 I – 성공적인 변화 연습

변화의 이해와 관리

1. 우리는 모두 성공적인 변화를 경험해 왔습니다. 조직 내에서건 공동체에서건, 교회에서건, 아니면 우리 가족에서건 간에, 귀하가 변화의 일부가 되어 생산적 방식으로 강력한 변화를 이룬 경험을 기술해 보십시오. 무엇이 일어났습니까? 어떻게 그것이 성공하였습니까?
2. 자신을 미래로 데려가 보십시오. 때는 지금부터 5년 후이고 귀하의 조직과 부서는 건강하고 생산적이며 지속가능한 방식으로 운영되고 있습니다. 무엇이 지속되고 있습니가? 그것은 현재나 과거와 다릅니까? 다시 현재로 돌아와서 그 현저한 변혁을 가능하게 하기 위해 귀하와 다른 사람들이 했던 일들은 무엇입니까?

연습 Ⅱ – 응용연습 : 귀하 자신의 구체적 사례

팀에서 시스템 사고라는 수단을 사용하여 귀하가 자신의 환경에서 그림으로 그려보고 싶은한 가지 사례를 골라보십시오. 팀 멤버들과 함께 이 문제의 주인공이라고 해보십시오. 팀의 다른 멤버들은 '고객' 이 그 문제를 그림으로 나타내도록 도와주는 데 퍼실리테이터나 컨설턴트로서 행동할 수 있습니다. 다음 단계와 도표들을 귀하를 안내하는 도구로 활용하십시오.

시스템 사고 템플릿	완성 여부	
제 1단계 : 문제를 규명한다	예	아니요
제 2단계 : 이야기를 한다	예	아니요
제 3단계 : 핵심 변수들을 확인한다	예	아니요
제 4단계 : 문제를 시각화한다	예	아니요
제 5단계 : 순환고리를 만든다	예	아니요
제 6단계 : 전체 과정을 평가한다	예	아니요

제 1단계 : 문제를 규명한다.
제 2단계 : 그것을 이야기로 말한다.
제 3단계 : 핵심 변수들을 확인한다.
제 4단계 : 문제를 시각화한다.
제 5단계 : 순환고리를 만든다.
제 6단계 : 전체 과정을 평가한다.

보기 13.8 계속

세션 Ⅱ

개인 숙달과 비전 개발

연습 Ⅰ – 개인숙달 연습

이 연습은 귀하가 개인 비전을 정의하도록 도와줄 것입니다. 귀하 자신과 귀하 주변의 세계를 위하여 귀하는 무엇을 만들기를 원합니까? 이것은 귀하의 삶에서 스트레스를 바꾸어 더 보상을 주는 노력, 더 성취를 이루게 노력하는 한 가지 긍정적 방식입니다.

귀하 자신의 개인적 비전 : 그 과정에서의 필요한 단계들

제1단계 : 자신이 무엇이 되기를 원하는지를 알기
첫째, 자신이 왜 여기에 있는지(종종 사명이라고 불린다)를 앎에 의하여 자신의 삶의 계획을 만들어 보십시오. 자신의 사명을 한 단어를 사용하여 요약하십시오—상자 속의 말들(your word in the box). 달리 말해서 '한마디로' 무엇이 자신을 안내하는지… 자신이 그것을 위해 분투하기를 원하는 것이 그에 해당합니다.

자신의 상자 속의 말은 서비스, 우수성, 팀워크, 평화, 행복 또는 그밖의 것일 수 있습니다.

여기 귀하의 상자 속의 말을 위한 귀하 자신의 공간이 있습니다.

제2단계 : 상자 속의 단어를 가지고 좀 더 깊이 파고들기
상사 속의 말에 대하여 생각해 보고 그 말이 자신과 자신의 사명 또는 목적에 무엇을 의미하는지를 생각해 보십시오. 세 가지 다른 환경 속에서 그 말을 그려보십시오.

- 집에서/자신의 사회적 생활에서
- 일터에서
- 자기 자신 내에서

이 세 가지 각각의 환경에서 자신의 말을 좀 더 많이 만들고/통합하기 위해 귀하는 무엇을 변화시킬 필요가 있습니까?

____

____

____

보기 13.8 계속

제3단계 : 결과를 만들기(마음속에 목적을 가지고 시작)
자신의 삶에서 자신이 깊이 바라는 하나의 결과를 이룬다고 상상해 보십시오. 다음 질문을 가지고 시작합니다 "내가 진실로 무엇을 원하는가?" 자신이 이 질문을 함으로써 상상해 온 경험을 설명해 보십시오. 그것은 무엇과 같습니까? 그것은 내가 어떻게 느끼게 만듭니까?(자랑스럽게, 의미 있게, 성공적으로, 기타 감정)

제4단계 : 자신의 개인적 비전을 설명하기
당신은 자신의 삶에서 자신이 보기를 원하는 결과에 대하여 관심을 집중하고 확실하게 하기를 원할 것입니다. 여기 이 영역에서 당신을 도울 몇 가지 질문들이 있습니다.

- 3년의 시간 동안에 자신이 지금 하지 않는 것 중에서 무엇을 하기를 원하십니까?

- 자신은 그 시간 동안에 어떤 핵심적인 기술이나 학습을 개발할 것입니까?

- 자신의 유산으로 무엇을 기여하기를(남겨 놓기를) 원하십니까?

- 자신이 자신의 개인적 비전을 개발하기 위해서 계속할 수 있는 다른 구체적이고 실용적인 단계들은 무엇입니까?

보기 13.8 계속

연습 II – 조직비전의 개발

자신을 미래로 데려가십시오. 때는 지금부터 5년 후이고 자신의 조직과 부서는 건강하고 생산적이며 지속가능한 방식으로 운영되고 있습니다.

- 무엇이 지속되고 있습니까?
- 그것은 어떻게 다릅니까?
- 왜 우리는 거기로 가고 있습니까?
- 어떻게 거기에 가고 있습니까?
- 자신과 다른 사람들이 다시 현재로 돌아와 이 놀라운 변화를 실행하기 위해서 한 것은 무엇입니까?
- 이 변화가 일어나기 위해서는 어떤 창조적인 긴장이 필요합니까?

주 : 이 연습은 생각에서의 변화를 반영하기 위해서 또한 새로운 참가자들을 포함하기 위해서 세션 I 에서 확대되었고, 세션 II 에서 다시 강조되었다.

연습 III – 지속적인 개인 숙달 훈련 : 차이를 만드십시오

어떤 종류의 변화에 친밀해지기 위해서는 첫째 자신의 삶에서 자신이 바꾸기를 원하거나 차이를 만들기를 원하는 것이 어떤 것인지를 확인하는 것이 필요합니다. 귀하는 자신이 주도권을 잡기를 원해 왔던 어떤 목적을 가지고 시작할 수 있고, 또는 자신이 경험해 온 어떤 괴로움이나 도전과제에 대해서 일할 수 있으며, 또는 그냥 자신의 창조성을 펼치기 위해서 차이를 만들 수 있는 어떤 것을 할 수도 있습니다.

이 연습은 세 개의 단계를 포함합니다.

제1단계 : 어떤 변화를 만듭니다… 무언가를 다르게 합니다… 어떤 목적을 가지고 시작합니다.
이 경험을 기술한합니:

제2단계 : 자신이 '차이를 만드는' 것으로부터 자신이 가졌던 어떤 통찰사항들을 설명합니다.

제3단계 : 자신이 그러한 통찰들을 유지되고 지속되는 관행으로 바꿀 수 있습니까?

출처 : Copyright © Zulauf & Associates, 2001–2002. 허가하에 재인쇄

참고문헌 : *The Journal of Personal and Professional Success*, Vol. 2, Issue 4, and *The Fifth Discipline Fieldbook*.

기고자 소개

조셉 지펀(Joseph Gifun)은 엠아이티대학교 설비조직에서 기반시설과 특별 프로젝트의 설비부관리 이사이다. 엠아이티대학교 설비조직에서 그는 18년 동안 다양한 지위에서 근무해 왔다. 지난 9년간, 조의 관심은 엔지니어링으로부터 비즈니스 과정 설계와 조직 학습으로 이동하였다. 그는 설비조직 전략계획 수립에 참여하였고 설비조직 유지 보수 리엔지니어링 시도의 설계와 실행을 이끌었으며, 그 결과적인 과정을 공동으로 관리하였다. 엠아이티대학교의 기반시설 재건 프로그램을 개발 실행하였고 처음부터 이를 리드하였다. 조는 매사추세츠 커먼웰스(Commonwealth of Massachusetts)에 등록되어 있는 전문 엔지니어이고 로웰텍(Lowell Technological Institute)에서 토목공학 학사학위를, 서퍽 대학교에서 성인 및 조직 학습에 대한 석사학위를 각각 받았다.

패트리시아 케네디 그레이엄(Patricia Kennedy Graham)은 엠아이티대학교 설비조직의 행정담당 이사이다. 거기서 팻(Pat)은 인적자원, 학습 및 성과, 전체 조직을 지원하는 IT 팀에 대하여 책임을 맡고 있다. 또한, 팻은 운영 리더십 팀, 전략 리더십 팀, 조직을 위한 이사 팀의 구성원으로 참여하고 있다. 그는 정부 지원 연구개발 센터인 엠아이티대학교 링컨 연구소(MIT's Lincoln Laboratory)에서 보조 그룹리더로도 일하였다. 팻은 이 연구소에서 Deloitte & Touche 보스턴 지사의 행정 책임자로 자리를 옮겼다. 설비조직에서 근무하기 위해 엠아이티대학교로 돌아오기 전에는, 최고경영자 훈련과 e-비즈니스 변형 자문 전문인 경영 자문기업, 서전시에서 관리 이사를 지냈다. 팻은 보스턴 대학에서 문예 학사학위를, 보스턴 대학교에서 행정학 석사학위를 받았다.

캐롤 앤 줄라우프 박사(Dr. Carol Ann Zulauf)는 보스턴에 있는 서퍽 대학교의 성인 및 조직 학습 조교수이다. 그녀는 또한 리더십, 팀 개발, 시스템 사고 등이 전문 컨설팅 사무실을 가지고 있다. 그녀의 고객은 하이테크, 연방 및 주 정부, 의료, 교육, 소비자 제품 조직 등 다양하다. 이전 경력 중에는 모토롤라의 수석 훈련 강사로 일한 적도 있다. 줄라우프 박사는 새로이 출간된 책, 큰 그림(The Big Picture : A Systems Thinking Story for Managers, Linkage Press, 2001)을 포함하여 여러 책을 출간하였다. 그녀는 지역, 국내, 국제 컨퍼런스에서 왕성하게 발표활동을 하고 있다.

14

모토로라

이 장에서는 인재관리, 모집 및 선발과정, 경력계획 및 경력개발, 성과와 보상의 연결, 전직 지원, 리더십의 확실한 기준 등을 통하여 회사의 성과를 개선하고 세계 시장에서 다시 명성을 누리게 하는 데 필요한 세계 수준의 리더급 인재를 신속하게 영입, 개발, 강화한 모토로라의 성공 사례를 기술한다.

개요

종업원이 세계적으로 100,000명 이상인 포춘 50대 회사의 최고경영자는 왜 3분의 1의 시간을 리더십 개발 시스템을 수립하고 시행하는 데 사용할까? 그 이유는 최고의 리더들을 가진 회사들이 성공하기 때문이다.

2000년 초에, 모토로라는 닷컴 회사 몰락과 함께 통신산업의 파국에 따른 재정적 침체에 대한 대응책으로 경영상의 중대한 구조조정을 단행하였다. 리더십 팀이 새로운 조직 구조 전반에 걸쳐 재배치되면서, 내부 리더급 인재들만으로는 새로운 조직이 직면한 문제를 해결하기에 부족하다는 것이 의사결정권자들에게 더욱 확실하게 드러났다.

본질적으로 모토로라가 직면하고 있는 리더십 상황은 경제적인 문제, 즉 수요와 공급의 문제였다. 새 조직 구조는 더 많은 리더들을 필요로 하였을 뿐만 아니라 회사을 변화시키고 모토로라의 경쟁력을 강화시킬 수 있는 차원이 다른 리더들을 필요로 하였다. 그러나 내부적 리더십 공급사슬은 이러한 새로운 수요를 충당할 만큼의 인재들을 충분히 생산하지 못하였다. 더욱 복잡한 것은 인재쟁탈전이 외부 시장에서 시작되어 공급이 더욱 감소하였다는 점이다.

수요 측면

리더에 대한 수요 증가 구조조정의 일부로, 모토로라는 5년간의 회사 성장 목표를 달성하기 위해서 추가로 필요한 총괄 관리자와 기능부서 부사장의 수를 추산하는 임무를 시행하였다. 5년간 필요한 리더의 수와 가용한 리더의 수 사이의 차이는 컸다. 예상되는 퇴직, 공석, 저성과자 등을 고려하면 상황은 더욱 악화되어 보였다. 메시지는 분명하였다. 회사는 성장하기 위해서는 더 많은 리더가 필요했지만 그렇게 하기 위해서 공급될 수 있는 '당장 준비된' 리더는 현재 충분치 않다는 점이었다.

차원이 다른 리더에 대한 수요 역사적으로, 모토로라의 전략은 사람들의 관심을 끄는 새로운 기술을 개발하여 이를 중심으로 새로운 시장을 개척하는 것이었다. 경제적 성장기에 주요 시장에서 실질적인 경쟁 위협이 없을 때에는 회사가 이러한 전략을 시행하여 번영을 누렸다. 그러나 1990년대 후반에 경쟁자가 모토로라보다 더 빠르게 신제품을 출시하고 신기술을 시장에 소개하기 시작하였으며, 그 결과로 모토로라가 한때 석권하였던 시장에서 경쟁자들이 시장 점유율을 높여가는 새로운 현실에 부딪히게 되었다. 모토로라의 전통적인 리더십 스타일은 회사를 보다 더 소비자중심적, 솔루션 지향적, 시장 및 기술 변화에 신속한 적응, 사업부서 간의 전반적 협조가 가능하도록 변화시켜 경쟁하게 하는 데로는 이끌어 주지 못하였다. 그러므로 리더의 수가 적다는 점 외에도, 모토로라는 변화를 이끌고 경영체제를 재건해 본 경험이 있는 리더가 부족한 상태였다.

인재 쟁탈전 맥킨지 & 컴퍼니(McKinsey & Company)가 1998년 발표했던 인재확보를 위한 전쟁이라는 획기적 연구에서, 에드 마이클스(Ed Michaels)는 앞으로 회사의 경쟁력은 결정적으로 리더십의 질에 달려 있다고 결론 내렸다. "자본은 아이디어가 좋고 프로젝트가 좋으면 얻을 수 있다. 전략은 빤히 들여다 보인다. 즉 당신이 아무리 현명한 전략을 세웠더라도 다른 사람이 쉽게 따라할 수 있다. 그리고 기술의 반감기는 점점 짧아지고 있다… 그러한 환경에서 중요한 것은 인재이다." 다시 말하면, 맥킨지 연구는 모토로라가 처해 있는 환경을 요약하고, 회사의 경쟁력을 증진하기 위해 필요한 리더를 공급할 리더십 공급선에서 극적인 변화가 중요함을 강조한 것이다.

공급 측면

내부 인재 공급 1990년대 초반에서 중반까지 모토로라가 겪었던 엄청난 성장기 동안, 이 회사는 차세대 리더를 개발하는 데에는 주의를 많이 기울이지 못하였다. 채워지지 않아 보였던 소비자의 수요를 충족시켜 줄 제품의 제조 및 운송이 더욱 긴급하였던 것이다. 그 결과, 많은 차세대 리더급 인재 집단들이 근본적인 관리와 리더십 기술을 충분히 개발하지 못하였다. 나중에, 모토로라가 시장 침체에 대한 대응책으로 구조조정을 실시함에 따라, 거의 3분의 1의 생산인력이 감소됨으로써 내부 리더십 공급 규모가 제한되었고 가용할 수 있는 리더십 스킬 구성 등이 제한되었다.

외부 인재 공급 모토로라가 리더십의 극적인 수요 증가가 있던 때와 동시에, 다른 사업체들도 유사한 경험을 겪었다. 닷컴 회사에 대한 열광과 동시에 발생하였던 세계 경제의 신속한 확장으로 인하여 경영학과 졸업자와 경험이 있는 리더들은 한결같이 전통적인 회사들로부터 인터넷 창업 회사들로 유입되었고, 그로 인해 가용할 수 있는 외부의 인재 공급은 감소하였다. 공급을 넘어서는 리더십 수요로 인하여, 가장 높은 가격을 제시한 회사에게 자신의 재능을 판매하고 다른 곳에서 더 나은 조건이 제시되면 곧바로 이직하는 기술적, 전문적, 관리 인재들의 유동적인 자유계약 시장이 나타났다. 세계 경제가 침체할 때에도, 자유 계약 시장은 계속되었다. 아마도 종업원들이 다운사이징, 비용절감, '적은 인력으로 더 많이 일하기' 등 때문에 종업원에게 신뢰를 주지 못한 고용주에게 충성심을 느끼지 못하였기 때문일 것이다. 그러므로 경제 침체기에는 더 많은 인재들이 가용할 수도 있었지만, 실제 능력 있는 리더급 인재들에 대한 경쟁은 계속 치열한 상태로 남아 있는 상태였다.

인구통계의 변화 순수한 통계적 관점에서, 베이비붐 세대에서(가장 나이가 많은 층은 곧 퇴직을 바라보고 있다) 베이비 버스트(Baby Bust) 세대까지 미국 인구에서 인구통계학적 변화는 앞으로 리더급 인재들이 더욱 줄어들 것이라는 점을 예고하였다. 맥킨지 연구는 이것을 매우 간단 명료하게 나타냈다. "15년 내에, 35세에서 45세까지의 미국 인구는 지금보다 15% 정도 줄어들 것이다. 동시에 미국 경제는 연 3~4% 정도 성장할 것이다… 이렇게 해서 인재 전쟁이 시작되는 것이다."

리더십 공급은 경영의 핵심 원칙이다

리더십 이슈가 필요 수요에 대한 불충분한 공급의 문제라고 보는 것은 리더급 인재들을 유치, 개발, 보유하는 것이 근본적인 핵심 경영과정이라는 인식을 만들어 내게 되었다. 왜 공급 측면의 기능이 효과적으로 기능하지 못하는지를 이해하기 위해서, 모토로라는 재무적으로 성공한 회사의 베스트 프랙티스를 벤치마크하였다. 리더십 공급과정의 베스트 프랙티스들의 종합 지도를 모토로라의 '현재' 리더십 공급 프랙티스 위에 포개 놓자, 주의를 기울여야 할 차이와 약점들이 분명하게 드러났다. 그 결과에 따라, 회사가 따라올 때까지 시장이 기다려 주지 않기 때문에, CEO는 새로운 리더십 공급과정을 신속하게 기획하여 시행하도록 지시하였다.

새로운 리더십 공급과정은 처음부터 '리더에 의하여, 리더를 위해서' 설계되도록 결정되었다. 회사 리더들이 적극적으로 참여함으로써, 전통적인 관행과 상당히 다른 점들을 자연스럽게 동반하는 조직적, 문화적 변화에 대한 수용이 이루어졌다. 또한 리더들이 참여함으로써 재설계 노력의 결과들이 작동되고 '사용자의 수용성'에 대한 검사를 통과할 가능성이 높아졌다.

모터롤라의 새로운 리더십 공급과정

모토로라의 새로운 리더십 공급과정은 6개의 주요 요소로 구성된다. 모집 및 선발, 인재 관리, 경력 계획 및 개발, 전직 지원, 성과 관리, 보상 등이다. 이들 구성 요소는 성공에 필요한 리더급 인재의 양과 질을 생산하기 위해서 상호의존적으로 작용하도록 설계되어 있다. 그 모두는 모토로라의 리더십 행동 표준안에 들어가 있고, 전체 과정은 인재 웹(Talent Web)이라 불리는 망을 바탕으로 한 통합 정보 시스템의 지원을 받는다.

모집 및 선발

모집 및 선발과정은 리더십의 수요에 따라 공급을 관리하는 선행관리적인 접근방법이다. 사업 전략은 리더십 필요점으로 전환되며, 이 필요점은 내부에서 공급가능한 부분과 비교가 되고, 또한 내부인재를 속도를 배가하여 개발하는 것이나 혹은 외부 시장으로부터의 인재 확보를 통한 격차를 축소하는 행동과 서로 비교된다.

성과관리

성과관리 과정은 종업원에 대한 성과 기대, 결과, 행동, 경력 계획 등을 조직의 경영 목표에 맞추어 정렬하는 것이다. 이 과정은 연초 목표설정을 시작으로, 연중 내내 성과를 모니터링하고, 연말에 성과를 평가하는 등 종업원이 경영에 최대한 공헌하고 직무 만족을 얻도록 도와주기 위한 분기별 대화로 구성되어 있다. 이 장의 후반부에서 논의되는 것처럼, 성과관리는 리더십 공급과정의 핵심 요소이다.

인재관리

훌륭한 회사들은 이익/손실(P&Ls)을 관리하듯이 인재를 적극적으로 관리한다. 모토로라의 경우, 인재관리는 최고의 인재를 순환시키고, 개발하며, 보상하는 한편, 성과가 낮은 인재는 재배치하거나 전직시키는 지속적인 과정이다. 이런 과정의 하이라이트는 반년마다 열리는 최고경영자와의 공식적인 회의인데, 여기서 인재를 조직 내에서 어떻게 강화할 것인가에 대하여 논의한다. 행동 계획이 합의되고, 계획의 진행도가 차기 회의들에서 검토된다.

경력 계획 및 경력개발

경력 계획 및 경력개발은 현 역할에서의 성과개발과 미래 역할에서의 경력개발 모두에 중점을 둔다. 그 의도는 개발활동이 좋은 것으로 인식되는 환경—예를 들어 미래의 인재와 조직에 가시적인 투자—을 만드는 것이다. 개발을 위한 옵션은 다양하다. 예를 들어 멘토링, 경영자 코칭, 직무범위 확대, 특정 개발 기회를 제공하는 신규 직무로의 이동, 특별 프로젝트, 교실 혹은 인터넷 기반 수업, 횡적인 직무순환, '직책' 역할 혹은 '보조' 역할의 배정, 국제적 임무 배정 등을 포함한다.

보상

경영자 보상은 성과에 기반을 둔 문화로 모토로라의 변화를 이끄는 데 중요한 역할을 한다. 차별적 보상, 즉 회사의 성공에 대한 전반적인 기여에 상응하여 임원을 보상하는 것은 성과와 리더십 행동이 중요하다는 분명한 메시지를 종업원에게 보내 주는 것이다.

전직 지원

전직 지원 과정은 만족스럽게 발전하지 못하는 사람들을 재배치하거나 그들을 리더십 공급선에서 제거하기 위한 공식적이고 체계적인 방법을 제공하려고 고안되었다. 이러한 메커니즘을 위해서는 최고의 인재를 리더십 직무로 보내는 지속적 흐름을 확보하고, 개발하며, 동기부여하고, 그것들을 유지할 수 있도록 하는 충분한 가용자원이 필요하다.

성과관리가 열쇠이다

경제적 성공은 조직 내의 강한 성과 윤리와 밀접하게 관련되어 있다. 이것은 2001년 맥킨지 & 컴퍼니(McKinsey, 2001)가 고 성과를 내는 회사의 고위 경영자들을 대상으로 한 설문조사에서 얻은 결론이었다. 고 성과를 내는 회사는 운영과 관행을 바람직한 최종 상태에 맞추도록 정렬하고 이를 성취하기 위해 목표를 공격적으로 설정하고 잘 이해되도록 한다. 조직 구성원은 최종 상태 달성에 대한 주인의식을 갖게 되고, 정확한 성과 피드백을 자주 받게 되며, 성과에 상응하는 보상과 결과를 얻게 된다.

맥킨지의 결과 보고서에 따르면 모토로라가 벤치마킹을 통해 발견한 것, 즉 특정한 리더십과 성과 기준에 근거한 객관적인 성과관리 과정이 회사의 미래를 개편하는 데 필요한 성과 기반 문화를 창출하는 열쇠라는 사실이 강조된다.

리더십 기준

일찍이, 모토로라는 변화라는 것은 리더들이 무엇을 어떻게 할 것인지를 분명하게 설정할 때 비로소 시작된다는 것을 인식하고 있었다. 결국, 새로운 리더십 기준은 모토로라의 사업성과를 쇄신하는 데 중요한 조직적, 문화적 변화를 달성하기 위하여 필요한 종류의 리더를 정의하는 것과 연결되었다.

모토로라의 경영자들을 대상으로 한 심도 있는 인터뷰가 시행되었고, 모토로라를 소비자 지향 및 성과 기반의 회사로 변화시키는 데 필요한 리더십 역량 및 행동 구조를 개발하기 위해 학계의 유명한 문헌들에 대한 심도 깊은 검토가 진행되었다. 이 작업 결과 모토로라의 '4e's+Always 1' 리더십 기준이 만들어졌다.

- 비전을 만든다(envision). 수익성 있는 성장을 만들어 내는 의미 있고 혁신적인 변화를 발굴한다. 이를 성취할 비전, 전략, 실행가능한 계획 등을 짠다.
- 활성화한다(energize). 성공 아이디어 주변에 있는 종업원, 소비자, 파트너 등을 자극한다. 모든 일에 특별히 많은 개인적인 에너지를 사용한다. 모든 사람들이 우수하게 되려고 하는 열정과 공헌하려고 하는 기회를 갖는 환경을 조성한다.
- 예리한 결정을 내린다(edge). 중요한 일들의 본질로 들어간다. 과감하고 시의적절한 결정을 내린다. 조직은 기대 이상의 성과를 거두어야 한다고 강조한다. 일의 진행에 대하여 건전한 불만족을 보여준다. 사업이나 개인이 임무를 제대로 수행하지 못할 때 그에 대처하기 위한 어려운 결정을 내린다.
- 실행한다(execute). 혁신적인, 입증된, 엄격한 경영 관행을 채택하여 경쟁자보다 더 낫고 신속하게 결과를 달성한다. 개인적으로 임무를 완수하고 약속을 이행한다.
- 언제나(always), 윤리와 성격. 언제 어디서나 사업을 윤리적으로 운영한다. 모든 사람과 모든 문화를 존중하는 마음으로 대한다. 사람의 개인적인 열정과 감정적인 반응 등이 방해받지 않게 한다.

모토로라의 CEO는 또한 리더십 개선효과가 우선 순위에 이르는 경영성과를 달성하기 위한 다섯 가지 계획을 명시하였다.

모터롤라의 성과관리 과정

모토로라의 성과관리 과정은 사업성과 목표에 맞추어 개인적인 목표를 설정하고, 성과 이슈, 개발 계획, 직무 연결, 경력개발 등을 연중 관찰하고 토론하는 끊임없는 순환과정이다. 이 과정은 리더십 행동과 경영성과에 대한 연말 평가에서 절정을 이루고, 리더십 계층에 따라 조정된다. 이 과정은 회사성과에 대한 상대적 기여에 기반을 둔 차별적인 보상 결정에 대한 정보를 알려준다(예를 들면, 인센티브 지급 계획, 임원 교육 기회, 특별 CEO 프로젝트 팀에 배정). 상대적 성과 평가와 조정 결과는 다음 연도 목표 설정에 이용되고, 순환주기는 계속된다.

계획수립 대화 계획수립 대화는 연초에 진행되는데, 그 목적은 종업원과 관리자 사이에 성과 기대치에 대하여 상호 이해하는 것이다. 이에 대한 논의는 사업부 또는 기능부서의 성과기록표에 따른 성과 목표와 기대하는 성과를 얻기 위해 가장 중요한 행동에 중점을 둔 리더십 목적을 정의하는 데 중점을 두고 있다. 목적이 정해지면, 종업원의 당면 성과와 미래의 경력 목적을 달성할 수 있도록 전문성 개발 및 경력 계획 수립에 대한 논의로 방향이 전환된다.

체크포인트 대화 제 2사분기와 3사분기에 시행되는 체크포인트 대화의 목적은 목표 진행상황을 검토하는 것이다. 이 논의의 핵심은 핵심 업무 파트너와 매트릭스 관리자로부터의 얻은 성과 피드백이다. 체크포인트 대화는 종업원과 관리자에게 목표 및 개발 계획의 진행상황에 대해서 알 수 있는 기회를 제공하고, 환경 변화에 따라 목표 수정을 논의하며, 성공에 대한 장애 대처계획을 고안하고, 서로 이해를 이루어야 할 사항과 합의사항 등에 대하여 점검한다.

성과 및 행동의 평가 연말에 두 가지의 성과 평가가 이루어진다. 첫째로, '4e's+Always 1' 리더십 기준에 근거한 웹 기반의 복수평가자 평가를 통하여 리더십 효과성이 평가되고 이것이 임원, 관리자, 부하직원 등에게 전달된다. 평가자가 입력한 정보는 전반적인 리더십 행동 점수를 산정하기 위해 통계적으로 종합된다. 둘째로, 성과 목표에 대한 성과는 계획수립 대화 때 만들어진 측정치를 이용하여 종업원과 관리자에 의해 평가되고 함께 합의된다.

조정 연말 성과 평가 이후에, 관리자는 성과 평가에 대한 근거를 공유하고 종업원이 보고한 상대적 성과에 대한 합의를 이루기 위해 조정과정—웹 기반의 정보 시스템의 도움을 받아—에 참여한다.

관리자는 도표로 나타난 직접적인 보고서인 성과와 리더십 행동 점수를 본다(그래프는 가로축에 성과를, 세로축에 행동을 표시한다). 성과, 리더십 행동, 다른 적합한 경영 요소(즉 직무 복잡성, 목표의 신장도, 기능적 기술, 특별한 전문성, 경험의 폭) 등에 근거한 각 사람의 개인적, 상대적 공헌도에 대한 논의가 이어진다. 종업원의 상대 순위에 대한 최종 성과는 가장 효과적, 꽤 효과적, 가장 비효과적 등의 척도를 가지고 그룹으로 집단 분류된다.

정리 대화 조정단계 이후에, 관리자와 종업원은 일 년간의 개인적 성과를 검토하고, 조정 결과를 논의하며, 개발 계획을 다듬고, 다음 해를 위한 계획을 시작하기 위하여 정리 대화를 마무리한다. 논의에 도움이 되는 것은 개선이 요구되는 분야에 대하여 여러분의 개선을 위하여(Lombardo & Eichinger, 2000)라는 프로그램에서 평가결과(순위)와 의견, 개발 필요 행동을 제안하는 복수 평가자들이 제공한 평가들로부터 얻어진 포괄적인 피드백 보고서이다. 이러한 제안은 성과 목표의 개발을 지도하고, 개발 계획을 수립하며, 경력 계획을 논의하는 데 매우 유용하다.

보상과의 연결

경영자 보상은 성과에 기반을 둔 문화로 모토로라의 변화를 유도하는 데 중요한 역할을 한다. 차별적 보상, 즉 회사의 성공에 대한 전반적인 기여에 상응하여 경영자를 보상하는 것은 성과와 리더십 행동이 중요하다는 분명한 메시지를 종업원에게 보낸다. '가장 효과적'이라고 여겨지는 리더는 기준을 뛰어넘은 성과를 생산하고 모범적인 리더십 행동을 보여준 사람들이다. 이들은 도전적인 직무 배정, 승진 및 개발 기회부여, 상당한 금전적 보상 등을 받는다. 착실하게 '성과를 이루고' 리더십 행동을 보여준 '꽤 효과적인 리더'에게는 다소 적지만 여전히 상당한 보상이 주어진다. 이들은 부족하지 않게 보상받고 지속적인 학습 및 개발 기회를 제공받는다. '가장 덜 효과적인 인재'에게는 직무 재할당, 성과 개선 계획, 회사의 종업원 보조 프로그램에 위탁 등 성과를 개선할 방법을 찾도록 적당한 대처가 이루어지거나 그렇지 않을 경우 마지막 수단으로 존엄성을 인정하면서 조직으로부터 분리된다.

그래서 어떻게 되었나

시행한 지 만 3년이 지난 후, 리더십 공급과정은 주목할 만한 변화를 보여주었다. 3년 동안, CEO에게 보고된 3개의 직위 이외의 모든 곳에 새로운 리더급 인재들이 채워졌다. 3분의 1의 새로운 고위 스태프가 회사 외부에서 영입되었다. 스태프 간의 기술적 스킬과 일반적 관리 스킬 간의 균형이 이루어졌다. 2003년 말에, 70명이 넘는 새로운 리더를 상위 100개의 직무에 배치하였는데, 여기에는 새로운 CEO, COO, CFO, CTO, 6개 부문의 사장 등도 포함된다.

그러나 더욱 흥미 있는 것은 모토로라의 경영성과가 어려운 경제환경에서도 개선되었다는 점이다. 회사의 제 4사분기를 기준으로, 2003년 재무보고에서는

- 주당 순이익은 2001년 말 미화 1.78달러 적자에서 미화 0.38달러(특별 비용 제외) 흑자로 증가
- 7개 분기에서 연속적으로 이윤 창출
- 운영수익은 2001년 마이너스 6.0%에서 4.3%로 증가
- 12개의 분기에서 연속 긍정적인 현금흐름(현금유입이 유출보다 크다) 발생
- 순부채가 2000년 미화 70억 달러에서 1억 달러로 감소
- 순부채비율[순부채/(순부채+자본)]이 20년 만에 최저치인 0.3%로 감소

교훈 및 '주의할 점'

지난 3년간의 개발 및 시행을 돌아보면 잘된 일과 잘못된 일에 대한 통찰사항들이 생긴다. 두 가지 모두 리더십 공급 이슈를 예상하는 사람들에게 의미있는 조망을 제공한다.

잘된 일은 무엇인가

- 재설계 단계 동안에 핵심 경영자의 강한 후원으로 본 과정에 대한 CEO의 오너십을 얻게 되었다.
- 사업 리더들은 재설계 과정에 적극 참여하였다. 인적자원 부서가 재설계를 주관하지는 않았지만, 재설계 팀을 이끄는 사업 리더와 같이 작업하거나 그들을 통해서 작업하였다.
- 벤치마킹 연구를 위해서 외부 컨설턴트를 고용함으로써 모토로라로 하여금 이 자료를 모으고 합치기 위한 부족한 내부 자원을 쓰지 않고 다른 회사의 리더십 프로그램에 관한 정보를 얻을 수 있게 되었다.

- 웹을 통하여 그 과정을 처리하게 한 것은 회사 전반의 일관적인 적용을 달성하는 열쇠였다. 또한 웹 기반의 도구들이 인간의 개입 없이 자료를 수집하고 보고하기 때문에 상용 행정력을 최소화할 수 있게 되었다.
- 리더십 공급과정을 관리하도록 창설된 새로운 중앙 조직인 리더십 사무소는 의도적으로 매우 작게 유지되었다. 웹 기반 도구를 사용하고 개별 사업조직에 의해 수행됨에 따라, 리더십 사무소는 10명 이하의 직원을 두어 조직운영 비용을 최소화하고 중앙 관료제도를 만들어 내는 위험을 피하였다.
- CEO는 새로운 리더십 과정, 특히 개인적 및 조직적 성과에 상응하는 보상 시스템에 대하여 경영자들이 공조하도록 의무화하였다. 인기는 없었지만, 이러한 의무화가 과정을 급진전시키고, 변화에 대한 저항을 줄이며, 과정의 가치가 분명해짐에 따라 빠르게 수용을 이루게 하는 힘이 되었다.
- 부서 사장과 CEO 간에 반년마다 시행하는 인재관리 검토체제에 따라 과정은 리듬 있게 움직이게 되었고, 리더급 인재의 개발 및 재배치가 이익/손실(P&Ls) 관리와 같은 수준으로 적극적으로 관리된다는 기대가 강화되었으며, CEO에 의한 경영자층 리더급 인재와 리더십 공급과정의 지속적인 오너십이 확보되었다.

'주의할 점'

- 보다 더 포괄적 인적자원 조직은 재설계 기간 동안 배제되어 있었다. 그 결과 '활동' 에서 그들이 제외됨에 따라 발생된 악감정을 완화시킬 필요성이 있었고, 변화에 대한 필요성을 HR 동료들에게 확신시킬 필요성이 있었으며, 과정이 착수되면서 이들을 변화 요원으로 포함할 필요성 등으로 인하여 시행이 방해를 받았다.
- HR 과정, 방법, 진행일정 등을 수립하고, 통합하고, 파일럿 과정을 이끄는 단계까지는 외부 경영 컨설팅 회사가 참가하였다. 재설계 단계에서 외부 컨설턴트와의 파트너십을 통하여 성공할 수 있었다는 것을 전제로 할 때, 이러한 접근방법은 합리적으로 보였다. 불행히도, 이 컨설팅 팀이 계속 사용된 것은 아니어서 프로젝트가 힘을 잃기도 했으나, 내부팀이 짜여져 프로젝트를 인수하여 완성한 후에야 프로젝트가 모멘텀을 얻게 되었다. 뒤돌아보면, 계획수립 및 시행 단계는 모토로라에는 없었던 각 특정 요소에서 전문성이

필요한 부분에서 함께 일할 수 있는 컨설턴트의 도움을 얻어, 시작 단계부터 내부 팀이 이끌었어야 하였다.

- 과정을 지원하는 웹 기반의 기반시설은 내부적으로 개발되었는데 지속적인 유지 및 시스템 개발 비용이 모토로라에게 부담이 되고 있다. 현존하는 세련된 HR 시스템을 그 당시에 사용할 수 있었더라면, 모토로라의 특정한 요구를 충족시켜 줄 상업적으로 유용한 소프트웨어를 특별히 맞춤 제작하는 것이 보다 더 나은 옵션이었을 수도 있다.

참고문헌

Lombardo, M. M., & Eichinger, R. W. (Eds). (2000). *For your improvement* (3rd ed.). Minneapolis, Minnesota: Lominger Limited, Inc.

McKinsey & Company. (1998). "The war for talent." *The McKinsey Quarterly*, No. 3.

McKinsey & Company. (September 2001). "Performance ethic: out-executing the competition." *Organization and Leadership Practice*. Charlotte, South Carolina: McKinsey & Company.

기고자 소개

켈리 브룩하우스(Kelly Brookhouse)는 1999년부터 2003년까지 모토로라의 리더십, 학습, 성과부문의 감독자 직위에서 모토로라의 리더십 공급 핵심 과정 재설계 시도를 개념화하고 지도하는 핵심적인 역할을 담당하였다. 이러한 시도에는 절차의 설계 및 개발, 도구, 지원 자료, 리더십 공급과정을 비전에서 실제로 변환시키는 데 필요한 통합 정보 시스템 등이 포함된다. 1997년에 모토로라에 입사하기 전, 켈리는 1994년에 설립된 에이온 컨설팅(Aon Consulting)의 채용 전 검사를 외부에서 담당하는 그룹의 수석 부사장이었다. 그녀의 경력은 HRStrategies에서 인적자원 컨설턴트로 시작하였는데, 그녀는 채용 전 검사, 개발평가, 모토로라를 포함한 많은 포춘 100대 기업의 성과관리 프로그램 등을 설계, 검증, 시행하였다. 켈리는 1987년에 산업조직심리학 박사학위를 취득했고 미국 심리학회와 산업조직 심리학회의 회원이다. 켈리는 현재 캐피털 원 파이낸셜 서비스(Capital One Financial Service, Inc.)의 리더십 개발부 감독자이다.

제이미 M. 레인(Jamie M. Lane)은 모토로라의 리더십, 학습, 성과부문의 부사장으로, 1998년부터 모토로라에서 일하였고 리더십 공급 핵심 과정 재설계 시도에 적극 참여하였다. 제이미의 현 직위는 모토로라의 사업부서 중 하나인 리더십, 학습, 성과부문 부사장이다. 2001년과 2002년 동안, 제이미는 성과관리, 인재 웹(TalentWeb), 리더십 기준, 모토로라에 대한 조직 효과성 등에 대한 책임을 담당하였다. 이 직위를 맡기 이전에, 그녀는 모토로라 종업원을 위한 훈련 및 개발을 책임지고 있었다. 거기서 그녀는 9개의 사업에 초점을 둔 학습팀과 세계 4개 지역을 통해 300여 명의 전문가로 구성된 팀을 이끌었다. 모토로라에 입사하기 전에, 제이미는 맥도널드에서 조직개발 및 훈련 부문에서 감독자로서 2년간 근무하였다. 1996년에 맥도널드에 입사하기 전, 주요 전문 서비스 및 컨설팅 조직에서 18년간 근무하였다. 그녀는 베네딕틴 대학교에서 조직개발 및 국제 관계에 중점을 둔 조직행동 석사학위를 취득하였다. 학부 때에는 회계학을 전공했고 공인회계사 자격을 가지고 있다. 제이미는 컨퍼런스 보드(Conference Board)의 개발, 교육 및 훈련 심의회, 관리직 개발 네트워크(Executive Development Network), ASTD, 미국 회계사 협회(American Society of Certified Public Accountants, AICPA) 등의 회원이다. 아울러 내셔널 테크놀로지컬 대학교(National Technological University)의 관재 이사이기도 하다.

15

프락세어

이 사례는 시장 차별화를 유도하기 위해서 고객중심 컨퍼런스 등과 같은 사전평가 도구, 종업원 설문조사, 고객 성과지표, 성과관리 과정 등과 같은 경영 관행 그리고 일련의 컨퍼런스와 사후관리 관행, 평가에 대한 몰입 등을 중요하게 강조하면서 리더십 전략을 경영전략에 정렬하는 조직 변화모델에 대해서 설명한다.

개요

C산업에서 사업을 시작해 놓고, C산업에서 A산업 기업으로 바꾸어 가는 것이 가능한가? 1980년대 말과 1990년대 초에 당시 프락세어(Praxair) 모기업은 산업용 가스 산업에서 낮은 마진과 높은 비용의 용기 가스(실린더) 부문을 떠나기로 결정하였다. 그러나 1994년, 달라진 시장환경과 더 견실해진 재무구조 속에서, 독립된 기업으로 분사함에 따라 프락세어는 용기 가스와 주로 금속 공작 산업인 소비성 중량물의 판매규모가 총 매출의 70%를 차지하면서 미화 80억 달러 규모의 그 시장으로 재진입하게 되었다. C산업과 오랫동안 관계를 가지고 있었지만, 프락세어는 C산업 참가자로서 시장에 재진입하여, 견고한 기반을 가진 사업 입지를 확고히 하면서 시장점유율을 높이기 위해 미국과 캐나다에 있는 100여 개의 작은 지역 배급자들을 공격적으로 인수하였다. 이 초기 인수 단계에서는 게임을 끝내기 위한 실제적 전략이 무엇인지가 분명하지 않았다. 몇 년이 지난 1998년 초, 장기 전략이 결정되고 인수된 기업들이 보다 더 많은 이윤을 낼 때까지 이 인수활동은 중단되었다.

당시 미국과 캐나다에서 프락세어의 용기 가스 사업 책임사업부인 프락세어 디스트리뷰션(Praxair Distribution Inc., PDI)의 관리자들은 경영성과가 개선되려면 전통적이고 저기술 산업인 용기 가스 산업에 새로운 접근법이 필요하다는 것을 인식하였다. 그 사업부서의 목적은 연 6~8%의 매출 신장 및 15%의 순이익 신장을 가지고 오직 산업의 확실한 리더로 부상하는 것이었고, 결과적으로 재투자 수준 이상으로 ROC를 개선하는 것이었다. 이러한 공격적인 목표는 낡은 게임에 새로운 규칙을 적용하지 않고서는 달성될 수 없었다.

용기 가스 시장에서의 낡은 사업 관행

전통적으로, 지역 내 용기 가스 배급자는 주요 가스 제조업체에서 가스(산소, 질로, 아르곤, 아세틸렌, 헬륨, 이산화탄소 등의 다양한 특정 가스)를 대량 구입하여, 이를 다시 고압 실린더에 담아 용접소, 산업현장, 병원, 제조시설 등에 배급하였다. 용접봉과 철사, 절단 날, 헬멧, 장갑, 용접기 등의 형태인 중량물은 전형적으로 이같은 최종 고객에 대하여 40%의 수입(revenue)을 차지하였다.

전통적인 지역배급자는 판매, 용기 충전 및 관리, 배달, 소매점 판매, 창고업무, 행정지원 업무 등을 위해 80~120명을 고용하였다. 이러한 지역 기업의 연간 매출은 미화 200만~2,500만 달러에 이르며, 평균적으로는 800~1,000만 달러에 이른다. 임금수준, 복지정책, 종업원 훈련 등은 경쟁사에 비하여 경쟁력이 더 약하여 연간 이직률이 30%에 달하였다. 사업 관행은 전형적으로 가족이 소유하고 운영하는 기업 형태와 같았다. PDI 역시 규모는 상당히 컸지만 유사한 방식으로 운영되고 있었다.

새로운 규칙

1992년에 PDI의 매출은 총 2억 5,000만 달러였지만 공격적인 인수 전략으로 인하여 1998년에는 9억 달러를 넘어섰다. 그러나 자본수익률이 9.1%에서 1998년에 6.5%로 하락면서 인수활동이 중단되었다. PDI의 리더들은 경영성과가 달라지려면 전통적이고 저 기술 산업인 용기 가스 산업에 새로운 접근법이 필요하다는 것을 인식하였다.

PDI는 잘 알려져 있는 사업모델이기는 하지만 어려움이 따르는 경영모델에 효과적으로 착수하였다. '롤업전략(strategic roll-up)' 으로 알려진 PDI의 경영모델은 다음과 같이 요약될 수 있다.

- 잘게 분할된 산업을 택한다.
- 수백 개의 소유주 운영 사업을 사들인다.
- 규모의 경제 효과를 거둘 수 있는 사업을 만든다.
- 전국적인 브랜드를 만든다.
- 마케팅과 운영 모든 측면에 걸친 최고의 관행을 강화한다.
- 소규모 사업체가 고용할 수 있었던 인재보다 더 나은 인재를 채용한다.[1]

다시 말해서, 새로운 경영모델은 '규모는 크게 행동은 작게' 하는 것이다. 문제는 대규모 기업이 가진 규모 경제와 시장에 대한 영향력을 강화하면서 소규모 기업의 민첩성을 유지하는 것이다.

1995~1998년 기간이 인수단계였다면, 1999~2000년은 마무리 단계였다. 이 기간

동안, 분명하고도 일관된 비전과 전략을 수립하고, 새로운 전략을 수행할 능력이 없거나 열정이 없는 약 65%의 고위 경영진을 교체하고, 캐나다와 미국에서 15개 전체 부문에 대해 원칙이 잘 잡힌 판매, 운영, 배급과정을 시행하는 데 중점을 두었다. 전환점을 만들려고 했던 이 기간 동안 기울였던 노력의 주안점은 통합과 정렬이었다.

2001년부터는, 차별화에 기반을 둔 사업전략에 착수하여 새로운 경영모델의 잠재성을 실현하는 방향으로 관점이 이동하였다. 이 기간 동안에 독점적 배급권과 자사 브랜드 중량물 등을 기반으로 새로운 전국적 상품과 서비스 출시가 진행되었다. 사업 성장과 그 결과로서 이루어지는 산업에서의 리더십의 확보는 이러한 새로운 규칙들의 성공적 시행여부에 달려 있었다.

타파해야 할 필요가 있는 또 하나의 규칙은 50년 이상 일반 산업의 정설이 되었던 전통적인 경영 관행이었다. 궁극적인 도전과제는 새로운 리더십 전략이 이 사업전략에서 전반적인 성공에 기여할 수 있는가를 결정하는 것이다. 사람을 관리하는 방식이 시장에 대한 리더십을 얻는 데 기여할 수 있을까?

진단 : 약속 이행

롤업(rollup) 사업모델이 가지고 있는 문제는 실행하기가 특히 어렵다는 점이다. 시장에 대한 리더십을 약속하는 것은 이루기가 쉽지 않다. 일반적으로, 롤업전략은 대부분 소규모 지역 사업에 의해 달성되는 수준을 넘어선 후 진정으로 가치를 창출할 수 있는 조직을 창설하는 두 번째 단계에서 종종 교착상태에 빠진다. 1990년대 중반에 PDI는 전형적인 전략적 롤업의 여러 문제에 직면하고 있다는 것을 알게 되었다.

초기 문제

초기에 맞닥뜨린 문제들 중에는 다음과 같은 것들이 포함된다.

- 시장 점유율 하락. 새로운 고객확보는 고객 상실분의 상쇄보다 영향이 더

켰다.

- 원래 기대되었던 시너지를 얻기가 더욱 더 어렵다고 판명되면서 시너지를 나타내는 ROC가 하락하였다.
- 인수한 기업 내의 문화의 다양성으로 인하여 운영절차와 새로운 경영 관행 변화에 대해서 저항이 발생하였다.
- 2년 연속 종업원 설문조사 결과에서는 생각했던 것보다 PDI가 덜 고객중심적이고, 부분적으로는 양립하기 어려운 정보기술 시스템의 다양성으로 인하여 시스템을 다루기가 어렵다는 점을 지적하였다.
- 많은 일선 관리자의 관리 기술은 고객에 대한 새로운 접촉 행동에서 차별화를 성취하기에는 부족하였다.
- 미국과 캐나다의 경영 및 시장 상황이 실제와 달라, 시너지를 얻으려는 노력이 복잡하였다.
- 인수활동이 미국 내에서 성장이 낮고 제조분야가 사양 상태에 있는 지역에서 이루어졌다.

이러한 문제에 대처하기 위해, 프락세어는 2000년에 이전 PDI 판매 및 운영 부사장이었던 웨인 야키치(Wayne Yakich)를 책임자로 임명하여, 새로운 사업모델에 대한 약속을 이행한다는 목적으로 이 팀을 만들었다.

두 가지의 바람직한 결과 유형

야키치 팀은 분명한 비전을 전달하고, 경영모델을 시행하기에 필요한 전략을 설명하며, 일련의 새로운 핵심 가치들을 제창하였다. 강조된 새로운 가치 중에는 "이 사업은 인간 경영이다."라는 깨달음이 있었다. 이전에는, 이러한 개념은 말뿐이었고 중요하게 반영되지 않았다. 그러나 이제 이 개념은 종업원이 시장차별화를 이루는데 일부가 되는, 전적으로 새로운 리더십 전략의 주춧돌이 되었다. 이제 이 리더십 전략은 사업전략만큼 널리 시행되었고 고객을 대하는 약 3,000명의 종업원은 경쟁사의 종업원과 확실하게 차별화를 이룰 수 있었다.

그러므로 고위 경영층은 새로운 리더십 전략을 개발하는 일을 자기들의 경영전략을 추진하는 것만큼 적극 후원하였다. 이 두 가지 모두 차별화가 목표였다. 새 경영팀은 다른 문화, 다른 운영절차, 다른 가치들과 다른 종업원 관리방식을 가진 느슨한 사업관계를 변혁하여, 속도의 우위와 규모의 우위를 결합한 시장의 리더가 되도록 바꿔 가야 했다.

경영전략과 리더십 전략을 모두 시행하기 위해서는, 두 가지 기술 세트가 필요하였다. 첫 번째 세트는 시장이 원하는 것이 무엇이며, 어떻게 이 요구를 충족시킬 것인지를 결정하는 전통적인 경영 기술들로 이루어졌다. 두 번째 세트는 시장의 성공요건을 이해하고 그것을 이루어 내는 법을 이해할 수 있도록 사람들을 활성화하는데 사용되는 리더십 기술들로 이루어졌다.[2] PDI의 새로운 고위 경영팀의 궁극적인 경영 목표는 경영전략을 시행하는 것이지만, 이들의 궁극적인 리더십 목적은 일반적으로 리더들의 습관을 합한 것으로 이해되는 새로운 리더십 문화였다. 다시 말하면, 종업원이 고객을 다르게 대하게 만들려면 리더가 먼저 종업원을 다르게 대해야 한다.

사전평가 : 관여도가 높을수록 몰입도가 높아진다

일반적으로, 종업원은 자신들이 근본적인 문제를 이해하지 못할 때, 그리고 경영개선 프로그램의 평가와 설계 모두에 관여하지 않을 때 해결방안을 도우려 나서지 않는다. 조직 변화에 대한 이러한 격언은 종종 간과된다. 평가는 은밀하게 진행되어서는 안 된다. 평가활동에 변화의 목표대상이 되는 집단을 참여시킨다면, 저항은 줄어들고 변화에 대한 지원은 늘어난다.

조직변화에 대한 두 번째 격언은 평가 및 설계단계는 변화 이니셔티브의 기초가 되는 새로운 가치를 모델화해야 한다는 것이다. 이 경우 그에 공헌하는 사람들을 소중하게 대하는 것은 사업 성공에 가장 중요한 기초가 될 수 있다.

이러한 원칙에 유념하면서, 야키치는 모든 고위 경영층, 15명의 부문 총괄 관리자(Division General Managers, DGMs)와 이들의 모든 보고 라인에 있는 사람들을 포함한 총 175명의 PDI 상위 관리자들과 함께 이들이 사용할 사전평가 도구를 개발하기 위해 3명으로 구성된 변화추진 팀을 출범시켰다. HR 담당이사, 훈련 및 개발 관리자, 외부 컨설턴트 등으로 구성된 변화 팀은 리더십 실무의 현 상태와 PDI 종업원이 지속적인 경쟁우위의 원천이 되는 데 필요한 리더십 관행과 변화에 대하여 현재의 상태를 평가하는 데 175명의 관리자들이 참여할 수 있도록 하는 네 단계 리더십 전략에 입각한 설계과정[3]을 추천하였다.

사전평가 도구, 그 과정에서 거치는 단계들 그리고 이 평가의 결과 등이 아래에 설명된다. 이 평가과정은 15개의 지역 사업 전체에서 500명 이상의 종업원—상위 세 계층의 경영진에 소속된 175명의 리더와 325명 이상의 종업원—의 참여를 통하여 미래변화에 대하여 조직이 준비할 수 있도록 추진되었다.

사전평가 도구

사전평가 도구들은 다음과 같았다.

- 종업원 설문조사를 통해 경영전략과 리더십 전략이 얼마나 효과적인지에 대하여 피드백을 얻었다.
- 현 리더십 전략과 시장에서 종업원이 차별적 역량을 갖추기 위해 필요한 리더십 전략을 비교하는 도구가 사용되었다.
- 리더십 철학 지도(Leadership Philosophy Map)[4]라는 새로운 평가 도구가 신임관리자의 자기모습 이면에 숨어 있는 핵심 전제들을 정의하기 위해 사용되었다.
- 새로운 리더십 전략[5]을 지원하기 위하여 고위 경영층(senior managers) 및 부문 총괄 관리자(DGMs)가 함께 사용하는 리더십 문화 평가 도구를 통하여 필요로 하는 리더십 문화에 대한 변화를 명확화하였다.
- 15개 부문 각각에서 시행된 고객에 초점을 둔 컨퍼런스[6]에서 대표 고객들을 초청하여 고객과 접점에 있는 종업원이 함께 참여하게 하였다. 이 컨퍼런스의 목적은, PDI 종업원의 태도와 행동에서 경쟁사 종업원과 차별화를 이루는 고객 접촉 행동을 명확하게 만들기 위한 것이었다.

사전평가 단계

사전평가는 다음 네 단계에 따라 실시되었다.

1. 모든 고위 경영층이 필요한 변화에 대한 자신들의 생각을 명료화하기 위해서 리더십 전략 설계 도구를 적용하는 6시간짜리 세션에 참가하였다.
2. 부문 총괄 관리자(DGMs)는 12명에서 15명의 다음 수준의 현장 관리자와 함께 네 시간의 세션을 이수했는데, 여기서 리더십 전략 설계 도구를 통하여 현 리더십 행동과 요구되는 리더십 행동 간의 차이가 확인되었다. 또한 이 단계에서, 각 세션별로 하나의 리더십 철학 지도를 만들었다.
3. 그 다음 15명의 부문 총괄 관리자(DGMs)와 함께 PDI의 고위층 리더들은 공통 테마를 결정하고 현 리더십 전략과 종업원 차별화를 위하여 요구되는 리더십 전략 간의 차이를 평가하기 위하여 모든 세션에서 얻은 자료를 분석하였다. 이때, 이들은 PDI 종업원을 우수하게 하는 데 필요한 고객 접촉 행동에 대한 분명한 모습이 없다는 것을 깨닫게 되었다. 이들은 책상머리에서 제일 좋은 행동을 만들어 내기보다는, 고객에 중점을 둔 하루 일정으로 된 일련의 자발적인 컨퍼런스를 만들어, 거기서 모범적인 종업원과 고객이 함께 하면서 PDI가 다른 공급업체와 구분될 수 있는 태도와 행동을 개발하였다. 15개의 모든 부문은 이 컨퍼런스가 종업원들에게 얼마만큼 활력을 주는지, 참여한 고객들이 얼마나 잘 수용하는지를 점차 인식하게 되면서 고객에 초점을 둔 이 컨퍼런스를 받아들이게 되었다.
4. 고객중심 컨퍼런스는 열다섯 차례 개최되었는데 각 컨퍼런스에는 20~25명의 종업원과 2~3명의 고객 대표가 참여하여 어느 고객 접촉 행동이 PDI 종업원을 다른 공급업체와 구분시켜 주는지에 대한 의견을 공유하였다. 이 컨퍼런스의 결과 고객 접촉 집단(판매, 운전, 내부 판매, 계산대 판매, 기술자 등)이 다름에 따라 고객접점에 있는 종업원들의 태도와 행동이 서로 다르다는 점이 확인되었다. 이러한 태도 및 행동은 각각의 고객 접촉 종업원 집단과 함께 전사적으로 사용될 수 있도록 전체 내용에 통합되었다.

사전평가 결과

사전평가 단계는 15개월 이상 지속되었다. 그러나 완성된 후 현 리더십 전략의 단점과 이를 어떻게 개선할 것인가에 대하여 전반적으로 동의가 이루어졌다. 시행 단

보기 15.1 사전평가 단계

평가 단계	평가 결과
1. 고위 경영자 리더십 전략 설계 세션	• 리더십 문화는 근본적인 변화가 필요하다. 부문 총괄 관리자와 이들의 직접 보고라인에 있는 사람들은 현 리더십 전략과 종업원을 어떻게 잘 관리할 것인지에 대한 결정과정에 참여해야 한다.
2. 부문 총괄 관리자는 네 시간 과정의 리더십 전략 설계 세션을 갖는다.	• 175명의 관리자는 기존 리더십 전략이 고객 접촉 행동을 차별화시키지 못할 것이라는 데 놀랍게도 동의하였다. • 사람들을 관리하는 데 있어서 산업 정통성이 PDI에도 그대로 잘 나타나 있다. • 성공한 PDI 관리자의 새로운 모습은 사람 관리에 있어서의 차별화된 요소들을 포함해야 한다. • 리더십 가치는 변화되어야 하고 주요 경영 관행에 통합되어야 한다. • 현장 관리자(field managers)는 고위 경영층이 새로운 리더십 전략에 대한 수업에 참여한다는 약속에 대하여 회의적이었다.
3. 부문 총괄 관리자와 경영자 팀은 모든 리더십 전략 설계 세션에 대한 정보를 통합한다.	• 새로운 리더십 철학 지도는 PDI의 모든 관리자에게 요구되는 관리자상을 요약한다. • 새로운 관리자상을 보면 현직 감독자가 자신들에게 요구되는 관리 기술에 대하여 훈련받지 못하였다는 것이 확인된다. • 175명의 관리자 거의 모두가 자신의 관리 기술을 증진시키기 원한다. • 차별화된 태도와 행동은 이 단계에서는 사용되기에 너무 일반적이다. 그러므로 종업원과 고객에게는 더욱 세부적인 것들이 제고되어야 한다.
4. 고객 접촉 행동을 차별화하기 위한 고객중심 컨퍼런스	• 고객은 PDI가 다른 공급업체와 차별화되기 위한 대 고객 종업원의 중요 역할을 확인시켜 준다. • 종업원은 자신들의 의견이 중요하고 심각하게 고려된다는 점에 놀란다. • 종업원은 매우 밀접하게 관여되고 있다는 감정과 자신의 행동을 변화시키려는 의지를 갖는다. 종업원의 의견이 중요하다는 메시지는 기업 전체에 파장을 일으킨다. • 종업원은 빈약하거나 우수하지 않은 고객 접촉 행동에 대하여 묵인하는 관리자를 보고 실망감을 느낀다. • 고객과 접촉하는 다양한 종업원 집단을 위해서 특정한 태도와 행동이 개발된다. • 고객에 대한 집중을 높이지 못하게 하는 장애가 확인되고 지역별로 그에 맞는 행동 계획이 채택된다.

계 동안 있었던 저항은 사실상 사라졌다. 상위 세 계층 경영관리진에 해당하는 거의 모든 리더들은 현재 자신의 종업원에 대한 관리 방식이 왜 불완전한지를 이해하였다. 그리고 이들 모두가 자신들이 정한 행동 계획을 기꺼이 시행하려고 하였는데(보통 모든 변화는 라인 관리자에게는 지지받지 못하는게 일반적이지만) 여기에는 우선 순위에 따른 관리 훈련, 개선된 성과 검토 과정, 새로운 성과 기반의 보상계획 등이 포함되었다. 사전평가 단계의 결과에 대한 요약이 아래에 기술된다.

사전평가 단계는 몇 개의 설문조사나 포커스 그룹 회의 이상의 효과가 있었다. 그것은 500명 이상의 종업원을 관여시키고, 또한 동시에 행동변화 대상자가 수용하는 실행 근거가 되는 행동들을 집중적으로 파악하는 것이었다.

설계 : 반복적 과정

PDI가 맡은 조직변화의 크기는 종종 시속 70마일로 달리는 차에서 타이어를 바꾸는 변화와 같다. 이 은유는 매우 적절하다. 변화 계획이 아무리 잘 설계되었더라도 도로에 있는 모든 돌출물이나 굴곡을 다 예측할 수는 없다. 결과적으로 PDI는 반복적 설계과정을 따랐다. 변화의 각 단계가 설계되었고 실행되었으며 평가되었다. 각 다음 단계는 앞 단계의 결과에 의거하여 설계되었다. 그 길을 따라서 놓인 경영성과, 예산 긴축, 시장 역학 등은 도로 위의 몇 개의 '돌출물'이라 할 수 있는데, 이것들은 다음 단계를 설계할 때 고려되어야 하였다. 예를 들면 고객중심의 컨퍼런스가 고객접촉 행동을 명확하게 이해할 수 있게 도와줄 것이라고는 아무도 예측하지 못하였다. 그것들은 이전 단계에서 예측하지 못했던 하나의 결과물로 보고—종업원들이 고객에게 얼마나 차별적 행동을 보여줄 수 있는지를 라인 관리자가 알지 못한 것—설계에 반영되었다. 그와 같은 방식으로, PDI의 변화추진 팀은 새롭거나 개선된 경영 관행에 대해 초점을 맞추고 고위 경영자의 가시적인 지원에 초점을 두는 두 가지의 근본적인 원칙을 따랐다.

경영 관행은 리더십 문화 변화의 중심이다

PDI의 리더십 전략 설계과정에서 처음 세 단계들은 실제 사전평가 단계였다. 진정한 설계작업은 경영 관행이 새로운 리더십 가치와 정렬될 때 일어났다. 가치란 만일 그것들을 경영자가 실제 행동에 반영하지 않는다면 아무런 의미가 없다. 따라서 PDI 변화추진 팀은 고위 경영자와 현장 관리자들이 우선 순위에서 제일 먼저 변화시켜야 할 경영 관행들에 대한 우선 순위를 적어주도록 요구하였다. 이와 같이 하는 의도는 변화과정에서 가장 큰 영향력을 가진 경영 관행을 파악하고자 하는 것이었다. 우선 순위에 해당하는 경영 관행 중에는 (1) 관리자를 위한 기술훈련, (2) 이익분배(profit-sharing plan) 계획을 그 분배공식의 일부가 되는 부문성과에 통합시키도록 재정렬하는 것들이 포함되었다.

재설계가 필요한 경영 관행들에는 다음과 같은 내용들도 포함되었다.

- **종업원 설문조사** 새로운 리더십 전략과 새로운 고객 접촉 행동에 대한 일관된 관행에 대한 질문들이 포함되도록 하기 위하여
- **고객 성과지표** 고객과 일상적으로 접하는 각 종업원 그룹에게 자신들의 고객 대응 태도와 행동에 대하여 고객으로부터 얻은 피드백을 제공하기 위하여. 이렇게 이루어진 피드백은 이 결과에 오너십을 가지고 고객 접촉 행동 개선을 위한 방법을 짜는 종업원 그룹에 의하여 관리된다. 정책적인 질문이 필요하거나 어떤 행동변화가 다른 기능부서에 영향을 미칠 수 있는 경우에 대해서는 관리자들이 상담을 한다.
- **PDI 플레이북(playbook)** 전 종업원을 위한 적절한 회사 정보가 담긴 책상용 참고 안내서. 여기에는 PDI의 비전, 가치, 목적, 사업전략이 담겨 있고, PDI의 성과목적을 달성하게 해 주는 것과 그렇지 않는 것들에 대한 각 부서의 구체적 가이드라인 등을 포함한다.
- **프락세어 성과관리 과정** 조합원과 비조합원에 대한 훈련 및 개발활동 등을 포함한 연간 성과 검토과정
- **리더십 몰입 데이(day)** PDI의 리더십 전략 실행과 리더십 가치의 실천(living)의 중요성을 모든 경영계층에게 강조하기 위해 지정한 날
- **부문 총괄 관리자의 미래를 위한 평가** 부문 총괄 관리자들이 자신과 장래 총괄 관리자가 될 부하들의 개발필요점들을 생각하는 데 사용하는 평가과정. 자기 평가는 PDI의 고위 경영자와 함께 논의되며, 미래의 개발 목적을 만드는 결과가 된다.

가시적인 고위 경영층 지원

변화과정을 성공시키는 데에 있어 고위 경영자의 역할이 중요하다는 점은 오랫동안 인정되어 왔다. 고위 경영자들의 지원은 리더십 문화에서 변화를 만드는 데 아주 필수적이다. 야키치의 관여와 함께 전체 고위 경영자 팀은 설계 초기 단계와 실행단계에서 중심역할을 하였다. PDI의 변화추진 팀은 PDI의 리더십 문화 변화가 시장에서 성공하는 데 아주 중요하다는 메시지를 전달하기 위하여 모든 경영회의, 회사 간행물, 컨퍼런스, 원격화상 회의 등을 이용하였다.

- **총괄 관리자 회의** 일 년에 두 번 열리는 이 회의에서는 리더십 전략에 대한 변화내용들이 제공되었고 다음 단계의 실행과정에 대한 계획들이 전개되었다.
- **연간 경영 컨퍼런스** 판매관리자, 운영관리자, 기능 스태프 그룹들이 모이는 연차회의에서는 고객에 대한 종업원들의 새로운 행동을 지원하기 위하여 종업원들에 대한 관리방식을 바꾸기 위한 기대사항들을 의사소통하는 포럼이 제공되었다.
- **성장 관련 월례 화상회의** 원격 화상회의를 통하여 마케팅 상태와 판매계획 이행에 대하여 판매원과 고위 경영자가 직접 만나도록 하였다.
- **분기별 타운 미팅 원격화상 회의** 고위 경영자들은 경영성과 리더십 전략 실행 진도에 대하여 종업원들과 직접 대화하였다.
- **부문 리더십 컨퍼런스** 사업 및 리더십 전략과 이를 실행하는 각 관리자의 역할이 연결되도록 강화하기 위하여 고위 경영자들과 인적자원 변화추진 팀은 15개 각 사업부와 기능 스태프에서 리더십 컨퍼런스를 실행하였다.
- **사내 출판물** 분기별 소식지인 TOPICS를 통하여 성공스토리, 관리자에 대한 기대, 사업전략과 리더십 전략 간의 중요한 연결고리를 강조하는 훌륭한 기회가 마련되었다.

PDI의 새로운 리더십 전략 설계의 핵심 성공요인

다음 요인들은 PDI의 새로운 리더십 전략을 성공적으로 실행하는 데 있어 핵심적이라는 점이 밝혀졌다. 어떤 핵심 성공요인들은 구조적이고, 어떤 것은 관계적이며,

어떤 것은 절차적이다.

- **사전평가 단계에 폭넓게 관여시키기** 변화의 목표 대상이 되는 집단을 사전평가 및 설계단계에 관여시킴으로써 설계단계에서 그들의 생각을 통합할 수 있었고, 그들 역시 변화에 대한 준비를 하기 시작하였다.
- **부문 총괄 관리자의 참가** 부문 총괄 관리자들이 네 시간짜리 리더십 전략 설계 세션에 참가함으로써, 새로운 리더십 전략의 중요성을 이해하는데 그 세션이 매우 중요했다는 점이 입증되었다.
- **고객에 초점을 맞춘 컨퍼런스** 아마도 가장 영향이 컸던 설계요소는 고객에 초점을 둔 컨퍼런스로, 이것으로 인하여 고객과 종업원들은 전사적으로 반향된 대화에 관심을 쏟았다.
- **고위 경영자의 지원** 회의, 간행물, 원격화상 회의, 일대일 대화 등을 통하여 고위 경영자는 새로운 리더십 전략이 실제로 가능하다는 점을 알렸다.
- **지역 챔피언** 고객중심 컨퍼런스의 실행을 지원하기 위하여 각 부문에 고객에 초점을 맞추는 챔피언이 지정되었다. 설계과정에서 이 지역 챔피언은 새로운 리더십 전략을 전반적으로 성공시키는 데 중요한 요인이 되었다. 왜냐하면 지역에서의 실행을 위한 피드백과 지원을 이 챔피언이 제공하였기 때문이다. 그들은 넓게 보면 변화추진 팀의 일원으로서 활동하였는데, 그것은 현장의 인적자원 관리자가 훈련과 실행단계에서 중요한 역할을 수행한 것과 같았다.
- **변화추진팀 구성** 변화추진 팀은 HR 담당임원, 훈련 관리자, 외부 컨설턴트로 구성되어, 조직에서 사람에 대한 전문성, 경험, 지식이 상호보완적이 되도록 구성되었다.
- **사업전략과의 연결** 리더십 전략은 언제나 사업전략과 다시 연결되어 있었다. 이것은 변화추진 팀과 그 실행에 관여된 사람들에게 실제 그러한지를 끊임없이 점검하는 수단이 되었다.
- **모멘텀** 모든 설계와 실행요소 중에서 필수적인 요소는 모멘텀이라는 것을 변화추진 팀은 깨달았다. 모멘텀을 잃으면 관리자들은 변화의제를 더 이상 중요하지 않다고 생각하기 시작한다. 모멘텀의 유지는 초기 단계에서 특히 중요하다.

실행 : 리더십 전략을 경영전략에 정렬

리더십 전략에서 변혁을 이루고자 하는 PDI에서 실행단계는 매우 단순명쾌하게 추진된다. 실행단계에 도달할 때까지 당면한 변화에 대한 열정적인 지원이 있었다. 변화의 대부분은 앞에 말한 대로 새로운 경영 관행의 형태를 띠었다. 또 다른 핵심 실행활동이 있었는데 그것은 거의 500명에 이르는 일선 관리자와 감독자에 대한 훈련이었다. 그 사람들은 사전평가와 설계단계가 진행되는 동안에 사업전략과 리더십 전략 어느 것에도 접해 본 적이 없는 사람들이었다.

실행의 초점이 이 일선 관리자들에게로 이동해 감에 따라 부문 총괄 관리자들은 다시 한번 중요한 역할을 맡았다. 부문 총괄 관리자들과 그 지역 인적자원 관리자들은 변화추진 팀이 개발해 준 발표자료를 사용하여 사업전략 개요를 발표하였고, 과거보다 더 확장된 리더십 전략을 설명하였다. 일선 관리자들에게는 또한 고객과 접촉하는 종업원을 위한 새로운 태도와 행동이 소개되었다. 이 세션의 초점은 시장에서의 성공을 달성하는 데 있어 일선 관리자들이 맡는 역할의 중요성에 대한 것이었다.

실행단계의 또 다른 특징은 여섯 모듈로 된 감독자용 기술훈련 프로그램의 시작이었다. PDI의 모든 현장 관리자가 15개월에서 18개월에 걸쳐 성과코칭, 갈등관리 및 의사소통 모듈을 받도록 일정이 짜였다. 이와 같은 과정은 이처럼 많은 관리자를 대상으로 해서는 처음 제공되는 훈련이었다. 이 훈련은 인적자원 관리자에 의하여 가르쳐진 것으로, PDI가 새로운 리더십 전략의 정착을 매우 중시한다는 메시지를 강조하였다.

세 번째 실행 요소는 PDI 관리자들이 현재의 리더십 철학과 그 리더십 철학에 포함된 가치를 현재 얼마나 잘 따르고 있는지에 대한 기초적인 자료를 모으는 것이었다. 이 자료는 전국의 판매 및 운영관리자 컨퍼런스에서, 그리고 15개의 부문 리더십 컨퍼런스 중에 수집되었다. 이 자료는 새로운 리더십 전략 실행의 진도를 파악하는 수단이 되었다.

부문 총괄 관리자 회의 중에 기대하지 않았던 한 가지 일이 일어났는데 그 당시에는 당황스러웠지만 장기적으로 보면 아주 유익했던 사건이었다. 고위 경영진이 실제 새로운 리더십 철학과 가치를 얼마나 잘 따르고 있는가에 대하여 부문 총괄 관리자들이 솔직한 우려의 목소리를 낸 것이다. 그들의 피드백은 본질적으로 고위 경영진이 자신들이 '말'한 대로 잘 '실천'을 하지 않는다는 실망을 본질적으로 나타내고 있었다. 이 논의를 통하여 리더십 전략의 중요성이 강조되고, 고위 경영자 간에 자신들도 또한 변해야 한다는 인식이 부각되었다. 이 회의에서 이루어진 합의 외에도, 고위 경영자들 간의 후속 세션을 통하여 자신들의 행동에 대한 추가적인 변화가 발생하였다. PDI의 새로운 리더십 전략의 실행에서 위기가 될 수도 있었던 것이 그의 전략적 중요성에 다시 몰입하게 하는 요인이 되었다.

지속적인 지원과 개발 : 시스템 접근법

행동변화는 시스템 접근법을 통하여 가장 잘 촉진될 수 있다는 점을 PDI는 깨달았다. 그와 같은 접근방법이 없을 경우 새로운 행동은 새로운 리더십 문화의 일부가 될 가능성이 없었다. 초기에 논의되었던 많은 경영 관행 개선은 여러 시스템 작업으로 구성되었다. 사람들을 관리하는 새로운 방식이 실행됨에 따라서 관리자들은 회사가 리더십을 매우 중요시한다는 점을 깨달았다.

예를 들어 개정된 성과관리 시스템에 따라 궁극적으로 PDI의 모든 관리자들은 자신들의 작업집단에서 새로운 리더십 전략을 얼마나 잘 추진하는지에 대해 피드백을 받게 될 것이다. 그리고 그들에 대한 성과 평가는 보상으로 연결될 것이다. 마찬가지로 종업원에 대한 개선된 설문조사는 관리자에게 자기 부문이 새로운 리더십 전략을 얼마나 철저히 수용하였는가에 대한 피드백을 제공할 것이다. 리더십 몰입 데이는 새로운 경영 관행으로서, 회사의 관리자들이 종업원들을 경쟁사 종업원들과는 차별화할 수 있게 리더십을 발휘해 주기를 회사가 기대하고 있다는 점을 깊이 보여주는 것이다.

PDI의 리더십 전략에 내재한 새로운 행동과 가치들을 강화하도록 새로운 경영 관행은 끊임없이 소개될 것이다. 예를 들어 대학에서 새로 채용된 신입 사원들이 PDI의 리더십 전략과 이것이 시장의 승리로 연결되는 과정을 이해시키기 위해서 관점을 갖추게 하는 컨퍼런스가 시작되고 있다.

PDI 관리자들은 새로운 경영 관행과 개선된 경영 관행 외에 개인적인 코칭, 기술 훈련, 자신들의 진행과정에 대한 주기적인 피드백을 제공받고 있다. PDI의 종업원들은 고객성과 지표를 통하여 고객으로부터 피드백을 받을 것이다. 지속되는 기술 훈련, 자신들의 관리자로부터의 코칭 그리고 연간 성과논의 등은 종업원들을 지원하기 위한 또 다른 원천이다.

요약하자면 시스템 접근방식은 현재의 경영 관행이 사업전략과 리더십 전략에 연결되었다는 것을 의미할 뿐만 아니라 모든 새로운 변화시도 프로그램이 마찬가지로 연결성을 갖고 있다는 것을 의미한다. 이러한 연결성 확립은 관리자와 경영자에게 변화된 행동이 실제적인 것이고, 변화에 실패하면 대가가 따른다는 것을 관리자와 종업원들에게 상기시키는 가장 좋은 수단이라는 점을 이 회사는 발견하였다.

평가 : 제대로 가고 있는가

변화과정의 초기 단계에서 자신의 노력이 바람직한 결과를 내고 있는지 여부를 판단하기는 어렵다. 불행스럽게도 구체적 성과향상 증거들은 후행(lagging) 지표들의 형태로 나타나는 경향이 있다. 이 초기 단계에서 사업성과에 대한 긍정적 영향 중 최소한의 것은 프로젝트 비용을 건지는 것이다. 초기 진행에서 기대할 수 있는 최선의 것은 선행지표들로부터 유망한 결과가 있다고 나타나는 신호들이다. PDI가 관찰한 선행지표들은 핵심 이해관계자들이었다.

예를 들면 35명 이상의 고객들은, 만일 PDI의 종업원이 그 차별성을 이루는 고객 접촉 행동을 실천한다면 그들은 PDI를 진정한 사업파트너, 즉 자신들이 찾고자 원했지만 공급자 중에서는 찾아보기 힘들었던 그런 중요한 파트너로 생각할 것이라고 고객중심 컨퍼런스에서 밝혔다. 고객 성과지표는 성공의 선행지표의 일부로서 고객으로부터 자료를 곧 만들어 낼 것이다. 사업의 영향에 대한 초기 지표들은 한 고객으로부터의 다음과 같은 의견에 반영되어 있다고 할 수 있다.

> 안녕하세요. 전 귀사의 운영을 담당하는 사원에 관한 몇 가지 의견을 받았습니다. 그들은 도움을 주고, 전문적이며, 예의바르고, 깔끔하며, 우리의 스태프들을 존중합니다. 이것은 우리가 다른 두 사람으로부터 받아왔던 서비스에서 신선한 변화입니다. 이것은 또한 제가 귀사의 서비스 보급소에 전화로 말씀드렸던 종업원에게도 해당됩니다. '뭘 도와드릴까요' 를 듣는 것은 실린더와 탱크가 어떻게 충전되고, 왜 우리가 그걸 할 수

없는지를 전체적으로 설명해 주는 것보다 더 훌륭합니다. 이런 유형의 서비스와 전문성은 우리 회사와 프락세어 간의 관계를 지속시켜 줄 것입니다.

개략적으로 700명의 관리자와 3,000명 이상의 종업원들이 새로운 리더십 전략이나 고객중심 컨퍼런스 중 하나 또는 두 가지 과정 모두를 이수하였다. 그에 대한 성과에 대하여 이야기들의 형태로 증거가 나타나는 초기 지표들에 의하면 PDI가 올바른 길을 가고 있음을 알려준다. 미국과 캐나다에서 고객을 즐겁게 해주는 새로운 태도와 행동을 종업원이 따라한다는 이야기들이 등장하고 있다. 또한 관리자들은 자신들의 종업원들이 오래된 운영 현안들을 스스로 처리하는 것을 본다고 즐거운 보고를 하고 있다.

PDI 공급자들은 PDI가 제대로 가고 있다는 또 다른 초기의 지표들을 제공한다. 산업용 가스 산업의 주요 중량물을 공급하는 어느 사업자는 시장에서 PDI의 새로운 사업전략이 미친 영향을 목격하였으며 리더십 전략이 그의 한 역할을 담당하였다는 것을 깨닫는다. 어떻게 그러한 리더십 전략이 개발되었고 적용될 수 있었는지에 대한 질문들이 이어지기 시작하고 있다. 같은 맥락에서 고객중심 컨퍼런스에 참가한 여러 명의 고객이 자신의 고객들을 위한 그와 같은 컨퍼런스를 운영하기 위한 방법에 대하여 문의하였다. 그리고 PDI의 배급망에서도 유사한 관심들이 나타났다.

비록 그와 같은 영향력을 정량화하는 것은 아직은 어렵지만, 종업원과 경영관리 행동과 사업결과의 개선은 확실히 관련된다. 북미 제조경제의 후퇴로 인하여 판매는 계획된 성장수준의 아래에 머무르고 있지만 운영수익은 계획을 맞추고 있거나 그에 가까운 수준을 맞추고 있다. 종업원들은 사업의 실체를 이해하고 있다는 증거를 보이고 있고 비용을 통제하고, 고객이 이탈하는 것을 줄이며, 새로운 사업에서 승리하도록 자신의 역할을 다하는 데 몰입하고 있다. 향후 PDI는 다양한 측정방식을 통하여 성과와 진행과정을 점검할 것이다.

성공을 점검하기 위한 미래의 측정수단

- 실행 초기에 모은 기초 자료들에 대하여 진행도를 추적한다.
- 종업원 설문조사 결과를 점검한다.
- 고객 성과지표를 통하여 새로운 고객 접촉행동이 채택되고 있는지를 추적한다.

- 종업원 이직률을 관리한다. 이것은 변화된 경영 관행의 결과에 따라 줄어들 것으로 기대한다.
- 고객이탈률을 측정한다. 차별을 이루는 행동 및 태도와 결합하여, 새로운 제품과 서비스 제공으로 더욱 설득력이 있게 제공함에 따라 또한 개선될 것으로 기대한다.

다시 배운 교훈

어떤 사람은 "경험이란 실수를 다시 저지를 때 그것이 실수라는 점을 깨닫게 해 주는 것이다."라고 이야기한다. PDI의 대규모 변화 경험은 변화관리에 대한 이 친숙한 진리를 입증하고 있다. PDI의 변화 이니셔티브에 대하여 주목할 가치가 있는 것은 그것이 어떻게 사람들을 지속가능한 경쟁우위의 근원으로 관여시키는가이다. 기술, 제품 기능성, 지역적 입지 또는 재무적 포지셔닝을 통한 시장에서의 우위는 지속적인 사이클 타임이 감소하는 가운데 경쟁자가 쉽게 따라할 수 있다. 복제가 어려운 한 가지 경쟁우위는 사람을 통하여 얻는 것이다. 웨인 야키치와 그의 고위 관리자 팀은 용기 가스 사업이 인간경영이라는 점을 깨달았다. 교착된 전략적 롤업 계획을 쇄신하기 위해서 그는 435개의 지역에 있는 750명 모든 관리자와 3,500명 이상의 종업원의 몰입행동이 필요하였다. 야키치는 자신의 선임자들과 같은 실수를 반복하기보다는 다른 접근방법을 선택하였다. 그는 제품과 서비스 차이에 근거한 사업전략은 바람직하기는 하지만 궁극적으로 복제될 수 있다는 것을 알았다. 그러나 종업원을 차별화시킬 수 있는 리더십은 사업전략을 보충할 수 있으며, 시장에서 선도로 전환될 수 있는 지속가능한 경쟁우위를 가능하게 한다는 것을 깨달았다.

주석

1. Kocourek, Paul F., Chung, Steven Y., and McKenna, Matthew G. *Strategic Rollups: Overhauling the Multi-Merger Machine* (Strategy Publication Issue 19). New York: Booz Allen Hamilton. Available at http://www.strategy-

business.com/export/export.php?article_id=16858

2. '경영자 대 리더 : 차이가 있는가(Executive vs. Leader s: Is There a Difference)'를 참조할 것. Rich Rardin, *Manchester Review*, Spring/Summer, 1999.
3. 4단계 리더십 전략 설계도구. 제1단계 : PDI의 종업원들을 다른 공급회사들과 진정하게 차별화시킬 고객접촉 행동을 파악하라. 제2단계 : 리더십 철학지도를 사용하여 PDI 내에서 현재의 리더십 철학과 바람직한 리더십 철학을 파악하라. 제3단계 : 바람직한 리더십 철학에 암묵적으로 들어 있는 새로운 리더십 가치들을 명시화하라. 제4단계 : 새로운 리더십 가치를 반영하도록 현재의 관리관행을 재설계하라. 이러한 경영 관행은 실행될 때 새 가치에 실질성을 줄 것이며, 그 새 가치들은 교대로 새로운 리더십 철학을 반영할 것이다. 새로운 리더십 철학은 잘 수행될 때 새로운 고객접촉 행동을 강화할 것이다.
4. PDI의 리더십 철학지도는 관리자들에 대한 현재의 리더십 철학과 바람직한 철학을 반영한다(보기 15.2 참조). 이 네 개의 부분 각각에 대한 정의에는

   정신 모형—리더의 역할에 대하여 문화적으로 수용된 이해

   동기—리더의 행동 이면의 추동력

   매너—종업원이 다루어지는 방법

   방법—리더가 사용하는 과정과 절차의 전반적인 특징
5. 로저 해리슨(Roger Harrison)과 허브 스토크스(Herb Stokes)로부터 채택된 리더십 문화 평가 모형과 도구인 조직문화진단(Diagnosing Organizational Culture, San Franciso: Jossey-Bass, 1992).
6. 고객중심의 컨퍼런스를 수행하는 과정

사전 컨퍼런스

- 종업원 중에서 참가자 지정 과정 : 4개 내지 5개의 고객접촉 그룹 각각에 대하여 3명에서 4명의 사람
- 지역 고객에게 참가하도록 초청함
- 지역의 회의 장소와 관련된 지원 준비

보기 15.2 PDI의 리더십 철학 지도

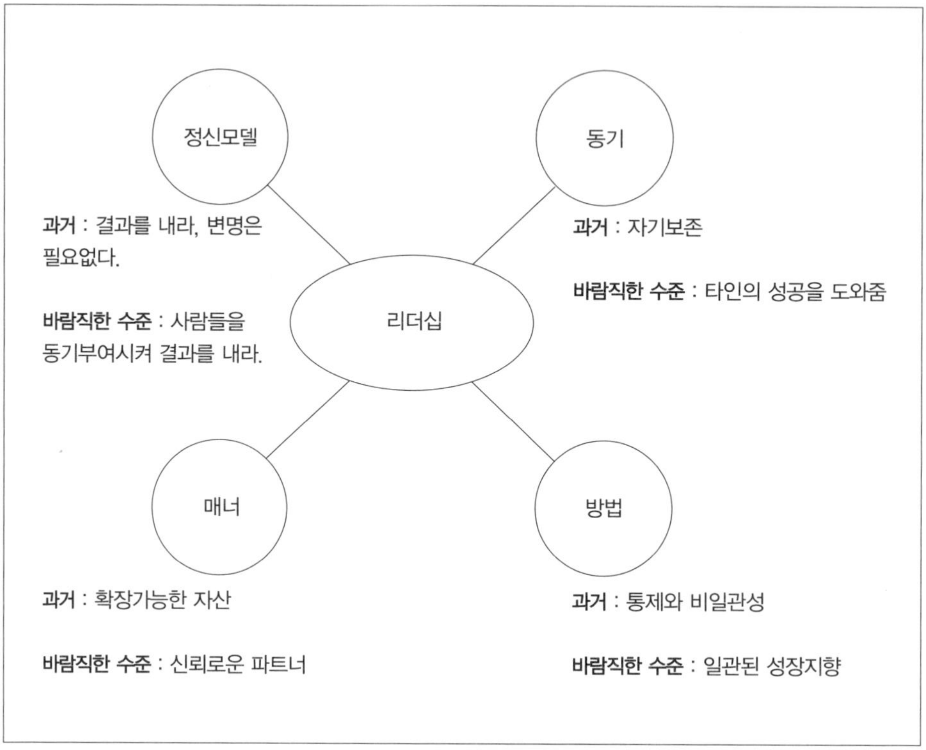

컨퍼런스 설계

- 환영, 소개 및 운영원칙(ground rule)
- 고객 발표
- 자신들의 고객접촉 행동을 검토하기 위한 종업원 소집단. 고객에 대한 발표를 준비한다.
- 고객과 종업원 간의 대화. 종업원은 태도와 행동을 다시 재검토하여 각각 다섯 가지를 추천한다.
- 점심식사
- 종업원 소집단은 고객에 대한 초점을 향상시키기 위하여 관리자들을 통하여 필요한 행동을 보고한다.
- 종업원들은 새로운 태도와 행동으로 동료들을 훈련시키는 방법에 대한 그리고 성공적인 실행을 점검하는 방법에 대하여 보고한다.

사후 컨퍼런스

- 모든 종업원들에게 컨퍼런스 결과를 설명한다.
- 새로운 고객 접촉 행동에 대한 훈련을 설계한다.
- 예산 편성 및 훈련 실행
- 효과성에 대한 피드백을 위하여 고객 성과지표를 만들고 사용하기 시작

7. 카운터에서 판매 역할을 하는 그룹에 대한 태도와 행동에 대한 한 가지 사례

카운터에서 판매원의 태도와 행동

- 태도 : 안전 제일
  안전이 제일이라는 태도를 보인다.
  제품의 안전한 취급에 대하여 고객에게 조언한다.
  고객의 차량에 제품을 안전하게 싣도록 도와준다.
  이 가게는 대충 지나가지 않으며 다른 위험요인이 없다.
- 태도 : '할 수 있다' 는 자세의 문제해결자
  플라이어, 솔루션 가이드, 기타 다른 자료를 게시하고 사용한다.
  고객의 요구점을 탐색하고, 이해하며, 가장 좋은 해결안을 제공한다.
  자기가 다루는 제품과 사업에 대한 지식을 보여준다.
  질문에 답을 해 주고, 관련된 제품 및 서비스에 대하여 설명해 준다.
  프락세어의 사람은 내가 중요한 구매(예를 들면 용접기계)를 한 후 모든 것이 잘 되었나를 알기 위해 전화를 한다.
- 태도 : 반응적이고 신뢰할 수 있음
  정확하고 신뢰할 수 있는 정보를 제공한다.
  주문을 빨리, 정확하게 처리한다.
  상대방 전화에 신속하게 응답전화를 한다.
  주문을 처리한다.
  자주 사용되는 아이템은 재고에 채워 넣는다.
- 태도 : 정직
  진실을 말하고 실수를 숨기지 않는다.
  확실하지 않을 때 정확한 대답을 찾는다.

고객에게 연락을 다시 주겠다는 약속을 지킨다.

- 태도 : 전문적이고 긍정적
  다른 누군가와 상대하고 있을 때에도 고객이 오면 응대해 준다.
  이름을 부르며, 미소를 띠고 고객을 환대하고, 눈을 보면서 이야기한다.
  카운터의 뒤에서 나와 악수를 하고 이름을 부른다.
  모든 고객에게 마치 그들이 처음 방문한 손님처럼 대우한다.
  가게를 깨끗하고 친근감을 가지도록 유지한다.
  고객이 제품을 차에 싣는 것을 도와준다.
  개인적인 용모에 자부심을 갖는다.
- 태도 : 팀 플레이
  나는 프락세어의 모든 가게에서 고품질 서비스를 얻는다.
  기술 전문성을 공유하자고 제의한다.
  나의 문제를 해결하기 위하여 프락세어의 다른 자원을 활용한다.

기고자 소개

존 그래보스키(John Graboski)는 프락세어 디스트리뷰션사(Praxair Distribution, Inc.)의 인적자원 이사이다. 그는 25년간 회사생활을 해왔는데 HR뿐만 아니라 마케팅과 판매에서, 3개의 서로 다른 산업(텔레컴, 의료보험 및 산업용 가스)에서 일하였다. 그는 아직 마음에는 마케팅을 하는 사람이지만 종업원이 고객에게 회사의 제품뿐만 아니라 자신들을 성공적으로 판매하도록 도와주는 것을 자신의 역할 중의 하나로 간주한다. 그는 부인 지니(Ginny)와 두 명의 10대 딸인 캐이틀린(Caitlin)과 렉시(Lexi)와 함께 코네티컷 주 체셔에서 산다.

루스 네일(Ruth Neil)은 프락세어 디스트리뷰션사의 훈련 및 개발 관리자이다. 그녀는 조직변화 이니셔티브, 특히 훈련 및 개발, 고용관계, 종업원 커뮤니케이션 인터벤션을 거치며 34년의 경력기록을 가지고 있다. 그녀의 관심은 조직에서 우수한 서비스로 이끌어 가는, 아울러 종업원 역량과 몰입도 제고를 이끌어 가는 전략적 변화를 기본적으로 실행하는 것이다.

리치 라딘(Rich Rardin)은 BenchStrength Development, LLC의 사장이다. 그는 시장 목표를 달성하기 위하여 사업전략을 정렬하고 끌어가는 조직의 리더십 전략개발을 지원한다. 숙련된 퍼실리테이터인 리치는 팀과 리더들이 자신들의 핵심 가치가 살아남아 있는 동안 조직변화 목표 장애를 극복하도록 개별 경영 리더와 팀을 임파워시킨다. 그는 25년간 포춘 500대 기업과 비영리 회사과 같은 다양한 회사들과 함께 리더십과 조직개발 분야에서 일해 왔다. 그는 인적자원 컨퍼런스 세계에서 자신의 경영자 코칭 모델을 제안하였다. 리치와 그의 가족들은 코네티컷 주 뉴타운에 산다.

16

세인트 루크 병원과 헬스 네트워크

이 사례 연구에서는 품질개선 시도와 행동 변화 프로그램을 통하여, 그리고 결과에 중점을 둔 5개의 중점 리더십 모델 강조 등을 통하여 환자만족, 의료 품질 개선, 전반적 서비스 향상, 효율성 제고, 산업 내의 최고 위치확보 등 한계 돌파를 이루었던 리더십 개발 프로그램을 세인트 루크 병원과 헬스 네트워크가 어떻게 시행하였는가에 대하여 기술한다.

- 개요
- 역사
- 도입
- 진단
- 설계
- 개발
- 실행
- 성공의 열쇠
- 포럼평가
- 조직에 미친 성과
- 리더십 위원회 결과
- 주석
  - 보기 16.1 : 전략적 계획 목적과 목표
  - 보기 16.2 : 경영철학, 환자만족에 대한 비전, PCRAFT 핵심가치, 성과에 대한 서비스우수기준, 성과 개선 계획
  - 보기 16.3 : 리더십 운영위원회 사명, 비전, 목표, 멤버 역할
  - 보기 16.4 : 별 모양 5개의 꼭짓점 모델
  - 보기 16.5 : 포럼평가 보기
  - 보기 16.6 : 2000~2004년 1월 : 별 모양 5개의 꼭짓점 모델에 의한 세인트 루크 병원과 헬스 네트워크의 주요 성과
  - 보기 16.7 : 프레스 가니 보고서
  - 보기 16.8 : '별 모양에서의 사람에 해당하는 최고의 꼭짓점' 에 대한 책임 격자, 2003년 가을: 교육을 행동변화에 연계
  - 보기 16.9 : 경영성과 평가
- 기고자 소개

개요

이 사례연구는 세인트 루크 병원과 헬스 네트워크의 관리자들을 보다 더 강한 리더로 만들기 위하여 이 회사가 사용한 독특한 방법들에 대하여 설명한다. 리더십 운영위원회의 지도하에, 헬스 네트워크 내 260명 이상의 관리자에 대한 리더십 기술과 능력을 지속적으로 개발하기 위하여 창의적 실행전략을 가진 신중한 접근법이 약 3년간 전개되었다.

이 전략은 관리자와 리더가 세인트 루크의 사명과 비전을 인식하는 데 필요한 근본적인 원칙을 구체화한 5개의 중점모델에서 유래한다. 이러한 원칙들의 실행은 주로 정규적인 리더십 포럼 강연을 통해 이루어진다. 이 자연스런 학습 환경은 임상 분야가 다르고, 재정이 다르며, 운영환경이 다른 부서의 동료들로부터 관리자들이 서로 학습함으로써 자주 교류하고, 질문하며, 스스로 도전할 수 있는 곳에서 가능하다. 이 포럼과 그에 이은 관련 활동들은 별 모양으로 된 5개의 중점모델에 따라서 관리자들이 자신들의 자원을 보다 더 극대화할 수 있는 새 방법론과 아이디어들을 사용할 수 있는 추가적인 방식을 제공한다.

세인트 루크에서 이 프로그램은 아직 초기 단계이지만, 재정, 병상, 운영, 관리, 인적자원 성과 등의 분야에서 이 프로그램의 장점을 이미 실현하고 있다.

역사

세인트 루크 병원과 헬스 네트워크는 여러 세대 동안 많은 가족들에게 좋은 의료서비스를 제공해 온 오랜 역사를 가지고 있다. 세인트 루크는 1872년에 설립인가를 받은 이후, 작은 동네 병원에서 시작하여 지역 내에서 전국적으로 가장 명성 있는 종합 의료 네트워크로 성장하였다. 즉 세인트 루크는 전문화된 상담치료를 하는 비영리 병원과 1,400명 이상의 의사, 그리고 여타 다른 건강관련 조직으로 구성되어 있다. 이 네트워크는 르하이 밸리(Lehigh Valley) 주민들과 때로는 그 병원 주변에 있는 군 지역들(counties), 그리고 경우에 따라서는 인접한 다른 주의 주민들에게 의료서비스를 직접 제공한다. 이 네트워크에는 800명 이상 수용 가능한 병상, 72가지의 의료 전문 분야, 5,500명 이상의 종업원, 연 40,000명에 이르는 환자 입원 등이 포함되며, 이 네트워크는 르하이 군에서 두 번째로 큰 사업체이기도 하다. 병원이 발전함에 따라, 세인트 루크는 언제나 의료 기술에서 선두를 지켜 왔다. 오늘날의 세인트 루크는 전국적으로 알려진 심장 및 ICU(Intensive Care Unit, 집중치료실) 치료, 교육기관으로서의 우수성, 의사와 간호사 및 다른 임상 스태프들의 우수성, 뛰어난 고객서비스 등으로 잘 알려져 있다. 130년의 역사를 지켜오면서, 세인트 루크는 우수한 의료서비스를 제공하기 위한 자신의 사명에 충실해 왔다.

도 입

세인트 루크에서 경영진은 효과적인 전략 계획을 개발하고 성공적으로 시행하기 위해서 자극을 주고, 비전을 제시하며, 자원을 제공한다. 그 계획은 네트워크와 그 조직들이 자신들의 전략 계획을 운영하고 구성하는 전반적인 기초가 된다. 그 계획의 목표와 목적은 또한 핵심목표가 네트워크를 구성하는 사람들과 이해가 일치하도록 정렬되어 있는데, 이 네트워크를 구성하는 사람들이 거두는 성공은 서로 의존적이다(보기 16.1 참조).

전략 계획에서 보면 알 수 있듯이, 세인트 루크는 병원의 미션, 비전, 기본 원칙 등에서 사람들을 중심으로 하는 확고한 기반을 가지고 있고, 그러한 부분에 확실하게 몰입하고 있다. 또한, 이 병원은 그 토대 위에서 경영철학, 환자만족을 위한 비전, PCRAFT[긍지(pride), 보호(caring), 존경(respect), 책임감(accountability), 유연성(flexibility), 팀워크(teamwork)]의 핵심 가치와 우수한 서비스 성과기준을 만들고, 성과 개선 계획 등을 수립한다(보기 16.2에서 나열된 항목들 참조).

세인트 루크의 사명, 비전, 기본 원칙 등은 문서와 구전 등의 다양한 방법—즉 액자에 담아 걸어놓은 사명, 비전, 가치, 경영 철학과 창의적 방식으로 눈에 띄게 표현되어 기억에 남게 하는 PCRAFT, 명예의 벽(Wall of Fame), 종업원 핸드북, 성과기준 책자, 고객서비스 및 관리자 요령, 「에선셜(Essentials)」(연간 필수적인 교육 뉴스레터), 네트워크 웹사이트(www.slhhn.org)—으로 전 네트워크를 통하여 의사소통되고 새로운 종업원 오리엔테이션 자료의 일부로서 전달되며, 교육 프로그램과 종업원 회의 등에서 강조된다.

세인트 루크 병원과 헬스 네트워크의 대표이자 CEO인 리처드 A. 앤더슨

(Richard A. Anderson)은 종종 "세인트 루크는 벽돌과 모르타르 이상입니다… 바로 사람입니다."라고 이야기한다. 끊임없는 노력을 통하여 우수한 서비스 문화를 지속 실현하면서, 이 네트워크는 사람들을 통하여 치유라는 사명에 대한 서약을 굳건히 지키고 있다. 앤더슨이 이끄는 네트워크 전반의 행정실은 우수한 서비스 문화를 강화하는 기본적 개념들을 수용하고 있는데 이 개념들은 다음과 같다.

1. 종업원 만족은 환자만족을 낳고, 환자만족은 성공적인 사업을 낳는다(자신의 사람들을 만드십시오. …그들이 당신의 사업을 만들 것입니다).
2. 종업원 만족은 다음 사항을 효과적으로 제공하는 리더와 함께 시작하고 끝난다.

- 비전
- 간호 및 서비스에 대한 분명한 기대
- 개발과 교육
- 효과적인 의사소통
- 역할모델링
- 건설적인 피드백
- 인정

3. 효과적인 리더는 개발될 수 있고 개발될 필요가 있다.
4. 리더십 개발과 교육은 행동을 변화시키는 교육에 근거를 둔다.

위의 사항들은 인터뷰 및 채용 관행과 직무 내용 설명서, 성과 평가, 지속적인 역량평가 등의 업무에 반영된다. 종업원 참여는 적극적으로 그리고 끊임없이 장려된다. 그러한 참여를 강화하기 위해 많은 작업장에서 이루어지는 과정들과 시스템이 존재한다.

진단

리더들은 세인트 루크의 종업원과 의사, 자원봉사자 등을 귀중하게 대우하는 환경을 만들고, 지원하며, 유지하는 책임을 '갖는다.'

—리처드 앤더슨, 세인트 루크 병원과 헬스 네트워크의 사장이자 CEO

2000년 후반, 고위 행정실에서는 미국 내 모든 병원들에서 헬스케어 환경이 점차 어려워져 간다는 것을 인식하기 시작하였다. 의료비 상환(reimbursement)에서부터 개인들의 프라이버시까지 헬스케어 산업 전반에 걸쳐 큰 이슈들이 발생하고 있다는 점이 고위 행정실에 보고되었다. 세인트 루크는 이러한 초기 문제를 인식하고 있었기에 당면 환경에 대한 운영적, 임상적, 재정적인 문제에 대처하기 위한 계획들을 이미 시행하고 있어 자신감을 가지고 있었다. 그러나 경영진은 이 세 분야의 모든 문제에 대응할 행동 계획이 있기는 하되, 관리자들의 요구를 맞춰 줄 확실한 접근법을 가지고 있지는 않았다. 병원을 둘러싼 환경 이슈들에 대응할 수 있는 경영기술과 리더십 기술을 키우고 확대할 수 있는 능력을 병원 내의 팀들에게 충분히 제공하지 못했었다.

세인트 루크 병원과 헬스 네트워크의 행정실은 이와 같은 생각들을 받아들이면서, 네트워크 전체에 걸친 일관된 효과적인 리더십 개발을 제공할 필요성을 인식하였다. 이 목적을 달성하기 위해서, 네트워크 인적자원부의 수석 부대표, 로버트 P. 짐멜(Robert P. Zimmel)이 관장하는 리더십 운영위원회가 2001년 6월에 구성되었다. 리더십 운영위원회는 다양한 네트워크 조직들의 대표를 포함하면서, 다양한 배경, 의사소통 스타일, 기술 등을 가진 사람들을 팀으로 구성하였다. 위원회의 사명과 비전 및 목표, 멤버의 역할 등이 초기에 수립되어, 위원회에 의해서 계획되고 시행된 모든 활동의 가이드로 자리 잡았다(보기 16.3 참조). 리더십 운영위원회는 초기 기반 작업을 완료한 후 설계과정으로 이동하였다.

설계

이 변화 시도의 시작 단계는 주변을 돌아보면서, 가능한 한 '자신들의 숲에서 빠져나와', 헬스케어에서 차별화된 리더십 모델을 추구하는 것으로부터 시작된다. 리더십 운영위원회는 잘 알려진 문헌들을 조사하였다. 그러나 효과적이고 성공적인 모델은 많지 않았다.

조사결과에 대한 평가 이후에, 리더십 운영위원회 멤버는 질적 성과 척도를 가진 것으로 고려되었던 몇 곳을 방문하였다. 대상 그룹은 조사기관인 프레스 가니 설문조사(Press Ganey survey)에서 여러 분야에 걸쳐 점수가 높게 평가된 특정 병원이었다. 그 병원들을 방문한 것은 도움이 되었고 지식을 얻었으며, 위원회 멤버들은 세인트 루크가 현재의 관행들에서 많은 부분 잘하고 있다는 강한 확신을 가지고 돌아오게 되었다. 이 리더십 그룹이 얻은 주요 학습은 방문했던 조직들이 리더십 개발을 계획하고 있다는 것에 대한 인식이었다. 방문했던 병원들은 그 해 내내 리더들을 교육하기 위한 시간 계획을 짜고 있었다. 이러한 시간설정은 종업원들에게 성장 기회가 배정될 때 '이정표' 일정 역할을 하는 것처럼 보였다.

개발

현재의 위원회를 구성하기 전에, 리더십 운영위원회의 몇몇 기획 요원들은 일리노이 세인트 찰스에 있는 델노어 병원(Delnor Hospital)이 개최한 세미나에 참석하였다. 리더십 운영위원회가 퀸트 스튜더(Quint Studer)의 철학과 방법을 처음 접한 곳이 그곳이었다. 퀸트 스튜더와 기타 다른 산업 리더들로부터, "여러분이 리더를 성장시키면, 여러분은 조직을 성장시키는 것입니다."라는 격언이 세인트 루크 팀에게 소개되었다. 스튜더가 영향을 미친 철학 이외에도, 세인트 루크 팀은 스튜더의 '성공을 위한 5개의 기둥'을 처음 접하였다. 이 기둥들로부터, 리더십 운영위원회는 별 모양의 5개 꼭짓점 모델을 설계하였다(세인트 루크의 로고에 8개의 점으로 된 별이 있는 것처럼, 별은 조직에게 중요한 의미를 가지고 있다). 별에서 5개의 꼭짓점은 사람, 품질, 서비스, 비용, 성장 등으로 확인된다(보기 16.4 참조). 각 꼭짓점은 또한 각 점에 대해서 설정된 비전이 달성되도록 하기 위해 사용되는 지표를 가지고 있다.

사람을 나타내는 꼭짓점에 대한 비전은 세인트 루크 병원과 헬스 네트워크의 모든 리더, 스태프, 자원봉사자가 네트워크의 모든 수준에서 가치 있게 느껴지고 인정받음을 느끼게 하는 것으로 정의되어 있다. 이 꼭짓점에 대한 지표는 다음과 같은 것이 있다.

- 시스템 전체에 걸쳐 확고한 고객서비스 지향성을 갖는 것
- 전문적 개발을 위한 과정을 실행하는 것
- 능력 있는 스태프를 보유하는 것
- 스태프의 장기근속과 헌신에 감사를 나타내는 것

- 자원봉사자를 인정해 주는 것
- 종업원 이직률을 줄이는 것
- 종업원에게 자신들이 전체 네트워크 성공의 수호자이고 부서와 기능에 상관없이 그들의 기여가 조직의 성공에 가치 있고 중요한 것이라는 것을 알려주는 것

품질을 나타내는 꼭짓점은 비슷한 규모의 병원을 대상으로 수집한 벤치마크 자료와 비교하여 조직이 품질 면에서 성공을 측정하도록 설계되었다. 세인트 루크는 지속적으로 소요시간(turnaround times)을 줄이고, 환경의 질적인 면을 개선하며, 환자의 병원 체류 시간을 줄이고, 지역 내에서 최고의 고용자가 되며, 전국적으로 임상효과에 대하여 인정을 받는, 그리하여 궁극적으로는 최고의 조직이 되도록 노력하고 있다. 최종적으로는 리더십 운영위원회의 열망뿐만이 아니라, 병원 그 자체도 산업전문가들이 인정하는 최고의 질적인 간호와 서비스를 제공하는 병원이 되고자 하는 것이었다.

서비스를 나타내는 꼭짓점은 각 종업원과 자원봉사자에게 기대되는 것에 대한 분명한 지침을 정한다. 이 병원 네트워크는 환자의 만족도를 측정하기 위해 프레스 가니와 제휴하였다. 세인트 루크는 친절성 측면에서 환자들에게 정평이 나 있다. 이 조직은 성취한 것에 대해서는 인정해 주고, 실수에 대해서는 책임을 진다. 매 분기에 관리자들은 자신의 점수를 평가하고 개선이 필요한지를 판단하며, 필요하다면 어느 부분의 개선이 필요한지를 결정한다. 국내의 비슷한 다른 병원 부서와 비교하여 우수한 부서는 월례 경영회의에서 축하를 받는다.

비용을 나타내는 꼭짓점은 세인트 루크가 과거 수년간 강조해 왔던 가장 힘든 부분이다. 흑자수지를 유지하는 것이 확실한 비전이지만 보다 더 큰 도전은 효율성을 극대화하기 위해서 인적자원을 적절하게 강화하는 것이다. 행정조직 리더들은 경쟁력이 있는 종업원 임금을 설정하고, 공급업체와 협의하며 운영비를 줄이는 단계를 거치고, 적절한 충원수준을 유지함으로써 경영을 모니터한다.

마지막으로, **성장을 나타내는 꼭짓점**은 세인트 루크가 펜실베이니아 최대 규모의 헬스 네트워크로 시장에 진출한다는 비전으로 설정되었다. 이것은 환자의 내방, 입원 측면에서의 총 인원으로 증명된다. 세인트 루크는 네트워크의 모든 구성체에 걸쳐 이익, 규모, 시장점유율을 증가시키려 하였다. 세인트 루크 병원과 헬스 네트워

크는 미래에 새로운 커뮤니티와 인접한 주변 지역에 거주하는 환자들의 요구에 부응하기를 바라고 있다.

네트워크의 리더를 지속적으로 개발하는 한편, 별 모양의 5개 꼭짓점 모델의 중요성을 보여줄 한 가지 메커니즘으로서, 일련의 포럼들이 시행되었다. 그 포럼은 교육을 실시하고 바람직한 행동변화 결과를 수반하는 학습을 자극하기 위해 설계되었다. 포럼은 정기적으로 발표되었고, 각 세션은 주로 별 모델의 각 꼭짓점에 중점을 두었다. 원래의 포럼 계획은 분기별로 갖는 것이었지만, 포럼에 대하여 운영위원회에 주어진 요구와 리더들이 세션 참석에 걸리는 시간 제약을 고려하여, 포럼 횟수는 일 년에 세 번으로 줄였다. 각 포럼은 외부강사에 의하여 발표된 개념에 대해서 병원과 헬스 네트워크가 관계성이 있을 때 이를 실행할 수 있는 내부 행정요원들이나 리더들이 짝을 이루게 하여 외부 강사와 발표자들을 통합한다는 아이디어에 입각해 있다. 각 포럼을 실시한 결과 관리자가 현 실무 분야 이외에도 네트워크와 멀리 떨어져 있는 중요한 실무 분야까지 지식을 갖출 수 있게 되었다. 관리자는 평가를 할 기회와 가능한 경우 새로운 아이디어를 일상 실무에 적용할 수 있는 기회를 가졌다.

이러한 정기적 포럼 시행은 세인트 루크 문화에 또 다른 변화를 가져다 주었다. 더 이상 정책과 절차만으로는 네트워크 리더를 지휘할 수 없었다. 오히려 성공적으로 성장하는 조직 내에서 일하기 위해서는 역동적으로 변하는 헬스케어 환경에 대응하여 리더가 다르게 생각하고, 계획하고, 대처하여야 했다.

포럼에서는 언제나 별 모양이 5개 꼭짓점에 중점을 두었고, 네트워크 리더십의 기술개발을 돕기 위한 교육 내용과 정보들을 제공하였다. 포럼이 시행되는 방식은 즐거우면서도 정보를 주는 자연스러운 분위기를 조성하였다. 각 세션 발표자는 즐겁게 진행하도록 강조되었고, 상호작용하면서 강의식 형식을 피하도록 지도하였다. 참석한 리더는 동료들과 친밀하게 이야기를 나누고 네트워크를 형성하도록 고무되었다. 리더는 종종 보다 보수적이었던 자신의 역할에서 벗어나 학습훈련에 참여하거나 심지어는 유머감이 있는 방식으로 발표를 진행하였다. 이로 인하여 리더십 팀을 구성하고 있던 다양한 재능이 빠르게 모습을 보이면서 보다 더 즐거운 시간이 이루어졌다. 모든 포럼은 직무에서 잠시 떨어져 학습에 좀 더 집중할 수 있도록 외부지역에서 개최되었다.

리더십 포럼의 성공에 대한 또 다른 주요 요소는 지속적으로 흥미물들을 끼워넣는 것인데 지금도 그렇게 진행된다. 일터에서의 흥미가 다른 기업 문화에서는 별 가치가 없을지 모르지만, 세인트 루크 병원과 헬스 네트워크에서는 중요한 가치가 있는 것으로 여겨지고 있다. 포럼을 계획할 때에는, 참석자들에게 소중한 학습을 편안하고 재미있는 분위기로 전달할 방법에 대하여 모든 멤버들이 브레인스톰을 하였다. 이러한 자세는 매일 이 방식을 실행하는 고위 행정실에서부터 비롯된다. 관리자 회의는 공통적으로 편안한 분위기에서 이루어진다. 더욱이 이 조직에서는 연중 전체 스태프의 노고와 근무에 감사하는 다양한 프로그램을 제공한다. 이 조직에서는 한 해의 성공을 축하하고 스태프들의 공로를 인정하는 데 관여하는 것이 중요하다고 간주한다. 다양한 이벤트가 있지만, 가장 중요한 것은 세인트 루크 병원과 헬스 네트워크의 연례 소풍이다. 이 축제는 하루 종일 이루어지는 것으로 3,000명이 넘은 참석자들이 함께 하는 이벤트이다. 이 행사 안에는 종업원과 그들의 가족을 위한 조직 내 팀 경진대회도 들어 있다.

260명의 관리자들을 대상으로 연 3회의 품질 포럼을 갖는 것은 중요한 업무가 되어 왔다. 다행스럽게도, 리더십 운영위원회는 프로젝트와 중요 변화관리 업무에 대한 경험들을 가지고 있었다. 운영위원회에서는 6개의 소그룹으로 책임을 나누고, 그에 따라 포럼을 보다 더 관리 가능하게 하는 과정을 만들었다. 운영위원회의 멤버들은 자신이 참가할 포럼의 한 부분을 정하여 그 부분에 대한 조정업무를 책임졌다. 위원회는 업무를 도와줄 다른 관리자를 초대하여 소그룹의 업무를 일부 확대하기도 하였다. 각 소그룹들은 최근에 개선이 이루진 것, 피드백, 때때로 건설적인 비판 등에 대하여 운영위원회에게 다시 보고하였다.

리더십 운영위원회는 별의 어떤 꼭짓점에 중점을 둘 것인지를 결정하고, 한두 명의 주요 발표자를 따라 포럼의 전반적인 구조를 제시하였다. 소그룹은 발표자를 위한 특정 주제를 선정하고, 그것들이 바람직한 방향과 스타일로 진행되도록 준비시킴으로써 포럼의 내용을 운영하였다. 또 다른 소그룹은 해당 주제를 지원하게 하고 포럼의 주변 분위기를 조성하였다. 세 번째 소그룹은 포럼에 필요한 물품을 준비하고 장소, 음향영상 관련 장비, 음식 메뉴 등을 조정하였다. 네 번째 소그룹은 행사 개최 몇 주 전에 리더들에게 참석토록 초대하고 모든 사람에게 행사내용이 잘 전달되도록 정기적으로 상기시켜 주었다. 다른 두 소그룹은 평가를 하고 과거, 현재, 미래의 포럼들을 연계시키기 위해서 만들어졌다. 평가 도구에서는 피드백을 얻는 것 뿐만이 아니라 리더십 운영위원회가 교육하고, 정보를 제공하며, 행동변화를 의도했던 것들에 대하여 효과성이 있는지를 평가하는 것도 중요하였다. 이와 같은 연결요소들을 지속적으로 포럼 모두를 하나의 과정으로 묶어주면서 각 포럼이 하루가 지나면 잊어버리게 되는 개별적인 이벤트가 되지 않도록 만드는 것이 핵심이었다.

실행

리더십 포럼에서의 실제 발표활동은 별 모양의 5개 꼭짓점 모델을 통하여 전체가 조직의 목표를 구체화하도록 특별히 설계되었다. 리더십 포럼은 종업원 만족에 대한 구체적 준거안에서 260명이 넘는 세인트 루크 관리자들을 교육하고, 이들이 도전토록 하기 위해서 매년 여러 가지 프로그램을 제공하였다. 각 포럼마다 초점이 다르기는 하지만, 포럼의 구조는 상대적으로 같았다. 오전 세션은 외부 강사가 맡아서 진행하며, 이들은 세인트 루크와 유사한 가치와 사용가능한 자신의 경험들에 의거하여 외부인으로서 프리젠테이션을 발표한다. 강사들 대부분은 발표할 때 성격 면에서 그리고 접근방법 면에서 공통적으로 카리스마 있고, 정렬적이며, 청중을 휘어잡을 수 있는 가치 있는 학습내용을 제공한다. 오후 세션은 네트워크의 행정실요원과 스태프들의 발표로 이루어지는데, 이들은 게스트가 제공한 중요 개념을 받아들이고 네트워크 내의 일상적인 도전 및 기회들에 그것들을 연관시킨다. 리더십 운영위원회는 자신의 스태프에 대해서도 외부 게스트에게 적용한 것과 동일한 성과 기준을 가지고 있다. 리더십 위원회는 참가자들이 학습하고 즐거워하도록 정기적으로 발표작업을 같이 하고 검토하기조차 한다. 이것이 결과적으로 성공했는지는 이 포럼이 개별 관리자로서 그리고 팀 혹은 위원회의 멤버로서의 자신들의 운영방식을 바꿔 놓았다고 알려주는 세인트 루크 스태프로부터 얻은 질적 피드백을 통하여 알 수 있다.

리더십 포럼이 시행된 지 만 3년이 되었으므로, 원래의 개발 자취를 되돌아보는 것은 가치가 있다. 우리의 리더십 이벤트에 대한 별 모양의 주제와 그 여정은 2001년 9월 18일, 관리자 팀에 대한 출발 행사인 '별을 향한 여정'에서부터 시작되었다. 모든 관리자들이 별이 반짝이는 선글라스를 쓰고, 「스타트랙(Star-Trek)」 주제 음악

속에서, 별 장식이 달린 밝은 천장, 개인적 성장과 개발을 강조하는 내용 등으로 장면을 일부러 극적이게 연출하였다. 그 여정은 관리자를 리더로 변화시키기 위해서 '운명지어진 것' 이었다.

마이어스 브리그스의 성격유형 인벤토리(Myers Briggs Type Inventory, MBTI)와 병원 내 만족도 설문 결과의 소개라는 세 가지 포럼은 주로 사람에게 초점을 맞추었다. 리더십 핵심역량은 그룹 관리 접근방식으로 개발되었으며, 별 모양에서 사람에 해당하는 점에 중점을 둔 포럼을 통하여 관리자에게 소개되었다. 그 포럼의 일부분을 이루었던 추가적인 주제에는 스태프들의 의사소통과 갈등해결을 돕기 위하여 MBTI 진단도구 사용이 포함되었다. 이 포럼은 MBTI가 다양한 성격의 사람들과 보다 더 효과적인 대화를 촉진하는 데 사용될 수 있다는 것을 보여주었다.

리더십 포럼 이후는 별 모양 중에서 다른 세 점인 서비스, 질, 성장에 초점을 두었다. 서비스에 해당하는 점은 자신들의 서비스 청사진을 공유하는 두 명의 가장 성공한 지역 기업 리더로 특징되었다. Department of Veteran Affairs의 제임스 바지안 박사(Dr. James Bagian)는 자신의 NASA 우주비행사로서의 경험과 베테랑 행정실(Veterans Administration)의 개선과정 시행에서 얻은 두 가지 경험 사례를 통하여 헬스케어의 질에 대하여 발표하였다. 바지안 박사는 질적 우수성에서 긍정적인 결과를 얻기 위해서 필수적인 원칙과 주제에 대하여 강화효과를 주었다. 특히, 그는 다음 사항을 강조하였다.

- 헬스케어에서는 실수를 개인의 문제로 돌리는 정신상태를 가지고 있다. 즉 첫 반응으로 "누가 실수를 했는가?"라는 질문부터 없애야 한다.
- 품질 프로그램을 평가할 때, 여러분의 출발점은 자신의 안전성과 관련된 프로그램에서부터 시작한다. 왜냐하면 안전 시스템이란 사람과 제조 중인 제품 그리고 서비스나 제품이 제공되는 시스템 등에 여러분이 관심을 집중하게 해주기 때문이다. 이러한 초점을 유지하는 것이 궁극적으로 품질에 대한 결과를 결정한다.
- 시작단계에서 요구분석을 잘하라. 개선이 요구되는 영역에서 일하고, 잘못되어 가고 있는 것들에 대한 통계치만을 수집하는 데 열중하지 말라. 요구분석은 문제를 해결하는 접근방법이며, 동시에 예방적 접근방법이기도 하다.
- 측정하고자 하는 것을 확실하게 정하고, 어떻게 측정할 것인지를 확실하게

정하며, 또한 시스템을 개선하도록 도와주는 자료를 가지고 무엇을 할 것인지를 확실하게 정하라.

- 어떠한 것이 잘못되었다고 비난의 손가락질을 보내지 마라. 실패는 가르침을 얻을 수 있는 순간이라고 보면서 다루어야 하고, 실패로부터 배울 수 있도록 그 기회를 이용해야 하며, 문제와 관련된 사항 등에 대하여 교육하라. 실수가 발생했을 때 학습할 수 있는 환경을 조성하라.
- 분야가 다른 사람들로 구성된 품질평가 팀을 구성하라.

별 모양의 모델에서 성장을 나타내는 꼭짓점에 대해서는 세인트 루크의 재무 부사장이 토론을 주도하였다. 병원에서 단일 네트워크로서의 재무적 성장이 강조되었다. 네트워크 개발 담당 선임 부사장은 세인트 루크의 전략적 계획을 훌륭히 발표하였다. 네트워크 개발 선임 부사장과 동료들은 위험(Jeopardy)이라는 게임 쇼에 기반을 두어, 유머 있는 방식으로 재무게임을 재현하였다. 특정한 성장관련 사실들과 전략들에 대하여 직원들을 교육시킬 때 병원 행정실 고위자들이 참여한 가운데, 가짜 아이디어에 대한 조크와 이따금씩의 냉소적인 '잽'을 먹이는 가짜 대답이 주어졌다. 이러한 형식은 포럼 후의 설문조사에서 취합된 양적 피드백과 일반 의견을 가지고 판단해 보면 참가자들이 잘 수용한 것으로 나타나고 있다. 성장 포럼의 세 번째 연설자인 세인트 루크 퀘이커타운의 CEO는 '일하기 좋은 곳 만들기'로 불리는 재미있으면서도 교훈적인 내용을 발표하였다.

리더십 포럼은 무대에서 열리는 대규모 행사이지만, 일 년에 단지 세 번뿐이었다. 리더십 운영위원회는 관리자에 대하여 정기적으로 자극을 줌으로써 종업원의 요구와 필요사항을 인정하여 주었다. 그에 따라, 북클럽이 네트워크를 통하여 만들어졌다. 북클럽의 설립원칙은 관리자에게 리더와 종업원이 되는 데 있어 실무와 방법들을 다르게 학습할 수 있는 기회를 제공하는 책을 제공해 주는 것이다. 네트워크에서 실행된 이 개념으로 모든 리더에게 책을 다시 돌려보고, 소규모의 두뇌집단을 설립하기 위한 정기적 북클럽 회의가 만들어졌다. 제공된 주요 책들은 좋은 기업에서 위대한 기업으로(Good to Great)[1]와 완전한 몰입의 힘(The Power of Full Engagement)[2] 등과 같은 것들이 포함된다.

이러한 책들을 독서한 결과, 관리자들은 일을 직접 해보지 않은 상황에 대해서 학습하고 이를 반영할 수 있는 기회를 갖게 되었다. 일반적으로 나타난 그룹 피드백에 의하면 관리자들은 이러한 책을 즐기고 어떠한 면에서는 각 책에서 얻은 중요한 것을 일상 행동에서 실행한다는 것을 보여주었다.

각 관리자의 성격특성을 이해하도록 도움을 주기 위한 방법으로, 마이어스 브리그스 성격유형 인벤토리(MBTI)가 2001년 가을에 세인트 루크 병원과 헬스 네트워크에 소개되었다. 2001년 9월에 경영자 팀이 MBTI에 참석하도록 초대되었다. 초기 교육 세션은 리더십 그룹에게 MBTI 성격유형을 이해하는 데 필요한 것을 제공하는 것으로, 2001년 10월부터 시작되었다. 이것은 세인트 루크가 MBTI 조직이 되어 가는 여정의 시작이었다. 관리자를 대상으로 MBTI 성격유형에 나열된 자원을 개발하는 것은 세인트 루크 병원과 헬스 네트워크 문화에 필요한 또 다른 교육단계였다.

어떤 문화는 각 개별 종업원에게 MBTI를 핀(pin)이나 문(door) 위에 달아 보여주었지만, 세인트 루크에서는 이 방법에 거부하였다. 세인트 루크의 작업 문화를 위해서, 가장 실무적인 대답은 성격유형 목록부(Type Directory)를 개발하는 것이었다. 이러한 목록부는 관리자의 MBTI 성격유형과 전화번호를 적어 놓은 안내서이다. 사무실 문에 표시를 하거나 명찰에 유형을 적는 것과는 달리, 성격유형 목록부는 네트워크 내에 있는 모든 종업원의 요구를 충족시키려는 의도였다. 한 개의 병원 안에 있는 환경에서와는 달리, 네트워크의 관리자는 네트워크 내의 다른 병원의 관리자 및 행정실원과 종종 상호작용을 한다. 성격유형 목록부는 개인들 모두로 하여금 더욱 쉽게 상호작용을 할 수 있게 한다. MBTI의 존재와 중요성은 2003년 봄에 시작된 이 목록부가 두 번째로 만들어진 판에서 보인다. 그때에는 훨씬 더 많은 관리자가 자신의 MBTI 성격유형을 발견했고 이것을 네트워크의 다른 사람들과 공유하는 것의 중요성에 합의하였다. 그의 중요성이 매우 중시되어 MBTI 성격유형은 인트라넷에 올려졌으며 온라인 정보로 모든 네트워크 관리자에게 제공되었다.

(지속된) 성공의 열쇠

리더십 포럼이 설계와 실행의 모든 측면에서 성공을 이루도록 지속될 때, 성공적 전개의 핵심 요소는 고위 경영진의 지속적인 지원이었다. 리더십 운영위원회는 회의 시작 단계에서부터 시작하여, 별 모델의 점들과 관련한 고위 리더의 특별한 전문성이 담긴 발표에 이르기까지 고위 리더들을 참여시키기 위한 신중한 결정을 내렸다. 리처드 앤더슨은 각 리더십 포럼에서 리더들을 환영하고, 네트워크에서 리더의 중요성과 각 포럼에서 학습에 쏟는 시간에 대하여 참석한 리더들에게 통찰력 있는 조언을 제공한다. 각 리더십 포럼에 고위 리더들이 참석하여 관여하는 것은 지속적으로 포럼의 성공에 중요하다.

포럼평가

리더십 운영위원회를 교육시키려는 노력은 사람들이 필요로 하는 것이 무엇인가에 대한 가정에 입각하여 만들어진 것이 아니다. 이 위원회는 자신들이 필요한 것을 사람들로부터 직접 배우기를 원하였다. 이러한 피드백은 계속되고 있다. 그룹을 설문조사하여 그에 따라 그들의 요구를 충족시키는 것은 서비스를 전달하는 모든 면에서 고객서비스에 대한 총체적인 약속이었던 '관리인' 정신일 뿐만 아니라, 리더십 팀에게 "우리는 귀하의 의견을 듣기 원합니다!"라는 처음의 메시지와도 일치하는 것이다. 여러 리더십 포럼에서 "귀하의 의견이 접수되었습니다."라고 알리는 표시들과 회의가 끝난 이후에 포럼에서 있었던 변화들의 진행상태를 확인하는 표시들이 만들어졌다. 이러한 모든 변화는 그룹 피드백에 관심을 집중하면서 이끌어진 것이었다.

리더십 운영위원회는 포럼평가에서 수집한 피드백을 계속 사용하고(보기 16.5 사례 참조) 과정 개선 접근방법을 통하여 그 내용을 분석한다. 프로그램의 효과성은 평가 도구에서 정해진 목표들을 확인하여 그에 근거하여 측정된다. 평가과정에서 얻은 조언과 제안은 미래의 프로그램 내용을 결정하는 데 사용되었다. 이 정보는 리더십 변화시도를 확인하는 데 또한 도움이 되었다. 리더십추진 팀에 참여하는데 대한 관심도는 평가과정을 통하여 측정된다. 모든 조직의 관리자는 이러한 노력에 참여하기를 자원하였다. 프로젝트에는 다음 사항들이 포함된다.

- 별 모양의 5개 꼭짓점 모델(사람, 품질, 서비스, 비용, 성장)을 반영하는 경영 성과 평가의 개편
- 책임 격자와 지속적 연결

리더십 개발은 행동을 변화시키기 위한 교육에 기초한다. 세인트 루크 병원과 헬

스 네트워크에서 서비스는 중요한 개발 분야였다. 이 분야에서의 많은 행동변화의 사례가 주목되었다.

- 앞에 언급했던 바와 같이, 리더십 개발에 대한 책임기준을 반영하기 위하여 경영평가가 다시 만들어졌다.
- 세인트 루크 병원과 헬스 네트워크의 성과 기준은 리더십 개발 시리즈의 일부로서 소책자로 배부되었다. 소책자의 목표는 네트워크 전반에 최소한의 기대 행동과 성과 기준을 제공하는 것이었다. 이러한 기준은 스태프들의 성과평가 과정의 일부가 되었다.
- 고위 행정실은 긍정적인 고객서비스 환경이 이루어지고 있음을 보여주는 수많은 편지를 받았다.

보고된 행동변화의 결과로, 펜실베이니아 대학 헬스 시스템의 장로교 의료 센터(Presbyterian Medical Center of the University of Pennsylvania Health System)의 고위 행정실 팀이 우리의 다양한 고객서비스 노력을 경험하고 배우기 위해서 병원을 직접 방문하였다.

조직에 미친 성과

과거 몇 년 동안, 세인트 루크 행정실의 리더십은 별 모양의 5개의 꼭짓점 모델에 들어가는 모든 부분에서 커다란 성공을 실현하였다(보기 16.6 참조). 이 네트워크를 이룬 병원 조직은 하나의 전체 조직으로서 성과를 거두었지만, 행정관과 관리자로 구성된 각 개별 부서의 리더십이 이 성공의 중추였다. 한 명의 리더 혹은 리더팀이 이끄는 각각의 변화추진 활동은 그들이 소속된 각 부서뿐만 아니라 자신들의 각 시설을 넘어 다른 부서에게도 혜택을 주었다. 각각의 프로젝트의 성공은 원래의 프로젝트 챔피언이 자신들의 부서를 점검하고 그것을 별 모양의 5개 꼭짓점 모델의 이상적인 원리와 비교하는 데서 가능하였다. 기회를 확인함으로써, 다수의 변화시도 프로그램의 성공적인 완수를 통하여 가시적인 혜택이 실현되었다.

더 나은 결과를 실현하기 위해 개선이 사용될 수 있는 부서 내에서 리더가 변화시도 프로그램을 실현하기 위해서 어떻게 별 모양의 5개 꼭짓점 모델을 이용하였는지를 보여주는 4개의 사례를 다음에 나열한다.

사례 1 : 품질의 꼭짓점

제목 : '신생아 집중치료시설(Neonatal Intensive Care Unit, NICU)에서 중앙/복부선 합병의 균혈증을 줄이기 위한 여러 전문가의 협조에 의한 접근방법(A Multi-disciplinary Approach to Decreasing Central/Umbilical Line Associated Bacteremia in the NICU)'

프로젝트 팀 리더 : 엘렌 노바트낙(Ellen Novatnack), 스티븐 슈위언(Steven Schweon), 샤를롯 베커(Charlotte Becker)

프로젝트 목적은 질병통제 예방 센터(Centers for Disease Control and Prevention, CDC)와 국립병원 감염감시 시스템(National Nosocomial Infection Surveillance, NNIS System)이 정한 벤치마크 대비, 1,000g 미만 신생아의 중앙/복부 선 주변의 균혈증 발병률을 25% 이하로 줄이는 것이었다. 이 개선활동은 모든 신생아 집중치료시설에서 탄생아동 몸무게 범주에 영향을 주었다.

NICU의 신생아는 제대로 발휘되지 못하는 면역력, 출생시의 적은 무게, 복잡하고 다소 해로운 진단 및 최적의 투약 치료 방식 등에 노출됨으로써 치료에 관련된 감염에 대하여 큰 위험에 처해 있다. NNIS를 벤치마크 했을 때 24개월 동안 NICU의 1,000g 미만의 출생 무게 범주의 중앙/복부선 합병 균혈증 비율은 90% 이상이었다. 장비(중앙과 복부선) 사용률은 NNIS와 비교했을 때 25% 이하였다. 그러므로 높은 감염률은 장비 사용에 의하여 발생하기보다는 감염 통제 문제에 더 관련이 있는 것으로 결론되었다.

개선에 대한 전략은 포괄적이고 다분야의 학제적인 접근방법을 사용하여 감염률을 줄이기 위한 감염통제 인터벤션을 시행하고 강화하는 것에 기초를 두었다. NICU의 감염통제 및 예방(Infection Control and Prenvention)과 서포트 서비스(Support Services)의 대표자들은 문제를 확인하고 제안하며, 스태프에게 교육을 제공하고, 예방방법을 강화하며, 변화를 시도하고, 정책과 과정을 개선하기 위하여 협력하였다.

복합적인 개선활동에 대한 구체적 사례들 중에는 연결관 재료의 변경, 적절한 손 위생 기술 강화, 피부에 더 부드럽게 잘 작용하는 미생물 제거용 손 세제 사용, 위생점검을 할 때 장갑 사용 강화, 비누와 물을 대체하여 물 없는 알코올 손 닦기를 모든 큐바이드(cubide)에 배치, 현재의 정책과 과정 강화, 장소 주변 IV 삽입 지역에 대한 날짜 기록, 규격에 따라 테가덤(tegaderm-처치 및 수술시 사용되는 소모성 재료 : 역주)을 미리 잘라 놓고 밴드 에이드 사용 중단, 살균용 딘 거즈를 사용하도록 서랍에 있는 거즈들을 제거, 각 환자에게 사용한 후 모든 공유 장비들의 세척, 손톱 규정 강화 및 악세서리 제한 등이 포함된다.

지원서비스(Support Services)도 역시 변화하였다. 호흡기 치료(Respiratory Therapy) 통풍구에 고인 물을 쓰레기통으로 비우기, CPAP와 코의 투관이 교착할 때 튜빙을 잘 막는 것, 앰부 백(ambu bag : 수동식 인공호흡기)을 침대 옆의 깨끗한 플라스틱 백에 보관할 것 등이 포함되었다. 방사선과는 환자 간에 사용된 초음파 탐침을 깨끗하게 소독하고 각 환자를 위해 모든 방사선 금속판을 깨끗한 플라스틱 백으로 싸기 시작하였다.

감염률이 높아서 이 전략을 시행했던 2년이 지난 자료에 의하면 4개월간 감염비율이 감소하였고, 이후 6개월간 연속 감염이 발생하지 않았으며, NNIS의 10% 이하로 감염률이 감소한 것을 알려주었다. 성과개발 프로젝트에 근거하여, NICU에서 취했던 행동으로 인하여 1,000g 미만 신생아의 중앙/복부선 주변의 균혈증 발병률의 감소라는 결과가 나타났다.

NICU 스태프는 감염통제 예방 행동이 감염률을 줄이게 만들었다는 생각을 갖게 되었다. 병원 당국은 성공적인 감염통제 프로그램을 통하여 달성할 수 있는 것이 무엇인지를 학습하게 된 것이다. 헬스케어 조직 합동위원회의 조사국[The Joint Commission of Accredited Healthcare Organizations(JCAHO) surveyor, May 2001]은 학제적 접근 방법과 이에 따른 좋은 결과로 인하여 감동을 받았다. CDC에 있는 헬스케어 성과지부(Healthcare Outcomes Branch)의 부감독자는 우리의 활동들을 추천하고 우리의 성과를 축하하는 편지를 보내주었다.

NICU에서 2003년 3월 1일부터 5월 31까지 이전에 설립된 안내에 따라 목표로 정해진 감시활동을 시행함으로써 현장 검사가 실시되었다. 체중 미달 신생아의 중앙/복부선 주변의 균혈증 발병률은 연속 1,000일 동안 감염횟수가 0이었다. 이는 지속적으로 긍정적 결과를 보여주면서 NNIS의 10% 수준 아래로 감소한 것이다.

사례 2 : 서비스의 꼭짓점

제목 : '소아과 간호 관행에서 가족중심 간호의 구체화'

프로젝트 리더 : 샤를롯 베커

2001년, 간호 스태프들은 지난 세 번의 설문조사(2000~2001)에 대한 프레스 가니의 조사 결과를 검토하고 부서가 관리자의 기대만큼 높은 점수를 받지 못하였다는 것을 알게 되었다. 그와 같은 검토를 한 후, 가족중심 간호를 개선하기 위해 소아과 내의 새로운 접근방식과 물리적인 변화를 개발하려는 계획이 개발되었다.

소아과 팀은 가족중심 간호를 제공하는 데 중점을 두기로 결정하였다. 다양한 문화권의 가족들과 또한 전통적인 모습과는 다른 가족들을 간호할 때 새로운 접근방식이 만들어질 필요가 있었다. 개방적이며, 유연한, 환자중심의 접근방식이 소아과 스태프들에게 소개되고 강조되었다. 소아과 내에서 대처가 필요한 물리적 변화도 있었다.

네트워크는 처음에는 관리인에 대한 고객서비스 교육을 제공하면서 시작하였다. 이 세션들은 다음 사항에 대한 두 시간의 교육으로 구성되었다.

- 고객만족이 왜 중요한지를 토론하고
- 효과적인 의사소통을 위한 기본 기술을 제공하며
- 종업원이 관리책임 역할을 할 수 있게 하는 도구를 제공함

부서단위 중심의 교육은 가족중심 간호 컨퍼런스에서 받은 교육에 집중하였다.

필요점 평가는 2002년 7월 1일부터 2003년 6월 30일까지의 프레스 가니의 기초 보고서를 토대로 완료되었다. 소아과 팀이 작업하려고 선택한 항목들은 다음과 같다.

- 병실 장식의 쾌적함
- 방문자를 위한 편의시설
- 불편에 대한 병원직원들의 민감성
- 방문자에 대한 스태프의 태도
- 병실 온도

직원들은 설문조사 결과로부터 아이디어를 생각해 내기 위한 브레인스토밍 세션을 열었다. 이들은 또한 설문조사 형식에서 추가되었던 부정적 의견들에 중점을 두

었다.

다양한 관심 분야에 대처하기 위해, 다음의 행동들이 각 요소에 실행되었다.

병실 장식의 쾌적함

- 모든 소아 환자의 사진을 찍어 걸어두었다. '감사' 카드 역시 걸어두었다. (9/02)
- 모든 아이들은 개인 병실을 가졌다. (9/02)
- 공룡 모양의 음식 트럭을 소아병동 식판으로 구입하였다. (10/02)
- 가족들이 사용할 수 있도록 부모용 라운지에 냉장고와 전자레인지가 추가되었다. (9/02)
- 음수대(water fountains)는 얼음과 정수시설로 교체되었다. (10/02)
- 이동식 비디오 게임기를 기증받아 환자들이 사용할 수 있도록 이동식 카트에 담았다. (11/02)
- 모유수유를 하는 엄마들에게는 무료식사가 제공되었다.

방문자를 위한 편의시설

- 커피, 차, 핫초콜릿, 크래커, 쿠키 등이 매일 아침 요양실에 준비되었다. (10/02)
- 800개의 비디오 테이프, 비디오 기기, 게임 등을 기증받았다. [환자들의 사용을 위한 이글 스카우트(Eagle Scout) 하는 프로젝트를 통하여 수집됨] (10/02)
- 방문 가족을 위해 부녀 보조단체(Ladies Auxiliary)가 기증한 노트북에 AOL 인터넷 연결이 추가되었다. (1/02)
- 병원에 더 오래 있어야 하는 신생아는 소아병동으로 옮겨졌다. 퇴원한 엄마는 아기가 치료받는 동안 새로 태어난 아이와 함께 머무를 수 있었다.

병실 온도

- 각 병실에 있는 개별 난방 시스템은 청소되고 개선되었다.
- 각 병실의 온도 측정계가 온도 조절법에 대한 표시들의 설명과 함께 추가되었다.
- 환자가 요구할 때에는 개별 선풍기가 제공되었다.
- 창문 안쪽에 어둡게 코팅된 창문이 설치되었다.

- 소아병동에 깨끗한 공기유입을 늘렸다. 아울러 환풍시설을 교체하였다. (10/03)

불편사항에 대한 스태프들의 기민한 대응과 방문자에 대한 스태프의 태도

- 가족에게 카페테리아 이용시 20% 할인카드를 제공한다. (9/01)
- 아이와 함께 머무르기로 결정한 부모는 위생용품을 제공받는다. (9/00)
- 적절한 등급 제한이 있는 비디오를 각 아이의 병실에 설치하였다. (1/02)
- '방해하지 마시오' 라는 표시카드를 병실마다 두었다. (1/02)
- 모든 병실에 환영 팜플렛을 두었다(필요할 때마다 내용이 새로 바뀌었다). (5/03)
- 스넥, 소다, 주스 자판기를 소아병동에 인접한 편리한 곳에 두었다.

시행된 변화는 2003년 7월 1일부터 2003년 9월 30일까지의 프레스 가니 보고서의 결과에 의해 측정되었다(보기 16.7). 점수의 증가가 5개의 요구평가 분야에서 모두 나타나고 있다.

사례 3 : 비용과 품질의 꼭짓점

제목 : '심장도관삽입 연구실에서 심장 약물 조정 사용에 대한 지침—학제적 접근법'

프로젝트 팀 리더 : 하워드 C. 쿡(Howard C. Cook)

가치분석 원리와 증거에 따라 약품을 사용하는, 하나의 프로그램이 조정 심장 과정에서 글리코프로테인(glycoprotein)IIb/IIIa 억제제들인 압식시맙(abciximab[ReoPro]) 및 엡티피바타이드(eptifibatide[Integrilin])의 사용과 트롬빈(thrombin) 직접 억제제인 비발리루딘(bivalirudin[Angiomax])의 사용에 대한 지침을 강조하도록 개발되었다. 이 프로젝트의 목표는 환자에 대한 최적의 성과와 최대의 재정적 효율성을 보장하는 것이었다. 압식시맙은 이 약품과 관련된 모든 사례의 약 60%에서 사용되었다고 알려졌다. 이 약품은 일반적으로 사용되는 세 가지 약품 중에서 가장 비싼 것이었다. 압식시맙의 사용으로 가장 혜택을 보는 특정한 징후나 환자 유형이 있는지를 알아내기 위해서 의학전문서적에 대한 철저한 검토가 이루어졌다. 다른 사람들에게, 선호되는 약품은 엡티피바타이드(혹은 병상의 상황이 적절하다면 비발리루딘)이다. 동시에, 이러한 약품들의 사용에 대한 기준을 마련할 수 있는지를 알아보기 위해서 최고 권위의 심장병원[솔루시언트(Solucient)의 자료에 근거하여]의

전국적인 조사가 실시되었다. 모든 자료가 검토되고 나서, 심장 운영위원회의 승인을 요구하는 제안이 제출되었다. 당시, 기준이 잘 다음어져 프로젝트가 승인되었다. 압식시맙이 선호되는 상황을 알려주고 다른 환자의 경우에 압식시맙(혹은 비발리루딘)을 사용하도록 요구하는 교육적 설명안내도가 모든 처치실에 부착되었다. 승인된 기준에 따르도록 하기 위해서 목표수준이 정해진 약품 사용자료와 그와 함께 사용되는 조정약품 사용자료가 문서화되었다. 압식시맙을 승인된 기준 이외에 지속적으로 사용한 의사들을 접촉하고 프로그램이 재검토되었다. 프로그램이 계속되면서 수립된 기준 이외에 해당하는 사례의 수가 지속적으로 줄었다. 프로젝트의 성공은 목표수준을 가진 약품이 사용되는 조종과정 사례의 비용 평가로 측정되었다. 2003년 4월에 시작한 이후, 병원에 예상되는 연간 절감 비용은 미화 250,000달러 이상이다. 지금까지 이 프로그램이 가진 특정 치료방식에서 발생한 약품 부작용 사례는 보고된 바 없었다.

사례 4 : 사람의 꼭짓점

제목 : '일하기 가장 좋은 곳 만들기'

프로젝트 팀 리더 : 조 핀토(Joe Pinto), 서비스 개선 이사

세인트 루크는 임상 성과, 비용대비 효과가 좋은 치유, 환자만족 등에서 전국적으로 알려지기 원하였다. 이러한 유명세를 이루기 위해서, 서비스 개선 담당이사는 세인트 루크가 전국의 1,600개가 넘는 병원 중에서 경쟁할 수 있는 중규모 이상의 병원(large medium) 정보를 제공해 주도록 프레스 가니에 기대하였다. 연구 자원뿐 아니라 프레스 가니의 설문조사를 이용하여, 세인트 루크는 종업원의 친절성과 정중함과 높은 상관관계가 있는 질문들을 확인할 수 있었다. 분석활동의 일부로서, 세인트 루크는 다른 사람에게 병원을 추천할 가능성과 상관관계가 높은 질문들을 조사하였다. 평가 이후, 행복한 종업원이 만족스러운 고객과 관련이 있고, 이는 다시 환자로 하여금 세인트 병원을 다른 사람들에게 추천하게 한다는 원칙에 근거하여 하나의 계획이 만들어졌다.

이 연구와 미래 목표에 대한 평가에 따라 첫 단계는 고객서비스 프로그램을 만드는 것으로부터 시작하였다. 이 프로그램은 의무적이었고 적절한 고객서비스 행동과 성과 기준을 실시하기 위해 필요한 단계들을 보여주도록 설계되었다. 그 핵심 분야의 범위는 갈등해결부터 시작하여 서비스 복구 및 에티켓까지 포함되었다. 두

번째 단계는 종업원 인정 및 보상 위원회를 만드는 것었다. 이 스태프들로 구성된 위원회는 PCRAFT(자긍심, 간호, 존경, 책임감, 유연성, 팀워크) 상을 12명의 병원 종업원에게 매년 수여하는 것을 맡았다(보기 16.2 참조). 이들 종업원들은 조직의 가치를 지속적으로 나타내도록 요구되고, 문서화된 사례들은 각각 추천 양식에 포함되어야 한다. 전략 과정의 세 번째 단계는 부서의 환자만족 점수에 대한 포상을 시행하는 것이었다. 부서의 분기별 공로인정 프로그램의 목적은 환자만족에 관련하여 특출한 성과에 대하여 종업원, 관리자, 부서 등을 보상하고 인정하는 것이었다. 공로인정을 받기 위해서, 부서에서는 다음 중 하나를 이루어야 한다.

- 설문에서 가장 높은 백분율 순위
- 병원 평균 점수 이상의 가장 높은 전반적인 평균 점수
- 지속적인(세 분기 이상) 최고 백분율 순위
- 전체적인 평균 점수에서 가장 큰 개선

이러한 보상에 이어, COO와 월례 관리자가 모인 회의 석상에서 공로인정을 받으면 부서 관리자는 부서에서 100달러까지의 금액을 사용할 수 있도록 받는다. 전반적인 전략의 최종 요소는 'High-5' 공로인정을 통한 개인별 성취에 중점을 둔다. 환자의 편지나 프레스 가니에서 조사한 의견에서 또는 전화로 혹은 프로젝트 브라보 공로인정 프로그램—세인트 루크의 긍정적인 고객 서비스를 위해서 종업원의 공로를 인정하는 프로그램—을 통하여 5회 이상 이름이 언급된 직원은 High-5 상을 받는다. 표창을 받은 종업원은 레스토랑이나 다른 외부 시설을 이용할 수 있는 선물권, 운영관리책임자가 주는 편지 그리고 '한계를 뛰어 넘어 우수성을 이룬(above and beyond)' 이라는 표어가 쓰인 핀이나 종업원 명예의 벽에 이름이 게시되는 등의 혜택을 받는다.

이러한 포괄적인 전략으로 얻은 성과는 프레스 가니에서 나타난 점수와 다른 주요 성취내용들이 있다. 2003년의 프레스 가니 조사결과 점수에 있어서 성취한 것 중에는 다음과 같은 사항이 포함된다.

- 환경서비스 부서는 병실 청결과 스태프 친절성에 대한 측정에서 설문조사 기간 4회 연속 90%의 점수를 얻었다.
- 간호 직원들은 간호사에 대한 태도평가 분야에서 80% 이상의 점수를 얻었다.

- 조직적 성취결과에 있어서는, 전반적인 활기에서 80% 이상, 병원에 입원해 있는 동안 환자들의 불편에 대한 직원들의 대응태도 84%, 그리고 방문자에 대한 태도 등에서 83%의 성과달성 등이 포함되어 있다.

비록 성공의 실체적 증거를 프레스 가니의 점수로 삼기는 하였지만, '펜실베이니아에서 가장 일하기 좋은 곳'에 이름이 올라가 있는 것은 그만큼 가치가 있다. 일하기 좋은 100대 기업에 세인트 루크는 대규모 병원의 분야(종업원 250명 이상)에서 28위를 차지하였다. 이 상은 무작위로 뽑힌 종업원에 대하여 실시한 무기명 종업원 설문조사와 요약된 실무보고서에 근거한다. 종업원 설문조사는 전체 점수의 75%를 차지한다.

리더십 위원회 결과

리더십 포럼이라는 프로그램이 계속 진화하면서, 운영위원회는 한 개의 연결위원회를 설립하였다. 연결위원회 멤버들은 네트워크 내의 구성체들을 대표하였다. 연결위원회의 주요 목표는 교육을 행동변화에 연결시키는 것이었다. 이 목표를 실행하기 위해서 각 리더십 포럼 이후 책임 격자가 만들어졌다. 책임 격자(보기 16.8)에는 적절하게 규정된 상급 및 중간 경영 리더에 대한 기대사항들이 담겨 있다. 각 책임 격자 안에 담긴 기대 사항들은 리더십 포럼에서 제공된 교육과 관계를 갖고 있다.

리더십 포럼에서 탄생한 몇 가지 사항은 조직이 리더십 기술을 정의하는 데 상당히 기여하였다. 이러한 작업 중 하나는 핵심역량이며, 이 핵심역량은 전체 리더십 팀에 의하여 이루어진 작업 결과였다. 일곱 가지 핵심역량이 확인되었다.

- 동기부여자
- 팀 구축가
- 목표 지향
- 의사소통자
- 서비스에 대한 몰입
- 조직화된 우선 순위 설정

- 자원을 동원할 수 있음

각각의 역량은 그 역량을 깊이 정의하는 특정 행동 구별요소를 갖는다. 경영 성과 평가는 리더십 포럼에 참여한 특별 관리자 그룹에 의해서 재설계 되었다. 이 그룹은 핵심 리더십 역량을 통합하는 새로운 경영평가 도구를 설계하였다(보기 16.9).

리더십 운영위원회에서 발생한 추가 작업은 서비스 우수성 성과 기준에 대한 소책자를 개발하는 것이었다. 이 소책자는 행동 접근방식으로 병원의 팀에서 모든 멤버의 역할에 대하여 '관리의식을 가진 서비스 제공' 에 대한 기준을 분명하게 정의한다. 모든 새로운 종업원은 병원에서 실시하는 오리엔테이션의 일부인 관리의식 훈련에 참석해야 한다.

주석

1. Collins, J. (2001). *Good to great*. New York: HarperCollins.
2. Loehr, J. & Schwartz, T. (2003). *The power of full engagement*. New York: Simon & Schuster.

보기 16.1 전략적 계획 목적과 목표

사명 선언문　세인트 루크 병원과 헬스 네트워크의 사명은 주민들의 지불 능력에 상관없이 우리가 도와야 하는 사회의 주민들에게 정스럽고, 훌륭한 질을 갖추며, 비용 대비 효과가 높은 헬스케어를 제공하는 것이다. 세인트 루크 병원과 헬스 네트워크를 구성하는 조직들은 이러한 사명을 다음에 의하여 성취한다.

- 환자를 우리의 최우선 목표로 만듦
- 건강을 증진시키고, 아프고 상처 있는 사람들을 치유하기 위해 제공되는 치유를 지속적으로 개선
- 매끄러운 치유 시스템으로 서비스를 조정하고 통합
- 네트워크를 통하여 제공되는 고객 서비스 수준 향상
- 모든 헬스케어 서비스는 지역 사회의 요구와 관련된다는 것에 대한 확신
- 종업원, 환자, 의료진, 자원봉사자의 만족을 극대화하기 위한 노력
- 제휴된 건강 전문가와 간호 및 의대생, 특별 분야 종사자에 대한 훈련과 네트워크 서비스 영역 내에서 의술을 펼칠 수 있게 그들을 유치

비전 선언문　세인트 루크 병원과 헬스 네트워크의 구성체는 임상 결과, 비용 대비 효과가 있는 치유, 환자만족 등에서 전국적으로 인정을 받을 것이다. 이 비전은 다음에 의해서 성취된다.

- 환자만족도, 종업원 만족도, 자원봉사자 만족도, 의사만족도의 지속적인 개선
- 임상 결과의 벤치마킹과 최적의 치유로 이끄는 과정 개선
- 비용을 최소화하기 위해서 네트워크를 통한 자원 관리
- 우리의 성공이 협조와 공통 목표에 달려 있다는 것을 인식하면서 의사와 기타 서비스 제공자를 파트너로 만들기
- 환경과 기술 그리고 의료활동에서 신속한 변화와 일치하는 '현실' 관점을 지속적으로 새롭게 하기

보기 16.1 계속

원칙 다음의 원칙들은 이 병원 네트워크의 목적, 경영, 미래 개발의 기반이 될 것이다.

- 네트워크에 있는 각 조직은 장기적으로 독립 조직으로서의 재무적 수지를 맞추거나 그 이상의 성과를 내도록 운영할 책임이 있다. 각 조직은 자신의 핵심 서비스에 중점을 두어야 하고, 우리 사명에서 필수적이지 않은 비영리 서비스들로부터 벗어나야 한다.
- 일상적인 운영 관리는 지역에서 수행되어야 한다. 통합을 위하여 효과성과, 효율성, 책임감을 증진하는 지속적으로 단순화한 경영 구조에 기초를 두어야 한다. 그러나 분권적 관리는 자원 분배와 정보화된 의사결정 조정을 위해서 여전히 다양한 수준에서 네트워크 감시를 요구한다.
- 모든 네트워크의 개발은 그룹의 성공에 대하여 멤버들이 목적의식, 일체감, 책임감 등을 공유하는 느낌에 의존하는 진화과정이다. 균일한 간호 시스템으로 이끌면서 통합에 대한 지속적인 공약이 필요하다.
- 세인트 루크의 품질 '브랜드' 와 고객서비스 '브랜드' 를 수립하고 유지하기 위해서, 국내 벤치마크 대비, 측정된 네트워크 전반의 표준을 수립할 필요가 있다. 그러나 각 조직은 비용효율성과 책임감 면에서 이를 어떻게 최선으로 시행할 것인지를 결정하여야 한다.
- 정기적이고 효과적인 의사소통은 네트워크 이해관계자 간의 통합, 만족, 주인의식 등을 위한 필수적인 요소이다.
- 종업원은 우리의 가장 중요한 자산 중 하나이다.
- 의료서비스는 우리 지역 주민들이 제일 먼저 선택하는 대상이 되도록 해야 하며 가능할 경우 우리 네트워크의 자원 내에서 서비스가 제공되어야 한다.
- 네트워크에 포함된 모든 사람은 네트워크의 사명과 비전을 고수하기 위해서 그리고 궁극적으로는 사회의 건강 상태를 개선하기 위해서 사회에 대한 책임이 있다.

보기 16.2 경영철학, 환자만족에 대한 비전, PCRAFT 핵심가치, 성과에 대한 서비스 우수기준, 성과 개선 계획

경영철학, 환자만족에 대한 비전, PCRAFT 핵심가치 등은 다음과 같다.

세인트 루크 병원의 경영 철학

도입

- 우리는 고품질의 환자 치료는 긍정적 경영철학으로 지원되는 환경에서 가장 잘 제공된다고 믿는다.

목표

- 종업원, 의사, 자원봉사자 등이 세인트 루크의 가장 소중한 자원이라는 것을 행동과 태도에 의하여 보여주는 것
- 적절하고 효과적인 의사소통과 종업원, 의사, 자원봉사자 등의 참여를 통하여 긍정적인 작업 환경을 만드는 것

경영 원칙

1. 조직 전체에 솔직하고, 시의적절하며, 효과적인 의사소통을 장려한다.
2. 개인적 차이를 인정하고 서로가 존경하고 존엄성을 갖고 대하도록 격려하는 환경을 장려한다.
3. 창의성, 전문성, 개인적인 성장 등이 장려되는 환경을 촉진한다.
4. 부서 수준에서 의사결정을 내리도록 장려한다.
5. 분명한 목표, 성과에 대한 기대, 책임의 기준 등을 만들고, 적시의 피드백을 우리가 함께 일하는 사람들에게 제공한다. 각 종업원은 다음 사항을 하도록 기대된다.
   - 우리 병원의 간호 환경을 잘 개발한다.
   - 환자의 요구를 최우선으로 놓는다.
   - 의사, 방문자, 동료 종업원, 자원봉사자 등과 긍정적으로 상호작용한다.
   - 문제를 해결한다.
   - 몰입하면서 따른다.
   - 품질을 강조하면서 병원 시스템을 지속적으로 개선한다.
   - 모든 일에 공정하고 일관되게 한다.
   - 모든 사업 거래를 윤리적인 방식으로 처리한다.
   - 재정상 책임을 진다.
   - 모든 사람을 책임감 있는 성인으로 대우한다.
   - 모든 행동에는 긍정적 측면과 부정적 측면 두 가지 결과가 있다는 것을 인식한다.

보기 16.2 계속

6. 안전한 작업 환경을 제공한다.
7. 세인트 루크가 수준 있고, 충성되고, 경험 있는 종업원을 모집, 개발, 보유할 수 있도록 보상 및 혜택 프로그램을 제공한다.

환자만족에 대한 비전

- 세인트 루크 병원과 헬스 네트워크는 우리의 모든 환자와 그들 가족을 위해 높은 수준의 환자만족을 달성하고 유지하기 위한 산업 기준을 마련하기를 원한다.

핵심 가치

- 세인트 루크 병원과 헬스 네트워크에서 사람들은 우리의 강점의 원천이다. 그들의 몰입과 참여가 우리의 미래 성공을 결정한다. 우리의 비전을 달성하기 위해서, 우리는 우리의 가치에 의해 인도된다. 우리의 가치에 최대의 관심을 놓는다. 기억하기 쉬운 **PCRAFT**는 스태프들이 기억하고 더욱 그 가치에 의거해서 '살도록' 도와주기 위해 개발되었다. 세인트 루크의 가치는 다음과 같다.

  자긍심(Pride) – 우리의 성취와 우리의 조직에 대하여 자긍심을 갖는다.

  치료(Caring) – 다른 사람과 그들의 감정에 대하여 배려한다. 우리는 우리가 대우받기를 바라는 대로 다른 사람을 대우한다.

  존경(Respect) – 우리가 서비스를 제공하는 각 사람과 조직의 가치, 다양성, 중요성 등을 인정한다.

  책임감(Accountability) – 적절한 시기에 효과적인 방법으로 의사결정을 하고 문제를 해결할 책임이 있다.

  유동성(Flexibility) – 우리가 서비스를 제공하는 사람들의 변화하는 요구들과 그러한 기대에 적응한다.

  팀워크(Teamwork) – 품질을 개선하기 위해서 함께 일한다.

보기 16.3 리더십 운영위원회 사명, 비전, 목표, 멤버 역할

리더십 운영위원회에 대한 사명, 비전, 목표, 멤버의 역할에는 다음 내용들이 포함된다.

사명
- 각 리더의 우수성을 최대한 개발하기 위해서

비전
- 헬스케어에서 최고의 리더가 되기 위해서… 다시 그리고 항상 가르칠 수 있도록

목표
- 행동을 변화시키도록 교육한다.
- 관리자에서 리더로 바뀐다.
- 네트워크의 창의적 에너지로 무장하고 같은 방향으로 집중한다.
- 서비스, 일관성에 기초한 행동 지향적 문화, 관계, 책임감을 만든다.
- 신뢰를 쌓는다.
- 재작업, 불필요 작업, 중복작업을 줄인다.
- 오래 지속되는 문화를 만든다.
- 우리의 사명과 비전에 맞추고 다시금 연결해주는 별모양의 5개의 꼭짓점—서비스, 사람, 질, 성장, 비용—에 중점을 둔다.

멤버의 역할
- 위원회의 업무를 조직화하기 위해서, 특별 그룹들이 설치되었고, 우리 노력에 대한 성공을 보장하기 위해 필요한 행동들을 지원하기 위해서 여전히 존재한다. 이 특별 그룹들은 다음 내용을 담는다.

  커리큘럼, 내용
  의사소통
  분위기 환경
  지원사항
  연계
  평가, 측정

보기 16.4 별 모양 5개의 꼭짓점 모델

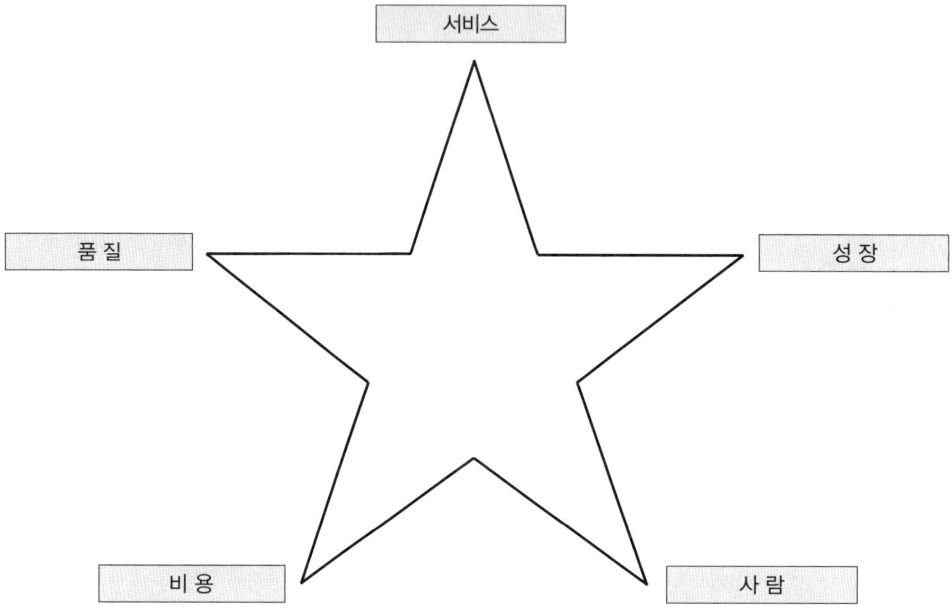

보기 16.5 포럼평가 보기

보기 : 이것은 2003년 3월 8일에 펜실베이니아 베들레헴에 소재한 르하이 대학교에서 개최된 리더십 포럼에서 얻은 포럼평가 결과의 보기이다.

리더십 포럼 2003년 3월 20일, 르하이 대학교

182개의 완성된 평가서가 이 회의에서 수집되었다.

	매우 아님		아님		보통		그러함		매우 그러함		총응답자
	응답자	비율 (%)	응답자	비율 (%)	응답자	비율 (%)	응답자	비율 (%)	응답자	비율 (%)	
1. 오늘의 프로그램은 네트워크로서 우리의 성장에 대하여 더욱 잘 이해하도록 도움이 되었다.	0	0	0	0	5	3	66	36	98	54	169
2. 에반 존스(Evan Jones)는 전략적 성장의 재무적인 면모를 효과적으로 설명하였다.	2	1	2	1	3	2	54	30	121	66	182
3. 밥 마틴(Bob Martin)의 발표는 네트워크 전체에 대한 전략적 이니셔티브를 잘 이해하게 하였다.	0	0	5	3	13	7	68	37	96	53	182
4. 브룩 휴스톤(Brooke Huston)의 발표는 세인트 루크에 일하기 좋은 곳을 만드는 방법을 잘 이해할 수 있게 도움이 되었다.	0	0	2	1	13	7	104	57	60	33	179

주 : 이것은 2003년 3월 8일에 펜실베이니아 베들레헴에 소재한 르하이 대학교에서 개최된 리더십 포럼에서 얻은 포럼평가 결과의 보기임.

보기 16.6 2000~2004년 1월 : 별 모양 5개의 꼭짓점 모델에 의한 세인트 루크 병원과 헬스 네트워크의 주요 성과

사람

- 펜실베이니아에서 일하기 좋은 곳 베스트 100 안에 선정됨
- 세인트 루크 베들레헴에서 종업원 이직률, 12.8% (경향에 대한 정보를 기다리는 중—국내 벤치마크 없음)
- 의료/수술 및 중대한 치료에 대한 RN 이직률은 2003 회계년도에 14.15%였다. 이 수치는 2002회계년도의 16.98%에서 하락하였다.

주 : 이 자료는 세인트 루크 병원에 해당되며, 다른 전체 네트워크에는 해당되지 않는다.

품질

- 1999, 2000, 2001, 2002, 2003년도에 *U.S. News & World Report*에서 심장 분야 및 심장 개방수술(Open Heart Surgery) 부문에서 미국 최고의 병원
- 100대 병원에 들어감 : 1997년과 2001년 성공을 위한 벤치마크(1997, 2001)
- 100대 심혈관 병원에 들어감 : 1999, 2001, 2002, 2003년도에 성공을 위한 벤치마크
- 100대 ICU 병원에 들어감 : 2000년도에 성공을 위한 벤치마크

서비스

- 세인트 루크 병원과 헬스 네트워크는 프레스 가니의 조사에 참여한다. 네트워크 내의 모든 병원은 성과 및 서비스의 다양한 개별 분야에서 전국적 리더 안에 드는 것으로 순위가 매겨졌다.
- 고객 서비스 개선을 위한 단위 및 부서 계획

비용

- 평균 병원 입원 기간(ALOS)은 2000회계년도의 5.07일에서 2003회계년도의 4.34일로 감소되었다.

주 : 신생아와 TCU 제외

- 운영 마진은 2000회계년도의 0.6에서 2003회계년도의 1.5로 상승하였다.

주 : 세인트 루크 병원만의 운영마진은 2000회계년도의 2.2에서 2003회계년도의 3.0으로 상승하였다.

보기 16.6 계속

성장

- 이 네트워크에 입원한 환자 수는 2003회계년도에 33,742명이었다. 2000회계년도에 29,564명에서 증가한 것이다.
  주 : 신생아와 TCU 제외
- 외래 환자 내원수는 2000회계년도에 392,770명에서 2003회계년도에 530,033명 으로 증가하였다.
- 응급실(ER) 내원수는 2000회계년도에 73,731명에서 2003회계년도에 93,075명으로 증가하였다.
- 전체 클리닉 내원수는 2000회계년도에 67,124명에서 2003회계년도에 88,026명으로 증가하였다.
- 양적 성장 및 질적 진료에서는 공인 트로마 센터(Trauma Center Accreditation)의 수준을 달성함
- 2003회계년도 지역 내 최다 출산기록

보기 16.7 프레스 가니 보고서

질문 - PEDS	평균 점수 02/07/01-02/09/30	N 02/07/01-02/09/30	평균 점수 03/07/01-03/09/30	N 03/07/01-03/09/30	평균 점수 변화
병실 장식의 친근성	85.5	19	82.6	23	(2.9)
병실 온도	72.4	19	81.5	23	9.1
방문자를 위한 편의시설	82.4	17	85.7	21	3.3
방문자에 대한 스태프의 태도	85.7	14	92.9	21	7.2
불편에 대한 스태프의 민감도	87.5	16	93.8	20	6.3

보기 16.8 '별 모양에서의 사람에 해당하는 최고의 꼭짓점'에 대한 책임 격자, 2003년 가을 : 교육을 행동변화에 연계

누가	무엇을	완료 예정일	완료 여부
고위 리더 및 경영진	관리자로서, 당신의 하루 업무의 구조를 검토해 보라. 대부분의 시간을 일하는 데 사용한다는 이슈에 대해 일과 생활 간의 균형 관점에서 개인적인 평가를 해보라. 직무와 개인적인 삶에서 매일 무엇인가 성취하는 느낌을 받도록 목표를 설정하라.	지속	
고위계층 리더십 및 경영진	일과 생활 간 균형에 대한 개인적인 여정에서 엘렌 갈린스키(Ellen Galinsky)의 마지막 발표 부분에 언급된 항목들 중 하나를 선택하여 실행해 보라. (목표는 그녀가 발표한 10대 항목이다… 우리가 이 리스트를 그녀에게서 얻을 수 있을지를 알아보기 위해 밥 W. (Bob W.)에게 이메일을 남기시오.)	지속	
고위계층 리더십	직속 보고라인선에 있는 사람들을 위하여 개인들의 일과 생활 간의 균형을 이루는 여정을 증진할 환경을 마련하라. 여기에는 각 개인들의 일과 생활 간의 균형 계획에 대한 개발 목표를 가지고 각각의 직접 보고라인에 있는 사람과의 대화를 시작하는 것이 포함된다.	지속	

보기 16.9 경영성과 평가

세인트 루크 병원과 헬스 네트워크
경영 직무 성과평가

이름 ________________

부서 및 직책 __________________

담당업무 _______________

평가자 __________ 평가 기간_________

날짜 ___________

경영 직무 성과평가

성과수준 측정방법 설명

1. 성과수준의 차이를 두기 위해서 점수 시스템을 이용한다.

성과측정 수준

점 수	정 의
4	얻을 수 있는 최대한의 결과를 지속적으로 달성한 것을 보여주는 특별한 성과
3	특정한 성과로서 입증되는 지속적인 기대치 이상의 성과
2	기대치를 달성한 성과
1	기대치를 달성하지 못한 성과 개선 필요

0.5점수(즉 1.5, 2.5, 3.5)는 특정 평가 점수 수준의 개선은 이루어진 것으로 나타났지만 다음 점수 단계로 이동하기에 아직 충분히 일관적이지 못한 경우에 해당한다.

2. 각 핵심역량에 대하여 성과 측정(1~4 점)을 한다. 모든 역량이 '매우 우수'(4 점)하게 측정되면, 평가는 28점 만점을 얻게 된다.

보기 16.9 계속

3. 평가 종료시에, 각 핵심역량의 측정 및 점수를 점수요약표에 요약한다. 개별 점수는 역량의 총계이다.
4. 총계 점수는 다음의 성과 단계로 변환된다.

총 점	성과수준
8~13 점	개선 필요
13~21 점	양호
21~29 점	우수
29~32 점	매우 우수

'양호' 혹은 '우수'의 경우에 의견은 요구되지 않는다. 의견은 핵심역량이 '개선 필요' 혹은 '매우 우수'의 경우에 필요하다.

경영 핵심역량

서비스에 대한 몰입 점수 : ___________

- 우수한 고객 서비스에 몰입하였다.
- 이 병원 네트워크의 사명, 비전, 가치, 고객서비스 행동 등을 효과적으로 모델화한다.
- 이 조직의 사명, 비전, 가치, 고객 서비스 행동 등에 대한 스태프의 동조를 확보한다.
- 모든 고객의 요구, 불만, 관심 등에 대한 시의적절한 반응을 보인다.
- 문제를 예상하고 고객의 요구를 충족하고 그 이상을 하기 위해 위험을 감수한다.
- 고객에 대한 전반적인 서비스를 개선하는 변화에 지속적으로 응답하고 지원한다.

개선을 위한 조언/기회 : ___________

의사소통 기술 점수 : ___________

- 모든 고객의 문의, 불만, 요구 등에 시의적절하고 효과적인 반응을 확보함으로써 우수한 서비스를 제공하기 위하여 몰입한다.
- 효과적으로 비전에 대하여 알려 주는 능력
- 적극적 경청 기술을 보여준다.
- 말과 글 모두를 이용하여 효과적으로 아이디어에 대하여 의사소통한다.
- 회의에서 아이디어나 정보를 효과적으로 발표한다.
- 타당하다면 정보를 비밀로 유지한다.

보기 16.9 계속

- 솔직하고 다가갈 수 있는 의사소통 스타일을 보여준다.
- 모든 고객에게 건설적인 피드백을 제공한다.
- 세인트 루크 헬스 네트워크를 언제나 긍정적으로 활성화한다.
- 솔직하고, 진솔하게 의사소통한다.

개선을 위한 조언/기회 : ___________

동기부여 기술 점수 : ___________

- 스태프들이 우수한 성과를 거두도록 동기부여하고, 격려하고, 도전한다.
- 팀 정신, 에너지, 자극, 열정 등을 불어넣는다.
- 변화에 대하여 적극적으로 반응하고 지원한다.
- 일터에서 즐거움을 증진한다.
- 효과를 거둔 성과를 인정해 주고 보상한다.
- 참여를 유도하고 스태프에게 권한을 준다.
- 다른 사람이 '틀을 벗어나 생각' 하도록 하는 역할 모델을 한다.
- 다른 사람에게 멘터, 교사, 코치 등으로서 행동한다.

개선을 위한 조언/기회 : ___________

조직화 기술 점수 : ___________

- 행동, 책임을 효과적으로 위임한다.
- 효과적인 시간관리 기술을 사용한다.
- 분명한 기대사항을 설정한다.
- 타인들이 효과적인 조직기술을 개발하도록 조언한다.
- 네트워크의 우선 순위를 분명하게 확인하고 이러한 우선 순위를 스태프에게 알린다.
- 자료를 수집하고 보고하는 적절한 방법을 이용한다.
- 스태프의 자격증과 증명서를 확인한다.
- 프로젝트를 적절한 방식으로 완료한다.

개선을 위한 조언/기회 : ___________

팀 빌딩 기술 점수 : ___________

- 팀을 강화하는 종업원 유지 및 채용 전략을 개발하고 시행한다.
- 솔직한 의사소통을 강화하고, 갈등을 해결하도록 지원하고, 다른 사람에게 미치는 영향을 고려하여 의사결정한다.

보기 16.9 계속

- 팀 정신을 세우고 멘토링, 경청, 본보기를 보이는 지도방법 등을 사용하는 코치로서 행동한다.
- 팀 위주의 의사결정을 장려한다.
- 팀의 목적을 달성하기 위해서 사람, 자원, 시간 등을 효과적으로 관리한다.
- 특별한 기여와 성취를 인정해 주고 전문성 성장을 장려한다.

개선을 위한 조언/기회 : ___________

풍부한 자원의 구비 점수 : ___________

- 성과를 개선하기 위해서 새로운 정보와 기술을 찾는다.
- 비용을 줄이고 능률적으로 노력하기 위한 방법을 확인하고 시행한다.
- 작업 필요 및 작업 요구 변화에 적응한다. 다른 사람들이 신속하게 반응하도록 돕는다. 효과성에 장애가 되는 것을 제거하도록 돕는다.
- 예산에 맞추도록 효과적으로 유지한다(필요에 따라서는 변화를 인정한다).
- 도움 혹은 안내를 위해서 네트워크 자원을 활용한다.
- 비전을 확장하는 방법으로 그룹의 다양성을 인식한다.

개선을 위한 조언/기회 : ___________

성과 개선(PI) 관리 기술 점수 : ___________

- 적절한 부서 PI 계획을 개발한다.
- 성공적 PI 활동의 자료 증거 사례를 보여준다.
- 부서 스태프 회의 기록에 명시된 것처럼 PI 스태프의 지속적인 교육 및 참여를 제공한다.
- 요구되는 PI 관리자 훈련에 참석한다.
- PI 위원회와 경영팀에게 집중된 PI 보고서를 제공한다.

개선을 위한 조언/기회 : ___________

목표 오리엔테이션 점수 : ___________

- 개인, 팀, 조직의 목적을 달성하기 위해 효과적으로 일한다.
- 예산에 맞게 효과적으로 계획하고 유지한다.
- 다른 사람에게 미치는 영향을 고려하여 의사결정을 한다.
- 성과를 이루기 위해 사람과 시간의 자원을 효과적으로 관리한다.
- 지속적인 학습을 촉진하고, 위험을 감수하며, 타인들이 장애를 극복하고 학습기회를 제공해 주는 '실수 및 문제' 를 이해하도록 돕는다.
- 장단기 목적과 목표 간에 균형을 유지한다.

보기 16.9 계속

- 그룹 내에서 효과적으로 일한다(확인된 목적 달성의 성공을 위해서 기여한다).
- 내, 외부의 규정 요건에 따른다[즉 병원 정책, JCAHO, HCFA, 보건후생부 (Department of Health)].
- 조직 비전과 이에 따른 부서 목표에 미치는 영향을 분명하게 한다.
- 지원적인 환경을 증진하고 다른 사람에게 미치는 영향을 고려하여 의사결정한다.

개선을 위한 조언/기회 : ____________

미래 목표, 부서 계획, 목적, 프로젝트 **달성 날짜**

경영평가 요소에 관련이 있어야 한다. 특정하고, 적격이어야 하며, 수립된 시간 구조를 포함하여야 한다.

보기 16.9 계속

점수표 요약

핵심역량 :	점수
서비스에 대한 몰입	
의사소통 기술	
동기부여 기술	
조직 기술	
팀 구축 기술	
자원의 풍부한 구비	
성과 개선 경영 기술	
목표 지향	
	총계 ________

역량 평가	충족	충족 못함
• 스태프에 대한 성과평가를 적시에 완료	☐	☐
• 스태프에 대한 연례 역량평가를 적시에 완료	☐	☐
• 필수 경영훈련 및 개발 프로그램 참석	☐	☐
• 종업원, 환자, 환경적 안전의 분야에서 안전한 직무 조건에 대한 이해와 적용을 보여주고 이러한 안전의 분야에 대한 적절한 보고 요건을 따른다.	☐	☐

평가자 의견 :

종업원 의견 :

종업원 서명 : ______________________ 날짜 : ________

평가자 서명 : ______________________ 날짜 : ________

부서장 서명 : ______________________ 날짜 : ________

행정실 서명 : ______________________ 날짜 : ________

기고자 소개

앤드류 스타(Andrew Starr)는 세인트 루크 병원의 클리닉 운영 감독자이다. 그의 주요 책무는 서비스 라인에 있는 운영상 여러 부서의 클리닉에 관한 측면과 경영상의 측면을 모두 관리하는 것이다. 그는 현 직책을 맡기 전에, 앤드류는 프리미어(Premier, Inc.)에서 성과 경영 엔지니어였다. 그의 책무 중에는 클리닉과 비클리닉 분야에서의 비용절감, 이윤극대화, 생산성 증진을 가져온 부서 기반의 프로젝트도 포함되었다. 앤드류는 또한 Cap Gemini Ernst & Young의 헬스/관리케어/생활과학 분야에서도 일한 경험을 가지고 있다. CGEY에서의 2년간의 경력기간 동안에, 앤드류는 경영혁신과 의료 분야 패키지의 시행과 관련된 프로젝트에 참여하였다. 앤드류는 투석 기술자로서 클리닉 경험도 가지고 있다. 그는 자비어 대학교에서 경영학과와 헬스 서비스 관리학에서 두 개의 석사학위를 받았다. 또한 오스웨고에 소재한 뉴욕 주립대학교(SUNY)에서 생물학 학사학위를 받았다.

로버트 짐멜(Robert Zimmel)은 세인트 루크 병원과 헬스 네트워크의 인적자원부 선임 부사장이다. 그는 네트워크에 대한 모든 인적자원 기능을 담당한다. 밥은 19년간 세인트 루크에서 근무했고 그의 경력기간 중 많은 시간 동안 HR 부서에서 역할을 담당해 왔다. 그는 사장 자문위원회의 일원이고 네트워크를 위한 리더십 이니셔티브에 대한 리더십 운영위원회의 의장자리를 역임하고 있다. 밥은 펜실베이니아 인디애나 대학교에서 경영학 학사와 학사행정 및 고등 교육에 대한 석사학위를 받았다.

재니스 바우어(Janice Bauer)는 환자 간호서비스의 부사장보이다. 과거 2년 동안, 잰은 응급실, CCU, ICU 및 수술부 등을 포함한 다양한 곳에서 리더로서 근무하였다. 잰은 1979년에 입사했고 다양한 직무를 담당하였다. 잰은 과거에 간호 감독자, 간호 관리사, 응급서비스 행정 이사, 수술부의 행정 감독자 등으로 성공적인 직무를 맡았다.

마가렛 해인(Margaret Hayn)은 급성질환 치료와 부인 및 소아과의 부사장보이다. 이 직무를 맡기 전, 마가렛은 부인 및 소아과와 대소변 훈련 관리 프로그램의 이사였다. 이 직무를 맡기 이전에는 세인트 루크 병원에서 15년 동안 다양한 리더 역할을 맡았었다. 그녀는 거의 30년 동안 간호계에 몸담고 있다. 그녀의 교육기록에는 간호 및 가족임상의 석사학위가 포함된다. 그녀는 컬럼비아 대학교에서 간호학 학사학위를 받았다. 마가렛은 수많은 저널에 발표를 하였고 학계와 병원의 다양한 포럼에 초대 연설자와 강연자로서 그리고 발표자로 참가하였다.

캐롤 쿠플렌(Carol Kuplen)은 세인트 루크 병원과 헬스 네트워크의 선임 간호 경영자이다. 캐롤의 주요 책무 중에는 5개의 비영리 병원들의 통합 헬스 네트워크를 위한 간호서비스의 행정적 감독을 제공하는 것이 포함된다. 다른 책무들로는 간호 리더십 철학 개발 및 시행, 결과 기대치 확인, 모집 및 유지 이니셔티브의 지도, 간호 실행 시스템의 재설계 촉진 등이 포함된다. 현 직위 이전에, 캐롤은 암 질환 네트워크의 이사 등을 포함한 세인트 루크의 여러 곳에서 성공적으로 업무를 담당하였다. 또한 쿠플렌은 조지타운 대학교 의학센터와 게이싱어 와이오밍 밸리 의학센터(Geisinger Wyoming Valley Medical Center) 등의 다른 유명한 병원에서 일한 경험이 있다. 그녀의 교육경력에는 펜실베이니아 대학교에서 간호학 석사학위를, 조지타운 대학교에서 간호학 학사학위가 포함된다.

밥 웨이갠드(Bob Weigand)는 세인트 루크 병원과 헬스 네트워크의 경영진 훈련 및 개발부 이사이다. 그는 네트워크 전반의 리더십 개발 프로그램의 설계, 개발, 시행, 평가 등의 책무를 맡고 있다. 웨이갠드는 경험적 학습을 그의 훈련 커리큘럼에 구체화한다. 그는 논문을 발표하였고 훈련평가에 관하여 세 권의 책에 기고하였다. 웨이갠드는 MBTI 진단 인증자격을 가지고 있다. 그는 현재 몇 개 지역 대학의 교수로, 파트타임으로 강의하고 있다. 웨이갠드는 이전에 리딩 병원(Reading Hospital)에서 의사소통 기술에 대하여 가정의 레지던트들과 함께 일했었다. 그는 메인 하울톤에 소재한 리커 대학에서 심리학 학사학위를 받았고 매사추세츠 우스터에 소재한 어섬션 대학에서 심리학 석사학위를 받았다.

데브라 클레파이스(Debra Klepeiss)는 현재 세인트 루크 앨런타운 캠퍼스에서 운영 및 서비스 관리부의 선임 병원 이사의 역할 직분을 맡고 있다. 그녀는 세인트 루크 병원과 헬스 네트워크에서 28년 동안 근무해 왔다. 그 기간 동안 데브라는 다양한 직무를 담당하였다. 즉 스태프들의 간호업무, 간호관리, 인적자원 관리, 성과 개선, 인정 및 승인, 조직개발, 교육, 리더십 개발, 서비스 개선, 환자만족 등이 그 직무이다. 그녀는

RN(공인 간호사)이고 인적자원 자격증과 경영학 학사학위를 가지고 있다.

리사 두터러(Lisa Dutterer)는 세인트 루크 앨런타운 캠퍼스의 외래 및 보조 서비스부에서 2001년 1월부터 부사장으로 근무하였다. 리사는 입원 환자 간호를 지원하는 연합 헬스서비스 이외에도 캠퍼스에서 모든 외래 환자 서비스도 담당하고 있다. 현 직무 이전에, 펜실베이니아 대학교의 메디컬 센터와 장로교 메디컬 센터의 병원에서 입원 환자와 외래 환자의 재활서비스에 대한 행정 담당 이사를 역임하였다. 리사의 헬스케어 분야 경력은 필라델피아의 저먼타운 병원에 물리치료사로 근무하면서 시작되었다. 그녀는 1988년에 브릿지워터 대학에서 생물학 학사학위를 받았고, 1991년에 아카디아 대학교에서 물리치료학 석사학위를 받았다.

쉐리 렉스(Sherry Rex)는 세인트 루크 퀘이커타운 병원의 인적자원 담당 이사이다. 세인트 루크에 입사하기 전에, 그녀는 트리뷴 출판사에 속한 「모닝콜(The Morning Call)」지의 부가급여 및 보상담당 관리자였었다. 그녀는 또한 「모닝콜」의 이전 모회사였던 타임 미러(Time Mirror)의 서비스 공유 센터인 CoOpportunity Center의 급여 관리자였다. 쉐리는 또한 본톤 백화점의 인적자원 및 운영 관리자도 담당했었다. 대학 졸업 후, 보스코브 백화점의 경영자 훈련과정을 이수하였다. 쉐리는 와이드너 대학교를 졸업하였고, 예술과학 분야에서 학사학위를 받았다.

존 루베넥(John Hrubenek)은 세인트 루크 병원과 헬스 네트워크의 자산 관리담당 이사이다. 이 직책 이전에 그는 서비스 지원부의 이사였다. 그는 라파엣 대학교에서 경제 및 경영 학사학위를 취득했고 르하이 대학교에서 경영학 석사학위를 취득하였다.

도나 새볼(Donna Sabol)은 세인트 루크 병원과 헬스 네트워크 조직의 네트워크 성과 개선부 부사장보이다. 현 직책을 맡기 이전에, 도나는 헬스 네트워크에서 조직개발 업무 감독자 등 다양한 업무를 담당하였다. 도나는 세인트 루크에서 20년간 일해 왔다. 그녀는 RN이고 드살레 대학교에서 간호학 석사학위를, 윌크스 대학교에서 간호학 학사학위를 받았다.

아울러 프란신 보텍(Francine Botek), 개리 귀데티(Gary Guidetti), 엘렌 노바트낙, 스티븐 슈워언, 샤를롯 베커, 하워드 쿡, 조 핀토에게도 감사를 드린다.

17

스토리지텍

스토리지텍은 고 성과 문화를 겨냥하면서 정보기술산업에서 경쟁력을 갖추기 위해 필요한 혁신과 전통적인 운영관리가 서로 균형을 이룬 변혁 계획을 개발하였다. 이 계획의 핵심 요소는 조직에 이미 심어져 있는 변화시도 활동들을 성공적으로 조율하고 이를 다시 새로운 사고에 맞추어 성공적으로 보완하는 것이다.

개요

이 변화관리 사례연구는 정보기술 산업 분야에서 스토리지텍(StorageTek)이 고 성과를 내는 리더 기업이 되기 위해 변화 계획을 개발하고 실행하면서 사용하였던 접근방식에 대하여 설명한다. 스토리지텍(StorageTek®, Storage Technology Corp., NYSE:STK)은 34년의 역사 동안 많은 기복이 있었으며, 1990년대 후반과 2000년 초, 경쟁우위를 얻기 위해 필요했던 혁신과 운영에 대한 관리 사이에서 다시 한번 불균형 상태에 놓이게 되었다. 기업을 쇄신하려는 시도들이 이루어지긴 하였지만, 실질적 개선은 거의 이루어지지 않았다. 스토리지텍의 경영층은 기업을 고 성과 조직으로 변화시키기 위해서는 체계적인 계획이 필요하다는 것을 인식하였다.

변혁 계획은 세 단계 과정으로 윤곽이 잡혔다. 스토리지텍은 베스트 프랙티스 연구를 통하여, 고 성과 조직모델을 정의하고 그 계획을 실행하기 위해 필요한 리더십 모델을 정의하였다. 두 가지 모델 모두 유능하고 개방적이며 신뢰할 만한 환경이 된다는 데에 중점을 두었다. 두 번째 단계는 성과에 중점을 두고, 개인들에 대한 기대를 정의하며, 경영역량을 개선하고, 조직 능력을 성장시킴으로써 변화를 이루어 가며 일하는 것이 필요하였다. 이 단계에서 특별한 것은 성과관리 시스템, 의사소통, 고객과의 관계, 기타 다른 많은 분야의 개선이었다. 세 번째 단계는 개선을 달성하고 이를 지속하는 것으로 현재 진행되고 있는 중이다.

세계적인 경제적 불황기에, 변혁 계획을 계속 진행한다는 것은 도전이었다. 여기서 얻은 교훈은 대규모 변화를 시작하거나 현재의 진로에 대하여 고쳐나가야 할 것들을 분석하고 이를 실행하려는 다른 조직들에게 적용할 수 있다.

도입

더 우수하고 저렴한 자료 저장용 테이프 드라이버를 만들려는 꿈을 가진 네 명의 IBM 엔지니어들이 1969년에 콜로라도 바울더(Boulder)에 스토리지텍을 설립하였다. 오늘날 스토리지텍은 콜로라도 루이즈빌에 본사를 둔 미화 20억 달러 규모의 세계적인 기업이고, 테이프 자동화, 디스크 저장 시스템, 저장 네트워킹 등을 위한 가상 저장 솔루션에 있어서 혁신가이자 세계적인 리더이다. 스토리지텍의 본사는 콜로라도 덴버와 바울더 중간 로키 산맥자락에 450에이커의 규모로 자리 잡고 있다. 세계 약 7,200명의 종업원 중에, 2,200여 명이 콜로라도에 거주하고 있다. 본사 직원에게 주어지는 여러 혜택 중에는 직장 내 탁아소, 병원 및 약국, 3마일 정도 되는 실외 조깅 코스를 포함한 건강 센터 등이 있다.

"스토리지테크놀로지(현 스토리지텍) 창업자이자 1984년까지 CEO였던 제스 아웨이다(Jesse Aweida)는 질 높은 운영 관리 수준과 '적당히 충분한' 혁신이 기업을 IBM보다 앞서게 한다고 확신하였다"[리처드 포스터(Richard Forster)와 사라 캐플란(Sarah Kaplan)의 **창조적 파괴**(Creative Destruction, Doubleday), 2001, p. 90에서 인용]. 1969년부터 1981년까지에서, 이 기업은 창업 후 14개월 만인 1970년에 첫 제품 운송을 시작한 후 놀라울 정도로 급속한 성장을 이루었다. 이 성장은 1973년에 자기 디스크가 소개된 후 이어졌다. 1981년까지, 이 회사는 13,000명의 종업원 수와 함께 미화 6억 3백만 달러의 이윤을 낼 정도로 성장하였다.

스토리지텍은 운영 관리와 혁신 사이에서 균형을 유지하기 어려워, 1984년에는 연방파산법 제11장에 의거 파산기업 법정관리를 신청하였다. 스토리지텍은 1987년 파산에서 회생하면서, 다시 한번 고객 가치 명제와 경영관점을 예리하게 다듬었다. 1990년까지, 이 회사는 10억 달러의 이윤을 달성하였고, 1992년에는 주당 가격이 사상 최고치인 78달러를 기록하였다. 1990년대 중반에는 영속적인 기업 기반을 만드는 데 문화적 초점이 모아졌다. 스토리지텍은 핵심 목적과 핵심 가치(다음에 나오는 상자 참조)를 공식적으로 만들었다. 불행하게도, 2001년에 스토리지텍은 다시 어려운 상태에 빠지게 되었다. 2000년과 2001년에 이윤 성장이 없었고 시장점유율은 잠식되었다. 스토리지텍은 1990년대 말과 2000년 초의 기술 급성장기 동안 뒤쳐지게 되었던 것이다. 다시 한번, 운영 관리와 '적당히 충분한' 혁신 사이에서 균형을 잃게 되었다.

35년 이상, 스토리지텍은 독특한 기업 문화를 개발하였다. 모든 기업들의 문화에서와 같이, 이 기업의 문화 역시 건전한 면도 있었고 혁신, 경쟁, 균형의 목적에 방해가 되는 면도 있었다. 이 지역사회와 이 산업에서 그리고 종업원 사이에서 이 회사는 성과가 고르지 못하고 또한 시기가 좋으면 채용하고 시기가 나쁘면 해고하는 잔재를 가지고 있었다. 이 회사는 새로 벌이는 것은 많지만 끝을 내는 것은 적으며, 영구적인 해결책보다는 '불을 끄는 행동'에 대하여 보상하는 기업으로 알려져 있

핵심 목적
정보와 지식에 대한 세계적 접근성을 넓히기 위해서

핵심 가치
성과를 꼭 이루기 위한 주인정신 공유
고객과의 우수한 파트너십 제공
혁신 및 갱신
솔직함과 존엄성을 가지고 운영

었다. 합의의 문화와 관계지향적 문화라는 점은 의사결정이 느리고, 심지어는 의사결정이 이루어진 후에 항의하고 번복되기도 한다는 것을 의미하였다. 한 경영자는 이를 '무한하게 항의할 권리!'라고 이름 붙였다. 그러나 자랑할 만한 것도 있었다. 종업원 만족도 설문조사에서 종업원들은 자신의 가치와 존엄성을 느끼고 있고 다른 동료들을 존중한다고 보고하였다. 종업원은 자신의 업무가 기업에게 가치를 높여주는 것이라고 믿었다. 마지막으로, 종업원은 일과 생활 간의 균형을 다루는 데 자신들이 유연하다고 말하였다.

신임 회장이 현안에 맞서다

패트릭 J. 마틴(Patrick J. Martin)은 2000년 7월에 스토리지텍의 최고 대표이사로 합류하였다. 팻은 고객, 주주, 종업원의 의견을 들을 때 그리고 스토리지텍에 대하여 배울 때, 기업 간 경쟁이 치열한 저장장치 산업에 대하여 배울 때 인내심이 있었다. 그는 회사의 전략을 연구하였다. 그는 유능한 종업원과 충성도가 있는 고객들을 만났다. 종업원들이 자신의 기술을 더욱 성공적인 경쟁사로 가지고 갈 수 있는 특징 때문에 종업원 이직률은 여전히 2000년에 25%를 육박하였다. 연구개발(R&D) 예산은 산업 내에서 가장 높았지만 신제품이나 혁신적인 기술은 거의 만들지 못하였다. 기업은 너무 큰 인프라 구조, 시장에 항상 늦게 출시되는 제품, 사업을 느리고 어렵게 만드는 힘든 과정을 가지고 있었다.

스토리지텍은 초창기에서처럼, 운영 관리와 혁신 사이의 균형으로 돌아갈 필요가 있었다. 여러 가지 변화추진 활동들이 시도되었다. 경영자 팀에서는 2001년, 14명의 핵심 구성원 중 12명이 교체되었다. CEO는 위성 연결을 이용한 세계 모든 종업원과의 브리핑을 통하여 기본적인 투자수익률(return on investment, ROI)을 '가르쳤다.' 관리자들에게는 집중해야 할 목적들과 업무, 변화시도 활동들이 너무 많아서 성취하기가 어려웠다. '비난'의 시기가 발생하였다. 연도 중반기에 '갑작스럽게 하는' 성과검토 활동은 성과관리가 '해도 좋고 안 해도 좋은 선택적인 것'으로 판명된 환경 속에서 빈약하게 다루어졌다. 거의 개선이 없었다.

도전을 정의하라

종업원이 경력을 쌓을 수 있고, 고객과 자신의 IT 문제해결을 확신할 수 있으며, 주주가 투자에 대하여 프리미엄을 받을 수 있는 산업의 리더로 스토리지텍을 변화시키는 데는 장기적인 계획이 필요하였다. 많은 것을 시작하기는 하지만 끝을 내는 것이 별로 없는 것으로 알려진 이 기업에 대하여, 가능한 한 관료적인 부분을 줄이고 오랫동안 유지될 수 있는 변혁계획을 수립하는 일이 중요하였다.

회사에 대하여 조사를 해 본 결과 무수히 많은 다양한 변화활동들이 확인되었다. 모두 깊이 생각하여 시도된 것이었지만 그것들은 서로 연결되어 있지 않았다. 고성과 문화를 만들고자 하는 열망은 분명히 있었으나, 스토리지텍을 위한 그러한 문화 요소와 훈련이 정의되어 있지 않았다. 변화의 첫 두 가지 요소인 전략적 명확성과 리더십 정렬이 부족하였다. 근본이 되는 여러 활동들은 제자리에 머물러 있었다. 1996년에 종업원에 의해 정의된 핵심 가치, 기술적 전략의 질과 문화적 전략의 질에서 균형을 맞추는 변화모델, 식스 시그마로 향하는 첫 걸음으로 구축된 새로운 품질 시스템 등이 그러했다. 스토리지텍 문화 내에 만연한 또 다른 '이달의 맛'이라는 인식을 지워버리기 위해서는 기존에 있던 근본이 되는 활동들을 토대로 시작하는 것이 중요하였다.

새로운 CEO의 취임은 변화의 기회가 되었다. 조직 개발팀(OD team)에 의한 석 달간의 계획을 짠 결과 장기적 변혁 계획에 대한 개발이 이루어졌다.

변혁 계획의 첫 단계는 도전 사항을 정의하는 것이었다. 여기에는 두 가지 목적이 있었다.

단 계	목 적	행 동	도구 및 기법
도전사항을 정의하라.	위기감을 조성한다. 목표를 정의한다.	리더십 컨퍼런스 경영팀 구축 고 성과 조직 정의 전 세계적으로 종업원이 시작	학습지도[1] BMS 모델과 훈련 하나의 비전, 한 목소리(One Vision, One Voice) 출판
변화를 통하여 일하라.	성과의 기반을 만든다. – 중점 개인적 기대를 정의한다. 경영 역량을 개선한다. 조직 능력을 키운다.	경영자 팀 구축 모든 종업원을 위한 성과 및 개발 목적 HR 관행의 일관성 검토 승계 계획 친화 그룹 설립	성과 관리 목적을 정렬하는 도구 리더십에 필요한 수업과 커리큘럼 학습지도[2] – 전략 업데이트 고객에게 더 밀착
개선을 이루고 유지하라.	결과 유지 – 초점 지속가능한 미래 건설	인력 계획 수립 과정 추가 전략 계획에 '사람 전략'을 포함	종업원 설문조사 우수성 커리큘럼 제작 기술 인재들의 풀(Pool) 개발

그림 17.1 변혁의 단계

- 목표를 정의한다.
- 위기감을 조성한다.

목표를 정의하라

첫 번째 단계는 스토리지텍이 수립하고자 하는 고 성과 문화에 대해 정의하는 것이었다. OD 팀은 문헌들을 검토하고 다른 기업의 변화 사례들을, 성공적이거나 실패한 경우 모두에 대하여 검토하였다. 다른 수많은 정보와 함께 「매킨지」가 발행하는 분기별 출판물(*The McKinsey Quarterly*) 중, 1998년 3호에 실린 '인재 전쟁'과 2001년 7월에 개편된 '인재를 위한 쟁탈전 2000'은 특히 유용하였다. 때를 같이 하여 OD 팀은 현재의 관행과 문헌 연구에 기초하여 리더십 모델을 정의하였다. 리더십 역량을 소유하는 것뿐만 아니라 결과를 달성하는 것에 초점을 두었기 때문에 데이비드 울리히(David Ulrich), 잭 젱어(Jack Zenger), 노엄 스몰우드(Norm Smallwood)가 저술한 결과 기반의 리더십(Results-Based Leadership)을 선택하였다.

바람직한 스토리지텍의 고 성과 문화는 세 부분으로 정의되었다.

1. "성과 윤리는 우리가 경쟁자보다 나은 성과를 이루게 하며, 고객을 만족시키고 고객의 신의를 얻기 위하여 꼭 이루어야 하는 바람이다. 설득력 있는 핵심 목적, 비전, 가치 그리고 결과에 중점을 둔 열정적인 확장 목표, 아울러 성과 윤리를 지원하는 분명한 기대에 근거한 성과 피드백." 이것은 연간 목표 달성에 의하여 측정된다.
2. "열려 있고 신뢰할 수 있는 환경을 통해 사내에서 개방적이고 솔직한 의사소통을 이룰 수 있다. 이를 위해서는 조직 내의 모든 계층, 모든 사람들이 우리가 하겠다고 말한 것을 실행해야 한다. 그와 같은 환경은 학습, 지식 공유, 경험을 통하여 개인과 조직에게 성장을 제공한다." 환경이 열려 있고 신뢰할 수 있는지는 연도별 전 세계 종업원 만족도 설문조사를 통하여 측정된다.
3. "효과적인 조직, 성장하는 조직에서는 여섯 가지의 능력, 즉 공유된 마음가짐, 속도, 책임감, 협조, 학습, 인재관리 등이 실천된다"[Ulrich, Zenger, Smallwood의 결과 기반 리더십(Results-Based Leadership), 1999년, p. 40]. 효과적

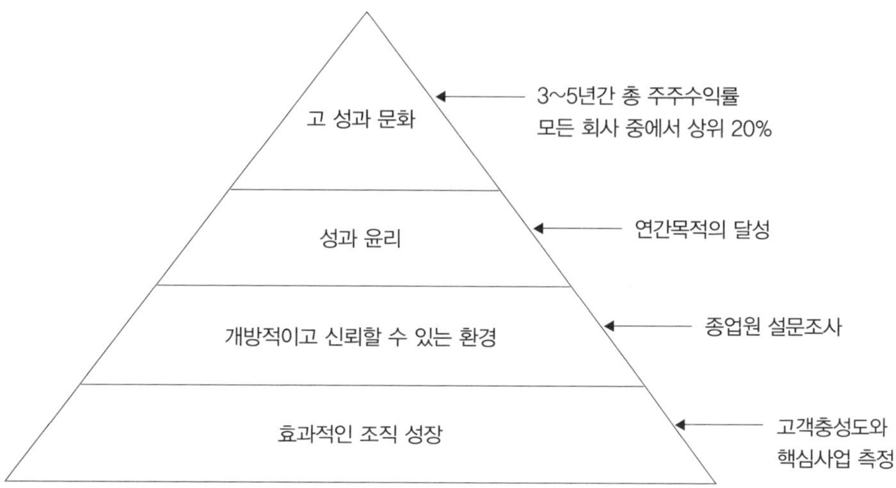

그림 17.2 고 성과 문화의 정의

인 조직, 성장하는 조직인지에 대해서는 고객 충성도, 이윤 증가, 시장점유률 개선, 종업원 이직률 등과 같은 계량 수치들을 이용하여 측정된다.

기존의 측정치들도 스토리지텍의 고 성과 문화의 각 세 부분에서 진행과정을 알려주기 위하여 선택되었다. 총 주주 이익은 모든 성취를 측정하기 위해서 선택되었는데 스토리지텍의 주주 이익은 특징적으로 산업 평균에 못미쳤다.

복잡한 조직은 어디나 여러 가지 이니셔티브를 가지고 있고 스토리지텍도 예외는 아니었다. 고 성과 문화모델로 편성된 요소들은 종업원, 고객, 주주 등에게 충돌되는 메시지를 피하도록 정의에 따라서 정렬되어야 한다. 스토리지텍에 있어서 이러한 요소들로는 전략 계획, 고객 및 주주 관계 관리, 시장 주도형 제품 및 서비스 개발, 리더십 개발, 품질, 종업원 의사소통, 인적자원 관행 등이 포함된다.

'효과적 리더십=결과×역량' 이라는 공식이 결과 기반의 리더십(Ulrich, Zenger, & Smallwood, 1999) 모델로부터 채택되었다. 스토리지텍에 대한 리더십 청사진을 정의하기 위한 작업이 2001년 6월에 경영자 팀과 함께 시작되었다. 이 작업은 고객 가치 제안, 경영 초점, 성장전략 등을 정의하는 것을 포함하여 전략적 명료성과 리

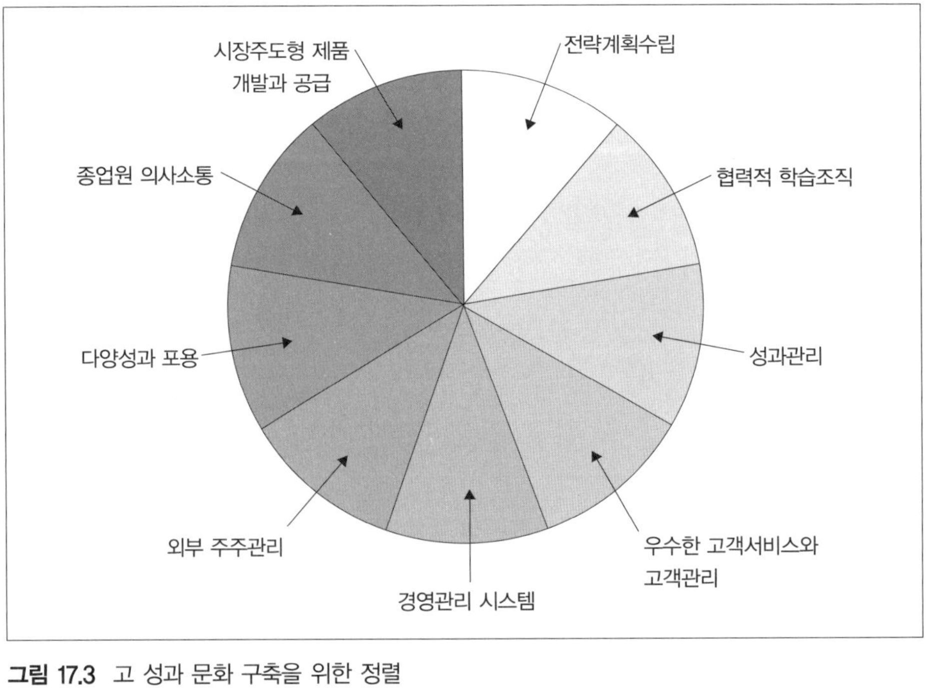

그림 17.3 고 성과 문화 구축을 위한 정렬

더십 정렬에 중점을 두었다.

위기감을 조성하라

스토리지텍의 성공적인 미래를 정의하는 것은 그 도전사항들을 정의하는 것의 일부였다. 모든 종업원들에게 위기감을 조성할 필요가 있었다. 2001년 8월에, 세계 곳곳을 대표하는 170명의 회사 리더들이 3일간의 리더십 컨퍼런스에 초청되었다. '새로운 지평으로의 항해' 라는 주제를 가지고, 스토리지텍의 CEO인 마틴은 경영과 경쟁 환경 상태를 논의하였다. 그는 위기감을 조성하면서, 회사, 리더, 종업원이 변화하면 회사의 미래를 확신할 수 있다고 강조했다.

한 연구원이 위기감을 더욱 조성하기 위해서, 모든 참석자에게 고객의 목소리를 진실되게 들려주면서, 다른 기업과 거래를 하는 고객과 스토리지텍에서 구입한 고객으로부터의 정보를 보고하였다. 종업원과의 대화로 전략적 방향을 변화시키는 데 전문성을 가진 기업인 루트러닝(RootLearning)과 함께 만든, '현실 : 정보의 홍수(Current Reality : The Flood of Information)' 라는 학습지도를 통하여 모든 컨퍼런스 참석자들은 스토리지텍의 경쟁환경에 대하여 상호작용적이면서도 기능부서들을 가로지르는 대화에 참여하였다. 이 지도에는 저장 장치 산업의 역사에 대한 정보, 고객 경영 문제, 경쟁사 특성 및 시장점유율 등이 포함되었다.

이 리더십 컨퍼런스에서 동기부여 분야의 강사는 '상대가 변화되기 위해서는, 내가 변화해야 한다' 는 메시지를 전달하였고, 스토리지텍 제조부서 종업원 그룹은 경영진이 필요한 변화를 이루는 것을 그들이 기다리는 데 얼마나 지쳤고, 어떻게 자신들이 스스로 알아서 행동했는지를 설명하였다. 컨퍼런스에 도착했을 때, 각 참석자는 전 세계의 원주민들이 만든 악기를 받았다. 컨퍼런스의 각 부분은 특정한 내용을 나타내는 악기를 가지고 있었다. 예를 들어, 경영자들은 전략을 표현하기 위해 나바호(Navajo)의 의식용 북을 두드렸다. 컨퍼런스 마지막에는, 모든 음악이 변화의 심포니를 만들도록 합쳐졌다.

의식용 북은 고 성과 문화를 이루기 위해 요구되는 '변화의 리듬' 을 표현하기도 하였다. 변화가 실질적이고 지속되기 위해서는, 변화하고 변화를 실행하려는 결의가 변화에 대한 저항보다 더 강해야 한다.

2001년 늦은 가을에, '현실 : 정보의 홍수에 대한 학습지도'가 전 세계 모든 종업원에게 소개되었다. 스토리지텍이 속한 경쟁적 환경에 대하여 학습하기 위해 한 번에 8~12명으로 구성된 그룹들이 모였다. 2002년 1월에, 모든 종업원을 대상으로 경영자팀에 의한 사후관리가 각 지역에서 시작되는 형태로 이루어져 리더십 컨퍼런스에서 시작된 주요 메시지를 계속 교육하고 강화하였다. 종업원 소식지는 우리의 목표인 고 성과 문화를 다시 설명해 주고, 기업 전반의 많은 이니셔티브가 어떻게 이 목표와 연결되는지에 대해서 설명하였다.

교훈

변혁적 변화의 초기 단계에서의 배울 수 있는 세 가지 교훈이 있었다.

1. 회사가 어디로 가고 있는지를 정의하라. 프로그램 결과가 경영 목표로 전환되도록 프로그램의 결과를 측정치와 함께 제공하라.
2. 조직 내에 이미 있는 것을 가능한 한 많이 사용하라. 이것은 많은 종업원들에게 안정감을 제공하고, 이전에 행해진 일로서 낭비라거나 잘못되었다고 평가하는 유혹을 뿌리치게 하고, '이 달의 맛'이라는 냉소주의를 줄인다.
3. 필요한 변화에 대한 종업원의 인식을 유지하고 다양한 프로그램과 이니셔티브를 연결하기 위해서 드럼의 베이스 울림과 같은 변화의 리듬을 개발하라.

변화를 이루면서 일하라

실제로, 변화의 첫 단계란 결코 끝나지 않는다. 그러나 조직이 오직 도전사항을 정의하는 데에만 중점을 둔다면 거의 진행이 이루어지지 않는다. 스토리지텍의 두 번째 단계는 변화를 통하여 진행을 이루기 위한 다음과 같은 목적들이 포함되었다.

- 결과에 초점을 둔다.
- 개인들에 대한 기대를 정의한다.
- 경영역량을 개선한다.
- 조직 능력을 키운다.

결과 및 기대사항 정의에 초점을 맞추라

모든 것이 처음부터 완벽하게 진행되지는 않았다. 2001년 8월 리더십 컨퍼런스에서, 스토리지테크의 전략을 설명하기 위해서 두 번째 루트러닝 지도인 '전략 : 새로운 지평으로의 항해'가 소개되었다. 피드백 자료에 따르면 이 지도가 모든 종업원이 사용하는 데 있어 스토리지테크의 전략에 대한 분명한 메시지를 전달하지 못한 것이 확실하였다. 모든 종업원이 변혁 계획을 받아들이게 하는 데 필요한 전략적 확실성을 제공하기 위해서는, 이 지도에 스토리지테크의 전략을 분명하게 나타내고, 종업원 각자의 업무가 전략과 연결되도록 할 필요가 있었다.

학습지도를 개정하면서, 경영자 팀 멤버들은 특히 주의하여 학습지도 내용을 검토하고 요점을 분명히 하였다. 8개 국어로 번역되기 전에 전략이 명료한지를 확신하기 위해 콜로라도와 프랑스에 있는 종업원 그룹과 함께 지도를 시험적으로 사용해 보았다. 이후 다시, 전 세계에 걸친 퍼실리테이터들은 8~12명의 종업원 그룹을 대상으로 종업원 업무를 전략으로 연결시키는 대화를 이끌었다. 첫 번째 지도와 마찬가지로, 종업원 집단이 기능별로 다양하면 할수록 학습효과는 더욱 높았다.

그 이전 3년 동안의 성과 경영 도구에 대한 변화 노력에도 불구하고, 종업원 및 관리자로 구성된 포커스 그룹결과에 의하면 스토리지테크의 성과관리 시스템은 제멋대로라고 자신들은 생각한다고 말하였다. 또 많은 종업원들은 목표나 성과검토가 없었다고 보고하였다. 관리자들은 기대사항들에 대하여 혼란스럽다고 보고하였고, 성과관리를 생략해도 이렇다 할 문제가 없었다고 알려주었다. 불행히도, 많은 관리자들이 '땅콩버터(peanut butter)' 식의 접근법을 적용하여 모든 종업원에게 성과를 차별화하기보다 비슷한 평가와 승급을 주었다. 기대와 성취된 결과에 대하여 명확성이 부족한 것은 이상한 일이 아니었다. 2002년 1월 1일부터 이러한 문제를 해결하기 위한 세 가지 실행 노력이 2001년 가을부터 시작되었다.

첫 번째 노력은 전 세계적으로 목표를 정렬하고 모든 종업원이 무엇이 기대되고 어떻게 자신들이 평가받을 것인지를 확실하게 알리는 것이었다. 스토리지의 품질 부서는 모든 종업원에게 부서 전체의 모든 목표들을 가시적으로 보여주는 웹 기반 도구를 개발하였다. 품질 부서는 개선에 대한 피드백을 제공하면서 목표를 평가하였다. 스토리지테크 성과관리 시스템 내에서 회사의 목적들은 개인적 성과 목적들과 연계되었다. 매달, 경영자팀에게 목적 달성에 대한 철저한 보고가 이루어진다. 목적을 완수하기 위해 필요한 자원과 우선 순위가 논의된다.

두 번째 노력은 스토리지텍의 고 성과 문화에 대한 정의에 부합하도록 성과관리 시스템을 재설계하는 것이었다. 그에 사용된 도구는 웹에 기반을 두어 종업원에게 세 분야에 대한 평가를 실시한다. 근본적인 철학은 스토리지텍이 고 성과 문화를 달성할 수 있도록 세 가지 분야에서 각 종업원이 기대 혹은 그 이상의 성과를 올려야 한다는 것을 의미한다. 첫 번째는 성과 목표 성취도에 대한 평가를 함으로써 결과에 중점을 두는 것이다. 두 번째는 종업원이 현재의 기술과 지식수준을 얼마나 잘 유지하는지, 일련의 역량개발 목적을 얼마나 잘 성취하는지를 평가하는 것이다. 세 번째는 개인이 핵심 가치와 조직적 능력에 따라 행동하는지를 알려주는 26가지 행동에 대한 360도 평가이다. 관리자와 종업원은 함께 피드백을 제공할 사람을 선별한다. 피드백은 동료, 부하직원, 고객, 파트너, 벤더 등을 통하여 얻을 수 있다(차후에 자료를 분석한 결과 행동의 수를 성과와 통계적으로 상관관계가 있는 16가지로 제한하게 되었다).

성과검토 논의는 종업원과 관리자 사이에서 이루어지고, 다른 사람의 피드백과 함께 자신과 관리자의 평가에 기초한 세 가지 분야에서의 성과를 솔직하고 진솔하게 논의하는 것이다. 성과검토는 전년도 성과에 대하여 익년도 매년 제1사분기 초에, 종업원이 연간 목표 성취를 위해 제대로 수행하고 있는지를 파악하기 위해서 여름에 실행된 연도 중간 성과 점검과 함께 완료된다. 관리자는 각 검토에서 기능부서 혹은 사업부서의 상위수준에 있는 평가치의 분포도 내에 들어 있어야 한다.

'기대를 충족' 시키지 못했거나 높은 평가를 받지 못한 종업원은 행동 계획을 통하여 어떻게 자신의 성과를 개선할 수 있는지에 대하여 상담을 받는다. 계속 '기대수준 달성' 이라는 평점에 미달하는 종업원은 회사를 떠난다. 그와 같은 식으로 기대수준을 초과한 종업원은 큰 승급을 받고 성장을 위한 특별한 배려를 받는다.

기대 분포도가 처음에는 충족되지 못해서(2002년 봄) 관리자는 자신들의 평점을 다시 작성하도록 반송되었다. 인기 있는 것은 아니였지만, 관리자에게 분포도에 맞추도록 요구하는 것은 스토리지텍이 성과에 대하여 진지하다는 메시지를 전하였다. 기대 분포도는 연중 성과 점검에 대한 많은 조정 없이 달성되었다(2002년 여름). 그 결과로, 분포도를 달성하기 위해서 조정이 거의 필요하지 않았다.

세 번째 노력은 스토리지텍의 정도 경영 규정을 읽고 전자서명을 하는 제도였다.

표 17.1 성과 측정(2002년 봄)

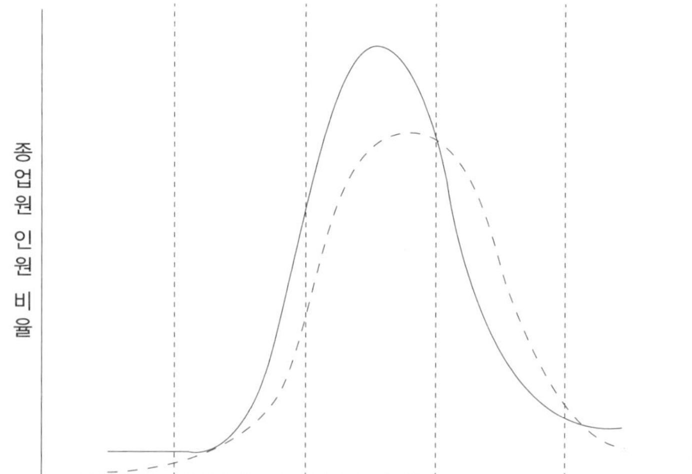

평가	1	2	3	4	5
— 기대분포도	5%	10%	60%	15%	10%
- - 실제	0.8%	10.1%	49.8%	30.8%	6.8%

미디어에서 기업 수익자료에 대한 다양한 허위 보고를 쏟아내기 수개월 전에, 스토리지텍은 정도경영 규정을 8개 국어로 번역하고 각 종업원에게 읽을 것과 법률적으로, 윤리적으로 정도 경영의 견지에서 기대되는 바를 이해하였다는 것을 서명하도록 하였다. 기업 의회사무실(the Office of Corporate Counsel)과 인적자원 부서는 함께 작업하여, 종업원들의 질문과 관심사에 대한 사후관리를 하였다. 모든 종업원은 이러한 윤리 규정에 따라 행동하도록 기대된다.

관리역량을 개선하라

2001년 8월의 리더십 컨퍼런스에서, 리더십 브랜드를 고안하는 작업이 시작되었다. 리더십 브랜드를 만든 의도는 자신들에게 무엇이 기대되고 이러한 기대가 어떻게 회사의 전략적 목적 달성과 관련이 있는지를 리더에게 간결하게 알려주려는 것이었다. 컨퍼런스 이후에 리더십 브랜드에 대하여 다음과 같은 합의가 이루어졌다.

> 스토리지텍 리더는 신속하고, 간결하며, 책임 있게 행동하여 모든 고객과의 관계에서 가치를 부가한다. 우리는 지속가능한 주주 가치를 창출하면서 고품질의 제품과 서비스

를 효과적으로 제공하여 모든 저장 솔루션 제공자 중 최고가 될 것이다.

스토리지텍의 리더십 브랜드는 모든 관리자에 대한 공통적인 기대수준이 진술되어 있다. 이것은 필수과정들과 함께 리더십 및 관리자 교과과정을 통하여 소개되고 강화되었다. 교과과정은 다양한 수준의 경영진—새로운 관리자, 프로그램 혹은 프로젝트 관리자, 최고수준 관리자, 경영자—의 필요에 대처하도록 설립되었다

'측정이 있어야 결과를 얻는다'는 것은 리더십 개발에도 적용되었다. 역사적으로, 이 회사 종업원이 경영층으로 승진하여 경력을 신장할 기회는 거의 없었다. 2002년 연중 이사급 이상의 직위에서 승진은 모두 외부로부터의 고용이었음에 비하여, 같은 계층에서 내부 승진은 오직 한 건 밖에 없었다. 스토리지텍은 2006년까지 이사급 이상의 직위에 대하여 내부 승진 대 외부 고용의 비율을 3 : 1 수준으로 달성하려는 목표를 세웠다. 개발은 인재에 대한 장기투자이다. 승계 계획은 이러한 직위, 즉 부사장, 이사, 국가별 관리자 등에 대한 내부 후보자에게 주의를 기울였다. 개발활동은 경험에 대한 인터뷰 도구 사용을 통하여 경영자 수준에서 잘 수행할 필요가 있는 경험에 중점을 둔다. 개발 계획의 결과에는 필요한 기술을 습득하기 위해 필요한 학습과 배치 등이 포함된다.

인재의 보급로를 확보하기 위해, 높은 잠재력을 가진 후보자를 전 세계에서 발굴해 왔고 개발 계획과 특정한 개발 기회를 제공한다. 더욱이, 적극적인 대학 채용 프로그램에 의해 60명 이상의 대학 졸업자(학부 및 상위 학위)를 회사로 데려왔다. 18개월간의 리더개발과 관련된 프로그램을 통하여 신입 종업원이 특화되게 개발하였다. 개발활동 중에는 스토리지텍의 문화를 균형에 대한 정의를 보증하기 위한 커뮤니티 서비스 프로젝트가 포함된다.

조직 능력을 키우라

조직 능력

공유된 마음가짐 — 우리는 한 목소리로 말한다(전략, 비전, 핵심 가치, 성과 윤리 등에 대하여).

인재 — 우리는 기업을 성공케 하는 기술을 가진 종업원을 채용, 유치, 개발한다.

협력 — 우리는 조직 전반에 광범위한 정보를 공유한다. 이러한 정보는 집단 간 경쟁보다는 기능조직 간 팀워크와 학습을 강조한다.

속도 — 우리는 변화, 민첩, 유연성이 있음을 보이며, 간결하고 반복가능하고 효과적인 과정에 대한 강조와 함께 사이클 타임을 줄일 수 있음을 보여준다. 의사결정은 신속하다. 비생산적인 업무는 제거된다.

책임감 — 우리는 예정된 약속을 지키고, 약속된 것을 이행하는 계획과 프로그램을 따르면서 엄격하고 일관되게 업무를 완수한다. 모든 종업원은 행동과 결과에 대하여 책임진다.

학습 — 우리는 새로운 아이디어를 만들고 이러한 아이디어를 기업 전체와 공유한다.

조직 능력들은 공유된 마음가짐, 인재, 협조, 속도, 책임감, 학습 등이다. 이러한 능력을 스토리지텍만의 독특한 방법으로 신장하고 실행하는 것은 고 성과 조직의 주요 요소인데, 왜냐하면 그 요소로 인하여 스토리지텍은 경쟁자와 차별화를 이룰 수 있기 때문이다. 조직 능력의 신장이 관리에서 첫 번째 책임이라는 믿음과 함께, 2001년 리더십 컨퍼런스를 통해 이 조직 능력들이 소개되었다. 그 이후 곧 이 능력들은 두 번째 루트러닝 지도(Rootlearning map) '전략 : 새로운 지평으로의 항해' 의 언어를 통하여 묶였고, 결과를 위한 리더십 워크숍과 성과관리 시스템에 접목되었으며, 조직 내의 다양한 이니셔티브들과 연결되기 위해 사용되었다.

청중을 알고 청중의 필요를 충족시켜 주도록 메시지를 다양화하는 것은 조직의 모든 계층에 있는 사람들의 이해제고에 중요하다. 예를 들어 경영자 수준의 전략적 명확성 업무에는 노엄 스몰우드가 진행한 워크숍과 의무와 책임을 분명히 하는 업무를 통한 상호작용이 포함되어 있다. 관리자와 이사급에서는 학습지도를 만들고 이에 참여하는 데 관여하는 것이고, 종업원들에게는 착수를 하고 학습지도에 참여함으로써 전략적 명확성에 대한 기회들이 제공된다.

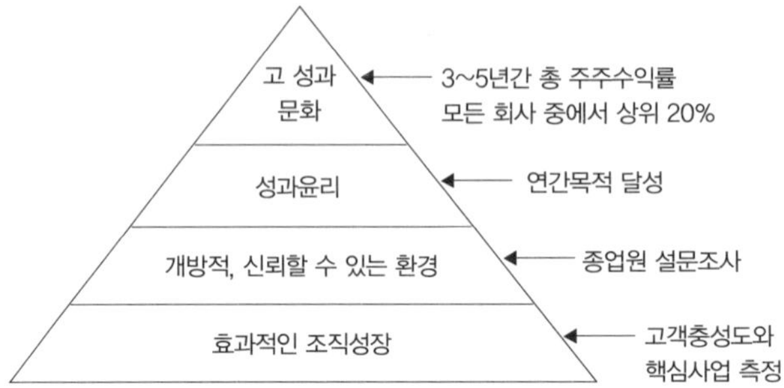

경영자 (EMT)	결과 기반 리더십 (RBL)의 역할과 책임	리더십 컨퍼런스 세션	목적	월례보고	E2E	고용목적 친화그룹 후원	경영자를 쉽게 볼 수 있음	목표관리 (MBO)에 의한 주식 인센티브	
이사 및 관리자	학습지도를 만들고 참여	커리큘럼 경영자 재무 승계	목적 실행	프로세스 개선 월례보고	E2E CSmart 목적 C2it게임	고용목적 친화그룹	라운드 테이블 스태프회의	목표관리 (MBO)에 의한 주식 인센티브	우수성 설계
종업원	학습지도 1과 2의 시작		목적행동 개발	지식과정 개선	C2it 게임 CSMART 목적	친화 그룹	초점 의견 스태프 회의	역할과 책임 (R&R) 프로그램	우수성 설계 훈련 /개발 2원적 급여 사다리
	전략 명확성	리더십/관리기술	목적을 포함하는 성과관리	경영관리 시스템 BMS(품질)	고객 밀착	다양성과 포용	의사소통	보상과 인정	시장주도적 기술리더십

그림 17.4 세 가지 수준에서의 변혁

경영관리 시스템(The Business Management System, BMS)이 무엇보다 중요한 품질모델로 소개되었다. 고객을 정의하는 데서부터 시작하여, 비전, 목표, 자원, 측정, 개선을 계속해서 정의하면서, 모든 종업원은 자신의 관리자가 이끄는 자신의 부서에 중점을 둔 훈련을 받았다. 앞서 기술된 목표 설정과 그 후속 실행과정이 6개월마다의 ISO 감사와 합쳐지면서, 공유된 마음가짐과 책임감에 대한 능력들이 직접 연결된다. 회의 지침의 소개는 속도, 책임, 협조 등에 초점을 두게 하였다. 블랙 벨트 훈련 및 그 프로젝트의 소개와 함께 식스 시그마로의 마지막 단계를 통하여 스토리지텍이 성공적인 기업으로 균형을 이루기 위해 필요한 운영적 우수성에 집중하도록 자리매김된다.

고객밀착은 스토리지텍 내의 모든 고객 이니셔티브에 대하여 기술하는 용어이다. 외적 결과는 내적 행동에서 나온다는 믿음으로, 고객에 대한 전통적인 이니셔티브 외에도 종업원에게도 크게 중점을 둔다. 예를 들어, 스토리지텍에 의해 개발되고 8개 국어로 번역된 보드게임은 고객의 기대에 부응하도록 의사결정을 하는 게임으로 종업원들을 초대한다. '마음' 과 돈을 얻거나 잃는 것은 정해진 의사결정에 기초한다. 하나의 CD를 통해서 방향을 제시해 주고, 경영자 자신의 이야기뿐 아니라 고객과 관련한 유명한 이야기들이 제공된다. 공유된 마음가짐, 학습, 협조 등은 감명을 받은 능력들이다.

분명하고 간결한 정보를 종업원에게 제공하기 위해서 종업원 의사소통이 재설계되었다. 종업원들이 최고의 가치라고 생각하는 정보를 전달하기 위해, 의사소통의 빈도수, 내용 등에도 변화를 주어 종업원들이 '보고 느끼도록' 하였다. 원탁회의와 같이 경영자를 쉽게 볼 수 있게 하는 프로그램은 종업원에게 경영자와 비공식적으로 만날 수 있는 기회를 준다. 이메일은 의사소통의 주요 수단이다. 지역별 정보와 함께 주간 종업원 온라인 뉴스 메일은 전반적인 메시지와 정보를 제공한다. 주중에 중요한 메시지는 알 필요가 있는 곳에 따라 전 세계의 다양한 종업원 그룹에게 송부된다. 온라인으로 배포되고, 프린트할 수 있는 격월 뉴스 매거진은 스토리지텍의 정보를 잘 이해할 수 있도록 이용된다. 최근에 소개된 것으로는 종업원이 이메일에서 우선 순위를 두도록 도와주는 메시지 서열화, 그리고 시의적절한 주제에 대한 스토리지텍 CEO의 편지이다. 공유된 마음가짐, 속도, 협조 등은 조직능력을 위한 초점이다.

교훈

'변화를 이루어 가는 업무' 단계에서 학습된 다섯 가지 교훈

1. 스토리지텍의 이니셔티브가 전사적이긴 하였지만, 최대한 이점을 얻기 위해서는 세 수준의 구성원(경영자, 관리자, 종업원) 각 계층에 대한 행동요건에 초점이 맞춰져야 한다. 이니셔티브는 같지만 관행과 실행은 각 계층의 필요

에 따라 유연성을 갖는다.

2. 모든 구성원은 성과 달성에 책임감을 가져야 한다. 비난하기 위해 다른 사람을 찾는 것은 성숙하지 못한 조직의 한 징조이다.
3. 조직이 몰두할 수 있고 유연해지려 하는 것을 평가한다. 목표를 달성하는 방법은 하나만 존재하는 것은 아니다. 그러므로 첫 번째 선택이 실패하면 다른 대안을 찾는다.
4. 80% 수준의 해결책을 기꺼이 택한다. 완벽한 것이란 없다.
5. 의식용 북의 안정감 있는 베이스 드럼 박자처럼 변화의 리듬을 유지한다.

개선을 이루고 유지하라

2004년이 시작되면서, 스토리지텍은 세 단계로 된 변화관리를 시작하였다. 이 단계에서의 목표는 다음과 같다.

- 성과에 대한 초점을 계속 유지한다.
- 지속가능한 미래의 기반을 구축한다.

성과에 초점을 맞추고 고 성과 문화에 지속적으로 정렬하는 것에는 이미 도입되었던 분야들에서 성과에 계속 초점을 맞추고 성과를 이루면서 다른 이니셔티브를 추가하는 것들도 포함된다. 어떤 경우에는, 프로그램과 관행을 현 시대에 맞게 유지하는 사소한 변화들이 있다. 예를 들어 앞서 기술한 바와 같이 성과관리 행동 측정을 28가지에서 16가지로 줄인 것이 그와 같다.

2002년 10월에 있었던 전 종업원 만족도 설문조사 결과에 의하면 2001년보다 종업원의 만족도가 감소한 것으로 나타났다. 모든 범주에서 점수가 상당히 낮았고 특히 최고 리더십 범주에서 가장 극적인 감소가 있었다. 이러한 결과는 예상치 못한 것은 아니었지만 이들은 낙담하였다. 종업원들은 조직 내에서 이루어진 상당한 변화를 반기지 않았는데, 여기에는 조립부서를 본사에서 푸에르토 리코로 옮기고 내부 정보기술 부서 운영을 외부에 하청 주는 것과 같은 경영 의사결정이 포함되었다. 스토리지텍은 어려운 경제 상황에서 비용을 조정하였기 때문에 자원이 부족하였다. 앞으로 나아가기 위해서는 경영 의사결정과 그것이 경영 전반에 미치는 영향에 대한 철저한 설명과 더불어 전략적 명확성에 계속 관심을 집중할 필요가 있었을 것이다. 부서단위에서 종업원 만족도에 더 크게 중점을 두기 위해서는, 각 관리자들이 특히 부서의 문제점에 대처하면서 종업원 만족도에 대한 2003년도 성과 목표를 수립할 필요가 있었다. 그 결과 2003년 10월 설문조사 결과에서는 전반적인 종업원 만족도가 다소 상승하였다는 것을 알려주는 좋은 뉴스가 있었다. 2003년의 추가적인 데니슨(Dennison) 설문조사 결과에서는 관리자에게 부서 변화의 지렛대에 대한 이해와 지속가능성에 대한 이해가 높아졌다.

스토리지텍의 미래 이니셔티브들은 고 성과 조직에 대한 보상과 인정 등과 같은

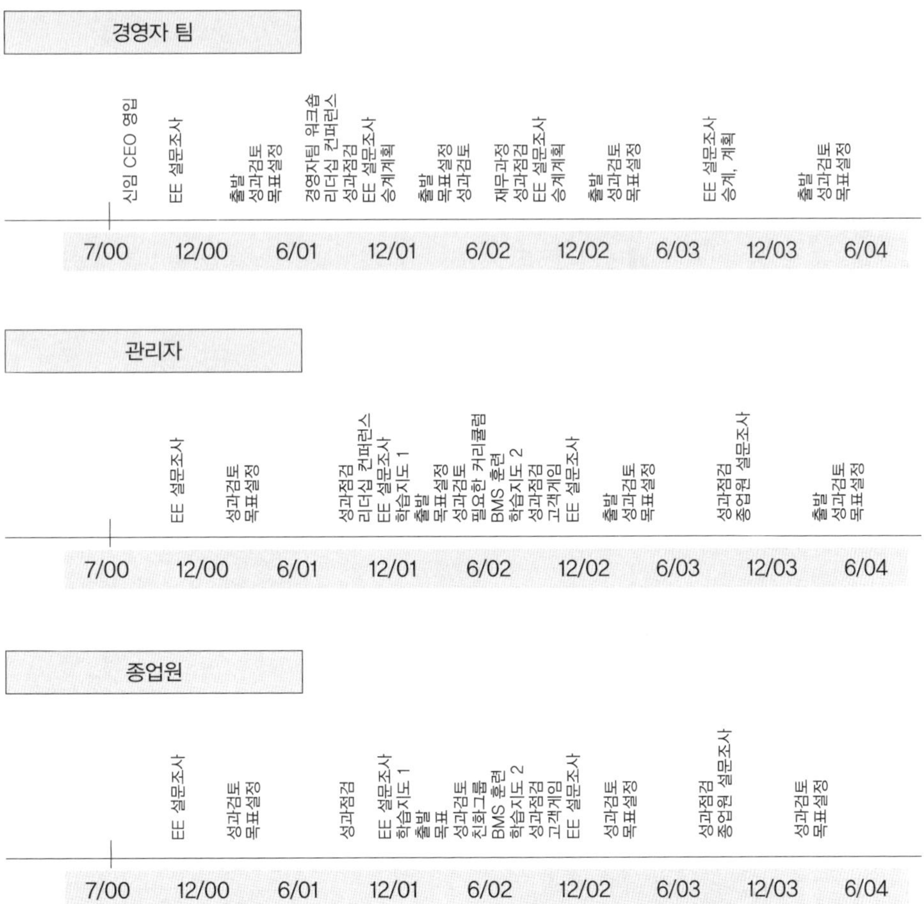

그림 17.5 스토리지텍의 조직 변화 일정표

인적자원 관행을 정렬하는 것에 주안점을 둘 것이다. 전략적 계획과정에 인력 계획과 '사람에 대한 전략'을 추가함으로써 결과에 대한 관심을 유지케 한다. 또 다른 계획에는 기술적 인재 풀을 구축하기 위해 이미 자리 잡은 이원적 급여 사다리를 이용하는 것과 현재의 특허, 논문, 발표 프로그램 등의 수준을 뛰어넘는 창의성과 혁신성을 존중하도록 우수성 인정 프로그램을 더욱 확고하게 설계하는 것이 포함된다.

운영관리와 혁신의 올바른 균형을 유지하는 것은 지속적인 미래를 건설하는 열쇠가 될 것이다. 스토리지텍은 고객, 주주, 종업원 등이 의존할 수 있도록 결과를 기록관리함으로써 수익에 기복이 있다는 문제점을 극복해야 한다. 그러기 위해서 모든 종업원은 다음 사항을 행해야 한다.

1. 성과를 달성하는 데 책임감을 가져야 한다.
2. 고객의 요구를 충족시키는 데 신속해야 한다.
3. 고객에게 신뢰성을 줄 수 있는 공유된 마음가짐으로 일관성 있게 행동해야 한다.
4. 중복을 제거하기 위해 서로 협조하고 함께 학습해야 한다.
5. 인재를 개발하고 공유하여 스토리지텍이 높은 기술수준을 가진 종업원이 자신의 경력을 바칠 좋은 곳이 되어야 한다.

올바른 균형이란 또한 회사가 종업원에게 관심을 쏟고 종업원들이 스스로 가치 있고 존중받는다고 느끼는 한편, 자신의 업무가 의미를 제공한다고 믿으며, 일과 생활 간에 균형을 이룰 수 있는 문화를 유지하는 것을 의미한다.

스토리지텍 : 고 성과 조직

2001년과 2002년 동안, 미국과 세계 여러 나라가 경제적 불황에 처하였다. 정보 기술에 대한 지출은 상당히 줄었고 자료 저장 기술의 가격도 서서히 파괴되고 있었다. 2002년도 상반기 동안, 이윤은 성장하지 않았고 시장점유율은 기껏 제자리 걸음이었다.

2002년도 3사분기의 결과에서 스토리지텍이 마침내 변화를 이룬 것 같은 희망의 빛을 보여주었다. 보고된 결과에는 약간의 이윤 성장, 시장점유율 신장, 두 자리 수의 서비스의 성장 등이 포함되었다. 4사분기에 주문 루트, 신제품 출시, 낙관적인 단서 등으로 스토리지텍은 실질적이고 지속적인 바람직한 결과를 거두기 시작하였다. 4사분기와 2002년 동안의 재무적 성과는 매우 긍정적이었다. "4사분기는 우리의 지난 2년 중에서 이윤이 가장 높았고 스토리지텍이 테이프, 디스크, 네트워킹 및 저장 서비스 등에서 시장점유율을 높이는 결과가 나타났다."고 최고 대표인 팻 마틴(Pat Martin)이 말하였다. 2003년도의 결과는 계속해서 이윤성장 및 높은 수익을 동반한 성공을 보여주었다. '변화의 리듬'은 고 성과 조직의 바람직한 결과를 전달하였다. 앞에 놓인 도전과제는 전통적인 운영 관리와 혁신 사이의 균형을 끝까지 유지하는 과정에 머무르는 것이다.

고성과 조직으로써, 스토리지텍은 종업원이 일하고 사는 사회에서 존중받고, 이들과 거래하기 원하는 사람들에게 인정받으며, 종업원이 뽑는 최고의 고용주로 선택되고, 통합 및 핵심 가치를 포함한 운영 안내자로서 알려지기 원한다. 이러한 목표를 이루는 것은 스토리지텍이 주식가격과 고급 인재의 증가에 의해 입증되고 지각된 가치들을 향유할 것이다. 총 주주이익은 결과적으로 증가해야 한다.

보기 17.1 교훈 요약

변화 단계	교 훈
도전 사항을 정의하라.	기업이 갈 방향을 정의—경영 목표로 전환될 수 있는 프로그램을 결과 측정과 함께 제공한다. 조직 내에 이미 존재하는 것을 가능한 많이 이용한다. 종업원의 인식을 유지하기 위해 변화의 리듬을 개발한다. 변화를 통하여 일한다.
변화를 통하여 일하라.	행동 초점을 종업원의 세 계층의 개별화된 요건에 맞춘다. 모든 종업원이 성과 달성에 책임을 진다. 변화에 대한 조직적 준비성을 평가하고 유연성을 갖는다. 80% 해결책을 채택한다. 변화의 리듬을 유지한다. 개선을 얻고 유지한다.
개선을 이루고 유지하라.	과정을 유지한다. 필요에 따라 조정하고 개선한다.

참고문헌

Foster, R., S. Kaplan, S. *Creative Destruction.* New York: Doubleday, 2001, p. 90.

Ulrich, D., Zenger, J., Smallwood, N. *Results-Based Leadership.* Cambridge, Mass.: Harvard Business School Press, 1999.

"War for Talent." *The McKinsey Quarterly*, 1998, Number 3.

"The War for Talent 2000." *The McKinsey Quarterly*, July 2001.

기고자 소개

수잔 커티스(Susan Curtis)는 스토리지텍의 리더십 코치이다. 커티스는 1998년에 스토리지텍에 입사하였다. 리더십 및 변화 관리 이사로서 이전에 맡았던 역할에는 승계 계획, 종업원 의사소통, 전문성 개발, 훈련, 변화관리 등을 포함한 성공리더십 개발 등이 포함된다. 스토리지텍에 합류하기 전에, 커티스는 존스 만빌(Johns Manville), 록웰 인터내셔널(Rockwell International), EG&G 등에서 조직 개발, 리더십 개발, 훈련 업무를 담당하였다. 그녀는 플로리다에 있는 지역대학(전문대) 등에서 수년간 강의를 하였고 설립 당시 오로라 지역대학의 커리큐럼을 설계하였다. 커티스는 중견 여성 직원과 경영자급 여성 직원을 연결해 주는 법인체의 리더십 개발과 네트워킹 프로그램인 우먼스 링크(Women's Link)의 설립자이다. 커티스는 또한 웹 기반의 문화평가와 경력개발 도구의 설계 전문가로서도 활동하였다. 현재 우먼스 비전 파운데이션(Women's Vision Foundation)의 구성원은 이러한 도구와 우먼스 링크를 사용할 수 있다. 그녀는 1년간 이사장으로 근무한 것을 포함하여 6년간 덴버의 Goodwill Industries 이사로 근무하였다. 커티스는 학사 및 석사학위를 아이오와 주립대학교에서 받았고 커리큘럼 및 지도, 중등과정 후의 교육에 대한 박사학위를 플로리다 대학교에서 취득하였다.

18

윈드버 메디컬 센터

이 장에서는 마음, 몸, 정신을 수용하는 치유 문화를 통하여 입원 기간 단축, 낮은 감염률, 사망률 감소를 이끌어 내는 치유 환경을 만들기 위한 윈드버 메디컬 센터의 환자중심 치료모델에 대하여 설명한다.

- 개요
- 도입 : 환자에 대한 임파워먼트
- 진단 : 변화에 대한 결정
- 조직 도전과제
  - 변화에 대한 이유
  - 변화의 목표
- 접근방법
- 사전평가 : 더 맨 쇼
  - 의사
  - 종업원
- 피드백의 사용
- 설계 : 플래인트리 철학
- 개선활동 : 근본적인 변화
- 플래인트리 팀
- 회고
  - 변화의 주기
  - 더 나아지기 전에 더욱 더 나빠진다
  - 정부에서 도우려고 왔다
  - 제 궤도로 돌아가기
  - 결과 정량화 : 보기
  - 보기 18.1 : 평균 입원기간
  - 보기 18.2 : 병원 내 감염률
  - 보기 18.3 : 병원별 사망률 비교
  - 다시 앞으로 전진
- 교훈
- 기고자 소개

개요

이 변화관리 사례연구는 소도시의 한 병원이 전통적이고 상황이 심각하였던 의료기관에서 변신하여 플래인트리(Planetree) 병원으로 바뀌어 가는 과정을 알아보고 이를 자세히 다룬다. 플래인트리 병원은 플래인트리 조직에 의하여 인가된다. "플래인트리 조직의 사명은 헬스케어의 새로운 모델개발과 실행에서 촉매제 역할을 한다. 이러한 새로운 헬스케어 모델은 마음, 몸, 정신의 치유를 촉진하고, 환자중심적, 가치기반적, 전인적인 것이며, 서양 최고의 과학적 치료방식을 유서깊은 치료 관행들과 함께 통합하는 것이다"(플레인트리 웹 주소인 www.planetree.org에서 발췌함).

윈드버 메디컬 센터(Windber Medical Center)의 철학은 산업혁명에서 만들어지고 성장하였다. 이 병원이 이처럼 가부장적이면서, 부모와 자식 같은 권위적 환경에서 벗어나서 환자가 선택권을 가지고, 전인적이고 환자중심적인 치료 분위기를 만들어 환자가 자신의 치료에 참여하는 환경으로 변화한다는 것은 새로운 것은 아니지만 혁명적이었다.

이 작은 병원은 9.11 사건 후에 유나이티드 항공사 소속 93기가 추락한 곳에서 몇 마일 떨어진, 그리고 9명의 탄광 광부가 구출된 퀘크릭(Quecreek)에서 10마일이 채 못 되는 곳에 위치하였으며, 거의 100년의 역사를 가지고 있다. 윈드버 병원은 Berwind White Coal Company라는 석탄 채굴 기업이 종업원들을 돌보기 위해서 처음 개업하였다. 그러나 서부 펜실베이니아 석탄이 과다한 공해로 인하여 사용되지 않게 되자, 병원과 마을도 역시 인기를 잃게 되었다.

이 조직은 새로운 CEO의 리더십 하에, 환자 보호로 돌아가려는 의사와 종업원들을 모아 치료업무를 재개하고 또한 의료업를 보호하고 촉진하는 것으로 되돌아 가서 재탄생하려는 도전적 과제를 떠맡았다.

병원은 기존의 치료모델과 사랑의 힘을 이용, 환자중심의 치료를 최우선화하는 통합적 접근방식으로 자신의 문화를 영구히 바꾸려는 변화의 여정을 시작하였다. 전국적으로 주목을 얻기 시작한 병원은 연구소를 세웠고 과거 4년간 미화 3,000만 달러 이상의 보조금을 모았다. 이 병원은 플래인트리로서 미래의 병원 모델의 중요한 본보기를 스스로를 만들어 갔다.

윈드버 메디컬 센터가 주는 교훈은, 노력에 따라 전 조직의 성공이 좌우되는 주요 변화 프로그램을 추진하는 조직에게 중요한 시사점을 제공한다.

도입 : 환자에 대한 임파워먼트

환자들이 보통 병원에 들어갈 때 그들의 기를 죽이는 복잡하고 어려운 용어, 소독약 냄새, 병원직원들의 퉁명스럽고 불친절한 태도, 의사의 엄청난 권력은 환자로 하여금 자신들의 존엄성을 병원 문 밖에 남겨 놓고 와야 한다는 것을 알려주는 확실한 표시들이다.

미국에서 베이비 붐 세대가 생긴 후에, 여러 가지 것들이 좋게 또는 나쁘게 변하였다. 패션, 저항, 약물, 신용카드 부채, 투자 등에 대해서 세상이 이를 다루는 방식은 바뀌어 가고 있다. 그와 같은 교훈들이 모두 긍정적이지는 않았지만, 그것들은 우리나라에서 전쟁, 결혼, 건강 등에 접근하는 방식을 영구히 바꿔놓았다. 베이비 붐 세대가 노령화 세대로(Baby Geezer)로 전환됨에 따라 노화과정이 어떻게 일어나며, 질병을 어떻게 다루어야 하고, 임종이란 문제에 어떻게 대처해야 하는지 등에 대한 우리의 기대도 이미 변화하기 시작하였다.

윈드버 메디컬 센터에서 약 7마일 이내의 거리에서 이용할 수 있는 경쟁력을 갖춘 거의 1,000개 정도의 병상을 갖춘 제3차 치료 병원이 된다는, 변화관리 사명은 분명하였다. 사람들이 호감을 갖는 정도로 만들지 말고, 대신 전인적인 치료를 담는 병원 환경으로 사람들이 사랑할 만하게 만들라.

이러한 도전과제에는 외형적인 변화만이 포함되지는 않았다. 전체 병원 노동력이 산업혁명을 통과하여 지식의 시대로 옮겨가는 것이 포함되었다. 이것은 임파워먼트를 통하여 환자와 그 가족들을 포용하는 방식으로서, 지난 60년간의 치료방식과 철갑처럼 뚫기 어려운 통제권을 변화시키는 것을 의미한다.

이러한 변화관리 노력은 모든 종업원, 관리자, 병원관계자의 총체적인 몰입을 필요로 하였다. 조직에 있는 많은 사람들은 이것이 자신들의 권력을 궁극적으로 박탈하는 것이기 때문에 이 철학을 믿고 따르려고 하지 않았다. 그러므로 그들의 던진 질문은 다음과 같았다. 리더십이 환자중심 치료 철학을 만들어 낼 수 있고 존속될 수 있을까?

진단 : 변화에 대한 결정

1996년, 윈드버 병원의 300명 종업원은 콘머프 헬스 시스템(Conemaugh Health System)에 합병되었지만, 그 시대의 많은 '선두주자를 따라하는' 합병들처럼 이러한 연합은 시스템에 거의 의미 있는 변화를 가져오지 못하였다. 개발을 이룬 정말 중요한 기회는 리더십을 바꾸는 것이었다. 병원의 신임 사장은 상당히 비전통적인 서열에서 선발되었다. 헬스케어 관리 분야에 입문하기 전에 교육, 예술, 여행 등의 배경을 가졌던 그의 철학은 전통적인 것이 아니었다. 그의 철학은 헬스케어에서 최고가 되고 환자에 대한 임파워먼트를 조직에 도입하는 것이었다. 그가 가장 많이 받았던 질문은 "왜 당신은 그렇게 하려고 하는 겁니까?" 였다.

그 이전 10년 동안, 치료에 대한 사명, 즉 플래인트리의 중심에 환자를 두는 식의 환경을 강조하는 치료 철학이 진행되어 왔다. 이 철학은 전형적으로 시스템을 우선하는 방식과는 달리 환자를 우선적으로 생각하였다. 플래인트리는 마음과 몸이 서로 내재적으로 복잡하게 관련되며, 환자 치유는 환자의 몸뿐만 아니라 마음과 정신의 요구에도 맞춰져야 한다는 생각을 담고 있다. 모든 플래인트리 모델의 제반 요소들—개방적 의사소통, 환자의 선택, 가족 및 친구 참여, 음악, 예술, 마사지, 건축, 보조 요법 사용, 기타 등—은 이 개념을 지지하는 역할을 한다.

이 병원은 이미 호스피스를 위한 말기환자 간병 조직을 가지고 있었기 때문에, 환자들에게 친절하고, 관심을 보이며, 정을 주고, 애정을 보이면서 돌볼 필요가 있다는 점을 이사회에 설득하는 것이 상대적으로 쉬웠다. 6인실 병동에는 80명의 자원봉사자와 123명의 자원 성직자가 있었는데, 가능한 모든 방법을 써서 환자 가족들을 받아들였다. 그래서 이 방식은 다른 플래인트리 병원들로 번지게 되었다.

당시에는 직원들인 150명의 의사 중에서, 단지 몇 명만이 공개적으로 이 프로그램을 지지하였다. 일반적으로, 의사들이 보여준 태도는 잠자코 보자라는 식이었다. 프로그램을 받아들인 종업원들은 친절하고 보살필 줄 아는 사람들로 여겨졌다. 이와 같은 치료 방식에 대한 공개적인 지지가 부족하였음에도 불구하고, 이사회와 사장은 언덕 위의 이 작은 병원에 변화를 가져오기 위해 자신들의 결정사항을 밀고 나갔다.

이 조직에 건강 센터를 만들기 위해 새로운 건물이 설계되었고, 2000년 1월에 이

건물이 완공되었다. 이 건물은 재활실, 심장질환 전환 프로그램, 종합적인 건강관리를 위해 설계되었다. 종합 건강 센터(Integrative Health Center)는 보조 치료요법 및 대체 치료요법뿐 만 아니라 전통적인 치료요법을 지원하기 위해서 만들어졌다. 요가, 스트레스 관리, 타이치(Tai-Chi—태극권 : 역주), 아이치(Ai-Chi—일종의 수중 재활운동 : 역주), 레이키(Reiki—영적 에너지 : 역주), 정신 상담, 향기 치료, 마사지, 유아 마사지, 음악 치료, 침 등이 프로그램에 포함되었다.

조직 도전과제

새로 이름 지어진 윈드버 메디컬 센터의 사장은 그가 재직한 첫 2주 동안, 완전히 존재가치가 이미 끝나버렸음에도 불구하고 여전히 세상에 뿌리를 내리고 있는 문화에 대해서는 철저하고도 끝없는 변화가 필요하다는 것을 이내 깨달았다.

그래서 그는 비서에게 약 270건의 약속을 잡게 했는데, 2주간 아침 7시 30분부터 매일 통상적인 교대시간을 훨씬 넘어선 시간까지 매 10분마다 약속을 정했다. 그는 병원 내의 모든 종업원을 만나 자신을 소개하고, 그들의 관심사, 신념, 꿈 등을 경청하였다. 열흘도 되기 전에 그는 이 조직의 문화를 파악하게 되었다.

그 후 그는 그의 의료진에 대해 똑같은 과정을 다시 해보려 시도하였지만 그 사명은 거의 성공하지 못하였다. 사실, 그것은 거의 불가능한 일이었다. 조직의 권력은 분명히 그 그룹의 사람들에게 자리를 틀고 있었다. 150명 이상의 의사 중에서, 약 16명이 조직을 자신들의 통제하에 두고 있었다. 그 16명 중에서 5명은 극동지역에서 왔고, 4명은 윈드버 지역에서 태어나고 자랐다. 이 그룹은 5년간의 투쟁이 이루어질 동안 핵심 부분을 차지하게 되었다. 이 의사들은 환자 이동과 치료 철학을 통제하였지만, 그들은 독립적인 의사로서 자신들의 환자를 자신이 정한 곳으로 어디든지 데려갈 수 있고 조직에 대한 자신의 충성심이 바뀌면 밤새 진료를 하지 않을 수도 있었다.

변화에 대한 이유

사장이 개인적으로 변화를 좋아했기 때문에 전적으로 이와 같은 결정을 내린 것은 아니었다. 직책을 맡은 지 한 달 후에, 언스트 영(Ernst and Young, E&Y) 회계법인은 전략계획의 첫 장에서 그에게 5년 이내에 윈드버 메디컬 센터의 도산이 예측된다고 보고하였다. 이것은 경쟁, 의료보험 상환제도의 변화, 시장 내 잘 관리된 치료제품 보급의 증가 등과 같은 이유 때문이었다.

미 의회에서는 또한 병원, 특히 교육과 관계없이 촌지역이 아닌 병원들이 메디케어(Medicare—노인의료보험제도 : 역주)와 메디케이드(Medicaid—저소득자, 신체장애자를 대상으로 하는 국민 의료보조제도 : 역주)에게 지급받는 방식을 영구히 바꿔놓을 균형예산 조정안(Balanced Budget Amendment Act)을 제정하였다. 이 법안의 총체적인 영향은 1997년에는 알려지지 않았지만, 언스트 영이 제시한 다른 예측보다 병원에 더욱 부정적 영향을 미치는 것으로 입증되었다. 소규모의 도시 병원에게 상환제도의 변화는 차후 몇 년 내에 많은 병원들을 파산에 이르게 할 것이고, 윈드버도 예외는 아니었다.

이해관계자의 기대 공공 커뮤니티와 지역 커뮤니티 및 정치가들은 문을 닫지 않은 치료기관이 매우 필요하였다. 1997년에, 미주리 주에서 이스트 세인트 루이스를 제외한 모든 곳에서 인구 전출이 두 번째로 높은 곳으로 알려진 지역에서, 윈드버는 가장 큰 고용주에 의해 지불되는 800만 달러의 급여가 절박하게 필요하였다. 확실히, 환자를 우선시 하는 것이 펜실베이니아 시골에 있는 이 병원의 미래를 쥔 열쇠였다.

변화의 목표

수많은 문제해결 회의에서, 사장은 전체 메디컬 센터에 대한 그의 플래인트리 철학의 비전을 설명하였다. 고위 경영자 팀은 다음의 변화과정에 대하여 구두로 서약하였다.

- 환자중심 치료를 조직의 최우선 순위로 둔다.
- 환자와 그 가족들에게 애정 있게 보살피는 환경을 제공한다고 서약한다.
- 모든 환자와 환자의 가족 문제를 신속하고 효율적으로 처리한다.
- 환자의 존엄성이 훼손되지 않게 하는 치료방식에 대한 이 새로운 약속이 인

근 지역에서 그리고 보다 넓은 지역에서, 전국적으로 인정을 받도록 한다.

모든 사람들이 이러한 기대를 확실히 인식하도록, 사장은 5일 이상에 걸쳐 매일 거의 12시간의 면담을 가졌다. 그는 가능한 모든 종업원을 다시 한번 만났다. 이러한 면담은 약 3년간 수개월 간격으로 반복되었다. 환자중심 치료는 이러한 면담에서 핵심을 이루었다.

접근방법

윈드버 메디컬 센터에서 근무한 지 15년 이상된 사람들과 일하게 되면 변화에 저항할 뿐만 아니라 변화에 완전히 반대하는 환경을 제공한다는 점이 드러났다. 이는 사장이 플래인트리 모양을 만드는 단계를 시작하여 새로운 철학에 대해 자신이 관여하려고 할 때 확실히 드러났다. 병실의 벽이 펩토 비스몰(Pepto Bismol—제산제의 일종 : 역주) 약처럼 분홍색에서 황금색이나 노란색으로 바뀐 것처럼, 종업원도 자신의 세계가 무너지는 것처럼 반응을 보이기 시작하였다. 이것은 이 변화에 외부의 도움이 필요하다는 것을 확실하게 알려주는 것이었다.

경영진이 받아들인 몇 가지 접근방식이 있었다.

- 네 개의 분야에서 네 명의 종업원이 선발되었으며, 모두 간부 수준인 이들 종업원은 디즈니사에 훈련차 파견되었다. 관련 경비가 지불되었고, 이들은 방문 후 돌아오자마자 자신들이 무엇을 배웠는지를 병원의 모든 종업원들에게 이야기하기 시작하였다.
- 갈등관리에 대하여 훈련 경험을 가진 경영 컨설턴트가 모든 종업원을 감성지수 훈련(Emotional Quotient training)을 시키기 위해서 채용되었다. 각 종업원은 자신의 성격 프로필을 알기 위해서 테스트를 받았다. 그런 후에 이들은 자신의 가족구성원을 테스트하고 동료들과 함께 공유하였다. 이 훈련을 통하여 종업원들은 각각의 다른 성격유형에 대처할 수 있는 법을 배울 수 있게 되었다.
- 다른 부서의 장들은 선물권을 받았고, 새로운 치료모델을 관찰하기 위해서 리조트, 호텔, 식당 등을 이용하도록 장려되었다.

이러한 새로운 모델에 대한 비평이 없지는 않았다. 적어도 3분의 1의 관리자들은 환자와 그 가족들에게 자신들의 권력을 포기한다는 아이디어에 대하여 불쾌하게 생각하였다. 오래 근무한 의사들과 직접 관련된 곳에서 일하는 많은 간호사들도 이와 같이 변화에 저항하였다. 인력의 약 10%인 32명을 파면하게 했던 종업원 평가 시스템을 바꾸는 데는 거의 3년이 걸렸다.

사전평가 : 더 맨 쇼(The Man Show*)

헬스케어가 사람들을 정, 사랑, 관심을 가지고 대하는 인간의 신성한 보호자처럼 보이지만, 사실 이것은 군대모델에 기초를 두고 있다. 많은 의사들은 자신의 환자를 무지한 사람으로 보고 접근한다. 많은 행정관리자들은 자신의 부하 직원을 치료 제공자들이 하는 방식으로 대한다. 이것은 종종 권력과 돈에 의해 움직이는 세계이다.

병원이 환자가 입원했던 모든 날 수에 비례하여 의료비를 상환받을 때, 그러한 입원일 수는 매우 많을 수밖에 없었다. WMC의 첫 환자는 7년 8개월간 입원했었다. 그러나 상환의 방법이 바뀌면서, 병원은 임산부에 대하여 '출산일을 기준으로 한 입원일수 계산' 방식으로 시작하였다.

조직에 대한 예비 진단결과는 확실히 권력이 어디에 있는지를 보여주었다. 바로 의사와 그 추종자들이었다. 의료 스태프가 권력을 가졌다고 믿는 고위 관리자들은 분명히 모든 결정에서 그들의 편에 섰다.

저항을 가라앉히기 위해서, 전 홍보이사였던 사장은 그 분야의 미디어 부분에서 압도적인 지지를 구하고 얻기 시작하였다. 상당히 보수적인 시스템을 그 뿌리에서부터 변화시키려고 노력하는 거대한 작업을 떠맡는 데 수많은 텔레비전, 라디오, 인쇄물에서 지지가 일어나기 시작하였다.

이러한 노력은 부분적인 권력 이동을 야기하였다. 이사회와 경영진은 환자와 미디어가 함께 하는 대중적인 길을 추구하였고, 그에 반대하는 의료진들은 어쩔 수 없이 수동적이면서 공격이 저항의 형태로 잠복하게 되었다. 이러한 과정에서의 또

* 미국 코미디 프로그램 : 역주

다른 기대하치 못한 역효과는 헬스 시스템의 고위 리더십에서 나왔다. 그러므로 그들이 던진 질문은 다음과 같았다. 리더십이 환자중심 치료 철학을 만들어 낼 수 있고 존속할 수 있을까?

모든 부사장들은 해고되었는데, 따뜻하며 잘 보살피고 권한을 부여하는 사람들이 올바로 구성되어 자리 잡을 때까지 3년간 두 번이나 교체되었다. 흥미롭게도 새로 맡은 이들은 모두 여자였다.

그러므로 「더 맨 쇼」는 모든 새로운 모습을 드러내기 시작했고 보살피고 애정을 보이는 환경이 구축되기 시작하였다.

의사

이 프로그램의 확실한 성공열쇠는 환자 임파워먼트에 대한 깊은 도덕적 신념을 가진 의사를 찾는 것었다. 우리의 노력 결과 리더로 발굴된 매우 신앙심이 깊은 3명의 사람들이 있었다. 각자는 각 전문 분야를 대표했고, 다른 의사들에게 일반적인 영향을 미쳤다. 이 의사들은 이 새 철학에 위협을 느꼈던 여러 사람들의 핵심 의도로 인하여 회의가 대치국면이 될 때 모든 것을 안정되도록 도왔다.

마사지나 정신적 접근방식과 같은 제한적인 보완요법에 대한 문제는 이러한 의료진들의 회의에서 주목을 받았다. 의료기록 공개, 제한 없는 방문시간, 심리학자, 성직자, 가족, 심지어 애완동물까지 제한 없는 면회 등과 같은 이유들은 종종 고집 센 사람들에게 열띤 토론을 일으키는 주제였다.

일어났었던 다른 현상 중에는 일반적으로 변화의 모든 형태에 저항하는 것이 있었다. 과거 윈드버 의료의 전통에는 공공 체력 단련시설이 포함되어 있었는데, 새 질서 속에서 그것도 저항을 받았다. 홀에서 음악가가 연주하는 것은 환자, 종업원, 의사를 위한 마사지가 그러하듯이 한계가 있는 것으로 보였다. 의사는 가장 어려운 또한 가장 중요한 변화주도자이다. 때때로 이들은 자신의 권력 핵심이 약해짐에 따라 아주 희생을 많이 당하는 사람처럼 행동하기도 하였다.

종업원

이 변화과정의 또 다른 열쇠는 종업원이었다. 간부수준에서의 변화는 중요하였다. 종업원에게는 보살피는 행동이 이루어지면 보상이 주어졌다. 이들은 환자나 그 가족이 화가 났을 때 일이 제대로 되도록 할 권한을 부여받았다. 이들은 필요하다면 정해진 권한범위를 넘어서도 일할 수 있도록 장려되었다. 첫 두 해 동안 이것은 잘 작용하였다.

그러나 정규 간호사 부족과 균형 예산 조정안의 영향으로 헬스케어 경기가 바닥으로 떨어지자, 변화하지 않으려는 동기가 있었던 종업원들은 플래인트리 철학을 행정부서에 보복할 지렛대로 사용하기 시작하였다.

종업원 특히 간호사와 연구실 직원들이 임금 인상이나 작업 환경에 대하여 불만을 가질 때에는 환자에게 관심이 더 적었고, 환자와 그 가족들에게 자신들은 과다하게 일을 하면서도 월급은 적게 받는다고 이야기하였다. 이 두 주장은 모두 사실이었다.

경영진이 이러한 문제를 해결하는 방식은 환자 주변에 자원봉사자와 보조적인 치료 제공자를 참여시키는 것이었다. 전형적인 환자는 마사지 치료사, 향기 치료사, 행동심리학자, 성직자, 자원 예술가, 원할 경우 애완동물을 이용한 치료요법으로 애완동물 등을 접하게 되었다.

피드백의 사용

플래인트리 팀은 교육과 훈련을 위해서, 또한 다른 종업원으로부터 피드백을 얻기 위해서 함께 모였다. 변화가 일어나고, 의미 있는 성장이 이루어지며, 높은 이윤이 생기는 등의 첫 두 해가 지나, 그 기간 동안 종업원이 급여가 상당히 인상되면서 사기는 최고조에 달하였다.

이어진 두 해 동안, 재무요인이 주된 불안요소의 배후 근원지였다. 플래인트리 팀들은 병원의 철학을 진전시키기 위해서 치료과정의 통합적 역할을 맡았다.

각 회의는 참석한 종업원에게 자신의 의견을 표현할 기회를 허용하는 배출 세션으로 시작하였다. 각 세션 이후 팀은 고위 리더가 읽을 무기명의 결과 보고서를 작성하였다. 이 피드백을 통하여 종업원의 관심 주제를 밝히기 시작하였다.

플래인트리 팀은 모든 참여자가 경영현황 자료를 볼 수 있도록 하였다. 사장은 그의 정규 종업원 회의에서 종업원들과 발견한 사실들에 대하여 토론하였다. 이러한 발견으로 인하여, 종업원 만족 설문조사, 사장과의 점심, 개인적 면담, 뉴스레터 등이 모두 곧 등장하게 되었다.

이러한 지속적인 노력에도 불구하고, 병원이 주요 치료 제공자에게 30%의 보험 급여를 인상할 수 있게 한 보험사와의 결산을 통하여 행운이 병원에게 올 때까지 아무런 변화가 없었다. 여기서의 현실은 행복하고 급여가 좋은 종업원이 플래인트리의 성공에 중요하다는 것이다.

설계 : 플래인트리 철학

플래인트리의 핵심 철학은 인간의 치유와 치료만큼 오랜 역사를 가지고 있다. 이것은 마음, 몸, 정신을 보살피는 전인적인 치료이다. 이것은 순수한 약물이나 수술에서는 나오지 않는 치유과정을 인정하는 환경을 조성할 것을 받아들인다. 이는 수천 년 동안 알려져 온 사실이지만 과거 50년간 현대 의학에 의해서 억눌렸었다.

플래인트리는 건축, 자연광, 식물, 음악, 향기 치료, 사랑하는 사람의 존재와 격려, 성직자와 심리학자에 의해 제공되는 보살핌 등을 통한 치유환경 조성을 담는 철학을 수용한다.

복도에서 매일 빵을 굽고, 로비에서는 팝콘을 튀기고, 음악이 연주되며, 기다리는 환자와 작업장소에 있는 종업원에게 그리고 복도와 사무실에 있는 의사에게 마사지를 해준다. 더욱 중요한 것은, 환자는 묻고, 참여하고, 알 권리를 부여받는다.

이것은 모두 치료가 여러 방법으로 나타날 수 있다는 믿음에 대한 것이다.

개선활동 : 근본적인 변화

플래인트리 팀의 업무와 고위 리더십, 이사회와 스태프의 업무는 모두 포용적이었고 오늘날까지 계속되고 있다. 이러한 문화변화의 각 면모는 주의 깊게 계획되고,

시행되며 관리되었다.

- 플래인트리 내부 리더, 플래인트리 스태프 출신 컨설턴트, 외부 컨설턴트들이 전개하는 공식적인 직무를 통한 훈련과 강의실 훈련
- 모든 종업원을 위한 연간 계획에 의한 재교육 과정
- 모든 신입사원을 위한 종업원 훈련 과정
- 자신들에게 잘못 되어가는 느낌을 확인하려는 종업원을 위한 익명의 핫라인 전화 설치
- 주요 성취결과에 대하여 파티, 선데(Sundaes) 아이스크림, 저녁 식사권, 상패, 야구 게임 관람권, 포상금, 고위 관리자가 작성한 표창장과 선물
- 종업원에게 건당 300달러까지 환자의 필요에 따른 치료 권한 부여
- 종업원 보상의 일부는 성과와 연동된다.

성공요인

1. 전문가와 동료에 의한 광범위한 훈련
2. 종업원과의 모든 의사소통에서 플래인트리를 말하는 것은 그 의사소통을 조직 사명에 대한 단일 초점으로 만들었다.
3. 고위 리더들의 종업원 공로 인정
4. 사장이 사내 여기저기를 돌아다니면서 대화하는 접근방법
5. 플래인트리 치료방식을 따르지 못하는 종업원의 해고시에 쓰는 인도주의적인 접근방법
6. 윈드버 메디컬 센터의 종업원과 자원봉사자에 의해 제공되는 윈드버 케어라는 상표를 단 독특한 환자중심 치료에 대하여 인근 지역신문, 광역신문, 전국 신문들의 인정

이 모든 요소들이 내부적 저항과 프로그램의 장애를 극복하는 데 도움이 되었다.

플래인트리 팀

플래인트리 팀의 가치는 줄일 수 없다. 진보가 일어나는 것은 이들이 지속적으로 일하고 헌신하기 때문이다. 종업원들은 플래인트리 세션이 의미가 있도록 병원 내외 특별 회의에서 수십 시간 동안 개인시간을 사용하였다.

세션이 동료 간에 이루어졌기 때문에, 그것들은 더욱 효과적이었다.

모든 종업원은 감수성 훈련이 진행되는 세션에 필수적으로 참석해야 하였다. 환자로서의 종업원의 역할 연극은 프로그램의 중요한 부분이었다.

스와트 팀(SWAT)은 사회복지사, 심리학자, 성직자로 구성되어 직무상의 도움을 제공한다. 이러한 위기 중재팀은 위기 상황이 발생했을 때 종업원을 지원하는 중요한 부분이다.

회고

4,000명이 안 되는 주민이 사는 커뮤니티에 위치해 있던 102병상의 작은 도시 병원이 전국적으로 탁월한 병원으로 변신하는 것은 쉽지 않았고 위험부분도 있었다. 이 병원의 사장은 의사, 병원의 경영자, 종업원 등으로부터 수차례 도전을 받았다. 꿈이 실현되도록 한 것은 변화에 대한 열정이었다. 전체 스태프의 노고와 참여 없이 이루어질 수 있는 목표는 없었다.

변화의 주기

교과서에서는 문화를 녹이고 변화시키고 다시 얼게 하는 것에 대하여 이야기한다. 이 사례에서 문화를 녹이는 것은 끝이 없는 일이었다. 전통적인 병원에서 플래인트리 모델로 바꾸는 변화 주기는 몇 년이 걸린다. 조직의 명성이 계속해서 높아졌기 때문에, 전인적인 치료 문화에 매료된 새로운 의사와 종업원들이 병원으로 일자리를 찾아 왔다. 이러한 특별한 치료 제공자의 참여로 문화는 더욱 극적이고 완전하게 변화하는 것이 가능하였다. 의료진들의 권력관계도 균형을 이루기 시작하였다.

원래 이 조직은 전형적으로 산업혁명 모델이었다. 종업원은 매일같이 병원 내에서 자신의 위치에서 일하기 몇 분 전에 출근하였다. 이들은 자신의 직무장소로 갔고, 하루의 일과는 의사와 종업원의 스케줄을 따라 도는 것이었다.

많은 경우에, 스태프는 환자를 고객으로 인정하지 않았다. 환자는 불편스런 존재이며, 그들의 존재는 방해꾼이였다.

변화의 필요성을 보여주기 위해서, 조직의 미래가 도산되는 것을 묘사한 연구내용이 종업원 회의에 소개되었다. 이것은 변화를 이끌기 위한 수단으로서라기보다는 변화하지 않으면 안 될 시간이 앞으로 5년밖에 남지 않았다는 것을 보여주기 위해서였다.

환자를 치료의 중심에 두는 것을 중요시하는 것은 어려운 일이었다. 그것은 많은 병원들의 문화에서는 낯선 것이었다. 윈드버 메디컬 센터의 종업원과 특히 통증완화 부서의 종업원은 예외적으로 환자를 보살폈지만, 일반적인 경험은 규칙은 규칙이라는 것이었다. 환자에 대한 일정은 의사와 전문가의 편의에 따라 잡혔다. 이것은 앞에서 개괄적으로 설명한 변화를 필요로 하였다.

더 나아지기 전에 더욱 더 나빠진다

조직의 전반적인 분위기는 파도가 지나가기만을 기다리는 것과 같았다. 사실, 다섯 번째 사장이 해고되고 여섯 번째 경영자가 승진 아니면 방출되기를 기다리는 동안 플래인트리 철학의 각 부분들은 훼손되었고, 무시되었고, 아무렇게나 방치되었다. 이것은 회전문 이론이었다. 당신이 문을 간과하면, 문은 돌아가 버릴 것이다. 변화주도와 그의 철학이 대부분 유지되는 것이 확실해질 때 긍정적인 강화가 확립되기 시작할 수 있다.

이것은 또한 의사와 종업원이 유착한 우리-그들의 관계였다. 한 의사는 그의 그룹 이메일에 모든 간호사 명단을 가지고 있어, 고위 경영자를 깍아내리기 위해서 그 이메일을 정기적으로 사용하였다. 그러므로 이 종업원들은 경영진을 무시하였고 권력을 위해 자신들을 지켜주는 의사와 밀착하였다.

정부에서 도우려고 왔다

프로그램이 진행되고 지역 정치인으로부터 긍정적인 관심을 받자, 특정 프로그램과 연구 프로젝트, 자본 증액 등을 위한 연방정부와 주정부 및 지역 원조들이 조직에 쏟아져 들어오기 시작하였다.

이러한 원조는 종업원을 만족시키고 행복하고 안전감을 느끼게 하는 대신에, 이를 받는 부서와 받지 못하는 부서 사이에 질투심을 야기하였다. 새로운 건물들이 일렬로 만들어지면서, 이전 건물에 있는 종업원은 분개하고 공개적으로 적의를 드러냈다. 새로운 종업원이 이사회에 참여하면서, 장기 근속 종업원은 방해를 하였고, 많은 경우 이들에게 불친절한 태도를 보이기도 하였다.

변화노력에 5년을 기울인 끝에 급여와 리모델링, 관심이 병원 전체에 일어나면서 매우 흥미로운 변화가 비로소 가능할 수 있었다.

제 궤도로 돌아가기

수년간의 훈련, 인구와 환자수 증가를 통한 성장, 각지의 원조, 그리고 전국적으로 명성을 얻으면서, 플래인트리는 윈드버 메디컬 센터에서의 삶의 방식으로써 자리잡기 시작하였다. 여전히 환자에게 권한을 부여하기 원치 않는 의사들이 있고, 여전히 치료팀이 제자리에 있지 않는 때가 있으며, 환자가 빵 냄새를 맡지 못하고 자원봉사자를 만나지 못하며, 특별한 보조 의학 전문가를 못 만나는 날들이 있기는 하지만, 대부분의 경우 95%의 시간 동안, 모든 것들이 제대로 돌아가고 있다.

우리는 모든 이들이 마치 별 다섯짜리 최고급의 호텔에서 스파와 치유 정원에 있는 것처럼 느끼기를 원하였기 때문에 병원손질, 식단, 관리부서 등을 운영하였고, 룸서비스, 신선한 꽃, 빵, 생음악, 예술작품, 음료대 등을 제공하고 병상에 있는 친척들과 함께 할 수 있게 사랑하는 사람들을 초대할 수 있도록 만들기 위해서 호텔관리자를 고용하였다. 우리는 방문시간을 제한하지 않았다. 우리는 또한 파자마 바지와 샤워가운을 제공한다. 자신의 집과 같이 혹은 그 이상이다. 그것이 치유 환경이다.

우리의 출산병실에는 해산실에 산파들이 있고 분만 공, 향기치료, 음악과 마사지 치료, 유아 마사지, 자쿠지 욕조(Jacuzzi tubs), 손으로 하는 휴대용 마사지기계 등과 같은 보조 치료법들을 사용한다. 우리는 또한 아기가 태어난 후에 가족들이 사용할 수 있도록 더블 침대를 두었다. 어머니, 아버지, 아기가 같은 방에 머문다. 이러한 출산병실에 또한 컴퓨터의 인터넷 연결, 생음악, TV-VCR 등이 설치되어 있고, 날마다 신선한 빵을 굽고 차와 커피를 제공한다.

커뮤니티에 대한 약속의 일부로써, '생활 센터'를 추가하였다. 이것은 노인들을 위한 시설이다. 노인들은 매일 와서 우리의 체육관, 우리의 의사와 훈련된 스태프를 만난다. 이 시설에서, 노인들은 사회 봉사시설과 예방용 헬스 선택권 등을 이용한다.

메디컬 센터는 통증 치료, 가족의 휴식, 임종관리 등을 위한 호스피스용 말기 환자 간병 팀을 보유한다. 우리는 4인 가족이 각 환자의 병실에서 숙박하게 할 수 있다.

조이스 머타 브레스트 케어 센터(Joyce Murtha Breast Care Center)는 여성 가슴

보기 18.1 평균 입원기간

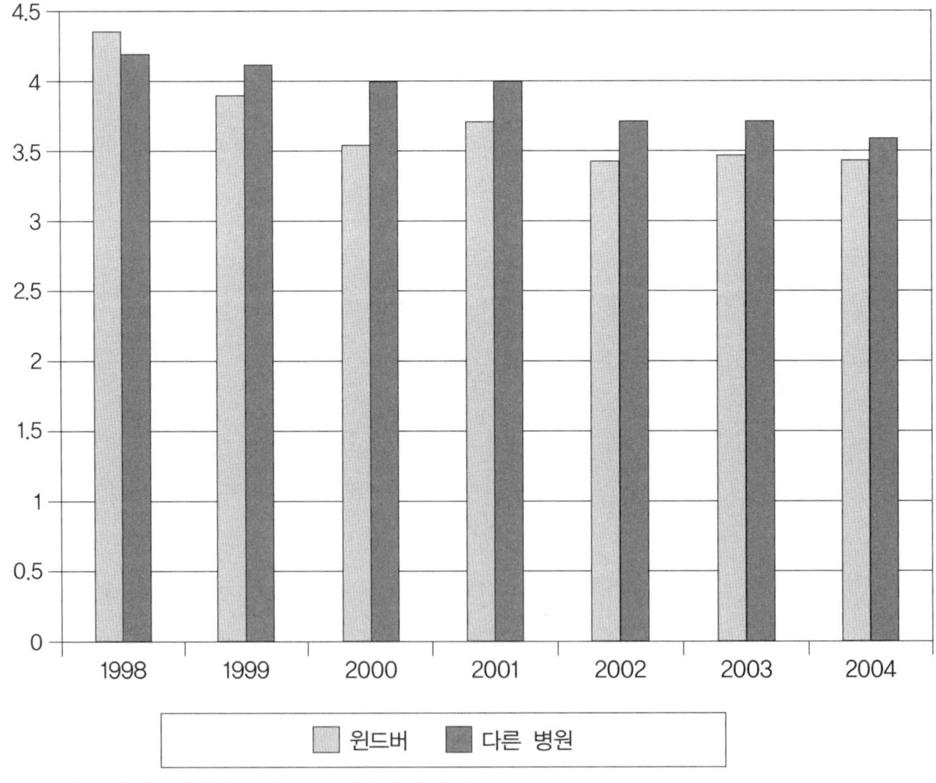

출처 : 서부 펜실베이니아 병원협회. 허가하에 게재

치료의 모델이다. 디지털 유방 엑스선 조영법을 위한 최신식의 장비, 가슴 생체 조직 절편 검사법, 골다공증, 3차원 초음파 등을 보유하고 있고, 심지어 화학요법(키모테라피) 치료를 받을 여성을 돕기 위해 미용사도 있었다.

결과 정량화 : 보기

환자중심 치료를 한 지 수년이 지난 후 호기심을 자극하는 이상한 점이 나타나기 시작하였다. 환자들은 조정된 어큐티(adjusted acuity)에서 사망률이 가장 낮은 수치를 보였다. 입원기간은 아주 짧아졌으며, 우리의 감염률은 전국평균보다 낮았다(보기 18.1~18.3. 참조)

다시 앞으로 전진

플래인트리 철학은 의료업의 미래이다. 이는 전인적인 치료를 하는 모든 부분을 수용한다.

- 우리는 플래인트리를 병원(메디컬 센터)의 최우선 가치로 두었다.
- 환자중심 치료는 이 철학의 중심이다.

윈드버, 펜실베이니아—윈드버 메디컬 센터 이사회의 의장인 데이비드 클레멘틱(David Klementik)은 유명한 **모던 헬스케어**(Modern Healthcare)라는 책에서 선정한 250병상 이하 혹은 연수입 7,500만 달러 이하의 병원과 헬스 시스템 중에서 올해의 수상자로 지명되었다.

최근에 윈드버 메디컬 센터를 방문한 전 헬스 및 인적 서비스 서기인 도나 샬랄라(Donna Shalala)는 윈드버케어(WindberCare) 비전을 훌륭하게 요약하여 다음과 같이 말하였다. "의료업의 미래를 보고 싶다면 눈을 감으세요. 그리고 눈을 떠서 윈드버에 있는 특별한 시설을 보세요. 이것이 예방과 연구에 집중하는 헬스케어의 미래입니다. 사람들의 건강을 유지하게 하고 수명을 다하는 것에 중점을 둡니다" (Modern Healthcare Magazine, January 22, 2001).

「Modern Maturity」는 윈드버 메디컬 센터를 미국 내에서 가슴이 따뜻한 병원 중

보기 18.2 병원 내 감염률

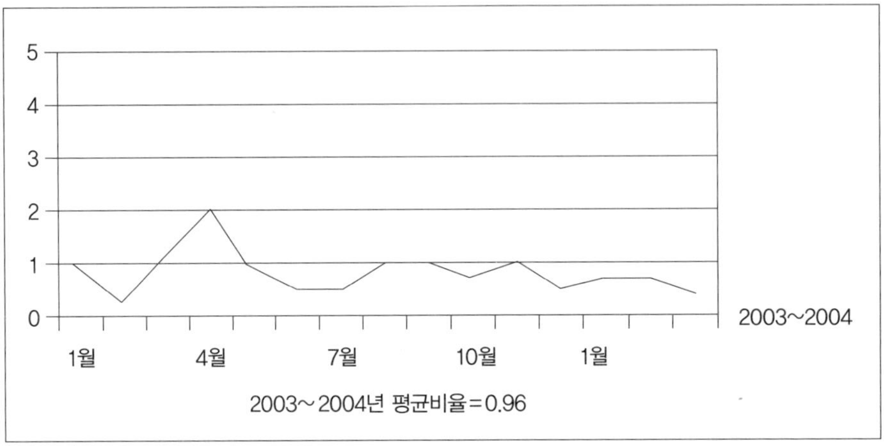

출처 : 서부 펜실베이니아 병원협회. 허가하에 게재

보기 18.3 병원별 사망률 비교

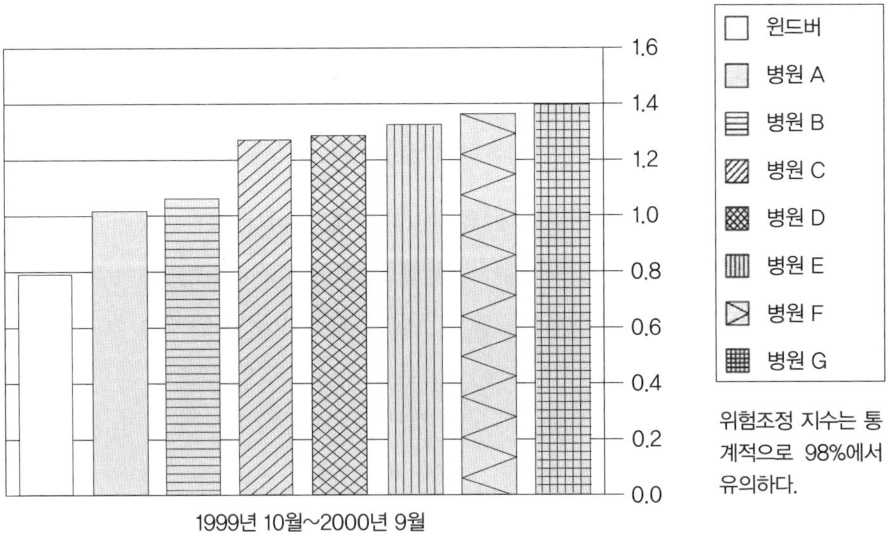

출처 : 서부 펜실베이니아 병원협회. 허가하에 게재

상위 15위 안에 선정하였다.

사장은 2001년 펜실베이니아 우수지역 건강리더(Outstanding Rural Health Leader)로 선정되었다.

교훈

교훈 1—처음부터, 끝까지, 언제나 의료진과 함께 일하라.

교훈 2—초기에 그리고 종종 올바른 고위 경영자가 자리를 잡고 있는지를 확인하라.

교훈 3—효과적인 종업원 분류 및 평가 시스템을 수립하라. 어떤 사람들은 플래인트리가 될 수 없거나 되지 않을 것이다.

교훈 4—종업원을 처음부터, 마지막까지, 언제나 소중하게 대하라. 행복한 종업원이 환자를 행복하게 만든다.

교훈 5—정기적으로 상위 리더십들이 팀 플레이어들에게 공로를 인정하는 것은 중요하고 효과가 있다.

교훈 6—포기하지 마라.

기고자 소개

F. 니콜라스 제이콥스(F. Nicholas Jacobs)는 현 윈드버 메디컬 센터와 윈드버 연구소의 사장이다. 그는 1993년 8월부터 콘마프 헬스 시스템(Conemaugh Health System)에 있었고 그 전에는 5년 동안 머시 메디컬 센터(Mercy Medical Center)에서 행정서비스 부사장이었다. 제이콥스 사장은 펜실베이니아의 인디애나 대학교와 카네기멜론 대학교에서 석사학위를 취득했고, 하버드 대학교와 그랜트먼십 센터(Grantsmanship Center)에서 헬스케어 자격증을 취득하였다. 그는 미국 대학 헬스케어 임원 모임의 특별회원(Fellow in the American College of Health Care Executives)이고 펜실베이니아 지역건강협회(Pennsylvania Rural Health Association)로부터 2001년 지역사회 건강리더상(Community Rural Health Leader)을 수상하였

다. 또한, 그는 세인트 프란시스 대학교에서 겸임강사(adjunct instructor)를 역임했고 오하이오 대학교, 펜실베이니아의 인디애나 대학원, 카네기 멜론 대학교, 그 외에 지역, 주, 전국 컨퍼런스와 워크숍 등에서 초대 강의를 하였다.

19

결론
실무자들의 경향과 발견사항

이 책에서 제시된 관행들에 대한 추가적인 맥락을 제공하기 위해서, 우리는 이들의 조직적 변화와 리더십 개발 프로그램에 대한 더욱 포괄적인 조망을 얻기 위한 설문조사를 기고자들에게 실시하였다. 설문조사는 5개의 주제로 분류되었다. (1) 경영 진단(이니셔티브의 종류, 경영상의 이익, 이니셔티브와 관련된 비용과 이익), (2) 변화에 대한 저항, (3) 설계 및 실행, (4) 이니셔티브 평가, (5) 요약. 각 조직에서는 전문 분야, 연간 수익, 수행한 이니셔티브의 종류 등이 다르지는 하지만, 각각 조직 변화와 리더십 개발을 통하여 보다 더 성공적이고 성과지향적 조직을 만든다는 유사한 목표를 공유한다.

회사와 이니셔티브의 배경

이 책에서 다루고 있는 조직들은 종업원 수, 수익규모, 산업 등이 다양하다. 이 책에서 다루고 있는 산업은 우주항공, 컨설팅 서비스, 소비재, 전자, 금융서비스, 고등교육, 접객 및 식당, 정보기술, 제조, 통신산업 등이다. 응답자들은 사업서비스, 회사, 설비, 인적자원, 제조, 과학기술, 기타 분야에 소속되어 있다.

경영 진단과 사전평가

내가 받았던 최고의 칭찬은 누군가가 내가 무슨 생각을 하는지 묻고
내 대답에 주의를 기울일 때였다.

—헨리 데이비드 소로(Henry David Thoreau)[1]

조직 문화의 어떤 부분을 변화시키기 위한 이니셔티브에 착수하기 전에, 각 조직은 가장 신중한 행동방식들을 결정하기 위해 요구점에 대한 맞춤화된 사전평가를 이용하여 진단하였다. 사전평가라는 초기 단계를 사용하면 이니셔티브와 인터벤션이 잘 고려되고 계획된다. 요구점들에 대한 사전평가 결과를 통하여 조직, 리더, 종업원, 소비자 등에 대한 구체적 이슈와 변화에 대한 전망을 밝혀낼 기회들이 제시되었다.

베스트 프랙티스 조직에 대한 진단에서는 성장하는 세계 시장에서 경쟁자 수의 증가, 변동하는 경제 상황, 산업의 성쇠 등이 고려되었다. 조직이 직면하는 또 다른

표 19.1 조직이 변화 시도 활동에 대한 비즈니스 케이스를 만드는 상위 다섯 가지 이유, 빈도

경영 사례	빈도수
생산성 요구	1
경쟁 압력	2
소비자 요구	3
성장	4
회사 비전	5

도전사항은 의사결정 과정에서의 소비자에 대한 중요성과 잠재적으로 더욱 더 중요한 이해관계자인 종업원의 중요성을 인식하고 인정하는 것이다.

베스트 프랙티스 조직들은 자신들의 이니셔티브에 대한 요구를 측정하기 위하여 다양한 방법을 사용하였다. 이러한 방법은 업무관행과 종업원 행동관찰에서부터 시작하여, 설문조사, 포커스 그룹, 성과평가 등과 같은 보다 더 구체적이면서 덜 주관적인 측정방법에 이르기까지 다양하였다. 후자의 방법들을 사용하게 되면서 프로그램 설계자가 만드는 많은 자의적 가설을 줄일 수 있었고, 또한 고위 관리자의 이해를 높이게 되었으며, 프로그램 설계자의 관찰기법 사용을 강화하는 역할도 하게 되었다. 설문조사 활동과 평가는 평가단계에서 몇 가지 도구들을 사용하였는데, 360도 평가, 다면평가, 다양한 개인평가 도구들이 포함되었다.

베스트 프랙티스 리더십 개발과 변화 프로그램에 대한 진단과 평가의 단계는 이니셔티브에 대한 지원을 획득하고 이를 받아들이게 하는 우수한 방법이라는 점이 입증되었다. 참여자의 학습 요구점과 변화 요구점을 더욱 잘 이해함으로써, 조직은 더욱 지식역량을 갖출 수 있게 되고 참여자 및 직원의 변화하는 요구와 수요에 더욱 잘 적응할 수 있게 되었다. 평가 도구들을 사용한 결과로 훈련 프로그램 및 다른 특정한 회사들에 대한 변화 이니셔티브의 기초가 형성되었다.

이와는 범주가 '다른' 평가방법 중에는 진단기술의 깊이에 있어서 재무 성과부터 종업원 이직률에 대한 품질 지표와 이사회 구성원의 조언에 대한 소비자 피드백까

표 19.2 사용 빈도에 의거한 평가방법

경영 사례	사용 빈도수
관찰	1
설문조사	2
인터뷰	3
포커스 그룹	4
회의	5
성과평가	6
기타	7
설문조사 조사 상자/의견함	8

지 다양하게 걸쳐 있다.

변화에 대한 저항

당신은 당신의 능력에 대한 확신을 가지고 있어야 하고,
끝까지 해낼 수 있도록 충분히 강해야 한다.

—로잘린 카터(Rosalynn Carter)[2]

변화의 힘—기술, 경제, 경쟁, 사회 및 문화, 변화하는 노동력, 기술 다양성과 기술 수준—을 생각해 볼 때 조직은 일정한 변화 상태에 있는 것으로 보인다. 조직 변혁에서 극복해야 하는 가장 도전적인 장애 중 하나는 변화 동안에 부딪히는 저항이다. 저항은 예를 들면 심리적, 기술적, 문화적 두려움이나 안전 또는 경제적 관심사 혹은 미지에 대한 두려움 등과 같은 몇 가지 요인들이 결합되기 때문일 수 있다. 응답자 중에서 이니셔티브 실행에 대한 가장 일반적인 장애는 다른 집단으로부터 합의를 얻는 데 있어서의 어려움과(응답자의 40%) 매니저가 행동 항목을 끝까지 해낼 책임을 유지하는 데 있어서의 어려움이었다(응답자의 33%). 설문조사 자료에 의하면 또한 응답자의 27%가 다음 각 항목에서 어려움이 있다고 답하고 있다. 서로 다른 지역 세계에서의 변화 실행, 프로젝트에 대한 후원을 획득하는 것, 종업원의 신기술 적용 및 응용지원, 기타, 지속적인 학습과 이니셔티브에 초점 유지 등이 그것이다. 모든 조직들은 상당한 종류의 저항이 있음을 보고하였다.

표 19.3 저항의 종류, 발생 비율순

저항의 종류	빈도수
변화에 대한, 미지에 대한, 통제력 상실에 대한 두려움	1
시간적 제약	2
'대인관계' 훈련에 대한 부정적 반응	3
이전의 실패한 이니셔티브에 대한 부정적 반응	4
불신감	5

저항 줄이기

꽉 쥔 주먹으로는 악수를 할 수 없다.

—인디라 간디(Indira Gandhi, 1982)[3]

저항은 주로 부정적이라고 간주되지만, 리더십 개발 및 변화 이니셔티브의 설계와 개발을 안내하도록 돕는 베스트 프랙티스 조직에서는 종종 긍정적으로 간주되었다. 반대의 관점을 나타내거나 혹은 '반발하는(pushback)' 행위를 보이는 종업원은 반향판으로 때로는 조직에 대한 '균형 시스템'으로 인식되었다. 당연히, 어떤 변화 이니셔티브든지 상당히 많은 후원자가 필요하다. 시스템에 도전하는 것은 의사결정을 하는 데 있어서 모두 동조하거나 아니면 모두 폐쇄적이 되는 시스템을 균형잡게 하는 데 중요하다는 점이 증명되었다. 도전자들은 조직에 대한 이니셔티브를 명료하게 하고 더욱 잘 이해하도록 하는 역할을 한다. 도전자들이 조직에서 이러한 방식으로 건전성을 유지해 준다는 것이 베스트 프랙티스 기고가들을 통해 증명되었다. 종업원은 긍정적인 변화를 두려워할 것이 아니고 대신 조직을 위해 변화를 수용해야 한다는 것을 재확신시킬 필요가 있다. 리처드 벡카드(Richard Beckhard)는 저항에 대한 모델에서 다음과 같이 기술하였다.

첫 단계 (F) × 비전 (V) × 불만족 (D) > 저항 (R)

그러므로 전체 조직이 더 큰 선을 위해 변화할 필요가 있는 것을 인식하기 위해서는 변화발생을 지원하는 안정적이고 가시적인 고위 리더십과 전체 시스템으로써 달성될 확실한 그림 그리고 변화를 성취해 가는 단계적인 접근, 아울러 조직 전체를 통하여 불만족에 대한 확실한 이해 등을 갖는 것이 중요하다.

고위 리더들의 일관된 지원이 필요하기 때문에 우리는 이 책에 있는 조직들에게 어떠한 방식으로 조직의 리더가 이니셔티브에 대한 지원을 보여주었는지를 물었다. 결과에 따르면 리더들이 행동을 모델화하고, 두려움을 진정시키고, 자금원을 확보하는 데 함께 일하기 위해 상당한 시도와 제스처를 취하였다는 것을 알려준다.

이 책에 있는 조직들은 조직 요구와 목표들 간의 균형을 유지하면서 확실히 존엄성, 이해심, 존중을 가지고 사람들을 대하기를 선택한다. 그리고 이들은 진리가 반

표 19.4 회사 변화 시도 활동에서 변화의 최고 챔피언들, 발생 비율순

변화 행위자	빈도 (%)
사장 및 최고 임원	73
고위 경영자	60
OD팀, HRD팀, 훈련팀, 전략팀, 실행팀	33
전체 조직	13
관리자에 의한 공동 추진	7

표 19.5 변화 시도 활동에 대한 비즈니스 케이스를 만드는 상위 다섯 가지 이유, 빈도순

행동	빈도(수) (%)
이니셔티브에 자금 배정	93
전략과 일치하는 행동 모델화	73
이니셔티브를 전략적 계획에 통합	60
교육 혹은 훈련 촉진	47
교육과 훈련 참여	73
변화에 대한 사례를 명확히 표현	67
보상과 이니셔티브 연결	27

표 19.6 베스트 프랙티스 조직 변화 시도 활동 중에서 그리고 그것들을 위한 합의를 얻는 데 있어서의 도전사항들, 발생 비율순

조직적 이해	이해의 빈도수 순위
관심, 직위, 요구의 다양성	1
사고 스타일의 다양성	2
지적 발달수준 차이	3
성격 스타일 차이	4
의사소통 기술수준 및 스타일 차이	5
학습 스타일 다양성	6

드시 '단지 한 사람만의 지혜가 아닌 진리', 즉 여러 사람에게 모두 해당하는 절대적 진리여야 할 필요는 없다는 것을 인식하였다. 종업원은 다양하고 다채로운 직위, 요구, 관심, 학습 스타일, 성격 스타일, 지적 개발수준, 사고 스타일 등을 가진 성인 학습자라는 것을 이 책에 있는 조직은 확실히 이해하였다(표 19.6 참조).

설계 및 실행

상상은 끊임없이 전통을 방해한다, 그것이 바로 상상의 기능이다.

—존 파이퍼(John Pfeiffer)

조직들은 자신들의 변화시도 활동을 현재의 회사 문화 및 환경에 통합시킬 필요성을 인식하기 시작하였다. 이 베스트 프랙티스 책에는 또한 변화를 옹호하거나 이를 가능케 하는 데 들어 있는 인간요소보다 더욱 더 큰 인식을 담고 있다. 종업원을 고객으로 인식하는 것에서부터 고객의 의견을 내부에 반영한다는 인식까지, 사람중심의 변화시도에 대한 새로운 강조가 나타났다. 변화를 실행하기 위해 중요한 시도로 일과 생활 간의 균형을 말하는 것은 종업원에 대한 이해가 발달되었음을 반영한다. 또한, 리더십 개발 프로그램에 대한 전폭적인 지원은 능력 없는 경영진이 생산성, 종업원 사기, 이직방지 등에 부정적인 영향을 미치지 않게 하고, 효과적인 관리자 개발에 대한 의지를 보여주는 것이 중요하다는 점을 나타낼 수 있다.

효과적인 의사소통과도 관련되는 '다른' 범주에 속한 흥미로운 의견들 중에는 이슈의 제기 및 해결, 신속한 의사결정, 높은 일치감, 공통 목적에 대한 헌신, 용기, 동기부여, 조직 구조, 운영, 제품, 서비스 등에 대한 지식, 센세이(Sensei, 지식을 다른 사람에게 가르치고 전할 수 있는 능력) 등이 포함되었다.

고위층 리더로부터의 승인과 약속이 있어야 한다는 증명된 교훈을 따라서, 대부분의 조직들은 사장, 최고 임원, 다른 고위 이사들을 변화의 최고 챔피언으로 지정하였다. 상대적으로 새로웠던 것은 전체 조직 혹은 '전체 시스템'이 변화의 한 옹호자였다는 점이다. 이와 같은 자료를 보면, 변화를 가능케 하는 데 중요한 역할을 담당하는 사람은 최고 경영진뿐 아니라 모든 종업원이라는 사실이다.

표 19.7 훈련에 대한 변화 시도 활동에서 가장 강조되는 내용, 사용 빈도순

팀으로 일하는 것, 팀워크	1
고객서비스	2
윤리와 성실	3
피드백 제공 및 수집	4
결과 기반의 의사결정	5
코칭	6
사업 통찰력	7
감성 지능	8
혁신	9
시스템 사고	10
네트워크 및 연합 구축	11
다양성(인종, 민족성, 사고 스타일, 다른 형식들)	12
재무적 통찰력	13
생산성	14
매출	15
기타	16
스트레스 관리	17
합의 구축	18
다양성(구체적인 인종 혹은 민족성)	19

조직의 거의 절반이 훈련 프로그램에서 윤리와 성실성이 강조되는 분야라고 인식하였다. 윤리와 성실성 훈련의 필요성에 대한 자료는 베스트 프랙티스 연구 전체를 통해 일관성 있게 남아 있었다. 훈련 내용으로 사용되는 결과 기반적인 의사결정은 의사결정에 있어서 보다 더 책임의식을 강화하는 것을 보여준다. 코치, 감성 지능, 피드백 제공 및 수집 등의 활동을 강조한 것은, 보다 더 유능하고, 더 잘 기능하는 일터와 팀워크, 더욱 신속한 의사결정, 수익성, 매출, 작업장에서의 종업원의 장기 근속을 위한 관계 개선들을 위해서 타인들과 더 효과적으로 관계를 맺고 의사소통을 할 수 있어야 한다는 바람을 보여주는 것으로 보인다.

리더십 개발 및 변화의 실행을 위한 최고의 방법들에는 직무 학습과 그의 전달을

표 19.8 훈련 인터벤션 내에서 가장 강조되는 구체적 내용, 발생 비율순

내용	빈도 (%)
팀으로 일하기, 팀워크	73
피드백 제공 및 수집	53
결과 기반의 의사결정	47
윤리와 성실	47
고객 서비스	47
코칭	47
혁신	33
사업 통찰력	33
감정적 지능	27

표 19.9 리더십 개발 및 변화의 주요 요인들, 사용 빈도순

주요 요인	사용 빈도수
행동(가능한) 학습	1
고위 경영자와의 만남	2
인식의 고양	3
경험 학습	4
360도 피드백	5
핵심적 개인 가치와 개인비전에 의해 일함	6
회사 비전과 전략에 대한 몰입	7
시뮬레이션 기반 학습	8
그룹 인터벤션	9
비전 세션	10
내부 사례 연구	11
모델링	12
전체적인 인터벤션	13
시나리오 계획	14
다른 부서로 직무순환	15
평가 센터	16
조직 혹은 회사 지표 모델	17
기타	18

표 19.10 베스트 프랙티스 조직에 의해 보여진 다른 주요 요인들

- 행동 계획에 대한 8주 사후 실행
- 리더십 개발 훈련, 종업원 행동 표준, 중요한 것 측정, 모든 계층에서의 책임감, 모든 계층에서의 의사소통
- 아이디어에 대한 공유된 주인의식, 개인과 집단 표현 신뢰 및 즉흥적 구성
- 참가자들에 대한 헌신적인 내부 코치들
- 교차 기능적인 전략적 리더십 팀
- 설문조사를 통해 확인된 비공식 리더를 활용하고, 변화를 위하여 목표로 정한 행동 이용
- 개인적 성장 및 행동/학습 계획과 문서화된 계약, 프로그램 참여 9~12개월 이후에 프로그램—사후 재평가
- 사업 전략과 정렬되고 이를 촉진하는 데 도움이 되는 리더십 전략 개발
- 효과적 네트워크의 구축과 경계 없는 사고

위한 결과 지향적 관행부터, 조직의 모든 수준의 리더들의 상호작용 및 그들의 경험 등에 이르기까지 다양성이 있었다. 베스트 프랙티스 회사들은 전체적인 인터벤션, 시뮬레이션에 기반한 학습, 효과적인 학습의 기초를 구성하는 경험학습 등을 포함한 다양한 실행 전술을 보여주었다. 분명히, 행동학습은 행동의 강조와 측정의 편이성 때문에 학습의 가장 일반적인 형식으로 추진되었다.

서로 '다른' 범주에 속하는 주요 요인들 중에는 스토리텔링과 조직 전체에 걸친 긍정적인 문화적 변화에 대한 일관적인 의사소통 및 공통 언어를 통한 리더십 변화의 문화 유지 등과 같은 관행이 포함되었다.

자신의 리더십 개발과 변화 프로그램의 성공을 위해서 조직들이 강조하였던 다른 주목할 만한 주요 특징들이 무엇인지라는 질문을 받았을 때, 베스트 프랙티스 조직들은 몇 가지의 주목할 만한 관행들을 보여주었다.

OD/HRD의 변화 시도 활동 평가

당신이 원하는 사람이 되는데 '너무 늦어서 할 수 없다'라는 말은 결코 있을 수 없다.

—조지 엘리엇(George Eliot)[4]

평가단계가 리더십 개발 및 변화과정의 가장 중요한 요소 중 하나라는 것에 대한 논쟁들이 있음에도 불구하고, 종종 받아야 할 관심을 받지 못하고 있다. 벡카드와 해리스(1977)는 평가활동을 다음과 같이 정의하였다. "변화관리에 책임이 있는 사람들에게 변화노력의 효과 및/또는 변화노력 과정에 대한 만족스러운 평가를 제공하기 위해 취해지는 계획수립과 정보수집 및 분석 행동의 집합".[5] 거의 모든 회사들이 OD 이니셔티브의 효과성을 평가하기 위해서 다양한 시스템을 사용한다. 그러나 평가하는 방법뿐만 아니라 측정의 주제도 회사별로 다양할 수 있다.

이 베스트 프랙티스 책에 참여한 조직들은 실행평가에 다섯 가지 방법을 사용하였다. 우리의 연구에서 사용된 첫 번째 평가 방법은 행동변화 평가였다. 이 방법은 특정한 행동의 인터벤션 전후의 차이를 측정한다. 인터벤션으로 바람직한 요인을 개선할 수 있지만, 바람직하지 못한 행동을 제거하는 데도 도움이 될 수 있다. 그러므로 차이는 긍정적일 수도 있고 부정적일 수도 있다. 이 방법은 일상적인 성과평가 과정의 구조 내에서 잘 실행되지만, 반면 이전 평가수치는 비교의 기준선으로써 사용될 수 있다. 이 방법의 주요 공헌은 성과에 직접적인 연관이 있는 가시적인 행동을 측정하는 능력에 있다. 두 번째 평가방법은 조직평가, 설문조사, 추적조사이다. 이 방법은 인터벤션 기간 중(형성적 기반)에 혹은 인터벤션 완료 직후에(누적적 기반) 실행될 수 있다. 이 방법의 형태는 특정 질문에 대한 정보를 지면 혹은 컴퓨터 도구로 수집하는 기반에 근거한다. 우리의 연구에서는 볼 수 없었지만, 평가가 종단적으로 실행될 수도 있다. 종단평가는 인터벤션 완료 후 특정한 시간이 지나서 실행된다. 이 방법은 시간 조망이라는 측정방식을 추가할 수 있다.[6]

세 번째 평가 방법은 투자수익률(ROI) 계산이다. 언제나 계산할 수 있는 것은 아니지만 몇몇 회사들은 자신들의 이니셔티브에 대한 투자비용과 비교하여 결과를 측정할 수 있었다. 이 방법은 실행될 때, 이니셔티브를 사업 개념으로 연결해 주는 이점을 가진 의미 있는 도구 역할을 한다. 네 번째 평가방법은 결과평가이다. 이 방법은 조직목적 달성에 미치는 훈련의 효과를 측정한다. 이니셔티브는 구체적이고 측정할 수 있는 목표를 달성하는 것일 때 가장 효과적이다. 다섯 번째 방법은 피드백 세션에 기반을 둔다. 이 방법은 특정한 질문 혹은 공개적인 토론을 중심으로 구성될 수 있다. 이 방법은 직접적이고 즉각적인 피드백을 받는다는 이점이 있다. 우리의 연구에서, 피드백 세션은 형성적 기반과 누적적(summative) 기반으로 실행되

표 19.11 평가방법 사용

평가방법	사용 순위
행동 변화 평가	1
조직평가, 설문조사, 추적	2
투자수익률(ROI) 계산	3
결과 평가	4
피드백 세션	5

표 19.12 변화 시도 활동의 긍정적 결과, 발생 비율순

긍정적 결과	빈도 (%)
조직 효과성 (예, 의사소통, 합의 형성, 프로젝트 계획)	87
전략적 과제 완수	73
팀 성과	67
비용 절감	53
고객만족	33
재무적 결과	27
주주 가치	7

었다.

표 19.11은 각 다섯 가지 평가방법의 사용에 대한 순위를 이 연구에서의 베스트 프랙티스 조직에 따라 제시한다.

설문조사 결과에 따르면 평가의 빈도수는 각 이니셔티브 나름대로의 독특성에 따라 다양하지만, 대부분의 이니셔티브는 일 년에 최소한 두 번 측정된다는 것을 알려주었다.

이 베스트 프랙티스 책은 조직들이 자신의 이니셔티브로부터 측정할 수 있는 결과를 성취한다는 전제하에 만들어졌다. 우리는 베스트 프랙티스 조직에게 그들의 이니셔티브가 어떠한 긍정적인 결과를 나타냈는지 알려달라고 요구하였다. 이 범주에서의 결과는 확실히 조직 효과성과 경영전략 및 목표의 성취 분야에 속하였다. 그 목적들에는 비용 절감에서부터 시작하여 고객만족에 대한 가시적 경영성과를

이끄는 프로젝트에 대한 동의 확보와 재무적 성과 그리고 심지어 주주가치에 이르까지 다양하였다.

요 약

> 크게 실패한 사람만이 크게 성공할 수 있다.
>
> —로버트 F. 케네디(Robert F. Kennedy)[7]

결과를 요약하면 고위 경영자의 지원이 결정적으로 중요하다는 점을 강조하였다. 이러한 자료는 프로그램 자체를 설계하는 데 있어서 참가자들이 가진 중요한 역할을 경시하지 않았다. 그러므로 조직 모든 계층에 있는 종업원들이 리더십 개발 및 변화관리에서 능동적이고 동등한 파트너이자 선수가 된다는 요구점을 지원하였다. 우리가 가진 모든 자료들에 의하면 모든 계층에서 종업원이 다양한 필요와 스타일에 대하여 보다 많이 관여하고, 이해하며, 존중을 보이게 되면, 저항이 줄어들 것이라고 제안한다. 또한, 기존 시스템에 입각하여 개발하는 데서 얻어지는 가치 증가가 있고 새로운 과정개발에 모든 종업원을 참여시키는 데서 얻어지는 가치 증가가 있는데 이 두 가지는 모두 다 변화 이니셔티브를 조직문화에 진정으로 통합시킨다.

최고 순위의 핵심 성공요인들에는 다음 사항들이 포함된다.

1. 고위 경영자의 지원과 참여
2. 개발 및 이니셔티브와 전략적 계획 연결
3. 설계시에 참가자 관여
4. 다른 부서별 과정, 관행, 시스템 등의 통합
5. 실행 전에 프로그램 시험 운영
6. 지속적인 평가
7. 내부적 능력 강화

종업원으로 하여금 이니셔티브의 개발에 좀 더 참여하게 하는 것은 가장 중요한 도전과제의 중요 부분, 즉 모르는 것에 대한 두려움, 통제력 상실에 대한 반감, 변화과정에 대한 반감 등에 직접적으로 대처하는 것이다. 현재의 성공적인 시스템을 바탕으로 하여 만드는 것은 '이달의 이니셔티브'라는 생각에서 발생하는 불신감을 줄이게 도와준다.

이러한 베스트 프랙티스 조직이 고생을 참아내고 그 대가를 누린다는 점에는 의심의 여지가 없지만, 더욱 확실한 것은 이들이 혁신적, 결과지향적 그리고 통합된 중층적 리더십 개발과 변화 이니셔티브 등을 통하여 조직 효과성을 높이도록 분투하고 있다는 점이다. 루이스 카터, 공동 편저자인 데이비드 울리히와 마셜 골드스미스와 베스트 프랙티스 연구소는 이들의 일이 긍정적 변화와 리더십 개발에 열정을 갖는 세계 최고의 조직으로 계속되기를 기대한다.

주석

1. H. D. Thoreau. *Civil Disobedience, Solitude: And Life Without Principle.* Minneapolis, Minn.: Prometheus Books, 1998.
2. R. Carter (b. 1928). United States First Lady, wife of Jimmy Carter.
3. I. Gandhi, quoted by *Christian Science Monitor*, May 17, 1982.
4. George Eliot은 소설가, 번역가, 종교적 작가 매리 앤 에반스(Mary Ann Evans, 1819-1880)의 가명이었다.
5. R. Beckhard R. and Harris. *Organizational Transitions.* Reading, Mass.: Addison-Wesley, 1977, p. 86.
6. W. J. Rothwell, R. Sullivan and G. N. McLean. *Practicing Organization Development : A Guide for Consultants.* San Francisco: Jossey-Bass, 1995, p. 313.
7. R. F. Kennedy, "Day of Affirmation Address," University of Capetown, South Africa, June 6, 1966.

편저자 소개

루이스 카터(Louis Carter)는 베스트 프랙티스 인스티튜트의 설립자이며 사장이다. 이 조직은 전 세계에 걸쳐 조직과 사람들에게 베스트 프랙티스를 제공한다. 카터는 또한 링키지사(Linkage, Inc.)에서 연구 분야 부사장으로 재직 중이기도 하다.

카터는 6권이 넘는 책과 수많은 선도적 연구 프로젝트, 변화 챔피언 필드가이드(The Change Champion' s Fieldguide)와 같은 리더십과 변화에 대한 학습 및 개발 프로그램을 쓰고 편집했으며 지도하였다. 그가 새로 쓴 세 권의 책은 본서와 미국의 최고 병원들(America' s Best Led Hospital), 세계 인적 자원을 이끄는 베스트 프랙티스(Best Practices in Leading the Global Workforce)로서 2005년에 출판되었다.

카터는 국내와 해외에서 강의를 하였는데 베이징의 칭화대 경제경영대학에서부터 텍사스 A&M 대학교, 미국훈련 및 개발협회(American Society for Training and Development, ASTD), 싱가폴과 방콕의 Universal Network Intelligence까지 이른다. 가치 기반 리더십을 열정적으로 옹호하는 카터의 글과 책 및 작업물들은 「인베스터 비즈니스 데일리(Investors Business Daily)」, 「비즈니스 워치 매거진(Business Watch magazine)」, 「SGQE」, 「ASTD」 및 기타 몇몇 무역 및 전문잡지들로 특징된다. 글락소스미스클라인(GlaxoSmithKline)의 글로벌 채용담당 부사장인 루 만지(Lou Manzi)는 카터가 '인적자원 영역에서 새로운 방법론—첨단 리더십—에 대해 실무자로 하여금 지속적으로 문제의식을 갖게 하고 교육시키는 실질적인 미래주의자라고 설명한다.

그는 컬럼비아 대학원에서 사회 및 조직심리학 석사학위를 받았다. 그의 연구들은 경영분야 및 전문분야와 출판, 세계적인 리더십 컨퍼런스와 리더십 과정이 특징이다.

데이비드 울리히(David Ulrich)는 미시간 대학교의 경영학 교수로서 3년의 안식년 동안(2005년까지) 말일성도 예수 그리스도 교회 캐나다 몬트리얼 교구(일명 모르몬교)의 장을 맡았다. 그는 조직이 개발과 인적자원 강화를 통하여 어떻게 역량, 속도, 학습, 책임, 재능 및 리더십이라는 무형자산과 역량을 개발하는지를 연구한다.

그는 100개가 넘는 기사와 책의 장들(book chapters), 12권의 책을 저술하였고 또한 1990년부터 1999년까지 「휴먼 리소스 메니지먼트 저널(Human Resource Management Journal)」의 편집자를 역임하였다. 인적자원 내셔널 아카데미 오브 휴먼 리소스(National Academy of Human Resources)의 펠로우인 허먼 밀러(Herman Miller)의 이사회 멤버를 지내기도 하였고, 미시간 휴먼 리소스 파트너십(Michigan Human Resource Partnership)의 공동 설립자이기도 하다. 그는 전문가로서의 기여로 인하여 수많은 상을 받았고 포춘 200대 기업의 거의 반 이상의 기업에 대해 컨설팅을 하였으며 연구하였다.

마셜 골드스미스(Marshall Goldsmith, Marshall@A4SL.com)는 리더로 하여금 긍정적이고 측정가능한 행동변화를 성공적으로 달성하도록 도와주는 세계적인 권위자이다. 미 경영협회는 마셜을 지난 80년간에 걸쳐서 경영 현장에서 영향을 미친 50인의 사상가 및 리더 중의 하나로 지정하였다. 그의 작업들은 「Harvard Business Review」지와의 인터뷰, 「Business Strategy Review」(런던 비지니스 스쿨 출판)의 커버 스토리, 「New Yorker」 프로파일로 특징지어진다. 그의 작업들은 그 분야의 거의 모든 전문적 조직으로부터 국가적인 인정을 받았다. 마셜은 70명이 넘는 주요 CEO들과 그들의 경영자들로부터 함께 일해달라고 요구받았다. 경영자, 높은 잠재력을 가진 리더들, HR 전문가들을 위한 워크숍을 진행하고 있다. 그는 UCLA에서 박사학위를 받았으며, 다트머스, 미시간, 케임브리지(영국) 등의 대학 경영자 교육 프로그램에서 강의를 한다. 마셜은 A4SL—The Alliance for Strategic Leadership—의 설립 임원이고, 러셀 레이놀드(Russell Reynolds) 경영자문 네트워크의 설립자이며, 글로벌 경영자 코칭을 제공하는 Hewitt Associates의 파트너이기도 하다. 그는 또한 피터 드러커 재단(Peter Drucker Foundation)의 이사회 위원이기도 하며 기업들과의 관계 외에도 국제 및 미국 적십자사와 같은 비영리조직에 실제 봉사하고 있고, 거기서 '올해의 국가 자원봉사자' 로 선정되기도 하였다.
마셜의 18권의 책 중에는 미래의 리더(The Leader of the Future)(비즈니스 위크지의 베스트셀러), 리더십을 위한 코칭(Coaching for Leadership)(초이스 상 수상, Outstanding Academic Business Book), 글로벌 리더십 : 차세대와 21세기 인적자원(Global Leadership : The Next Generation, and Human Resources in the 21st Century)들도 들어 있다.

|역자 소개|

박래효

GS칼텍스 인력개발 부문에서 조직/인력개발, 경영혁신, 인사 및 노사관계 분야의 실무와 관리업무를 수행해 왔다. 현재 포스코 계열사인 포엠아이컨설팅에서 HR컨설팅 본부장으로 활동하고 있다.

이관영

뉴욕 주립대학교(SUNNY)에서 MBA과정을 마쳤으며, 동 대학원 박사학위를 취득하였다. 현재 중앙대학교 경영학과 교수로 재직하고 있다.